한일회담

일본외교문서 상세목록집 I

-예비회담~제3차 회담-

일러두기

• 이 책은 2020년도 동북아역사재단 기획연구 수행 결과물임(NAHF-2020-기획연구-10).

한일회담
자료총서 11

한일회담 일본외교문서 상세목록집 I

- 예비회담~제3차 회담 -

동북아역사재단 편

동북아역사재단
NORTHEAST ASIAN HISTORY FOUNDATION

발간사

한일관계에서 한일협정만큼 민감하고 논쟁적인 주제는 없을 것입니다. 한일 양국은 1951년 10월 국교정상화를 위한 회담을 시작하였습니다. 이후 회담은 13년 8개월에 걸쳐 중단과 재개를 되풀이하였고, 1965년 6월 한일 양국은 협정에 조인하였습니다. 한일회담은 해방 후 한일관계뿐만 아니라 한국현대사의 기본 틀을 만드는 과정이었습니다. 한일 양국이 최근 첨예하게 대립하는 근본 원인도 한일회담에 있다고 할 수 있습니다. 2018년 10월 30일 일제 강제동원 피해자 손해배상소송 판결과 2021년 1월 9일 일본군'위안부' 피해자 손해배상소송 판결은 1965년 한일협정이 지나간 과거가 아닌 현재진행형의 문제라는 사실을 확인시켰습니다.

한국정부와 법원은 1910년 강제병합조약은 원천 무효이고 반인도적 범죄에 대한 배상 문제는 1965년 한일청구권협정으로 해결되지 않았다고 주장합니다. 하지만 일본정부와 법원은 강제병합조약은 합법이고 청구권협정으로 모든 배상 문제가 해결되었다고 주장합니다. 한일협정에 대한 평가와 해석을 둘러싸고 이처럼 첨예하게 대립하는 근본 원인은 무엇일까요? 한일협정 해석을 둘러싼 갈등은 해결할 수 있는 것일까요?

이 문제들에 대한 해답을 찾기 위해서는 한일협정 조문 해석뿐만 아니라 협정이 어떤 과정을 거쳐 체결되었는지, 당시 양국 정부가 어떠한 역사인식과 전략을 토대로 협상하였는지를 한일회담 당시 관련 일차 자료에 근거하여 파악할 필요가 있습니다.

한일회담 외교문서가 공개된 것은 강제동원 피해자들이 2002년 한국정부를 상대로 문서공개요구소송을 한 것이 계기가 되었습니다. 강제동원 피해자들은 일본에서 제소한 소송에서 일본 법원이 1965년 청구권협정으로 모든 배상은 해결되었다는 판결을 내리자, 청구권협정에서 강제동원 피해자 문제가 어떻게 다루어졌는지 공개하라며 한국정부를 상대로 소송하였습니다. 이후 2004년 강제동원 피해자들이 승소하였고, 한국정부는 2005년 약 3만 5,000장의 문서를 공개하였습니다. 일본에서도 시민단체인 '일한회담문서 전면 공개를 요구하는 모임'이 문서공개를 요구하자, 일본정부는 2008~2015년까지 약 9만 장의 문서를 공개하였습니다.

동북아역사재단은 한일 양국에서 한일회담 외교문서가 공개된 이후 국민대학교 일본학 연구소와 협력하여 방대한 분량의 외교문서를 체계적으로 정리하는 작업을 해 왔습니다. 그 첫 작업으로 한국외교문서를 체계적으로 분류·해제한 『한일회담 외교문서 해제집』 5권을 2008년에 발간하였습니다. 이후에는 소송을 통해 추가로 공개된 문서를 포함한 일본외교문서 약 9만 장을 체계적으로 분류하여 그 결과물을 『한일회담 일본외교문서 상세목록집』 5권으로 발간하게 되었습니다. 한국외교문서 원본은 동북아역사재단 〈동북아역사넷〉(contents.nahf.or.kr)에 게재하였으며, 일본외교문서 원본도 올리는 중입니다. 그 외 미국 국무성 문서도 국사편찬위원회의 협력을 받아 〈동북아역사넷〉에 올렸습니다.

이렇게 외교문서의 원문을 제공하는 작업은 한일회담의 전모를 밝히는 데 크게 기여하고 있지만, 외교문서를 찾아보는 일반 대중과 연구자, 정책 입안자들이 필기체로 된 방대한 문서에서 필요한 자료를 찾아내는 것은 쉬운 일은 아닙니다. 이에 우리 재단은 국민과 학계, 관계 기관에서 한일회담 관련 자료를 폭넓게 활용할 수 있도록 한일회담 관련 핵심 문서를 자료총서로 발간하는 작업을 하고 있습니다. 이 자료총서가 한일회담의 전모를 파악하고 핵심 쟁점이 어떻게 논의되었는지를 이해하고 한일회담에 대한 객관적인 이해를 토대로 한국과 일본이 현재 직면한 문제를 해결하는 데 기여할 수 있기를 기대합니다. 나아가 앞으로 진행될 북일 국교정상화 관련 대응에도 도움이 될 수 있을 것입니다.

한일회담 자료총서 발간 작업은 연구자들과 활동가들의 열정적인 노력이 있었기에 시작할 수 있었습니다. 외교문서가 공개될 수 있도록 노력하신 많은 분들과 방대한 분량의 외교문서를 한 장 한 장 검토해 주신 분들께 감사를 드립니다.

2021년 10월

동북아역사재단 이사장

이영호

책머리에

이 자료집은 일본정부가 2007년 3월 이후 6차례에 걸쳐 공개한 한일회담 관련 외교문서 약 6만 장을 효율적으로 이용하기 위해 만든 상세목록이다. 한일회담은 공식적으로는 1951년 10월 20일부터 1965년 6월 22일까지 개최되었다. 회담 주제는 기본관계, 청구권, 어업, 문화재 등 다방면에 걸쳐 있었다. 따라서 일본이 공개한 외교문서 6만 장에서 필요한 자료를 찾는 것은 쉬운 일이 아니다. 6만 장이라는 방대한 문서에 빠져 길을 잃지 않으려면 문서 전체를 파악할 수 있는 조감도와 상세지도가 필요하다. 이 자료집을 만든 목적은 여기에 있다.

일본정부가 한일회담 관련 외교문서를 공개하게 된 직접적인 계기는 한국정부의 한일회담 외교문서 전면 공개였다. 한국정부는 일제강점기 강제동원 피해자들이 제기한 한일회담 외교문서공개요구 소송에서 패소하자 2005년 1월 일부 문서를 공개했다. 그리고 문서 전체에 대한 면밀한 내부 검토 과정을 거쳐 8월에는 3만 5,354쪽이나 되는 문서를 전부 공개했다. 당시 노무현 정부가 고심 끝에 이러한 결단을 내리게 된 것은, 일정 기간이 경과한 후에는 공문서를 공개함으로써 국민의 알 권리를 충족시키는 것이 민주주의 원리에 부합한다는 원칙에 따른 것이었다. 나아가 일제강점기에 강제로 동원되었던 피해 당사자의 청구권과 보상 요구에 대해 정부 차원에서 성실하게 대응하겠다는 의지의 표명이기도 했다. 1975년 한국정부는 법률을 제정하여 강제동원 피해자에게 일부 보상 조치를 했다. 하지만 강제동원 피해자 보상 문제는 오늘날까지 한일 양국 정부에 숙제로 남아 있다. 노무현 정부는 문서공개 이후 위원회를 만들어 강제동원 피해자를 조사하고 추가적인 지원 조치를 취했다.

한국정부의 문서공개와 일련의 후속 조치는 국경을 넘어 일본 사회에도 큰 충격을 주었다. 2005년 12월 전후보상을 요구해 온 운동그룹과 연구자들이 중심이 되어 '일한회담 문서 전면공개를 요구하는 모임'(이하, 모임)을 결성하였다. 이 모임이 중심이 되어 일본정부를 상대로 정보공개 소송을 제기하는 등 한일회담 관련 일본외교문서 공개를 촉구하는 운동을 전개했다. 이 모임은 2006년 4월 외무성을 방문하여 정보공개법에 따라 한일회담과 관련한 공문서의 공개를 정식으로 청구했다. 외무성은 2008년 5월까지는 모든 문서에 대한 개시를 결정하겠다고 회답했다. 그리고 2007년 11월 약 7,000장의 문서를 공개했다. 같은 해 12월 도쿄지방법원은 이 모임이 제기한 정보공개 소송에 대해 "청구로부터 1년 7개월이 지나도록 결론을 내지 않은 것은 국가의 무작위"라고 판결했다. 외무성은 개시 결정을 서두를 수밖에 없는 상황에 몰렸다. 외무성은 2008년 4월과 5월에 걸쳐 약 5만 2,000장의 외교문서 개시 결정을 내렸다. 모임은 먹칠로 처리하여 비공개한 부분에 대한 공개를 추가로 청구했다. 그 결과 비공개 부분이 새롭게 공개되기도 했다. 이번 목록에는 추가로 공개된 문서들의 상세내용도 포함되어 있다.

한일회담과 관련하여 현재까지 일본정부가 공개한 문서가 모든 외교문서를 한 장도 빼놓지 않고 총망라하고 있는지 확인할 길은 없다. 그러나 공개된 약 6만 장의 문서군은 그동안 외무성이 한일회담 관련 문서 파일로 분류하여 관리하고 있던 거의 전량에 해당하는 것으로 추정된다. 외무성은 법원의 판결에 따라 방대한 문서군을 단시일 내에 분류, 정리하여 공개할 수밖에 없었고 그 과정에서 부분적으로 문서의 누락이나 분류상의 오류가 있었을 가능성을 배제할 수는 없다. 문서에 부여된 일련번호도 외무성이 문서작성 시기나 문서주제와 관계없이 공개요청에 따라 순차적으로 공개하면서 붙인 것으로, 큰 의미가 없다. 회담별 위원회 회의록의 경우에도 6만 장 안에 섞여 있어 무엇이 누락되었는지 정확히 파악할 수 없다. 이 자료집을 발간하면서 문서를 가급적 작성 시기와 주제별로 정리해 본 결과, 일부 누락된 파일이 있었다. 다만 고의적으로 누락시켰다기보다는 급하게 공개하다 보니 문서 정리와 분류 과정에서 실수가 있었던 것으로 보인다.

주목할 점은 한국정부가 한 장의 문서도 빠짐없이 전면 공개한 것과는 달리, 일본정부는 총 6만 688장의 문서를 공개했지만 국익과 개인 프라이버시를 이유로 문서 내용 전체를 공개하지는 않았다는 점이다. 독도 관련 문서, 대장성과 외무성의 청구권 금액 산정 부분 비교표 및 내부 검토 자료가 아직도 공개되지 않고 있다. 이 중 23건은 전면 비공개였으나 모임이 소송을 통해 공개를 요구한 결과, 그 일부가 공개되기도 했다. 공개된 내용은 이 자료집에 반영했다.

한일회담과 1965년에 체결된 한일협정은 학문적으로도 실무적으로도 심층적이고도 다각적인 검토가 필요한 과제다. 14년에 걸친 한일 국교정상화 교섭의 실태에 대한 치밀한 검토는 해방 후 한일관계사는 물론이고 동아시아 냉전사와 탈식민화 과정을 객관적으로 파악하는 데도 많은 도움이 된다.

한일회담의 전 과정에 대한 실증적인 분석을 위해서는 한일 외교문서의 비교 검토가 필요하다. 특히 일본외교문서는 일본정부의 한반도 정책 및 한일회담의 개별 현안에 대한 일본정부 내부의 논의 현황이나 방침, 대책 등이 구체적으로 기술되어 있어 사료로서의 가치가 매우 높다. 한일 간 식민지 피해 처리 문제는 한일회담에서 포괄적으로 다뤄졌고 한일협정에 의해 마무리되었다고 할 수 있다. 따라서 좋든 싫든 한일과거사 문제와 관련한 쟁점의 파악은 한일회담과 한일협정에 대한 이해와 해석에서 출발할 수밖에 없다.

향후 재개될 가능성이 있는 북일 국교정상화 교섭의 진행 과정과 그 결과를 예측하고 파악하기 위해서도 한일회담과 한일협정에 대한 이해가 필요하다. 북일 국교정상화 교섭 과정에서 논의될 현안이 한일회담의 현안과 상당 부분 중복될 수밖에 없다는 점을 고려한다면 북일 협상을 전망하고 이에 대한 대비책을 마련한다는 차원에서도 한일협정의 검토가 요구되고 있다.

이 자료집을 발간하는 데 많은 분들의 적극적인 지원과 헌신적인 노력이 있었다는 점을 밝혀 두고자 한다. 일본외교문서 입수에는 일본의 '일한회담 문서공개 요구모임' 관계자, 특히 이양수 선생님께서 많은 도움을 주셨다. 국민대학교 일본학연구소는 방대한 분량의 외교문서를 1차적으로 정리하고 상세목록을 작성해 주었다. 일본외교문서가 공개되어 분석을 시도하려 했을 때 선뜻 나서 주는 연구자나 연구소는 어디에도 없었다. 엄두도 못 낼만큼 엄청난 양의 외교문서를 한 장 한 장 검토하면서 분류하는 것은 상상할 수도 없을 만큼 지루한 작업이기 때문이다. 국민대 이원덕 교수님은 최근의 한일 과거사 문제가 이 협상과 협정에 기인하는 것이라는 점을 고려하면 한일회담 문서는 학문적으로도 정책적으로도 중요한 의미가 있다며 기꺼이 맡아 주셨다. 이원덕 교수님은 1994년 박사학위를 통해 사료에 근거한 한일회담 연구를 본격적으로 열어 주신 분이다. 『한일회담 일본외교문서 상세목록집』을 발간하면서 단어나 접속어의 의미까지도 이원덕 교수님과 논의하지 않을 수 없었다. 이 자리를 빌려 감사드린다. 이 외에도 지면의 제약으로 이름을 일일이 밝히지는 못하지만 10명 이상의 한일관계 전공자들이 헌신적으로 작업을 해 주셨다. 마지막으로 상세목록의 검수는 유의상 전 표기명칭대사님께서 해 주셨다. 엄청난 시간을 투여하지 않으면 안 되는 어려운 작업임에도 책임감을 갖고 작업해 주셨다. 유의상 전 대사는 한일관계를 담당했던 외교관이자 연구자이다. 외교관 경험이 없으면 도저히 파악할 수 없는 부분은 물론, 난해한 문장을 한 줄 한 줄 상세하게 검토해 주셨다. 재단에서도 많은 도움을 받았다. 무엇보다 일본외교문서에 대한 체계적인 정리와 분석 작업이 가능했던 것은 김용덕, 정재정, 김학준, 김호섭, 김도형 전 이사장님과 이영호 이사장님께서 이 작업의 중요성을 이해하고 적극적으로 지원해 주셨기 때문이다. 이 책이 완성되기까지 여러 우여곡절이 있었음을 고백하지 않을 수 없다. 남상구 연구정책실장님과 재단 도서발간 담당자의 도움이 없었다면 절대로 5권의 상세목록집이 발간될 수 없었다. 어떤 표현으로도 부족하지만 진심으로 도움이 컸음을 감히 밝히지 않을 수 없다.

마지막으로 이 자료집의 원고를 처음 본 순간부터 엄청난 양의 원고에 압도되어 도망가고 싶었음에도 끝까지 최선을 다해 준 출판 관계자 여러분들에게도 감사드린다.

이 책의 발간에 도움을 주신 모든 분께 이 자리를 빌려 다시 한번 감사드린다.

2021년 10월

조윤수 씀

차례

◈ 국적 및 처우 문제

◈ 본회의 회의록 및 검토자료

◈ 기본관계 문제

제2부 제1차 한일회담(1952. 2. 22~4. 2)

◈ 선박위원회 회의록 및 정책

◈ 국적 및 처우소위원회(법적지위 문제) 회의록 및 정책

◈ 본회의 회의록 및 검토자료

◈ 어업위원회 회의록 및 정책

◈ 기본관계위원회 회의록 및 정책

◈ 청구권 위원회 회의록 및 관련 정책

제3부 제2차 한일회담(1953. 4. 15~7. 23)~제3차 한일회담(1953. 10. 6~10. 21)

◈ 선박위원회 회의록 및 정책

◈ 국적 및 처우소위원회(법적지위 문제) 회의록 및 정책

◈ 어업위원회 회의록 및 정책

◈ 본회의 회의록 및 검토자료

제5부 언론 보도

제6부 대표 임면관계 및 외무성 일지

한일회담 일본외교문서 상세목록집 일러두기

1. 한일회담은 1951년 예비회담부터 1965년 제7차 회담까지 진행됨. 위원회별로 반드시 그 시기가 일치하는 것은 아니며 겹치는 부분이 존재함. 일본은 예비회담을 1차 회담으로 부를 때도 있으나 이 자료총서에서는 예비회담을 제1차 한일회담에서 분리함.

예비회담	1951. 10. 20~1952. 2. 27
1차 회담	1952. 2. 15~1952. 4. 25
2차 회담	1953. 4. 15~1953. 7. 23
3차 회담	1953. 10. 6~1953. 10. 21
4차 회담	1958. 4. 15~1960. 4. 15
5차 회담	1960. 10. 25~1961. 5. 16
6차 회담	1961. 10. 20~1964. 4. 6
7차 회담	1964. 12. 3~1965. 6. 22

2. 문서 정리

- 상세목록집은 일본 외무성이 공개한 문서파일번호를 그대로 사용함. 외무성 공개 문서파일에는 여러 개의 문건이 존재함. 문서파일명이 대분류면 문서명은 소분류임.
- 문서는 기본적으로 문서파일의 작성 시기순으로 정리함(문서에 부여된 일련번호는 일본 외무성이

문서작성 시기나 문서 주제와 관계없이 공개요청에 따라 순차적으로 공개하면서 붙인 것으로 큰 의미가 없음).

- 하나의 문서 파일에는 여러 문서가 담긴 경우도 있고 한 개의 문서로 구성된 것도 있음. 이 자료집에서는 문서파일명이 대분류라면 문서명은 소분류로 분류함.
- 문서파일명에 포함된 문서는 외무성이 공개할 당시 편철한 순서대로 정리함.

3. 문서파일명이 없는 경우 내용을 고려하여 임의로 붙였으며 그 경우 ( )로 표시함.
   - 문서명의 제목이 없는 경우에는 제목 없음으로 표시함.

4. 문서의 비밀등급은 표시에 따라 극비(極秘), 비(秘)로 구분하여 표기하였으며, 비밀등급이 표시되어 있지 않은 경우는 일반문서로 간주하여 일반으로 표기함. 영어로 confidential 또는 strictly confidential로 되어 있는 것은 극비로 표시함. 자료집과 같은 경우 표지에 극비가 표시되어 있으면 내용물도 극비로 보아야 할 것이나, 사료를 있는 그대로 소개한다는 의미에서 내용물에 비밀 표시가 없는 경우 일반으로 표기함.

5. 문서상에 기록된 '조선(朝鮮)'이라는 국호는 1945년 8월 15일 이후일 경우 '한국'으로 번역하였으며, 조선인(朝鮮人)은 문맥에 따라 가급적 '한국인' 또는 '한인'으로, 조총련계를 지칭할 경우에는 재일조선인으로 번역함.

6. 원문에 "일한○○○"으로 되어 있는 부분은 "한일○○○"로 번역함.

7. 일본 인명, 지명, 선박명 등은 가급적 훈독으로 표기하고 일본어 원문을 괄호 안에 표기함. 단, 선박명의 경우 한국 국적 선박은 일본어 훈독이 아닌 한국식 한자 읽기로 표기함.

8. 외국어(영어, 일본어 등)는 번역문, 원문(괄호)순으로 표기함.

9. 문서에는 문서 작성처가 기록되어 있지 않으나 어디서 작성되었는지가 확실한 경우에는 추정해서 표기함. 작성처가 애매한 경우 외무성으로 표기하였으나, 외무성이나 다른 성·청 중 어느 쪽이 작성한 것인지 불분명할 경우는 불명으로 표기함. 한국대표단 또는 주일

한국대표부에서 작성한 것이지만 일본어로 되어 있는 문서는 '한국대표부(일본 가역 또는 번역)'로 표기함.

10. 문서종류는 아래 기준으로 구분하여 표기함.

표기	내역
회의록	회의의사록, 의사요록, 회의록, 내부 사전협의 기록 등
면담록	형식을 갖추지 않은 간담 또는 면담 기록
회의 보고서	본회의에 보고하기 위하여 작성한 분과위원회 회의 결과 등
내부자료	회의록의 첨부물 형태로 작성된 참고자료, 대표단 명부, 양측 수석대표 인사말, 회의 시 발언, 의사 절차, 제안, 대국회 자료, 언론 논조 분석자료, 회담 경위, 일지 등을 정리한 문서 등
보도자료	보도자료, Press Release 등
연설문	각종 계기에 이루어진 연설 내용을 담은 문서
성명문	대외적으로 어떠한 내용을 발표하는 형식(statement)
담화문	대외적으로 어떠한 내용을 발표하는 형식
공동성명(공동발표문)	양국 간 회담 후 그 결과를 공동으로 발표하기 위하여 작성한 문서(Joint Communique)
공동성명문	회담 후 그 결과를 공동으로 발표하기 위해 작성한 성명문(Joint Statement)
기자회견록	기자회견의 내용을 정리한 문서
간행자료	출판물로 간행된 자료
설명자료	대외적으로 특정 내용을 설명하기 위해 작성한 자료
전문	외무성 본성과 재외공관 간, 또는 재외공관과 재외공관 간 전신으로 주고받은 문서
공문	외무성 본성과 재외공관 간에 전문 이외의 방식(파우치 편 전달 등)으로 주고받은 문서, 외무성과 다른 성 · 청 간 주고받은 문서, 각의 심의요청 문서, 각의 결정사항을 하달하는 문서, 연합국 최고사령부와 주한미군정청이 주고받은 문서 등
재가문서	상부의 결재를 받기 위해 작성한 내부문서
내부문서	인사 발령, 회의 소집 등 내부 회담을 위해 작성한 문서, 회의 지침, 방침 등 내부용으로 작성한 문서, 내부보고서, 출장보고서 등
외교공한	외무성과 한국대표단 또는 주일한국대표부(구상서 등), 외무성과 연합국 최고사령부(GHQ, SCAP), 한국대표부와 연합국 최고사령부 간에 주고받은 문서[구상서(Note Verbale) 포함], 국가 정상 간에 주고받은 친서, 국가 간의 공적인 내용의 전달을 위한 개인 명의 서한, 단 국가 정상 간 친서라 할지라도 개인적인 내용이 담긴 것은 서한으로 분류

서한	개인 명의로 주고받은 사적인 내용의 편지
조약	한일 간 체결을 위해 작성한 조약 문안
협정	한일 간 체결을 위해 작성한 협정 문안
협약	한일 간 체결된 조약의 한 종류
교환공문	협정 부속문서의 한 종류
합의의사록	협정 부속문서의 한 종류
의정서	협정 부속문서의 한 종류
협정 부속문서	형식이 확정되지 않은 협정 부속문서 문안
양해각서 또는 부속 양해서	양국 간의 합의사항을 기록한 외교문서의 한 종류(Memorandum of Understanding)
약정	양국 간 조약이나 협정보다 덜 중요한 사항에 관해 합의한 내용을 담은 외교문서의 한 종류
구두전달사항(oral statement)	중요성이 떨어지는 양국 간 합의사항을 정리하는 외교문서의 한 방식(구두 전달)
합의사항	1965년 4월 3일 한일 간에 가서명한 청구권 문제, 어업 문제, 재일한국인 법적 지위 문제 해결 등을 위한 '합의사항'. 협정 체결의 모태가 됨.
비망록	외교당국 간에 어떠한 사항 또는 주장을 전달하기 위하여 취하는 한 방식(aide - memoire)
공동선언	국가 간에 합의된 내용을 발표하는 한 방식(Joint Declaration)
비공식문서(non - paper)	외교당국 간에 어떠한 사항 또는 주장을 전달하기 위하여 취하는 한 방식. 정식 문서가 아니라고 해서 non - paper라고 칭함.
언급사항 문서(talking paper)	상대방에게 언급할 사항을 기록한 비공식 문서
진정서	민원인(진정인)이 정부 관청에 제출한 문서
청원서	민원인(진정인)이 정부 관청에 청원한 내용이 담긴 문서
법령	한일 양국의 법령, 연합국 최고사령부 지령(SCAPIN 등), 주한미군정청 법령 등
기타	위에 분류한 항목에 포함시키기에는 적절치 않은 문서

한일회담 일본외교문서 상세목록집의 이해를 돕기 위하여

이 자료집은 일본 외무성이 공개한 외교문서를 주제별, 작성 시기별로 정리한 것이다. 한일회담 한국외교문서와는 달리 일본외교문서는 일본 외무성이 자발적으로 공개한 것이 아니라 일본 내에서 활동하는 전후보상을 요구하는 시민단체의 노력으로 공개되었다.

일제강점기 강제동원 피해자들은 일본에서 소송을 제기했다. 일본 사법부는 피해자 배상 문제는 한일청구권 및 경제협력 협정에 의해 '완전하고 최종적으로 해결'되었다며 모든 소송을 기각시켰다. 한일협정에서 말하는 '최종적 해결'이란 무엇인지, 어떤 논의를 통해 이러한 논리가 만들어졌는지는 판도라의 상자에 갇혀 있었다. 이 판도라의 상자를 열고자 일본의 전후보상을 요구하는 시민단체가 중심이 되어 2005년 12월 '일한회담 문서 전면 공개를 요구하는 모임(日韓会談文書 · 全面公開を求める会: 이하 '요구하는 모임')이 결성되었다. '요구하는 모임'은 한일회담 외교문서공개소송을 제기하였고 마침내 일본 법원은 공개를 결정했다.

일본 외무성은 2007년 3월 1차 공개를 시작으로 2008년 제6차까지 약 6만 장을 공개했다. 그러나 여전히 공개하지 않은 부분이 다수 포함되어 있다. 공개하지 않은 문서는 일본 국내 정치에 파장을 일으킬 수 있는 내용, 청구권 금액 계산 내역, 궁내성(宮内省)과 도쿄박물관 한국관계 문화재 일람표, 데라우치(寺内)문고 관련 기록, 그리고 독도 관련 내용이다. 일본정부는 회담 초기 개인청구권을 2억 엔으로 상정했는데 계산 내역은 비공개다. 추가 소송을 통해 공개하지 않은 문서의 일부 혹은 전체가 공개되었다. 예를 들면 일본외교문서 376번은 처음에는 부분 공개였으나, 2013년 1월 전면 공개했다. 이것은 '요구하는 모임'의 지속적인 자료 공개 요청 소송의 성과다.

아래는 문서파일번호 376「일한관계 상정문답 미정고」의 2008년 비공개 문서와 2013년 전면 공개된 후의 문서를 비교한 것이다.

2008년

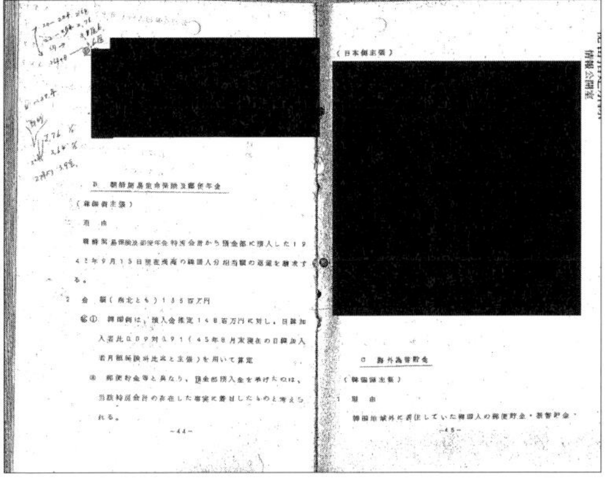

2013년

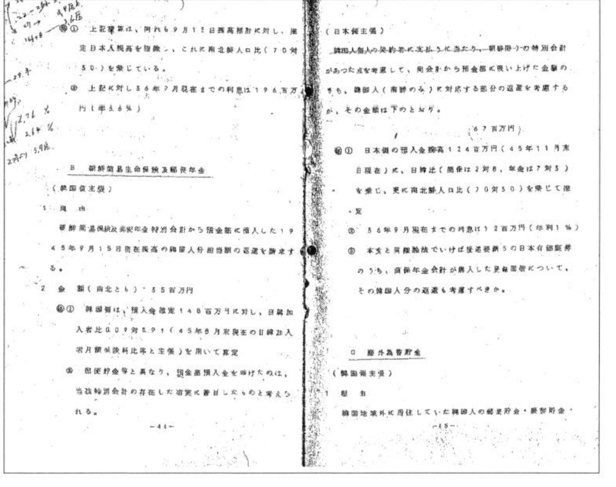

외무성이 공개한 파일을 보면 문서번호는 하나에 한 개의 문건이 들어 있는 경우, 다수의 문건이 포함된 경우가 있다. 또한 파일 안에 다른 이슈가 들어간 경우도 있는데 아마도 문서철을 작성할 때 잘못 들어간 것으로 보인다. 그러나 상세목록을 읽고 외무성 문서를 검색할 경우 원래 문서에 접근하기 쉽도록 하기 위해 그대로 두었다. 원문은 동북아역사재단의 〈동북아역사넷〉(contents.nahf.or.kr)이나 '요구하는 모임'의 홈페이지(http://www.f8.wx301.smilestart.ne.jp/)에서 확인할 수 있다. 일본 외교사료관에서도 열람할 수 있다. 다만, 이미 공개된 문서임에도 열람할 때마다 공개 청구를 해야 하고 복사할 경우 비용도 든다.

이 자료집에 들어가는 항목은 파일번호, 문서명, 작성연월일(발신일), 작성처(작성자), 내용, 주제어, 문서종류다. 파일번호는 외무성이 공개한 문서 순서이다. 일본외교문서는 정보공개 소송에서 일본정부가 패소한 결과 공개되었기 때문에 시간적 여유가 없어서인지 두서없이 공개되었다. 또한 비공개 부분을 새로 공개하면 공개한 순서대로 다시 외무성에서 번호를 붙이기 때문에 파일번호는 의미가 없다. 문서명은 원문서에 표기된 문서명을 그대로 사용하는 것을 원칙으로 했다. 다만 파일번호에 문서제목이 없는 것들이 적지 않기 때문에 그 경우에는 내용이나 발신자 정보에 따라 파일번호에 문서제목을 붙였다. 문서파일 안에 포함된 다수의 문건 중에도 문서제목이 없는 경우에는 별도로 문서제목을 붙이지 않았다. 문서종류는 일러두기에 상세하게 기술했으므로 참고하면 도움이 될 것이다. 작성연월일은 문서에 표기된 그대로 붙였으며, 문서에 기록되지 않은 경우에도 내용에서 날짜를 추정할 수 있으면 추정한 날짜를 표시했다. 날짜를 알 수 없는 경우에는 불명으로, 연도만 알 수 있는 경우에는 연도만 표시했다. 문서종류는 회의록, 보고서, 외교공한, 공문, 자료, 협정문으로 구분했다. 보고서는 사안을 자세하게 분석하거나 검토하기 위해 작성한 것이다. 외교공한은 일본이 연합국최고사령부(GHQ)나 한국과 주고받은 문서다. 한일회담은 한국과 일본 양자 간 교섭이었으나 미국 등 국제정세도 주요한 요소로 작용했다. 양국 정상이 주고받은 친서라도 '생일 축하' 등 사적인 내용은 서한으로 분류했다. 외무성과 각 성·청이 주고받은 문서는 공문으로 분류했다. 공문은 주로 각 성·청에서 한국과의 회담에 필요한 자료들을 제시한 것이다.

일본이 작성한 한일회담 각 이슈별 보고서에는 일본이 식민지 피해를 어떻게 인식했고 어떤 전략으로 한일회담을 추진했는지 드러나 있다. 일본정부는 청구권, 어업, 재일조선인 법적지위, 기본관계, 문화재 반환문제 교섭에 필요한 실증적인 자료를 모으고 분석했다. 한국의 독립 문제를 철저하게 일본 제국에서 한국이 '분리'하면서 발생한 문제로 보았다. 일본외교문서에는 한국이 주장한 일본의 식민지 지배에 대한 피해 보상과 청산 문제가 거론되지 않았다. 일본은 식민지와 종주국 간의 관계 설정에 대한 자료를 수집해 영토 분리 과정에서의 재산처리가 어떤 방식으로 이뤄지고 있는지를 분석할 뿐이다. 일본의 국제법상 '분리' 주장은 한 번도 바뀐 적이 없다. 이는 한일기본조약으로 귀결되었다.

외무성 관계자는 청구권, 어업, 문화재 문제 교섭과 관련하여 한국과의 교섭보다 오히려 대장성이나 수산청, 문부성과의 교섭이 더 어려웠다고 고백했다. 일본에서도 14년 동안 국회와 각 부서 사이에서 다양한 조정이 있었음을 보여 준다. 한일회담 교섭 과정에서 일본은 다양한 근거를 제시했고 한국의 주장을 반박하기 위해 사전에 내부적으로 치밀하게 협의했다. 일본외교문서에는 한일회담 교섭 과정에서 한국대표들이 어떻게 교섭했는지도 적나라하게 담겨 있다. 따라서 원문을 찾아 읽다 보면 상당히 불편한 내용과도 마주할 수 있다. 한일협정이 뒤틀린 한일관계의 기원이라는 점을 확인하는 것은 뼈아픈 일이다. 하지만 양국이 협정체결을 위해 수많은 논의와 갈등을 거듭하면서 도출한 결론이 한일협정이라는 사실, 이 협정을 토대로 한일 양국이 발전적인 관계를 만들어 왔다는 점 역시 제대로 평가할 필요가 있다.

6만 장이라는 방대한 일본외교문서를 체계적으로 정리하고 해제한 이 자료집이 일본외교문서를 토대로 한 한일회담 연구에 기여하기를 기대한다.

제1부

예비회담
(1951. 10. 20~12. 4)

샌프란시스코 강화조약과 한국

대일평화조약의 한국 관계
(対日平和条約の朝鮮関係)

문서파일번호	1861
작성연월일	1950. 9. 25 - 1956. 9. 1
구분	
세부항목	내일평화조약의 한국 관계 사항
작성처	외무성
매수	80
비밀등급	
문서종류	내부문서, 내부자료 등
공개구분	일부 비공개
내용	대일평화조약과 관련한 각종 자료에서 한국과 관련된 사항들을 발췌함.
주제어	대일평화조약과 한국

문서명	조약국(案)에 대한 의뢰사항[条約局(案)に対する依頼事項]

문서파일번호 1861

작성연월일 불명

구분 제2차 한일회담

세부항목 대일평화조약의 한국 관계 사항

작성처 외무성 아시아국 제2과

매수 3

비밀등급 비(秘)

문서종류 내부문서

공개구분 공개

내용 아시아국이 조약국에게 1. 할양지 사이에서의 재산청구권 처리방식에 관한 덜레스 대사 앞 의견서 및 그 반향, 2. 베스팅 디크리(vesting decree)*의 효력 문제에 관해 한일회담 전에 미국 측과 협의가 있었는지에 대해 문의, 그 답변을 기록한 문서. 작성처가 아시아 제2과로 되어 있는 점과 문서의 내용 등에 비추어** 제2차 한일회담이 시작된 이후에 작성된 것으로 보임. 일본은 미국에 대해 마지막 순간까지 대일평화조약 제4조는 불가능하다고 주장했으며, 한국이 막대한 보상을 제기할 것임에 틀림없어 한일회담에서 이 문제를 해결하기는 어렵다고 생각, 상호 포기 방식 이 외에는 다른 방도가 없다고 미국에 수차례 문서로 알렸고, 최후에는 미국의 개입 이외에는 방법이 없다고 주장한 바 있음. 미국은 일본 입장을 이해하면서도 한국의 입장을 고려한 것으로 생각되나, 한일교섭에서 일본이 지적한 사태가 발생하고 있음. 베스팅 디크리에 관해서는 미국이 (대일평화조약) 최종안 발표 직전인 (1951년) 8월 13일에 이 조항을 넣겠다고 통보해 와 미국에 대해 별다른 대응을 하지 못했음.

주제어 대일평화조약 제4조 한국 관련 사항

* 베스팅 디크리(vesting decree)는 권한을 부여하는 법령이라는 뜻으로, 여기서는 주한미군정청이 일본이 남한에 남기고 간 재산을 미 군정령 제2호와 제33호를 통해 몰수한 조치를 일본이 인정하는 대일평화(강화)조약 제4조 b)항을 의미함.

** 일본 외무성에서 한일회담을 담당하는 과는 직제 개편에 따라 관리국(또는 관방) 총무과(예비회담), 아시아국 제2과(예비회담 마지막 단계), 아시아국 제4과(1차 회담), 아시아국 제2과(제2차, 3차 회담), 아시아국 제1과(제3차~4차 회담 사이), 아시아국 북동아시아과(제4차 회담 이후)로 변경되었음.

문서명	일본의 재외재산(日本の在外財産)

문서파일번호 1861
작성연월일 1950. 9. 25
구분 예비회담
세부항목 대일평화조약의 한국 관계 사항
작성처 외무성 조약국 조약과
매수 6
비밀등급
문서종류 내부문서
공개구분 일부 비공개
내용 패전 후 일본의 재외재산에 관해 조사한 경위를 정리한 문서. 1945년 11월 8일 대장성령 제95호에 의거, 재산의 소유자가 신고하도록 함. 이 신고가 정확하지 않아 외무성과 대장성이 공동으로 1946년 4월부터 1949년 3월까지 '재외재산조사회'를 설치, 재외재산의 액수를 조사함. 이 조사는 개인재산 및 육·해군 재산을 제외한 민간 기업 및 국유재산을 대상으로 한 것임. 이 조사에 따르면 일본의 재외재산 총액은 3,552억 2,000만 엔(236억 8,000만 달러, 1달러:15엔 환율적용)임. 재산의 지역별(한반도, 타이완, 만주, 북중국, 중남중국, 기타) 비율은 먹칠로 가려져 있으나, 첨부된 자료(1945년 12월 10일 재외재산 조사회 자료)로 추정할 경우 한반도는 707억 8,900만 엔(47억 1,900만 달러), 전체의 12% 정도 되는 것으로 추정됨.
주제어 일본의 재외재산

문서명	덜레스 사절단 일본 출발 후 대일평화문제의 경과(요령) 1951. 4. 10까지[ダレス使節團離日後における對日平和問題の經過(要領) 1951.4.10]

문서파일번호 1861
작성연월일 1951. 4. 10
구분 예비회담
세부항목 대일평화조약의 한국 관계 사항
작성처 외무성
매수 2
비밀등급 일반
문서종류 내부문서
공개구분 공개
내용 덜레스 사절단의 일본 방문 후 대일평화조약문제의 경과에 관해 정리한 문서. 전체 문서 중 일부만 수록되어 있음.
주제어 대일평화조약

문서명	평화조약안에 대해서(平和条約案について)

문서파일번호 1861
작성연월일 1951. 4. 14
구분 예비회담
세부항목 대일평화조약안의 한국 관계 사항
작성처 외무성
매수 2
비밀등급
문서종류 내부문서
공개구분 공개
내용 대일평화조약안에 대한 일본의 검토의견서. 조약문안에 수정을 가할 목적이 아니라 제시된 조약이 그대로 체결될 경우 연합국과 일본 사이에서 발생할 의문이나 분쟁을 사전에 검토, 이에 관한 일본의 의견을 기술한 것이라는 설명이 적혀 있으나, 검토 내용은 첨부되어 있지 않음.
주제어 대일평화조약

문서명	영국의 대일평화조약안(英国の対日平和条約案)

문서파일번호 1861
작성연월일 1951. 4. 17
구분 예비회담
세부항목 대일평화조약의 한국 관계 사항
작성처 외무성
매수 3
비밀등급 극비
문서종류 내부자료
공개구분 공개
내용 대일평화조약 영국 측 안의 일본어본. 제2조 조선에 대한 주권 포기, 제3조 남사할린, 지시마열도(쿠릴열도)의 소련 귀속 등이 있다. 제11조와 제8조가 청구권 관련 내용임.
주제어 대일평화조약

문서명	영국안에 대해 구두 진술하는 일본의 견해(英国案に対し口頭陳述したるわが見解)

문서파일번호 1861
작성연월일 1951. 4. 21
구분 예비회담
세부항목 대일평화조약의 한국 관계 사항
작성처 외무성
매수 3
비밀등급 극비
문서종류 내부문서
공개구분 공개
내용 1951년 니시무라(西村熊雄) 조약국장과 미국무부 피어리(Feary) 회담에서 일본이 영국의 평화조약안에 대해 진술한 견해를 정리한 문서. 제2조부터 제7조까지에 규정된 것으로, 지역에 있는 공유·사유재산에 대한 청구권 포기에 관한 내용이며, 이탈리아조약 부속서와 같은 구체적인 규정을 정비하는 것은 현재 불가능하나, 형평성의 원칙상 적어도 일본 할양지에서의 법적 책임(부채)에 대해서 일본에게 추궁하지 않겠다고 규정하기를 원한다고 밝히고 있음.
주제어 대일평화조약

문서명	4월 23일 오전 10시 반에서 정오 요시다·덜레스 회담 기록(四月二十三日午前十時半ないし正午 吉田ダレス會談記録)

문서파일번호 1861
작성연월일 1951. 4. 23
구분 예비회담
세부항목 요시다·덜레스 회담(한국의 대일평화조약 서명 문제)
작성처 외무성
매수 7
비밀등급 일반
문서종류 회의록
공개구분 공개
내용 요시다(吉田 茂) 총리와 덜레스(John F. Dulles) 회담 기록. 덜레스는 한국이 유엔총회 결의로 한반도의 정통정부로 인정받았고 다수의 유엔 가맹국이 정식 승인했으며, 극동위원회 가입은 의견이 반반으로 나뉘어 가입하지 못했다고 한 뒤, 미국은 조약이 체결될 경우 재일한국인이 연합국인의 지위 및 권리를 취득하고 이를 주장할 경우 일본이 곤란해질 것이기 때문에 이 문제를 회피할 방안을 고려할 것이라면서, 한국의 지위 강화를 위해 한국의 평화조약 서명국 참여에 일본이 동의해 줄 것을 요청함. 이에 대해 요시다는 재일한국인은 지극히 골치아픈 문제라며, 종전 후 공산당 선동에 넘어간 이들은 일본사회 혼란의 한 요인이 되고 있다고 대응함.

주제어 요시다·덜레스 회담, 한국의 대일평화조약 서명 문제

문서명	**1951년 4월 23일 요시다·덜레스 회담에서 오전에 덜레스에게 교부한 '한국정부의 평화조약 서명에 대해서'**(一九五一年四月二十三日吉田ダレス会談で午前先方に交付した「韓国政府の平和条約署名について」)

문서파일번호 1861
작성연월일 1951. 4. 23
구분 예비회담
세부항목 요시다·덜레스 회담(한국의 대일평화조약 서명 문제)
작성처 외무성
매수 1
비밀등급 일반
문서종류 내부문서
공개구분 공개
내용 1951년 4월 23일 오전 요시다·덜레스 회담에서 일본이 미국에 전달한 한국정부의 평화조약 서명에 대한 의견서. 표지만 있고 내용은 없음[*뒤에 이 의견서의 내용(한국의 서명국 참여 재고 요망)이 정리된 문서가 다시 나옴].
주제어 요시다·덜레스 회담, 한국의 대일평화조약 서명 문제

문서명	**1951년 4월 23일 저녁 요시다·덜레스 회담에서 덜레스에게 교부한 대필리핀 배상 문제 및 한국정부의 평화조약 서명 문제에 대한 보충 설명**(一九五一年四月二十三日夕吉田ダレス会談で先方に交付した對比賠償問題及び韓国政府の平和条約署名問題に關補足陳述)

문서파일번호 1861
작성연월일 1951. 4. 23
구분 예비회담
세부항목 요시다·덜레스 회담(한국의 대일평화조약 서명 문제)
작성처 외무성
매수 3

비밀등급 일반
문서종류 내부문서
공개구분 공개
내용 1951년 4월 23일 저녁에 일본이 미국에 전달한 한국정부의 평화조약 서명 문제에 대한 보충설명서. 재일한국인이 평화조약에 의해 일본 국내에서 연합국인의 지위를 취득하지 않는 것이 명백해진다면 한국정부가 서명하는 것에 대한 이의(異議)를 고집하지 않을 것임.
주제어 요시다·덜레스 회담, 한국의 대일평화조약 서명 문제

문서명	4월 23일 오후 4시부터 5시 피어리(Feary) 회담 기록(四月二十三日午後四時ないし五時フィアリーと會談記録)

문서파일번호 1861
작성연월일 1951. 4. 23
구분 예비회담
세부항목 한국의 대일평화조약 서명 문제
작성처 외무성
매수 3
비밀등급 일반
문서종류 회의록
공개구분 공개
내용 대장성 이재국장·미국무부 피어리(Feary) 회담 기록. 피어리의 호텔 방에서 개최된 이 회담에서 일본은 재일한국인이 평화조약에 의해 일본국 내에서 연합국인의 지위를 취득하지 않는 것이 명백해진다면 한국정부가 서명하는 것에 이의(異議)를 고집하지 않을 것이라는 입장이 담긴 문서를 전달함.
주제어 한국의 대일평화조약 서명 문제

문서명	부록 48. 1951년 4월 23일 미국에 제출한 '한국정부의 평화조약 서명에 대해서' (付録48. 1951年4月23日先方に提出した「韓国政府の平和条約署名について」)

문서파일번호 1861
작성연월일 1951. 4. 23
구분 예비회담
세부항목 한국의 대일평화조약 서명 문제
작성처 외무성
매수 2
비밀등급 일반
문서종류 내부자료
공개구분 공개
내용 일본이 미국에 제출한 '한국정부의 평화조약 서명에 대해서' 문서의 내용이 정리된 자료. 미국에 한국의 서명국 참여를 재고해 달라고 요청. 한국은 일본과 전쟁 상태나 교전 상태가 없었음. 일본은 평화조약에 조선에 대한 일체의 권리, 청구권을 포기, 한국의 독립을 인정한다는 문구를 삽입하여 법적으로 독립국가가 되었음을 규정하는 것이 현실적이라고 생각함.
주제어 한국의 대일평화조약 서명 문제

문서명	덜레스 사절단 회담 경과(ダレス使節団との会談経過)

문서파일번호 1861
작성연월일 1951. 4. 25
구분 예비회담
세부항목 요시다·덜레스 회담(한국의 대일평화조약 서명 문제)
작성처 니시무라 조약국장
매수 9
문서종류 내부문서
공개구분 공개
내용 니시무라(西村熊雄) 조약국장이 정리한 덜레스 사절단 회담 경과 기록. 한국의 평화조약 서명국 참여 반대에 대하여 미국이 일본의 동의를 요청한다는 내용의 기록. 필리핀 배상 문제에 대한 금액도 기술됨.
주제어 요시다·덜레스 회담, 한국의 대일평화조약 서명 문제, 필리핀 배상

문서명	제4조에 관하여(第四條について)

문서파일번호 1861
작성연월일 불명
구분 예비회담
세부항목 평화조약 제4조
작성처 외무성
매수 3
비밀등급 극비
문서종류 내부문서
공개구분 공개
내용 대일평화조약안에 대한 일본의 검토의견서. 제4조에 관해 적용이 불가능하다는 일본의 의견이 기술되어 있음. 쓰시마섬의 한국 귀속은 완전히 부당하다고 지적함.
주제어 대일평화조약 제4조

문서명	제목 없음

문서파일번호 1861
작성연월일 불명
구분 예비회담
세부항목 대일평화조약
작성처 외무성
매수 3
비밀등급 일반
문서종류 내부문서
공개구분 공개
내용 7월 7일 밤 미영합작안을 정식으로 전달받았음. 7월 10일 하코네에서 요시다 총리에게 3시간에 걸쳐 조약안을 설명. 7월 12일 핀 서기관에게 일본의 안을 직접 전달하여 워싱턴에 전달해 달라고 부탁함. 미영안은 7월 13일 0시 30분 공개함.
주제어 대일평화조약

문서명	한국의 대일평화회의 참가 요구에 관한 해외뉴스(Some Overseas News Concerning Korean Participation Demand in Peace Confab.)

문서파일번호 1861
작성연월일 1951. 7(일자 불명)
구분 예비회담
세부항목 한국과 대일평화조약
작성처 외무성
매수 10
비밀등급 일반
문서종류 내부자료
공개구분 공개
내용 대일평화조약 교섭과정(회의)에서의 한국 참여 요청에 관한 뉴스를 모은 영문 자료집
주제어 한국과 대일평화조약

문서명	대일강화관계 주요일지(조인까지)[対日講和関係主要日誌(調印まで)]

문서파일번호 1861
작성연월일 1951. 9(일자 불명)
구분 예비회담
세부항목 대일강화관계 일지
작성처 외무성 기록반
매수 7
비밀등급 일반
문서종류 내부자료
공개구분 공개
내용 1947년 3월 17일 맥아더 사령관의 대일강화 교섭개시 제창부터 1951년 9월 14일 요시다 전권의 귀국까지의 대일강화관계 주요 일지를 기록한 자료로 표로 되어 있음.
주제어 대일강화 일지

문서명	9월 5일 오후 제2회 전체회의 미·영·소 전권 성명, 덜레스 전권 연설(九月五日午後 第二回 全体会議 米英ソ全权声明ダレス全权演説)

문서파일번호 1861
작성연월일 불명
구분 예비회담
세부항목 대일평화회의
작성처 외무성
매수 2
비밀등급 일반
문서종류 내부자료
공개구분 공개
내용 9월 5일 오후 제2차 전체회의에서 미영의 전권 답변과 샌프란시스코 평화회의에서 1951년 9월 5일 덜레스 전권의 연설이 있었다는 내용
주제어 대일강화회의

문서명	9월 28일 시볼트 대사 미일협회에서의 연설(九月二十八日シーボルト大使 日米協会で演説)

문서파일번호 1861
작성연월일 불명
구분 예비회담
세부항목 시볼트 대사 연설
작성처 외무성
매수 2
비밀등급 일반
문서종류 내부자료
공개구분 공개
내용 샌프란시스코 평화조약 체결 후 1951년 9월 28일 시볼트(William J. Sebald) 대사가 일미협회에서 연설하였다는 내용이 기술된 자료
주제어 대일강화조약, 시볼트 대사 연설

문서명	미국에서의 평화조약 심의 '한국 관계'(米国における平和条約審議「朝鮮関係」)

문서파일번호 1861
작성연월일 불명
구분 예비회담
세부항목 한국과 대일평화조약
작성처 외무성
매수 3
비밀등급 일반
문서종류 내부자료
공개구분 공개
내용 미국에 의해 한국이 평화조약과 관련하여 여러 면에서 연합국과 같은 대우를 받게 되었다는 내용이 기술된 영문 자료
주제어 한국과 대일평화조약

문서명	평화조약 체결상황 열국과의 국교 회복상황 일람표(平和条約締結状況 列国との国交回復状況 一覧表)

문서파일번호 1861
문작성연월일 1956. 9. 1
구분 예비회담
세부항목 평화조약 체결국, 일본과 열국과의 국교회복 상황
작성처 조약국 제1과
매수 2
비밀등급 일반
문서종류 내부자료
공개구분 공개
내용 일본과의 평화조약 체결국 및 각국과의 국교회복 상황에 관한 일람표
주제어 평화조약 체결국

평화조약에 따른 국적 문제 등 처리요강 등
(平和条約に伴う国籍問題等処理要綱等)

문서파일번호	548
작성연월일	1951. 8. 6 - 1951. 8. 10
구분	예비회담
세부항목	재일한국인 국적 문제
작성처	법무부, 외무성
매수	19
비밀등급	
문서종류	내부문서
공개구분	공개
내용	평화조약의 영토 변경 등에 수반되는 국적 및 호적 문제 처리 내용을 담은 문서
주제어	재일한국인 법적지위

문서명	평화조약에 따른 국적 문제 등 처리요강(안)[平和条約に伴う国籍問題等処理要綱(案)]

문서파일번호 548
작성연월일 1951. 8. 6
구분 예비회담
세부항목 재일한국인 국적 문제
작성처 법무부 민사국
매수 4
비밀등급 극비
문서종류 내부문서
공개구분 공개
내용 평화조약의 영토 변경 등에 수반되는 재일한국인의 국적 및 호적 문제 처리에 관한 내용. 한국인은 일본 거주자를 포함하여 조약의 효력 발생과 함께 일본 국적을 상실함. 조약 발효 전에 일본 호적에 입적한 한국인은 계속 일본 국민임. 조약 발효 전에 한국인과 신분 관계에 의해 일본 호적에서 제적된 일본인은 일본 국적을 상실함. 조약 발효 후 한국인의 일본 국적 취득은 국적법에 따름.
주제어 재일한국인 법적지위

문서명	평화조약에 따른 국적 문제 등 처리요강(법무부 민사국안)에 대한 의견[平和条約に伴う国籍問題等処理要綱(法務府民事局案)についての意見]

문서파일번호 548
작성연월일 1951(월일 불명)
구분 예비회담
세부항목 재일한국인 국적 문제
작성처 외무성
매수 1
비밀등급 극비
문서종류 내부문서
공개구분 공개
내용 법무부의 평화조약에 따른 국적 문제 등 처리요강안에 관한 외무성 의견서. 해당 내용들에 대해 이의가 없음.
주제어 재일한국인 법적지위

문서명	평화조약 체결 후 국내 '한국인'의 지위에 관한 약간의 고찰(平和条約締結後における国内「朝鮮人」の地位に関する若干の考察)

문서파일번호	548
작성연월일	1951. 8. 10
구분	예비회담
세부항목	재일한국인 국적 문제
작성처	외무성 관리국
매수	14
비밀등급	극비
문서종류	내부문서
공개구분	공개
내용	평화조약 체결 후 현재 외국인 등록령에 등록되어 있는 조선인 46만 8,100명, 한국인 8만 5,000명, 총 55만 3,400명의 재일한국인의 국적과 귀화 및 외국인으로서의 관리 문제에 대해 검토한 문서
주제어	재일한국인 법적지위

평화조약 발효 후의 외국인에 대한 생활보호법 적용에 대해서(平和条約発効後の外国人に対する生活保護法適用について)

문서파일번호	556
작성연월일	1951. 12. 20 - 1952. 3
구분	예비회담~ 제1차 회담 사이
세부항목	재일한국인 생활보호
작성처	외무성, 후생성
매수	16
비밀등급	
문서종류	회의록, 내부자료, 내부문서
공개구분	공개
내용	1951년 12월 18일 외무성과 후생성 간 개최된 재일한국인에 대한 생활보호 적용 방침 관련 회의기록과 관련 자료
주제어	재일한국인 법적지위

문서명	평화조약 발효 후의 외국인에 대한 생활보호 적용에 대해서(平和条約発効後外国人に対する生活保護法に基く生活保護法を与うるや否やについて)

문서파일번호 556
작성연월일 1951. 12. 20
구분 예비회담~제1차 회담 사이
세부항목 재일한국인 생활보호
작성처 외무성
매수 8
비밀등급 일반
문서종류 회의록
공개구분 공개
내용 1951년 12월 18일 외무성과 관계 성이 개최한 재일한국인에 대한 생활보호 적용 방침 관련 회의기록. 생활보호 적용대상 한국인은 약 6만 6,000명으로 1,000명당 수급 비율은 일본인의 5배에 달하며 이 중 상당수가 부정 수급자로 여겨짐. 생활보호법은 일본 국민이 대상이나, 현재 연합국 최고사령부의 통지에 따라 외국인에 준용하고 있지만 평화조약 발효 후에는 한국인에 대한 지급은 생각하지 않고 있음. 단 일시에 지급을 정지하면 치안상 폐해가 예상되므로 해당자가 송환될 때까지 일정 기간 지급하는 것이 바람직함. 피보호 한국인 전국 집계표(1951년 10월 말 현재)가 첨부됨.
주제어 재일한국인 법적지위

문서명	재일한국인 가운데 생활보호법에 따른 생활원조를 받는 자의 처리방침(在日韓人にして生活保護法による生活援助を受けているものの取扱方針)

문서파일번호 556
작성연월일 1952. 3(일자 불명)
구분 예비회담~제1차 회담 사이
세부항목 재일한국인 생활보호
작성처 외무성 아시아국 제2과
매수 3
비밀등급 일반

문서종류　내부문서
공개구분　공개
내용　생활원조를 받고 있는 재일한국인에 대한 처리 방침이 기술된 문서. 후생성은 즉시 지급을 정지할 수는 없지만 본 회계연도에 한해 생활보조금 교부를 계속할 것이라는 입장을 취하고 있음.
주제어　재일한국인 법적지위

문서명	강화조약 발효 후 생활보호법과 외국인의 관계에 대해서(안)[講和条約発効後における生活保護と外国人の関係について(案)]

문서파일번호　556
작성연월일　1952(월일 불명)
구분　예비회담~ 제1차 회담 사이
세부항목　재일한국인 생활보호
작성처　후생성 사회국 보호과
매수　5
비밀등급　일반
문서종류　내부문서
공개구분　공개
내용　생활보호법과 외국인의 관계에 관한 후생성 입장이 기술된 문서. 강화조약 발효 후 생활보호법은 제1조 규정에 따라 일본 국민에 한해 적용되지만, 외국인에 대해 생활보호가 필요할 경우는 별도의 법적 조치로 일정 기간에 한해 적용함.
주제어　재일한국인 법적지위

일본국과의 대일평화조약 조항에 의거하여 동 조약의 효력 발생 시 일본의 국적을 이탈하는 자의 국적 처리에 대해서(日本国との平和条約の条項に基き同条約の効力発生の日に日本の国籍を離脱する者の国籍の取扱について)

문서파일번호	560
작성연월일	1952(월일 불명)
구분	제1~2차 회담 사이
세부항목	재일한국인 국적 문제
작성처	입국관리청
매수	10
비밀등급	
문서종류	내부문서
공개구분	공개
내용	1952년 4월 28일 대일평화조약 발효에 따라 일본 국적을 이탈하는 자에 대한 입국관리청의 국적 처리 방침과 관련 법률 제정에 관한 설명문서
주제어	재일한국인 법적지위

문서명	일본국과의 대일평화조약 조항에 의거하여 동 조약의 효력 발생 시 일본의 국적을 이탈하는 자의 국적 처리에 대해서(안) [日本国との平和条約の条項に基き同条約の効力発生の日に日本の国籍を離脱する者の国籍の取扱について(案)]

문서파일번호 560
작성연월일 1952(월일 불명)
구분 제1~2차 회담 사이
세부항목 재일한국인 국적 문제
작성처 입국관리청
매수 6
비밀등급 비(秘)
문서종류 내부문서
공개구분 공개
내용 대일평화조약 제2조에 따라 한국, 타이완, 지시마(千島)열도와 사할린(華太) 일부 영토를 포기함에 따라 발생하는 주민의 국적 결정과 취득 문제에 관한 일본정부(입국관리청)의 방침
주제어 대일평화조약, 재일한국인 법적지위

문서명	금번 국회에 제출 예정인 입국관리청 관계 법률안 3건의 내용 설명(今国会提出予定の入国管理庁関係法律案三件の内容説明)

문서파일번호 560
작성연월일 1952(월일 불명)
구분 제1~2차 회담 사이
세부항목 재일한국인 국적 문제
작성처 입국관리청
매수 2
비밀등급 비(秘)
문서종류 내부문서
공개구분 공개
내용 대일평화조약 발효에 따라 입국관리청이 제정코자 하는 관계 국내 법령에 대한 설명. 포츠담선언 수락에 따른 외무성 관계 명령 조치에 관한 법률안, 특정외국인에 대한 출입국관리령 적용에 관한 임시조치법안요령, 외국인등록법안 등 3건의 법안에 관한 간단한 설명이 담겨 있음.
주제어 대일평화조약, 재일한국인 법적지위

문서명	일본국과의 평화조항에 의거하여 일본의 국적을 이탈하는 자에 대한 출입국관리령 등의 적용에 관한 법률안(日本国との平和条約の条項に基き日本の国籍を離脱する者に対する出入国管理令等の適用に関する法律案)

문서파일번호 560
작성연월일 1952(월일 불명)
구분 제1~2차 회담 사이
세부항목 재일한국인 국적 문제
작성처 입국관리청
매수 2
비밀등급 극비
문서종류 내부문서
공개구분 공개
내용 대일평화조약 발효 후속조치로 제정하는 일본 국적 이탈자에 대한 출입국관리령 등 적용에 관한 법률안을 설명하는 내용. 목적, 영주의 자격, 새로운 재류자격의 신청, 특별재류자격, 외국인 등록령의 적용 등 6개 조항으로 이루어짐.
주제어 대일평화조약, 재일한국인 법적지위

대일평화조약 발효에 따라 일본 국적을 상실하는 자가 갖는 광업권에 관한 조치(平和条約の発効に伴い日本国籍を喪失する者の有する鉱業権に関する措置)

문서파일번호	124
문서명	대일평화조약 발효에 따라 일본 국적을 상실하는 자가 갖는 광업권에 관한 조치(平和条約の発効に伴い日本国籍を喪失する者の有する鉱業権に関する措置)
작성연월일	1952. 4. 28
구분	제1차 회담
세부항목	재일한국인 광업권
작성처	통산성 자원청
매수	2
비밀등급	일반
문서종류	내부자료
공개구분	공개
내용	일본 내 광업권은 일본인에게만 권리를 부여하고 있었으나 한국인이 대일강화조약 발효로 국적을 상실하게 됨에 따라 그 조치와 관련된 내용임.
주제어	재일한국인 법적지위

평화조약에서 발생하는 일본과 한국의 교섭 안건
(平和条約に基き発生する日鮮間の交渉案件)

문서파일번호	1624
문서명	평화조약에서 발생하는 일본과 한국의교섭 안건(平和条約に基き発生する日鮮間の交渉案件)
작성연월일	1951. 10. 8
구분	예비회담
세부항목	평화조약에 기초한 한일교섭 안건
작성처	외무성
매수	6
비밀등급	극비
문서종류	내부문서
공개구분	공개
내용	평화조약에 의해 발생하는 한일 간 교섭 안건을 정리한 문서. 외국인이 되는 일본 내 한국인의 거주, 생활보호, 의무교육, 외국환 관리 관계, 재산 취득, 외국인 재산 취득에 관한 정령 관계, 외자에 관한 법률관계, 식료품의 외국인 특별 배급 등을 정리함.
주제어	재일한국인 법적지위

대한 절충방식에 대해서 생각할 수 있는 3가지 안
(対韓接衝方式について考え得る三案)

문서파일번호	1625
문서명	대한 절충방식에 대해서 생각할 수 있는 3가지 안(対韓接衝方式について考え得る三案)
작성연월일	1951. 10. 11
구분	예비회담
세부항목	재일한국인 관련 한국과의 교섭방식
작성처	외무성 관리국 총무과
매수	1
비밀등급	극비
문서종류	내부문서
공개구분	공개
내용	재일한국인 법적지위 문제에 대한 방안으로, 첫째, 평화조약 2조에 의해 한국의 독립을 인정하여 조선인은 한국인이 되는 것이며, 국내 조선인의 국적 결정에 관한 협정을 필요로 하지 않음. 둘째, 기본조약 같은 것을 체결하고 그 일환으로 국적 문제에 대해서만 구체적인 협정을 체결하고, 그 외의 처리 사항에 대해서는 이후의 교섭 절차, 원칙 등을 정하는 데 국한함. 셋째, 둘째의 협정은 기본조약 실시와 함께 실시하는 것을 첫머리에 밝힌 후 교섭에 들어감. 문서파일번호 549에 동일 문서 포함
주제어	재일한국인 법적지위

한국인의 일본 국적 이탈에 따른 선후조치에 대해서(朝鮮人の日本国籍離脱に伴う善後措置について)

문서파일번호	877
문서명	한국인의 일본 국적 이탈에 따른 선후조치에 대해서(朝鮮人の日本国籍離脱に伴う善後措置について)
작성연월일	1952(월일 불명)
구분	예비회담
세부항목	재일한국인 국적 문제
작성처	외무성
매수	38
비밀등급	일반
문서종류	내부자료
공개구분	공개
내용	1951년 11월 15일 및 11월 28일 외무성이 2차례에 걸쳐 각 성청에 조사 요청한 '한국인이 대일평화조약 발효와 동시에 일본 국적을 이탈, 일반 외국인과 같은 처우를 받는 것을 전제로 한 경우의 법제상 및 행정상 선후조치를 필요로 하는 사항'에 대해 각 성청이 회신한 공문과 관련 내용을 정리한 자료. 1952년 연초에 작성한 것으로 보임.
주제어	재일한국인 법적지위

평화조약 제4조에 대해서
(平和条約第四条について)

문서파일번호	1562
작성연월일	1951. 9. 15 - 1951. 9. 20
구분	예비회담
세부항목	평화조약 제4조상의 일본의 재산처리 문제
작성처	외무성 조약국 법규과
매수	63
비밀등급	
문서종류	내부자료
공개구분	공개
내용	일본 외무성 조약국이 나고야대학 국제법 교수인 야마시타 야스오(山下康雄) 교수에게 의뢰한 평화조약 제4조 관련 일본의 재산처리에 관련한 검토로, 상권에는 제1장 사유재산, 제2장 국유재산, 하권에는 제3장 연합국재산, 제4장 미군의 일본자산처리, 제5장 해저전선을 다루고 있음.
주제어	청구권

문서명	평화조약 제4조에 대해서(상)(미정고*)[平和条約第四条について(上)(未定稿)]

문서파일번호 1562
작성연월일 1951. 9. 15
구분 예비회담
세부항목 평화조약 제4조상의 일본의 재산 처리 문제
작성처 외무성 조약국 법규과
매수 31
비밀등급 극비
문서종류 내부자료
공개구분 공개
내용 외무성 조약국 법규과가 대일평화조약 제4조상의 일본의 재산 처리에 관해 검토한 자료집 상권. 일본의 사유재산 및 청구권, 국유재산 및 채무(특히 공채)에 관한 사항들이 기술됨.
주제어 청구권

문서명	평화조약 제4조에 대해서(하)(미정고)[平和条約第四条について(下)(未定稿)]

문서파일번호 1562
작성연월일 1951. 9. 20
구분 예비회담
세부항목 평화조약 제4조상의 일본의 재산 처리문제
작성처 외무성 조약국 법규과
매수 32
비밀등급 극비
문서종류 내부자료
공개구분 공개
내용 외무성 조약국 법규과가 대일평화조약 제4조상의 일본의 재산 처리에 관해 검토한 자료집 하권. 연합국 재산, 미군의 일본 자산 처리, 해저전선 등에 관한 사항들이 기술됨.
주제어 청구권

* 아직 완성되지 않은 원고를 의미한다.

선박 / 통상항해

구 조선총독부 소장선의 반환
(旧朝鮮総督所蔵船の返還)

문서파일번호	1136
작성연월일	1946. 6. 19 - 1950. 2. 27
구분	예비회담
세부항목	선박 반환
작성처	연합국 최고사령부 민간재산관리국(GHQ, CPC) 등
매수	37
비밀등급	
문서종류	
공개구분	공개 또는 일부 비공개
내용	구 조선총독부 소유 선박 4척의 한국 반환과 관련한 문서 모음
주제어	선박 반환

문서명	억류된 선박들의 구난 및 수리(Salvage, Repair and Refitting of Captured Vessels)

문서파일번호 1136
작성연월일 1946. 10. 5
구분 예비회담
세부항목 선박 반환 문제
작성처 연합국 최고사령부(GHQ, SCAP*) 민간재산관리국(CPC**)
매수 1
비밀등급 일반
문서종류 외교공한
공개구분 공개
내용 연합국 최고사령부 민간재산관리국 지령(SCAPIN) 1254호. 일본정부에 대해 일본 수역에서 발견된 연합국 국적 선박들의 수리 및 인양을 지시하는 지령(영문)
주제어 선박 반환

문서명	제목 없음(규슈 군정대장 지령)

문서파일번호 1136
작성연월일 1946. 10. 14
구분 예비회담
세부항목 선박 반환 문제
작성처 규슈 군정대장(九州軍政隊長)
매수 1
비밀등급 일반
문서종류 외교공한
공개구분 일부 비공개
내용 연합국 최고사령부 규슈군정본부가 규슈 연락사무소에 보내는 공한으로, 연합국 사령부 측은 고코쿠호(Kokoku-Maru), 호쿤호(Hokunn-Maru)의 처분권리가 없으나, 선박 소유회사는 인양에 소요되는 비용을 지출해야 함(영문).
주제어 선박 반환

* General Headquarters, Supreme Commander of Allied Powers, 연합국 최고사령부
** Civil Property Custodian, 민간재산관리국

문서명	구로시오호 사용허가 통달 건(黒潮丸使用許可通達の件)

문서파일번호 1136
작성연월일 1948. 6. 30
구분 예비회담
세부항목 선박 반환 문제
작성처 해운총국 특수재산과
매수 2
비밀등급 일반
문서종류 공문
공개구분 공개
내용 해운총국이 연합국 최고사령부 민간재산관리국(GHQ, CPC)과의 절충을 통해 구로시오호(黒潮丸)의 사용허가가 나왔다는 내용(연합국 최고사령부 지령 5696-A호)을 긴키 해운국장에게 통보하는 공문
주제어 선박 반환

문서명	구로시오호 석방 신청(Application for Release of "Kuroshio Maru")

문서파일번호 1136
작성연월일 1948. 6. 11
구분 예비회담
세부항목 선박 반환 문제
작성처 연합국 최고사령부 민간재산관리국(GHQ, CPC)
매수 1
비밀등급 일반
문서종류 외교공한
공개구분 공개
내용 1948년 6월 30일 자 해운총국 특수재산과 공문의 첨부물. 연합국 최고사령부 민간재산관리국(GHQ, CPC) 지령(SCAPIN) 5696-A호. 구로시오호(Kuoshio- Maru)를 약탈재산 목록에서 삭제함(영문).
주제어 선박 반환

문서명	일본 수역 내 한국적 선박(Korean Vessels in Japanese Waters)

문서파일번호 1136
작성연월일 1948. 11. 20
구분 예비회담
세부항목 선박 반환
작성처 연합국 최고사령부 민간재산관리국
매수 1
비밀등급 일반
문서종류 외교공한
공개구분 공개
내용 연합국 최고사령부 민간재산관리국(GHQ, CPC) 지령(SCAPIN) 6191-A, 1호. 한국에서 출발한 5척의 선박의 현 위치, 상태, 한국 출발 일자를 보고하라는 지시(영문)
주제어 선박 반환

문서명	일본 수역에 있는 한국적 선박 건(日本水域にある朝鮮籍船舶に関する件)

문서파일번호 1136
작성연월일 1949. 2. 25
구분 예비회담
세부항목 선박 반환 문제
작성처 외무성 특수재산국장
매수 3
비밀등급 일반
문서종류 공문
공개구분 일부 비공개
내용 외무성이 한국적 선박과 관련하여 해상보안청과 선박운영회에 보낸 공문. 연합국 최고사령부 지령 6392-A호에 의해 무등산호, 금강호, 해운호의 한국 반환 지령이 있어 사용을 중지하며, 외무성이 지령을 집행하고 실무는 운수성에 위탁된다는 내용
주제어 선박 반환

문서명	일본 수역 내 한국적 선박(Korean Vessels in Japanese Waters)

문서파일번호 1136
작성연월일 1949. 2. 15
작성처 연합국 최고사령부 민간재산관리국
구분 예비회담
세부항목 선박 반환 문제
매수 1
비밀등급 일반
문서종류 외교공한
공개구분 공개
내용 외무성이 1949년 2월 25일 해상보안청 및 선박운영회에 보낸 공문의 첨부물. 연합국 최고사령부 지령(SCAPIN) 6392-A호. 일본정부는 한국적 선박 4척(해운호, 금강호, 흑조호, 무등산호)의 사용을 중지하고 반환 지시가 있을 때까지 즉시 몰수, 관리, 계류하며 도난, 손상으로부터 보호하여 도항 가능한 상태를 유지하라는 지시(영문)
주제어 선박 반환

문서명	일본 수역에 있는 한국적 선박 건(日本水域にある朝鮮籍船舶に関する件)

문서파일번호 1136
작성연월일 1949. 2. 25
구분 예비회담
세부항목 선박 반환 문제
작성처 외무성 특수재산국장
매수 2
비밀등급 일반
문서종류 공문
공개구분 공개
내용 외무성이 야마다(山田) 씨에게 일본 수역에 있는 한국적 선박에 대해 반환 지령이 내려왔음을 통보하면서 한국선적 보관인에게 엄중 감시를 요청하는 공문
주제어 선박 반환

문서명	일본 수역 내 한국적 선박(Korean vessels in Japanese waters)

문서파일번호 1136
작성연월일 1949. 2. 15
구분 예비회담
세부항목 선박 반환 문제
작성처 연합국 최고사령부 민간재산관리국(GHQ, CPC)
매수 1
비밀등급 일반
문서종류 외교공한
공개구분 공개
내용 외무성이 1949년 2월 25일 야마다 씨에게 보낸 공문의 첨부물. 연합국 최고사령부 지령 6392-A호로 한국에서 출발하여 일본 영해에 있는 선박들의 정보를 제공하도록 지시함(영문).
주제어 선박 반환

문서명	구 조선총독부 소속 선박의 반환 건(旧朝鮮総督府所属船舶の返還に関する件)

문서파일번호 1136
작성연월일 1949. 2. 26
구분 예비회담
세부항목 선박 반환 문제
작성처 외무성
매수 2
비밀등급 일반
문서종류 공문
공개구분 공개
내용 연합국 최고사령부 지령(SCAPIN) 6392-A호의 시행과 관련한 실무를 운수성에 위탁한다는 내용이 담긴 운수성 앞 외무성 공문
주제어 선박 반환

문서명	일본 수역에 있는 한국적 선박 건(日本水域にある朝鮮籍船舶の件)

문서파일번호 1136
작성연월일 1949. 2. 28
구분 예비회담
세부항목 선박 반환 문제
작성처 선박운영회
매수 1
비밀등급 일반
문서종류 공문
공개구분 공개
내용 선박운영회가 금강호(金剛丸)의 상태와 감독 상황에 대해 외무성에 보고하는 공문
주제어 선박 반환

문서명	구 조선총독부 소속 선박 반환 건(旧朝鮮総督府所属船舶の返還に關する件)

문서파일번호 1136
작성연월일 1949. 2. 28
구분 예비회담
세부항목 선박 반환 문제
작성처 운수성
매수 1
비밀등급 일반
문서종류 공문
공개구분 공개
내용 운수성이 구 조선총독부 소속 선박의 반환을 관계관청에 통보했음을 외무성에 알리는 공문
주제어 선박 반환

문서명	한국적 선박 해운호(1.35G, T)에 대해서[朝鮮籍船(海雲丸, 一、三五G, T)について]

문서파일번호 1136
작성연월일 1949. 2. 24
구분 예비회담
세부항목 선박 반환 문제
작성처 운수성 해운총국 장관
매수 1
비밀등급 일반
문서종류 공문
공개구분 일부 비공개
내용 운수성의 1949년 2월 28일 자 외무성 앞 공문 첨부물. 운수성이 시코쿠(四國) 해운국장에게 한국적 선박 해운호(海雲丸)에 대해 계류를 지시하고 그 이후의 조치에 대해 연합국 총사령부와 협의하여 지시하겠다고 통보하는 공문
주제어 선박 반환

문서명	일본 수역에 있는 한국적 선박에 대해서(日本水域に在る朝鮮籍船について)

문서파일번호 1136
작성연월일 1949. 2. 15
구분 예비회담
세부항목 선박 반환 문제
작성처 연합국 최고사령부 민간재산관리국(GHQ, CPC)이 작성한 것을 일본이 번역
매수 2
비밀등급 일반
문서종류 외교공한
공개구분 일부 비공개
내용 운수성의 1949년 2월 24일 자 시코쿠 해운국장 앞 공문의 첨부물. 연합국 최고사령부 지령 6392-A호의 일본어 번역본으로, 연합국 사령부는 한국정부 및 그 산하기관의 재산이었던 한국적 선박에 대한 일본정부의 사용이 금지되고 반환에 대한 지시를 기다려야 한다고 지시함.
주제어 선박 반환

문서명	일본 수역 내 한국적 선박(Korean Vessels in Japanese Waters)

문서파일번호 1136
작성연월일 1949. 2. 15
구분 예비회담
세부항목 선박 반환 문제
작성처 연합국 최고사령부 민간재산관리국(GHQ, CPC)
매수 1
비밀등급 일반
문서종류 외교공한
공개구분 일부 비공개
내용 운수성의 1949년 2월 24일 자 시코쿠 해운국장 앞 공문의 첨부물. 연합국 최고사령부 지령(SCAPIN) 6392-A호(영문)
주제어 선박 반환

문서명	한국적 선박 사가호(66.63G, T)에 대해서[朝鮮籍船佐賀丸(六六、六三G, T)について]

문서파일번호 1136
작성연월일 1949. 2. 25
구분 예비회담
세부항목 선박 반환 문제
작성처 운수성 해운총국 장관
매수 1
비밀등급 일반
문서종류 공문
공개구분 공개
내용 운수성이 해상보안청에 보내는 한국적 선박 관련 공문. 모든 선박은 구 조선총독부 산하 재산으로 현재 외무성 소관 재산으로 처리되어야 하나 연합국 최고사령부 지령(SCAPIN) 6392-A호상의 한국적 선박 4척은 실재 외무성 소관 재산리스트에는 기재되어 있지 않음.
주제어 선박 반환

문서명	일본 수역 내 한국적 선박(Korean Vessels in Japanese Waters)

문서파일번호 1136
작성연월일 1949. 2. 15
항목 예비회담
세부항목 선박 반환 문제
작성처 연합국 최고사령부 민간재산관리국(GHQ, CPC)
매수 1
비밀등급 일반
문서종류 외교공한
공개구분 일부 비공개
내용 운수성의 1949년 2월 25일 자 해상보안청 앞 공문의 첨부물. 연합국 최고사령부 지령(SCAPIN) 6392-A호(영문)
주제어 선박 반환

문서명	일본 수역에 있는 한국적 선박에 대해서(日本水域にある朝鮮籍船舶について)

문서파일번호 1136
작성연월일 1949. 2. 25
구분 예비회담
세부항목 선박 반환 문제
작성처 운수성 특수재산과장
매수 1
비밀등급 일반
문서종류 공문
공개구분 일부 비공개
내용 운수성의 1949년 2월 28일 자 외무성 앞 공문 첨부물. 운수성이 선박 사용자에게 통보한 한국적 선박 4척에 대한 연합군 총사령부의 지령(SCAPIN 6392-A) 내용에 정정 사항이 있음을 통보하는 공문
주제어 선박 반환

문서명	한국적 선박 금강호(309G, T)에 대해서[朝鮮籍船金剛丸(三〇九G, T)について]

문서파일번호 1136
작성연월일 1949. 2. 25
구분 예비회담
세부항목 선박 반환 문제
작성처 운수성 해운총국 장관
매수 1
비밀등급 일반
문서종류 공문
공개구분 공개
내용 운수성의 1949년 2월 28일 자 외무성 앞 공문 첨부물. 운수성이 간토 해운국장에게 연합군 총사령부가 SCAPIN 6392-A호로 한국적 선박 금강호의 계류 및 계류 보고를 지시했다고 통보하는 공문
주제어 선박 반환

문서명	일본 수역 내 한국적 선박(Korean Vessels in Japanese Waters)

문서파일번호 1136
작성연월일 1949. 2. 15
구분 예비회담
세부항목 선박 반환 문제
작성처 연합국 최고사령부 민간재산관리국(GHQ, CPC)
매수 1
비밀등급 일반
문서종류 외교공한
공개구분 일부 비공개
내용 운수성의 1949년 2월 25일 자 간토 해운국장 앞 공문의 첨부물. 연합국 최고사령부 지령 6392-A호(영문)로, 연합국 총사령부는 일본 영해에 있는 한국적 선박은 일본 정부의 사용이 금지되고 일본정부는 반환 지시를 기다려야 한다고 지시함.
주제어 선박 반환

문서명	한국적 선박 구로시오호(93G, T)에 대해서[朝鮮籍船黒潮丸(九三G, T)について]

문서파일번호 1136
작성연월일 1949. 2. 25
구분 예비회담
세부항목 선박 반환 문제
작성처 운수성 해운총국 장관
매수 2
비밀등급 일반
문서종류 공문
공개구분 일부 비공개
내용 운수성의 1949년 2월 28일 자 외무성 앞 공문 첨부물. 운수성이 긴키 해운국장에게 연합국 총사령부가 SCAPIN 6392-A호로 한국적 선박 구로시오호의 계류 및 계류 보고를 지시했다고 통보하는 공문으로, 한국적 선박에 대한 감시를 지적함.
주제어 선박 반환

문서명	일본 수역 내 한국적 선박(Korean Vessels in Japanese Waters)

문서파일번호 1136
작성연월일 1949. 2. 28
구분 예비회담
세부항목 선박 반환 문제
작성처 외무성 특수재산국 요조 이소노 국장(Isono Yozo, Director, Civil Property Bureau)
매수 1
비밀등급 일반
문서종류 외교공한
공개구분 공개
내용 일본정부가 연합국 최고사령부 민간재산관리국(GHQ, CPC)에 보고하는 문서. SCAPIN 6392-A호상의 4척의 선박 중 좌초된 구로시오호(黒潮丸)를 제외한 3척이 계류되었으며 도항 가능한 상태를 유지하기 위한 모든 조처가 끝났다는 내용(영문)
주제어 선박 반환

문서명	일본 수역 내 한국적 선박(Korean Vessels in Japanese Waters)

문서파일번호 1136
작성연월일 1949. 3. 10
구분 예비회담
세부항목 선박 반환 문제
작성처 운수성 해운총국 장관
매수 1
비밀등급 일반
문서종류 외교공한
공개구분 공개
내용 운수성이 외무성을 통해 연합국 최고사령부 민간재산관리국(GHQ, CPC)에 보고하는 공한. 구로시오호(黑潮丸)를 제외한 3척의 선박이 15일까지 모지항(門司港)에 집결, 20일까지 한국에 도항할 모든 준비를 끝낼 것이라는 내용(영문)
주제어 선박 반환

문서명	대한민국적 선박 '구로시오호' 공사 사양서 송부에 대해서(大韓民国籍船「黒潮丸」工事仕様書送付について)

문서파일번호 1136
작성연월일 1949. 5. 24
구분 예비회담
세부항목 선박 반환 문제
작성처 운수성 해운총국 장관
매수 1
비밀등급 일반
문서종류 공문
공개구분 공개
내용 운수성이 외무성에 한국적 선박 '구로시오호' 공사 사양서를 총사령부 민간재산관리국에 송부해 달라고 요청하는 공문
주제어 선박 반환

문서명	대한민국적 선박 '금강호' 외 2척의 송환 수령증의 제출에 대해서(大韓民国籍船金剛丸外二隻の返還受領証の提出について)

문서파일번호 1136
작성연월일 1949. 6. 11
구분 예비회담
세부항목 선박 반환 문제
작성처 운수성 해운조정부장
매수 1
비밀등급 일반
문서종류 공문
공개구분 공개
내용 운수성이 배상청에 1949년 6월 6일 부산에 반환 완료한 금강호, 무등산호, 해운호의 수령증을 연합국 최고사령부 민간재산관리국(GHQ, CPC)에 제출해 줄 것을 요청하는 공문
주제어 선박 반환

문서명	반환 재산 수령증(Receipt for Return of Property)

문서파일번호 1136
작성연월일 1949. 6. 6
구분 예비회담
세부항목 선박 반환 문제
작성처 한국정부
매수 2
비밀등급 일반
문서종류 기타(수령증)
공개구분 일부 비공개
내용 운수성의 1949년 6월 11일 자 배상청 앞 공문 첨부물. 대한민국적 선박 3척(금강호, 무등산호, 해운호) 수령증(영문)
주제어 선박 반환

문서명	구로시오호 시험 항해 결과[M.S."Kuroshio Maru" Result of Sea Trial(official)]

문서파일번호 1136
작성연월일 1949. 7. 21
구분 예비회담
세부항목 선박 반환 문제
작성처 운수성 선박국 수리과
매수 2
비밀등급 일반
문서종류 내부문서
공개구분 공개
내용 구로시오호(Kuroshio Maru)에 대한 시험 항해 결과를 기록한 문서(영문)
주제어 선박 반환

문서명	선박 수령증(Receipt for Restoration of Vessel)

문서파일번호 1136
작성연월일 1950. 2. 27
구분 예비회담
세부항목 선박 반환 문제
작성처 한국정부
매수 1
비밀등급 일반
문서종류 기타(수령증)
공개구분 일부 비공개
내용 구로시오호의 한국 반환 수령증(영문)
주제어 선박 반환

문서명	일본 내무성 사가현 가라쓰 사무소에 전달되는 물품(Material to be turned over to Japanese Home Ministry at Karatsu, Saga Prefecture)

문서파일번호	1136
작성연월일	1946. 6. 19
구분	예비회담
세부항목	선박 반환 문제
작성처	해병함대 해병 제2사단 제6해병
매수	1
비밀등급	일반
문서종류	기타(수령증)
공개구분	공개
내용	일본 육군 또는 해군 소유였던 무등산호를 일본 내무성 사가현 가라쓰 사무소가 수령하였다는 내용의 증빙서류(영문)
주제어	선박 반환

한국어선 17척 반환
(韓国漁船17隻の返還)

문서파일번호	1134
작성연월일	1946. 6. 29 - 1947. 6. 28
구분	예비회담
세부항목	선박(한국어선 반환)
작성처	연합국 최고사령부 민간재산관리국(GHQ, CPC) 등
매수	22
비밀등급	
문서종류	외교공한 등
공개구분	공개 또는 일부 비공개
내용	한국어선 17척 반환과 관련한 연합국 최고사령부 문서 등 모음
주제어	선박 반환

문서명	한국어선(Korean Fishing Vessels)

문서파일번호 1134
작성연월일 1946. 12. 2
구분 예비회담
세부항목 한국어선 반환
작성처 연합국 최고사령부 민간재산관리국(GHQ, CPC)
매수 1
비밀등급 일반
문서종류 외교공한
공개구분 공개
내용 문서상단에 앞의 4쪽이 비공개되어 있다고 기재되어 있음. 연합국 최고사령부 민간재산관리국이 일본정부에 하달한 한국어선 반환에 관한 지령(SCAPIN) 2705-A호. 한국어선 18척에 대해 사용을 중지하고 반환 지시가 있을 때까지 몰수, 관리, 계류하며, 도난, 손상으로부터 보호하여 도항 가능한 상태를 유지하라는 내용(영문)
주제어 선박 반환

문서명	한국어선(Korean Fishing Vessels)

문서파일번호 1134
작성연월일 1946. 6. 29
구분 예비회담
세부항목 한국어선 반환
작성처 연합국 최고사령부 민간재산관리국(GHQ, CPC)
매수 1
비밀등급 일반
문서종류 외교공한
공개구분 공개
내용 연합국 최고사령부 민간재산관리국이 일본정부에 하달한 한국치적선 관련 보고 지령 (SCAPIN) 1597-A호. 1945년 8월 9일 이후 일본이 가져온 한국적 어선 137척에 관해 운용자, 위치, 상태에 관한 정보를 제출하라는 내용(영문)
주제어 선박 반환

문서명	한국어선 17척 반환(Restitution of 17 Korean Fishing Vessels)

문서파일번호 1134
작성연월일 1947. 1. 4
구분 예비회담
세부항목 한국어선 반환
작성처 연합국 최고사령부 민간재산관리국(GHQ, CPC)
매수 2
비밀등급 일반
문서종류 외교공한
공개구분 공개
내용 연합국 최고사령부 지령(SCAPIN) 1437호. 한국어선 17척을 부산으로 항행하여 부산항에서 재한미군정부에 인도하고, 선박이 언제 일본을 출발할 수 있는지를 최고사령부에 통보하라는 내용(영문)
주제어 선박 반환

문서명	한국어선 17척 반환 건(朝鮮漁船十七隻の返還に關する件)

문서파일번호 1134
작성연월일 1947. 1. 8
구분 예비회담
세부항목 한국어선 반환
작성처 종전연락중앙사무국* 관리부장(終戰連絡中央事務局 管理部長)
매수 1
비밀등급 일반
문서종류 공문
공개구분 공개
내용 종전연락중앙사무국이 해운총국에 연합국 최고사령부 민간재산관리국(GHQ, CPC)으로부터 한국어선 17척 반환에 관한 지령(내용)이 있었음을 통보하는 공문
주제어 선박 반환

* 종전연락사무국의 중앙기관으로 설치된 기구. 연합국 최고사령부와 일본정부의 연락업무를 담당하였으며, 외무대신의 지휘 감독을 받았다. 1945년 10월 1일~1948년 1월 31일까지 존재하였음.

문서명	□□ 등에 관한 보고 건(□□等ニ關シ報告ノ件)

문서파일번호	1134
작성연월일	1947. 1. 11
구분	예비회담
세부항목	한국어선 반환
작성처	불명(선박회사)
매수	1
비밀등급	일반
문서종류	공문
공개구분	일부 비공개
내용	선박회사가 해운총국 수송과장에게 자사 시모노세키 출장소에서 관리 중인 선박의 관리 경비 청구서를 1월 15일까지 보내겠다고 보고하는 공문
주제어	선박 반환

문서명	한국어선 건(朝鮮漁船に関する件)

문서파일번호	1134
작성연월일	1947. 2. 7
구분	예비회담
세부항목	한국어선 반환
작성처	종전연락중앙사무국 특수재산과
매수	4
비밀등급	일반
문서종류	재가문서
공개구분	일부 비공개
내용	일본정부가 연합국 최고사령부 민간재산관리국에 대해 18척의 조선 선박을 반환하는 데 고려해야 할 사항들에 관해 보고하는 공문의 재가문서. 어선 17척의 현재 상태를 보고하고 이 중 1945년 8월 9일 이전에 일본항구에 들어온 6척은 일본의 재외재산에 해당되므로 최고사령부의 특별한 고려가 요구되며 6척의 반환은 재고될 필요가 있다는 내용 등이 담겨 있음.
주제어	선박 반환

문서명	제3오토리호의 반환(Restitution of the SS "Dai-3 Ohotori Maru")

문서파일번호 1134
작성연월일 1947. 2. 20
구분 예비회담
세부항목 한국어선 반환
작성처 종전연락중앙사무국
매수 1
비밀등급 일반
문서종류 외교공한
공개구분 공개
내용 종전중앙연락사무국이 연합국 최고사령부 민간재산관리국에 제3오토리호(SS "Dai-3 Ohtori Maru")의 출항 일자 및 항행 스케줄, 나쓰키리 미치히로 긴키 해운국 운항과장을 대표로 임명하였음을 보고하는 공문(영문)
주제어 선박 반환

문서명	재산 반환 수령증(Receipt for Restoration of Property)

문서파일번호 1134
작성연월일 1946(월일 불명)
구분 예비회담
세부항목 한국어선 반환
작성처 주한미군정청
매수 1
문서종류 기타(수령증)
공개구분 공개
내용 종전연락중앙사무국의 1947년 2월 20일 자 연합국 최고사령부 앞 외교공한의 첨부물로 추정됨. 부산항에서 제3오토리호("Dai-3 Ohotori Maru")를 주한미군정부에 인계하였다는 내용의 수령증(영문)
주제어 선박 반환

문서명	한국어선 17척 반환(Restitution of 17 Korean Fishing Vessels)

문서파일번호 1134
작성연월일 1947. 2. 20
구분 예비회담
세부항목 한국어선 반환
작성처 종전연락중앙사무국
매수 4
비밀등급 일반
문서종류 외교공한
공개구분 일부 비공개
내용 종전연락중앙사무국이 연합국 최고사령부에 17척의 선박 반환과 관련하여 고려해야 할 사항 등을 보고(2월 7일 자 재가문서의 내용을 영문으로 작성한 문서)
주제어 선박 반환

문서명	한국에 대한 반환 어선 제2 청진호 외 3척의 인도증 송부 건(朝鮮向返還漁船第二清津丸外三隻の引渡證送付の件)

문서파일번호 1134
작성연월일 1947. 6. 14
구분 예비회담
세부항목 한국어선 반환
작성처 운수성 해운국장
매수 1
비밀등급 일반
문서종류 공문
공개구분 공개
내용 연합국 최고사령부 지령(SCAPIN) 1437호에 의거, 1947년 5월 1일 부산항에서 주한미군청에 인계 완료한 제2 청진호 외 3척의 선박에 대한 인도증을 종전연락중앙사무국에 송부
주제어 선박 반환

문서명	한국적 선박 제2차 회항 건(朝鮮籍船舶第二次回航に關する件)

문서파일번호 1134
작성연월일 1947. 6. 16
구분 예비회담
세부항목 한국어선 반환
작성처 불명(선박회사)
매수 3
비밀등급 일반
문서종류 공문
공개구분 일부 비공개
내용 선박회사(회사명은 먹칠)가 규슈 해운국장에게 부산에서 주한미군청 측에 선박 6척을 인도하고 그 수령증을 송부
주제어 선박 반환

문서명	소속선의 제3차 부산 회항 건(一一所属船の第三次釜山回航の件)

문서파일번호 1134
작성연월일 1947. 6. 28
구분 예비회담
세부항목 한국어선 반환
작성처 운수성 수송과장
매수 1
비밀등급 일반
문서종류 공문
공개구분 일부 비공개
내용 운수성 수송과장이 종전연락중앙사무국 측에 제2 낙양호외 1척을 1947년 6월 19일 재한미군정부 측에 인도하였음을 보고
주제어 선박 반환

재한미군에게 제공 중인 당사 선박에 대해서
(朝鮮米軍ニ提供中ノ當社船ニ就テ)

문서파일번호	1135
작성연월일	1947. 6. 7 - 1951. 1. 4
구분	예비회담
세부항목	선박 반환
작성처	통감부
매수	142
비밀등급	
문서종류	
공개구분	공개 또는 일부 비공개
내용	한국 수역에서 주한미군에 의해 운용 중인 5척의 선박에 대한 일본 귀속문제를 다룬 문서 모음
주제어	선박 반환

문서명	주한미군에 제공 중인 당사 선박에 대해서(朝鮮米軍ニ提供中ノ當社船ニ就テ)

문서파일번호 1135
작성연월일 1947. 6. 7
구분 예비회담
세부항목 선박 반환 문제
작성처 불명(민간선박회사)
매수 18
비밀등급 일반
문서종류 내부문서
공개구분 일부 비공개
내용 민간선박회사가 주한미군에 제공 중인 5척의 선박(앵도호, 안성호, 천광호, 함경호, 금천호) 현황에 대하여 정리한 문서 일람. 3척은 한국 영해에 배선된 적 없는 일본 선박으로 일본정부의 배선계획에 따라 일본을 중심으로 운항했음.
주제어 선박 반환

문서명	한국에 배선 중인 당사 선박 5척의 신속한 일본 수역 복귀 조치 요망 건(朝鮮に配船中の當社船五隻が速かに日本水域に復歸する樣御取計願度件)

문서파일번호 1135
작성연월일 1948. 12. 20
구분 예비회담
세부항목 선박 반환 문제
작성처 불명(민간선박회사)
매수 5
비밀등급 일반
문서종류 공문
공개구분 일부 비공개
내용 한국 수역에서 운영 중인 5척의 선박이 신속히 일본에 복귀할 수 있도록 조치해 줄 것을 요망하는 민간 선박회사의 요시다 총리 앞 청원서
주제어 선박 반환

문서명	한국 수역에서 운용 중인 당사 선박 5척의 신속한 일본 수역 복귀 조치 요망에 관한 청원(Petition for Return to Japanese Waters of 5 Company Vessels which are now being Operated in Korea Waters)

문서파일번호	1135
작성연월일	1948. 12. 20
구분	예비회담
세부항목	선박 반환 문제
작성처	불명(민간선박회사)
매수	4
비밀등급	일반
문서종류	공문
공개구분	일부 비공개
내용	1948년 12월 20일 자 청원서의 영문
주제어	선박 반환

문서명	■소속 5척의 선박 반환 신청 참고자료(■所屬五隻の船舶返還申請參考資料)

문서파일번호	1135
작성연월일	1949. 2. 5
구분	예비회담
세부항목	선박 반환 문제
작성처	배상청* 특수재산1과
매수	4
비밀등급	일반
문서종류	내부자료
공개구분	일부 비공개
내용	일본 반환 청원이 있는 5척의 선박이 한국 수역에서 운용되게 된 경위를 정리한 참고 자료
주제어	선박 반환

* 배상청은 전후 배상 업무를 담당하던 기관. 1948년 2월 1일 총리청(1949년 6월 1일 자로 총리부로 개편)의 외국(外局)으로 설치되었다가 1952년 4월 28일 대일강화조약 발효와 함께 폐지

문서명	한국 수역에서 운용 중인 한국우편선박회사 소속 5척의 일본 수역 귀환에 관한 청원(Petition for Return to Japanese Waters of 5 Vessels Belonging to the Korean Mail Steamship Co. which are Now being operated in Korea Waters)

문서파일번호 1135
작성연월일 1949. 1. 21
구분 예비회담
세부항목 선박 반환 문제
작성처 이소노 요조 특수재산국장(Isono Yozo, Director, Civil Property Bureau)
매수 2
비밀등급 일반
문서종류 외교공한
공개구분 일부 비공개
내용 한국 수역에서 운용 중인 5척 선박의 일본 귀환 청원에 관한 일본정부(외무성 특수재산국*)의 연합국 최고사령부 민간재산관리국 앞 공한(영문)
주제어 선박 반환

문서명	한국 수역에서 운용 중인 한국우편선박회사 소속 5척의 일본 수역 반환에 관한 청원(Petition for Return to Japanese Waters of 5 Vessels belonging to the Korean Mail Steamship Co. which are ow being operated in Korea Waters)

문서파일번호 1135
작성연월일 1949. 1. 18
구분 예비회담
세부항목 선박 반환 문제
작성처 불명(민간선박회사)
매수 6
비밀등급 일반
문서종류 청원서
공개구분 일부 비공개
내용 이소노 외무성 특수재산국장 명의 1949년 1월 21일 자 최고사령부 민간재산관리국 앞 공한의 첨부물. 민간 선박회사가 연합국 최고사령부 민간재산관리국 앞으로 보낸 5척의 선박 일본 귀환 청원서(한국 수역에서의 운용 경위를 설명하는 민간상선위원회 위원장 명의 서한 2매 첨부)
주제어 선박 반환

* 연합국 최고사령부의 요구에 따라 반환해야 할 '약탈재산'의 조사, 보관에 관한 사무 및 일본에 있는 외국재산에 관한 업무를 담당하던 부서. 1948년 2월 1일 설치되어 1949년 6월 1일 외무성 직제 개정에 따라 관련 업무를 배상청으로 이관

문서명	제목 없음

문서파일번호 1135
작성연월일 불명
구분 예비회담
세부항목 선박 반환 문제
작성처 연합군총사령관*(聯合軍總司令官)
매수 1
비밀등급 일반
문서종류 공문
공개구분 공개
내용 연합군총사령관의 주한 미해군사령관 앞 공문. 연합군총사령관이 주한 미해군사령관에게 선박 5척의 신속한 일본 귀환을 요구함.
주제어 선박 반환

문서명	일본 점령 지역에 본사가 있었던 회사나 개인의 일본 내 재산 처분(Disposition of Property in Japan of Companies or Persons with Head Offices in Areas Formerly Occupied by the Japanese)

문서파일번호 1135
작성연월일 1949. 6. 1
구분 예비회담
세부항목 선박 반환 문제
작성처 연합국 최고사령부 민간재산관리국
매수 3
비밀등급 일반
문서종류 외교공한
공개구분 공개
내용 연합국 최고사령부 민간재산관리국 지령(SCAPIN) 1965, 2호. 일본이 점령하였던 지역에 본사가 있었던 회사나 개인의 일본 내 재산 처분과 관련한 지침(영문)
주제어 선박 반환

* 연합국 최고사령관을 연합군총사령관으로도 불렀다.

문서명	한국우편선박회사의 한국으로부터의 선박 반환 신청(Application of Korean Mail Steamship Co. Ltd, for Return of Vessels from Korea)

문서파일번호 1135
작성연월일 1949. 7. 2
구분 예비회담
세부항목 선박 반환 문제
작성처 연합국 최고사령부 민간재산관리국(GHQ CPC)
매수 1
비밀등급 일반
문서종류 외교공한
공개구분 공개
내용 연합국 최고사령부 민간재산관리국이 일본정부에 대해, 선박 5척의 일본 반환과 관련한 청원은 현재 검토 중이므로 현시점에서 최종적인 회신을 줄 수 없음(영문).
주제어 선박 반환

문서명	■소속 선박 5척의 귀속 및 동 회사에 대한 보상조치 건(■所属船五隻の帰属並びに同會社に対する補償措置に関する件)

문서파일번호 1135
작성연월일 1949. 9. 2
구분 예비회담
세부항목 선박 반환 문제
작성처 외무성 정무국 총무과
매수 5
비밀등급 비(秘)
문서종류 회의록
공개구분 일부 비공개
내용 한국 수역에서 운용 중인 선박 5척의 일본 귀속 및 선박 소유 회사에 대한 보상 문제를 협의하기 위해 1949년 9월 2일 개최된 운수성, 대장성, 외무성 협의회 기록
주제어 선박 반환

문서명	제목 없음

문서파일번호 1135
작성연월일 1949. 9. 6
구분 예비회담
세부항목 선박 반환 문제
작성처 외무성
매수 4
비밀등급 일반
문서종류 회의록
공개구분 공개
내용 외무성과 연합국 최고사령부의 선박 5척 반환과 관련한 회의기록
주제어 선박 반환

문서명	한국 수역 선박조사(상실선 및 피접수선 불포함) [朝鮮水域 船舶調査(喪失船並被接收船を含まず)]

문서파일번호 1135
작성연월일 불명
구분 예비회담
세부항목 선박 반환 문제
작성처 외무성
매수 7
비밀등급 일반
문서종류 내부자료
내용 한국 수역에 있는 일본 선박의 현황을 표로 정리한 자료
주제어 선박 반환

문서명	연합국 최고사령부 외교국 아담스 회담록(D.S.* Adams 書記官 會談錄)

문서파일번호 1135
작성연월일 1949. 9. 6
구분 예비회담
세부항목 선박 반환 문제
작성처 외무성
매수 5
비밀등급 일반
문서종류 회의록
공개구분 일부 비공개
내용 외무성과 연합국 최고사령부 외교국 아담스 서기관과의 일본이 반환을 요구하는 5척의 선박 문제 포함 한국 관련 회의기록
주제어 선박 반환

문서명	■소속 선박 건(■所属船に関する件)

문서파일번호 1135
작성연월일 1949. 9. 10
구분 예비회담
세부항목 선박 반환 문제
작성처 외무성 정무국 총무과
매수 11(뒷부분 6매는 초안)
비밀등급 극비
문서종류 내부문서
공개구분 일부 비공개
내용 선박 5척의 반환 문제와 관련한 일본 외무성의 검토의견서. 패전 후 연합국 최고사령부의 명에 따라 민간회사 소유 선박 5척을 주한미군에 제공했으나, 현재 최고사령부 민간재산관리국에 의해 "이 선박들을 민간회사가 아닌 일본정부에 양도하고 일본정부는 정부 소유 선박을 회사에 양도하라"는 지시가 있다면서, 국유재산 및 사유재산에 대한 조약상의 선례에 비추어 이 조치는 일본에 불리할 뿐만 아니라 일본정부의 한국우편선박회사에 대한 배상 문제를 현 단계에서 꺼내는 것도 적절치 않으므로, 이유를 대서 최고사령부의 재고를 요청하는 것이 좋겠다는 의견
주제어 선박 반환

* 연합국 최고사령부 외교국(Diplomatic Section)

문서명	■소속 선박 건(■所属船に関する件)

문서파일번호 1135
작성연월일 1949. 9. 12
구분 예비회담
세부항목 선박 반환 문제
작성처 외무성 정무국 총무과
매수 4
비밀등급 비(秘)
문서종류 회의록
공개구분 일부 비공개
내용 선박 5척 반환 건과 관련하여 개최된 운수성, 대장성, 외무성 관계관 협의회 기록. 외무성의 검토의견(9월 10일 문서)에 참석자들이 동의하였으나 최고사령부의 반향을 보아가면서 대처하자는 쪽으로 의견이 모아짐.
주제어 선박 반환

문서명	평안호 수리비 및 산업설비영단 추가 선가 건에 관하여 C.P.C* 출두 건(平安丸修理費並産業設備営団追加船價の件に付C. P. C出頭の件)

문서파일번호 1135
작성연월일 1949. 11. 9
구분 예비회담
세부항목 선박 반환 문제
작성처 불명
매수 5
비밀등급 일반
문서종류 회의록
공개구분 일부 비공개
내용 일본정부 관리와 연합국 최고사령부 민간재산관리국 직원(Jahn)이 평안호 인양 수리비에 대해 회의한 기록. 일본은 평안호 인양수리비를 CMMC**가 선박회사에 변제하는 게 당연한 의무라 주장했으나 민간재산관리국 담당자는 부정적인 반응 보임.
주제어 선박 반환

* 연합국 최고사령부 민간재산관리국(CPC: Civil Property Custodian)

** 연합국 최고사령부의 명에 따라 설립된 민간상선위원회(CMMC: Civilian Merchant Marine Committee)

문서명	외지(일본 밖)에 적을 둔 선박의 귀속 건(外地籍船舶の歸屬の件)

문서파일번호 1135
작성연월일 1949(월일 불명)
구분 예비회담
세부항목 선박 반환 문제
작성처 불명
매수 1
비밀등급 일반
문서종류 내부문서
공개구분 공개
내용 외지*에 적을 두고 있는 선박의 귀속과 관련한 기준, 한국의 경우, 연합국 최고사령부 지령 등이 정리된 문서
주제어 선박 반환

문서명	불명(먹칠로 가려짐)

문서파일번호 1135
작성연월일 1949(월일 불명)
구분 예비회담
세부항목 선박 반환 문제
작성처 불명
매수 1
비밀등급 일반
문서종류 내부문서
공개구분 일부 비공개
내용 외지 선박회사의 재산 정리에 관한 문서
주제어 선박 반환

* 외지(外地), 내지(內地) 구분은 일본식 표현으로 일본법령이 적용되는 곳은 내지, 식민지라도 조선과 같이 조선총독부령이 적용되면 외지라고 부름.

문서명	총사령부의 의향(総司令部の意向)

문서파일번호 1135
작성연월일 1949(월일 불명)
구분 예비회담
세부항목 선박 반환 문제
작성처 불명
매수 1
비밀등급 일반
문서종류 내부문서
공개구분 일부 비공개
내용 민간회사에 5척의 선박을 반환할 의무가 있는 일본정부는 정부 소유 선박을 회사에 양도해야 하며, 이에 따라 5척은 회사로부터 일본정부에 양도하는 것이 된다는 연합국 최고사령부의 의향서
주제어 선박 반환

문서명	정부 소유 선박의 선별(Selection of the Government-Owned Vessels)

문서파일번호 1135
작성연월일 1949. 11. 16
구분 예비회담
세부항목 선박 반환 문제
작성처 운수성(Ministry of Transportation)
매수 2
비밀등급 일반
문서종류 내부문서
공개구분 일부 비공개
내용 연합국 최고사령부 민간재산관리국에서 비공식적으로 한국에 있는 5척의 선박을 일본정부에 반환하고 대신에 일본정부는 같은 종류와 톤의 선박을 민간회사에 양도하라는 요청이 들어와 선박을 선별한다는 내용이 담긴 문서(영문)
주제어 선박 반환

문서명	■■에 화물선 반환(Return of Cargo Vessels to ■■)

문서파일번호 1135
작성연월일 1949. 12. 16
구분 예비회담
세부항목 선박 반환 문제
작성처 연합국 최고사령부 민간재산관리국(GHQ CPC)
매수 1
비밀등급 일반
문서종류 외교공한
공개구분 일부 비공개
내용 연합국 최고사령부 지령(SCAPIN) 7010호. 한국에 5척의 선박을 제공한 ■■사에 동급의 화물선을 양도하고 1950년 1월 15일까지 민간재산관리국에 완전한 보고서를 제출할 것을 명하는 내용(영문)
주제어 선박 반환

문서명	연합국 최고사령부 민간재산관리국 대한국 관계 사정개관(CPC 對朝鮮關係事情概觀)

문서파일번호 1135
작성연월일 1949(월일 불명)
구분 예비회담
세부항목 선박 반환 문제
작성처 배상청
매수 7
비밀등급 극비
문서종류 내부문서
공개구분 일부 비공개
내용 연합국 최고사령부 민간재산관리국의 대한국 관련 사안들 중 5척의 선박 반환 문제에 관한 기록만을 발췌한 문서
주제어 선박 반환

문서명	한국 수역에서 운용 중인 당사 선박 5척의 신속한 일본 수역 복귀 조치 요망에 관한 청원(Petition for Return to Japanese Waters of 5 Company Vessels which are now being Operated in Korea Waters)

문서파일번호 1135
작성연월일 불명
구분 예비회담
세부항목 선박 반환 문제
작성처 민간선박회사(불명)
매수 3
비밀등급 일반
문서종류 공문
공개구분 공개
내용 연합국 최고사령부 민간재산관리국 대한국 관계 사정개관 문서의 첨부물 I. 1948년 12월 20일 자 영문 청원서와 동일한 문서
주제어 선박 반환

문서명	신청서 제출 후 한국우편선박에 관한 연합국 최고사령부 민간재산관리국의 의향(申請書提出後の朝鮮郵船舶に関するCPCの意向)

문서파일번호 1135
작성연월일 1949(월일 불명)
구분 예비회담
세부항목 선박 반환 문제
작성처 외무성
매수 5
비밀등급 비(秘)
문서종류 내부문서
공개구분 일부 비공개
내용 연합국 최고사령부 민간재산관리국 대한국 관계 사정개관 문서의 첨부물 II. 1949년 2월 3일 및 3월 8일 연합국 최고사령부 민간재산관리국 관계자 면담을 통해 확인한 한국우편선박에 관한 미국 측 의향을 기술한 문서. 워싱턴으로부터 선적과 상관없이 종전일에 일본 수역, 한국 수역에 있었는지에 따라 최종적 귀속을 결정하라는 훈령이 있었다는 내용이 포함됨.
주제어 선박 반환

문서명	제목 없음

문서파일번호 1135
작성연월일 1949. 3. 4
구분 예비회담
세부항목 선박 반환 문제
작성처 연합국 최고사령관(SCAP*)
매수 1
비밀등급 일반
문서종류 공문
공개구분 공개
내용 연합국 최고사령부 민간재산관리국 대한국 관계 사정개관 문서의 첨부물 III. 연합국 최고사령관이 주한미국대사(Chief, AMIK**)에게 5척의 선박을 일본에 조속 반환토록 요청하는 공문(영문)
주제어 선박 반환

문서명	■소속 화물선의 반환에 대해서(■所属貨物船の返還について)

문서파일번호 1135
작성처 운수성
작성연월일 1950. 1. 7
구분 예비회담
세부항목 선박 반환 문제
매수 3
비밀등급 일반
문서종류 공문
공개구분 일부 비공개
내용 운수성이 연합국 최고사령부 지령(SCAPIN) 7010호의 실행을 위해 일본정부 소유 선박 중 적당한 선박을 선택한 결과를 연합국 최고사령부 민간재산관리국에 보고해 달라고 배상청에 요청하는 공문
주제어 선박 반환

* SCAP: Supreme Commander for Allied Powers
** AMIK: American Mission in Korea

문서명	▬소속 화물선에 대해서(▬所属貨物船について)

문서파일번호	1135
작성연월일	1950. 1. 11
구분	예비회담
세부항목	선박 반환 문제
작성처	배상청
매수	5
비밀등급	일반
문서종류	재가문서
공개구분	일부 비공개
내용	배상청이 운수성의 1950년 1월 7일 자 공문에 대해 회신한 공문의 재가문서. 연합국 최고사령부 지령(SCAPIN) 7010, A호(5척 선박의 처리와 관련한 지령) 처리를 위해 1950년 1월 9일 대장성, 운수성, 배상청 관계관이 모여 회의한 후, 그 결과를 연합국 최고사령부 민간재산관리국 측과 논의하고 민간재산관리국의 양해를 받은 사항을 운수성 공문에 가필하여 민간재산관리국에 제출함.
주제어	선박 반환

문서명	▬소속 화물선에 대해서(▬所属貨物船について)

문서파일번호	1135
작성연월일	1950. 1. 25
구분	예비회담
세부항목	선박 반환 문제
작성처	운수성
매수	1
비밀등급	일반
문서종류	공문
공개구분	일부 비공개
내용	운수성이 배상청에 보내는 공문. '일기호(臺岐丸)'의 여타 선박과의 교환가능 여부에 대한 운수성의 의견이 담겨 있음.
주제어	선박 반환

문서명	한국 반환 선박 평안호의 인도 시에 남아 있던 석탄, 물 및 윤활유 대금에 대해서 (韓国返還船平安丸の引渡時に於ける残炭水並に潤滑油代金について)

문서파일번호 1135
작성연월일 1950. 3. 22
구분 예비회담
세부항목 선박 반환 문제
작성처 운수성 해운국장
매수 1
비밀등급 일반
문서종류 공문
공개구분 공개(별첨 문서 등 8쪽은 미공개)
내용 평안호의 한국 인도 시에 남아 있던 석탄, 물 및 윤활유 대금과 관련하여 별첨문서를 연합국총사령부 민간재산관리국에 전달해 달라고 요청하는 운수성의 배상청 앞 공문(별첨 서류는 첨부되어 있지 않음.)
주제어 선박 반환

문서명	▬에 인도할 화물선 건(▬に引渡すべき貨物船に関する件)

문서파일번호 1135
작성연월일 1950. 4. 11
구분 예비회담
세부항목 선박 반환 문제
작성처 배상청
매수 2
비밀등급 일반
문서종류 공문
공개구분 일부 비공개
내용 배상청의 운수성 및 대장성 앞 공문. 연합국총사령부 민간재산관리국이 반환해야 할 화물선 4척의 의장 및 수리를 요구해 왔으며, 이와 관련하여 대장성과 운수성이 구체적으로 협의해 줄 것을 요청함.
주제어 선박 반환

문서명	■에 양도되는 화물선(Cargo Vessels to be Transferred to ■)

문서파일번호	1135
작성연월일	1950. 4. 8
구분	예비회담
세부항목	선박 반환 문제
작성처	연합국 최고사령부 민간재산관리국(GHQ CPC)
매수	1
비밀등급	일반
문서종류	외교공한
공개구분	일부 비공개
내용	연합국 최고사령부 민간재산관리국이 배상청에 ■사에 양도할 화물선 4척에 대해 꼭 필요한 최소한의 수리를 요구함(영문).
주제어	선박 반환

문서명	■에 인도할 화물선에 관한 협의회(■に引渡すべき貨物船に関する打合)

문서파일번호	1135
작성연월일	1950. 4. 11
구분	예비회담
세부항목	선박 반환 문제
작성처	배상청
매수	4
비밀등급	일반
문서종류	회의록
공개구분	일부 비공개
내용	연합국 최고사령부 민간재산관리국, 대장성, 운수성 관계자가 민간선박회사에 인도할 화물선과 관련하여 개최한 협의회 기록
주제어	선박 반환

문서명	■에 양도될 화물선의 수리(Repairs and refitting concerning cargo vessels to be transferred to ■)

문서파일번호 1135
작성연월일 1950. 4. 17
구분 예비회담
세부항목 선박 반환 문제
작성처 배상청 특수재산과(Civil Property Division, Reparation Agency)
매수 1
비밀등급 일반
문서종류 외교공한
공개구분 일부 비공개
내용 배상청 특수재산과가 연합국 최고사령부 민간재산관리국 담당자(Mr. Dayton, Mr. Jann)에게 인도 대상 화물선의 수리와 관련한 일본정부의 동향 보고(영문)
주제어 선박 반환

문서명	■에 인도할 화물선에 관한 협의회(■に引渡すべき貨物船に関する打合)

문서파일번호 1135
작성연월일 1950. 4. 18
구분 예비회담
세부항목 선박 반환 문제
작성처 배상청
매수 1
비밀등급 일반
문서종류 회의록
공개구분 일부 비공개
내용 배상청, 대장성, 운수성 등이 민간선박회사에 양도할 선박 4척의 수리 관련 예산과 수리 정도 등을 협의한 기록(협의 내용은 영문으로 작성하여 4월 19일 최고사령부 측에 전달하였다고 기록되어 있음.)
주제어 선박 반환

문서명	■에 양도할 화물선의 수리 관련 정보(첫 번째 관계 성청 연락회의 결과)[Information concerning repairs and refitting of cargo vessels transferred to ■(Resume of the 1st Liaison Conference)]

문서파일번호 1135
작성연월일 1950. 4. 19
구분 예비회담
세부항목 선박 반환 문제
작성처 배상청(Reparation Agency)
매수 3
비밀등급 일반
문서종류 외교공한
공개구분 일부 비공개
내용 배상청, 대장성, 운수성 등이 1950년 4월 18일 선박 수리 관련 협의한 회의기록(영문)
주제어 선박 반환

문서명	정령* 제25호 일본의 선박과 한국우편선박주식회사 선박과의 교환에 관한 정령(政令第二十五号 国の船舶と朝鮮郵船株式會社の船舶との交換に関する政令)

문서파일번호 1135
작성연월일 1950. 2. 28
구분 예비회담
세부항목 선박 반환 문제
작성처 배상청
매수 4
비밀등급 일반
문서종류 법령
공개구분 공개
내용 1950년 3월 1일 자로 상호교환된 일본 선박 4척과 한국우편선박주식회사의 정리재산 선박 5척의 선박 등기, 일본국유철도 선박 양도에 관한 사항 등이 수록된 정령 제25호
주제어 선박 반환

* 일본헌법 제73조 제6호에 따라 내각이 제정하는 법령(~법 시행령의 형태가 많음). 행정기관이 제정하는 법령 중에 가장 우선적 효력을 지닌다.

문서명	■■에 화물선 반환(Return of Cargo Vessels to ■■)

문서파일번호 1135
작성연월일 1950. 4. 21
구분 예비회담
세부항목 선박 반환 문제
작성처 배상청(Reparation Agency)
매수 3
비밀등급 일반
문서종류 외교공한
공개구분 일부 비공개
내용 일본정부(배상청)가 1950년 2월 28일에 발표한 정령 제25호의 내용을 연합국 최고 사령부 민간재산관리국에 통보(영문)
주제어 선박 반환

문서명	■■에 인도할 화물선 건(■■に引渡すべき貨物船に関する件)

문서파일번호 1135
작성연월일 1950. 5. 1
구분 예비회담
세부항목 선박 반환 문제
작성처 운수성
매수 2
비밀등급 일반
문서종류 공문
공개구분 일부 비공개
내용 운수성이 배상청에 민간회사에 인도할 화물선 4척의 수리 견적 금액을 통보한 공문
주제어 선박 반환

문서명	■에 인도할 화물선 수리 건(■に引渡すべき貨物船の修理に関する件)

문서파일번호 1135
작성연월일 1950. 5. 15
구분 예비회담
세부항목 선박 반환 문제
작성처 운수성
매수 2
비밀등급 일반
문서종류 공문
공개구분 일부 비공개
내용 운수성이 상선관리위원회에 보낸 공문. 연합국 최고사령부 민간재정관리국이 요구하는 반환해야 할 화물선 4척의 의장 및 수리를 상선관리위원회가 처리해 달라고 요청함.
주제어 선박 반환

문서명	■에 인도할 화물선(Cargo Vessels to be Transferred to ■)

문서파일번호 1135
작성연월일 1950(월일 불명)
구분 예비회담
세부항목 선박 반환 문제
작성처 연합국 최고사령부 민간재산관리국
매수 1
비밀등급 일반
문서종류 외교공한
공개구분 일부 비공개
내용 연합국 최고사령부 민간재산관리국이 민간회사에 양도할 4척의 선박 수리에 관해 조사한 내용을 배상청에 통보한 공한(영문)
주제어 선박 반환

문서명	한국 반환 선박 평안호의 인도 시에 남아 있던 물, 석탄 및 윤활유 대금에 대해서 (韓国返還船平安丸の引渡時に於ける残水炭並に潤滑油代金について)

문서파일번호 1135
작성연월일 1950. 8. 9
구분 예비회담
세부항목 선박 반환 문제
작성처 운수성
매수 1
비밀등급 일반
문서종류 공문
공개구분 공개
내용 운수성이 배상청에 보낸 공문. 한국정부가 한국 반환 선박 평안호를 인도할 때 남아 있던 물과 윤활유 대금을 지불할 것을 요구했으나 아직 미해결 상태이며, 선박운영회와 한국우편선박회사로부터 재차 청구가 있었음을 통보함.
주제어 선박 반환

문서명	한국 선박 평안호의 인도 시 공급된 윤활유, 석탄 및 물 대금(Charges for Lubricating Oil, Coal and Water supplied to the"S.S. Heian Maru" at the Time of Delivery)

문서파일번호 1135
작성연월일 1950. 8. 15
구분 예비회담
세부항목 선박 반환 문제
작성처 배상청
매수 1
비밀등급 일반
문서종류 외교공한
공개구분 일부 비공개
내용 배상청이 연합국 최고사령부 민간재산관리국에 보낸 외교공한(영문). 평안호(S.S. Heian Maru) 인도 시 남아 있던 윤활유, 석탄, 물에 대한 변제 문제가 아직 해결되지 않았다고 보고함.
주제어 선박 반환

문서명	■에 화물선 반환(Return of Cargo Vessels to ■)

문서파일번호 1135
작성연월일 1951. 1. 4
구분 예비회담
세부항목 선박 반환 문제
작성처 연합국 최고사령부 민간재산관리국
매수 1
비밀등급 일반
문서종류 외교공한
공개구분 일부 비공개
내용 연합국 최고사령부 민간재산관리국이 대장성에 보낸 외교공한(영문). 1950년 3월 반환된 S.S.'Keran Maru'의 수리가 1950년 8월까지 이행되지 않고 있다면서, 동년 3월부터 8월까지의 유지비를 일본정부가 부담할 것을 요구함.
주제어 선박 반환

현재 일본 수역에 있는 한국적 선박에 관한 정보
(現在日本水域にある朝鮮籍船舶に関する情報)

문서파일번호	599
작성연월일	1947. 6. 9 - 1948. 2. 17
구분	예비회담
세부항목	일본 수역 내 한국 선박 정보
작성처	운수성 해운총국
매수	49
비밀등급	
문서종류	공문
공개구분	공개 또는 일부 비공개
내용	1947년 6월 7일~1948년 2월 17일 사이에 운수성 해운총국 장관이 종전연락중앙사무국 차장(1948년에 들어와 외무성 사무차관으로 변경)에게 보낸 일본 소재 한국적 선박의 현황에 대한 일련의 보고서
주제어	선박 반환

문서명	현재 일본 수역에 있는 한국적 선박 41척에 관한 정보[現在日本水域にある朝鮮籍船舶四十一隻(総噸百噸未満)に關する情報]

문서파일번호 599
작성연월일 1947. 6. 9
구분 한일회담 이전
세부항목 일본 수역 내 한국 선박 관련 정보
작성처 운수성 해운총국
매수 1
비밀등급 일반
문서종류 공문
공개구분 공개
내용 운수성 해운총국 장관이 종전연락중앙사무국 차장에게 보내는 공문 제159호. 연합국 최고사령부 민간재산관리국 지령 560호에 따라 100톤 이상의 선박 33척에 대해 보고했으며, 100톤 이하는 지방해운국의 관리 하에 있어서 전국의 해운국 지국에 조사 중이지만, 일본 수역에 있는 한국 선박은 종전 후 소유자가 변경되거나 소재지 파악이 어려움.
주제어 선박 반환

문서명	현재 일본 수역에 있는 한국적 선박 33척에 관한 정보[現在日本水域にある朝鮮籍船舶三十三隻(総噸100噸以上)に關する情報]

문서파일번호 599
작성연월일 1947. 6. 9
구분 한일회담 이전
세부항목 일본 수역 내 한국 선박 관련 정보
작성처 운수성 해운총국
매수 1
비밀등급 일반
문서종류 공문
공개구분 공개
내용 운수성 해운총국 장관이 종전연락중앙사무국 차장에게 보내는 공문 제160호. 100톤 이상의 선박 33척 중 현재 운항하고 있는 선박의 국적 조사 결과, 모두 일본 국적이며 불명확한 4척에 대해서는 조사 중임.
주제어 선박 반환

문서명	현재 일본 수역에 있는 한국적 선박 41척에 관한 정보[現在日本水域に在る朝鮮籍船舶四十一隻(総屯百屯以下)に関する情報]

문서파일번호 599
작성연월일 1947. 6. 30
구분 한일회담 이전
세부항목 일본 수역 내 한국 선박 관련 정보
작성처 운수성 해운총국
매수 3
비밀등급 일반
문서종류 공문
공개구분 일부 비공개
내용 운수성 해운총국 장관이 종전연락중앙사무국 차장에게 보내는 공문 제209호. 41척 중, 현재까지 상세 판명된 것은 1척, 일본 수역에 있는 것은 확실하나 조사 중인 것은 3척이 있음. 3척과 함께 다른 선박을 조사한 후 보고하겠음.
주제어 선박 반환

문서명	조선치적선에 관한 정보(백 톤 이하)[朝鮮置籍船に関する情報の件(百屯以下)]

문서파일번호 599
작성연월일 1947. 6. 30
구분 한일회담 이전
세부항목 일본 수역 내 한국 선박 관련 정보
작성처 종전연락중앙사무국 해운과(CLO* 海運課)
매수 1
비밀등급 일반
문서종류 공문
공개구분 공개
내용 종전연락중앙사무국 해운과가 특수재산과에 보낸 공문. 한국 국적 선박에 대해 상세 판명된 것은 1척, 일본 수역에 있는 것은 확실하나 조사 중인 것은 3척 있음.
주제어 선박 반환

* 종전연락중앙사무국(CLO: Central Liaison Office)

문서명	현재 일본 수역에 있는 한국적 선박 41척(총톤 100톤 이하)에 관한 정보[現在日本水域に在る朝鮮籍船舶四十一隻(総屯百屯以下)に関する情報]

문서파일번호 599
작성연월일 1947. 8. 20
구분 한일회담 이전
세부항목 일본 수역 내 한국 선박 관련 정보
작성처 운수성 해운총국
매수 14
비밀등급 일반
문서종류 공문
공개구분 일부 비공개
내용 운수성 해운총국 장관이 종전연락중앙사무국 차장에게 보내는 공문 제398호. 해운총국, 지방해운국, 농림성수산국, 현 경찰부가 100톤 이하 선박을 조사한 결과. 선박의 등록지, 국적, 소유자, 현재에 이른 경위와 상태에 관한 정보가 수록됨.
주제어 선박 반환

문서명	일본 수역에 있는 한국적 선박(총톤 100톤 이상) 건[日本水域に在る朝鮮籍船(総屯100屯以上)の件]

문서파일번호 599
작성연월일 1947. 9. 20
구분 한일회담 이전
세부항목 일본 수역 내 한국 선박 관련 정보
작성처 운수성 해운총국
매수 4
비밀등급 일반
문서종류 공문
공개구분 공개
내용 운수성 해운총국 장관이 종전연락중앙사무국 차장에게 보내는 공문 제454호. 한국적 선박 9척에 관한 취득 상황 관련 정보가 간단히 기술됨.
주제어 선박 반환

문서명	일본 수역에 있는 한국적 선박(100톤 이상) 건[日本水域に在る朝鮮籍船(100屯以上)の件]

문서파일번호 599
작성연월일 1947. 9. 25
구분 한일회담 이전
세부항목 일본 수역 내 한국 선박 관련 정보
작성처 운수성 해운총국
매수 2
비밀등급 일반
문서종류 공문
공개구분 공개
내용 운수성 해운총국 장관이 종전연락중앙사무국 차장에게 보내는 공문 제491호. 선박 목록 16번인 금강호(金剛丸)의 취득 경위가 기술됨.
주제어 선박 반환

문서명	현재 일본 수역에 있는 한국 선박 41척(총톤 백 톤 이하) 건[現在日本水域に在る朝鮮船舶四十一隻(総屯百屯以下)の件]

문서파일번호 599
작성연월일 1947. 10. 8
구분 한일회담 이전
세부항목 일본 수역 내 한국 선박 관련 정보
작성처 운수성 해운총국
매수 3
비밀등급 일반
문서종류 공문
공개구분 일부 비공개
내용 운수성 해운총국 장관이 종전연락중앙사무국 차장에게 보내는 공문 제518호. 선박 목록 16번인 황운호(晃運丸)의 취득 경위가 기술됨.
주제어 선박 반환

문서명	현재 일본 수역에 있는 한국적 선박 건(現在日本水域に在る朝鮮籍船舶に関する件)

문서파일번호 599
작성연월일 1947. 10. 27
구분 한일회담 이전
세부항목 일본 수역 내 한국 선박 관련 정보
작성처 운수성 해운총국
매수 9
비밀등급 일반
문서종류 공문
공개구분 공개
내용 운수성 해운총국 장관이 종전연락중앙사무국 차장에게 보내는 공문 제573호. 연합국 최고사령부 민간재산관리국 지령 560호에 따른 100톤 이상 한국적 선박 33척, 100톤 이하 41척에 대한 조사 결과의 최종 보고임.
주제어 선박 반환

문서명	현재 일본 수역에 있는 한국적 선박 건(現在日本水域に在る朝鮮籍船舶に関する件)

문서파일번호 599
작성연월일 1948. 2. 17
구분 한일회담 이전
세부항목 일본 수역 내 한국 선박 관련 정보
작성처 운수성 해운총국
매수 11
비밀등급 일반
문서종류 공문
공개구분 일부 비공개
내용 운수성 해운총국 장관이 외무성 외무차관에게 보내는 공문 제135호. 일본 수역 내 한국 선박 관련 최종보고에 대한 연합국 최고사령부 민간재산관리국의 질의와 그에 대한 응답이 수록됨.
주제어 선박 반환

일본정부가 압수한 한국 선박 및 동 선박의 반환
(日本政府の押収した朝鮮船舶及びその返還)

문서파일번호	1137
작성연월일	1947. 10. 8 - 1952. 3. 1
구분	예비회담~제1차 회담
세부항목	한국적 선박 반환 문제
작성처	운수성 등
매수	254
비밀등급	
문서종류	법령, 공문 등
공개구분	공개 또는 일부 비공개
내용	밀입국 혐의로 일본에 압수, 억류된 한국적 선박 52척의 한국 반환과 관련한 일련의 문서 모음
주제어	선박 반환

문서명	일본국 연안에 버려진 선박의 조치에 관한 법률(법률 제116호)[日本国沿岸に置き去られた船舶の措置に関する法律(法律第百十六号)]

문서파일번호 1137
작성연월일 1947. 10. 8
구분 예비회담
세부항목 한국적 선박 반환 문제
작성처 운수성
매수 9
비밀등급 일반
문서종류 법령
공개구분 공개
내용 1945년 이후 일본 연안에 소재하는 선박 중 방치 선박으로 지정된 선박의 조치에 관한 법률. 방치 선박 지정, 반환 청구, 반환 청구가 없을 경우의 처분, 매각대금의 처리, 지정 선박이 연합국 선박일 경우의 처리에 대해 규정하고 있음.
주제어 선박 반환

문서명	1947년 법률 제116호(일본국 연안에 버려진 선박의 조치에 관한 법률) 시행기일 건[昭和二十二年法律第百十六号(日本国沿岸に置き去られた船舶の措置に関する法律)の施行期日の件]

문서파일번호 1137
작성연월일 1947. 12. 29
구분 예비회담
세부항목 한국적 선박 반환 문제
작성처 운수성
매수 1
비밀등급 일반
문서종류 법령
공개구분 공개
내용 법률 제116호(일본국 연안에 버려진 선박의 조치에 관한 법률)의 시행기일을 지정하는 정령 제324호
주제어 선박 반환

문서명	1947년 법률 제116호(일본국 연안에 남겨진 선박의 조치에 관한 법률) 시행 건[昭和二十二年法律第百十六号(日本国沿岸に置き去られた船舶の措置に關する法律)の施行に關する件]

문서파일번호 1137
작성연월일 1948. 1. 21
구분 예비회담
세부항목 한국적 선박 반환 문제
작성처 사법대신, 운수대신
매수 5
비밀등급 일반
문서종류 법령
공개구분 공개
내용 1947년 제정된 법률 제116호의 시행과 관련한 사법성과 운수성 성령 제1호
주제어 선박 반환

문서명	중지 처분 선박 처리에 대해서(中止処分船舶の処理について)

문서파일번호 1137
작성연월일 1948. 2. 18
구분 예비회담
세부항목 한국적 선박 반환 문제
작성처 운수성 해운국장
매수 1
비밀등급 일반
문서종류 공문
공개구분 공개
내용 불법 입국 때 사용된 것으로 추정되어 지방검찰이 중지 처분을 내린 선박에 대한 처리와 관련하여 운수성 해운국장이 각 지방 해운국장 및 해운감리부장에게 보낸 것임.
주제어 선박 반환

문서명	중지 처분 등을 받은 밀무역 사건 선박의 조치에 대해서(中止処分等に附された密貿易事件の船舶の措置について)

문서파일번호 1137
작성연월일 1948. 2. 10
구분 예비회담
세부항목 한국적 선박 반환 문제
작성처 사법성 형사국장
매수 1
비밀등급 일반
문서종류 공문
공개구분 공개
내용 1948년 2월 18일 자 운수성 해운국장이 지방해운국장과 해운감리부장에게 보낸 공문 첨부문서. 지방검찰이 중지 처분을 내린 밀무역 사건 선박 처리와 관련하여 운수성 해운국장이 1949년 12월 16일 자 공문으로 문의한 내용에 대한 사법성 형사국장의 답신. 형사국장의 검사정(検事正*) 앞 1948년 2월 10일 자 공문에 명기된 대로 조치 예정임.
주제어 선박 반환

문서명	중지 처분 등을 받은 밀무역 사건 선박의 조치에 대해서(中止処分等に附された密貿易事件の船舶の措置について)

문서파일번호 1137
작성연월일 1948. 2. 10
구분 예비회담
세부항목 한국적 선박 반환 문제
작성처 사법성 형사국장
매수 2
비밀등급 일반
문서종류 공문
공개구분 공개
내용 1948년 2월 18일 자 운수성 해운국장이 지방해운국장과 해운감리부장에게 보낸 공문 첨부문서. 사법성 형사국장이 검사정(検事正)에게 보낸 것으로, 사용중지 처분된 밀무역 선박은 법률 제116호에 따라 조치함.
주제어 선박 반환

* 우리나라의 지방검찰청 검사장에 해당되는 검사의 직급

문서명	1947년 법률 제116호 시행 건(昭和二十二年法律第百十六号施行に關する件)

문서파일번호 1137
작성연월일 1947. 12. 16
구분 예비회담
세부항목 한국적 선박 반환 문제
작성처 운수성 해운국장
매수 1
비밀등급 일반
문서종류 공문
공개구분 공개
내용 1948년 2월 18일 자 운수성 해운국장이 지방해운국장과 해운감리부장에게 보낸 공문 첨부문서. 법률 제116호(일본국 연안에 버려진 선박의 조치에 관한 법률)의 시행에 즈음하여 지방검찰청에 의해 소추대상이 된 사용중지 처분 선박의 처리에 관해 운수성이 사법성에 의견을 문의함.
주제어 선박 반환

문서명	관세법 위반 혐의자 ■에 대한 조사결과 보고에 대해서(關税法違反嫌疑者■に對する調査結果の報告について)

문서파일번호 1137
작성연월일 1948. 9. 7
구분 예비회담
세부항목 한국적 선박 반환 문제
작성처 가고시마 세관지서장(鹿児島税關支署長)
매수 2
비밀등급 일반
문서종류 공문
공개구분 일부 비공개
내용 가고시마 세관지서장이 모지(門司*)세관장에게 보낸 공문. 1948년 8월 30일 관세법 위반 혐의가 있는 한국인 ■에 대해 가고시마 군정대장에게 보고했고, 다른 밀항자와 함께 강제송환하기 위해 9월 1일 사세보(佐世保)로 출발했음을 통보함.
주제어 선박 반환, 한인 불법 입국자

* 현 기타큐슈(北九州)시

문서명	불법 입국자(Illegal Entrants)

문서파일번호 1137
작성연월일 1948. 8. 30
구분 예비회담
세부항목 한국적 선박 반환 문제
작성처 가고시마 군정대장(Headquarters, Kagoshima Military Government Team)
매수 1
비밀등급 일반
문서종류 외교공한
공개구분 공개
내용 연합국 최고사령부 가고시마 군정본부가 가고시마 현경(縣警)에 68명의 한국인 밀입국자를 사세보(佐世保)의 본국송환센터로 출발시킬 것을 요청함과 아울러 불법 입국선은 적합한 채널을 통해 몰수, 양도될 것이라는 내용을 통보한 것임(영문).
주제어 선박 반환, 한인 불법 입국자, 불법 입국선

문서명	불법 입국선의 인계이관에 대해서(不法入国船の引継移管について)

문서파일번호 1137
작성연월일 1948. 12. 22
구분 예비회담
세부항목 한국적 선박 반환 문제
작성처 규슈 해운국 가고시마 지국장
매수 1
비밀등급 일반
문서종류 공문
공개구분 공개
내용 규슈 해운국 가고시마 지국장이 모지세관 가고시마 지서장에게 보낸 공문. 1948년 8월 22일 다카야마(高山)지구 경찰서에 나포되어 보관 중인 불법 입국선 경복호(慶福丸)를 9월 8일 자 가고시마 군정 지령에 따라 이관함.
주제어 선박 반환, 한인 불법 입국선

문서명	불법 입국 관련 선박 몰수(Vessel Apprehended in Regards to Illegal Entrants)

문서파일번호 1137
작성연월일 1948. 9. 20
구분 예비회담
세부항목 한국적 선박 반환 문제
작성처 가고시마 군정대장
매수 1
비밀등급 일반
문서종류 외교공한
공개구분 공개
내용 1948년 12월 22일 자 규슈 해운국 가고시마 지국장의 공문 첨부문서. 몰수된 불법 입국선 경복호(慶福丸)를 세관당국에 이관하라는 내용의 가고시마 군정지령(영문)
주제어 선박 반환, 한인 불법 입국선

문서명	경복호의 소관 변경에 대해서(慶福丸の所管換について)

문서파일번호 1137
작성연월일 1948. 12. 23
구분 예비회담
세부항목 한국적 선박 반환 문제
작성처 가고시마 세관지서장
매수 1
비밀등급 일반
문서종류 공문
공개구분 공개
내용 가고시마 세관지서장이 규슈해운국의 통보에 따라 모지세관장에게 경복호(慶福丸)의 소관 변경 서한을 요청함.
주제어 선박 반환, 한인 불법 입국선

문서명	경복호의 신규 선박 허가증 교부에 대해서(慶福丸の新船鑑札等の交付について)

문서파일번호 1137
작성연월일 1949. 1. 4
구분 예비회담
세부항목 한국적 선박 반환 문제
작성처 가고시마 세관지서장
매수 1
비밀등급 일반
문서종류 공문
공개구분 공개
내용 가고시마 세관지서장이 모지세관장에게 경복호(慶福丸)의 신규 선박허가증, 교부 신청서 및 석유제품 배급 등록요청을 관계부처에 제출, 교부되었음을 보고함.
주제어 선박 반환, 한인 불법 입국선

문서명	관세법 위반 혐의사건에 관여된 몰수 선박 경복호의 인계 및 소속 변경에 대해서 (關税法違反嫌疑事件に係る没取船舶の慶福丸の引繼ぎ及び所属替について)

문서파일번호 1137
작성연월일 1949. 1. 21
구분 예비회담
세부항목 한국적 선박 반환 문제
작성처 모지세관장(門司税關長)
매수 1
비밀등급 일반
문서종류 공문
공개구분 일부 비공개
내용 모지세관장이 구마모토 재무국장에게 관세법 위반 혐의 사건에 관여된 몰수 선박 경복호(慶福丸)에 대해 피의자는 한국으로 강제 송환하고 선박은 몰수 처분하라는 지시가 있었음을 보고함.
주제어 선박 반환, 한인 불법 입국선

문서명	몰수 선박 경복호의 인계 및 소속 변경에 대해서(没取船慶福丸の引継及び所属替について)

문서파일번호 1137
작성연월일 1949. 1. 21
구분 예비회담
세부항목 한국적 선박 반환 문제
작성처 모지세관장
매수 3
비밀등급 일반
문서종류 공문
공개구분 공개
내용 모지세관장이 가고시마 세관지서장에게 몰수 선박 경복호(慶福丸)의 인계 및 소속 변경에 필요한 관계 서류를 송부하니 조치하라고 통보함.
주제어 선박 반환, 한인 불법 입국선

문서명	경복호의 소속 변경에 대해서(慶福丸の所属替について)

문서파일번호 1137
작성연월일 1949. 7. 19
구분 예비회담
세부항목 한국적 선박 반환 문제
작성처 모지세관장
매수 1
비밀등급 일반
문서종류 공문
공개구분 공개
내용 모지세관장이 가고시마 세관지서장에게 경복호(慶福丸)의 소속 변경 관련 서류를 구마모토 재무부 가고시마지부에 제출하라고 요청함.
주제어 선박 반환, 한인 불법 입국선

문서명	보통재산 선박 경복호(慶福丸)의 소속 변경에 대해서[普通財産船舶(慶福丸)の所属替について]

문서파일번호 1137
작성연월일 1949. 7. 19
구분 예비회담
세부항목 한국적 선박 반환 문제
작성처 모지세관장
매수 1
비밀등급 일반
문서종류 공문
공개구분 공개
내용 모지세관장이 구마모토 재무부장에게 관세법 위반 혐의로 몰수된 선박 경복호(慶福丸)를 보통재산으로 소속 변경하는 신청서를 제출하면서 필요한 조치를 취해 줄 것을 요청함.
주제어 선박 반환, 한인 불법 입국선

문서명	보통재산 소속 변경에 대해서(普通財産所属替について)

문서파일번호 1137
작성연월일 1949. 9. 3
구분 예비회담
세부항목 한국적 선박 반환 문제
작성처 구마모토 재무부장
매수 1
비밀등급 일반
문서종류 공문
공개구분 공개
내용 구마모토 재무부장이 모지세관장에게 경복호(慶福丸)의 보통재산 선박으로의 소속 변경 신청에 대해 이의 없다고 통보함.
주제어 선박 반환, 한인 불법 입국선

문서명	보통재산(선박)의 소속 변경에 대해서[普通財産(船舶)の所属替について]

문서파일번호 1137
작성연월일 1949. 9. 9
구분 예비회담
세부항목 한국적 선박 반환 문제
작성처 모지세관장
매수 5
비밀등급 일반
문서종류 공문
공개구분 공개
내용 모지세관장이 대장성에 경복호(慶福丸)의 보통재산으로의 소속 변경 승인을 요청하면서 협의가 완료된 서류를 구비하여 송부함.
주제어 선박 반환, 한인 불법 입국선

문서명	제목 없음

문서파일번호 1137
작성연월일 1949. 11. 5
구분 예비회담
세부항목 한국적 선박 반환 문제
작성처 대장대신
매수 1
비밀등급 일반
문서종류 공문
공개구분 공개
내용 대장대신이 모지세관장에게 경복호(慶福丸)의 보통재산 선박으로의 소관 변경을 무상으로 승인한다는 내용을 통보함.
주제어 선박 반환, 한인 불법 입국선

문서명	보통재산(선박)의 소관 변경에 대해서[普通財産(船舶)の所管換について]

문서파일번호 1137
작성연월일 1949. 11. 15
구분 예비회담
세부항목 한국적 선박 반환 문제
작성처 모지세관장
매수 1
비밀등급 일반
문서종류 공문
공개구분 공개
내용 모지세관장이 구마모토 재무부장에게 경복호(慶福丸)의 보통재산 선박으로의 소관 변경에 관해 대장대신의 승인을 받았기에 협의에 임하겠다고 통보함.
주제어 선박 반환, 한인 불법 입국선

문서명	국유재산(선박)의 무상 소관 변경에 대해서[國有財産(船舶)の無償所管換について]

문서파일번호 1137
작성연월일 1949. 12. 15
구분 예비회담
세부항목 한국적 선박 반환 문제
작성처 구마모토 재무부장
매수 2
비밀등급 일반
문서종류 공문
공개구분 공개
내용 구마모토 재무부장이 모지세관장에게 경복호(慶福丸) 국유재산 선박의 무상 소관 변경을 가고시마에서 실시, 인수 완료했기에 교환서를 송부한다는 내용을 통보함.
주제어 선박 반환, 한인 불법 입국선

문서명	압수 중인 한국적 선박 혹은 무국적 선박 건(押収中の朝鮮籍船又は無籍船に関する件)

문서파일번호 1137
작성연월일 1950. 1. 14
구분 예비회담
세부항목 한국적 선박 반환 문제
작성처 배상청
매수 3
비밀등급 일반
문서종류 재가문서
공개구분 공개
내용 외무성이 관계 성청에 연합국 최고사령부로부터 압수 중인 한국적 선박 혹은 무국적 선박에 관해 일본정부가 상세정보를 설명하라는 지시가 왔으며, 이와 관련한 협의회를 1950년 1월 18일 개최한다고 통보하는 내용의 공문 재가문서
주제어 선박 반환

문서명	일본정부가 억류 중인 한국적 혹은 국적 불명의 선박에 대해서(日本政府抑留中の朝鮮又は船籍不明の船舶について)

문서파일번호 1137
작성연월일 1950. 2. 9
구분 예비회담
세부항목 한국적 선박 반환 문제
작성처 해상보안청 경비구난부장(海上保安庁警備救難部長)
매수 3
비밀등급 일반
문서종류 공문
공개구분 공개
내용 해상보안청이 보관 중인 선박 39척에 대한 소재지와 현재 상태를 배상청에 보고함.
주제어 선박 반환

문서명	일본정부에 의해 유치되어 있는 한국 혹은 국적 불명 선박의 리스트 제출에 대해서(日本政府より留置されてゐる朝鮮若しくは国籍不明の船舶のリストの提出について)

문서파일번호 1137
작성연월일 1950. 2. 16
구분 예비회담
세부항목 한국적 선박 반환 문제
작성처 운수성 해운국 감독 제2과장
매수 1
비밀등급 일반
문서종류 공문
공개구분 공개
내용 운수성이 일본정부에 의해 유치(留置)되어 있는 한국적 혹은 국적 불명 선박의 리스트를 별지 형식으로 배상청에 제출함.
주제어 선박 반환

문서명	억류 중인 한국 혹은 국적 불명 선박 일람표(抑留中の朝鮮又は船籍不明の船舶一覧表)

문서파일번호 1137
작성연월일 1950. 2. 1
구분 예비회담
세부항목 한국적 선박 반환 문제
작성처 해상보안청
매수 11
비밀등급 일반
문서종류 내부자료
공개구분 공개
내용 운수성 해운국 감독 제2과장이 1950년 2월 16일 자로 작성한 공문의 첨부물. 억류 중인 한국적 혹은 국적 불명 선박 일람표가 선박명, 체포일, 선박 상태 등으로 구분되어 정리되어 있음.
주제어 선박 반환

문서명	억류 중인 한국적 선박의 보관 장소 이동에 대해서(抑留中の韓国籍船舶の保管場所の移動について)

문서파일번호 1137
작성연월일 1950. 9. 25
구분 예비회담
세부항목 한국적 선박 반환 문제
작성처 해상보안청 경비구난부장
매수 2
비밀등 일반
분서종류 공문
공개구분 공개
내용 해상보안청이 배상청에 억류 중인 선박 39척 중에서 3척이 고장이 나 보관장소로 이동할 수 없다고 보고함.
주제어 선박 반환

문서명	억류 중인 한국적 선박의 보관대상 해제(Removal of the Place of Custody for Korean Vessels under Detention)

문서파일번호 1137
작성연월일 1950. 9. 25
구분 예비회담
세부항목 한국적 선박 반환 문제
작성처 해상보안청(Maritime Safety Agency)
매수 4
비밀등급 일반
문서종류 공문
공개구분 공개
내용 해상보안청이 배상청에 보관 중인 선박 39척 중에 3척이 보관대상에서 제외되었다는 사실과 함께 보호 중인 36척의 선박 리스트를 보고함(영문).
주제어 선박 반환

문서명	한국적 선박의 억류 해제 신청(Application for Removal of Korean Vessels under Detention)

문서파일번호 1137
작성연월일 1950. 9. 27
구분 예비회담
세부항목 한국적 선박 반환 문제
작성처 배상청
매수 1
비밀등급 일반
문서종류 외교공한
공개구분 공개
내용 배상청이 연합국 최고사령부 민간재산관리국에 한국적 선박의 억류 해제를 신청함(영문).
주제어 선박 반환

문서명	압수선박의 처분에 관한 회의 개최 건(押收船舶の処分に関する會議開催の件)

문서파일번호 1137
작성연월일 1950. 9. 28
구분 예비회담
세부항목 한국적 선박 반환 문제
작성처 배상청 특수재산부장
매수 5
비밀등급 일반
문서종류 재가문서
공개구분 공개
내용 배상청이 국가지방경찰본부, 법무성, 최고검찰청, 대장성, 운수성, 해상보안청에 현재 압수 중인 외국적 또는 국적 불명의 선박 가운데 사용 가치가 감소하고 있는 것과 보관비가 높은 것의 처분 문제를 협의하기 위해 1950년 10월 4일 회의를 개최한다고 통보하는 공문의 재가문서
주제어 선박 반환

문서명	압수선박 처분 건(押収船舶の処分に関する件)

문서파일번호 1137
작성연월일 1950. 10. 18
구분 예비회담
세부항목 한국적 선박 반환 문제
작성처 배상청 특수재산부장
매수 4
비밀등급 일반
문서종류 재가문서
공개구분 공개
내용 배상청이 국가지방경찰본부, 해상보안청에 보내는 공문의 재가문서. 1949년 12월 3일 자 정령 제381호에 따라 불법 입국 시 사용된 선박으로 범인이 사용한 것은 몰수하는 것으로 되었다면서, 정령 제381호가 적용되기 전에 몰수된 선박을 어떻게 대처할지에 대해 설명함.
주제어 선박 반환

문서명	억류 중인 한국 혹은 국적 불명의 선박의 가격 및 보관을 위해 사용한 경비에 대해서(抑留中の韓国又は国籍不明の船舶の船價及び保管のための宇いやした経費について)

문서파일번호 1137
작성연월일 1950. 11. 20
구분 예비회담
세부항목 한국적 선박 반환 문제
작성처 해상보안청 경비구난부장
매수 1
비밀등급 일반
문서종류 공문
공개구분 공개
내용 해상보안청이 배상청에 별지 외교공한(억류 중인 한국적 혹은 국적 불명의 선박의 가격 및 보관을 위해 사용한 경비 내역)을 연합국 최고사령부 민간재산관리국에 전달해 달라고 요청함.
주제어 선박 반환

문서명	압수 중인 한국 국적 선박 혹은 국적 불명의 선박의 가격 및 보관 경비(Valuation of Korean Vessels or Vessels of Unknown Nationality under Detention as well as Expenses required for their custody)

문서파일번호 1137
작성연월일 1950. 11. 19
구분 예비회담
세부항목 한국적 선박 반환 문제
작성처 해상보안청
매수 1
비밀등급 일반
문서종류 외교공한
공개구분 공개
내용 1950년 11월 20일 자로 해상보안청이 연합국 최고사령부 민간재산관리국에 보낸 공문의 첨부문서. 해상보안청이 압수 중인 한국 국적 선박 혹은 국적 불명 선박의 가격 및 보관 경비 등에 관한 내용을 보고함(영문).
주제어 선박 반환

문서명	불법 입국에 사용되어 일본관헌이 압수한 선박에 대해서(不法入國に使用したかどで日本官憲が押収した船舶について)

문서파일번호 1137
작성연월일 1950. 12. 7
구분 예비회담
세부항목 한국적 선박 반환 문제
작성처 국가지방경찰본부 경비부장(國家地方警察本部 警備部長)
매수 1
비밀등급 일반
문서종류 공문
공개구분 공개
내용 국가지방경찰본부가 일본관헌이 압수한 불법 입국에 사용된 선박 관련 각 방면에서 조사한 내용을 배상청에 보고함.
주제어 선박 반환

문서명	별첨. 불법 입국에 사용되어 일본관헌이 압수한 선박 조사표(別添不法入國に使用したかどてて日本官憲が押収した船舶の調査表)

문서파일번호 1137
작성연월일 1950. 12. 7
구분 예비회담
세부항목 한국적 선박 반환 문제
작성처 국가지방경찰본부 경비부장
매수 12
비밀등급 일반
문서종류 내부자료
공개구분 공개
내용 국가지방경찰본부가 배상청에 보낸 공문 첨부자료. 불법 입국에 사용되어 일본관헌이 압수한 선박에 대한 조사결과를 선적, 소유자, 선박명, 현재상황, 가격보관경비 등으로 구분하여 정리함.
주제어 선박 반환

문서명	국가지방경찰본부가 억류 중인 한국적 또는 국적 불명 선박의 가치 및 억류 비용(Value and Custody Expenses of Vessels of Korean or Unknown Registry Detained by Headquarters, National Rural Police, Japanese Government)

문서파일번호 1137
작성연월일 1950(월일 불명)
구분 예비회담
세부항목 한국적 선박 반환 문제
작성처 국가지방경찰본부 경비부장
매수 5
비밀등급 일반
문서종류 내부자료
공개구분 공개
내용 뒤에 나오는 1950년 12월 27일 자 배상청의 연합국 최고사령부 민간재산관리국 앞 외교공한 첨부자료로 보임. 국가지방경찰본부가 억류 중인 한국 국적 혹은 국적 불명 선박의 선박명, 선적, 가치, 보관경비, 기타(상태, 엔진 수) 등을 정리한 자료임.
주제어 선박 반환

문서명	선적 불명선 계 46척(船籍不明船 計四六隻)

문서파일번호 1137
작성연월일 1950(월일 불명)
구분 예비회담
세부항목 한국적 선박 반환 문제
작성처 불명(국가지방경찰본부로 추정)
매수 5
비밀등급 일반
문서종류 내부자료
공개구분 공개
내용 선적 불명 선박 총 46척의 소유자, 번호, 검거일, 검거 장소 등이 정리된 표
주제어 선박 반환

문서명	한국선적의 선박 계 78척(朝鮮船籍の船舶 計七八隻)

문서파일번호 1137
작성연월일 1950(월일 불명)
구분 예비회담
세부항목 한국적 선박 반환 문제
작성처 불명(국가지방경찰본부로 추정)
매수 8
비밀등급 일반
문서종류 내부자료
공개구분 공개
내용 한국 국적 선박 총 78척의 소유자, 번호, 검거일, 검거 장소 등이 정리된 표
주제어 선박 반환

문서명	제목 없음

문서파일번호 1137
작성연월일 불명(1950 혹은 1951)
구분 예비회담
세부항목 한국적 선박 반환 문제
작성처 불명
매수 5
비밀등급 일반
문서종류 내부자료
공개구분 공개
내용 뒤에 나오는 1951년 1월 11일 자로 배상청이 최고사령부 민간재산관리국에 보낸 외교공한 첨부물로 보임. 52척의 선박 톤수, 상태, 보관 장소가 영문으로 정리된 자료
주제어 선박 반환

문서명	일본정부가 억류 중인 한국적 또는 국적 불명 선박의 가치와 보관 비용(Value and Custody Expenses of Vessels of Korean or Unknown Registry Detained by the Japanese Government)

문서파일번호 1137
작성연월일 1950. 12. 27
구분 예비회담
세부항목 한국적 선박 반환 문제
작성처 배상청
매수 1
비밀등급 일반
문서종류 외교공한
공개구분 공개
내용 배상청이 연합국 최고사령부 민간재산관리국에 보낸 외교공한(영문). 일본정부가 억류 중인 한국 국적 혹은 국적 불명 선박의 선박명, 선적, 보호 경비, 상태, 엔진 수 등이 정리된 자료(국가지방경찰본부 작성)를 송부함(자료는 첨부되어 있지 않음).
주제어 선박 반환

문서명	일본정부가 억류 중인 한국적 및 한국인 소유 선박 명부(List of Vessels with Korean Registry and Korean Ownership Detained by the Japanese Government)

문서파일번호	1137
작성연월일	1951. 1. 11
구분	예비회담
세부항목	한국적 선박 반환 문제
작성처	배상청
매수	1
비밀등급	일반
문서종류	외교공한
공개구분	공개
내용	배상청이 연합국 최고사령부 민간재산관리국에 보낸 외교공한. 1945년 8월부터 1949년 12월까지 밀입국에 연루되어 일본에 억류된 한국적 선박 리스트를 보고함(선박 리스트는 첨부되어 있지 않음).
주제어	선박 반환

문서명	이즈하라항 내에서 침몰된 한국 나포선에 대해서(厳原港内に沈没せる韓国拿捕船について)

문서파일번호	1137
작성연월일	1951. 1. 22
구분	예비회담
세부항목	한국적 선박 반환 문제
작성처	제7관구 해상보안본부(第七管區海上保安本部)
매수	1
비밀등급	일반
문서종류	공문
공개구분	공개
내용	제7관구 해상보안본부가 배상청에 보낸 공문. 이전에 설명한 쓰시마(對馬島) 이즈하라(嚴原)항 내에서 침몰된 한국 나포선을 조속히 제거해 달라고 요청함.
주제어	선박 반환

문서명	이즈하라항 내에서 침몰된 한국 나포선 건(厳原港内に沈没せる韓国拿捕船に関する件)

문서파일번호 1137
작성연월일 1951. 1. 27
구분 예비회담
세부항목 한국적 선박 반환 문제
작성처 배상청 특수재산부장
매수 2
비밀등급 일반
문서종류 공문
공개구분 공개
내용 1950년 1월 22일 자 제7관구 해상보안본부의 공문에 대한 배상청의 답신 공문. 이즈하라항 내에서 침몰된 한국 나포선의 최종 처리 관련, 연합국 최고사령부가 지령을 작성 중이므로 잠시 기다리는 것이 좋겠다는 의견이 담김.
주제어 선박 반환

문서명	억류 중인 한국 선박의 퇴거 신청(Application for Removal of Korean Vessels under Detention)

문서파일번호 1137
작성연월일 1951. 1. 30
구분 예비회담
세부항목 한국적 선박 반환 문제
작성처 연합국 최고사령부 민간재산관리국
매수 1
비밀등급 일반
문서종류 외교공한
공개구분 공개
내용 연합국 최고사령부 민간재산관리국이 배상청에 보낸 외교공한. 이즈하라항에서 침몰된 한국선적 3척의 제거 신청을 승인함(영문).
주제어 선박 반환

문서명	제목 없음

문서파일번호 1137
작성연월일 1951. 5. 3
구분 예비회담
세부항목 한국적 선박 반환 문제
작성처 주일한국대표부(Korean Diplomatic Mission in Japan)
매수 1
비밀등급 일반
문서종류 외교공한
공개구분 공개
내용 주일한국대표부가 외무성에 보낸 외교공한(영문). 한국에 반환할 52척의 선박과 관련한 비용 문제(연합국 최고사령부 외교국이 대표부에 송부) 해결을 위해 선박 소유자 이름, 주소, 일본 입항 등을 알려 달라고 요청함.
주제어 선박 반환

문서명	불법 입국한 한국 선박의 반환 및 관리비 지불 건(不法入国朝鮮籍船舶の返還及び管理費支払に関する件)

문서파일번호 1137
작성연월일 1951. 5. 12
구분 예비회담
세부항목 한국적 선박 반환 문제
작성처 배상청
매수 3
비밀등급 일반
문서종류 회의록
공개구분 일부 비공개
내용 연합국 최고사령부 민간재산관리국과 배상청의 회의기록. 선박 52척의 보관비를 한국대표부에 청구하는 건과 관련하여, 연합국 최고사령부 민간재산관리국의 ○○가 한국으로부터 반대 청구(counter-claim)가 제기될 수 있으므로 일본이 보관비를 청구하지 않길 바란다는 의견을 제시함.
주제어 선박 반환

문서명	일본정부가 억류 중인 한국적 선박의 반환(Return of Korean Registered Vessels Detained in Japan by the Japanese Government)

문서파일번호 1137
작성연월일 1951. 5. 15
구분 예비회담
세부항목 한국적 선박 반환 문제
작성처 연합국 최고사령부 민간재산관리국(GHQ CPC)
매수 2
비밀등급 일반
문서종류 외교공한
공개구분 공개
내용 연합국 최고사령부 민간재산관리국 지령(SCAPIN) 7430호. 일본에 나포된 한국적 선박 리스트에 포함된 선박을 현 상태로 1951년 6월 4일까지 한국정부에 반환할 것을 명령하는 내용이 담김(영문).
주제어 선박 반환

문서명	제목 없음

문서파일번호 1137
작성연월일 1951. 5. 28
구분 예비회담
세부항목 한국적 선박 반환 문제
작성처 외무성(Ministry of Foreign Affairs)
매수 1
비밀등급 일반
문서종류 외교공한
공개구분 공개
내용 외무성이 주일한국대표부에 보낸 외교공한(영문). 52척 선박 반환과 관련하여 현재 위치에서 현 상태로 반환할 경우 비용 청구가 없을 것이라고 통보함.
주제어 선박 반환

문서명	억류 선박의 조사 보고에 대해서(抑留船舶の調査報告について)

문서파일번호 1137
작성연월일 1951. 5. 21
구분 예비회담
세부항목 한국적 선박 반환 문제
작성처 해상보안청 경비구난부장
매수 1
비밀등급 일반
문서종류 공문
공개구분 공개
내용 해상보안청이 억류 선박 인도 시의 상황에 대해 배상청에 별지 형식으로 보고함.
주제어 선박 반환

문서명	별표 1(別表 1)

문서파일번호 1137
작성연월일 1951. 5. 21
구분 예비회담
세부항목 한국적 선박 반환 문제
작성처 해상보안청
매수 2
비밀등급 일반
문서종류 내부자료
공개구분 공개
내용 해상보안청의 1951년 5월 21일 자 공문 첨부물. 억류 선박의 연합국 최고사령부 번호, 해상보안청 번호, 선박명, 선박 종류, 선박주의 성명 및 주소, 현황 등을 정리한 표
주제어 선박 반환

문서명	별표 2(別表 2)

문서파일번호 1137
작성연월일 1951. 5. 21
구분 예비회담
세부항목 한국적 선박 반환 문제
작성처 해상보안청
매수 1
비밀등급 일반
문서종류 내부자료
공개구분 공개
내용 해상보안청의 1951년 5월 21일 자 공문 첨부물. 억류 선박의 보관비, 관리비를 정리한 표
주제어 선박 반환

문서명	억류선에 대한 조치에 관하여서(抑留船の措置について)

문서파일번호 1137
작성연월일 1951. 5. 29
구분 예비회담
세부항목 한국적 선박 반환 문제
작성처 해상보안청
매수 4
비밀등급 일반
문서종류 내부문서
공개구분 공개
내용 억류 중인 한국적 또는 국적 불명의 선박에 대한 해상보안청의 조치. 1. 외무성은 주일한국대표부가 원하는 6월 1일 내지 2일에 해안보안청, 경찰본부 입회하에 배상청과 함께 한국대표부에서 조인함, 2. 반환 요구가 있는 선박에 대해서는 현지에서 현상태로 반환하고 6월 4일까지 해안보안청 책임하에 보관함. 한국정부가 인수, 회항을 실시함, 3. 반환 요구가 없는 선박은 일본정부나 보관자에게 양도함, 4.국적 불명의 선박은 한국 선적 반환과 함께 처리함, 5. 단순한 보관비는 보상함, 6. 6월 1일 또는 2일 조인 후 7본부의 협력하에 각 선박의 처분을 실시하고 보상 비용을 조사함.
주제어 선박 반환

문서명	억류 선박의 국가보상에 대해서(抑留船の国家補償について)

문서파일번호 1137
작성연월일 1951. 7. 4
구분 예비회담
세부항목 한국적 선박 반환 문제
작성처 제7관구 해상보안본부
매수 3
비밀등급 일반
문서종류 공문
공개구분 공개
내용 제7관구 해상보안본부가 해상보안청에 보낸 공문. 선박의 한국 반환과 관련하여 조사 결과 보상이 필요하다고 판별된 선박에 대한 예산조치를 취해 달라고 요청함.
주제어 선박 반환

문서명	국경본부 경비과 보고(國警本部警備課より報告)

문서파일번호 1137
작성연월일 1951. 8. 2
구분 예비회담
세부항목 한국적 선박 반환 문제
작성처 국가지방경찰본부 경비과
매수 1
비밀등급 일반
문서종류 내부문서
공개구분 공개
내용 국경본부 경비과가 파악한 선명 불상의 선박 보관 장소 등이 정리되어 있음.
주제어 선박 반환

문서명	**불법 입국에 사용되어 일본관헌에 압수된 선박의 현황**(8월 1일 현재)[不法入国に使用したかどで日本官憲が押収した船舶の現況(八月一日現在)]

문서파일번호 1137
작성연월일 1951. 8. 1
구분 예비회담
세부항목 한국적 선박 반환 문제
작성처 후쿠오카 경찰관구 본부
매수 12
비밀등급 일반
문서종류 내부자료
공개구분 일부 비공개
내용 후쿠오카 경찰관구 본부가 불법 입국에 사용되어 일본관헌에 압수된 각 선박들의 현황을 보관청, 보관자, 보관 장소, 보관 현황을 중심으로 정리함.
주제어 선박 반환

문서명	**억류된 한국 선박을 보관하여 온 자에 대한 국가보상에 대해서**(韓國抑留船を保管して来たものに対する國家補償について)

문서파일번호 1137
작성연월일 1951. 8. 9
구분 예비회담
세부항목 한국적 선박 반환 문제
작성처 해상보안청 경비구난부장
매수 1
비밀등급 일반
문서종류 공문
공개구분 공개
내용 한국에 반환한 억류 선박 29척을 보관해 온 자들에 대한 보상비 사정결과를 배상청에 통보함.
주제어 선박 반환

문서명	상선 입항 신청(Application for Entry of Merchant Vessel)

문서파일번호 1137
작성연월일 1951. 8. 23
구분 예비회담
세부항목 한국적 선박 반환 문제
작성처 주일한국대표부(Korean Diplomatic Mission in Japan)
매수 1
비밀등급 일반
문서종류 외교공한
공개구분 일부 비공개
내용 주일한국대표부가 한국으로 반환되는 선박을 예인하기 위해 한국 선박의 나가사키항 입항을 연합국 최고사령부에 신청함(영문).
주제어 선박 반환

문서명	한국적 억류 선박이 1개월 동안 필요로 하는 비용에 대해서(韓國抑留船の一ヶ月間に要する費用について)

문서파일번호 1137
작성연월일 1951. 8. 30
구분 예비회담
세부항목 한국적 선박 반환 문제
작성처 해상보안청 경비구난부장
매수 4
비밀등급 일반
문서종류 공문
공개구분 공개
내용 해상보안청이 한국적 억류 선박을 민간인이 1개월 보관하는 데 소요된 경비를 배상청에 별지 형식으로 보고함(경비내역 별첨).
주제어 선박 반환

문서명	상선 입항 신청(Application for Entry of Merchant Vessel)

문서파일번호 1137
작성연월일 1951. 8. 31
구분 예비회담
세부항목 한국적 선박 반환 문제
작성처 주일한국대표부
매수 1
비밀등급 일반
문서종류 외교공한
공개구분 일부 비공개
내용 주일한국대표부가 한국으로 반환되는 선박을 예인하기 위해 한국 선박의 이즈하라항 입항을 연합국 최고사령부에 신청함(영문).
주제어 선박 반환

문서명	한국적 억류 선박의 보관 비용 조사 의뢰 건(韓国抑留船の保管費用調査方依頼の件)

문서파일번호 1137
작성연월일 1951. 9. 5
구분 예비회담
세부항목 한국적 선박 반환 문제
작성처 배상청 특수재산부장
매수 8
비밀등급 일반
문서종류 공문
공개구분 공개
내용 배상청이 국가지방경찰본부 경비부장에게 보낸 공문(첨부물 있음). 1951년 6월 4일자로 한국에 반환 수속이 완료된 52척 중 계속 보관하고 있는 선박에 대해 보관 비용을 조속히 조사하여 보고할 것을 요청함.
주제어 선박 반환

문서명	제목 없음

문서파일번호 1137
작성연월일 1951. 9. 11
구분 예비회담
세부항목 한국적 선박 반환 문제
작성처 배상청
매수 2
비밀등급 일반
문서종류 내부문서
공개구분 공개
내용 해상보안청이 인도 대상 선박과 입국허가 대상 선박을 제7관구 본부장에게 통지한 내용을 기록함.
주제어 선박 반환

문서명	한국적 억류 선박의 보관 비용 조사 의뢰 건(韓國抑留船の保管費用調査方依頼の件)

문서파일번호 1137
작성연월일 1951. 9. 19
구분 예비회담
세부항목 한국적 선박 반환 문제
작성처 배상청 특수재산부장
매수 1
비밀등급 일반
문서종류 공문
공개구분 공개
내용 배상청이 국가지방경찰본부에 보낸 공문. 한국적 억류 선박을 전부 보관 중이라고 간주하여 한 달간 사용한 보관비를 산정, 이를 각 관계기관에 알려 주라고 요청함.
주제어 선박 반환

문서명	한국적 억류 선박의 보관 비용 건(韓国抑留船の保管費用に関する件)

문서파일번호 1137
작성연월일 1951. 9. 20
구분 예비회담
세부항목 한국적 선박 반환 문제
작성처 배상청 특수재산부장
매수 2
비밀등급 일반
문서종류 공문
공개구분 공개
내용 배상청이 외무성에 보낸 공문. 반환 수속이 완료된 선박 52척 가운데 계속 보관 중인 4척은 곧 한국인 소유자에게 인도될 예정이나, 그 보관비는 한국정부가 확인하도록 한국대표부에 연락해 달라고 요청함.
주제어 선박 반환

문서명	몰수 선박(제1상반호, 암길호)의 한국 반환에 대해서[没収船(第一常盤丸、岩吉丸)の韓国への返還について]

문서파일번호 1137
작성연월일 1951. 9. 22
구분 예비회담
세부항목 한국적 선박 반환 문제
작성처 대장성 관재국장
매수 2
비밀등급 일반
문서종류 공문
공개구분 일부 비공개
내용 대장성이 배상청에 보낸 공문. 몰수 선박인 제1상반호(第一常盤丸) 암길호(岩吉丸)는 관세법 위반으로 합법적으로 몰수하여 국유재산이 되었기 때문에 한국에 반환할 필요가 없다고 통보함.
주제어 선박 반환

문서명	불법 입국 한국선적 '정호'의 조사 의뢰 건(不法入国朝鮮船正丸の調査依頼に関する件)

문서파일번호 1137
작성연월일 1951. 9. 26
구분 예비회담
세부항목 한국적 선박 반환 문제
작성처 배상청 특수재산부장
매수 2
비밀등급 일반
문서종류 재가문서
공개구분 공개
내용 배상청이 나가사키지방재판소에 보낸 공문의 재가문서. 불법 입국 한국선적 정호(正丸)에 관한 대장성 조사결과를 통보함.
주제어 선박 반환

문서명	억류 한국선 보관 비용 조사 의뢰 건(韓国抑留船保管費用調査方依頼の件)

문서파일번호 1137
작성연월일 1951. 10. 19
구분 예비회담
세부항목 한국적 선박 반환 문제
작성처 배상청 특수재산부장
매수 2
비밀등급 일반
문서종류 공문
공개구분 일부 비공개
내용 배상청이 운수성에 보낸 공문. 한국에 반환했으나 여전히 일본이 보관 중인 각 성청관계의 선박 6척에 관해 민간 보관자의 한 달 보관 경비를 산정하여 알려 달라고 요청함.
주제어 선박 반환

문서명	한국 반환 선박에 소요된 보관비 건(韓國返還船にかゝる保管費の件)

문서파일번호 1137
작성연월일 1951. 11. 5
구분 예비회담
세부항목 한국적 선박 반환 문제
작성처 배상청 특수재산부장
매수 2
비밀등급 일반
문서종류 공문
공개구분 일부 비공개
내용 배상청이 외무성에 보낸 공문. 한국에 반환하는 선박의 보관비 관련 청구서를 한국 대표부 측에 전달해 달라고 요청함.
주제어 선박 반환

문서명	한국 반환 선박 '부지호' 및 '택호' 보관 비용 청구에 대해서(韓國返還船扶志丸及び澤丸の保管費用の請求について)

문서파일번호 1137
작성연월일 1951. 10. 30
구분 예비회담
세부항목 한국적 선박 반환 문제
작성처 해상보안청 경비구난부장
매수 1
비밀등급 일반
문서종류 공문
공개구분 공개
내용 해상보안청이 배상청에 보낸 공문. 한국 반환 선박 부지호(扶志丸) 및 택호(澤丸) 보관 비용 청구서를 송부함.
주제어 선박 반환

문서명	한국 반환 선박 '부지호' 보관 비용 청구에 대해서(韓国返還船扶志丸の保管費請求について)

문서파일번호 1137
작성연월일 1951. 10. 22
구분 예비회담
세부항목 한국적 선박 반환 문제
작성처 제7관구 해상보안본부
매수 1
비밀등급 일반
문서종류 공문
공개구분 공개
내용 제7관구 해상보안본부가 해상보안청에 보낸 공문. 한국 반환 선박 부지호(扶志丸) 보관 비용에 대한 청구서를 송부함.
주제어 선박 반환

문서명	한국 선박 '부지호' 보관 비용 청구에 대해서(韓国船扶志丸保管費請求について)

문서파일번호 1137
작성연월일 1951. 10. 13
구분 예비회담
세부항목 한국적 선박 반환 문제
작성처 이즈하라 해상보안본부
매수 5
비밀등급 일반
문서종류 공문
공개구분 일부 비공개
내용 이즈하라 해상본부가 제7관구 해상보안본부에 보낸 공문. 한국 선박 부지호(扶志丸) 보관 비용 중 일부는 현지에서 조달하고 잔금은 청구서를 제출했다고 하면서 청구서를 송부함(청구서 일, 영문 각 2매 첨부).
주제어 선박 반환

문서명	**한국 반환 선박 '택호' 보관 비용 청구서 송부에 대해서**(韓国船沢丸保管費の請求書送付について)

문서파일번호 1137
작성연월일 1951. 10. 22
구분 예비회담
세부항목 한국적 선박 반환 문제
작성처 제7관구 해상보안본부
매수 1
비밀등급 일반
문서종류 공문
공개구분 일부 비공개
내용 제7관구 해상보안본부가 해상보안청에 보낸 공문. 한국 반환 선박 택호(沢丸) 보관 비용의 청구서를 송부함.
주제어 선박 반환

문서명	**한국 반환 선박 '택호' 보관 비용 청구서 송부에 대해서**(韓国船沢丸保管費の請求書送付について)

문서파일번호 1137
작성연월일 1951. 10. 13
구분 예비회담
세부항목 한국적 선박 반환 문제
작성처 이즈하라 해상보안본부
매수 5
비밀등급 일반
문서종류 공문
공개구분 일부 비공개
내용 이즈하라 해상보안본부가 제7관구 해상보안본부에 보낸 공문. 한국 반환 선박 택호(沢丸) 보관 비용의 청구서를 송부함(청구서 일, 영문 각 2매 첨부).
주제어 선박 반환

문서명	한국 반환 선박의 유실사고에 대해서(韓國返還船の流失事故について)

문서파일번호 1137
작성연월일 1951. 11. 26
구분 예비회담
세부항목 한국적 선박 반환 문제
작성처 해상보안청 경비구난부장
매수 2
비밀등급 일반
문서종류 공문
공개구분 공개
내용 해상보안청이 배상청에 보낸 공문. 한국 반환선 2척이 이즈하라항 계류 중 태풍으로 유실되었음을 한국대표부에 통보 바람.
주제어 선박 반환

문서명	이즈하라항에서 침몰 중인 한국 나포선의 이동에 대해서(厳原港内に沈没中の韓国だ捕船の移動について)

문서파일번호 1137
작성연월일 1952. 1. 14
구분 예비회담~제1차 회담 사이
세부항목 한국적 선박 반환 문제
작성처 해상보안청 항로계개본부장(海上保安庁航路啓開本部長)
매수 2
비밀등급 일반
문서종류 공문
공개구분 공개
내용 해상보안청이 배상청에 보낸 공문. 이즈하라항에서 침몰된 한국 선박이 타 선박의 항행에 장애가 되고 있으며, 1951년 2월 15일까지 한국정부가 철거하지 않으면 임의로 항구 바깥 지점으로 이동 보관할 것임을 통보함.
주제어 선박 반환

문서명	일본정부가 억류한 한국적 선박의 반환(Return of Korean Registered Vessels Detained in Japan by the Japanese Government)

문서파일번호	1137
작성연월일	1951. 5. 15
구분	예비회담
세부항목	한국적 선박 반환 문제
작성처	연합국 최고사령부 민간재산관리국(GHQ CPC)
매수	1
비밀등급	일반
문서종류	외교공한
공개구분	공개
내용	연합국 최고사령부 민간재산관리국 지령(SCAPIN) 7430호. 일본정부에 의해 억류되어 있는 한국적 선박의 1951년 6월 4일까지의 반환과 반환 시 한일 양국의 권한 있는 대표가 서명한 수령증을 작성하여 제출하라는 내용이 담김(영문).
주제어	선박 반환

문서명	불법 입국한 한국 선박 반환 건(不法入国朝鮮籍船舶の返還の件)

문서파일번호	1137
작성연월일	1951(월일 불명)
구분	예비회담
세부항목	한국적 선박 반환 문제
작성처	배상청
매수	12
비밀등급	일반
문서종류	내부자료(설명자료)
공개구분	일부 비공개
내용	불법 입국하여 몰수당한 한국 선박과 국적 불명 선박에 대한 해상보안청, 법무성, 운수성, 배상청 등의 조치 내용과 한국과의 협의 내용 등을 정리함.
주제어	선박 반환

문서명	일본정부가 억류 중인 한국적 또는 국적 불명 선박(Vessels of Korean or Unknown Registry Detained by the Japanese Government)

문서파일번호 1137
작성연월일 1949. 12. 31
구분 예비회담
세부항목 한국적 선박 반환 문제
작성처 연합국 최고사령부 민간재산관리국
매수 1
비밀등급 일반
문서종류 외교공한
공개구분 공개
내용 앞의 문서(설명자료) 첨부1. 연합국 최고사령부 민간재산관리국 지령(SCAPIN) 7030-A호. 밀입국 혐의로 일본에 억류 중인 모든 한국적 선박 및 국적 불명 선박의 명단을 제출할 것을 지시함.
주제어 선박 반환

문서명	제목 없음(연합국 최고사령부가 주일한국대표부 대표에게 보내는 공한)

문서파일번호 1137
작성연월일 1951. 4. 4
구분 예비회담
세부항목 한국적 선박 반환 문제
작성처 연합국 최고사령부
매수 3
비밀등급 일반
문서종류 외교공한
공개구분 공개
내용 앞의 문서(설명자료) 첨부1. 연합군 최고사령관이 주일한국대표부 대표에게 밀입국 혐의로 일본에 억류 중인 한국적 선박을 반환토록 일본정부에 명령했음을 통보함(동일한 내용의 공한이 2부 수록됨).
주제어 선박 반환

문서명	일본정부가 억류 중인 한국적 선박의 반환(Return of Korean Registered Vessels Detained in Japan by the Japanese Government)

문서파일번호 1137
작성연월일 1951. 5. 15
구분 예비회담
세부항목 한국적 선박 반환 문제
작성처 연합국 최고사령부 민간재산관리국
매수 1
비밀등급 일반
문서종류 외교공한
공개구분 공개
내용 앞의 문서(설명자료) 첨부2. 연합국 최고사령부 민간재산관리국 지령 7430호. 일본에 나포된 한국적 선박 리스트에 포함된 선박을 현 상태로 1951년 6월 4일까지 한국정부에 반환할 것을 명령함.
주제어 선박 반환

문서명	제목 없음

문서파일번호 1137
작성연월일 1951. 5. 28
구분 예비회담
세부항목 한국적 선박 반환 문제
작성처 외무성(Ministry of Foreign Affairs)
매수 1
비밀등급 일반
문서종류 외교공한
공개구분 공개
내용 앞의 문서(설명자료) 첨부3. 외무성이 주일한국대표부에 대해 52척의 선박 반환과 관련하여 현재 위치에서 현 상태로 반환할 경우 비용 청구가 없을 것이라고 통보함(영문).
주제어 선박 반환

문서명	첨부4. 일본정부에 의해 억류되었던 한국적 선박의 한국 인도 수령증(Annex 4. RECEIPT FOR REGISTRATION OF KOREAN REGISTERED VESSELS DETAINED IN JAPAN BY THE JAPANESE GOVERNMENT)

문서파일번호	1137
작성연월일	1951. 6. 4
구분	예비회담
세부항목	한국적 선박 반환 문제
작성처	한국정부
매수	2
비밀등급	일반
문서종류	기타 (선박 수령증)
공개구분	공개
내용	앞의 문서(설명자료) 첨부4. 한일 양국 대표가 한국적 선박 52척을 인도, 수령했다는 증빙서류(영문)
주제어	선박 반환

문서명	제목 없음

문서파일번호	1137
작성연월일	1951. 6. 4
구분	예비회담
세부항목	한국적 선박 반환 문제
작성처	주일한국대표부(Korean Diplomatic Mission in Japan)
매수	1
비밀등급	일반
문서종류	외교공한
공개구분	공개
내용	앞의 문서(설명자료) 첨부4. 주일한국대표부의 일본 외무성 앞 외교공한. 한국정부가 선박 52척을 수령했으며, 동 선박의 매각과 관련하여 일본 외무성이 협조해 줄 것을 요청함(영문).
주제어	선박 반환

문서명	제목 없음

문서파일번호 1137
작성연월일 1951. 6. 9
구분 예비회담
세부항목 한국적 선박 반환 문제
작성처 주일한국대표부
매수 1
비밀등급 일반
문서종류 외교공한
공개구분 공개
내용 주일한국대표부가 일본 외무성에 보낸 외교공한(영문). 앞의 문서(설명자료) 첨부5. 인도받은 52척의 선박 매각과 관련하여 선박의 상태를 4가지 카테고리로 분류하여 외무성에 통보함.
주제어 선박 반환

문서명	제목 없음

문서파일번호 1137
작성연월일 1951. 7. 4
구분 예비회담
세부항목 한국적 선박 반환 문제
작성처 주일한국대표부
매수 1
비밀등급 일반
문서종류 외교공한
공개구분 공개
내용 앞의 문서(설명자료) 첨부6. 주일한국대표부의 외무성 앞 외교공한. 인도받은 52척 가운데 8척을 제외한 모든 선박 또는 선박 부품을 매각키로 했으며, 재일본한국거류민단이 매각을 위임받았음을 통보함(영문).
주제어 선박 반환

문서명	제목 없음

문서파일번호 1137
작성연월일 1951. 7. 23
구분 예비회담
세부항목 한국적 선박 반환 문제
작성처 주일한국대표부
매수 1
비밀등급 일반
문서종류 외교공한
공개구분 공개
내용 주일한국대표부가 외무성에 보낸 외교공한(영문). 한국이 일본으로부터 인도받은 52척의 선박 가운데 23척이 한국이 모르는 사이에 이미 처분되었음을 인지하였으며, 이와 관련해 일본 외무성이 조사해 줄 것을 요청함.
주제어 선박 반환

문서명	본건의 경위(本件の経緯)

문서파일번호 1137
작성연월일 1951(월일 불명)
구분 예비회담
세부항목 한국적 선박 반환 문제
작성처 외무성
매수 14
비밀등급 일반
문서종류 내부문서
공개구분 공개
내용 외무성이 52척 반환 경위에 관해 조사, 정리한 내용을 기록한 문서. 선박 인수를 위해 한국선주가 도항, 이미 4척은 반환되었고 31척의 인도가 현지에서 종료됨. 이들 선박은 장시간 방치되어 노후, 파괴 정도가 심함. 반환 포기 선박으로 현지에서 경매 예정인 선박이 별도로 20여 척 있음. 선주대표는 수리하여 한국에 반환하도록 운수대신과 대장성 관재국장에게 신청하였으며, 운수성은 이 신청에 대해 고려의 여지가 있음을 언급함.
주제어 선박 반환

문서명	한국 반환 선박 23척 건(韓国返還船二十三隻に関する件)

문서파일번호 1137
작성연월일 1951. 11. 30
구분 예비회담
세부항목 한국적 선박 반환 문제
작성처 배상청 특수재산부장
매수 5
비밀등급 일반
문서종류 공문
공개구분 공개
내용 주일한국대표부의 요청에 따라 배상청이 52척 가운데 23척의 상태를 재조사한 결과를 외무성에 보고하는 공문. 23척 가운데 13척은 현재 보관 중이며, 8척은 선박 반환 교섭 전에 일본정부에 의해 합법적으로 처분, 나머지 2척 중 창해호는 계속 조사 중, 길평호는 9월 3일 한국에 인도됨.
주제어 선박 반환

문서명	한국 반환 선박 건(韓国返還船に関する件)

문서파일번호 1137
작성연월일 1951. 12. 8
구분 예비회담~제1차 회담 사이
세부항목 한국적 선박 반환 문제
작성처 배상청 특수재산부장
매수 4
비밀등급 일반
문서종류 공문
공개구분 공개
내용 1952년 6월 4일에 반환 수속이 완료된 52척의 선박 중에 한국대표부가 6월 9일 자 외무성 앞 구상서에서 언급한 4가지 카테고리별 선박을 대상으로 조사한 결과를 설명함.
주제어 선박 반환

문서명	한국 반환 선박 건(韓国返還船に関する件)

문서파일번호 1137
작성연월일 1952. 1. 7
구분 예비회담~제1차 회담 사이
세부항목 한국적 선박 반환 문제
작성처 배상청 특수재산부장
매수 3
비밀등급 일반
문서종류 공문
공개구분 공개
내용 배상청이 1951년 12월 8일 자로 외무성에 보고한 한국 반환 선박 23척의 현 상황과 관련하여, 추가 조사한 결과를 외무성에 재보고하는 공문. 태성호는 태풍 루스에 의해 이즈하라항 내에 침몰, 북성호·대안호·신창호는 현재 보관 중, 교영호·선명 불명 1척·위덕호는 외국인 등록령 위반 등으로 일본정부 당국에 압수되었으며, 창해호 및 명영호는 외국인 등록령 위반으로 압수되어 처분되었음.
주제어 선박 반환

문서명	연합국 최고사령부 민간재산관리국으로부터 반환 청구가 있었던 선박의 현상 보고에 대해서(C,P,Cより返還請求のあった船舶の現状報告について)

문서파일번호 1137
작성연월일 1952. 1. 14
구분 예비회담~제1차 회담 사이
세부항목 한국적 선박 반환 문제
작성처 운수성 해운국 감독과장
매수 1
비밀등급 일반
문서종류 공문
공개구분 공개
내용 운수성이 배상청에 보낸 공문. 한국 반환 선박 52척 가운데 현지의 해운국으로부터 최상호(最上丸)가 태풍 루스에 의해 행방불명되었다는 보고가 있었음을 통보함.
주제어 선박 반환

문서명	한국 반환 선박 건(韓国返還船に関する件)

문서파일번호 1137
작성연월일 1952. 1. 24
구분 예비회담~제1차 회담 사이
세부항목 한국적 선박 반환 문제
작성처 배상청 특수재산부장
매수 2
비밀등급 일반
문서종류 공문
공개구분 공개
내용 배상청이 외무성에 보낸 공문. 한국에 반환 예정이었으나 이즈하라항에서 태풍으로 침몰된 선박 3척이 항로에 장애가 되고 있어 한국정부가 2월 15일까지 철거하지 않을 경우 적절한 지점으로 이를 이동하고자 하는 해상보안청의 희망이 있었다며, 이와 관련한 사항을 주일한국대표부에 통보해 달라고 요청함.
주제어 선박 반환

문서명	연합국 최고사령부 민간재산관리국으로부터 반환 청구가 있었던 선박의 현상 보고에 대해서(C.P.Cより返還請求のあった船舶の現状報告について)

문서파일번호 1137
작성연월일 1952. 2. 12
구분 예비회담~제1차 회담 사이
세부항목 한국적 선박 반환 문제
작성처 운수성 해운국 감독과장
매수 1
비밀등급 일반
문서종류 공문
공개구분 공개
내용 운수성이 배상청에 보낸 공문. 복영호는 태풍 루스에 의해 행방불명, 최상호의 기관은 당진철공소에 보관 중이며 선체는 사용 불능으로 예인 중 태풍 루스에 의해 유실 행방불명되었음을 보고함.
주제어 선박 반환

문서명	억류 한국선 신풍호 및 진행호에 대해서(韓國抑留船新風丸及び進行丸について)

문서파일번호	1137
작성연월일	1952. 2. 27
구분	제1차 회담
세부항목	한국적 선박 반환 문제
작성처	해상보안청 경비구난부장
매수	4
비밀등급	일반
문서종류	공문
공개구분	일부 비공개
내용	해상보안청이 배상청에 보낸 공문. 한국적 억류선 신풍호(新風丸) 및 진행호(進行丸)의 보관 장소 및 반환 가능 여부 등 상태를 보고함.
주제어	선박 반환

문서명	한국 반환 선박 건(韓国返還船に関する件)

문서파일번호	1137
작성연월일	1952. 3. 1
구분	제1차 회담
세부항목	한국적 선박 반환 문제
작성처	배상청 특수재산부장
매수	5
비밀등급	일반
문서종류	공문
공개구분	공개
내용	배상청이 외무성에 보낸 공문. 한국적 억류선 신풍호(新風丸)와 진행호(進行丸)에 대해 운수성 해운국, 해상보안청이 재조사한 결과를 보고함.
주제어	선박 반환

선박 반환협정에 의한 선박 인도 시 경비에 대해서 (船舶返還協定による船舶引渡時に於ける警備について)

문서파일번호	600
문서명	선박 반환협정에 의한 선박 인도 시 경비에 대해서(船舶返還協定による船舶引渡時に於ける警備について)
작성연월일	1950. 3. 10
구분	예비회담
세부항목	한국 반환 선박에 대한 경비 지시공문
작성처	국가지방경찰본부 경비부장
매수	9
비밀등급	일반
문서종류	공문
공개구분	공개
내용	한국에 반환하는 선박의 불법 출입국을 막고자 경비를 당부하는 국가지방경찰본부 경비대장이 도도부현(都道府縣)경찰본부 경비대장에게 보낸 공문. 1949년 11월 16일 자 연합국 최고사령부 지령 7430호에 의해 1950년 2월 6일 도쿄에서 일본정부와 한국정부대표 간에 선박 반환협정이 성립되었으며, 해당 선박 인도 시 도도부현(都道府縣) 방면 본부는 현지 세관, 입국관리국, 해운국, 행상보안청, 지자체 경찰과 연락해 인수선 입항부터 출발 완료까지 인수선의 불법 입출국 방지를 위해 측면에서 경비하라는 내용임. 별첨자료 1에 일본 수역 내에서 신고가 끝난 조선선박에 대한 일본정부의 각서가 첨부되어 있음. 인도 이후 발생한 소요경비 일체는 한국정부가 책임짐.
주제어	선박 반환

한일 선박협정, 무역·금융협정, 해운협정
(日韓船舶協定, 貿易·金融協定, 海運協定)

문서파일번호	1863
작성연월일	1950. 4. 8 - 1951. 4. 23
구분	예비회담
세부항목	선박협정, 무역·금융협정, 해운협정
작성처	외무성, 통산성 등
매수	64
비밀등급	
문서종류	내부자료 등
공개구분	공개
내용	한일 잠정 선박협정, 무역·금융협정, 해운협정 등에 관한 문서 모음
주제어	한일 선박협정, 무역·금융협정, 해운협정

문서명	한일선박협정에 대하여(日韓船舶協定について)

문서파일번호 1863
작성연월일 1950. 4. 8
구분 예비회담
세부항목 잠정선박협정
작성처 외무성 경제과 스기하라
매수 2
비밀등급 극비
문서종류 내부문서
공개구분 공개
내용 한일잠정선박협정 체결 교섭 경위를 간략히 정리한 문서. 1950년 3월 8일부터 한국과 잠정선박협정에 관한 교섭이 시작되어 3회에 걸친 본회의와 6회에 걸친 소위원회 회의를 거쳐 4월 7일 최종안이 결정됨.
주제어 한일잠정선박협정

문서명	한일선박협정에 관하여(日韓船舶取極に関して)

문서파일번호 1863
작성연월일 1950(월일 불명)
구분 예비회담
세부항목 잠정선박협정
작성처 외무성 경제과 스기하라
매수 4
비밀등급 비(秘)
문서종류 내부문서
공개구분 공개
내용 한일통상회담 선박위원회에서의 협정 체결을 위한 교섭 경과 및 일본의 대응방향을 상세히 기록한 문서. 협정은 초안이 나온 상태이며, 일본은 그간 옵서버 자격으로 참석한 다른 회의와 달리 회담에서 정식으로 발언, 협정문안 작성 등에 참여함. 선박협정은 국제조약으로서의 성격을 띠고 있으나 일본이 아직 미군 통치하에 있으므로 연합국 최고사령부가 체결 후 책임을 질 수 있도록 해야 하고, 교섭과정에서도 일본은 기술적 조언을 하는 정도에 그칠 필요가 있음.
주제어 한일잠정선박협정

문서명	한일무역회담 선박위원회 (제1회) 보고[日韓貿易會談船舶部會(第一回)報告]

문서파일번호 1863
작성연월일 1950. 3. 28
구분 예비회담
세부항목 무역회담 선박위원회 회의
작성처 외무성 경제과 스기하라
매수 6
비밀등급 극비
문서종류 회의록
공개구분 공개
내용 한일무역회담 선박위원회 제1회 회의기록. 협정에 포함시킬 내용 협의. 1. 양 당사국 영역에 있어서 선박항행의 자유를 확보, 2. 한국의 영역에서 일본 선박에 의해 발생한 사태에 관해 한국주재 미국외교대표가 점령하의 일본을 대신하여 처리, 3. 당분간 SCAJAP* 기와 증서를 소지한 선박을 일본 선박으로, 한국기와 증서를 소지한 선박을 한국 선박으로 하고, 본 협정상의 선박은 어선을 제외한 모든 선박을 포함, 4, 양 당사국 선박은 당사국의 항구 또는 수역에의 출입에 있어 동등한 출입항 수단에 의함, 5. 양 당사국 선박화물의 상대국 항구에서의 통관절차는 제3국에 대한 것과 동등하게 함, 이 외에도 총 23개 구분에 관해 합의하였으며 명일 소위원회에서 상세 협의키로 함.
주제어 무역회담 선박위원회 회의

문서명	한일통상회담 선박위원회 중간보고(日韓通産会談船舶部会中間報告)

문서파일번호 1863
작성연월일 1960. 3. 29
구분 제4차 회담
세부항목 통상회담 선박위원회 회의
작성처 외무성 경제과 스기하라

* SCAJAP: Supreme Commander of Army in Japan(주일미군최고사령관)

매수 2
비밀등급 비(秘)
문서종류 내부문서
공개구분 공개
내용 1950년 3월 28일 한일통상회담 선박위원회 제1회 회의에서 한국 제안을 기초로 선박협정의 주요내용을 결정하고, 이를 기초로 소위원회 심의를 거쳐 제2회 위원회에서 협정안을 채택하였다는 내용의 회의 중간보고서
주제어 통상회담 선박위원회 회의

문서명	한일무역 및 금융협정 및 해운협정 타결 건(日韓貿易及び金融協定並びに海運協定妥結の件)

문서파일번호 1863
작성연월일 1950. 5. 12
구분 예비회담
세부항목 무역 및 금융협정, 해운협정
작성처 외무성
매수 12
비밀등급 극비
문서종류 내부문서
공개구분 공개
내용 한일무역 및 금융협정, 해운협정 개정 교섭의 타결에 관한 사항을 기록한 문서. 1950년 3월 27일~4월 10일까지 연합국 최고사령부 대표, 일본과 한국 대표 및 ECA* 대표가 참석해 3개 협정의 타결을 위한 회담을 진행함. 종래 협정에서는 한일간 무역거래가 미불화 현금 지불 베이스였으나, 한국의 미불화 부족으로 이번 협정에서는 미불화 표시 오픈 어카운트(A, C)** 가 채용됨. 양국 간 무역량도 합의함.
주제어 무역 및 금융협정, 해운협정

* ECA: Export Credit Agency(수출신용기관). 수출 및 투자 촉진을 위해 무역보험, 보증 및 무역금융 등을 행할 목적으로 설립한 기관

** 외상 거래를 할 수 있는 계정을 의미함.

문서명	한일통상협정 해설(日韓通商協定解説)

문서파일번호 1863
작성연월일 1950. 6. 8
구분 예비회담
세부항목 한일통상협정
작성처 통산성 통상국 시장 제3과
매수 7
비밀등급 극비
문서종류 내부자료
공개구분 공개
내용 통산성의 한일통상협정 해설자료. 한국대표와 연합국 최고사령부 대표가 금융협정, 무역협정, 무역계획, 협정해석 및 상품교환에 관한 각서에 조인했으며, 1959년 4월 1일 발효되었다는 사실과 함께, 금융협정, 무역협정, 무역계획 및 각서의 요점, 본 협정 실시에 따른 한일 간 이후의 문제점 등을 기술함.
주제어 한일통상협정

문서명	점령하 일본국과 한국 사이의 무역계획(占領下の日本國と韓國との間の貿易計画)

문서파일번호 1863
작성연월일 1950. 6. 8
구분 예비회담
세부항목 한일무역계획
작성처 통산성 통상국 시장 제3과
매수 3
비밀등급 부외비(部外秘)
문서종류 합의문서
공개구분 공개
내용 앞의 해설자료 첨부물. 1950년 4월 1일~1951년 3월 31일 사이의 한일 간 무역계획. 한국의 점령하 일본에 대한 수출 상품의 견적액과 한국이 점령하 일본으로부터 오픈 어카운트 방식으로 수입하는 상품의 견적액이 수록되어 있음.
주제어 한일무역계획

문서명	점령하 일본국과 대한민국 사이의 무역을 위한 금융협정(占領下の日本國と大韓民國との間の貿易のための金融協定)

문서파일번호 1863
작성연월일 1950. 6. 8
구분 예비회담
세부항목 한일무역을 위한 금융협정
작성처 통산성 통상국 시장 제3과
매수 4
문서종류 협정
공개구분 공개
내용 앞의 해설자료 첨부물. 한국과 점령하 일본 간의 무역을 위한 금융협정. 문서파일번호 1862에 포함된 문서에서는 동 협정이 1950년 6월 2일 한국의 최순주 재무장관과 연합국 최고사령부의 레헤(Rehe) 소장 간에 조인되었다고 나오나, 본 문서에서는 6월 8일 연합국 최고사령부 경제과학국장 맥캇토와 주일공사 김용주(Linclon Kim) 간에 서명이 이루어진 것으로 표기됨.
주제어 한일무역을 위한 금융협정

문서명	점령하 일본국과 대한민국 사이의 무역협정(占領下の日本國と大韓民國との間の貿易協定)

문서파일번호 1863
작성연월일 1950. 6. 8
구분 예비회담
세부항목 한일무역협정
작성처 통산성 통상국 시장 제3과
매수 2
문서종류 협정
공개구분 공개
내용 앞의 해설자료 첨부물. 한국과 점령하 일본 간의 무역협정. 문서파일번호 1862에 포함된 문서에서는 동 협정이 1950년 6월 2일 한국의 김용주 공사와 연합국 최고사령부의 레헤 소장 간에 조인되었다고 나오나, 본 문서에서는 6월 8일 연합국 최고사령부 경제과학국장 맥캇토와 주일공사 김용주 간에 서명이 이루어진 것으로 표기됨.
주제어 한일무역협정

문서명	점령하 일본과 한국 사이의 무역계획(占領下の日本國と韓國との間の貿易計劃)

문서파일번호 1863
작성연월일 1950. 6. 8
구분 예비회담
세부항목 한일무역계획(1950~1951)
작성처 통산성 통상국 시장 제3과
매수 6
문서종류 합의문서
공개구분 공개
내용 앞의 해설자료 첨부물. 1950년 6월 8일 조인된 1950년 4월 1일~1951년 3월 31일 사이의 한국과 일본 간 무역계획
주제어 한일무역계획(1950~1951)

문서명	점령하 일본과 대한민국 사이의 무역 및 금융협정의 해석(占領下の日本國と大韓民國との間の貿易及び金融協定の解釈)

문서파일번호 1863
작성연월일 1950. 6. 8
구분 예비회담
세부항목 한일무역 · 금융협정 해석에 관한 각서
작성처 통산성 통상국 시장 제3과
매수 2
비밀등급 극비
문서종류 각서
공개구분 공개
내용 앞의 해설자료의 첨부물. 1950년 6월 8일 조인된 점령하 일본과 대한민국 사이의 무역 및 금융협정의 해석에 관한 각서
주제어 한일무역금융협정 해석에 관한 각서

문서명	각서. 점령하 일본국과 한국 사이의 약간의 상품 교환(覺書占領下の日本國と韓國との間の若干の商品の交換)

문서파일번호 1863
작성연월일 1950. 6. 8
구분 예비회담
세부항목 한일 상품교환에 관한 각서
작성처 통산성 통상국 시장 제3과
매수 1
비밀등급 일반
문서종류 각서
공개구분 공개
내용 앞의 해설자료의 첨부물. 1950년 6월 8일 조인된 점령하 일본과 대한민국 사이의 무역 및 금융협정에 따른 양국 간 약간의 상품 교환에 관한 각서
주제어 한일 상품교환에 관한 각서

문서명	한국과 일본국 간의 무역을 위한 금융협정에 기초한 은행수속 요지(韓国と日本国間の貿易のための金融協定に基ずく銀行手続要旨)

문서파일번호 1863
작성연월일 1950. 6. 8
구분 예비회담
세부항목 한일 은행수속 요지
작성처 통산성 통상국 시장 제3과
매수 2
비밀등급 일반
문서종류 내부자료
공개구분 공개
내용 앞의 해설자료의 첨부물. 1950년 6월 8일 조인된 점령하 일본과 대한민국 사이의 무역 및 금융협정에 기초한 양국 간 은행수속 요지
주제어 한일 은행수속 요지

문서명	한국, 일본 청산감정 잔액 현금결제 건(韓国、日本清算勘定の勘定残高現金決済に関する件)

문서파일번호 1863
작성연월일 1951. 12. 10
구분 예비회담
세부항목 대일 청산감정 잔고
작성처 외국환관리위원회(外國爲替管理委員會)
매수 3
비밀등급 일반
문서종류 공문
공개구분 공개
내용 외국환거래위원회가 외무성에 한국의 청산감정(清算勘定)* 잔고(3,650,026불)가 협정상의 한도액(2백만 달러)을 초과하였으므로 한국으로 하여금 현금결제를 하도록 요구하라고 요청함.
주제어 대일 청산감정 잔고

문서명	점령하 일본국과 한국의 무역계획(占領下の日本國と韓國との間の貿易計画)

문서파일번호 1863
작성연월일 1951. 4. 23
구분 예비회담
세부항목 한일무역계획(1951~1952)
작성처 통산성 통상국 시장 제3과
매수 7
비밀등급 극비
문서종류 내부자료
공개구분 공개
내용 1951년 4월 23일 한일 간에 조인된 1951년 4월 1일~1952년 3월 31일까지의 양국 간 무역계획
주제어 한일무역계획(1951~1952)

* 한국의 대일수입 시 외상거래 계좌

한국으로의 선박 반환
(韓国へ船舶返還)

문서파일번호	604
작성연월일	1950. 2. 14 - 1952. 7. 3
구분	예비회담~제2차 회담 이전
세부항목	반환선박 보상 문제 등
작성처	배상청, 외무성, 운수성, 해상보안청 등
매수	146
비밀등급	일반
문서종류	공문, 청원서, 기타 등
공개구분	공개 또는 일부 비공개
내용	남한 미육군 군정청 또는 한국에 인도한 선박의 일본 재류 중 유지관리비 등 보상에 관한 일본인들의 청원 서류, 일본정부·한국대표부 간 선박반환 협정서 등 모음
주제어	선박 반환

문서명	제목 없음

문서파일번호 604
작성연월일 1950. 7. 28
구분 한일회담 예비회담
세부항목 반환선박 보상 문제
작성처 불명(민원인)
매수 1
비밀등급 일반
문서종류 청원서
공개구분 일부 비공개
내용 전쟁 종료 후 제3오토리호(第三鳳丸)를 남한 미육군 군정청에 인도한 가선주(假船主)가 동 선박의 유지관리비 부족분을 일본정부로부터 받을 수 있도록 해결해 달라고 운수성 긴키(近畿) 연락조정사무국장에게 요청함.
주제어 선박 반환

문서명	연합국연합국 최고사령부민간재산관리국 앞 청원서(連合国総司令部民間財産管理局宛の請願書)

문서파일번호 604
작성연월일 1950. 7(일자 불명)
구분 한일회담 예비회담
세부항목 반환선박 보상 문제
작성처 불명(민원인)
매수 11
비밀등급 일반
문서종류 청원서
공개구분 일부 비공개
내용 전쟁 종료 후 제3오토리호(第三鳳丸)를 남한 미육군 군정청에 인도한 가선주(假船主)가 동 선박의 유지관리비 부족분을 받게 해 달라고 연합국 최고사령부 민간재산관리부에 보낸 청원서. 참고자료로 ① 제3오토리호의 가선주가 긴키 해운국장에게 보낸 증명원, ② 1946년 10월 11일 최고사령부 지령(SCAPIN) 2359-A호(제3오토리호의 인도 지시 명령), ③ 1946년 11월 21일 자 최고사령부 지령 2635-A호(제3오토리호에 대한 보상 지시 내용), ④ 보상금 수령 영수증, ⑤ 긴키 해운국 운항부장의 해운총국 해운국장 앞 제3오토리호 관리비에 관한 공문(1949년 2월 8일 자), ⑥ 특별조달청 촉진국장의 해운총국 해운국장 앞 제3오토리호의 미불 관리비에 관한 공문(1949년 4월 1일 자), ⑦ 제3오토리호 가선주에 대한 긴키 해운국장의 표창장 등이 첨부되어 있음.
주제어 선박 반환

문서명	한국에 반환된 제3오토리호 유지비 지불 탄원 건(韓国へ返還された第三鳳丸の維持費支費嘆願の件)

문서파일번호 604
작성연월일 1950. 8. 21
구분 예비회담
세부항목 반환선박 보상 문제
작성처 긴키 종합조정사무국장(近畿總合調整事務局長)
매수 16
비밀등급 일반
문서종류 공문
공개구분 일부 비공개
내용 한국에 반환된 제3오토리호(第三鳳丸)의 유지비 지불 탄원과 관련하여 긴키 종합조정사무국장이 배상청장에게 보낸 1950년 8월 21일 자 공문(동일한 문서 2매). 민원인이 제출한 청원서(1950년 7월 28일 자)와 참고자료(앞에 나온 문서)가 첨부되어 있음.
주제어 선박 반환

문서명	제3오토리호 유지비 지불에 관한 탄원서 제출 건(第三鳳丸の維持費支佛に関する嘆願書提出の件)

문서파일번호 604
작성연월일 1950. 9. 19
구분 예비회담
세부항목 반환선박 보상 문제
작성처 배상청 특수재산부장
매수 20
비밀등급 일반
문서종류 공문
공개구분 일부 비공개
내용 배상청 특수재산부장이 운수성 해운국장에게 보낸 제3오토리호(第三鳳丸) 유지비 지불 탄원관련 공문. 긴키 종합조정사무국장이 배상청 장관에게 보낸 1950년 8월 21일 자 공문 사본과 민원인이 제출한 청원서, 참고자료 일체가 첨부되어 있음.
주제어 선박 반환

문서명	제3오토리호 유지비 지불에 관한 탄원서에 대해서(第三鳳丸の維持費支払いに関する嘆願書について)

문서파일번호 604
작성연월일 1950. 9. 29
구분 예비회담
세부항목 반환선박 보상 문제
작성처 운수성 해운국장
매수 1
비밀등급 일반
문서종류 공문
공개구분 일부 비공개
내용 배상청 특수재산부장의 공문(1950년 9월 19일)에 대한 운수성 해운국장의 회신 공문
주제어 선박 반환

문서명	제3오토리호 유지비 지불 건(第三鳳丸の維持費支佛に関する件)

문서파일번호 604
작성연월일 1950. 11. 30
구분 예비회담
세부항목 반환선박 보상 문제
작성처 배상청 특수재산부장
매수 2
비밀등급 일반
문서종류 공문
공개구분 일부 비공개
내용 긴키 종합조정사무국장의 공문(1950년 8월 21일 자)에 대한 배상청 특수재산부장의 회신 공문. 1949년 8월 1일 자 정령 제291호('구 일본 점령 지역에 본점을 둔 회사의 일본 내에 있는 재산의 정리에 관한 정령')에 의해 채권을 신청하라는 내용이 담겨 있음.
주제어 선박 반환

문서명	한국에 반환된 제3오토리호 유지비 지불 탄원 건(韓国へ返還された第三鳳丸の維持費支佛嘆願の件)

문서파일번호 604
작성연월일 1950. 12. 1
구분 예비회담
세부항목 반환선박 보상 문제
작성처 긴키 종합조정사무국장
매수 24
비밀등급 일반
문서종류 공문
공개구분 일부 비공개
내용 긴키 종합조정사무국장이 배상청 장관에게 보내는 공문. 제3오토리호(第三鳳丸) 유지비 탄원 관련, 정령에 따른 채권신청은 의미가 없으므로 당초대로 동 건을 연합국 최고사령부 민간재산관리국이 처리하도록 하고, 그것이 어려울 경우 이유를 알려 달라고 요청함. 민원인이 작성한 연합국 최고사령부 민간재산관리국 앞 청원서 및 그 영문이 첨부되어 있음.
주제어 선박 반환

문서명	흥성호 명세서 및 선박인계서(興盛丸明細書及び 船舶引継書)

문서파일번호 604
작성연월일 1950. 12. 27
구분 예비회담
세부항목 선박 반환
작성처 불명
매수 2
비밀등급 일반
문서종류 기타 (선박인계서)
공개구분 일부 비공개
내용 1950년 12월 27일 주일한국대표부에 인계된 흥성호(興盛丸)의 명세표 및 선박인계서
주제어 선박 반환

문서명	선박 반환협정서(返船協定書)

문서파일번호 604
작성연월일 1950. 12. 27
구분 예비회담
세부항목 선박 반환
작성처 불명
매수 4
비밀등급 일반
문서종류 선박
공개구분 일부 비공개
내용 일본정부와 주일한국대표부 간에 체결된 조풍호(朝風丸) 반환에 관한 협정서
주제어 선박 반환

문서명	선박 반환협정서(返船協定書)

문서파일번호 604
작성연월일 1950. 12. 27
구분 예비회담
세부항목 선박 반환
작성처 불명
매수 5
비밀등급 일반
문서종류 협정서
공개구분 일부 비공개
내용 일본정부와 주일한국대표부 간에 체결된 초설호(初雪丸) 반환에 관한 협정서
주제어 선박 반환

문서명	당사선 평안호의 한국 반환에 대해서 보상을 바라는 건(當社船平安丸の朝鮮返還について補償方御願の件)

문서파일번호 604
작성연월일 1950. 2. 13
구분 예비회담
세부항목 반환선박 보상 문제
작성처 불명(민원인)
매수 4
비밀등급 일반
문서종류 청원서
공개구분 일부 비공개
내용 민원인이 배상청 장관에게 평안호(平安丸)의 한국 반환과 관련한 보상을 요청하는 청원서. 민원인이 1950년 2월 4일 자로 운수성 해운국장에게 평안호의 상태를 보고하는 공문, 일본 수역 내 한국치적 선박의 반환을 요청하는 운수성 해운국 해운조정부장 명의 공문(1950년 2월 1일 자), 운수성 해운국장의 조선치적 선박 반환 통지 공문(1950년 1월 21일 자) 등이 첨부되어 있음.
주제어 선박 반환

문서명	평안호 반환 협정서(平安丸返還協定書)

문서파일번호 604
작성연월일 1950. 2. 14
구분 예비회담
세부항목 선박 반환
작성처 불명
매수 21
비밀등급 일반
문서종류 협정서 등
공개구분 일부 비공개
내용 일본정부와 대한해운공사 간에 체결된 평안호(平安丸) 반환에 관한 협정서, 선박 명세서 및 비품목록 등
주제어 선박 반환

문서명	흑조호 선박명세서 및 비품목록(黒潮丸船舶明細書及び備品目録)

문서파일번호 604
작성연월일 1950(월일 불명)
구분 예비회담
세부항목 선박 반환
작성처 불명
매수 12
비밀등급 일반
문서종류 선박명세서, 비품목록
공개구분 일부 비공개
내용 한국에 반환된 흑조호(黒潮丸) 선박명세서 및 비품목록. 선박인도협정서 일부가 함께 첨부됨.
주제어 선박 반환

문서명	한국선 보일호에 관한 한국대표부로부터의 공동조사 제의 건(韓国船宝一丸に関し韓国ミッションより共同調査提議の件)

문서파일번호 604
작성연월일 1952. 2. 6
구분 예비회담~제1차 회담 사이
세부항목 선박 반환
작성처 외무성 아시아국장
매수 1
비밀등급 일반
문서종류 공문
공개구분 공개
내용 외무성 아시아국장이 배상청 특재부장에게 한국선 보일호(宝一丸)[한국인 김홍업이라는 사람이 보일호는 1951년 12월 20일 외무성이 한국대표부에 보낸 구상서에 기재된 흥국호(興國丸)가 개명한 것이라고 주장]에 관한 한일 공동조사팀 구성과 관련한 직원을 임명해 달라고 요청함.
주제어 선박 반환

문서명	화포호 건(和浦丸に関する件)

문서파일번호 604
작성연월일 1952. 7. 3
구분 제1~2차 회담 사이
세부항목 선박 반환
작성처 외무성 아시아국장
매수 1
비밀등급 일반
문서종류 공문
공개구분 공개
내용 외무성 아시아국장이 운수성 해운국장에게 화포호(和浦丸)는 한일 간 재산청구권협정이 아직 체결되지 않은 관계로 특별처리하기가 어렵다는 뜻을 전달함.
주제어 선박 반환

문서명	화포호에 대해서(和浦丸について)

문서파일번호 604
작성연월일 1952. 6. 16
구분 제1~2차 회담 사이
세부항목 선박 반환
작성처 운수성 해운국장
매수 1
비밀등급 일반
문서종류 공문
공개구분 공개
내용 화포호(和浦丸)의 처치와 관련하여 외무성의 견해를 물음.
주제어 선박 반환

문서명	화포호 처치에 관한 회의(和浦丸処置に関する打合会)

문서파일번호 604
작성연월일 1952. 6. 30
구분 제1~2차 회담 사이
세부항목 선박 반환
작성처 외무성
매수 7
비밀등급 일반
문서종류 회의록
공개구분 일부 비공개
내용 1952년 6월 27일 외무성, 운수성, 대장성 관계관들이 화포호(和浦丸)의 처치와 관련하여 개최한 회의기록
주제어 선박 반환

문서명	화포호에 대해서(和浦丸について)

문서파일번호 604
작성연월일 1952. 6. 30
구분 제1~2차 회담 사이
세부항목 선박 반환
작성처 운수성
매수 2
비밀등급 일반
문서종류 내부자료
공개구분 일부 비공개
내용 1952년 6월 30일 자 회의록 첨부문서 1. 화포호(和浦丸) 처치 관련 관계성 회의 자료. 화포호의 명세 및 전쟁 종료 후 처리 경위가 적혀 있음.
주제어 선박 반환

문서명	화포호 처치에 대해서(和浦丸処置について)

문서파일번호 604
작성연월일 1952. 6. 26
구분 제1~2차 회담 사이
세부항목 선박 반환
작성처 운수성 해운조정부 특수재산과
매수 3
비밀등급 일반
문서종류 내부문서
공개구분 일부 비공개
내용 1952년 6월 30일 자 회의록 첨부문서 2. 화포호 처치에 관한 운수성의 견해가 기록된 문서
주제어 선박 반환

문서명	명신호의 한국선 인도에 대해서(明神丸に對する韓國船の引渡しについて)

문서파일번호 604
작성연월일 1951. 10. 29
구분 예비회담
세부항목 선박 반환
작성처 해상보안청 경비구난부장
매수 1, 2매
비밀등급 일반
문서종류 공문
공개구분 공개
내용 해상보안청이 배상청 특수재산부장에게 보낸 공문. 명신호(明神丸)를 한국 선박에 무사히 인계하였음.
주제어 선박 반환

문서명	한국선의 인도에 대해서(韓国船の引渡について)

문서파일번호	604
작성연월일	1951. 10. 16
구분	예비회담
세부항목	선박 반환
작성처	第7관구 해상보안본부 경비구난부장
매수	1, 2 매
비밀등급	일반
문서종류	공문
공개구분	공개
내용	제7관구 해상보안본부 경비구난부 담당직원이 명신호(明神丸)의 한국 선박 인계 시 입회하였다는 내용의 해상보안청 경비구난부장 앞 공문
주제어	선박 반환

문서명	한국선의 인도 입회에 대해서(韓国船の引渡立会について)

문서파일번호	604
작성연월일	1951. 10. 10
구분	예비회담
세부항목	선박 반환
작성처	경비구난부 경비과 근무 제2계장 3보정 모리오카 하쓰지(警備救難部警備課勤務第二係長三保正森岡初治)
매수	8
비밀등급	일반
문서종류	공문
공개구분	일부 비공개
내용	제7관구 해상보안본부 경비과 소속 모리오카가 명신호(明神丸)의 한국 선박 인계 시 입회하였다는 내용의 보고 공문
주제어	선박 반환

한국과의 선박귀속 관계에 대해서
(朝鮮との間における船舶帰属関係について)

문서파일번호	610
문서명	한국과의 선박귀속 관계에 대해서(朝鮮との間における船舶帰属関係について)
작성연월일	1950. 5. 26
구분	예비회담
세부항목	한일 간 선박귀속 문제
작성처	외무성 조약국 법규과
매수	7
비밀등급	극비
문서종류	내부문서
공개구분	공개
내용	한국 독립 이후 한일 간 선박귀속 문제에 관한 운수성 해운국 및 배성청 특수 재산부의 질문에 외무성이 답한 내용이 담긴 문서. ① 한국과의 재산귀속 관계는 평화조약에 의해 결정되나 평화조약이 지연되어 재산귀속에 대해 현실적 요구에 따른 편의적 처리가 이루어져 패전국 일본에 부당하고 불공평한 결과를 가져올 위험이 있음. ② 현재까지 재한 일본재산의 처리를 보면 선박에 대해서는 소재지주의에 따라 처리되었는데 선적주의가 병용되어 종전 당시의 처리와 모순됨. ③ 선박 반환 시기는 조약 발효 이후이나 조약의 지연으로 종전 협정일(1945년 9월 3일) 이후가 될 가능성이 크지만 이미 종전 협정일보다 소급(1945년 8월 9일)해서 반환 요구가 제출됨. 논리상 정당성을 발견할 수 없으나 일본은 따를 수밖에 없음.
주제어	선박 반환

반환한 선박의 현황 일람표 송부에 대해서
(返還した船舶の現況一覧表の送付について)

문서파일번호	601
문서명	반환한 선박의 현황 일람표 송부에 대해서(返還した船舶の現況一覧表の送付について)
작성연월일	1951. 6. 30
구분	예비회담
세부항목	반환선박 현황
작성처	배상청
매수	9
비밀등급	일반
문서종류	공문
공개구분	일부 비공개
내용	배상청 특수재산부장 명의로 주한일본대표부 총영사에게 송부한 1951년 6월 4일 자 공문. 배상청이 해상보안청으로부터 접수한 반환 선박현황을 대표부에 통보하는 내용임. 선주는 먹칠로 지워져 있음.
주제어	선박 반환

진정서, 탄원서
(陳情書, 歎願書)

문서파일번호	602
작성연월일	1951. 9. 17 - 1951. 10. 10
구분	예비회담
세부항목	한국지석선 반환 요구
작성처	조선치적선대책협의회(朝鮮置籍船對策協議會)
매수	29
비밀등급	
문서종류	진정서, 탄원서
공개구분	일부 비공개
내용	조선치적선대책협의회 명의로 작성된 일본 소재 한국치적 선박의 반환을 요구하는 진정서와 탄원서 모음
주제어	선박 반환

문서명	진정서(陳情書)

문서파일번호 602
작성연월일 1951. 9. 17-1951. 9. 30
구분 예비회담
세부항목 한국치적선 반환 요구
작성처 조선치적선대책협의회
매수 21
비밀등급 일반
문서종류 진정서
공개구분 일부 비공개
내용 한국 국적선의 반환을 요구하는 1951년 9월 17일, 19일, 20일, 30일 자 진정서와 9월 15일 자 진술서
주제어 선박 반환

문서명	탄원서(歎願書)

문서파일번호 602
작성연월일 1951. 10. 13
구분 예비회담
세부항목 한국치적선 반환 요구
작성처 조선치적선대책협의회
매수 4
비밀등급 일반
문서종류 탄원서
공개구분 일부 비공개
내용 1951년 10월 13일 자 탄원서
주제어 선박 반환

문서명	탄원서(歎願書)

문서파일번호 602
작성연월일 1951. 10. 15
구분 예비회담
세부항목 한국치적선 반환 요구
작성처 조선치적선대책협의회
매수 4
비밀등급 일반
문서종류 탄원서
공개구분 일부 비공개
내용 1951년 10월 15일 자 총리대신 앞 탄원서
주제어 선박 반환

한국으로 선적을 정하여 등록한 선박 관련 1951년 9월 11일부 연합국 최고사령부 각서 AG 560CPC, OD에 대한 에노모토 주지 씨의 소견(朝鮮に船籍を定め登録した船舶に関する1951年 9月11日附AG560CPC, OD覚書に対する榎本重治氏の所見)

문서파일번호	612
작성연월일	1951. 9. 17
구분	예비회담
세부항목	한국치적 선박의 반환 문제
작성처	제2복원국 잔무처리부(第二復元局 殘務處理部)
매수	21
비밀등급	
문서종류	내부문서
공개구분	공개
내용	한국치적 선박의 반환과 관련하여 에노모토 주지(榎本重治)의 소견이 정리됨.
주제어	선박 반환

문서명	한국으로 선적을 정하여 등록한 선박 관련 1951년 9월 11일부 연합국 최고사령부 각서 AG 560CPC, OD에 대한 에노모토 주지 씨의 소견(朝鮮に船籍を定め登録した船舶に関する1951年9月 11日附AG560CPC, OD覚書に対する榎本重治氏の所見)

문서파일번호 612
작성연월일 1951. 9. 17
구분 예비회담
세부항목 한국치적 선박의 반환 문제
작성처 제2 복원국 잔무처리부
매수 12
비밀등급 일반
문서종류 내부문서
공개구분 공개
내용 한일 양국에 선적항을 둔 선박들은 모두 일본 국적의 선박으로, 그 선박의 항해에 관한 권리, 선박 소유자의 권리는 동일하며 양자를 구별해 처리할 근거가 없음. 선박 소유자는 일본 내지인이며 그 선박들은 일본 내지인의 사유재산으로, 영토 일부가 분리 독립하는 경우 신생국가에 소속되는 물건은 속지주의에 따르지만, 사유재산은 제외되는 것이 일반적 국제관례임. 선적항을 정하는 것은 행정사무상 편의를 위한 것으로 선박 및 선박 소유자의 권리에 영향을 주는 것은 아님. 따라서 이들 선박이 한국에 반환되는 어쩔 수 없는 사태가 발생할 경우 일본이 선박의 대가를 요구할 권리가 있음.
주제어 선박 반환

문서명	한국으로 선적을 정하여 등록한 선박 관련 1951년 9월 11일부 연합국 최고사령부 각서 AG 560CPC, OD에 대한 에노모토 주지 씨의 소견(Mr.Juji Enomoto's Opinion on SCAP Memorandum, AG 560(7 Sep 51)CPC, OD, dated 11 September 1951, Subject: Korean Registered Vessels)

문서파일번호 612
작성연월일 1951. 9. 17
구분 예비회담
세부항목 한국치적 선박의 반환 문제
작성처 제2 복원국 잔무처리부(Second Demobilization Bureau, Liquidation Division)
매수 9
비밀등급 일반
문서종류 내부문서
공개구분 공개
내용 에노모토 주지(榎本重治)의 소견을 영문으로 번역한 문서
주제어 선박 반환

한국적 선박의 반환
(朝鮮籍船舶の返還)

문서파일번호	611
작성연월일	1951. 9. 18 - 1951. 12. 5
구분	예비회담~제1차 회담 사이
세부항목	한국치적선 반환 문제
작성처	외무성 등
매수	12
비밀등급	
문서종류	내부문서, 공문
공개구분	공개
내용	한일회담 개시 전부터 예비회담 종료 시점에 걸쳐 한국적 선박의 반환에 관해 검토한 의견서
주제어	선박 반환

문서명	한국적 선박 반환 건(朝鮮籍船舶の返還に関する件)

문서파일번호 611
작성연월일 1951. 9. 18
구분 예비회담
세부항목 한국치적선 반환 문제
작성처 외무성 정무국 총무과
매수 3
비밀등급 비(秘)
문서종류 내부문서
공개구분 공개
내용 일본 패전 이후 한국적 선박의 반환에 관한 경위, 운수성의 입장(반환 해당 선박은 전매, 수리되어 현재 몇 개의 해운회사가 운항 중인데, 이번 조치로 상당한 타격을 입을 것으로 예상되며, 운수성으로서는 선박의 반환을 가능한 연기하고 정세 변화를 기다린다는 방침), 외무성의 입장(한일간 재산 문제의 일환으로서 직접 교섭을 통해 해결한다는 방침)을 정리함.
주제어 선박 반환

문서명	한국적 선박의 반환 지령에 대해서(朝鮮籍船舶の返還指令について)

문서파일번호 611
작성연월일 1951. 9. 20
구분 예비회담
세부항목 한국치적선 반환 문제
작성처 인양원호청 복원국
매수 2
비밀등급 일반
문서종류 공문
공개구분 공개
내용 1951년 9월 20일 자로 인양 원호청 제2복원국 잔무처리부장이 외무성, 운수성, 배상청에 보낸 공문. 1951년 9월 11일 자 AG560CPC, CD 각서의 선박 반환 지령이 선적주의에 따른 것이지만 이 지령은 법적 근거를 결여한 것으로, 일본정부는 선박 반환 이유 및 의무가 없음을 알리고 선박 반환이 연합국의 점령 목적에 의한 임시 조치라면 별지의 자료를 참조한 후 선처를 바람(별지는 첨부되어 있지 않음).
주제어 선박 반환

문서명	한국적 선박 반환 건(朝鮮籍船舶の返還に関する件)

문서파일번호 611
작성연월일 1951. 9. 26
구분 예비회담
세부항목 한국치적선 반환 문제
작성처 외무성 정무국 총무과
매수 4
비밀등급 비(秘)
문서종류 내부문서
공개구분 공개
내용 1951년 9월 18일 자 문서에 운수성이 질문서를 제출했다는 것과 관련 회사가 한국치적선대책협의회를 결성하여 각 방면에서 운동하고 있다는 것이 추가됨.
주제어 선박 반환

문서명	한국적 선박의 반환에 대해서(朝鮮籍の船舶の返還について)

문서파일번호 611
작성연월일 1951. 12. 5
구분 예비회담~제1차 회담 사이
세부항목 한국치적선 반환 문제
작성처 외무성
매수 3
비밀등급 일반
문서종류 내부문서
공개구분 공개
내용 1951년 12월 5일까지 한일 간 선박 문제 논의에 대한 경위가 간단하게 기술되어 있음.
주제어 선박 반환

예비회담 한일선박회의 경위(제1~33회)
[予備会談日韓船舶會議經緯(第1回~第33回)]

문서파일번호	64
작성연월일	1951. 12. 4
구분	예비회담~제1차 회담 선박소위원회(제1~33회 회의)
세부항목	
작성처	외무성
매수	147
비밀등급	일반
문서종류	회의록, 협정안
공개구분	공개 또는 일부 비공개
내용	1951년 10월 30일~1952년 3월 19일까지 예비회담에서 시작되어 제1차 한일회담까지 이어진 선박소위원회 제1~33회 회의기록
주제어	선박 반환

문서명	한일선박회담 제1회 회의(日韓海船会議第一回会合)

문서파일번호 64
작성연월일 1951. 10. 30
구분 예비회담 선박소위원회 제1회 회의
세부항목
작성처 외무성
매수 9
비밀등급 일반
문서종류 회의록
공개구분 공개
내용 예비회담 선박위원회 제1회 회의록(한국이 제안한 의제, 참석자 명단 첨부). 양국 대표의 인사말, 용어, 기록, 회의 의제에 관한 사항을 결정함. 한국은 의제 a) '연합국 최고사령부 지령 (SCAPIN) 2168호의 이행'과 b) '1945. 8. 9 이래 한국 수역에 있던 선박의 반환'을 제안함.
주제어 선박 반환

문서명	제2회 회의(第二回会合)

문서파일번호 64
작성연월일 1951. 11. 1
구분 예비회담 선박소위원회 제2회 회의
세부항목
작성처 외무성
매수 4
비밀등급 일반
문서종류 회의록
공개구분 공개
내용 예비회담 선박위원회 제2회 회의록. 일본은 의제 c) '한국에 빌려준 선박의 반환'과 d) '한국에 억류된 선박의 반환'을 제안하고 의제 a)의 이행과 관련 연합국 최고사령부 지령(SCAPIN) 2168호가 기존의 연합국 최고사령부의 입장과 모순되므로 논의 전에 최고사령부 당국과 절충할 필요가 있다며 문제를 제기함.
주제어 선박 반환

문서명	제3회 회의(第三回会合)

문서파일번호 64
작성연월일 1951. 11. 5
구분 예비회담 선박소위원회 제3회 회의
세부항목
작성처 외무성
매수 3
비밀등급 일반
문서종류 회의록
공개구분 공개
내용 예비회담 선박위원회 제3회 회의록. 일본이 한국에 억류된 일본어선의 반환과 배상 문제도 논의하자고 하자 한국은 다음 회의에서 답변하겠다고 함.
주제어 선박 반환

문서명	제4회 회의(第四回会合)

문서파일번호 64
작성연월일 1951. 11. 6
구분 예비회담 선박소위원회 제4회 회의
세부항목
작성처 외무성
매수 5
비밀등급 일반
문서종류 회의록
공개구분 공개
내용 예비회담 선박위원회 제4회 회의록. 선박위원회의 의제를 한국 제안 의제 a), b)에 일본 제안 의제 c), d) 4가지로 최종 결정함.
주제어 선박 반환

문서명	제1, 2, 3, 4회(第一、二、三、四回)

문서파일번호 64
작성연월일 1951. 11. 6
구분 예비회담 선박소위원회 제1~4회 회의
세부항목
작성처 외무성
매수 2
비밀등급 일반
문서종류 회의록
공개구분 공개
내용 예비회담 선박소위원회 제1~4회까지의 회의 요약
주제어 선박 반환

문서명	선박위원회 회의록(기록 1)[Record of Proceedings of the Committee on Vessels (Record No. 1)]

문서파일번호 64
작성연월일 1951. 11. 6
구분 예비회담 선박소위원회 제1~4회 회의
세부항목
작성처 외무성
매수 2
비밀등급 일반
문서종류 회의록
공개구분 공개
내용 예비회담 선박위원회 제1~4회까지의 회의 영문 회의록
주제어 선박 반환

문서명	제5회 회의(第五回会合)

문서파일번호 64
작성연월일 1951. 11. 9
구분 예비회담 선박소위원회 제5회 회의
세부항목
작성처 외무성
매수 7
비밀등급 일반
문서종류 회의록
공개구분 공개
내용 예비회담 선박위원회 제5회 회의록. 의제 논의에 들어감. 한국은 일본에 선박 리스트 등 관련 정보 제공을 요청함.
주제어 선박 반환

문서명	선박위원회 회의록(기록 2)[Record of Proceedings of the Committee on Vessels (Record No. 2)]

문서파일번호 64
작성연월일 1951. 11. 9
구분 예비회담 선박소위원회 제5회 회의
세부항목
작성처 외무성
매수 2
비밀등급 일반
문서종류 회의록
공개구분 공개
내용 예비회담 선박위원회 제5회 회의 영문 회의록
주제어 선박 반환

문서명	제6회 회의(第六回会合)

문서파일번호 64
작성연월일 1951. 11. 13
구분 예비회담 선박소위원회 제6회 회의
세부항목
작성처 외무성
매수 7
비밀등급 일반
문서종류 회의록
공개구분 공개
내용 예비회담 선박위원회 제6회 회의록. 양측은 의제에 대한 자국 입장을 설명.
주제어 선박 반환

문서명	선박위원회 회의록(기록 3)[Record of Proceedings of the Committee on Vessels (Record No. 3)]

문서파일번호 64
작성연월일 1951. 11. 13
구분 예비회담 선박소위원회 제6회 회의
세부항목
작성처 외무성
매수 1
비밀등급 일반
문서종류 회의록
공개구분 공개
내용 예비회담 선박위원회 제6회 회의 영문 회의록
주제어 선박 반환

문서명	제7회 회의(第七回会合)

문서파일번호 64
작성연월일 1951. 11. 15
구분 예비회담 선박소위원회 제7회 회의
세부항목
작성처 외무성
매수 5
비밀등급 일반
문서종류 회의록
공개구분 공개
내용 예비회담 선박위원회 제7회 회의록
주제어 선박 반환

문서명	선박위원회 회의록(기록 4)[Record of Proceedings of the Committee on Vessels (Record No. 4)]

문서파일번호 64
작성연월일 1951. 11. 15
구분 예비회담 선박소위원회 제7회 회의
세부항목
작성처 외무성
매수 1
비밀등급 일반
문서종류 회의록
공개구분 공개
내용 예비회담 선박위원회 제7회 회의 영문 회의록
주제어 선박 반환

문서명	제9, 10회 회의(第九、十回会合)

문서파일번호 64
작성연월일 1951. 11. 20
구분 예비회담 선박소위원회 제9~10회 회의
세부항목
작성처 외무성
매수 2
비밀등급 일반
문서종류 회의록
공개구분 공개
내용 예비회담 선박위원회 제9~10회 회의록
주제어 선박 반환

문서명	제11회 회의(第十一回会合)

문서파일번호 64
작성연월일 1951. 11. 24
구분 예비회담 선박소위원회 제11회 회의
세부항목
작성처 외무성
매수 2
비밀등급 일반
문서종류 회의록
공개구분 공개
내용 예비회담 선박위원회 제11회 회의록
주제어 선박 반환

문서명	제8, 9, 10 및 11회(第八、九、十及び十一回)

문서파일번호 64
작성연월일 1951. 11. 24
구분 예비회담 선박소위원회 제8~11회 회의
세부항목
작성처 외무성
매수 2
비밀등급 일반
문서종류 회의록
공개구분 일부 비공개
내용 예비회담 선박위원회 제8~11회 회의록 요약
주제어 선박 반환

문서명	선박위원회 회의록(기록 5)[Record of Proceedings of the Committee on Vessels (Record No. 5)]

문서파일번호 64
작성연월일 1951. 11. 24
구분 예비회담 선박소위원회 제8~11회 회의
세부항목
작성처 외무성
매수 2
비밀등급 일반
문서종류 회의록
공개구분 공개
내용 예비회담 선박위원회 제8~11회 회의 요약 기록 영문. 일본 제출 리스트 a) 19척 첨부
주제어 선박 반환

문서명	제12회 회의(第十二回会合)

문서파일번호 64
작성연월일 1951. 11. 26
구분 예비회담 선박소위원회 제12회 회의
세부항목
작성처 외무성
매수 4
비밀등급 일반
문서종류 회의록
공개구분 공개
내용 예비회담 선박위원회 제12회 회의록
주제어 선박 반환

문서명	선박위원회 회의록(기록 6)[Record of Proceedings of the Committee on Vessels (Record No. 6)]

문서파일번호 64
작성연월일 1951. 11. 26
구분 예비회담 선박소위원회 제12회 회의
세부항목
작성처 외무성
매수 1
비밀등급 일반
문서종류 회의록
공개구분 공개
내용 예비회담 선박위원회 제12회 회의 영문 회의록
주제어 선박 반환

문서명	제13회 회의(第十三回会合)

문서파일번호 64
작성연월일 1951. 11. 28
구분 예비회담 선박소위원회 제13회 회의
세부항목
작성처 외무성
매수 5
비밀등급 일반
문서종류 회의록
공개구분 공개
내용 예비회담 선박위원회 제13회 회의록
주제어 선박 반환

문서명	선박위원회 회의록(기록 7)[Record of Proceedings of the Committee on Vessels (Record No. 7)]

문서파일번호 64
작성연월일 1951. 11. 28
구분 예비회담 선박소위원회 제13회 회의
세부항목
작성처 외무성
매수 1
비밀등급 일반
문서종류 회의록
공개구분 공개
내용 예비회담 선박위원회 제13회 회의 영문 회의록
주제어 선박 반환

문서명	제14회 회의(第十四回会合)

문서파일번호 64
작성연월일 1951. 11. 30
구분 예비회담 선박소위원회 제14회 회의
세부항목
작성처 외무성
매수 4
비밀등급 일반
문서종류 회의록
공개구분 공개
내용 예비회담 선박위원회 제14회 회의록. 일본 14개 질의 첨부
주제어 선박 반환

문서명	선박위원회 회의록(기록 8) [Record of Proceedings of the Committee on Vessels (Record No. 8)]

문서파일번호 64
작성연월일 1951. 11. 30
구분 예비회담 선박소위원회 제14회 회의
세부항목
작성처 외무성
매수 3
비밀등급 일반
문서종류 회의록
공개구분 공개
내용 예비회담 선박위원회 제14회 회의 영문 회의록. 일본 14개 질의 첨부
주제어 선박 반환

문서명	제15회 회의(第十五回会合)

문서파일번호	64
작성연월일	1951. 12. 4
구분	예비회담 선박소위원회 제15회 회의
세부항목	
작성처	외무성
매수	4
비밀등급	일반
문서종류	회의록
공개구분	공개
내용	예비회담 선박위원회 제15회 회의록. 일본의 14개 질의에 대한 한국 답변 첨부
주제어	선박 반환

문서명	선박위원회 회의록(기록 9)[Record of Proceedings of the Committee on Vessels (Record No. 9)]

문서파일번호	64
작성연월일	1951. 12. 4
구분	예비회담 선박소위원회 제15회 회의
세부항목	
작성처	외무성
매수	2
비밀등급	일반
문서종류	회의록
공개구분	공개
내용	예비회담 선박위원회 제15회 회의 영문 회의록. 일본의 14개 질의에 대한 한국 답변 첨부
주제어	선박 반환

문서명	제16회 회의(第十六回会合)

문서파일번호 64
작성연월일 1951. 12. 6
구분 예비회담~제1차 회담 사이 선박소위원회 제16회 회의
세부항목
작성처 외무성
매수 4
비밀등급 일반
문서종류 회의록
공개구분 공개
내용 예비회담 선박위원회 제16회 회의록. 한국 설명에 대한 일본 질의 및 한국 답변
주제어 선박 반환

문서명	선박위원회 회의록(기록 10)[Record of Proceedings of the Committee on Vessels (Record No. 10)]

문서파일번호 64
작성연월일 1951. 12. 6
구분 예비회담~제1차 회담 사이 선박소위원회 제16회 회의
세부항목
작성처 외무성
매수 1
비밀등급 일반
문서종류 회의록
공개구분 공개
내용 예비회담 선박위원회 제16회 회의 영문 회의록
주제어 선박 반환

문서명	제17회 회의(第十七回会合)

문서파일번호 64
작성연월일 1951. 12. 7
구분 예비회담~제1차 회담 사이 선박소위원회 제17회 회의
세부항목
작성처 외무성
매수 4
비밀등급 일반
문서종류 회의록
공개구분 공개
내용 예비회담 선박위원회 제17회 회의록. 일본이 제출한 일본 소재 한국치적선 19척의 인도일과 방법에 대한 한국 질의 및 일본 설명
주제어 선박 반환

문서명	선박위원회 회의록(기록 11)[Record of Proceedings of the Committee on Vessels (Record No. 11)]

문서파일번호 64
작성연월일 1951. 12. 7
구분 예비회담~제1차 회담 사이 선박소위원회 제17회 회의
세부항목
문서종류 회의록
작성처 외무성
매수 2
비밀등급 일반
공개구분 공개
내용 예비회담 선박위원회 제17회 회의 영문 회의록
주제어 선박 반환

문서명	제18회 회의(第十八回会合)

문서파일번호 64
작성연월일 1951. 12. 10
구분 예비회담~제1차 회담 사이 선박소위원회 제18회 회의
세부항목
작성처 외무성
매수 2
비밀등급 일반
문서종류 회의록
공개구분 공개
내용 예비회담 선박위원회 제18회 회의록. 일본은 의제 a)에 대해 현시점에서 결론을 내기가 어렵다고 함. 한국은 의제 a)에 의거, 한국에 반환해야 하는 선박들을 1951년 9월 11일 현재의 상태로 유지시킬 것을 요청함.
주제어 선박 반환

문서명	선박위원회 회의록(기록 12) [Record of Proceedings of the Committee on Vessels (Record No. 12)]

문서파일번호 64
작성연월일 1951. 12. 10
구분 예비회담~제1차 회담 사이 선박소위원회 제18회 회의
세부항목
작성처 외무성
매수 1
비밀등급 일반
문서종류 회의록
공개구분 공개
내용 예비회담 선박위원회 제18회 회의 영문 회의록
주제어 선박 반환

문서명	제19회 회의(第十九回会合)

문서파일번호 64
작성연월일 1951. 12. 11
구분 예비회담~제1차 회담 사이 선박소위원회 제19회 회의
세부항목
작성처 외무성
매수 2
비밀등급 일반
문서종류 회의록
공개구분 공개
내용 예비회담 선박위원회 제19회 회의록. 의제 a)와 c)를 동시에 논의하는 데 합의함.
주제어 선박 반환

문서명	선박위원회 회의록(기록 13)[Record of Proceedings of the Committee on Vessels (Record No. 13)]

문서파일번호 64
작성연월일 1951. 12. 11
구분 예비회담~제1차 회담 사이 선박소위원회 제19회 회의
세부항목
작성처 외무성
매수 3
비밀등급 일반
문서종류 회의록
공개구분 일부 비공개
내용 예비회담 선박위원회 제19회 회의 영문 회의록. 한국이 작성한 어선을 제외한 일본 소재 한국치적선 추가명부 첨부
주제어 선박 반환

문서명	제20회 회의(第二十回会合)

문서파일번호 64
작성연월일 1951. 12. 13
구분 예비회담~제1차 회담 사이 선박소위원회 제20회 회의
세부항목
작성처 외무성
매수 2
비밀등급 일반
문서종류 회의록
공개구분 공개
내용 예비회담 선박위원회 제20회 회의록. 한국이 제19회 회의 때 제시한 선박 추가명부에 관해 일본이 근거 등을 질의함.
주제어 선박 반환

문서명	선박위원회 회의록(기록 14)[Record of Proceedings of the Committee on Vessels (Record No. 14)]

문서파일번호 64
작성연월일 1951. 12. 13
구분 예비회담~제1차 회담 사이 선박소위원회 제20회 회의
세부항목
작성처 외무성
매수 1
비밀등급 일반
문서종류 회의록
공개구분 공개
내용 예비회담 선박위원회 제20회 회의 영문 회의록
주제어 선박 반환

문서명	제21회 회의(第二十一回会合)

문서파일번호 64
작성연월일 1951. 12. 17
구분 예비회담~제1차 회담 사이 선박소위원회 제21회 회의
세부항목
작성처 외무성
매수 3
비밀등급 일반
문서종류 회의록
공개구분 공개
내용 예비회담 선박위원회 제21회 회의록. 일본이 한국이 제시한 선박 리스트 가운데 침몰 선박을 제외한 이유에 관해 논의함. 일본은 5척의 선박 반환을 요청함.
주제어 선박 반환

문서명	선박위원회 회의록(기록 15)[Record of Proceedings of the Committee on Vessels (Record No. 15)]

문서파일번호 64
작성연월일 1951. 12. 17
구분 예비회담~제1차 회담 사이 선박소위원회 제21회 회의
세부항목
작성처 외무성
매수 2
비밀등급 일반
문서종류 회의록
공개구분 공개
내용 예비회담 선박위원회 제21회 회의 영문 회의록
주제어 선박 반환

문서명	제22회 회의(第二十二回会合)

문서파일번호 64
작성연월일 1951. 12. 18
구분 예비회담 선박소위원회 제22회 회의
세부항목
작성처 외무성
매수 2
비밀등급 일반
문서종류 회의록
공개구분 공개
내용 예비회담 선박위원회 제22회 회의록. 한국은 일본이 지난 회의에서 반환을 요구한 5척의 선박은 한국 국적 소유임을 강조함.
주제어 선박 반환

문서명	선박위원회 회의록(기록 16)[Record of Proceedings of the Committee on Vessels (Record No. 16)]

문서파일번호 64
작성연월일 1951. 12. 18
구분 예비회담~제1차 회담 사이 선박소위원회 제22회 회의
세부항목
작성처 외무성
매수 1
비밀등급 일반
문서종류 회의록
공개구분 공개
내용 예비회담 선박위원회 제22회 회의 영문 회의록
주제어 선박 반환

문서명	제23회 회의(第二十三回会合)

문서파일번호 64
작성연월일 1951. 12. 19
구분 예비회담~제1차 회담 사이 선박소위원회 제23회 회의
세부항목
작성처 외무성
매수 2
비밀등급 일반
문서종류 회의록
공개구분 공개
내용 예비회담 선박위원회 제23회 회의록
주제어 선박 반환

문서명	선박위원회 회의록(기록 17)[Record of Proceedings of the Committee on Vessels (Record No. 17)]

문서파일번호 64
작성연월일 1951. 12. 19
구분 예비회담~제1차 회담 사이 선박소위원회 제23회 회의
세부항목
작성처 외무성
매수 3
비밀등급 일반
문서종류 회의록
공개구분 일부 비공개
내용 예비회담 선박위원회 제23회 회의 영문 회의록. 한국 소재 일본치적선 리스트(일본 제시) 첨부
주제어 선박 반환

문서명	제24회 회의(第二十四回会合)

문서파일번호 64
작성연월일 1951. 12. 20
구분 예비회담~제1차 회담 사이 선박소위원회
세부항목
작성처 외무성
매수 1
비밀등급 일반
문서종류 회의록
공개구분 공개
내용 예비회담 선박위원회 제24회 회의록. 한국이 의제a)에 관한 어선 리스트를 제출함.
주제어 선박 반환

문서명	선박위원회 회의록(기록 18)[Record of Proceedings of the Committee on Vessels (Record No. 18)]

문서파일번호 64
작성연월일 1951. 12. 20
구분 예비회담~제1차 회담 사이 선박소위원회
세부항목
작성처 외무성
매수 1
비밀등급 일반
문서종류 회의록
공개구분 공개
내용 예비회담 선박위원회 제24회 회의 영문 회의록
주제어 선박 반환

문서명	제25, 26회 회의(第二十五, 二十六回会合)

문서파일번호 64
작성연월일 1952. 1. 19
구분 예비회담~제1차 회담 사이 선박소위원회
세부항목
작성처 외무성
매수 1
비밀등급 일반
문서종류 회의록
공개구분 공개
내용 예비회담 선박위원회 제25회, 1월 22일 제26회 회의록. 한일 양측은 각각 상대방이 제시한 선박 리스트에 대한 조사결과를 설명함.
주제어 선박 반환

문서명	선박위원회 회의록(기록 19)[Record of Proceedings of the Committee on Vessels (Record No. 19)]

문서파일번호 64
작성연월일 1952. 1. 19
구분 예비회담~제1차 회담 사이 선박소위원회
세부항목
작성처 외무성
매수 1
비밀등급 일반
문서종류 회의록
공개구분 공개
내용 예비회담 선박위원회 제25~26회 회의 영문 회의록
주제어 선박 반환

문서명	제27회 회의(第二十七回会合)

문서파일번호 64
작성연월일 1952. 1. 25
구분 예비회담~제1차 회담 사이 선박소위원회 제27회 회의
세부항목
작성처 외무성
매수 1
비밀등급 일반
문서종류 회의록
공개구분 공개
내용 예비회담 선박위원회 제27회 회의록
주제어 선박 반환

문서명	선박위원회 회의록(기록 20)[Record of Proceedings of the Committee on Vessels (Record No. 20)]

문서파일번호 64
작성연월일 1952. 1. 25
구분 예비회담~제1차 회담 사이 선박소위원회 제27회 회의
세부항목
작성처 외무성
매수 1
비밀등급 일반
문서종류 회의록
공개구분 공개
내용 예비회담 선박위원회 제27회 회의 영문 회의록
주제어 선박 반환

문서명	제28회 회의(第二十八回会合)

문서파일번호 64
작성연월일 1952. 2. 5
구분 예비회담~제1차 회담 사이 선박소위원회
세부항목
작성처 외무성
매수 2
비밀등급 일반
문서종류 회의록
공개구분 일부 비공개
내용 예비회담 선박위원회 제28회 회의록. 한국이 의제a)와 관련 추가로 제출한 리스트(22척)에 대해 일본이 설명함(일부 인명 먹칠).
주제어 선박 반환

문서명	선박위원회 회의록(기록 21)[Record of Proceedings of the Committee on Vessels (Record No. 21)]

문서파일번호 64
작성연월일 1952. 2. 5
구분 예비회담~제1차 회담 사이 선박소위원회
세부항목
작성처 외무성
매수 4
비밀등급 일반
문서종류 회의록
공개구분 일부 비공개
내용 예비회담 선박위원회 제28회 회의 영문 회의록
주제어 선박 반환

문서명	선박위원회 회의록(기록 22)[Record of Proceedings of the Committee on Vessels (Record No. 23)]

문서파일번호 64
작성연월일 1952. 2. 13
구분 예비회담~제1차 회담 사이 선박소위원회
세부항목
작성처 외무성
매수 2
비밀등급 일반
문서종류 회의록
공개구분 공개
내용 1952년 2월 12일 예비회담 선박위원회 제29회, 2월 13일 제30회 회의 영문 회의록
주제어 선박 반환

문서명	한일선박위원회의사경과(제31회)[日韓船舶委員会議事経過(第三十一回)]

문서파일번호 64
작성연월일 1952. 2. 25
구분 제1차 회담 선박소위원회
세부항목
작성처 외무성
매수 8
비밀등급 극비
문서종류 회의록
공개구분 공개
내용 제1차 한일회담 선박위원회 제31회 회의록. 지난 회의록을 양자가 확인하고 각자가 제출한 선박 리스트에 대해 질의 응답함.
주제어 선박 반환

문서명	한일선박회의 제31회(日韓船舶会議第三十一回)

문서파일번호 64
작성연월일 1952. 2. 25
구분 제1차 회담 선박소위원회
세부항목
작성처 외무성
매수 3
비밀등급 일반
문서종류 회의록
공개구분 공개
내용 제1차 한일회담 선박위원회 제31회 회의록(앞선 회의록과는 기록 방식이 상이함)
주제어 선박 반환

문서명	선박위원회 회의록(기록 23)[Record of Proceedings of the Committee on Vessels (Record No. 23)]

문서파일번호 64
작성연월일 1952. 2. 25
구분 제1차 회담 선박소위원회
세부항목
작성처 외무성
매수 1
비밀등급 일반
문서종류 회의록
공개구분 공개
내용 제1차 한일회담 선박위원회 제31회 회의 영문 회의록
주제어 선박 반환

문서명	한일선박위원회 제32회(日韓船舶委員会第三十二回)

문서파일번호 64
작성연월일 1952. 3. 19
구분 제1차 회담 선박소위원회
세부항목
작성처 외무성
매수 3
비밀등급 일반
문서종류 회의록
공개구분 공개
내용 제1차 한일회담선박위원회 제32회 회의록
주제어 선박 반환

문서명	선박위원회 회의기록 요약(기록 24)[Summary Record of the Meetings of the Committee on Vessels (Record No.24)]

문서파일번호 64
작성연월일 1952. 4. 1
구분 제1차 회담 선박소위원회
세부항목
작성처 외무성
매수 1
비밀등급 일반
문서종류 회의록
공개구분 공개
내용 제1차 한일회담 선박위원회 제32, 33회(4월 1일) 회의 영문 회의록. 일본은 그간의 회의에서 한일 양국 간에 선박 반환 문제의 해결과 관련하여 입장차를 보인 바, 양국의 우호를 위해 법적보다는 정치적으로 문제를 해결해야 한다는 견해를 표명하면서 별첨으로 2개의 협정안(proposal)을 제출함. 한국은 이에 대해 답변을 유보함.
주제어 선박 반환

문서명	일본과 한국 간의 선박 문제 해결을 위한 협정안(일본 제안) [Draft for the Agreement to be Concluded between Japan and the Republic of Korea concerning the Settlement of the Vessels Problem(the Japanese Delegations Proposal)]

문서파일번호 64
작성연월일 1952. 4. 1
구분 제1차 회담 선박소위원회
세부항목
작성처 외무성
매수 2
비밀등급 일반
문서종류 협정안
공개구분 공개
내용 제1차 한일회담 선박위원회 제33회 회의에서 일본이 제시한 선박 문제 해결제안서 1.(영문)
주제어 선박 반환

문서명	일본과 한국 간의 선박 문제 해결을 위한 협정안(일본 제안) [Draft for the Agreement to be Concluded between Japan and the Republic of Korea concerning the Settlement of the Vessels Problem(the Japanese Delegations Proposal)]

문서파일번호 64
작성연월일 1952. 4. 1
구분 제1차 회담 선박소위원회
세부항목
작성처 외무성
매수 2
비밀등급 일반
문서종류 협정안
공개구분 공개
내용 제1차 한일회담 선박위원회 제33회 회의에서 일본이 제시한 선박 문제 해결제안서 2. (영문)
주제어 선박 반환

선박관계위원회 의사에 관한 기록
(船舶関係委員会における議事に関する記録)

문서파일번호	605
작성연월일	1951. 11. 6 - 1952. 4. 1
구분	예비회담~제1차 회담 선박위원회(제1~33회)
세부항목	
작성처	외무성
매수	56
비밀등급	
문서종류	회의록, 협정안
공개구분	공개 또는 일부 비공개
내용	예비회담~제1차 회담에 걸쳐 진행된 선박위원회 제1~33회 회의기록(대장성 외채과에서 복사한 자료) * 앞의 문서파일번호 64에 일문과 영문으로 된 회의기록이 있는데, 그중 영문 회의록과 동일함.
주제어	선박 반환

문서명	선박위원회 회의록(기록 1)[Record of Proceedings of the Committee on Vessels (Record No. 1)]

문서파일번호 605
작성연월일 1951. 11. 6
구분 예비회담 선박위원회 제1~4회 회의
세부항목
작성처 외무성
매수 2
비밀등급 일반
문서종류 회의록
공개구분 공개
내용 1951년 10월 30일, 11월 1일, 5일 및 6일 개최된 제1회에서 제4회까지 선박위원회 회의의 간략한 정리. 제4회 선박위원회에서 회의 의제로 A) 한국치적선의 반환, B) 1945년 8월 9일 또는 동일 이후 한국 수역에 소재했던 선박의 한국 반환, C) 한국에 대여했던 선박 5척의 일본 반환, D) 한국에게 나포된 어선을 일본으로 반환 등 4가지가 채택됨.
주제어 선박 반환

문서명	선박위원회 회의록(기록 2)[Record of Proceedings of the Committee on Vessels (Record No. 2)]

문서파일번호 605
작성연월일 1951. 11. 9
구분 예비회담 선박위원회 제5회 회의
세부항목
작성처 외무성
매수 2
비밀등급 일반
문서종류 회의록
공개구분 공개
내용 제5회 선박위원회 회의록. 의제 A에 대해 논의함. 한국이 1945년 8월 9일 현재 등록된 선박 목록, 1951년 9월 11일까지의 상태 등에 대해 질의함.
주제어 선박 반환

문서명	선박위원회 회의록(기록 3)[Record of Proceedings of the Committee on Vessels (Record No. 3)]

문서파일번호 605
작성연월일 1951. 11. 13
구분 예비회담 선박위원회 제6회 회의
세부항목
작성처 외무성
매수 2
비밀등급 일반
문서종류 회의록
공개구분 공개
내용 제6회 선박위원회 회의록. 일본은 의제 A, B를 하나의 의제로 할 것을 제안했으나, 한국은 이를 거절함.
주제어 선박 반환

문서명	선박위원회 회의록(기록 4)[Record of Proceedings of the Committee on Vessels (Record No. 4)]

문서파일번호 605
작성연월일 1951. 11. 15
구분 예비회담 선박위원회 제7회 회의
세부항목
작성처 외무성
매수 2
비밀등급 일반
문서종류 회의록
공개구분 공개
내용 제7회 선박위원회 회의록. 일본은 의제 A를 보류하고, 의제 B로 들어가자는 제안을 했으나, 한국은 이를 거절함.
주제어 선박 반환

문서명	선박위원회 회의록(기록 5)[Record of Proceedings of the Committee on Vessels (Record No. 5)]

문서파일번호 605
작성연월일 1951. 11. 24
구분 예비회담 선박위원회 제8~11회 회의
세부항목
작성처 외무성
매수 2
비밀등급 일반
분서송류 회의록
공개구분 공개
내용 1951년 11월 16일, 20일, 24일 개최된 제8회에서 제11회까지의 선박위원회 회의록. 제11회 회의에서 일본은 1945년 8월 9일 현재의 한국치적선 목록을 제출하고, 이는 반환을 예정한 것이 아니라고 설명한 후, 의제 B로 들어갈 것을 요구함.
주제어 선박 반환

문서명	선박위원회 회의록(기록 6)[Record of Proceedings of the Committee on Vessels (Record No. 6)]

문서파일번호 605
작성연월일 1951. 11. 26
구분 예비회담 선박위원회 제12회 회의
세부항목
작성처 외무성
매수 2
비밀등급 일반
문서종류 회의록
공개구분 공개
내용 제12회 선박위원회 회의록. 제11회 회의에서 일본이 제출한 목록에 대한 질의응답이 이루어짐.
주제어 선박 반환

문서명	선박위원회 회의록(기록 7) [Record of Proceedings of the Committee on Vessels (Record No. 7)]

문서파일번호 605
작성연월일 1951. 11. 28
구분 예비회담 선박위원회 제13회 회의
세부항목
작성처 외무성
매수 2
비밀등급 일반
문서종류 회의록
공개구분 공개
내용 제13회 선박위원회 회의록. 한국이 의제 B를 제안한 취지를 설명함.
주제어 선박 반환

문서명	선박위원회 회의록(기록 8) [Record of Proceedings of the Committee on Vessels (Record No. 8)]

문서파일번호 605
작성연월일 1951. 11. 30
구분 예비회담 선박위원회 제14회 회의
세부항목
작성처 외무성
매수 1
비밀등급 일반
문서종류 회의록
공개구분 공개
내용 제14회 선박위원회 회의록. 일본은 제13회 회의 때 한국의 설명에 대한 질문사항을 제출함.
주제어 선박 반환

문서명	선박위원회 회의록(기록 9)[Record of Proceedings of the Committee on Vessels (Record No. 9)]

문서파일번호	605
작성연월일	1951. 12. 4
구분	예비회담 선박위원회 제15회 회의
세부항목	
작성처	외무성
매수	4
비밀등급	일반
문서종류	회의록
공개구분	공개
내용	제15회 선박위원회 회의록. 일본의 질문사항에 대해 한국이 답변서를 가지고 설명하고, 일본이 질문을 함.
주제어	선박 반환

문서명	선박위원회 회의록(기록 10)[Record of Proceedings of the Committee on Vessels (Record No. 10)]

문서파일번호	605
작성연월일	1951. 12. 6
구분	예비회담~제1차 회담 사이 선박위원회 제16회 회의
세부항목	
작성처	외무성
매수	2
비밀등급	일반
문서종류	회의록
공개구분	공개
내용	제16회 선박위원회 회의록. 한국의 답변서에 대한 질문이 이어짐. 한국은 일본이 11월 24일에 제출한 목록에 있는 19척의 인도 방법에 대해 질문함.
주제어	선박 반환

문서명	선박위원회 회의록(기록 11)[Record of Proceedings of the Committee on Vessels (Record No. 11)]

문서파일번호 605
작성연월일 1951. 12. 7
구분 예비회담~제1차 회담 사이 선박위원회 제17회 회의
세부항목
작성처 외무성
매수 2
비밀등급 일반
문서종류 회의록
공개구분 공개
내용 제17회 선박위원회 회의록. 한국 답변서에 대한 질문이 계속됨. 일본은 19척의 문제는 논의가 모두 끝난 후의 문제라고 답변함.
주제어 선박 반환

문서명	선박위원회 회의록(기록 12)[Record of Proceedings of the Committee on Vessels (Record No. 12)]

문서파일번호 605
작성연월일 1951. 12. 10
구분 예비회담~제1차 회담 사이 선박위원회 제18회 회의
세부항목
작성처 외무성
매수 2
비밀등급 일반
문서종류 회의록
공개구분 공개
내용 제18회 선박위원회 회의록. 일본은 한국이 의제 A에 대해 요구하고 있는 선박 추가 목록을 제출할 것, 의제 B, C, D를 전체적으로 논의할 것을 제안함.
주제어 선박 반환

문서명	선박위원회 회의록(기록 13)[Record of Proceedings of the Committee on Vessels (Record No. 13)]

문서파일번호 605
작성연월일 1951. 12. 11
구분 예비회담~제1차 회담 사이 선박위원회 제19회 회의
세부항목
작성처 외무성
매수 3
비밀등급 일반
문서종류 회의록
공개구분 일부 비공개
내용 제19회 선박위원회 회의록. 한국은 '한국치적선 22척 추가 목록'을 제출하고, 어업 문제를 논의하기 위한 소위원회 설치를 제안함.
주제어 선박 반환

문서명	선박위원회 회의록(기록 14)[Record of Proceedings of the Committee on Vessels (Record No. 14)]

문서파일번호 605
작성연월일 1951. 12. 13
구분 예비회담~제1차 회담 사이 선박위원회 제20회 회의
세부항목
작성처 외무성
매수 2
비밀등급 일반
문서종류 회의록
공개구분 공개
내용 제20회 선박위원회 회의록. 제19회 회의 때 한국이 제출한 추가목록에 대한 질의 응답이 이루어짐. 한국은 22척 중 일본 영해 내에 있다는 3척의 조사를 의뢰함.
주제어 선박 반환

문서명	선박위원회 회의록(기록 15)[Record of Proceedings of the Committee on Vessels (Record No. 15)]

문서파일번호 605
작성연월일 1951. 12. 17
구분 예비회담~제1차 회담 사이 선박위원회 제21회 회의
세부항목
작성처 외무성
매수 4
비밀등급 일반
문서종류 회의록
공개구분 공개
내용 제21회 선박위원회 회의록. 일본이 한국치적선 목록에 침몰된 것을 제외한 이유를 설명하자, 한국이 반론을 폄. 일본은 의제 C에 대해 설명함.
주제어 선박 반환

문서명	선박위원회 회의록(기록 16)[Record of Proceedings of the Committee on Vessels (Record No. 16)]

문서파일번호 605
작성연월일 1951. 12. 18
구분 예비회담~제1차 회담 사이 선박위원회 제22회 회의
세부항목
작성처 외무성
매수 2
비밀등급 일반
문서종류 회의록
공개구분 공개
내용 제22회 선박위원회 회의록. 제21회 회의에 이어 일본은 의제 C를 설명함. 이에 대해 한국은 의제 C의 5척은 한국에 등록되어 있다고 반론함.
주제어 선박 반환

문서명	**선박위원회 회의록**(기록 17)[Record of Proceedings of the Committee on Vessels (Record No. 17)]

문서파일번호 605
작성연월일 1951. 12. 18
구분 예비회담~제1차 회담 사이 선박위원회 제23회 회의
세부항목
작성처 외무성
매수 4
비밀등급 일반
문서종류 회의록
공개구분 일부 비공개
내용 1951년 12월 19일 제23회 선박위원회 회의록. 일본은 의제 C에 대한 한국의 견해에 대해 질문을 하고 한국은 이에 대해 설명함. 한국은 '1945년 8월 9일 또는 동일 이후 한국 수역에 소재했던 일본 선박 목록'을 제출함.
주제어 선박 반환

문서명	**선박위원회 회의록**(기록 18)[Record of Proceedings of the Committee on Vessels (Record No. 18)]

문서파일번호 605
작성연월일 1951. 12. 20
구분 예비회담~제1차 회담 사이 선박위원회 제24회 회의
세부항목
작성처 외무성
매수 2
비밀등급 일반
문서종류 회의록
공개구분 공개
내용 제24회 선박위원회 회의록. 한국은 의제 A 선박 목록을 제출함. 일본은 의제 D 어선 목록을 제출하고 이에 대해 설명함.
주제어 선박 반환

문서명	선박위원회 회의록(기록 19) [Record of Proceedings of the Committee on Vessels (Record No. 19)]

문서파일번호 605
작성연월일 1952. 1. 22
구분 예비회담~제1차 회담 사이 선박위원회 제25~26회 회의
세부항목
작성처 외무성
매수 2
비밀등급 일반
문서종류 회의록
공개구분 공개
내용 1952년 1월 19일과 22일 개최된 제25회, 제26회 선박위원회 회의록. 일본은 한국이 제출한 어선목록에 대한 조사결과를 보고함. 이에 대해 한국은 일본이 제출한 어선 목록에 대한 조사결과를 보고함. 또한 한국은 의제 B 상선, 어선의 증거자료를 제출함.
주제어 선박 반환

문서명	선박위원회 회의록(기록 20) [Record of Proceedings of the Committee on Vessels (Record No. 20)]

문서파일번호 605
작성연월일 1952. 1. 25
구분 예비회담~제1차 회담 사이 선박위원회 제27회 회의
세부항목
작성처 외무성
매수 2
비밀등급 일반
문서종류 회의록
공개구분 공개
내용 제27회 선박위원회 회의록. 의제 B와 의제 D 선박의 증거에 관한 논의가 이루어짐.
주제어 선박 반환

문서명	선박위원회 회의록(기록 21)[Record of Proceedings of the Committee on Vessels (Record No. 21)]

문서파일번호 605
작성연월일 1952. 2. 5
구분 예비회담~제1차 회담 사이 선박위원회 제28회 회의
세부항목
작성처 외무성
매수 2
비밀등급 일반
문서종류 회의록
공개구분 공개
내용 제28회 선박위원회 회의록. 일본은 한국이 제출한 의제 A 추가목록에 있는 어선에 대해서 설명함.
주제어 선박 반환

문서명	선박위원회 회의록(기록 22)[Record of Proceedings of the Committee on Vessels (Record No. 22)]

문서파일번호 605
작성연월일 1952. 2. 13
구분 예비회담~제1차 회담 사이 선박위원회 제29~30회 회의
세부항목
작성처 외무성
매수 2
비밀등급 일반
문서종류 회의록
공개구분 공개
내용 1952년 2월 12일과 13일 개최된 제29회, 제30회 선박위원회 회의록. 한일 양국은 의제 A 목록에 대해 확인함. 그리고 선박의 상황에 대해 질의응답을 함. 다음 주부터 열리는 회의 의제에 선박 문제를 포함할 것을 합의함.
주제어 선박 반환

문서명	**선박위원회 회의록**(기록 23) [Record of Proceedings of the Committee on Vessels (Record No. 23)]

문서파일번호	605
작성연월일	1952. 2. 25
구분	제1차 회담 선박위원회 제31회 회의
세부항목	
작성처	외무성
매수	2
비밀등급	일반
문서종류	회의록
공개구분	공개
내용	제31회 선박위원회 회의록. 한국이 일본이 제안한 '한국에 나포, 억류되어 있는 일본어선의 반환'에서 제기된 어선의 현황에 대해 보고함.
주제어	선박 반환

문서명	**복사**(기록 24) **선박위원회 회의록 요약**[Copy (Record no.24) Summary Record of the Meeting of the Committee on Vessels]

문서파일번호	605
작성연월일	1952. 4. 1
구분	제1차 회담 선박위원회 제32~33회 회의
세부항목	
작성처	외무성
매수	2
비밀등급	일반
문서종류	회의록
공개구분	공개
내용	1952년 3월 19일 및 4월 1일 개최된 제32회, 제33회 선박위원회 회의록. 일본이 제출을 보류했던 선박들의 범위 결정에 대한 답변서가 제출되고, 이에 대한 질의응답이 진행됨.
주제어	선박 반환

문서명	일본과 한국 간의 선박 문제 해결을 위한 협정안(Draft for the Agreement To Be Concluded between Japan and the Republic of Korea Concerning the Settlement of the Vessels Problem)

문서파일번호	605
작성연월일	1952. 4. 1
구분	제1차 회담 선박위원회 제33회 회의
세부항목	
작성처	외무성
매수	2
비밀등급	일반
문서종류	협정안
공개구분	공개
내용	일본이 제33회 선박위원회 회의에서 제시한 선박 문제 해결에 관한 협정 요강안
주제어	선박 반환

구 외지치적 선박에 관한 모든 문제
(旧外地置籍船舶に関する諸問題)

문서파일번호	613
문서명	구 외지치적 선박에 관한 모든 문제(旧外地置籍船舶に関する諸問題)
작성연월일	1951. 12. 10
구분	예비회담~제1차 회담 사이
세부항목	한국치적 선박의 반환 문제
작성처	운수성
매수	13
비밀등급	일반
문서종류	내부문서
공개구분	일부 비공개
내용	구 외지치적 선박 문제에 대해 선적주의, 소재지주의, 법인론, 현실론 등을 정리한 운수성 문서. 일본(내지) 치적선 자료가 첨부되어 있으나, 특정 구분의 내용 전체가 먹칠로 가려짐.
주제어	선박 반환

한일통상항해조약
(日韓通商航海条約)

문서파일번호	1864
문서명	한일통상항해조약(日韓通商航海条約)
작성연월일	1951. 12. 10
구분	예비회담~제1차 회담 사이
세부항목	한일통상항해조약
작성처	외무성 아시아국 제2과
매수	3
비밀등급	비(秘)
문서종류	내부문서
공개구분	공개
내용	한일통상항해조약 체결과 관련한 일본의 검토의견서. 한국은 제1차 한일회담이 개시되면 통상항해조약의 체결 교섭을 시작하자고 하고 있으나, 양국 간 특수성 등을 감안할 때 시간적으로 여유가 없어 빨라도 내년 여름경에나 교섭개시가 가능할 것으로 보임. 대일강화조약 제21조에 따라 제12조의 규정 내용(통상항해조약 내용도 포함된 것으로 간주)이 한국에도 적용되므로 잠정적인 조치를 취하고 양국 간 기본관계조약 내용에 통상항해조약 교섭 개시 내용을 넣을 필요가 있음.
주제어	한일통상항해조약

한국에 나포된 또는 한국인에게 도둑맞은 어선에 대해서(韓国側に拿捕せられまたは朝鮮人に盗まれた漁船について)

문서파일번호	603
문서명	한국에 나포된 또는 한국인에게 도둑맞은 어선에 대해서(韓国側に拿捕せられまたは朝鮮人に盗まれた漁船について)
작성연월일	1951. 12. 13
구분	예비회담~제1차 회담 사이
세부항목	나포, 도난 일본어선
작성처	외무성 아시아국 제2과
매수	14
비밀등급	일반
문서종류	내부문서
공개구분	일부 비공개
내용	1945년 패전 직후부터 1951년 10월 31일 현재까지 한국에 나포, 반환되지 않은 어선과 한국인에게 도난당한 어선을 정리한 문서
주제어	선박 반환

한일 선박 문제 해결방침안
(日韓船舶問題解決方針案)

문서파일번호	614
문서명	한일 선박 문제 해결방침안(日韓船舶問題解決方針案)
작성연월일	1952. 1. 12
구분	예비회담~제1차 회담 사이
세부항목	선박 문제 해결방침
작성처	외무성 아시아국 제2과
매수	3
비밀등급	극비
문서종류	내부문서
공개구분	공개
내용	한일회담 본회담 개시 전인 1952년 1월 12일 선박 문제의 해결방침을 정리한 문서. 선박 문제는 한국치적선에 대해서만 원칙적으로 적당한 선박을 제공하는데, 이는 반환이 아닌 해운원조 등의 명목으로 함. 일본의 항복 이전에 한국 수역에 있던 일본 선박 반환 요구를 철회시킴. 이와 같은 타결을 통해 선박 문제는 모두 해결되었다는 것을 명확히 이해시킴.
주제어	선박 반환

선박회담 대책회의
(船舶会談の対策打合会)

문서파일번호	615
작성연월일	1952. 1. 22 - 1952. 1. 29
구분	예비회담~제1차 회담 사이 선박 문제 외무성 대책회의
세부항목	
작성처	외무성
매수	39
비밀등급	일반
문서종류	회의록
공개구분	공개
내용	1952년 1월 22~29일까지 제1차 한일회담을 앞두고 개최된 선박 문제 대책 내부회의기록. 제1차 선박위원회 회의는 예비회담 개최 기간인 1951년 10월 30일 시작되어 제1차 한일회담 기간인 1952년 4월 1일까지 중단 없이 계속 이어졌음.
주제어	선박 반환

문서명	선박회담 대책회의(船舶會談の対策打合会)

문서파일번호 615
작성연월일 1952. 1. 22
구분 예비회담~제1차 회담 사이
세부항목 선박 문제 외무성 대책회의
작성처 외무성
매수 9
비밀등급 일반
문서종류 회의록
공개구분 공개
내용 선박 문제 외무성 대책 회의기록. 운수성이 선박 문제에 대한 국내적 조치에 반대하므로 운수성, 외무성이 대장성과 논의해야 하며, 한국과의 선박 문제 논의가 시작되기 전에 결론을 짓고 아시아국에서 해결요령을 만들어야 함.
주제어 선박

문서명	선박회담에 대한 대책회의(船舶会談に対する対策打合せ会)

문서파일번호 615
작성연월일 1952. 1. 23
구분 예비회담~제1차 회담 사이
세부항목 선박 문제 외무성 대책회의
작성처 외무성
매수 14
비밀등급 일반
문서종류 회의록
공개구분 공개
내용 선박 문제 외무성 대책 회의기록. 운수성이 작성한 해결방식을 실행하는 것이 좋을 것 같은데, 외무성이 총리에게 보고하고 총리가 대신에게 지시하도록 하는 것이 좋겠으며, 재정적인 면에서는 외무성, 운수성, 대장성이 상의해서 결정해야 함. 한편, 한일회담이 시작되면 각 분과위원회가 동시에 시작되는데, 이렇게 되면 상황이 안 좋아지므로 그 전에 선박 문제를 해결하는 것이 좋겠음.
주제어 선박 반환

문서명	선박회담 대책회의(船舶会談の対策打合会)

문서파일번호	615
작성연월일	1952. 1. 29
구분	예비회담~제1차 회담 사이
세부항목	선박 문제 외무성 대책회의
작성처	외무성
매수	16
비밀등급	일반
문서종류	회의록
공개구분	공개
내용	선박 문제 외무성 대책 회의기록. 한국이 소유한 일본어선 5척은 반환하라고 요구하고, 회의 결렬 직전까지 상황을 몰고 간 후 정치적 해결을 하자고 요구. 한국이 치적선 19척과 어선을 원하고 있는 듯하므로, 국내에서 필요가 없는 어선을 넘겨주면 됨. 교섭 공문에 경제협력, 장래 선박의 수주 등을 써놓지 않으면 국내적으로 시끄러워질 것임.
주제어	선박 반환

한일 선박 문제 해결방침에 관한 운수성 간담 요지(日韓船舶問題解決方針に関し運輸省との懇談要旨)

문서파일번호	616
작성연월일	1951. 12. 19 - 1952. 1. 29
구분	예비회담~제1차 회담 사이
세부항목	한국치적 선박의 반환 문제
작성처	외무성, 운수성 등
매수	14
비밀등급	
문서종류	회의록, 내부자료, 외교공한
공개구분	공개 또는 일부 비공개
내용	제1차 한일회담을 앞두고 1952년 1월 29일 외무성과 운수성이 개최한 선박 문제 관련 간담 기록과 회의 당시 제출된 자료
주제어	선박 반환

문서명	한일 선박 문제 해결방침에 관한 운수성 간담 요지(日韓船舶問題解決方針に関し運輸省との懇談要旨)

문서파일번호 616
작성연월일 1952. 1. 11
구분 예비회담~제1차 회담 사이
세부항목 한국치적 선박의 반환 문제 관련 외무성·운수성 간담
작성처 외무성
매수 6
비밀등급 극비
문서종류 회의록
공개구분 공개
내용 한국치적선 반환과 관련한 외무성과 운수성 간담 기록. 한국치적 선박 문제는 한국치적선만을 원칙으로 하여 적당한 선박 또는 선박 건설에 필요한 금액을 한국에 제공하며, 반환이 아닌 해운원조 등의 명목으로 실행함. 일본의 항복 이전에 한국 수역에 있던 일본 선박의 반환 요구는 철회함. 이상 타결을 통해 선박 문제는 모두 해결되었음을 한국에 명확히 이해시킴.
주제어 선박 반환

문서명	제목 없음

문서파일번호 616
작성연월일 1952. 1. 11
구분 예비회담~제1차 회담 사이
세부항목 한국치적 선박의 반환 문제
작성처 운수성
매수 1
비밀등급 일반
문서종류 내부자료
공개구분 일부 비공개
내용 1952년 1월 29일 외무성·운수성 간담회 자료 별표 1. 일본이 제출한 1945년 8월 9일 현재의 한국치적선 19척의 목록과 한국이 반환해 달라고 추가 요청한 선박. 한국은 8월 9일과 이후로 나눠 반환을 요청하고 있음.
주제어 선박 반환

문서명	**일본 수역 내 한국치적선 추가 명부, 어선 제외**(Additional List of Korean-Registered Vessels in Japanese Waters, Except Fishing Vessels)

문서파일번호 616
작성연월일 1952. 1. 11
구분 예비회담~제1차 회담 사이
세부항목 한국치적 선박의 반환 문제
작성처 운수성
매수 1
비밀등급 일반
문서종류 내부자료
공개구분 일부 비공개
내용 1952년 1월 29일 외무성·운수성 간담회 자료 별표 2. 한국이 추가로 제출한 선박 22척 목록(어선 제외)
주제어 선박 반환

문서명	**1951년 8월 9일 현재 한국치적 어선 명부**(List of Fishing Vessels Registered in Korea on August 9, 1951)

문서파일번호 616
작성연월일 1951. 12. 20
구분 예비회담~제1차 회담 사이
세부항목 한국치적 선박의 반환 문제
작성처 운수성
매수 2
비밀등급 일반
문서종류 내부자료
공개구분 일부 비공개
내용 1952년 1월 29일 외무성·운수성 간담회 자료 별표 3. 1951년 8월 9일 현재 한국치적 어선 명부
주제어 선박 반환

문서명	1945년 8월 9일과 그 이후 한국 수역에 있는 일본 선박 명부(List of Japanese Vessels Located in Korean Waters on or Since 9 August 1945)

문서파일번호 616
작성연월일 1952. 1. 11
구분 예비회담~제1차 회담 사이
세부항목 한국치적 선박의 반환 문제 관련 자료
작성처 운수성
매수 1
비밀등급 일반
문서종류 내부자료
공개구분 일부 비공개
내용 1952년 1월 29일 외무성·운수성 간담회 자료 별표 4. 1945년 8월 9일 이후 조선 수역에 있던 일본 선박 41척 목록
주제어 선박 반환

문서명	1945년 8월 9일 현재 한국 수역 내 일본어선 목록(List of Fishing Vessels Located on the Korean Waters on August 9, 1945)

문서파일번호 616
작성연월일 1952. 1. 11
구분 예비회담~제1차 회담 사이
세부항목 한국치적 선박의 반환 문제 관련 자료
작성처 운수성
매수 1
비밀등급 일반
문서종류 내부자료
공개구분 일부 비공개
내용 1952년 1월 29일 외무성·운수성 간담회 자료. 별표 4. 1952년 1월 29일 외무성·운수성 간담회 자료 별표 4. 한국이 제출한 1945년 8월 9일 현재 한국 수역에 있던 일본어선 6척 목록
주제어 선박 반환

문서명	제목 없음

문서파일번호	616
작성연월일	1951. 12. 19
구분	예비회담~제1차 회담 사이
세부항목	일본 치적선 수리
작성처	주일본 네덜란드대표부(Netherlands Mission Japan)
매수	2
비밀등급	일반
문서종류	외교공한
공개구분	공개
내용	주일본 네덜란드대표부가 일본 국적으로 여겨지는 선박이 항해상의 곤란 때문에 네덜란드 당국의 지시에 따라 뉴기니에서 수리받았음을 외무성에 통보하는 내용의 외교공한
주제어	선박 반환

한일 선박 문제 해결의 기본방침
(日韓船舶問題解決の基本方針)

문서파일번호	617
문서명	한일 선박 문제 해결의 기본방침(日韓船舶問題解決の基本方針)
작성연월일	1952. 2. 6
구분	예비회담~제1차 회담 사이
세부항목	선박 문제 해결방침
작성처	외무성
매수	4
비밀등급	극비
문서종류	내부문서
공개구분	공개
내용	1952년 2월 6일 자 선박 문제 해결 기본방침. 약간의 선박을 한국에 인도하는데, 한일경제협력의 일환으로 일본이 원조한다는 취지라고 함. 선박 양도는 적당한 선박을 국가가 선박 소유자에게 사들여 실행하고, 이와 같은 인도를 통하여 선박 문제를 최종적으로 해결함. 이후 한국이 선박의 인도를 요구하지 않도록 확약시킴.
주제어	선박 반환

국적 및 처우 문제

국내 한국인의 법적지위에 관한 대한 교섭방침
(国内朝鮮人の法的地位に関する対韓折衝方針)

문서파일번호	549
작성연월일	1951. 9. 28 - 1951. 10. 15
구분	예비회담
세부항목	재일한국인 법적지위에 관한 교섭방침
작성처	외무성 관리국 총무과 등
매수	9
비밀등급	
문서종류	내부문서, 서한
공개구분	공개
내용	한일회담을 앞두고 일본 내 한국인의 법적지위 문제에 관한 일본 교섭방침을 정리한 문서
주제어	재일한국인 법적지위

문서명	국내 한국인의 법적지위에 관한 대한 절충방침(안) [国内朝鮮人の法的地位に関する対韓接衝方針(案)]

문서파일번호 549
작성연월일 1951. 9. 28
구분 예비회담
세부항목 재일한국인 법적지위에 관한 교섭방침
작성처 외무성 관리국 총무과
매수 3
비밀등급 극비
문서종류 내부문서
공개구분 공개
내용 재일한국인 법적지위에 관한 교섭방침 문서. 첫째, 강화조약 발효와 함께 조선인은 자동적으로 한국인이 되지만, 일본 국적을 얻고 싶은 자는 국적법에 의해 귀화 절차에 응하도록 함. 둘째, 국적을 결정하는 기준은 호적에 의거함. 셋째, 외국인으로서 한국인의 국내법상 지위는 일반 외국인과 같으며, 패전 이전부터 거주한 자라도 특혜 처우를 인정하지 않음.
주제어 재일한국인 법적지위

문서명	대한 절충방식에 대해서 생각할 수 있는 3안(対韓接衝方式について考え得る三案)

문서파일번호 549
작성연월일 1951. 10. 11
구분 예비회담
세부항목 재일한국인 법적지위에 관한 교섭방침
작성처 외무성 관리국 총무과
매수 1
비밀등급 극비
문서종류 내부문서
공개구분 공개
내용 재일한국인 법적지위 문제에 대한 교섭 방안이 기술된 문서. 첫째, 평화조약 2조에 따라 한국의 독립을 인정하여 조선인은 한국인이 되는 것이며, 국내 조선인의 국적 결정에 관한 협정을 필요로 하지 않음. 둘째, 기본조약 같은 것을 체결하고 그 일환으로 국적 문제에 대해서만 구체적인 협정을 체결하고, 그 외의 처리사항에 대해서는 이후의 교섭 절차, 원칙 등을 정하는 데 국한함. 셋째, 둘째의 협정은 기본조약 실시와 함께 실시하는 것을 첫머리에 밝힌 후 교섭에 들어감.
주제어 재일한국인 법적지위

문서명	국내 한국인의 법적지위에 관한 대한 절충방침에 대한 의견(안)[国内朝鮮人の法的地位に関する対韓接衝方針に対する意見(案)]

문서파일번호 549
작성연월일 1951(월일 불명)
구분 예비회담
세부항목 재일한국인 법적지위에 관한 교섭방침
작성처 외무성 관리국 총무과
매수 2
비밀등급 비(秘)
문서종류 내부문서
공개구분 공개
내용 재일한국인 법적지위에 관한 교섭방침 관련 앞 문서의 첫 번째 안과 같은 의견이 기술된 문서. 둘째 안에 대해서는 호적을 기재하는 것 자체가 일본 국적의 유무를 결정하는 것이 아니므로 적당한 취지의 표현을 삽입하는 것은 어떠한가. 셋째 안에 대해서는 같은 의견이나, 영주 자격을 승인하더라도 일정한 조건을 추가할 필요가 있음.
주제어 재일한국인 법적지위

문서명	한일교섭에 대한 문의 건(日韓交渉に関し伺の件)

문서파일번호 549
작성연월일 1951. 10. 15
구분 예비회담
세부항목 재일한국인 법적지위에 관한 교섭방침
작성처 외무성 지바 참사관
매수 3
비밀등급 일반
문서종류 서한
공개구분 공개
내용 외무성 지바(千葉) 참사관이 와지마(倭島英二) 관리국장에게 보낸 서한. 다음 두 가지 사항을 문의함. 첫째, 강화발표 전 대한민국을 암묵적으로 승인하는 것은 괜찮은가, 둘째, 괜찮을 경우, 국적 확정에 관한 조약 체결이 필요한가, 혹은 먼저 기본적 조약을 체결하고 이 조약안에 또는 그 일환으로 국적 문제를 정해야 하는가.
주제어 재일한국인 법적지위

재일한국인대책 연락회 설치 운영요강
(在日韓国人対策連絡会設置運営要綱)

문서파일번호	550
작성연월일	1951. 10. 16 - 1951. 10. 19
구분	예비회담
세부항목	재일한국인대책 연락회
작성처	외무성
매수	4
비밀등급	
문서종류	내부문서, 회의록
공개구분	공개
내용	재일한국인 문제에 대하여 종합 대책을 연구, 논의 및 연락하기 위하여 총리부 대신관방에 설치하는 '재일한국인대책 연락회'에 관한 운영요강 및 관련 성청 협의회 기록
주제어	재일한국인 법적지위

문서명	재일한국인대책 연락회 설치 운영요강(在日韓国人対策連絡会設置運営要綱)

문서파일번호 550
작성연월일 1951. 10. 16
구분 예비회담
세부항목 재일한국인대책 연락회
작성처 외무성
매수 2
비밀등급 비(秘)
문서종류 내부문서
공개구분 공개
내용 재일한국인 법적지위 문제에 관한 방안이 기술된 문서. 첫째, 국적 문제와 처우 문제를 명확하게 구분하고 다음 회의에서는 국적 문제만 논의하도록 함. 둘째, 국적 결정의 기본 원칙은 평화조약 제2조의 해석이며, 한일 간 협정은 평화조약 실시와 관련한 기술적 사항을 정하는 성격으로 함. 셋째, 이 문제와 관련된 협정의 실시 일자는 평화조약의 실시와 같음.
주제어 재일한국인 법적지위

문서명	한일회담 출석자의 내부협의회의(日韓会談出席者の打合せ会談)

문서파일번호 550
작성연월일 1951. 10. 19
구분 예비회담
세부항목 재일한국인대책 연락회
작성처 외무성
매수 2
비밀등급 일반
문서종류 회의록
공개구분 공개
내용 재일한국인대책 연락회 설치와 관련한 1951년 10월 19일 관계 성청 협의회 회의 기록
주제어 재일한국인 법적지위

국적 문제 교섭에 관한 기본방침
(国籍問題折衝に関する基本方針)

문서파일번호	551
작성연월일	1951. 10. 19 - 1951. 10. 26
구분	예비회담
세부항목	재일한국인 문제 교섭방침
작성처	외무성
매수	4
비밀등급	
문서종류	내부문서
공개구분	공개
내용	한일회담을 앞두고 재일한국인의 국적 문제 등에 관해 수립한 일본대표단의 교섭 기본방침
주제어	재일한국인 법적지위

문서명	국적 문제 절충에 관한 기본방침(国籍問題折衝に関する基本方針)

문서파일번호 551
작성연월일 1951. 10. 19
구분 예비회담
세부항목 재일한국인 문제 교섭방침
작성처 외무성
매수 2
비밀등급 일반
문서종류 내부문서
공개구분 공개
내용 재일한국인의 국적 문제에 대한 방침이 정리된 문서. ① 국적 문제와 일본 내 한국인 처우 문제를 명확히 구분, 이번 회의는 전자를 다루는 회의임. ② 한국과 맺을 협정은 기술적인 사항을 정하는 성격의 것임. ③ 본 협정의 실시 기일은 평화조약 실시 기일과 동일함. ④ 대한민국 승인 문제와 국적 문제가 관련되는 것을 방지함.
주제어 재일한국인 법적지위

문서명	국적 문제 교섭에 관한 기본방침(国籍問題折衝に関する基本方針)

문서파일번호 551
작성연월일 1951. 10. 26
구분 예비회담
세부항목 재일한국인 문제 교섭방침
작성처 외무성
매수 2
비밀등급 극비
문서종류 내부문서
공개구분 공개
내용 앞의 1951년 10월 19일 자 문서와 같은 내용임.
주제어 재일한국인 법적지위

출입국관리령을 한국인에 적용하는 경우의 여러 문제(出入国管理令を韓国人に適用する場合の諸問題)

문서파일번호	552
작성연월일	1951. 10. 27 - 1951. 11. 13
구분	예비회담
세부항목	재일한국인 처우 문제
작성처	출입국관리청, 외무성 등
매수	13
비밀등급	
문서종류	내부문서
공개구분	공개
내용	한일회담 예비회담에서 논의되고 있는 재일한국인의 처우에 관하여 출입국 관리청이 제시한 의견서, 양국 간에 합의된 사항 등에 관하여 정리한 문서
주제어	재일한국인 법적지위

문서명	출입국관리령을 한국인에 적용하는 경우의 여러 문제(出入國管理令を韓国人に適用する場合の諸問題)

문서파일번호 552
작성연월일 1951. 10. 27
구분 예비회담
세부항목 재일한국인 처우 문제
작성처 출입국관리청
매수 2
비밀등급 극비
문서종류 내부문서
공개구분 공개
내용 재일한국인이 외국인이 될 경우 어떤 절차로 체류 자격을 결정하는가, 체류 자격 취득에 관해 그 종류의 선택은 어떻게 하는가, 체류 자격 취득 신청 기간, 영주 허가 범위, 입국 시기의 입증 방법 등 체류 자격 취득의 문제점 등이 기술됨.
주제어 재일한국인 법적지위

문서명	체류한국인의 처우에 관한 사견(在留韓国人の処遇に関する私見)

문서파일번호 552
작성연월일 1951. 11. 6
구분 예비회담
세부항목 재일한국인 처우 문제
작성처 입관 다나카 부장
매수 3
비밀등급 극비
문서종류 내부문서
공개구분 공개
내용 예비회담 재일한국인처우소위원회가 3차례 개최된 후 재일한국인 문제에 대해 입국관리청 다나카(田中三男) 실시부장이 사견을 정리한 문서. 첫째, 평화조약 발효 시 재일한국인의 국적은 주소주의로 결정하지만, 일정 기간 내에 한국 국적의 선택을 허가하고, 한국 국적을 선택한 자는 일정 기간 내에 일본에서 퇴거함. 둘째, 평화조약 발표 후 일정 기간 내 재일한국인에게 일본 국적 선택을 허가하고, 이 기간 내에 일본 국적을 선택하지 않은 한국인은 그 후 일정 기간 내에 일본에서 퇴거하는 방안에 대한 한국의 의견을 문의할 필요가 있음.
주제어 재일한국인 법적지위

문서명	안(案)

문서파일번호 552
작성연월일 1951. 11. 9
구분 예비회담
세부항목 재일한국인 처우 문제
작성처 법무부 히라가
매수 1
비밀등급 비(秘)
문서종류 내부문서
공개구분 공개
내용 법무부 히라가(平賀健太) 민사국 주간이 평화조약 발효 후 한국 국적을 선택한 사람들의 일본 출국 시기에 관해 한국의 의사를 확인할 필요가 있음을 지적함.
주제어 재일한국인 법적지위

문서명	한일회담소위원회에서 양국 대표 간 견해 일치를 본 사항에 대해서(日韓会談小委員会において両国代表間に見解の一致を見た点について)

문서파일번호 552
작성연월일 1951. 11. 13
구분 예비회담
세부항목 재일한국인 처우 문제
작성처 법무부 히라가
매수 2
비밀등급 일반
문서종류 내부문서
공개구분 공개
내용 한일 양국이 소위원회에서 재일한국인 국적 문제와 관련하여 합의한 사항이 기술된 문서. 첫째, 평화조약 발효와 동시에 재일한국인은 대한민국 국적을 가지게 되었으며, 재일한국인의 국적 문제를 명확히 하여 장래 양국 간 분쟁을 미연에 방지하는 것이 바람직함. 둘째, 한국인의 범위를 결정하는 것에 대해 의견 일치를 보았음.
주제어 재일한국인 법적지위

문서명	예비회담 제2회 본회의에서 재일한국인의 한국적 취득에 관한 양 한국대표의 발언 요지(발췌)[予備会談第二回本会議における在日朝鮮人の韓国籍取得に関する梁韓国代表の発言要旨(抜粋)]

문서파일번호 552
작성연월일 1951. 10. 22
구분 예비회담
세부항목 재일한국인 처우 문제
작성처 외무성
매수 1
비밀등급 일반
문서종류 내부문서
공개구분 공개
내용 1951년 10월 22일 개최된 예비회담 제2회 본회의에서 양유찬 대표가 재일한국인 문제에 관해 발언한 내용을 영문으로 정리한 문서. 일단 국적이 확정되면, 일본정부가 재일한국인에 대한 모든 책임을 인정해 줄 것을 희망함.
주제어 재일한국인 법적지위

문서명	거주권 문제(居住権問題)

문서파일번호 552
작성연월일 1951(월일 불명)
구분 예비회담
세부항목 재일한국인 처우 문제
작성처 외무성
매수 4
비밀등급 일반
문서종류 내부문서
공개구분 공개
내용 한일 양국은 영주권 문제 논의를 통해, 협정 발표 2년 이내에 한국정부가 발급하는 등록증명서를 가지고 영주 허가를 신청하는 자에 대해서 그것을 허가하기로 합의함.
주제어 재일한국인 법적지위

한일회담 처우소위원회(제1차)

[日韓会談処遇小委員会(第一次)]

문서파일번호	220
문서명	한일회담 처우소위원회(제1차)[日韓会談処遇小委員会(第一次)]
작성연월일	1951. 10. 30
구분	예비회담 처우소위원회 제1회 회의
세부항목	
작성처	외무성 관방 총무과
매수	4
비밀등급	비(秘)
문서종류	회의록
공개구분	공개
내용	한일회담 예비회담 처우소위원회 제1회 회의기록. 한국 대표가 재일한국인 현황과 처우에 대해 질문함. 일본은 외국인 등록자 수는 20~30만 정도이며, 연합국 최고사령부 지령(SCAPIN)과 출입국관리령에 따라 불법 입국자를 단속하는데, 매월 100명에 이르며 남자는 밀입국자의 재입국이 많고 부녀자는 생활고가 원인이라고 답함. 또한 외국인등록증 국적란에 한국과 조선을 구별하는 경위에 대해서는 본인 의사에 따른 것이라고 답함.
주제어	재일한국인 법적지위

한일회담 처우소위원회(제2차)
[日韓会談処遇小委員会(第二次)]

문서파일번호	221
문서명	한일회담 처우소위원회(제2차)[日韓会談処遇小委員会(第二次)]
작성연월일	1951. 10. 31
구분	예비회담 처우소위원회 제2회 회의
세부항목	
작성처	외무성 관방 총무과
매수	7
비밀등급	비(秘)
문서종류	회의록
공개구분	공개
내용	한일회담 예비회담 처우소위원회 제2회 회의 내용. 한국이 요구한 '재일한국인의 법적지위'와 '외국인 등록령과 한국인 관계'에 대해 일본은 종래 한국인이 일본 국적을 취득한 법적 근거는 한일병합조약이며, 본회담에서 결정될 때까지는 한국인, 타이완인은 아직 일본 국적을 보유하는 것으로 간주, 입국관리령은 적용되지 않으나 강제퇴거는 적용된다고 답변함.
주제어	재일한국인 법적지위

한일회담 처우소위원회(제3차)
[日韓会談処遇小委員会(第三次)]

문서파일번호	222
작성연월일	1951. 11. 2
구분	예비회담 처우소위원회 제3회 회의
세부항목	
작성처	외무성 관방 총무과
매수	10
비밀등급	
문서종류	회의록
공개구분	공개
내용	한일회담 예비회담 처우소위원회 제3회 회의기록
주제어	

문서명	한일회담 처우소위원회(제3차)[日韓会談処遇小委員会(第三次)]

문서파일번호 222
작성연월일 1951. 11. 2
구분 예비회담 처우소위원회 제3회 회의
세부항목
작성처 외무성 관방 총무과
매수 5
비밀등급 비(秘)
문서종류 회의록
공개구분 공개
내용 한일회담 예비회담 처우소위원회 제3회 회담 요지. 한국이 문제를 해결하기 위해 제시한 여섯 가지 사항(1. 출입국관리령의 적용 대상에서 제외, 2. 영주권 승인과 동시에 장래의 퇴거 자유 인정, 3. 영주권을 취득한 사람에 대한 인권 보장, 4. 재산의 소유, 취득 등 경제활동의 자유, 교육, 생활보호 등에 관해 일본인과 동등한 처리, 5. 체류 한국인이 계속 체류하고자 할 경우 또는 퇴거할 경우에 관계없이 재산을 일본에서 계속 보유 또는 처분할 권리, 6. 금후 입국하는 사람은 1945년 8월 10일 이후의 입국자에 대한 강제퇴거 적용에는 관여하지 않으나 1945년 8월 9일 이전 입국자에 대해서는 적용 대상에서 제외 등)을 중심으로 양측 간에 질의응답이 진행됨.
주제어 재일한국인 법적지위

문서명	한일회담 소위원회(제3차)[日韓会談小委員会(第三次)]

문서파일번호 222
작성연월일 1951. 11. 2
구분 예비회담 처우소위원회 제3회 회의
세부항목
작성처 외무성 관방 총무과
매수 5
비밀등급 비(秘)
문서종류 회의록
공개구분 공개
내용 한일회담 예비회담 처우소위원회 제3회 회의 내용을 보다 상세히 기록하고, 한국이 요구한 여섯 가지 사항에 대한 일본의 분석 내용도 포함함.
주제어 재일한국인 법적지위

한일회담 처우소위원회(제4차)
[日韓会談処遇小委員会(第四次)]

문서파일번호	223
문서명	한일회담 처우소위원회(제4차)[日韓会談処遇小委員会(第四次)]
작성연월일	1951. 11. 7
구분	예비회담 처우소위원회 제4회 회의
세부항목	
작성처	외무성 관방 총무과
매수	8
비밀등급	비(秘)
문서종류	회의록
공개구분	공개
내용	한일회담 예비회담 처우소위원회 제4회 회의 내용. 일본은 한국의 요구에 대해 일본 국내에 두 종류의 외국인을 만들 수 없다는 종래의 입장을 고수, 일본인과 동등한 권리를 원한다면 귀화를 선택하면 된다고 답변. 한국은 재일한국인은 일본인으로 입국했으며 일본의 필요에 의해 징용, 동원된 자로 일본의 답변은 납득할 수 없다고 응수함.
주제어	재일한국인 법적지위

한일회담 처우소위원회(제5차)
[日韓会談処遇小委員会(第五次)]

문서파일번호	224
문서명	한일회담 처우소위원회(제5차)[日韓会談処遇小委員会(第五次)]
작성연월일	1951. 11. 9
구분	예비회담 처우소위원회 제5회 회의
세부항목	
작성처	외무성 관방 총무과
매수	4
비밀등급	비(秘)
문서종류	회의록
공개구분	공개
내용	한일회담 예비회담 처우소위원회 제5회 회의 내용. 일본 국적 이탈로 한국에 귀환하는 자의 재산 문제에 대해 논의. 한국은 무제한, 무과세의 반입 자유를 주장, 일본은 탈법 행위 방지에 부심하고 있어 받아들이기 어렵다고 답변함.
주제어	재일한국인 법적지위

한일회담 처우소위원회(제6차)
[日韓会談処遇小委員会(第六次)]

문서파일번호	225
작성연월일	1951. 11. 12
구분	예비회담 처우소위원회 제6회 회의
세부항목	
작성처	외무성 관방 총무과
매수	24
비밀등급	
문서종류	회의록, 내부자료
공개구분	공개
내용	한일회담 예비회담 처우소위원회 제6회 회의기록과 관련 자료
주제어	재일한국인 법적지위

문서명	한일회담 처우소위원회(제6차)[日韓会談処遇小委員会(第六次)]

문서파일번호 225
작성연월일 1951. 11. 12
구분 예비회담 처우소위원회 제6회 회의
세부항목
작성처 외무성 관방 총무과
매수 4
비밀등급 비(秘)
문서종류 회의록
공개구분 공개
내용 한일회담 예비회담 처우소위원회 제6회 회의기록. 악질분자의 강제퇴거 합의를 제외하고는 미해결인 채로 예비회담 본회의에 중간보고를 하기로 결정함.
주제어 재일한국인 법적지위

문서명	체류한국인의 법적지위에 대한 일본 견해(在留韓国人の法的地位についての日本側見解)

문서파일번호 225
작성연월일 1951. 11. 12
구분 예비회담 처우소위원회 제6회 회의
세부항목
작성처 외무성 관방 총무과
매수 15
비밀등급 극비
문서종류 내부자료
공개구분 공개
내용 한일회담 예비회담 처우소위원회 제6회 회의에서 중간보고를 위해 제출한 일본 견해. ① 일본은 재일한국인에 국적 선택권을 인정하지 않으며 일본 국적 이탈 시기는 평화조약 발효일임. ② 재일한국인의 거주권 및 강제퇴거에 대해서는 일반 외국인과 동일하게 출입국관리령을 적용함. ③ 재일한국인의 처우는 일반 외국인과 동일함. ④ 종전 당시 80만 재한일본인은 무일푼으로 귀환했음. 한국에 귀환하는 자의 귀환 화물은 밀무역, 탈세 등을 방지하고자 상품 반출은 금지하고 송금에 대해서는 별도 연구함.
주제어 재일한국인 법적지위

문서명	재일한국인 법적지위에 대한 일본 견해(Views of the Japanese Side on the Legal Status of Korean Residents)

문서파일번호 225
작성연월일 1951. 11. 12
구분 예비회담 처우소위원회 제6회 회의
세부항목
작성처 외무성 관방 총무과
매수 5
비밀등급 일반
문서종류 내부자료
공개구분 공개
내용 한일회담 예비회담 처우소위원회 제6회 회의기록(영문)
주제어 재일한국인 법적지위

한일회담 처우소위원회(제7차)
[日韓会談処遇小委員会(第七次)]

문서파일번호	226
작성연월일	1951. 11. 14
구분	예비회담 처우소위원회 제7회 회의
세부항목	
작성처	외무성 관방 총무과
매수	3
비밀등급	
문서종류	회의록, 회의보고서
공개구분	공개
내용	한일회담 예비회담 처우소위원회 제7회 회의기록과 보고서
주제어	재일한국인 법적지위

문서명	한일회담 처우소위원회(제7차)[日韓会談処遇小委員会(第七次)]

문서파일번호 226
작성연월일 1951. 11. 14
구분 예비회담 처우소위원회 제7회 회의
세부항목
작성처 외무성 관방 총무과
매수 1
비밀등급 일반
문서종류 회의록
공개구분 공개
내용 한일회담 예비회담 처우소위원회 제7회 회의기록. 양측은 공동보고서 작성에 본국 정부와 관계부처의 양해를 얻을 필요가 있음을 확인, 본회의 정식 보고는 연기하기로 하고 경과보고를 검토함.
주제어 재일한국인 법적지위

문서명	재일한국인의 법적지위에 관한 소위원회의 경과보고(在日韓国人の法的地位に関する小委員会の経過報告)

문서파일번호 226
작성연월일 1951. 11. 14
구분 예비회담 처우소위원회 제7회 회의
세부항목
작성처 외무성 관방 총무과
매수 2
비밀등급 극비
문서종류 회의보고서
공개구분 공개
내용 한일회담 예비회담 처우소위원회의 회의 경과 내용을 정리한 보고서
주제어 재일한국인 법적지위

한일회담 처우소위원회(제8차)
[日韓会談処遇小委員会(第八次)]

문서파일번호	227
작성연월일	1951. 11. 17
구분	예비회담 처우소위원회 제8회 회의
세부항목	
작성처	외무성 관방 총무과
매수	3
비밀등급	
문서종류	회의록, 회의보고서
공개구분	공개
내용	한일회담 예비회담 처우소위원회 제8회 회의기록과 보고서
주제어	재일한국인 법적지위

문서명	한일회담 처우소위원회(제8차) [日韓会談処遇小委員会(第八次)]

문서파일번호 227
작성연월일 1951. 11. 17
구분 예비회담 처우소위원회 제8회 회의
세부항목
작성처 외무성 관방 총무과
매수 1
비밀등급 비(秘)
문서종류 회의록
공개구분 공개
내용 한일회담 예비회담 처우소위원회 제8회 회의 내용. 제7회 회의에서 연기한 정식보고서의 기초를 작성, 본 위원회는 사명을 달성한 것으로 보고 종료하기로 함.
주제어 재일한국인 법적지위

문서명	재일한국인의 법적지위에 관한 소위원회의 경과보고(在日韓国人の法的地位に関する小委員会の経過報告)

문서파일번호 227
작성연월일 1951. 11. 17
구분 예비회담 처우소위원회 제8회 회의
세부항목
작성처 외무성 관방 총무과
매수 2
비밀등급 극비
문서종류 회의보고서
공개구분 공개
내용 한일회담 예비회담 처우소위원회 정식보고서 내용. ① 재일한국인의 일본 국적 문제 ② 재일한국인의 영주권 문제 ③ 재일한국인의 내국민 처우 문제 ④ 귀환 시 재산의 처분 및 반출 문제 ⑤ 강제퇴거 문제에 대한 논의 상황과 양측의 주장 정리
주제어 재일한국인 법적지위

한일회담 처우소위원회(제9차)
[日韓会談処遇小委員会(第九次)]

문서파일번호	228
작성연월일	1951. 11. 20
구분	예비회담 처우소위원회 제9회 회의
세부항목	
작성처	외무성 관방 총무과
매수	3
비밀등급	
문서종류	회의록, 회의보고서
공개구분	공개
내용	한일회담 예비회담 처우소위원회 제9회 회의기록과 보고서
주제어	재일한국인 법적지위

문서명	한일회담 처우소위원회(제9차)[日韓会談処遇小委員会(第九次)]

문서파일번호 228
작성연월일 1951. 11. 20
구분 예비회담 처우소위원회 제9회 회의
세부항목
작성처 외무성 관방 총무과
매수 1
비밀등급 비(秘)
문서종류 회의록
공개구분 공개
내용 한일회담 예비회담 처우소위원회 제9회 회의 내용. 제8회 회의에서 처우소위원회를 종료하기로 했으나 한국의 요청으로 회의를 열어 정식보고서를 수정함.
주제어 재일한국인 법적지위

문서명	재일한국인의 법적지위에 관한 소위원회의 경과보고(在日朝鮮人の法的地位に関する小委員会の経過報告)

문서파일번호 228
작성연월일 1951. 11. 20
구분 예비회담 처우소위원회 제9회 회의
세부항목
작성처 외무성 관방 총무과
매수 2
비밀등급 극비
문서종류 회의보고서
공개구분 공개
내용 한일회담 예비회담 처우소위원회정식보고서 수정 내용
주제어 재일한국인 법적지위

한일회담 처우소위원회(제10차)
[日韓会談処遇小委員会(第十次)]

문서파일번호	229
작성연월일	1951. 11. 22
구분	예비회담 처우소위원회 제10회 회의
세부항목	
작성처	외무성 관방 총무과, 한국대표단
매수	24
비밀등급	
문서종류	회의록, 회의보고서
공개구분	공개
내용	한일회담 예비회담 처우소위원회 제10회 회의기록과 보고서
주제어	재일한국인 법적지위

문서명	한일회담 처우소위원회(제10차) [日韓会議処遇小委員会(第十次)]

문서파일번호 229
작성연월일 1951. 11. 22
구분 예비회담 처우소위원회 제10회 회의
세부항목
작성처 외무성 관방 총무과
매수 1
비밀등급 비(秘)
문서종류 회의록
공개구분 공개
내용 한일회담 예비회담 처우소위원회 제10회 회의기록. 예비회담 본회의에 한국 수석대표가 처우소위원회를 대표해 보고하기로 결정, 공동보고서와 별도로 각각의 견해를 제출하기로 합의함.
주제어 재일한국인 법적지위

문서명	재일한국인의 법적지위에 관한 소위원회의 경과보고(在日朝鮮人の法的地位に関する小委員会の経過報告)

문서파일번호 229
작성연월일 1951. 11. 22
구분 예비회담 처우소위원회 제10회 회의
세부항목
작성처 외무성 관방 총무과
매수 2
비밀등급 극비
문서종류 회의보고서
공개구분 공개
내용 본회의에 제출할 재일한국인의 법적지위에 관한 소위원회 공동보고서
주제어 재일한국인 법적지위

문서명	재일한국인 법적지위 소위원회 교섭경과보고(Report on the Progress of Negotiation by the Sub-Committee on the Legal Status of Korean Residents in Japan)

문서파일번호 229
작성연월일 1951. 11. 22
구분 예비회담 처우소위원회 제10회 회의
세부항목
작성처 외무성 관방 총무과
매수 3
비밀등급 비(秘)
문서종류 회의보고서
공개구분 공개
내용 본회의 제출용 재일한국인의 법적지위에 관한 소위원회 공동보고서(영문)
주제어 재일한국인 법적지위

문서명	재일한국인 법적지위에 관한 일본 견해(Views of the Japanese Side on the Legal Status of Korean Residents)

문서파일번호 229
작성연월일 1951. 11. 22
구분 예비회담 처우소위원회 제10회 회의
세부항목
작성처 외무성 관방 총무과
매수 10
비밀등급 비(秘)
문서종류 내부자료
공개구분 공개
내용 재일한국인 법적지위에 대한 일본 견해(영문)
주제어 재일한국인 법적지위

문서명	재일한국인 법적지위에 대한 한국 견해 요지(在日韓国人の法的地位についての韓国側見解要旨)

문서파일번호 229
작성연월일 1951. 11. 10
구분 예비회담 처우소위원회 제10회 회의
세부항목
작성처 한국대표단(일본 번역)
매수 5
비밀등급 일반
문서종류 내부자료
공개구분 공개
내용 재일한국인 법적지위에 대한 한국 견해 요지. 1945년 8월 9일 이전부터 일본에 거주한 재일한국인은 일반 외국인과는 다른 특수한 지위를 인정받아 왔음. 특수한 지위란 외국인임에도 내국민 처우를 받고 있는 것을 말함. 한국은 재일한국인에 대한 이러한 기성의 법률관계를 그대로 유지하기를 희망함.
주제어 재일한국인 법적지위

문서명	재일한국인 법적지위에 대한 한국 견해 요지(The Outline of General Viewpoints of Korean Representatives on the Legal Status of Korean Residents in Japan)

문서파일번호 229
작성연월일 1951. 11. 10
구분 예비회담 처우소위원회 제10회 회의
세부항목
작성처 한국대표단
매수 3
비밀등급 비(秘)
문서종류 내부자료
공개구분 공개
내용 1951년 11월 10일 자 한국 견해 요지(영문)
주제어 재일한국인 법적지위

한일회담 제2차 처우소위원회(제1회)
[日韓会談第二次処遇小委員会(第一回)]

문서파일번호	230
문서명	한일회담 제2차 처우소위원회(제1회)[日韓会談第二次処遇小委員会(第一回)]
작성연월일	1951. 11. 30
구분	예비회담 제2차 처우소위원회 제1회 회의
세부항목	
작성처	외무성
매수	6
비밀등급	비(秘)
문서종류	회의록
공개구분	공개
내용	1951년 11월 28일 한일회담 예비회담 본회의 제9회 회의에서 제2차 처우소위원회 개최 결정에 따라 11월 30일 열린 제2차 처우소위원회 제1회 회의 내용. 제2차 처우소위원회에서는 원칙론은 피하고 재일한국인의 국적 변경 시의 구체적 조치에 대해 논의하기로 합의함. 일본이 출입국관리령은 재일한국인에도 적용되나, 완화 조치를 고려하겠다고 하고, 한국이 수용함. 출입국관리령 중 거주권과 강제퇴거 문제를 중심으로 논의하기로 함.
주제어	재일한국인 법적지위

한일회담 제2차 처우소위원회(제2회)
[日韓会談第二次処遇小委員会(第二回)]

문서파일번호	231
문서명	한일회담 제2차 처우소위원회(제2회)[日韓会談第二次処遇小委員会(第二回)]
작성연월일	1951. 12. 3
구분	예비회담 제2차 처우소위원회 제2회 회의
세부항목	
작성처	외무성
매수	4
비밀등급	비(秘)
문서종류	회의록
공개구분	공개
내용	한일회담 예비회담 제2차 처우소위원회 제2회 회의기록. 일본이 강제퇴거, 거주권에 관한 출입국관리령의 해석과 운용 방침을 설명하고 한국은 강제퇴거사유를 문제시함. 일본은 한국의 거주권 발행과 폭력혁명분자 강제퇴거의 협력에 대한 구체안을 질문함.
주제어	재일한국인 법적지위

한일회담 제2차 처우소위원회(제3회)
[日韓会談第二次処遇小委員会(第三回)]

문서파일번호	232
문서명	한일회담 제2차 처우소위원회(제3회)[日韓会談第二次処遇小委員会(第三回)]
작성연월일	1951. 12. 6
구분	예비회담 제2차 처우소위원회 제3회 회의
세부항목	
작성처	외무성
매수	7
비밀등급	비(秘)
문서종류	회의록
공개구분	공개
내용	한일회담 예비회담 제2차 처우소위원회 제3회 회의기록. 재일한국인이 일본 국적을 상실할 경우 어떠한 변화가 있는지에 관해 운수성, 통산성 광산국, 법무부, 외자위원회, 특허청이 각각 현행 국내법 관계 조항을 설명함.
주제어	재일한국인 법적지위

한일회담 제2차 처우소위원회(제4회)
[日韓会談第二次処遇小委員会(第四回)]

문서파일번호	233
문서명	한일회담 제2차 처우소위원회(제4회)[日韓会談第二次処遇小委員会(第四回)]
작성연월일	1951. 12. 7
구분	예비회담 제2차 처우소위원회 제4회 회의
세부항목	
작성처	외무성
매수	7
비밀등급	비(秘)
문서종류	회의록
공개구분	공개
내용	한일회담 예비회담 제2차 처우소위원회 제4회 회의기록. 제3회 회의에 이어 대장성, 증권거래위원회, 수산청, 외무성, 전파관리청, 통산성 관계자가 재일 한국인 관련 일본 국내법을 설명함.
주제어	재일한국인 법적지위

한일회담 제2차 처우소위원회(제5회)
[日韓会談第二次処遇小委員会(第五回)]

문서파일번호	234
작성연월일	1951. 12. 12
구분	예비회담 제2차 처우소위원회 제5회 회의
세부항목	
작성처	외무성
매수	6
비밀등급	
문서종류	회의록, 자료
공개구분	공개
내용	한일회담 예비회담 제2차 처우소위원회 제5회 회의기록과 자료
주제어	재일한국인 법적지위

문서명	한일회담 제2차 처우소위원회(제5회) [日韓会談第二次処遇小委員会(第五回)]

문서파일번호 234
작성연월일 1951. 12. 12
구분 예비회담 제2차 처우소위원회 제5회 회의
세부항목
작성처 외무성
매수 4
비밀등급 극비
문서종류 회의록
공개구분 공개
내용 한일회담 예비회담 제2차 처우소위원회 제5회 회의 내용. 한국의 제안에 대해 논의가 이루어짐. 일본은 강제퇴거에 관한 한국의 제안은 출입국관리령의 취지에 반한다며 전면 반대의사를 표명함.
주제어 재일한국인 법적지위

문서명	재일한국인의 법적지위에 관한 한일 양국의 협정 기본요령(한국 제안) [在日韓国人の法的地位に関する韓日両国の協定基本要綱(韓国側提案)]

문서파일번호 234
작성연월일 1951. 12. 12
구분 예비회담 제2차 처우소위원회 제5회 회의
세부항목
작성처 외무성
매수 2
비밀등급 극비
문서종류 내부자료
공개구분 공개
내용 한일회담 예비회담 제2차 처우소위원회 제5회 회의 첨부자료. ① 국적 ② 거주권 ③ 처우 및 거주권 ④ 귀환자의 소유재산 처분 및 반출 ⑤ 강제퇴거 등에 관한 한국의 제안이 정리되어 있음.
주제어 재일한국인 법적지위

한일회담 제2차 처우소위원회(제6회)
[日韓会談第二次処遇小委員会(第六回)]

문서파일번호	235
문서명	한일회담 제2차 처우소위원회(제6회)[日韓会談第二次処遇小委員会(第六回)]
작성연월일	1951. 12. 15
구분	예비회담 제2차 처우소위원회 제6회 회의
세부항목	
작성처	외무성
매수	3
비밀등급	극비
문서종류	회의록
공개구분	공개
내용	한일회담 예비회담 제2차 처우소위원회 제6회 회의기록. 일본의 대장성 관계자가 출석, 귀환 재산의 처분에 대한 과세 및 송금 문제에 관해 설명함.
주제어	재일한국인 법적지위

한일회담 제2차 처우소위원회(제7회)
[日韓会談第二次処遇小委員会(第七回)]

문서파일번호	236
작성연월일	1951. 12. 18
구분	예비회담 제2차 처우소위원회 제7회 회의
세부항목	
작성처	외무성
매수	10
비밀등급	
문서종류	회의록 및 내부자료
공개구분	공개
내용	한일회담 예비회담 제2차 처우소위원회 제7회 회의기록과 자료
주제어	

문서명	한일회담 제2차 처우소위원회(제7회) [日韓会談第二次処遇小委員会(第七回)]

문서파일번호 236
작성연월일 1951. 12. 18
구분 예비회담 제2차 처우소위원회 제7회 회의
세부항목
작성처 외무성
매수 4
비밀등급 극비
문서종류 회의록
공개구분 공개
내용 한일회담 예비회담 제2차 처우소위원회 제7회 회의기록. 일본이 안을 제시하고 이에 대한 질의응답이 이어짐.
주제어 재일한국인 법적지위

문서명	재일한국인 국적 및 처우에 관한 일본 제안(在日韓国人の国籍及び処遇に関する日本側提案)

문서파일번호 236
작성연월일 1951. 12. 18
구분 예비회담 제2차 처우소위원회 제7회 회의
세부항목
작성처 외무성
매수 6
비밀등급 극비
문서종류 내부문서
공개구분 공개
내용 한일회담 예비회담 제2차 처우소위원회 제7회 회의 첨부자료. ① 국적 ② 거주권 ③ 강제퇴거, 강제퇴거사유 ④ 처우 문제 ⑤ 귀환 화물의 반출 및 귀환자의 송금 등에 관한 일본 제안이 정리되어 있음.
주제어 재일한국인 법적지위

한일회담 제2차 처우소위원회(제8회)
[日韓会談第二次処遇小委員会(第八回)]

문서파일번호	237
문서명	한일회담 제2차 처우소위원회(제8회)[日韓会談第二次処遇小委員会(第八回)]
작성연월일	1951. 12. 19
구분	예비회담 제2차 처우소위원회 제8회 회의
세부항목	
작성처	외무성
매수	3
비밀등급	극비
문서종류	회의록
공개구분	공개
내용	한일회담 예비회담 제2차 처우소위원회 제8회 회의기록. 7회 회의에 이어 일본 제안에 대한 한국의 의견 진술이 이어짐. 한국은 광업권의 상속과 양도를 인정할 것과 빈곤자에 대해 일정 기간 생활보호를 요구. 일본은 수급자를 줄이는 차원에서 생활보호 대상자에게는 영주 허가를 인정하지 않고 기한부 거주를 인정하는 안을 타진, 한국이 이를 수용함. 한국이 강제퇴거를 중대 문제로 거론하자 일본은 영주를 인정한 이상 강제퇴거는 최후의 선이라고 답변함.
주제어	재일한국인 법적지위

한일회담 제2차 처우소위원회(제9회)
[日韓会談第二次処遇小委員会(第九回)]

문서파일번호	238
작성연월일	1951. 12. 21
구분	예비회담 제2차 처우소위원회 제9회 회의
세부항목	
작성처	외무성
매수	5
비밀등급	
문서종류	회의록
공개구분	공개
내용	한일회담 예비회담 제2차 처우소위원회 제9회 회의기록
주제어	재일한국인 법적지위

문서명	한일회담 제2차 처우소위원회(제9회)[日韓会談第二次処遇小委員会(第九回)]

문서파일번호 238
작성연월일 1951. 12. 21
구분 예비회담 제2차 처우소위원회 제9회 회의
세부항목
작성처 외무성
매수 2
비밀등급 극비
문서종류 회의록
공개구분 공개
내용 한일회담 예비회담 제2차 처우소위원회 제9회 회의기록. 일본이 12월 17일 제7회 회의에 제출한 제안의 수정안을 제출, 새로운 제안에 대한 질의응답이 이어짐.
주제어 재일한국인 법적지위

문서명	재일한국인 국적 및 처우에 관한 일본의 신 제안(在日韓国人の国籍及び処遇に関する日本側新提案)

문서파일번호 238
작성연월일 1951. 12. 21
구분 예비회담 제2차 처우소위원회 제9회 회의
세부항목
작성처 외무성
매수 3
비밀등급 극비
문서종류 내부문서
공개구분 공개
내용 제9회 회의 첨부자료. 일본의 수정안. ① 거주권: 영주 허가 신청 기간은 평화조약 발효 후 2년 이내로 별도 협의함. 생활보호 대상자는 3년 이내의 거주 허가를 신청할 수 있음. ② 강제퇴거: 빈곤자, 방랑자, 신체장애자, 생활보호대상자에 해당하는 자의 강제퇴거에 대해서는 평화조약 발효 후 1년간 한국과 사전에 협의함. ③ 처우 문제: 광업권은 평화조약 발효 후 일정 기간에 한해 인정함. 빈곤자에 대한 생활보호는 시혜적 차원에서 평화조약 발효 후 1년에 한해 적절한 조치를 취함.
주제어 재일한국인 법적지위

한일회담 제2차 처우소위원회(제10회)
[日韓会談第二次処遇小委員会(第十回)]

문서파일번호	239
작성연월일	1951. 12. 22
구분	예비회담 제2차 처우소위원회 제10회 회의
세부항목	
작성처	외무성
매수	6
비밀등급	
문서종류	회의록
공개구분	공개
내용	한일회담 예비회담 제2차 처우소위원회 제10회 회의기록
주제어	재일한국인 법적지위

문서명	한일회담 제2차 처우소위원회(제10회)[日韓会談第二次処遇小委員会(第十回)]

문서파일번호 239
작성연월일 1951. 12. 22
구분 예비회담 제2차 처우소위원회 제10회 회의
세부항목
작성처 외무성
매수 1
비밀등급 극비
문서종류 회의록
공개구분 공개
내용 한일회담 예비회담 제2차 처우소위원회 제10회 회의기록. 일본이 새로운 제안을 제출, 한국은 본국 정부와 협의하겠다고 답변하고 공동성명 발표에 동의함.
주제어 재일한국인 법적지위

문서명	재일한국인 국적 및 처우에 관한 일본 제안(在日韓国人の国籍及び処遇に関する日本側提案)

문서파일번호 239
작성연월일 1951. 12. 22
구분 예비회담 제2차 처우소위원회 제10회 회의
세부항목
작성처 외무성
매수 2
비밀등급 극비
문서종류 내부문서
공개구분 공개
내용 한일회담 예비회담 제2차 처우소위원회 제10회 회의 첨부자료. 일본의 새로운 제안. 재일한국인의 영주 신청 기간, 강제퇴거 자체협의 기간, 귀환자의 귀환 화물과 송금에 대한 특별 처리 기간의 구체적 기한을 삭제. 각각 일정 기간 인정하며 일정 기간은 별도 협의로 정한다고 수정함.
주제어 재일한국인 법적지위

문서명	재일한국인 국적 및 처우에 관한 일본의 새로운 제안(New Proposition of the Japanese Government regarding Nationality and Treatment of Koreans Resident in Japan)

문서파일번호 239
작성연월일 1951. 12. 22
구분 예비회담 제2차 처우소위원회 제10회 회의
세부항목
작성처 외무성
매수 2
비밀등급 일반
문서종류 내부문서
공개구분 공개
내용 한일회담 예비회담 제2차 처우소위원회 일본 제안(영문)
주제어 재일한국인 법적지위

문서명	한일회담에 관한 공동성명문(日韓会談に関する共同声明文)

문서파일번호 239
작성연월일 1951. 12. 22
구분 예비회담 제2차 처우소위원회 제10회 회의
세부항목
작성처 외무성
매수 1
비밀등급 일반
문서종류 공동성명문
공개구분 공개
내용 1951년 10월 22일부터 도쿄에서 개시된 한일회담 예비회담에서 재일한국인의 국적 및 처우 문제에 관해 소위원회를 설치, 30회에 걸친 회의를 열어 국적, 영주권, 처우 및 귀환자의 화물 반출과 송금에 대한 견해차를 좁혔고, 내년 1월 초에 구체적인 논의에 들어갈 예정이라는 내용의 공동성명문
주제어 재일한국인 법적지위

거주 한국인의 법적지위 외 여러 현안의 협의안 작성에 관한 절충 요령안(在留朝鮮人の法的地位以外の諸懸案に関するアヂェンダ作成に関する折衝要領案)

문서파일번호	1628
문서명	거주 한국인의 법적지위 외 여러 현안의 협의안 작성에 관한 절충 요령안 (在留朝鮮人の法的地位以外の諸懸案に関するアヂェンダ作成に関する折衝要領案)
작성연월일	1951. 11. 2
구분	예비회담
세부항목	한일회담에 관한 기본방침
작성처	외무성 관리국 총무과
매수	4
비밀등급	극비
문서종류	내부문서
공개구분	공개
내용	재일한국인 법적지위 이외의 문제들에 대한 아젠다 설정, 대응 방법 등에 관해 기술한 문서. 한국이 요구하는 청구권 문제를 일일이 아젠다로 할 것이 아니라 총괄적인 아젠다를 설정하고, 기본관계조약 속에 청구권, 어업, 통상항해 등의 사안들을 커버할 수 있도록 해야 함.
주제어	기본관계, 청구권, 어업, 통상항해

재일한국인의 국적 문제에 관한 한일교섭
(在日朝鮮人の国籍問題に関する日韓交渉)

문서파일번호	553
작성연월일	1951. 11. 15 - 1952. 2. 1
구분	예비회담
세부항목	재일한국인 법적지위 문제
작성처	외무성, 입관
매수	7
비밀등급	
문서종류	내부문서, 협정안
공개구분	공개
내용	예비회담(재일한국인처우소위원회)에서의 재일한국인 법적지위 문제 등에 관한 일본정부의 교섭방침, 각의 양해안, 협정안 등을 정리한 문서 모음
주제어	재일한국인 법적지위

문서명	재일한국인의 국적 문제에 관한 한일교섭 개시 건(각의 양해안) [在日朝鮮人の国籍問題に関する日韓交渉開始に関する件(閣議了解案)]

문서파일번호 553

작성연월일 1951(월일 불명)

구분 예비회담

세부항목 재일한국인 법적지위 교섭에 관한 각의 양해(안)

작성처 외무성

매수 2

비밀등급 일반

문서종류 내부문서

공개구분 공개

내용 재일한국인 국적 문제 교섭방침에 관한 각의 양해안. 등록자 55만 명, 미등록자 포함 70만 명으로 추산되는 재일한국인은 평화조약 발효 시까지 일본 국적을 보유하지만, 국내법상 처리가 각각 다름. 한국은 이번 교섭에서 재일한국인의 법적지위를 평화조약 실시 전에 최종적으로 해결할 것을 희망하고 있고, 일본으로서도 정치적 효과가 있을 뿐 아니라 현재의 변칙적 사태를 조속히 해결할 수 있는 좋은 기회임.

주제어 재일한국인 법적지위

문서명	일본 거주 한국인의 국적 및 처우에 관한 모든 문제(在留韓国人の国籍及び処遇に関する諸問題)

문서파일번호 553

작성연월일 1951. 11. 15

구분 예비회담

세부항목 재일한국인 국적 및 처우에 관한 제 문제

작성처 입관 실시부장 다나카

매수 2

비밀등급 극비

문서종류 내부문서

공개구분 공개

내용 처우소위원회 일본 수석대표 다나카(田中三男) 위원(입관 실시부장)이 본회의 중간보고가 연기된 것을 계기로 재일한국인의 법적지위, 처우 문제를 정리한 내용

주제어 재일한국인 법적지위

문서명	재일한국인의 거주 자격 및 처우에 관한 사안(在日朝鮮人の在留資格及び処遇に関する一私案)

문서파일번호 553
작성연월일 1951. 11. 16
구분 예비회담
세부항목 재일한국인 재류 자격 및 처우에 관한 안
작성처 입관 실시부장 다나카
매수 1
비밀등급 극비
문서종류 내부문서
공개구분 공개
내용 재일한국인의 법적지위, 처우 문제에 관한 처우소위원회 일본 수석대표 다나카가 사견으로 작성한 안
주제어 재일한국인 법적지위

문서명	재일한국인의 국적 및 처우에 관한 각의양해사항(안)[在日朝鮮人の国籍及び処遇に関する閣議諒解事項(案)]

문서파일번호 553
작성연월일 1951. 11. 16
구분 예비회담
세부항목 재일한국인 법적지위 교섭에 관한 각의 양해(안)
작성처 외무성
매수 1
비밀등급 극비
문서종류 내부문서
공개구분 공개
내용 재일한국인 문제에 대한 교섭방침 각의 양해안. ① 한국인은 평화조약 발효일 이후 일본 국적을 상실 ② 일본 국적 상실 후 재일한국인의 거주에 대해서는 일반 외국인과 같이 출입국관리령에 의해 규제 ③ 일본 국적 상실 후 재일한국인은 출입국관리령의 강제퇴거사유에 해당하는 자를 제외하고 일본 내 거주를 인정. 단 영주 허가, 기한부 주거 허가는 별도 연구함 등 다섯 가지 안이 기술됨.
주제어 재일한국인 법적지위

문서명	재일한국인의 국적 및 처우에 관한 한일협정안[在日朝鮮人の国籍及び処遇等に関する日韓協定(案)]

문서파일번호 553

작성연월일 1952. 2. 1

구분 제1차회담

세부항목 재일한국인 법적지위에 관한 협정안

작성처 외무성

매수 1

비밀등급 극비

문서종류 협정안

공개구분 공개

내용 재일한국인의 국적 및 처우에 관한 협정안. 협정 발효 후 3년간 영주 허가를 받은 재일한국인의 강제퇴거에 대해서는 한국과 협의하고, 귀환자의 휴대 재산에 과세하지 않으며 송금은 별도 협정에 의함. 재일한국인이 현재 향유하는 직업 및 재산상의 권리를 계속 인정함.

주제어 재일한국인 법적지위

재일한국인의 국적 및 처우 문제에 관한 총사령부의 알선(在日韓國人の国籍及び処遇問題に関する總司令部の文書)

문서파일번호	561
작성연월일	1951. 11. 27 - 1952. 8. 21
구분	예비회담~제1차 회담, 제1~2차 회담 사이
세부항목	재일한국인 국적 및 처우 문제
작성처	외무성 등
매수	40
비밀등급	
문서종류	내부문서, 회의록 등
공개구분	공개
내용	재일한국인 국적 및 처우 관련 문서 모음
주제어	재일한국인 법적지위

문서명	연합국 최고사령부의 알선(総司令部の斡旋)

문서파일번호 561
작성연월일 1951. 11. 27
구분 예비회담
세부항목 재일한국인 국적 및 처우 문제
작성처 외무성
매수 6
비밀등급 일반[첨부물은 비(秘) 또는 극비]
문서종류 내부문서
공개구분 공개
내용 1951년 11월 26일 연합국 최고사령부 외교국의 서기관들이 외무성을 방문하여 재일한국인의 국적 및 처우 문제에 대해 연합국 최고사령부안(재일한국인은 영주 자격을 가지며, 다른 외국 영주자들과 동등한 권리를 향유함)을 제시함. 이에 대해 11월 27일 일본 외무성 관리국장과 사무차관이 연합국 최고사령부를 방문하여 일본안(평화조약 발효시점부터 재일한국인은 외국인으로 처리, 단 1945년 9월 2일 이전부터 계속해서 정당하게 일본에 거주하는 한국인은 영주 자격 부여 등 특별처리)을 제시하고 회담함. 연합국 최고사령부 측이 재일한국인의 강제퇴거 문제를 지적하자 일본은 강제퇴거는 국내 문제라고 답변함 [1951년 11월 26일 연합국 최고사령부 측 입장문서(영문) 및 11월 27일 일본 입장문서(영문 및 일문) 첨부].
주제어 재일한국인 법적지위

문서명	한일회담에 관한 우시로쿠와 호레이 서기관 회담(日韓會談に關する後宮とホーレイ書記官會談)

문서파일번호 561
작성연월일 1952. 1. 17
구분 예비회담
세부항목 재일한국인 국적 및 처우 문제
작성처 외무성 관리국 총무과장 우시로쿠 메모 발췌
매수 2
비밀등급 일반

문서종류 회의록

공개구분 공개

내용 한일회담 관련 우시로쿠(後宮虎郎) 외무성 관리국 총무과장과 연합국 최고사령부 외교국 호레이 서기관의 회담 기록. 호레이 서기관은 시볼트(William J. Sebald) 국장, 리지웨이(Mattew B. Ridgway) 유엔군사령관이 회담 진전에 큰 관심을 갖고 있으며, 사령부는 원칙적인 문제에 일단 타결이 이루어지길 희망한다고 기술함. 이에 대해 우시로쿠 과장은 일본은 본회담 개최 전에 재일한국인 국적 및 처우 문제와 선박 문제는 타결할 수 있도록 노력 중이나 한국이 부당한 주장을 계속해 어려운 상황이라며 협정은 2월 본회담에서 정식협정을 교섭하고, 최고사령부가 알선하는 현재의 회담은 타결된 문안에 가서명하는 정도로 하고 싶다고 대응함.

주제어 재일한국인 법적지위

문서명	교섭 경위(交涉經緯)

문서파일번호 561

작성연월일 1952(월일 불명)

구분 예비회담

세부항목 재일한국인 국적 및 처우 문제

작성처 외무성

매수 2

비밀등급 일반

문서종류 내부문서

공개구분 공개

내용 예비회담 본회의와 국적 처우소위원회에서의 교섭 경위를 정리함.

주제어 재일한국인 법적지위

문서명	한일회담에 관한 공동성명문(日韓會談に關する共同聲明文)

문서파일번호 561
작성연월일 1951. 12. 22
구분 예비회담~제1차 회담 사이
세부항목 재일한국인 국적 및 처우 문제 공동성명문
작성처 외무성
매수 1
비밀등급 일반
문서종류 공동성명문
공개구분 공개
내용 예비회담에 관한 한일 양국 공동성명문. 1951년 10월 20일부터 시작된 한일회담은 재일한국인 국적 및 처우소위원회를 설치하여 국적, 영주권, 처우 및 귀국자 화물 지참, 송금 문제 등에 관해 원칙적인 의견 접근이 있었으며 명년 1월 조기에 구체적 세목에 관해 논의할 예정임.
주제어 재일한국인 법적지위

문서명	교섭 후 우리 측 방침 변화(交涉開始後におけるわが方方針變遷)

문서파일번호 561
작성연월일 1952(월일 불명)
구분 예비회담~제1차 회담 사이
세부항목 재일한국인 국적 및 처우 문제
작성처 외무성
매수 2
비밀등급 일반
문서종류 내부문서
공개구분 공개
내용 재일한국인 국적 및 처우 문제에 관해 일본의 최초 방침과 한국이 주장하는 해결방안을 열거한 후, 교섭 과정에서 일본 입장이 일부 변경된 경위를 기술함.
주제어 재일한국인 법적지위

문서명	영주 허가를 받은 재일한국인에 대한 강제퇴거의 운용에 관한 양해사항(안)(일본 1차 초안)[永住許可を受けた在日韓人に対する退去強制の運用に関する諒解事項(案)(日本側 1次 草案)]

문서파일번호 561
작성연월일 1952. 2. 26
구분 제1차 회담
세부항목 재일한국인 강제퇴거 양해사항(안)
작성처 외무성
매수 3
비밀등급 극비
문서종류 내부문서
공개구분 공개
내용 재일한국인의 국적 및 처우에 관한 한일협정에 따라 영주 허가를 받은 자의 강제퇴거 운용에 대한 한일 관계당국 간 양해사항 제1차 초안
주제어 재일한국인 법적지위

문서명	영주 허가를 받은 재일한국인에 대한 강제퇴거의 운용에 관한 양해사항(안)(일본 2차 초안)[永住許可を受けた在日韓人に対する退去強制の運用に関する諒解事項(案)(日本側 2次 草案)]

문서파일번호 561
작성연월일 1952. 4. 1
구분 제1차 회담
세부항목 재일한국인 강제퇴거 양해사항안
작성처 외무성
매수 1
비밀등급 극비
문서종류 내부문서
공개구분 공개
내용 재일한국인의 국적 및 처우에 관한 한일협정에 따라 영주 허가를 받은 자의 강제퇴거 운용에 대한 한일 관계당국 간 양해사항 제2차 초안. 문서파일번호 558의 첫 번째 문서와 동일함.
주제어 재일한국인 법적지위

문서명	귀환 시 재산 처분 및 반출 문제(引揚の場合における財産の處分及び搬出の問題)

문서파일번호 561
작성연월일 1952(월일 불명)
구분 제1차 회담
세부항목 재일한국인 귀환 시 재산 처분 및 반출 문제
작성처 외무성
매수 6
비밀등급 일반
문서종류 내부문서
공개구분 공개
내용 재일한국인의 본국 귀환 시 재산처분 및 반출 문제에 관해 정리해 놓은 문서. 한국은 귀환자들에 대해 ① 재산처분의 자유 인정 ② 반출 화물에 종류나 수량의 제한을 가하지 말 것 ③ 1·2항 관련 어떠한 과징금도 부과하지 말 것 ④ 송금의 자유를 인정할 것 등을 요망하고 있음. 이에 대해 일본은 1·3항은 문제없으나, 2·4항은 현행 일본 국내법(무역 및 외환관리)의 틀 내에서 가능한 한 특례를 인정하겠다는 입장임. 한국과 일본 간에 이견을 조정할 필요가 있음.
주제어 재일한국인 법적지위

문서명	강화조약의 발효에 동반하여 귀환한 재일한국인의 귀환 화물의 처리에 대해서 (講和条約の発効に伴って引揚げる在日韓国人の引揚荷物の取扱いについて)

문서파일번호 561
작성연월일 1952. 3. 24
구분 제1차 회담
세부항목 재일한국인 귀환 시 재산 처분 및 반출 문제
작성처 통산성
매수 1
비밀등급 극비
문서종류 내부문서
공개구분 공개
내용 본국으로 귀환한 재일한국인의 화물 반출과 관련해 조약 발효 후 3년간 귀환 화물의 범위와 중량을 초과해 반출하려는 귀환자는 통상대신의 사전 승낙을 받을 것을 규정함.
주제어 재일한국인 법적지위

문서명	재일한국인의 귀환 시 재산 본국 이전에 관한 구체적인 방안 시안(在日韓人の帰還の際の資産本国移動に関する具体的方法試案)

문서파일번호 561
작성연월일 1952. 3. 24
구분 제1차 회담
세부항목 재일한국인 귀환 시 재산 처분 및 반출 문제
작성처 한국대표단(일본 번역)
매수 3
비밀등급 극비
문서종류 내부자료
공개구분 공개
내용 한국이 제안한 재일한국인 귀환 시 재산 이전에 관한 구체적 방안 시안. 재일한국인, 귀환의 정의 및 송금, 귀환자 송금 특별감정 설정, 귀환자 송금 특별감정 운영, 귀환자 송금 특별감정 방법에 관한 연락, 귀환자의 반출 동산이 규정되어 있음.
주제어 재일한국인 법적지위

문서명	재일한국인의 귀환에 동반하여 동산의 휴대 및 송금에 관한 협정안(在日韓人の引揚げに伴う動産の携行及び送金に関する取極案)

문서파일번호 561
작성연월일 1952. 3. 26
구분 제1차 회담
세부항목 재일한국인 귀환 시 재산 처분 및 반출 문제
작성처 한국대표단(일본 번역)
매수 1
비밀등급 극비
문서종류 협정안
공개구분 공개
내용 재일한국인의 국적 및 처우 협정에 따른 귀환자의 반출 동산의 종류 및 수량, 송금 방법 등을 규정한 한국 협정안
주제어 재일한국인 법적지위

문서명	한국인의 강제송환에 관한 대책 요령(안) [朝鮮人の強制送還に関する対策要領(案)]

문서파일번호	561
작성연월일	1952. 8. 21
구분	제1~2차 회담 사이
세부항목	재일한국인 강제송환 대책
작성처	입국관리국
매수	2
비밀등급	극비
문서종류	내부문서
공개구분	공개
내용	입국관리국의 재일한국인 강제송환에 관한 대책 방안이 기술된 문서. 밀입국자, 외국인 등록령 절차 위반자, 출입국관리령 제24조의 강제퇴거사유에 해당하는 자, 수용시설의 확충, 재일한국인 종합대책 실시, 예산조치 등 조선인의 강제송환에 관한 대책이 기술됨.
주제어	재일한국인 법적지위

입국관리 연락회
(入国管理連絡会)

문서파일번호	554
작성연월일	1951. 12. 3
구분	예비회담
세부항목	입국관리청 각 성 연락회
작성처	외무성, 입국관리청
매수	22
비밀등급	
문서종류	내부문서, 회의록
공개구분	공개
내용	입국관리청 각 성 연락회 회의기록
주제어	재일한국인 법적지위

문서명	입국관리청 각 성 연락회의(入管各省連絡会議)

문서파일번호 554
작성연월일 1951. 12. 3
구분 예비회담
세부항목 입국관리청 각 성 연락회
작성처 외무성
매수 2
비밀등급 일반
문서종류 회의록
공개구분 공개
내용 입국관리청의 각 성 연락회 회의록. 재일한국인이 현재 소유 중인 광업권은 인정하나 양도는 인정할 수 없음(자원청), 교육 보조를 포함한 생활보호대상자 수는 파악 불가능함(후생성), 외국인 등록 사무에 경찰도 관여할 수 있도록 해주기 바람(경시청), 국가공무원법에서는 외국인의 공무담임권을 인정하지 않으나 지방공무원법에서는 인정하고 있어 현재 일본인학교의 교원인 자 등의 자격, 은급 문제가 있음(문부성) 등의 의견이 개진됨.
주제어 재일한국인 법적지위

문서명	재일한국인의 법적지위에 관한 소위원회의 경과보고(在日朝鮮人の法的地位に関する小委員会の経過報告)

문서파일번호 554
작성연월일 1951. 11. 22
구분 예비회담
세부항목 입국관리청 각 성 연락회
작성처 외무성
매수 2
비밀등급 극비
문서종류 내부문서
공개구분 공개

내용	1952년 12월 3일 개최된 입관 각 성 연락회 회의록 첨부물 1. 재일한국인 법적지위 소위원회 경과보고. 동 소위원회에서 논의되었던 재일한국인의 국적 문제, 재일한국인의 영주·거주권 문제, 재일한국인의 내국민 처우 문제, 귀국 시의 재산 처분 및 반출 문제, 강제퇴거 문제에 대한 내용이 담겨 있음.
주제어	재일한국인 법적지위

문서명	출입국관리령의 통보에 대해서(出入国管理令の通報について)
문서파일번호	554
작성연월일	1951. 12. 3
구분	예비회담
세부항목	입국관리청 각 성 연락회
작성처	입국관리청
매수	3
비밀등급	일반
문서종류	내부문서
공개구분	공개
내용	1952년 12월 3일 개최된 입관 각 성 연락회 회의기록 첨부물 2. 해당 법령 통보에 따른 범위와 통보 담당자가 기술됨.
주제어	재일한국인 법적지위

문서명	외국인등록법안(外国人登録法案)

문서파일번호 554
작성연월일 1951. 12. 3
구분 예비회담
세부항목 입국관리국 각 성 연락회
작성처 입국관리청
매수 13
비밀등급 일반
문서종류 법령
공개구분 공개
내용 1952년 12월 3일 개최된 입관 각 성 연락회 회의기록 첨부물 3. 외국인 등록법안의 목적, 외국인의 정의, 등록 신청, 외국인등록원표, 외국인등록증명서의 교부 등 13개 조항이 기술됨.
주제어 재일한국인 법적지위

문서명	출입국 관리에 관한 사무 종합 조정을 위한 '출입국관리 연락회' 설치 건(出入國の管理に關する事務を總合調停するため「出入國管理連絡會」を設置するの件)

문서파일번호 554
작성연월일 1951(월일 불명)
구분 예비회담
세부항목 입국관리청 각 성 연락회
작성처 입국관리청
매수 2
비밀등급 일반
문서종류 내부문서
공개구분 공개
내용 1952년 12월 3일 개최된 입관 각 성 연락회 회의기록 첨부물 4. 출입국관리 연락회 설치에 관해 규정한 내용. 동 회의에 참석하는 사람들의 명단이 첨부되어 있음.
주제어 재일한국인 법적지위

거주 한국인의 국적 및 처우에 관한 일본의 구체적 제안(안) [在留韓国人の国籍及び処遇に関する日本側の具体的提(案)]

문서파일번호	555
작성연월일	1951. 12. 8 - 1951. 12. 23
구분	예비회담
세부항목	재일한국인 국적 및 처우에 관한 일본 제안
작성처	법무부, 외무성
매수	20
비밀등급	
문서종류	내부문서
공개구분	공개
내용	일본 거주 한국인의 국적 및 처우에 관한 일본의 구체 제안 및 방침(각의 양해 사항)안
주제어	재일한국인 법적지위

문서명	거주 한국인의 국적 및 처우에 관한 일본의 구체적 제안(안) [在留韓国人の国籍及び処遇に関する日本側の具体的提案(案)]

문서파일번호 555
작성연월일 1951. 12. 8
구분 예비회담
세부항목 재일한국인 국적 및 처우에 관한 일본 제안
작성처 입국관리청 다나카
매수 3
비밀등급 극비
문서종류 내부문서
공개구분 공개
내용 1951년 12월 8일 입관 다나카(田中三男) 실시부장이 작성한 일본 거주 한국인의 국적 및 처우에 관한 일본의 구체 제안(안). 거주권에 대해서는 평화조약 발효 후 1년간 한국정부가 발급하는 증명서를 소지한 자에 대해 영주 허가를 인정하며, 영주 허가를 받지 못한 자는 3년 이내의 거주를 인정함. 강제퇴거에 대해서는 나환자, 정신장애자, 빈곤자, 방랑자, 신체장애자, 생활보호대상자의 강제퇴거는 한국에 사전에 연락함. 처우 문제에 대해서는 귀환 화물 중 상품의 반출은 인정하지 않음.
주제어 재일한국인 법적지위

문서명	재일한국인의 국적 및 처우에 관한 일본의 구체적 제안(안) [在日韓国人の国籍及び処遇に関する日本側の具体的提案(案)]

문서파일번호 555
작성연월일 1951. 12. 10
구분 예비회담
세부항목 재일한국인 국적 및 처우에 관한 일본 제안
작성처 법무부
매수 3
비밀등급 극비
문서종류 내부문서
공개구분 공개
내용 1951년 12월 8일 자 제안(안) 중 거주권과 처우 문제를 수정한 안
주제어 재일한국인 법적지위

문서명	재일한국인의 국적 및 처우에 관한 일본의 구체적 제안(안)[在日韓国人の国籍及び処遇に関する日本側の具体的提案(案)]

문서파일번호 555
작성연월일 1951. 12. 12
구분 예비회담
세부항목 재일한국인 국적 및 처우에 관한 일본 제안
작성처 법무부
매수 2
비밀등급 극비
문서종류 내부문서
공개구분 공개
내용 1951년 12월 10일 자 제안(안) 중 거주권과 처우 문제를 재차 수정한 안
주제어 재일한국인 법적지위

문서명	일본 제안에 대한 개정시안(日本側提案に対する改正試案)

문서파일번호 555
작성연월일 1951. 12. 20
구분 예비회담
세부항목 재일한국인 국적 및 처우에 관한 일본 제안
작성처 법무부
매수 3
비밀등급 극비
문서종류 내부문서
공개구분 공개
내용 1951년 12월 10일 자 제안(안) 중 거주권, 강제퇴거, 처우 문제를 수정한 안
주제어 재일한국인 법적지위

문서명	재일한국인의 국적 및 처우에 관한 각의 양해사항(안)[在日韓国人の国籍及び処遇に対する閣議諒解事項(案)]

문서파일번호 555
작성연월일 1951. 12. 11
구분 예비회담
세부항목 재일한국인 국적 및 처우에 관한 각의 양해사항(안)
작성처 법무부
매수 1
비밀등급 극비
문서종류 내부문서
공개구분 공개
내용 재일한국인의 국적 및 처우에 관한 일본정부의 방침에 관한 각의 양해사항(안). 평화조약 발효와 함께 일본 국적을 이탈하는데, 이 경우 국적 선택권은 인정하지 않음. 일본 국적 이탈 후의 처우에 대해서는 모든 면에서 일반 외국인과 동일함. 일본 국적 상실로 본국으로 귀환하는 한국인의 화물 및 송금은 일정 기간에 한해 특별 처리함.
주제어 재일한국인 법적지위

문서명	재일한국인의 국적 및 처우에 관한 각의 양해사항(안)[在日韓国人の国籍及び処遇に対する閣議諒解事項(案)]

문서파일번호 555
작성연월일 1951. 12. 13
구분 예비회담
세부항목 재일한국인 국적 및 처우에 관한 각의 양해사항(안)
작성처 법무부
매수 2
비밀등급 비(秘)
문서종류 내부문서
공개구분 공개
내용 1951년 12월 11일 자 양해사항의 일부 수정안
주제어 재일한국인 법적지위

문서명	각의 양해사항(안) [閣議了解事項(案)]

문서파일번호 555
작성연월일 1951. 12. 13
구분 예비회담
세부항목 재일한국인 국적 및 처우에 관한 각의 양해사항(안)
작성처 법무부
매수 1
비밀등급 비(秘)
문서종류 내부문서
공개구분 공개
내용 1951년 12월 13일 자 각의 양해사항(안) 국적 부분 수정안. 평화조약 발효 후 한국인은 일본 국적을 상실하고, 일본 국적 선택권이 주어지지 않음 등 세 가지의 국적에 관한 사항이 기술됨.
주제어 재일한국인 법적지위

문서명	각의 양해사항(안) [閣議了解事項(案)]

문서파일번호 555
작성연월일 1951. 12. 14
구분 예비회담
세부항목 재일한국인 국적 및 처우에 관한 각의 양해사항(안)
작성처 법무부
매수 1
비밀등급 극비
문서종류 내부문서
공개구분 공개
내용 1951년 12월 13일 자 각의 양해사항(국적 부분)의 수정안
주제어 재일한국인 법적지위

문서명	재일한국인의 국적 및 처우에 관한 각의양해사항(안)[在日韓国人の国籍及び処遇に対する閣議諒解事項(案)]

문서파일번호 555
작성연월일 1951. 12. 15
구분 예비회담
세부항목 재일한국인 국적 및 처우에 관한 각의 양해사항(안)
작성처 법무부
매수 2
비밀등급 극비
문서종류 내부문서
공개구분 공개
내용 1951년 12월 13일 자 양해사항의 일부 수정안
주제어 재일한국인 법적지위

문서명	재일한국인의 국적 및 처우에 관한 일본의 신 제안(在日韓国人の国籍及び処遇に関する日本側新提案)

문서파일번호 555
작성연월일 1951. 12. 23
구분 예비회담
세부항목 재일한국인 국적 및 처우에 관한 일본 제안
작성처 외무성
매수 2
비밀등급 극비
문서종류 내부문서
공개구분 공개
내용 1951년 12월 23일 자 일본의 신 제안. 수기로 수정한 부분이 있음.
주제어 재일한국인 법적지위

한일회담 제3차 처우소위원회
(日韓会談第三次処遇小委員会)

문서파일번호	119
작성연월일	1952. 1. 16 - 1952. 4. 1
구분	예비회담~제1차 회담 사이, 제1차 회담 제3차 처우소위원회(제1~15회)
세부항목	
작성처	외무성
매수	164
비밀등급	
문서종류	회의록
공개구분	공개
내용	1952년 1월 16일~4월 1일까지 개최된 한일회담 제3차 처우소위원회 제1회~제15회 회의기록
주제어	재일한국인 법적지위

문서명	한일회담 제3차 처우소위원회(제1회)[日韓会談第三次処遇小委員会(第一回)]

문서파일번호 119
작성연월일 1952. 1. 16
구분 예비회담~제1차 회담 사이 제3차 처우소위원회 제1회 회의
세부항목
작성처 외무성
매수 5
비밀등급 극비
문서종류 회의록
공개구분 공개
내용 한일회담 제3차 처우소위원회 제1회 회의기록. 1951년 12월 22일 제2차 처우소위원회 제10회 회의에 제출된 일본 제안에 대해 한국이 의견을 진술함. 한국은 일본 제안은 재일한국인을 불우한 입장에 놓이게 하는 것으로 한국으로서는 국적선택권을 인정한 것과 별 다른 차이가 없는 결과를 원한다고 함. 일본은 생활보호와 강제퇴거가 문제인 것 같은데 후생성, 입국관리청과 다시 협의해 보겠지만 그 외의 문제는 양보의 여지가 없다고 답변함.
주제어 재일한국인 법적지위

문서명	재일한국인의 국적 및 처우에 관한 한국의 신 제안(在日韓国人の国籍及び処遇に関する韓国側新提案)

문서파일번호 119
작성연월일 1952. 1. 16
구분 예비회담~제1차 회담 사이 제3차 처우소위원회 제1회 회의
세부항목
작성처 외무성
매수 1
비밀등급 극비
문서종류 회의자료
공개구분 공개
내용 제2차 처우소위원회 제5회 회의에 제출된 한국 제안에 이은 새로운 제안. ① 국적 ② 거주권 ③ 귀환자의 귀환 화물과 송금으로 구성되어 있음.
주제어 재일한국인 법적지위

문서명	재일한국인의 국적 및 처우에 관한 한국의 신 제안(A New Proposal of the Korean Government concerning Nationality and Treatment of Koreans Resident in Japan)

문서파일번호 119
작성연월일 1952. 1. 16
구분 예비회담~제1차 회담 사이 제3차 처우소위원회 제1회 회의
세부항목
작성처 외무성
매수 2
비밀등급 극비
문서종류 회의자료
공개구분 공개
내용 한국의 신 제안(영문)
주제어 재일한국인 법적지위

문서명	한일회담 소위원회 보고(1952년 제1회)[日韓会談小委員会報告(昭和二十七年第一回)]

문서파일번호 119
작성연월일 1952. 1. 16
구분 예비회담~제1차 회담 사이 제3차 처우소위원회 제1회 회의
세부항목
작성처 외무성
매수 13
비밀등급 극비
문서종류 회의보고서
공개구분 공개
내용 한일회담 제3차 처우소위원회 제3차 처우소위원회 제1회 회의 보고서
주제어 재일한국인 법적지위

문서명	한일회담 제3차 처우소위원회(제2회) [日韓会談第三次処遇小委員会(第二回)]

문서파일번호 119
작성연월일 1952. 1. 21
구분 예비회담~제1차 회담 사이 제3차 처우소위원회 제2회 회의
세부항목
작성처 외무성
매수 6
비밀등급 극비
문서종류 회의록
공개구분 공개
내용 한일회담 제3차 처우소위원회 제2회 회의기록. 한국의 신 제안에 대해 일본이 견해 표명. 영주 허가의 효력이 직계비속에 미치는 문제는 별개의 문제라고 언급. 강제퇴거와 빈곤자문제, 귀환자의 재산에 대한 과세 문제에 대해 한국 요구가 무리하다고 주장함.
주제어 재일한국인 법적지위

문서명	한일회담 제3차 처우소위원회(제3회) [日韓会談第三次処遇小委員会(第三回)]

문서파일번호 119
작성연월일 1952. 1. 24
구분 예비회담~제1차 회담 사이 제3차 처우소위원회 제3회 회의
세부항목
작성처 외무성
매수 5
비밀등급 극비
문서종류 회의록
공개구분 공개
내용 제3회 회의 내용. 한국이 제출한 신 제안에 대한 일본의 견해 표명이 이어짐. 일본은 자주적인 강제퇴거가 불가능하다는 것은 승복하기 어려우며 빈곤자에 대한 생활부조를 권리로 주장하는 것은 바람직하지 않고 빈곤자의 귀환에 한국이 적극 책임질 것을 요구함. 한국은 빈곤자의 귀환 책임을 지는 것은 현 상황에서는 불가능하다고 주장함. 양측은 생활부조를 본 협정에서 논의하지 않기로 결정함.
주제어 재일한국인 법적지위

문서명	재일한국인의 국적 및 처우에 관한 한국의 신 제안(在日韓国人の国籍及び処遇に関する韓国側新提案)

문서파일번호 119
작성연월일 1952. 1. 24
구분 예비회담~제1차 회담 사이 제3차 처우소위원회 제3회 회의
세부항목
작성처 외무성
매수 3
비밀등급 극비
문서종류 회의자료
공개구분 공개
내용 제3차 처우소위원회 제1회 회의에 제출된 한국의 신 제안 수정안. ① 강제퇴거: 영주 허가를 받은 재일한국인을 강제퇴거할 경우 대일평화조약 발효 후 일정 기간 한국과 사전에 협의함. ② 귀환자의 귀환 화물, 송금: 귀환자는 소유 재산을 일본국민과 동일한 조건으로 처분하고 아무 과세 없이 동산을 휴행함. ③ 일본정부로부터 현재 생활부조를 지급받고 있는 자가 귀환할 경우 일본정부는 별도 협의에 의해 귀환에 필요한 비용과 기타 편의를 공여함.
주제어 재일한국인 법적지위

문서명	한일회담소위원회(日韓会談小委員会)

문서파일번호 119
작성연월일 1952. 1. 24
구분 예비회담~제1차 회담 사이 제3차 처우소위원회 제3회 회의
세부항목
작성처 외무성
매수 2
비밀등급 극비
문서종류 회의보고서
공개구분 공개
내용 제3차 처우소위원회 제1회 회의에 제출된 한국의 신 제안과 제3회 회의에 제출된 한국의 신 제안 수정안에 대해 한일 양측이 논의한 회의 보고서
주제어 재일한국인 법적지위

문서명	한일회담 제3차 처우소위원회(제4회) [日韓会談第三次処遇小委員会(第四回)]

문서파일번호 119
작성연월일 1952. 1. 26
구분 예비회담~제1차 회담 사이 제3차 처우소위원회 제4회 회의
세부항목
작성처 외무성
매수 4
비밀등급 극비
문서종류 회의록
공개구분 공개
내용 한일회담 제3차 처우소위원회 제4회 회의기록. 제3회 회의에 제출된 한국 수정 신 제안에 대해 일본이 견해를 표명하고 자신들의 신 제안을 제출함. 대장성 관계자가 출석, 귀환자의 처분 재산에 대한 과세와 송금 문제에 대해 한국대표와 직접 의견을 교환함.
주제어 재일한국인 법적지위

문서명	재일한국인의 국적 및 처우에 관한 일본 제안(안) [在日韓国人の国籍及び処遇に関する日本側提案(案)]

문서파일번호 119
작성연월일 1952. 1. 26
구분 예비회담~제1차 회담 사이 제3차 처우소위원회 제4회 회의
세부항목
작성처 외무성
매수 3
비밀등급 극비
문서종류 회의자료
공개구분 공개
내용 한일회담 제3차 처우소위원회 제4회 회의기록 첨부자료. 한국의 수정 신 제안에 대한 일본의 제안. 국적, 거주권, 귀환자의 귀환 화물 및 송금 등으로 분류하여 작성함.
주제어 재일한국인 법적지위

문서명	한일회담소위원회(日韓会談小委員会)

문서파일번호 119
작성연월일 1952. 1. 26
구분 예비회담~제1차 회담 사이 제3차 처우소위원회 제4회 회의
세부항목
작성처 외무성
매수 4
비밀등급 극비
문서종류 회의보고서
공개구분 공개
내용 한일회담 제3차 처우소위원회의 회의 상황에 대한 보고서
주제어 재일한국인 법적지위

문서명	한일회담 제3차 처우소위원회(제5회)[日韓会談第三次処遇小委員会(第五回)]

문서파일번호 119
작성연월일 1952. 1. 29
구분 예비회담~제1차 회담 사이 제3차 처우소위원회 제5회 회의
세부항목
작성처 외무성
매수 6
비밀등급 극비
문서종류 회의록
공개구분 공개
내용 한일회담 제3차 처우소위원회 제5회 회의기록. 제4회 회의에 제출된 일본 제안에 대해 논의함. 한국은 영주권자의 직계비속에 대한 문제를 언급, 처우에 대해 구체적 권리를 열거할 것을 요구함. 일본은 직계비속의 영주 허가 문제와 구체적 처우에 대해서는 추가할 생각은 없지만 연구 중이라고 답변. 귀환자의 송금에 대해서는 3가지 시안 중 제3안으로 결정함.
주제어 재일한국인 법적지위

문서명	재일한국인의 국적 및 처우에 관한 일본의 신 제안(在日韓国人の国籍及び処遇等に関する日本側新提案)

문서파일번호 119
작성연월일 1952. 1. 29
구분 예비회담~제1차 회담 사이 제3차 처우소위원회 제5회 회의
세부항목
작성처 외무성
매수 4
비밀등급 극비
문서종류 회의자료
공개구분 공개
내용 한일회담 제3차 처우소위원회 제5회 회의 첨부자료. 귀환자의 본국 송금에 관한 3가지 시안. 제1안: 귀환자의 소유자금은 외환관리의 목적하에 송금방법에 대해 별도 협의함. 제2안: 귀환자는 소유자금을 본국에 송금할 수 있고 일본국은 특별처리를 인정함. 제3안: 귀환자의 소유자금을 별도 협의한 방법으로 본국에 송금함.
주제어 재일한국인 법적지위

문서명	한일회담소위원회(日韓会談小委員会)

문서파일번호 119
작성연월일 1952. 1. 29
구분 예비회담~제1차 회담 사이 제3차 처우소위원회 제5회 회의
세부항목
작성처 외무성
매수 3
비밀등급 극비
문서종류 회의보고서
공개구분 공개
내용 한일회담 제3차 처우소위원회 제5회 회의 보고서
주제어 재일한국인 법적지위

문서명	한일회담 제3차 처우소위원회(제6회)[日韓会談第三次処遇小委員会(第六回)]

문서파일번호 119
작성연월일 1952. 1. 31
구분 예비회담~제1차 회담 사이 제3차 처우소위원회 제6회 회의
세부항목
작성처 외무성
매수 6
비밀등급 극비
문서종류 회의록
공개구분 공개
내용 한일회담 제3차 처우소위원회 제6회 회의기록. 제5회 회의에 이어 일본 제안에 대해 한국이 의견을 표명. 각 항의 '일정 기간'의 구체적 기간에 대해 논의함.
주제어 재일한국인 법적지위

문서명	한일회담 소위원회 보고(日韓会談小委員会報告)

문서파일번호 119
작성연월일 1952. 1. 31
구분 예비회담~제1차 회담 사이 제3차 처우소위원회 제6회 회의
세부항목
작성처 외무성
매수 5
비밀등급 극비
문서종류 회의보고서
공개구분 공개
내용 제3차 처우소위원회 제6회 회의 보고서
주제어 재일한국인 법적지위

문서명	한일회담 제3차 처우소위원회(제7회) [日韓会談第三次処遇小委員会(第七回)]

문서파일번호 119
작성연월일 1952. 2. 1
구분 예비회담~제1차 회담 사이 제3차 처우소위원회 제7회 회의
세부항목
작성처 외무성
매수 7
비밀등급 극비
문서종류 회의록
공개구분 공개
내용 한일회담 제3차 처우소위원회 제7회 회의기록. 일본이 재일한국인의 국적 및 처우에 관한 협정안 제출, 각 항의 '일정 기간'에 대한 구체적인 논의가 이루어짐. 영주자의 강제퇴거 시 협의 기간에 대해 한국은 20년을 요구, 일본이 본 협정은 국적 변경에 따른 경과적 조치로서 부당하게 긴 기간은 인정할 수 없다고 반대하자 한국은 20년이 무리라면 10년으로 하고 만료될 때 재협의할 것을 제안함.
주제어 재일한국인 법적지위

문서명	재일한국인의 국적 및 처우 등에 관한 한일협정안[在日韓国人の国籍及び処遇等に関する日韓協定(案)]

문서파일번호 119
작성연월일 1952. 2. 1
구분 예비회담~제1차 회담 사이 제3차 처우소위원회 제7회 회의
세부항목
작성처 외무성
매수 2
비밀등급 극비
문서종류 협정안
공개구분 공개
내용 한일회담 제3차 처우소위원회 제7회 회의기록 첨부자료. 일본 협정안. ① 국적 ② 거주권, 영주 허가 ③ 처우 ④ 생활 곤궁자에 대한 처우 등으로 분류하여 정리함.
주제어 재일한국인 법적지위

문서명	한일회담 소위원회 보고(日韓会談小委員会報告)

문서파일번호 119
작성연월일 1952. 2. 1
구분 예비회담~제1차 회담 사이 제3차 처우소위원회 제7회 회의
세부항목
작성처 외무성
매수 6
비밀등급 극비
문서종류 회의보고서
공개구분 공개
내용 제3차 처우소위원회 제7회 회의 보고서
주제어 재일한국인 법적지위

문서명	한일회담 제3차 처우소위원회(제8회)[日韓会談第三次処遇小委員会(第八回)]

문서파일번호 119
작성연월일 1952. 2. 4
구분 예비회담~제1차 회담 사이 제3차 처우소위원회 제8회 회의
세부항목
작성처 외무성
매수 6
비밀등급 극비
문서종류 회의록
공개구분 공개
내용 한일회담 제3차 처우소위원회 제8회 회의기록. 재일한국인의 교육문제에 대해 문부성 관계자가 발표하고 '일정 기간'에 대해 논의함.
주제어 재일한국인 법적지위

문서명	한일회담 소위원회 보고(日韓会談小委員会報告)

문서파일번호 119
작성연월일 1952. 2. 4
구분 예비회담~제1차 회담 사이 제3차 처우소위원회 제8회 회의
세부항목
작성처 외무성
매수 4
비밀등급 극비
문서종류 회의보고서
공개구분 공개
내용 제3차 처우소위원회 제8회 회의 보고서
주제어 재일한국인 법적지위

문서명	한일회담 제3차 처우소위원회(제9회)[日韓会談第三次処遇小委員会(第九回)]

문서파일번호 119
작성연월일 1952. 2. 6
구분 예비회담~제1차 회담 사이 제3차 처우소위원회 제9회 회의
세부항목
작성처 외무성
매수 7
비밀등급 극비
문서종류 회의록
공개구분 공개
내용 제3차 처우소위원회 제9회 회의기록. '일정 기간'에 대해 논의함.
주제어 재일한국인 법적지위

문서명	한일회담 소위원회(日韓会談小委員会)

문서파일번호 119
작성연월일 1952. 2. 6
구분 예비회담~제1차 회담 사이 제3차 처우소위원회 제9회 회의
세부항목
작성처 외무성
매수 3
비밀등급 극비
문서종류 회의보고서
공개구분 공개
내용 제3차 처우소위원회 제9회 회의 보고서
주제어 재일한국인 법적지위

문서명	한일회담 제3차 소위원회(제10회)[日韓会談第三次小委員会(第十回)]

문서파일번호 119
작성연월일 1952. 2. 7
구분 예비회담~제1차 회담 사이 제3차 처우소위원회 제10회 회의
세부항목
작성처 외무성
매수 7
비밀등급 극비
문서종류 회의록
공개구분 공개
내용 한일회담 제3차 처우소위원회 제10회 회의기록. '일정 기간'에 대해 합의하지 못함. 거주, 처우, 귀환 문제의 별도 협의에 대해서는 전문위원회를 설치하고 협의안이 만들어지는 대로 소위원회에 제출하기로 결정함.
주제어 재일한국인 법적지위

문서명	한일회담 소위원회 보고(日韓會談小委員会報告)

문서파일번호 119
작성연월일 1952. 2. 7
구분 예비회담~제1차 회담 사이 제3차 처우소위원회 제10회 회의
세부항목
작성처 외무성
매수 4
비밀등급 극비
문서종류 회의보고서
공개구분 공개
내용 제3차 처우소위원회 제10회 회의 보고서
주제어 재일한국인 법적지위

문서명	재일한국인의 국적 및 처우에 관한 한일협정안(在日韓国人の国籍及び処遇等に関する日韓取極案)

문서파일번호 119
작성연월일 1952. 2. 14
구분 예비회담~제1차 회담 사이 제3차 처우소위원회 제10회 회의
세부항목
작성처 외무성
매수 3
비밀등급 극비
문서종류 협정안
공개구분 공개
내용 제3차 처우소위원회 제7회 회의에 제출된 일본 협정안의 수정본. ① 국적 ② 강제퇴거 ③ 처우, 재일한국인이 본 협정 발효 시 현재 향유하고 있는 재산상의 권리 ④ 귀환, 귀환자의 특별처리로 구성됨.
주제어 재일한국인 법적지위

문서명	재일한국인의 국적 및 처우에 관한 한일협정안(An Agreement between Japan and the Republic of Korea concerning the Nationality and Treatment of Koreans Resident in Japan)

문서파일번호 119
작성연월일 1952. 2. 23
구분 제1차 회담 제3차 처우소위원회 제10회 회의
세부항목
작성처 외무성
매수 3
비밀등급 극비
문서종류 협정안
공개구분 공개
내용 제3차 처우소위원회 제7회 회의에 제출된 일본 협정안 수정본의 영문
주제어 재일한국인 법적지위

문서명	한일회담 제3차 국적·처우소위원회(제11회)[日韓会談第三次国籍処遇小委員会(第一一回)]

문서파일번호 119
작성연월일 1952. 3. 18
구분 제1차 회담 제3차 처우소위원회 제11회 회의
세부항목
작성처 외무성
매수 4
비밀등급 극비
문서종류 회의록
공개구분 공개
내용 한일회담 제3차 처우소위원회 제11회 회의기록. 일본이 신협정안을 제출, 한국이 검토한 후 본회의에 보고하기로 함.
주제어 재일한국인 법적지위

문서명	재일한국인의 국적 및 처우에 관한 한일협정안(在日韓人の国籍及び処遇に関する日韓協定案)

문서파일번호	119
작성연월일	1952. 3. 18
구분	제1차 회담 제3차 처우소위원회 제11회 회의
세부항목	
작성처	외무성
매수	5
비밀등급	극비
문서종류	협정안
공개구분	공개
내용	한일회담 제3차 처우소위원회 제11회 회의기록 첨부자료. 일본의 신협정안. 제1조 재일한국인의 정의, 제2조 국적, 제3조 일본국정부는 재일한국인이 이 협정 발효 후 2년 이내에 대한민국정부가 발급하는 증명서로 여권을 대체하는 것을 첨부하여 영주를 신청한 경우는 이를 인정함, 제4조 재일한국인이 사망한 경우 그 상속인은 사망 후 1년 이내에 그 권리를 일본국 또는 일본국법인에 양도함, 제5조 직업, 제6조 귀환자의 귀환 화물과 송금, 제7조 이 협정은 1951년 9월 8일 샌프란시스코 대일평화조약 발효일에 발효됨.
주제어	재일한국인 법적지위

문서명	재일한국인의 국적 및 처우에 관한 한일협정안(Draft Agreement between Japan and Republic of Korea concerning Nationality and Treatment of Korean Residents in Japan)

문서파일번호	119
작성연월일	1952. 3. 18
구분	제1차 회담 제3차 처우소위원회 제11회 회의
세부항목	
작성처	외무성
매수	5
비밀등급	극비
문서종류	협정안
공개구분	공개
내용	일본의 신협정안 영문
주제어	재일한국인 법적지위

문서명	한일회담 제3차 국적 처우소위원회(제12회)[日韓会談第三次国籍処遇小委員会(第一二回)]

문서파일번호 119
작성연월일 1952. 3. 20
구분 제1차 회담 제3차 처우소위원회 제12회 회의
세부항목
작성처 외무성
매수 5
비밀등급 극비
문서종류 회의록
공개구분 공개
내용 한일회담 제3차 처우소위원회 제12회 회의기록. 일본의 수정 협정안에 대해 논의함. 한국은 재일한국인의 자본을 외자로 변경할 수 있는 조치와 귀환자에 대한 특별처리 기간을 5년으로 할 것을 요구하였으며, 일본은 재일한국인의 사업 활동에 관한 것은 외환관리법의 제약을 받는다고 답변함.
주제어 재일한국인 법적지위

문서명	재일한국인의 국적 및 처우에 관한 한일협정안(在日韓人の国籍及び処遇に関する日韓協定案)

문서파일번호 119
작성연월일 1952. 3. 20
구분 제1차 회담 제3차 처우소위원회 제12회 회의
세부항목
작성처 외무성
매수 6
비밀등급 극비
문서종류 협정안
공개구분 공개
내용 1952년 3월 18일 자 협정안의 문구 수정문
주제어 재일한국인 법적지위

문서명	한일회담 제3차 국적 처우소위원회(제13회) [日韓会談第三次国籍処遇小委員会(第十三回)]

문서파일번호 119
작성연월일 1952. 3. 20
구분 제1차 회담 제3차 처우소위원회 제13회 회의
세부항목
작성처 외무성
매수 3
비밀등급 극비
문서종류 회의록
공개구분 공개
내용 한일회담 제3차 처우소위원회 제13회 회의기록. 같은 날 오전에 개최된 제12회 회의에 이어 일본 협정안에 대해 검토, 문구 수정을 하고 귀환자의 송금방법에 관한 별도협의를 시작함.
주제어 재일한국인 법적지위

문서명	재일한국인이 한일협정의 발효에 따라 한국에 귀환할 경우 송금방법(안) [在日韓人が日韓協定の発効に伴い本邦を引き揚げる場合の送金方法(案)]

문서파일번호 119
작성연월일 1952. 3. 20
구분 제1차 회담 제3차 처우소위원회 제13회 회의
세부항목
작성처 외무성
매수 1
비밀등급 극비
문서종류 협정안
공개구분 공개
내용 ① 본 협정의 적용을 받는 자는 일본 국적 상실에 따라 대일평화조약 발효 후 3년 내에 한국에 귀환하는 재일한국인에 한함. ② 출입국관리청이 발급하는 증명서와 함께 소유한 일본통화를 일본은행본점에 설치되는 대한민국정부 예탁금 감정에 예탁 의뢰하고 일본은행으로부터 수령증을 발급받아 출국 ③ 대한민국정부 예탁금 감정의 처리는 본 협정 적용 기간 경과 후 한일 양국 정부가 협의함.
주제어 재일한국인 법적지위

문서명	한일회담 제3차 국적 처우소위원회(제14회)[日韓会談第三次国籍処遇小委員会(第十四回)]

문서파일번호 119
작성연월일 1952. 3. 29
구분 제1차 회담 제3차 처우소위원회 제14회 회의
세부항목
작성처 외무성
매수 4
비밀등급 극비
문서종류 회의록
공개구분 공개
내용 한일회담 제3차 처우소위원회 제14회 회의기록. 협정안의 향후 처리를 협의, '일정기간'에 대한 합의가 이루어지지 않아 각각 본회의에 보고하기로 함.
주제어 재일한국인 법적지위

문서명	재일한국인의 국적 및 처우에 관한 한일협정안(在日韓国の国籍及び処遇に関する日韓協定案)

문서파일번호 119
작성연월일 1952. 3. 29
구분 제1차 회담 제3차 처우소위원회 제14회 회의
세부항목
작성처 외무성
매수 3
비밀등급 극비
문서종류 협정안
공개구분 공개
내용 1952년 3월 20일 자 수정 협정문과 동일한 내용의 협정안
주제어 재일한국인 법적지위

문서명	한일회담 제3차 국적 처우소위원회(제15회)[日韓会談第三次国籍処遇小委員会(第十五回)]

문서파일번호 119

작성연월일 1952. 4. 1

구분 제1차 회담 제3차 처우소위원회 제15회 회의

세부항목

작성처 외무성

매수 4

비밀등급 극비

문서종류 회의록

공개구분 공개

내용 한일회담 제3차 처우소위원회 제15회 회의기록. 협정안 중 미해결 문제를 계속 논의, 전면 합의에 이르지 못함. 의견이 상이한 점은 본회의의 처우 문제 논의에 위임함. 처우소위원회는 일단 종료하기로 결정함.

주제어 재일한국인 법적지위

본회의 회의록 및 검토자료

한일회담 예비회담 제1회~제10회 본회의
(日韓会談予備会談第1回～第10回本会議)

문서파일번호	63
작성연월일	1951. 10. 20 - 1951. 12. 4
구분	예비회담 예비회담 본회의(제1~10회)
세부항목	
작성처	
매수	151
비밀등급	
문서종류	회의록
공개구분	공개
내용	1951년 10월 20일~12월 4일 사이에 개최된 한일회담 예비회담 제1~10회 본회의 회의록 및 첨부자료
주제어	한일 예비회담 본회의

문서명	한일회담(제1회 회의)[日韓会談(第一回会合)]

문서파일번호 63
작성연월일 1951. 10. 20
구분 예비회담 본회의 제1회 회의
세부항목
작성처 외무성 관리국 총무과
매수 4
비밀등급 일반
문서종류 회의록
공개구분 공개
내용 예비회담 제1회 회의기록과 참석자 명단. 회의 언어(영어), 의사록 작성(연합국 최고사령부 옵서버가 작성), 언론 발표(제1회 회의는 연합국 최고사령부에 일임) 참석인원(8명으로 제한) 등에 관하여 협의함.
주제어 회의운영

문서명	1951년 10월 20일 제1차 회의 이구치 사다오 연설(Address by Mr. Sadao Iguchi at the Meeting of Korean and Japanese Representatives on October 20, 1951)

문서파일번호 63
작성연월일 1951. 10. 20
구분 예비회담 본회의 제1회 회의
세부항목
작성처 외무성 관리국 총무과
매수 11
비밀등급 일반
문서종류 연설문
공개구분 공개
내용 한일 예비회담 제1회 본회의 일본 수석대표 이구치 사다오(井口貞夫) 인사말(영문). 일본은 금번 회담이 패전 후 최초로 스스로 자격을 갖추고 임한 회담이며, 한일 양국 간 오랜 관계의 초석이 될 수 있다는 점을 강조. 평화조약 발효로 야기될 수 있는 재일한국인의 법적지위 문제에 관하여 한국과 협의하게 된 점을 다행으로 생각함.
주제어 이구치 사다오 일본 수석대표 인사말

문서명	1951년 10월 20일 한일회담 시볼트 대사 개회 인사말(Opening Statement by Ambassador W. J. Sebald at the Korean-Japanese Meeting on oct.20.1951)

문서파일번호 63
작성연월일 1951. 10. 20
구분 예비회담 본회의 제1회 회의
세부항목
작성처 연합국 최고사령부 외교국
매수 2
비밀등급 일반
눈서송뉴 연설문
공개구분 공개
내용 한일 예비회담 제1회 회의 연합국 최고사령부 외교국 시볼트(W. J. Sebald) 대사의 인사말(영문). 한일 양국이 진지하고 차분하게 문제 해결을 추구한다면 해결하지 못할 문제가 없을 것이라며 회담이 양국 우호의 기초가 되는 성과를 거두기를 요망함.
주제어 시볼트 연합국 최고사령부 대표 인사말

문서명	한일회담 양유찬 대사의 개막 인사말(Opening Statement by Ambassador You Chan Yang at the Korean-Japanese Conference)

문서파일번호 63
작성연월일 1951. 10. 20
구분 예비회담 본회의 제1회 회의
세부항목
작성처 한국대표단
매수 5
비밀등급 일반
문서종류 내부자료
공개구분 공개
내용 예비회담 제1회 회의 한국 수석대표 양유찬 대사의 인사말(영문). 과거 일본의 식민지 지배를 비판한 뒤 한일 양국이 대등한 관계를 수립해 나갈 필요성을 강조함. 또한 눈앞에 쌓인 문제들을 해결하여 건전한 기초를 만들고 그 기초 위에 새로운 신용을 구축할 수 있도록 함께 노력해 나갈 것을 기대함.
주제어 양유찬 한국 수석대표 인사말

문서명	제목 없음

문서파일번호 63
작성연월일 1951. 10. 20
구분 예비회담 본회의 제1회 회의
세부항목
작성처 한국대표단
매수 2
비밀등급 일반
문서종류 보도자료
공개구분 공개
내용 한국대표단이 작성한 예비회담 제1회 회의 결과 보도자료안으로 추정되는 문서
주제어 보도자료(안)

문서명	한일회담(제2회 회의)[日韓会談(第二回会合)]

문서파일번호 63
작성연월일 1951. 10. 22
구분 예비회담 본회의 제2회 회의
세부항목
작성처 외무성 관리국 총무과
매수 6
비밀등급 일반
문서종류 회의록
공개구분 공개
내용 개최된 예비회담 제2회 회의기록과 참석자 명단. 한국 양유찬 대사가 "hatchet should be buried(화해해야 한다)*" 발언을 하자, 일본 지바 대표가 "whether there

* 직역하면 "도끼를 묻어야 한다"는 뜻으로, "화해해야 한다"는 의미로 쓰였다.

was a hachet to bury(화해할 게 있는지)*"로 응수함. 의제 관련 한국은 ① 재일한국인의 법적지위, ② 1951년 9월 10일 자 연합국 최고사령부 각서(선박 반환 건)의 이행, ③ 장래 교섭을 위한 의제와 방안의 발전 등을 제시하고, 선박 반환위원회 설치를 제안함. 일본은 ①, ③만 논의할 준비가 되어 있다고 응답함. 일본이 한반도의 2개 정부 가운데 어느 정부가 평화조약 발효로 일본 국적을 상실하는 재일한국인의 책임을 질 것인지 질문하자, 한국은 비록 공산주의자라 해도 한국정부가 전체에 대한 책임을 진다고 답변하고 재일한국인의 법적지위 문제를 논의할 소위원회 설치를 제안함.

주제어 회의 의제, 재일한국인 법적지위

문서명	제2차 회담에서의 지바 대표(第二次会談に於ける千葉代表様)

문서파일번호 63
작성연월일 1951. 10. 22
구분 예비회담 본회의 제2회 회의
세부항목
작성처 외무성 관리국 총무과
매수 2
비밀등급 일반
문서종류 회의 자료
공개구분 공개
내용 예비회담 제2회 회의에서 일본 지바(千葉皓) 대표가 한국에 질의한 문서(영문). 한반도가 둘로 나누어져 있는 상황에서 한국대표단이 재일한국인 모두를 책임질 것인지, 어떠한 형태로 책임질 것인지를 문의함.
주제어 지바 대표 질의서

* 직역하면 "묻을 도끼가 있는가"라는 뜻으로, "화해할 것이 있는지"의 의미로 쓰였다.

문서명	회의록(Record of Proceedings)

문서파일번호 63
작성연월일 1951. 10. 22
구분 예비회담 본회의 제2회 회의
세부항목
작성처 연합국 최고사령부 측 옵서버 설리반(observer W. H. Sullivan)
매수 8
비밀등급 일반
문서종류 회의록
공개구분 공개
내용 예비회담 제2회 회의 회의록(영문)
주제어 회의 의제, 재일한국인 법적지위

문서명	한일회담(제3회 회의)[日韓会談(第三回会合)]

문서파일번호 63
작성연월일 1951. 10. 24
구분 예비회담 본회의 제3회 회의
세부항목
작성처 외무성 관리국 총무과
매수 6
비밀등급 일반
문서종류 회의록
공개구분 공개
내용 예비회담 제3회 회의기록과 참석자 명단. 일본은 선박 반환에 관한 논의에 계속 반대하나, 가급적 이른 시일 내에 별도의 자리에서 이 문제를 논의했으면 한다고 함. 한국은 제반 이슈에 대해 전문가들로 구성된 소위원회를 구성해서 논의하기를 희망함. 일본은 우선 선박위원회 구성과 관련하여 차기 회의 시 답을 주겠다고 함.
주제어 선박 반환

문서명	회의록(Record of Proceedings)

문서파일번호 63
작성연월일 1951. 10. 24
구분 예비회담 본회의 제3회 회의
세부항목
작성처 연합국 최고사령부 측 옵서버 설리반(Observer W. H. Sullivan)
매수 8
비밀등급 비(秘)
문서종류 회의록
공개구분 공개
내용 예비회담 제3회 회의 영문 회의기록
주제어 선박 반환

문서명	한일회담(제4회 회의)[日韓会談(第四回会合)]

문서파일번호 63
작성연월일 1951. 10. 25
구분 예비회담 본회의 제4회 회의
세부항목
작성처 외무성 관리국 총무과
매수 5
비밀등급 비(秘)
문서종류 회의록
공개구분 공개
내용 예비회담 제4회 회의기록 및 참석자 명단. 선박위원회 설치에 합의하고, 1951년 10월 30일에 제1회 회의를 열기로 결정함. 재일한국인 법적지위 문제 관련 사전 비공식 회의를 갖기로 함.
주제어 선박 반환, 재일한국인 법적지위

문서명	회의록(Record of Proceedings)

문서파일번호 63
작성연월일 1951. 10. 25
구분 예비회담 본회의 제4회 회의
세부항목
작성처 연합국 최고사령부 측 옵서버 설리반(Observer W. H. Sullivan)
매수 7
비밀등급 비(秘)
문서종류 회의록
공개구분 공개
내용 예비회담 제4회 회의 영문 회의기록
주제어 선박 반환, 재일한국인 법적지위

문서명	한일회담(제5회 회의)[日韓会談(第五回会合)]

문서파일번호 63
작성연월일 1951. 10. 30
구분 예비회담 본회의 제5회 회의
세부항목
작성처 외무성 관리국 총무과
매수 4
비밀등급 비(秘)
문서종류 회의록
공개구분 공개
내용 예비회담 제5회 회의기록. 국적처우위원회에서는 국적 문제는 분리하고 재일한국인의 일본 국적 상실 후의 처우에 대해 협의하는 것으로 합의함.
주제어 재일한국인 법적지위

문서명	회의록(Record of Proceedings)

문서파일번호 63
작성연월일 1951. 10. 30
구분 예비회담 본회의 제5회 회의
세부항목
작성처 연합국 최고사령부 측 옵서버 설리반(Observer W. H. Sullivan)
매수 8
비밀등급 비(秘)
문서종류 회의록
공개구분 공개
내용 예비회담 제5회 회의 영문 회의기록
주제어 재일한국인 법적지위

문서명	정보부장 담화(情報部長談)

문서파일번호 63
작성연월일 1951. 10. 30
구분 예비회담 본회의 제5회 회의
세부항목
작성처 외무성 정보부
매수 1
비밀등급 일반
문서종류 보도자료
공개구분 공개
내용 한일회담에서 재일한국인의 국적, 거주 등에 관해 협의하고 있기 때문에 1951년 11월 1일 시행되는 동 관리령은 재일한국인에 당장 적용되는 것은 아니며 선량한 외국인의 평온한 거주를 부당하게 제한할 의도는 없다는 내용이 담긴 외무성 정보부장 담화문
주제어 재일한국인 법적지위

문서명	보도자료: 한일회담 담화문(Press Release: Statement on Japanese-Korean Talks)

문서파일번호 63
작성연월일 1951. 10. 30
구분 예비회담 본회의 제5회 회의
세부항목
작성처 외무성 정보부(Public Information Division, Ministry of Foreign Affairs)
매수 1
비밀등급 일반
문서종류 보도자료
공개구분 공개
내용 외무성 정보부장의 1951년 10월 30일 자 담화문(영문)
주제어 재일한국인 법적지위

문서명	한일회담(제6회 회의)[日韓会談(第六回会合)]

문서파일번호 63
작성연월일 1951. 11. 8
구분 예비회담 본회의 제6회 회의
세부항목
작성처 외무성 관리국 총무과
매수 3
비밀등급 비(秘)
문서종류 회의록
공개구분 공개
내용 예비회담 제6회 회의기록 및 참석자 명단. 의제 2(한일 간 현안의 교섭을 위한 방법과 수단)에 관해 논의함. 일본은 ① 외교관계 수립, ② 재일한국인의 국적, ③ 청구권 해결, ④ 어업, ⑤ 해저전선 반환, ⑥ 통상·항해조약, ⑦ 기타에 관해 익년 이른 봄에 논의를 시작할 것을 제의함. 이에 대해 한국은 ① 재산 및 청구권(1951. 11. 24.), ② 어업(1952. 1. 5.), ③ 통상 및 항해(1952. 1. 21.), ④ 기타로 할 것을 제안함. 일본은 임시국회 개회 중인 관계로 당장 개최는 무리하다고 한 바, 한국은 2월 4일 개최를 제의함.
주제어 본회담 개최 관련

문서명	회의록(Record of Proceedings)

문서파일번호 63
작성연월일 1951. 11. 8
구분 예비회담 본회의 제6회 회의
세부항목
작성처 연합국 최고사령부 측 옵서버 설리반(Observer W. H. Sullivan)
매수 13
비밀등급 비(秘)
문서종류 회의록
공개구분 공개
내용 예비회담 제6회 회의 영문 회의기록
주제어 본회담 개최 관련

문서명	한일회담(제7회 회의)[日韓会談(第七回会合)]

문서파일번호 63
작성연월일 1951. 11. 12
구분 예비회담 본회의 제7회 회의
세부항목
작성처 외무성 관리국 총무과
매수 6
비밀등급 비(秘)
문서종류 회의록
공개구분 공개
내용 제7회 회의기록과 참석자 명단. 일본은 한국이 제의한 2월 4일 본회담 개최는 불가능하며, 대신 2월 상반기 중 개최하되 그전에 자체협의를 가질 것을 제의한 바, 양측은 그런 방향으로 의견을 모음.
주제어 본회담 개최 관련

문서명	회의록(Record of Proceedings)

문서파일번호 63
작성연월일 1951. 11. 12
구분 예비회담 본회의 제7회 회의
세부항목
작성처 연합국 최고사령부 측 옵서버 설리반(Observer W. H. Sullivan)
매수 9
비밀등급 비(秘)
문서종류 회의록
공개구분 공개
내용 예비회담 제7회 회의 영문 회의기록
주제어 본회담 개최 관련

문서명	한일회담 제8회 회의(日韓会談第八回会合)

문서파일번호 63
작성연월일 1951. 11. 22
구분 예비회담 본회의 제8회 회의
세부항목
작성처 외무성 관리국 총무과
매수 7
비밀등급 비(秘)
문서종류 회의록
공개구분 공개
내용 예비회담 제8회 회의기록과 참석자 명단. 재일한국인 법적지위소위원회의 경과보고가 있었음.
주제어 본회담 개최 관련

문서명	회의록(Record of Proceedings)

문서파일번호 63
작성연월일 1951. 11. 22
구분 예비회담 본회의 제8회 회의
세부항목
작성처 연합국 최고사령부 측 옵서버 설리반(Observer W. H. Sullivan)
매수 11
비밀등급 비(秘)
문서종류 회의록
공개구분 공개
내용 예비회담 제8회 회의 영문 회의기록
주제어 본회담 개최 관련

문서명	회의록(Record of Proceedings)

문서파일번호 63
작성연월일 1951. 11. 28
구분 예비회담 본회의 제9회 회의
세부항목
작성처 외무성 관리국 총무과
매수 6
비밀등급 비(秘)
문서종류 회의록
공개구분 공개
내용 예비회담 제9회 회의기록 및 참석자 명단. 양측은 본회담 의제 및 개최 시기(2월 상반기)에 합의하고, 구체적인 개최일자는 외교채널로 협의키로 함. 한국이 국적 처우소위원회 경과 보고서 검토를 계속할 것을 제안하자 일본은 강제퇴거에 대한 한국 주장이 완화되지 않는 한 검토해도 소용없다고 지적함. 한국은 불필요한 강제퇴거가 없도록 보장을 받고 싶을 뿐이라고 답변함.
주제어 본회담 개최 관련, 재일한국인 법적지위

문서명	회의록(Record of Proceedings)

문서파일번호	63
작성연월일	1951. 11. 28
구분	예비회담 본회의 제9회 회의
세부항목	
작성처	연합국 최고사령부 측 옵서버 설리반(Observer W. H. Sullivan)
매수	6
비밀등급	비(秘)
문서종류	회의록
공개구분	공개
내용	예비회담 제9회 회의 영문 회의기록
주제어	본회담 개최 관련, 재일한국인 법적지위

문서명	한일회담 제10회 회의(日韓会談第十回会合)

문서파일번호	63
작성연월일	1951. 12. 4
구분	예비회담 본회의 제10회 회의
세부항목	
작성처	외무성 아시아국 제2과
매수	5
비밀등급	비(秘)
문서종류	회의록
공개구분	공개
내용	예비회담 제10회 회의기록과 참석자 명단. 한국은 강제퇴거에 대해 불량분자를 제외한 일반대중은 강제 송환되지 않는다는 것을 일본이 확인한다면 강제퇴거 방법 등은 묻지 않겠다고 하자, 일본은 공산분자 송환에 한국이 협력하겠다고 했는데 명단이 있느냐고 질문함. 한국은 초안은 만들어져있다고 답변함.
주제어	재일한국인 법적지위

문서명	회의록(Record of Proceedings)

문서파일번호	63
작성연월일	1951. 12. 4
구분	예비회담 본회의 제10회 회의
세부항목	
작성처	연합국 최고사령부 측 옵서버 설리반(Observer W. H. Sullivan)
매수	5
비밀등급	비(秘)
문서종류	회의록
공개구분	공개
내용	예비회담 제10회 회의 영문 회의기록
주제어	재일한국인 법적지위

와지마 관리국 국장·양 대사 회담 요지
(倭島管理局局長·梁大使会談要旨)

문서파일번호	393
문서명	와지마 관리국 국장·양 대사 회담 요지(倭島管理局局長·梁大使会談要旨)
작성연월일	1951. 11. 13
구분	예비회담
세부항목	와지마·양유찬 회담
작성처	외무성
매수	13
비밀등급	일반
문서종류	회의록
공개구분	공개
내용	와지마(倭島英二) 외무성 관리국장과 양유찬 주미대사(한일회담 수석대표) 회담 기록. 한일회담 의제 등에 관해 협의함.
주제어	한일회담 의제

양 대사 회담 요지
(梁大使との會談要旨)

문서파일번호	394
문서명	양 대사 회담 요지(梁大使との會談要旨)
작성연월일	1951. 12. 5
구분	예비회담
세부항목	이구치·양유찬 회담
작성처	외무성 니시자와(西澤) 기록
매수	5
비밀등급	일반
문서종류	회의록
공개구분	공개
내용	1951년 12월 5일 양유찬 대사가 이임 인사차 이구치(井口貞夫) 대표를 면담했을 때 회담한 기록. 예비회담에 대한 평가가 기록되어 있음.
주제어	예비회담 평가

한국 유 참사관·와지마 국장 회담 요지
(韓国柳参事官と倭島局長会談要旨)

문서파일번호	395
문서명	한국 유 참사관·와지마 국장 회담 요지(韓国柳参事官と倭島局長会談要旨)
작성연월일	1951. 12. 13
구분	예비회담~제1차 회담 사이
세부항목	와지마·유태하 회담
작성처	외무성
매수	5
비밀등급	극비
문서종류	회의록
공개구분	공개
내용	와지마(倭島英二) 국장과 주일한국대표부 유태하 참사관 회담 기록. 유 참사관은 제1차 회담 일본 수석대표로 임명된 마쓰모토(松本俊一) 고문의 방한 연기를 희망한다는 내용을 전달함.
주제어	마쓰모토 일본 수석대표 방한 건

김 공사 회담 요지
(金公使との会談要旨)

문서파일번호	396
작성연월일	1952. 1. 9 - 1952. 2. 1
구분	예비회담~제1차 회담 사이
세부항목	시바·김용식 회담
작성처	외무성 지바 참사관
매수	15
비밀등급	
문서종류	회의록, 내부문서
공개구분	공개
내용	1952년 1월 9일과 2월 1일 개최된 지바 참사관과 김용식 공사 회담 기록.
주제어	한일회담 일정, 대표단, 선박, 문화재

문서명	김 공사 회담 요지(金公使との会談要旨)

문서파일번호 396
작성연월일 1952. 1. 9
구분 예비회담~제1차 회담 사이
세부항목 지바·김용식 회담
작성처 외무성 지바 참사관
매수 8
비밀등급 비(秘)
문서종류 회의록
공개구분 공개
내용 지바 참사관과 김용식 공사 간 회담 기록. 한일회담 일정, 일본 친선사절단 방한, 선박 문제, 문화재 반환 등과 관련하여 협의함.
주제어 한일회담 일정, 일본 친선사절단 방한, 선박, 문화재 반환

문서명	한일교섭 문제점(日韓交渉問題点)

문서파일번호 396
작성연월일 1952. 1. 10
구분 예비회담~제1차 회담 사이
세부항목 한일회담 예상 문제점
작성처 외무성 지바 참사관
매수 2
비밀등급 일반
문서종류 내부문서
공개구분 공개
내용 한일회담을 앞두고 예상되는 쟁점 등을 검토한 보고서. 어업협정 체결과 청구권 처리가 가장 어려운 과제가 될 것으로 전망함.
주제어 한일회담 예상 문제점

문서명	김 한국공사 회담 요지(金韓国公使との会談要旨)

문서파일번호	396
작성연월일	1952. 2. 1
구분	예비회담~제1차 회담 사이
세부항목	지바·김용식 회담
작성처	외무성 지바 참사관
매수	5
비밀등급	일반
문서종류	회의록
공개구분	공개
내용	지바 참사관과 김용식 공사 회담 기록. 김용식 공사는 2월 15일 개최 예정인 한일회담 한국대표단의 일본 도착 일정, 대표단 구성, 회담 운영 등에 관한 한국 입장을 설명함.
주제어	한일회담 대표단, 회담 운영 등

김 공사, 유 대표의 회담 요지
[金公使、兪代表との会談要旨(*兪는 兪의 오타로 보임)]

문서파일번호	397
문서명	김 공사, 유 대표의 회담 요지[金公使、兪代表との会談要旨(*兪는 兪의 오타로 보임)]
작성연월일	1952. 1. 18
구분	예비회담~제1차 회담 사이
세부항목	마쓰모토·유진오·김용식 회담
작성처	외무성
매수	16
비밀등급	극비
문서종류	회의록
공개구분	공개
내용	유진오 대표, 김용식 공사와 마쓰모토(松本俊一) 고문(일본 수석대표)의 만찬 회담 기록. 재일한국인 처우 문제(송환, 자산 반출, 정치범 처리), 선박 문제, 외교관 교환, 방한사절단, 어업 문제 등에 관해 협의함.
주제어	재일한국인 법적지위, 선박, 외교관 교환, 방한 사절단, 어업

기본관계 문제

한일 양국 간의 기본관계 조정에 관한 방침
(日韓両国間の基本関係調整に関する方針)

문서파일번호	1627
작성연월일	1951. 10. 29 - 1951. 10. 31
구분	예비회담
세부항목	한일회담에 관한 기본방침
작성처	외무성 관리국 총무과
매수	13
비밀등급	
문서종류	내부문서
공개구분	공개
내용	한일회담 예비회담 개시 후 양국 간 제반 현안문제 처리에 관한 방침을 정리한 문서 모음
주제어	한일 현안문제에 대한 기본방침

문서명	한일 양국 간의 기본관계조정에 관한 방침(안)[日韓両国間の基本関係調整に関する方針(案)]

문서파일번호 1627
작성연월일 1951. 10. 29
구분 예비회담
세부항목 한일회담에 관한 기본방침
작성처 외무성 관리국 총무과
매수 4
비밀등급 극비
문서종류 내부문서
공개구분 공개
내용 한일 예비회담에서 일본의 기본입장(재일한국인 법적지위에 국한하여 논의하고 한국이 거론하는 다른 사안들은 청취만 함)을 확인한 후, 추후 한국과의 교섭방침을 정리한 문서. 양국 친선관계의 구체적인 내용으로 정치상 도의적인 것으로 하고 반공협정은 피할 것, 일본의 재한재산을 고려할 때 한국의 청구권을 포기시킬 것, 재일한국인의 법적지위, 선박귀속문제도 기본조약의 일부로 포괄시키는 형식을 취할 것 등이 서술됨.
주제어 기본관계, 청구권, 재일한국인 법적지위, 선박

문서명	한일 양국 간의 기본관계조정에 관한 방침(안)[日韓両国間の基本関係調整に関する方針(案)]

문서파일번호 1627
작성연월일 1951. 10. 31
구분 예비회담
세부항목 한일회담에 관한 기본방침
작성처 외무성 관리국 총무과
매수 4
비밀등급 극비
문서종류 내부문서
공개구분 공개
내용 한국과의 교섭에 관한 기본 입장을 재정리한 문서. 방공협정은 피할 것, 재일한국인에 대해서는 행정상 실질적인 제약에 의해 순리적, 발본적인 조치를 취할 수 없음. 한국의 청구권을 포기시킬 것 등이 서술됨.
주제어 기본관계, 재일한국인 법적지위, 청구권

문서명	한일교섭의 방침에 대한 정책상 결정을 요하는 여러 점에 대해서(日韓交渉の方針に関し政策上決定を要する諸点について)

문서파일번호	1627
작성연월일	1951. 10. 30
구분	예비회담
세부항목	한일회담에 관한 기본방침
작성처	외무성 관리국 총무과
매수	5
비밀등급	극비
문서종류	내부문서
공개구분	공개
내용	예비회담에서 일본의 기본입장에 관한 문서. 이번 회의는 연합국 최고사령부가 옵서버로서 참가한 특수한 회의라는 점, 한국에 끌려다니지 않도록 할 것, 일반문제에 대한 토론 교섭에 대해서는 신중히 대처할 것 등이 서술됨.
주제어	선박 반환, 청구권, 재일한국인 법적지위

한일기본관계 조정교섭에 대해 유의할 사항
(日韓基本関係調整交渉について留意すべき事項)

문서파일번호	1629
작성연월일	1951. 11. 25
구분	예비회담
세부항목	한일기본관계 교섭의 유의할 점
작성처	외무성 관리국 총무과
매수	7
비밀등급	극비
문서종류	내부문서
공개구분	공개
내용	본회담이 시작되었을 경우 한국이 요구하는 제반 조약 체결과 관련하여, 일본의 교섭 요령을 기술한 문서. 일본이 외교관계의 설정, 재일한국인 국적의 확정, 청구권의 해결을 위한 교섭(상호 포기)방법, 어업교섭의 방법, 해저전선 이관 교섭 방법, 통상항해조약의 교섭 방법 및 그 밖의 동의된 사항을 제시하는 한편, 그 외에 포함되는 사항을 연구함과 동시에 즉시 수용할 수 없는 한국의 요구사항(방공협정), 혹은 수용할 수 있는 정도에 대해서 일본은 결심할 필요가 있음.
주제어	기본관계, 청구권, 어업, 재일한국인 법적지위

문서명	한일기본관계 조정교섭에 대해 유의해야 할 사항(日韓基本関係調整交渉について留意すべき事項)

문서파일번호 1629

작성연월일 1951. 11. 25

구분 예비회담

세부항목 한일기본관계 교섭의 유의할 점

작성처 외무성 관리국 총무과

매수 7

비밀등급 극비

문서종류 내부문서

공개구분 공개

내용 본회담이 시작되었을 경우 한국이 요구하는 제반 조약 체결과 관련하여, 일본의 교섭 요령을 기술한 문서. 일본이 외교관계의 설정, 재일한국인의 국적 확정, 청구권 해결을 위한 교섭(상호 포기) 방법, 어업교섭의 방법, 해저전선 이관 교섭 방법, 통상항해조약의 교섭 방법 및 그 밖의 동의된 사항을 제시하는 한편, 그 외에 포함되는 사항을 연구함과 동시에 즉시 수용할 수 없는 한국의 요구사항(방공협정), 혹은 수용할 수 있는 정도에 대해서 일본은 결심할 필요가 있음.

주제어 기본관계, 청구권, 어업, 재일한국인 법적지위

예비회담·제1차 회담에서의 일본 방침·조약안
(豫備會談·第1次会談における日本側方針·條約案)

문서파일번호	1835
작성연월일	1951. 10. 31 - 1952. 3. 20
구분	
세부항목	기본관계 교섭방침 및 조약안
작성처	외무성, 통산성
매수	180
비밀등급	
문서종류	내부문서, 조약안 등
공개구분	공개
내용	예비회담에서의 기본관계에 관한 일본의 교섭 기본방침 및 제1회담에서의 우호조약, 기본관계조약안 모음
주제어	기본관계

문서명	한일 양국 간의 기본관계조정에 관한 방침(안) [日韓両国間の基本関係調整に関する方針(案)]

문서파일번호 1835
작성연월일 1951. 10. 31
구분 예비회담
세부항목 기본관계 교섭방침
작성처 외무성
매수 5
비밀등급 극비
문서종류 내부문서
공개구분 공개
내용 예비회담에서의 한일기본관계에 대한 교섭방침. 한일교섭에 대해 재일한국인 법적 지위만 논의할 뿐 한국이 향후 교섭의제로 거론하길 희망하는 그 외의 사항은 의견 청취에 한정한다는 입장을 제시함. 한국의 페이스에 끌려가는 것은 정책상의 실책이라 지적하고 대일평화조약의 국회 심의, 교섭 준비 상황을 고려해 양국의 기본적 관계에 관한 문제는 새로운 분위기에서 거론해야 한다며 그에 따른 요령을 제시함.
주제어 기본관계

문서명	북한지역관계의 문제를 어떻게 처리할 것인가(미정고) [北鮮地域関係の問題をどう取扱うか(未定稿)]

문서파일번호 1835
작성연월일 1951. 11. 8
구분 예비회담
세부항목 한국의 관할권, 북한 지역 청구권
작성처 외무성 조약국 법규과
매수 5
비밀등급 일반
문서종류 내부문서
공개구분 공개
내용 한국의 관할권 및 북한지역의 청구권 문제를 어떻게 처리할 것인가에 관한 검토보고서. 대한민국정부의 시정권이 북한에 미치지 못하는 사실에 기반해 북한지역에 있는 일본인 재산 문제 처리에 관해 대한민국정부의 권력이 미치고 앞으로 확대되는 정도에 따라 그 한도 내에서 문제를 해결하는 방식과 지면상으로라도 북한지역에 있는 일본인 재산 문제를 해결하는 방식으로 나눠서 검토하고 있음.
주제어 기본관계

문서명	한일기본관계조정교섭에 대해서 주의할 사항(日韓基本関係調整交渉について留意すべき事項)

문서파일번호 1835
작성연월일 1951. 11. 25
구분 예비회담
세부항목 기본관계 교섭 시 주의사항
작성처 외무성 관리국 총무과
매수 7
비밀등급 극비
문서종류 내부문서
공개구분 공개
내용 한일 기본관계 조정에 관해 유의할 사항을 검토한 보고서. ① 기본조약안 작성여부 ② 기본조약 내용의 결정 ③ 어업교섭 ④ 청구권 교섭준비에 대한 주의사항이 정리되어 있음 ⑤ 청구권 교섭준비에서 한국 요구에 반박하고자 일본의 한국 통치 기간에 한국인의 경제생활과 문화생활이 향상되었다는 입장을 표명할 필요가 있다고 제안함.
주제어 기본관계

문서명	한일기본조약 건(日韓基本条約に関する件)

문서파일번호 1835
작성연월일 1951. 12. 20
구분 예비회담~제1차 회담 사이
세부항목 기본조약 검토
작성처 외무성
매수 2
비밀등급 극비
문서종류 내부문서
공개구분 공개
내용 한일 기본조약 전문(前文)에 지도이념의 기술방식, 독립 승인과 영토 상호불가침의 언급 여부, 국적 결정과 처우 문제의 규정 여부, 청구권 상호 포기 표명 여부 등 검토가 필요한 사항이 기술된 문서
주제어 기본관계, 기본조약

문서명	한일화친조약요강(제1안)[日韓和親条約要綱(第一案)]

문서파일번호 1835
작성연월일 1951. 12. 23
구분 예비회담~제1차 회담 사이
세부항목 우호조약 요강
작성처 외무성 아시아국 제2과
매수 5
비밀등급 극비
문서종류 내부문서
공개구분 공개
내용 1951년 12월 23일 자 한일화친조약요강 제1안. 전문(前文)에 정치적 독립과 영토보존의 존중, 국제연합헌장의 원칙과 목적 준수, 정의와 형평의 원칙에 근거한 각종 현안의 신속한 해결 원칙이 표명되고, 이후 재일한국인 국적, 청구권의 상호 포기, 무역 및 통상, 해저전선, 민간항공협정 체결, 비준처리에 관한 내용이 담겨 있음.
주제어 기본관계, 화친조약안

문서명	일본과 대한민국 사이의 화친조약 초안(제1차 안)[日本国と大韓民国との間の和親条約草案(第一次案)]

문서파일번호 1835
작성연월일 1952. 1. 5
구분 예비회담~제1차 회담 사이
세부항목 화친조약 초안
작성처 외무성 아시아국 제2과
매수 6
비밀등급 극비
문서종류 조약안
공개구분 공개
내용 1952년 1월 5일 자 한일화친조약 초안 제1차 안. 제1조 국제연합헌장의 목적과 원칙 준수, 제2조 외교 및 영사관계 확립, 제3조 통상 및 해양 관계, 제4조 재일한국인 국적 변경에 따른 과도적 조치 강구, 제5조 청구권의 상호 포기, 제6조 해저전선 교섭개시, 제7조 어업협정 체결, 제8조 비준처리 구분으로 구성되어 있음.
주제어 기본관계, 화친조약안

문서명	일본과 대한민국 사이의 우호조약 초안(제2차 안) [日本国と大韓民国との間の和親条約草案(第二次案)]

문서파일번호 1835

작성연월일 1952. 1. 12

구분 예비회담~제1차 회담 사이

세부항목 우호조약 초안

작성처 외무성 아시아국 제2과

매수 6

비밀등급 극비

문서종류 조약안

공개구분 공개

내용 1952년 1월 12일 자 한일우호조약의 제2차 안. 제1차 초안(화친조약)* 과 비교해 조항이 늘어났으며 청구권 문제 관련 문구가 변경됨. 제1조 국제연합헌장의 목적과 원칙 준수, 제2조 외교 및 영사관계 확립, 제3조 무역, 해운, 통상관계, 제4조 재일한국인 조치에 대한 상호인정, 제5조 재일한국인의 국적변경에 따른 과도적 조치 고려, 제6조 대안(代案) 정의와 형평의 원칙에 따른 청구권 문제의 조속한 해결, 제7조 해저전선 교섭개시, 제8조 어업협정 체결, 제9조 비준처리 구분으로 구성되어 있음.

주제어 기본관계, 우호조약안

* 일본은 한일 간 기본관계에 관한 조약을 최초에는 '화친조약'으로, 그 이후에는 '우호조약'으로 체결코자 하였으나, 한국의 주장으로 그 명칭이 '한일 기본관계에 관한 조약'이 되었음.

문서명	'한일우호조약안 요강'에 대해서(「日韓友好条約案要綱」について)

문서파일번호 1835
작성연월일 1952. 2. 5
구분 예비회담~제1차 회담 사이
세부항목 우호조약 요강
작성처 외무성
매수 2
비밀등급 극비
문서종류 내부문서
공개구분 공개
내용 한일우호조약안 요강에 대한 의견서. 샌프란시스코 평화조약 제2조에 의해 일본이 한국의 독립을 인정했기 때문에 기본적 사항들에 관한 명확한 협정이 필요하다고 지적하고 한국이 평화협정의 제4조, 9조, 12조의 혜택을 부여받았으니 최소한 이를 포함하는 조약을 체결할 필요성이 있다고 기술함.
주제어 기본관계, 우호조약안

문서명	한일우호조약 체결을 제안하는 이유(日韓友好条約の締結方を提案する理由)

문서파일번호 1835
작성연월일 1952. 2(일자 불명)
구분 제1차 회담
세부항목 우호조약 체결 이유
작성처 외무성
매수 4
비밀등급 비(秘)
문서종류 내부문서
공개구분 공개
내용 일본대표단이 한일우호조약안을 제시하는 이유가 기술된 문서. 첫째, 정치적 독립 및 영토 존중, 외교·영사 관계 설정, 경제관계 지속 등의 기본 원칙을 우호조약으로 확약할 필요성이 있다는 점, 둘째, 재일한국인들의 국적변경에 관해 조치를 취할 필요가 있다는 점. 셋째, 한국이 샌프란시스코 평화조약의 적용을 받는 안건을 해결할 필요가 있다는 점을 들고 있음.
주제어 기본관계, 우호조약

문서명	한일우호조약의 체결을 제안하는 이유(日韓友好条約の締結方を提案する理由)

문서파일번호 1835
작성연월일 1952. 2(일자 불명)
구분 제1차 회담
세부항목 우호조약 체결 제안 이유
작성처 외무성
매수 4
비밀등급 극비
문서종류 내부자료
공개구분 공개
내용 일본대표단이 한일우호조약을 제시하는 세 가지 이유가 기술된 문서. 전반적으로 앞의 문서와 유사한 내용이 담겨 있는 반면 새롭게 추가된 부분도 있음. 예를 들어 재일한국인의 국적에 관해 당사국의 법령을 적용함에 따라 일본인 및 한국인 양쪽의 신분 관계에 발생하는 효과를 승인할 취지를 규정할 필요성을 제기함.
주제어 기본관계, 우호조약

문서명	일본과 대한민국의 우호조약 초안 축조 설명(日本国と大韓民国との間の友好条約草案逐条説明)

문서파일번호 1835
작성연월일 1952. 2(일자 불명)
구분 제1차 회담
세부항목 우호조약 축조 설명
작성처 외무성
매수 3
비밀등급 극비
문서종류 내부문서
공개구분 공개
내용 한일우호조약안의 전문(前文), 전체 9개 조항의 내용이 간략하게 정리됨.
주제어 기본관계, 우호조약안

문서명	한일우호조약의 체결을 제안하는 이유(日韓友好条約の締結方を提案する理由)

문서파일번호 1835
작성연월일 1952. 2(일자 불명)
구분 제1차 회담
세부항목 우호조약 체결 제안 이유
작성처 외무성
매수 2
비밀등급 극비
분서송류 내부문서
공개구분 공개
내용 앞에 나온 동일한 제목의 문서(한일우호조약 체결을 제안하는 이유에 대해 재일한국인 국적 변경에 관한 추가 서술이 되어 있는 문서) 내용 가운데 일부가 생략됨.
주제어 기본관계, 우호조약

문서명	일본과 대한민국의 우호조약 초안 축조 설명(日本国と大韓民国との間の友好条約草案遂条説明)

문서파일번호 1835
작성연월일 1952. 2(일자 불명)
구분 제1차 회담
세부항목 우호조약 축조 설명
작성처 외무성
매수 2
비밀등급 일반
문서종류 내부문서
공개구분 공개
내용 한일우호조약안의 전문(前文), 전체 9개 조항의 내용이 간략하게 정리된 문서. 앞에 나온 축조 설명 문서의 국적, 처우 문제 부분에 일본에 거주하는 한국인 이외의 한국인 국적도 대상으로 한다는 문장이 추가됨.
주제어 기본관계, 우호조약안

문서명	한일우호조약의 체결을 제안하는 이유(Reasons for Proposing the Conclusion of a Japan-Korea Amity Treaty)

문서파일번호 1835
작성연월일 1952. 2(일자 불명)
구분 제1차 회담
세부항목 우호조약 체결 제안 이유
작성처 외무성
매수 3
비밀등급 일반 극비
문서종류 내부문서
공개구분 공개
내용 일본이 한일우호조약안을 제시하는 이유가 기술된 문서의 영문
주제어 기본관계, 우호조약

문서명	일본과 대한민국의 우호조약초안 축조 설명(The Draft Treaty of Amity between Japan and the Republic of Korea-Explanation Article by Article)

문서파일번호 1835
작성연월일 1952. 2(일자 불명)
구분 제1차 회담
세부항목 우호조약 축조 설명
작성처 외무성
매수 2
비밀등급 일반
문서종류 조약안
공개구분 공개
내용 한일우호조약안 축조 설명
주제어 기본관계, 우호조약안

문서명	일본과 대한민국 사이의 우호조약초안(제3차 안) [日本国と大韓民国との間の友好条約草案(第三次案)]

문서파일번호 1835
작성연월일 1952. 2. 11
구분 제1차 회담
세부항목 우호조약 초안
작성처 외무성
매수 10
비밀등급 일반
문서종류 조약안
공개구분 공개
내용 전체 9개 조항으로 구성된 한일우호조약 초안의 제3차 안. 이전 초안과 비교했을 때 전문(前文) 부분에 대일평화조약의 규정에 따라 한국의 독립을 승인하고 한국에 대한 모든 권리, 권한, 청구권을 포기한다는 것이 명기되어 있음.
주제어 기본관계 우호조약안

문서명	한일우호조약 초안(가역) [Draft Treaty of Amity between Japan and the Republic of Korea (Tentative Translation)]

문서파일번호 1835
작성연월일 1952. 2. 11
구분 제1차 회담
세부항목 우호조약 초안
작성처 외무성
매수 7
비밀등급 일반
문서종류 조약안
공개구분 공개
내용 한일우호조약 초안 제3차 안의 영문 가역본
주제어 기본관계, 우호조약안

문서명	한일우호조약(안) [Treaty of Amity between Japan and the Republic of Korea (Draft)]

문서파일번호 1835
작성연월일 1952. 2. 11
구분 제1차 회담
세부항목 우호조약 초안
작성처 외무성
매수 6
비밀등급 일반
문서종류 조약안
공개구분 공개
내용 한일우호조약 영문 가역본에 수정이 필요한 부분을 수기로 표시해 놓은 문서
주제어 기본관계, 우호조약안

문서명	일본과 대한민국 사이의 우호조약초안(日本国と大韓民国との間の友好条約草案)

문서파일번호 1835
작성연월일 1952. 2(일자 불명)
구분 제1차 회담
세부항목 우호조약 초안
작성처 외무성
매수 5
비밀등급 극비
문서종류 조약안
공개구분 공개
내용 작성일자 불명인 한일우호조약 초안. 제3차 안과 비교했을 때 제3조 (b)에 국민이라는 표현이 법인을 포함한다는 취지가 기술되어 있음. 그 외에 제4조, 제5조의 일부 문장을 수기로 수정함.
주제어 기본관계, 우호조약안

문서명	일본과 대한민국 사이의 우호조약초안(日本国と大韓民国との間の友好条約草案)

문서파일번호	1835
작성연월일	1952. 2(일자 불명)
구분	제1차 회담
세부항목	우호조약 초안
작성처	외무성
매수	5
비밀등급	비(秘)
문서종류	조약안
공개구분	공개
내용	전문(前文)에 일본의 한국 독립 승인, 권리·권한 및 청구권 포기를 규정한 부분을 생략할 것을 명기한 한일우호조약 초안. 그 외 수정한 부분이 몇 군데 있음.
주제어	기본관계, 우호조약안

문서명	일본과 대한민국 사이의 우호조약초안(日本国と大韓民国との間の友好条約草案)

문서파일번호	1835
작성연월일	1952. 2. 19
구분	제1차 회담
세부항목	우호조약 초안
작성처	외무성
매수	2
비밀등급	극비
문서종류	조약안
공개구분	공개
내용	1952년 2월 19일 관계성 협의회 검토용 한일우호조약 초안 제3조 부분
주제어	기본관계, 우호조약안

문서명	일본과 대한민국 사이의 우호조약초안(日本国と大韓民国との間の友好条約草案)

문서파일번호 1835
작성연월일 1952. 2. 19
구분 제1차 회담
세부항목 우호조약 초안
작성처 외무성
매수 2
비밀등급 극비
문서종류 조약안
공개구분 공개
내용 1952년 2월 19일 관계성 협의회에서 한 검토의견이 기록된 한일우호조약 초안 제3조(한일통상항해조약 체결에 관한 내용)
주제어 기본관계, 우호조약안

문서명	한일우호조약 초안 제3조에 대한 각 성 의견(日韓友好条約草案第三条に對する各省意見)

문서파일번호 1835
작성연월일 1952. 2. 29
구분 제1차 회담
세부항목 우호조약에 관한 각 성 의견
작성처 외무성 니시자와
매수 2
비밀등급 비(秘)
문서종류 내부문서
공개구분 공개
내용 1952년 2월 19일 관계성 협의회에서 한일우호조약에 대한 의견 제출을 요청, 통산성으로부터만 문서(별지 1)로 의견이 제출되었으며, 외자위원회 총무과(별지 2), 대장성 이재국 총무과장 및 운수성 해운국 외항과장은 구두로 제시한 의견을 외무성이 정리(별지 3) 하였고 현재 문서를 기다린다는 내용이 기술됨.
주제어 기본관계, 우호조약안

문서명	한국과의 우호조약 외무성 초안 제3조에 대한 의견(안)[韓国との友好條約外務省草案第三條についての意見(案)]

문서파일번호 1835
작성연월일 1952. 2. 28
구분 제1차 회담
세부항목 우호조약에 관한 각 성 의견
작성처 통산성
매수 3
비밀등급 일반
분서송듀 내부문서
공개구분 공개
내용 앞의 니시자와가 작성한 문서의 첨부1. 한일우호 조약안 제3조에 대한 통산성 의견서. 제3조에 평화조약의 반사이익으로서 한국이 누리고 있는 특전을 일본이 직접 부담할 것을 약속하고 있으며, 조약의 모델로 삼고 있는 미국과 콜롬비아의 통상항해조약보다 더 광범위한 특혜사항을 규정하고 있다는 이유로 재검토를 요구함. 그리고 미국과 콜롬비아 통상항해조약에 관한 외무성 견해에 대해 문제를 제기함.
주제어 기본관계, 우호조약안

문서명	외자위원회 총무과 의견(外資委員会総務課意見)

문서파일번호 1835
작성연월일 1952. 2. 28
구분 제1차 회담
세부항목 우호조약에 관한 각 성 의견
작성처 외무성 니시자와
매수 1
비밀등급 일반
문서종류 내부문서
공개구분 공개
내용 앞의 니시자와가 작성한 문서의 첨부2. 한일우호조약 제3조에 관해 외자위원회에서 구두로 제시한 의견을 정리한 문서. 동산의 취득보유(주식, 증권, 대출금, 채권)에 관해 외자법상 필요한 유보를 추가할 것을 요청함.
주제어 기본관계, 우호조약안

문서명	대장성 이재국 총무과장 및 운수성 해운국 외항과장 의견(大藏省理財局總務課長及び海運局外航課長意見)

문서파일번호 1835
작성연월일 1952. 2. 28
구분 제1차 회담
세부항목 우호조약에 관한 각 성 의견
작성처 외무성 니시자와
매수 1
비밀등급 일반
문서종류 내부문서
공개구분 공개
내용 앞의 니시자와가 작성한 문서의 첨부3. 한일우호조약 제3조에 대한 대장성 이재국 및 운수성 해운국의 구두 의견을 정리함.
주제어 기본관계, 우호조약안

문서명	일본국과 대한민국 사이의 우호조약 초안 제3조에 대하여(日本国と大韓民国との間の友好条約草案第3条について)

문서파일번호 1835
작성연월일 1952. 3. 3
구분 제1차 회담
세부항목 우호조약에 관한 각 성 의견
작성처 대장성 이재국
매수 2
비밀등급 일반
문서종류 공문
공개구분 공개
내용 한일우호조약 초안 제3조에 대한 대장성 이재국의 의견을 기술한 공문. 제3조의 내용은 이미 평화조약 제12조, 21조에 의해 적용받고 있다는 점, 규약의 내용이 적절치 않다는 점, 향후 통상항해조약에 의해 개정하는 것이 적절하다는 점을 들어 동조항의 삽입을 최대한 우호조약안에 삼가할 것을 제안함.
주제어 기본관계

문서명	한일우호조약 초안에 관한 의견에 대하여(日韓友好條約草案に関する意見について)

문서파일번호 1835
작성연월일 1952. 3. 1
구분 제1차 회담
세부항목 우호조약에 관한 각 성 의견
작성처 운수성 해운국
매수 2
비밀등급 일반
문서종류 공문
공개구분 공개
내용 한일우호조약 초안 제3조에 대해 운수성이 제시한 의견서. 해운 및 항해조약과의 연관성, 해운기업 활동으로 구분하여 정리함.
주제어 기본관계, 우호조약안

문서명	한국과 일본 간 기본조약안(Draft Basic Treaty between the Republic of Korea and Japan)

문서파일번호 1835
작성연월일 1952. 3(일자 불명)
구분 제1차 회담
세부항목 한국의 기본조약 초안
작성처 한국대표단
매수 5
비밀등급 일반
문서종류 조약안
공개구분 공개
내용 한국이 제1차 회담 기본관계위원회 제4회 회의(1952년 3월 5일)에서 제시한 기본관계 조약 초안(영문). 전문(前文), 제1조 한국의 일본 승인, 제2조 상호 공통복지 증진 및 동아시아, 세계의 평화유지 협력, 제3조 1910년 8월 22일 이전 조약 무효, 제4조 외교·영사관계 수립, 제5조 통상·항해조약 체결 교섭 개시, 제6조 재일한국인 법적지위 관련 협정 체결 시 이를 포함, 제7조 청구권 및 선박관계 협정 체결 시 이를 포함, 제8조 해저전선, 제9조 어업협정 체결 시 이를 포함, 제10조 비준 등의 조항으로 구성됨.
주제어 기본관계, 기본조약안

문서명	한국 기본조약안에 대한 의견(안)[韓国側基本条約案に対する意見(案)]

문서파일번호 1835
작성연월일 1952. 3. 11
구분 제1차 회담
세부항목 한국 기본조약 초안에 대한 의견
작성처 외무성
매수 9
비밀등급 극비
문서종류 내부문서
공개구분 공개
내용 한국이 제시한 기본조약안에 대한 검토의견서. 전문(前文), 제1조, 제2조, 제3조, 제5조, 제8조에 대해 수정 및 삭제가 필요한 부분에 대한 의견을 제시함.
주제어 기본관계, 기본조약안

문서명	기본관계위원회 한국 제안에 대한 의견(基本関係委員会韓国側提案に対する意見)

문서파일번호 1835
작성연월일 1952. 3. 11
구분 제1차 회담
세부항목 한국 기본조약 초안에 대한 의견
작성처 외무성 히로다 아시아 제4과장
매수 6
비밀등급 극비
문서종류 내부문서
공개구분 공개
내용 한국 기본관계조약안에 대한 히로다(廣田積) 아시아 제4과장의 의견서. 전문(前文)의 1항 '및 경제' 문구 삭제할 것, 전문의 2항 '새로운 관계 발생에 유래하는' 대신에 '에 개재(介在)하는'으로 수정할 것을 포함하여 1~10조까지 각 조항에 대해 새로운 문구를 삽입하거나 기존 문구의 삭제를 제안한 내용이 정리되어 있음.
주제어 기본관계, 기본조약안

문서명	기본관계위원회 한국 제안(제1조 및 제3조)에 대한 의견(基本関係委員会韓国側提案に対する意見)

문서파일번호 1835
작성연월일 1952. 3. 11
구분 제1차 회담
세부항목 한국 기본관계조약 초안에 대한 의견
작성처 조약4과
매수 7
비밀등급 극비
문서종류 내부문서
공개구분 공개
내용 한국이 제시한 기본조약안 제1조 및 제3조에 대한 조약국 검토의견서. 제1조에 관해 연합국 외에 제3국인 한국이 일본의 주권을 승인하는 것에 대해 국제법상의 문제점을 제기하며 삭제하거나 정치적 독립 및 영토 보전이라는 대안을 제시하는 것이 적절하다고 주장함. 그리고 제3조의 '무효'에 관해 조약이 처음부터 성립되지 않았다는 것인지 아니면 지금 효력을 잃었다는 의미인지 명확하지 않다고 지적함.
주제어 기본관계, 기본조약안

문서명	일본과 대한민국 사이의 우호조약(안)[日本国と大韓民国との間の友好条約(案)]

문서파일번호 1835
작성연월일 1952. 3. 18
구분 제1차 회담
세부항목 우호조약안
작성처 외무성
매수 7
비밀등급 일반
문서종류 조약안
공개구분 공개
내용 1952년 3월 18일 자 일본의 한일우호조약안. 전문(前文), 제1조 국제연합헌장의 목적 및 원칙 준수, 제2조 외교 및 영사관계의 조속한 설정, 제3조 재일한국인 국적, 제4조 평화조약 제4조, 9조, 12조에 규정된 한국의 수혜, 제5조 일본과 구 대한제국 간의 조약 및 협정과 연합국최고사령관이 한국과 맺은 협정의 효력, 제6조 비준절차 등으로 구성되어 있음. 이후 새롭게 삽입하는 문구와 선언문이 포함됨.
주제어 기본관계, 우호조약안

문서명	일본과 대한민국 사이의 우호조약(안) [日本国と大韓民国との間の友好条約(案)]

문서파일번호 1835
작성연월일 1952. 3(일자 불명)
구분 제1차 회담
세부항목 우호조약안
작성처 외무성
매수 4
비밀등급 극비
문서종류 조약안
공개구분 공개
내용 1952년 3월 18일 자 한일우호조약안에 수정을 가한 문서
주제어 기본관계, 우호조약안

문서명	일본과 대한민국 사이의 우호조약(안) [日本国と大韓民国との間の友好条約(案)]

문서파일번호 1835
작성연월일 1952. 3. 19
구분 제1차 회담
세부항목 우호조약안
작성처 외무성
매수 4
비밀등급 극비
문서종류 조약안
공개구분 공개
내용 이전까지의 수정 내용이 반영된 1952년 3월 19일 자 한일우호조약안
주제어 기본관계, 우호조약안

문서명	일본과 대한민국 사이의 우호조약(안) [日本国と大韓民国との間の友好条約(案)]

문서파일번호 1835
작성연월일 1952. 3(일자 불명)
구분 제1차 회담
세부항목 우호조약안
작성처 외무성
매수 4
비밀등급 극비
문서종류 조약안
공개구분 공개
내용 1952년 3월 18일 자 한일우호조약안에 재차 수기로 수정한 문서. 전문(前文), 제1조, 제4조, 제5조 부분이 추가로 수정되어 있음. 제5조를 삭제하고 전문에 일본과 구 대한제국 간에 맺어진 모든 조약과 협정이 일본과 대한민국의 관계를 규제하지 않는다고 규정하고 있음.
주제어 기본관계, 우호조약안

문서명	일본과 대한민국 사이의 우호조약(안) [日本国と大韓民国との間の友好条約(案)]

문서파일번호 1835
작성연월일 1952. 3(일자 불명)
구분 제1차 회담
세부항목 우호조약안
작성처 외무성
매수 3
비밀등급 극비
문서종류 조약안
공개구분 공개
내용 1952년 3월 18일 자 한일우호조약안에 수정된 내용을 반영하여 새로 타이핑함.
주제어 기본관계, 우호조약안

문서명	일본과 대한민국 사이의 기본조약(안) [日本国と大韓民国との間の基本条約(案)]

문서파일번호	1835
작성연월일	1952. 3(일자 불명)
구분	제1차 회담
세부항목	기본조약안
작성처	외무성
매수	4
비밀등급	극비
문서종류	조약안
공개구분	공개
내용	기존의 우호조약안에 수기로 제목을 기본조약안으로 수정하고 그 외의 단어를 수정하거나 문장을 삭제한 기록이 남아 있음.
주제어	기본관계, 기본조약안

문서명	일본과 대한민국 사이의 우호조약(안) [Draft Treaty of Amity between Japan and the Republic of Korea(Tentative Translation)]

문서파일번호	1835
작성연월일	1952. 3(일자 불명)
구분	제1차 회담
세부항목	우호조약안
작성처	외무성
매수	3
비밀등급	극비
문서종류	조약안
공개구분	공개
내용	일본과 구 대한제국 간에 맺어진 모든 조약과 협정이 일본과 대한민국의 관계를 규제하지 않는다고 규정하고 있는 우호조약안의 영문 가역본
주제어	기본관계, 우호조약안

문서명	제목 없음

문서파일번호 1835
작성연월일 1952. 3. 20
구분 제1차 회담
세부항목 우호조약안
작성처 외무성 아시아국 오노 가쓰미(大野勝巳) 참사관
매수 12
비밀등급 극비
문서종류 주약안
공개구분 공개
내용 1952년 3월 20일 우호조약안(한국안은 기본조약)에 대한 일본 검토 내용을 한국에 전달한 문서. 1952년 3월 22일 다음 기본관계위원회에서 대체적인 안을 도출하기를 원한다는 내용과 함께 일본 검토의견이 기술되어 있음. 한국의 독립시기 문제, '조선' 용어 문제, 대한민국정부의 지위, 한국의 대일평화조약 참가 문제가 정리되어 있음. 조선이라는 용어에 대해 평화조약 2조(a)에 조선 지역이 대한민국을 칭하는지에 대해 규정되어 있지 않다고 지적하고 반드시 '남한'만을 지칭하는 표현이 아니기 때문에 북한과의 협정이 금지된 게 아니라는 해석을 제시함.
주제어 기본관계, 우호조약안

문서명	일본과 대한민국 사이의 기본적 관계를 설정하는 조약(안)[日本国と大韓民国との間の基本的関係を設定する条約(案)]

문서파일번호 1835
작성연월일 1952. 3. 20
구분 제1차 회담
세부항목 기본관계조약안
작성처 외무성
매수 3
비밀등급 극비
문서종류 조약안
공개구분 공개
내용 1952년 3월 20일 한국에 전달한 한일 간 기본적 관계를 설정하는 조약(안). 한국 의사가 반영되어 제목이 '기본적 관계를 설정하는 조약'으로 되어 있음.
주제어 기본관계, 기본관계조약안

문서명	일본과 한국의 기본적 관계를 설정하는 조약(안) (Draft Treaty Establishing the Basic Relations between Japan and the Republic of Korea)

문서파일번호	1835
작성연월일	1952. 3. 20
구분	제1차 회담
세부항목	기본관계조약안
작성처	외무성
매수	3
비밀등급	일반
문서종류	조약안
공개구분	공개
내용	1952년 3월 20일 한국에 전달한 '한일 간 기본적 관계를 설정하는 조약'(안)의 영문
주제어	기본관계, 기본관계조약안

한일 간 구 조약 협정
(日韓間の舊条約協定)

문서파일번호	1859
작성연월일	1952. 3. 14
구분	제1차 회담
세부항목	한일 구 조약·협정
작성처	외무성
매수	22
비밀등급	
문서종류	협약, 내부자료
공개구분	공개
내용	일본 외무성의 내부 검토를 위해 한일 간 구 조약, 협정에 관한 문서를 정리함.
주제어	한일 간 구 조약 및 협정

문서명	한일협약(日韓協約)

문서파일번호 1859
작성연월일 1907. 7. 24
구분 1907년
세부항목 한일 구 조약·협정
작성처 외무성
매수 2
비밀등급
문서종류 협약
공개구분 공개
내용 1907년(메이지 40년) 7월 24일 체결된 한일협약. 한국에서는 정미7조약으로 불림.
주제어 1907년 한일협약

문서명	1910년까지의 일본과 조선 사이에 체결된 조약명과 서명연월일(1910年までにおける日鮮條約名と署名の年月日)

문서파일번호 1859
작성연월일 1952(월일 불명)
구분 제1차 회담
세부항목 한일 구 조약·협정
작성처 외무성
매수 9
비밀등급 일반
문서종류 내부자료
공개구분 공개
내용 1910년까지 일본과 조선 또는 대한제국 사이에 체결된 각종 조약의 명칭과 서명연월일이 기재됨.
주제어 한일 구 조약

문서명	1910년 8월 22일 이전의 한일 간 조약(明治四十三年八月二十二日以前の日韓間条約)

문서파일번호	1859
작성연월일	1952(월일 불명)
구분	제1차 회담
세부항목	한일 구 조약·협정
작성처	외무성
매수	10
비밀등급	
문서종류	내부자료
공개구분	공개
내용	1910년 8월 22일 이전의 한일 간 조약 리스트
주제어	한일 구 조약

문서명	한국과 관련이 있는 일본국과 제 외국 간의 조약, 협정(韓国に関連を有する日本国と諸外国間の条約、協定)

문서파일번호	1859
작성연월일	1952. 3. 14
구분	제1차 회담
세부항목	한일 구 조약·협정
작성처	외무성 조약3과
매수	1
비밀등급	비(秘)
문서종류	내부자료
공개구분	공개
내용	한일병합 이전 일본과 외국이 체결한 한국 관련 조약 리스트
주제어	일본과 외국의 한국 관련 구 조약

한국병합 전말서
(韓国併合顛末書)

문서파일번호	1860
문서명	한국병합 전말서(韓国併合顛末書)
작성연월일	1910. 9. 8
구분	1910년
세부항목	한국병합
작성처	통감부
매수	80
비밀등급	비(秘)
문서종류	내부자료
공개구분	공개
내용	통감부가 작성한 한국병합전말서. 한국병합과정에서 작성된 조약, 법령, 대한제국의 칙서 등이 수록되어 있음.
주제어	한국병합, 통감부

제2부

제1차 한일회담
(1952. 2. 22~4. 2)

선박위원회 회의록 및 정책

한일 선박 문제 처리방침
(日韓船舶問題処理方針)

문서파일번호	618
작성연월일	1952. 3. 14 - 1952. 3. 15
구분	제1차 회담
세부항목	신박 문제 처리방침
작성처	외무성
매수	15
비밀등급	
문서종류	내부문서
공개구분	공개
내용	1952년 3월 14일과 3월 15일 선박 문제에 관한 일본의 처리방침
주제어	선박 반환

문서명	한일 선박 문제 처리방침(日韓船舶問題処理方針)

문서파일번호 618
작성연월일 1952. 3. 14
구분 제1차 회담
세부항목 선박 문제 처리방침
작성처 외무성
매수 8
비밀등급 비(秘)
문서종류 내부문서
공개구분 공개
내용 1952년 3월 14일 자 선박 문제에 대한 처리방침. 선박은 한국치적선이 대상이지만, 반환과는 관계없이 해운원조 등 적당한 명목으로 실시하고, 이러한 타결을 통해 선박 문제는 완전하고도 최종적으로 해결하는 것으로 함. 일본이 의제 B를 승인하고, 청구권 문제에 관한 한국 주장의 범위를 인정한 것은 아니라는 것을 이해시키며, 한국에게 나포된 일본어선의 반환 및 이에 관한 문제는 본 건 타결과 관계없이 별도로 해결함.
주제어 선박 반환

문서명	한일 선박 문제 처리방침(日韓船舶問題処理方針)

문서파일번호 618
작성연월일 1952. 3. 15
구분 제1차 회담
세부항목 선박 문제 처리방침
작성처 외무성
매수 3
비밀등급 비(秘)
문서종류 내부문서
공개구분 공개
내용 1952년 3월 15일 자 선박 문제 처리방침. 한국치적선을 제공하게 되지만, 의제와는

관계없이 해운원조라는 입장에서 제공하는 것임. 이를 통해 한일 간 선박 문제는 전면적이고 최종적으로 해결된 것으로 함. 일본이 의제 B를 승인하고 청구권 문제에 관한 한국 주장의 범위를 인정한 것은 아님. 제공하는 선박의 범위는 한국치적선으로 일본이 제시한 15척의 톤수에서 조금 줄인 척수와 톤수의 선박을 제공하고, 의제 C의 5척의 반환 요구를 철회시킴.

주제어 선박

문서명	한일 선박 문제 처리방침(日韓船舶問題処理方針)

문서파일번호 618

작성연월일 1952(월일 불명)

구분 제1차 회담

세부항목 선박 문제 일본 처리방침

작성처 외무성

매수 4

비밀등급 비(秘)

문서종류 내부문서

공개구분 공개

내용 작성연월일 불명의 선박 문제 처리방침. 한일회담 개시 이후 선박 문제 논의 경위를 정리한 후 1952년 3월 15일 자로 처리방침을 재정리함.

주제어 선박

선박 문제
(船舶問題)

문서파일번호	619
문서명	선박 문제(船舶問題)
작성연월일	1952(월일 불명)
구분	제1차 회담
세부항목	선박 문제 한일 협의 경과
작성처	외무성
매수	11
비밀등급	
문서종류	내부문서
공개구분	공개
내용	선박 문제 협의 경과에 관해 간략하게 정리한 문서. 선박 문제의 관계관청은 운수성, 대장성, 수산청(어선)임. 대선(代船) 매매에 관한 예산조치에 대해 대장성에게 확인시킬 필요가 있음. 한국이 나포한 34척의 반환을 요구했지만, 한국은 조사에 성의가 없었음. 나포된 선박 9척을 확인한 것에 머무르고 있으며, 반환 여부에 대해서는 아무것도 해결되지 않았음. 의제 A, B, C* 에 대한 한국 주장의 근거도 기술되어 있음.
주제어	선박 반환

* 선박과 관련한 한일 간 회의의 의제는 한국이 제안한 의제 A. '연합국 최고사령부 지령 (SCAPIN) 2168호의 이행'과 의제 B. '1945. 8. 9 이래 한국 수역에 있던 선박의 반환', 일본이 제안한 의제 C. '한국에 빌려준 선박의 반환'과 의제 D. '한국에 억류된 선박의 반환'으로 되어 있음.

선박 문제 해결에 관한 일본국과 대한민국의 교환공문 시안(船舶問題の解決に関する日本国と大韓民国との間の交換公文試案)

문서파일번호	620
작성연월일	1952(월일 불명)
구분	제1차 회담
세부항목	선박 문세 해결늘 위한 교환공문(안)
작성처	외무성
매수	8
비밀등급	
문서종류	교환공문(안)
공개구분	공개
내용	작성일자는 불명확하지만, 제1차 회담 기간 중 일본이 작성한 것으로 보이는 선박 문제 해결에 관한 교환공문 시안
주제어	선박 반환

문서명	선박 문제 해결에 관한 일본국과 대한민국의 교환공문 시안(船舶問題の解決に関する日本国と大韓民国との間の交換公文試案)

문서파일번호 620
작성연월일 1952(월일 불명)
구분 제1차 회담
세부항목 선박 문제 해결을 위한 교환공문(안)
작성처 외무성
매수 4
비밀등급 극비
문서종류 교환공문(안)
공개구분 공개
내용 일본정부가 선박을 구입하여 한국에게 제공하는 형식으로 해결하며, 이를 통해 최종적으로 선박 문제가 해결되었다는 내용이 담긴 교환공문 시안
주제어 선박 반환

문서명	선박 문제 해결에 관한 일본국과 대한민국의 교환공문 시안(Tentative Draft of Note to be Exchanged between Japan and the Republic of Korea on Settlement of Problem of Vessels)

문서파일번호 620
작성연월일 1952(월일 불명)
구분 제1차 회담
세부항목 선박 문제 해결을 위한 교환공문(안)
작성처 외무성
매수 2
비밀등급 극비
문서종류 교환공문(안)
공개구분 공개
내용 일본이 작성한 교환공문 시안의 영문
주제어 선박 반환

문서명	선박 문제 해결에 관한 일본국 전권위원과 대한민국 전권위원 사이의 교환공문 시안(船舶問題の解決に関する日本国全権委員と大韓民国全権委員との間の交換公文試案)

문서파일번호	620
작성연월일	1952(월일 불명)
구분	제1차 회담
세부항목	선박 문제 해결을 위한 교환공문(안)
작성처	외무성
매수	2
비밀등급	극비
문서종류	교환공문(안)
공개구분	공개
내용	일본이 작성한 보다 상세한 내용의 선박 문제 해결을 위한 교환공문 시안. 일본정부는 적당한 선박을 구입하여 한국에게 증여하고, 일본이 대한민국에게 대여했던 5척의 일본 선박을 한국에게 증여하며, 한국은 현재 한국에 나포되어 있는 13척의 일본어선을 일본에게 반환함으로써 청구권에 관한 특별 협정과는 별도로 선박 문제를 최종적으로 해결한다는 내용
주제어	선박 반환

제1차 한일회담 (선박분과회) 경위
[第一次日韓会談(船舶分科会)経緯]

문서파일번호	621
문서명	제1차 한일회담 (선박분과회) 경위[第一次日韓会談(船舶分科会)経緯]
작성연월일	1958. 3. 11
구분	제1~2차 한일회담
세부항목	제1~2차 선박분과위 개최 경위
작성처	외무성
매수	11
비밀등급	극비
문서종류	내부문서
공개구분	공개
내용	제1~2차 한일회담 선박분과위원회 개최 경위. 제1차 선박분과위는 1951년 10월 30일~1952년 4월 1일까지 총 33회, 제2차 선박분과위는 1953년 5월 8일~5월 26일까지 4회 개최됨.
주제어	선박 반환

제1차 한일회담 선박회의 요지
(第1次日韓会談船舶会議要旨)

문서파일번호	622
문서명	제1차 한일회담 선박회의 요지(第1次日韓会談船舶会議要旨)
작성연월일	1952(월일 불명)
구분	예비회담~제1차 회담
세부항목	제1차 선박분과위 회의 경위
작성처	운수성 해운국 총무과
매수	67
비밀등급	일반
문서종류	회의록
공개구분	공개
내용	운수성 해운국이 작성한 한일회담 제1차 선박회의(분과위원회 회의 제1~33회) 결과를 요약 정리한 문서. 그중 주요 회의 결과는 다음과 같음. 1차 선박회의(1951. 10. 30) 위원출석자 명단과 회의 의제. 2차(1951. 11. 1) 한국과의 직접 교섭을 둘러싸고 연합국 최고사령부 지령(SCAPIN) 2168호를 근거로 대립. 4차(1951. 11. 6) 의제설정을 놓고 한일 이견 대립. 5차(1951. 11. 9) 베스팅 디크리(vesting decree)에 관한 논의(6~9차도 연결선상에서 논의). 11차(1951. 11. 24) 해당사항과 관련된 선박의 리스트 제출. 13차(1951. 11. 28) 미군정부의 소유가 된 선박은 한국에 소유권이 이양되었음. 15차(1951. 12. 4) 선박의 청구권을 둘러싼 논의. 26차(1952. 1. 22), 27차(1952. 1. 25) 양쪽 리스트에 관한 지속적 논의. 33차(1952. 4. 1) 결론 요약 정리, 한국에 인도할 선박은 선형의 대소에 의해 다소 숫자가 달라질 수 있으며, 인도 시기는 대일평화조약 발효 후 최대한 신속하게 실시하며, 인도 형식은 연합국 최고사령부 지령이나 주한미군법령 제33호에 의한 것이 아니며 양국 간에 검토 중인 청구권 등의 문제 해결에 영향을 주는 것이 아니라 별도의 형식으로 진행될 것이라고 결론내리고 있음.*
주제어	선박 반환

* 제1차 선박위원회 회의 회의록 상세는 1951년 문서화일에 수록되어 있다.

한일선박위원회 경과보고
(日韓船舶委員会経過報告)

문서파일번호	65
문서명	한일선박위원회 경과보고(日韓船舶委員会経過報告)
작성연월일	1952. 3. 26
구분	제1차 회담
세부항목	선박위원회 회의 경과
작성처	외무성 아시아국
매수	13
비밀등급	극비
문서종류	내부문서
공개구분	공개
내용	1951년 10월 30일부터 32회에 걸친 공식, 비공식 선박위원회 회의에 대한 경과보고서
주제어	선박 반환

나포 어선 인수를 위한 한국 선원에 대한 국내 통과 상륙 건(拿捕漁船引取りの韓国船員に対する国内通過上陸)

문서파일번호	624
작성연월일	1952. 3. 27 - 1952. 11. 19
구분	제1~2차 회담 사이
세부항목	한국 선원 상륙 문제
작성처	시모노세키 입국관리소장
매수	17
비밀등급	
문서종류	공문, 내부자료
공개구분	공개 또는 일부 비공개
내용	일본이 나포한 한국어선의 귀환을 위해 일본에 도착한 한국 선원들의 항구 상륙과 관련하여 시모노세키 입국관리사무소장이 법무성 입국관리국장에게 보낸 공문과 관련 자료
주제어	나포 어선 인도

문서명	나포 어선 인수를 위한 한국 선원에 대한 국내통과 상륙 건(拿捕漁船引取りの韓国船員に対する国内通過上陸に関する件)

문서파일번호 624
작성연월일 1952. 11. 19
구분 제1~2차 회담 사이
세부항목 한국 선원 상륙 문제
작성처 시모노세키 입국관리소장
매수
비밀등급 일반
문서종류 공문
공개구분 일부 비공개
내용 시모노세키 입국관리사무소장이 법무성 입국관리국장에게 보낸 1952년 11월 19일 자 공문. 일본이 나포한 한국어선 귀환과 관련해 어선 인수 차 일본에 도착한 한국 선원들이 항구 상륙 후 선박 수리 등을 위해 일본에 2~3개월 체류해야 하는 점과 관련, 법무성 입국관리국이 본성차원에서 체류 허가를 해주기를 바람.
주제어 나포 어선 인도, 한국 선원 상륙 허가

문서명	나포 어선(최상호, 경지호) 인도를 위한 한국 선원에 대한 국내 통과 상륙 건[拿捕漁船(最上丸, 京志丸)引取りの韓国船員に対する国内通過上陸に関する件]

문서파일번호 624
작성연월일 1952. 10. 30
구분 제1~2차 회담 사이
세부항목 한국 선원 상륙 문제
작성처 시모노세키 입국관리소장
매수 5
비밀등급 일반
문서종류 공문
공개구분 공개
내용 1952년 10월 30일 자로 시모노세키 입국관리소장이 법무성 입국관리국장에게 보낸 공문. 일본이 나포한 한국어선의 귀환을 위해 12명의 한국 선원이 다른 선편으로 시모노세키항에 도착, 후쿠오카로 이동할 수 있도록 상륙 허가를 내준 경위 보고
주제어 나포 어선 인도, 한국 선원 상륙 허가

문서명	선원명부(船員名簿)

문서파일번호 624
작성연월일 1952. 10. 30
구분 제1~2차 회담 사이
세부항목 한국 선원 상륙 문제
작성처 시모노세키 입국관리소장
매수 2
비밀등급 일반
문서종류 내부자료
공개구분 일부 비공개
내용 1952년 10월 30일 자 시모노세키 입국관리소장의 법무성 앞 공문 첨부1. 시모노세키 입국관리소장이 상륙 허가한 선원명부
주제어 나포 어선 인도, 한국 선원 상륙 허가

문서명	인계서(引継書)

문서파일번호 624
작성연월일 1952. 3. 27
구분 제1~2차 회담 사이
세부항목 나포 어선 인도
작성처 시모노세키 입국관리소장
매수 1
비밀등급 일반
문서종류 내부자료
공개구분 일부 비공개
내용 일본 나포 어선을 한국에 인계하는 서류
주제어 나포 어선 인도

문서명	보관비 지불 청구서(保管費支払請求書)

문서파일번호	624
작성연월일	1952. 3. 27
구분	제1~2차 회담 사이
세부항목	나포 어선 인도
작성처	시모노세키 입국관리소장
매수	1
비밀등급	일반
문서종류	내부자료
공개구분	일부 비공개
내용	나포 어선 보관비 지불 청구서
주제어	한국 선원 상륙 허가

유기 선박 불하 신청에 대해서
(遺棄船舶拂下げ申請について)

문서파일번호	623
작성연월일	1952. 6. 17 - 1952. 8. 23
구분	제1~2차 회담 사이
세부항목	유기 선박 불하 문제
작성처	외무성, 주일한국대표부, 운수성
매수	17
비밀등급	
문서종류	내부문서, 공문, 구상서
공개구분	공개 또는 일부 비공개
내용	한국인의 일본 불법 입국에 사용된 한국치적 선박 가운데 유기상태에 놓여 있던 이십 수척의 선박을 한국인 선주들에게 불하하는 건과 관련한 문서 모음
주제어	유기 선박 불하

문서명	유기 선박 불하 신청에 대해서(遺棄船舶拂下げ申請について)

문서파일번호 623
작성연월일 1952. 6. 17
구분 제1~2차 회담 사이
세부항목 유기 선박 불하 문제
작성처 외무성
매수 3
비밀등급 일반
문서종류 내부문서
공개구분 일부 비공개
내용 한국인의 일본 불법 입국에 사용된 후 유기상태에 놓여 있던 이십 수척의 선박을 한국인 선주들에게 넘기기로 한 경위를 정리함.
주제어 유기 선박 불하

문서명	유기 선박 불하 신청에 대해서(遺棄船舶拂下げ申請について)

문서파일번호 623
작성연월일 1952. 6. 17
구분 제1~2차 회담 사이
세부항목 유기 선박 불하 문제
작성처 불명
매수 3
비밀등급 일반
문서종류 공문
공개구분 일부 비공개
내용 한국인 선주대표(성명 먹칠)가 일본 운수대신에게 유기 선박 27척을 넘기는 것을 신청함.
주제어 유기 선박 불하

문서명	제목 없음

문서파일번호 623
작성연월일 1952. 7. 30
구분 제1~2차 회담 사이
세부항목 유기 선박 불하 문제
작성처 불명
매수 2
비밀등급 일반
문서종류 공문
공개구분 일부 비공개
내용 한국인 선주대표(성명 먹칠)가 대장성 이재국장에게 유기 선박 31척의 불하를 신청함.
주제어 유기 선박 불하

문서명	제목 없음

문서파일번호 623
작성연월일 1952. 8. 5
구분 제1~2차 회담 사이
세부항목 유기 선박 불하 문제
작성처 불명
매수 1
비밀등급 일반
문서종류 공문
공개구분 일부 비공개
내용 한국인 선주대표(성명 먹칠)가 외무성 아시아국장에게 유기 선박의 불하 또는 인도 절차를 신속히 처리해 주도록 관계 성청 계도를 요청함.
주제어 유기 선박 불하

문서명	유기 선박 불하 신청에 대한 편의 공여 및 한국선주 대표의 요청 건(遺棄船舶拂下申請につき便宜供与方韓国船主代表よりの要請に関する件)

문서파일번호 623
작성연월일 1952. 8. 11
구분 제1~2차 회담 사이
세부항목 유기 선박 불하 문제
작성처 외무성 아시아국장
매수 2
비밀등급 일반
문서종류 공문
공개구분 공개
내용 외무성 아시아국장이 해운성 해운국장, 대장성 관재국장에게 주일한국대표부로부터 유기 선박의 한국선주 인도와 관련한 편의 제공 요청이 있었음을 통보함.
주제어 유기 선박 불하

문서명	구상서(Note Verbale)

문서파일번호 623
작성연월일 1952. 8. 5
구분 제1~2차 회담 사이
세부항목 유기 선박 불하 문제
작성처 주일한국대표부
매수 1
비밀등급 일반
문서종류 구상서
공개구분 공개
내용 한국인 선주에게 유기 선박 불하 시 편의 제공 등을 요청하는 주일한국대표부의 외무성 앞 1952년 8월 5일 자 구상서(영문)
주제어 유기 선박 불하

문서명	구상서(口上書)

문서파일번호 623
작성연월일 1952. 8. 13
구분 제1~2차 회담 사이
세부항목 유기 선박 불하 문제
작성처 외무성
매수 2
비밀등급 일반
문서종류 구상서
공개구분 공개
내용 주일한국대표부의 1952년 8월 5일 자 공한에 대한 외무성의 답신 구상서(일문과 영문)
주제어 유기 선박 불하

문서명	유기 선박 불하에 대해서(遺棄船舶の拂下げについて)

문서파일번호 623
작성연월일 1952. 8. 23
구분 제1~2차 회담 사이
세부항목 유기 선박 불하 문제
작성처 운수성 해운국장
매수 1
비밀등급 일반
문서종류 공문
공개구분 공개
내용 외무성 아시아국장의 1952년 8월 11일 자 공문에 대한 운수성 해운국장의 답신 공문
주제어 유기 선박 불하

문서명	유기 선박 불하(拂下)에 대해서(遺棄船舶の拂下げについて)

문서파일번호	623
작성연월일	1952. 8. 23
구분	제1~2차 회담 사이
세부항목	유기 선박 불하 문제
작성처	운수성 해운국장
매수	2
비밀등급	일반
문서종류	공문
공개구분	공개
내용	운수성 해운국장이 규슈(九州) 해운국장과 주고쿠(中國) 해운국장에게 유기 선박 불하에 관한 내용을 통보함.
주제어	유기 선박 불하

'대한민국과 점령하 일본국 간의 잠정해운협정' 조항의 잠정적 준용에 관한 각의 청의(「大韓民国と占領下の日本国との間の暫定海運協定」の条項の暫定的準用に関する閣議請議)

문서파일번호	1641
작성연월일	1952. 4. 14 - 1952. 4. 21
구분	제1차 회담
세부항목	한일잠정해운협정 조항 준용
작성처	외무성
매수	9
비밀등급	
문서종류	공문, 내부문서, 구상서, 내부자료
공개구분	공개
내용	한국과 미군 점령하 일본 간에 잠정해운협정 조항의 잠정적 준용에 관한 각의 청의 문서와 설명자료. 문서파일번호 1866에 동일한 문서들이 수록되어 있음.
주제어	한일잠정해운협정

문서명	'대한민국과 점령하 일본국 간의 잠정해운협정' 조항의 잠정적 준용에 관한 각의 청의(「大韓民国と占領下の日本国との間の暫定海運協定」の条項の暫定的準用に関する閣議請議の件)

문서파일번호 1641
작성연월일 1952. 4. 21
구분 제1차 회담
세부항목 한일잠정해운협정 조항 준용
작성처 외무성
매수 2
비밀등급 일반
문서종류 공문
공개구분 공개
내용 대일평화조약 발효로 효력을 상실하게 되는 한국과 미군 점령하 일본 간의 잠정해운협정의 조항을 1년간 잠정적으로 준용하기 위해 주일한국대표부와 서한을 교환한다는 내용의 각의 청의 문서
주제어 한일잠정해운협정

문서명	일본국과의 대일평화조약 효력 발생 후 한일 간 해운관계에 관한 서한 교환에 대한 설명서(日本国との平和条約の効力発生後における日韓間の海運関係に関する書簡交換についての説明書)

문서파일번호 1641
작성연월일 1952. 4. 18
구분
세부항목
작성처 외무성
매수 3
비밀등급 일반
문서종류 내부문서
공개구분 공개
내용 한국과 미군 점령하 일본이 체결한 잠정해운협정의 조항을 잠정적으로 준용하게 된 경위와 주일한국대표부와 교환하게 될 서한에 관한 설명자료
주제어 한일잠정해운협정

문서명	구상서(口上書)

문서파일번호 1641
작성연월일 1952. 4. 14
구분 제1차 회담
세부항목 양유찬 대사의 성명에 대한 일본 대응
작성처 외무성
매수 3
비밀등급 극비
문서종류 구상서
공개구분 공개
내용 제1차 한일회담 한국 수석대표인 양유찬 대사가 일본 동의 없이 회담내용과 관련된 문서를 1952년 4월 8일 기자들에게 배포한 데 대한 일본정부의 공식 항의가 담긴 한국대표부에 보내는 구상서. 본 문건은 잠정해운협정과는 전혀 별개의 것인바, 편철이 잘못된 것으로 보임.
주제어 양유찬 대사 성명

문서명	외무대신 설명자료(外務大臣說明資料)

문서파일번호 1641
작성연월일 1952. 4. 21
구분 제1차 회담
세부항목 한일잠정해운협정 조항 준용
작성처 외무성
매수 1
비밀등급 일반
문서종류 내부자료
공개구분 공개
내용 한일잠정해운협정 조항의 잠정적 준용에 관한 외무대신의 (대언론) 설명자료
주제어 한일잠정해운협정

한일 간 잠정해운협정(각의 청의)

[日韓間の暫定海運協定（閣議請議）]

문서파일번호	1866
작성연월일	1952. 4. 18 - 1952. 4. 21
구분	제1차 회담
세부항목	한일 잠정해운 협정 준용 각의 청의
작성처	외무성
매수	5
비밀등급	
문서종류	공문, 내부문서
공개구분	공개
내용	한일 양국 간 잠정해운협정 조항의 준용을 위한 1952년 4월 21일 자 각의 청의 공문
주제어	한일잠정해운협정

문서명	'대한민국과 점령하 일본국 간의 잠정해운협정' 조항의 잠정적 준용에 관한 각의 청의(「大韓民国と占領下の日本国との間の暫定海運協定」の条項の暫定的準用に関し閣議請議の件)

문서파일번호 1866
작성연월일 1952. 4. 21
구분 제1차 회담
세부항목 한일 잠정해운 협정 준용 각의 청의
작성처 외무성
매수 2
비밀등급 일반
문서종류 공문
공개구분 공개
내용 한일 양국 간 잠정해운협정 조항의 준용을 위한 서한 교환에 관한 1952년 4월 21일자 각의 청의 공문
주제어 한일잠정해운협정 준용

문서명	일본국과의 대일평화조약 효력 발생 후 한일 간 해운관계에 관한 서한 교환에 대한 설명서(日本国との平和条約の効力発生後における日韓間の海運関係に関する書簡交換についての説明書)

문서파일번호 1866
작성연월일 1952. 4. 18
구분 제1차 회담
세부항목 한일 잠정해운 협정 준용 각의 청의
작성처 외무성
매수 3
비밀등급 일반
문서종류 내부문서
공개구분 공개
내용 한일 양국 간 잠정해운협정 조항의 준용을 위해 서한 교환이 필요하다는 설명자료. 한국과 연합국 최고사령부 간에 한일 간 해운관계에 관한 잠정협정이 체결되어 있으나, 대일평화조약 발효로 이 잠정협정이 무효화됨에 따라 한일 양국 간에 서한 교환을 통해 잠정협정 조항을 준용하기로 함.
주제어 한일잠정해운협정 준용

국적 및 처우소위원회(법적지위 문제) 회의록 및 정책

국적 처우 문제에 관한 한일비공식회담
(国籍処遇問題に関する日韓非公式会談)

문서파일번호	120
작성연월일	1952. 2. 11 - 1952. 3. 18
구분	제1차 회담
세부항목	국적 처우 비공식회담
작성처	외무성 아시아국 제2과
매수	32
비밀등급	
문서종류	회의록, 협정안
공개구분	공개
내용	1952년 2월 11일~3월 18일까지 개최된 국적 처우 문제(재일한국인 법적지위 문제)에 관한 한일 간 비공식회담 기록
주제어	재일한국인 법적지위

문서명	국적 처우 문제에 관한 한일비공식회담(国籍処遇問題に関する日韓非公式会談)

문서파일번호	120
작성연월일	1952. 2. 11
구분	예비회담~제1차 회담 사이
세부항목	국적 처우 비공식회담
작성처	외무성 아시아국 제2과
매수	2
비밀등급	극비
문서종류	회의록
공개구분	공개
내용	강제퇴거에 관한 협의 기간과 귀환자에 대한 특별조치를 인정하는 기간에 대한 비공식회담 기록. ① 강제퇴거 협의 기간에 대해 한국은 종래대로 10년, 일본은 3년 종료 후 2년 이내 연장하는 안을 제안, 한국은 다시 5년 종료 후 연장하는 안을 제시함. ② 귀환자의 특별조치 인정 기간에 대해 일본은 3년, 한국은 5년을 주장하면서도 중요한 것은 강제퇴거의 협의 기간이라며 타협 여지를 보임.
주제어	재일한국인 법적지위

문서명	국적 처우 문제에 관한 한일비공식회담(国籍処遇問題に関する日韓非公式会談)

문서파일번호	120
작성연월일	1952. 2. 14
구분	예비회담~제1차 회담 사이
세부항목	국적 처우 비공식회담
작성처	외무성 아시아국 제2과
매수	3
비밀등급	극비
문서종류	회의록
공개구분	공개
내용	국적 처우 문제에 관한 비공식회담 기록. 강제퇴거 협의 기간과 귀환자 특별조치 인정 기간에 대해 논의함. 한국은 오늘 설리반(Sullivan)서기관이 강제퇴거 협의 기간 7년 안을 제안했다며 강경한 태도를 보임.
주제어	재일한국인 법적지위

문서명	국적 처우 문제에 관한 한일비공식회담(国籍処遇問題に関する日韓非公式会談)

문서파일번호 120
작성연월일 1952. 2. 15
구분 제1차 회담
세부항목 국적 처우 비공식회담
작성처 외무성 아시아국 제2과
매수 3
비밀등급 극비
문서종류 회의록
공개구분 공개
내용 국적 처우 문제에 관한 비공식회담 기록. 강제퇴거 협의 기간과 귀환자 특별조치 인정 기간에 대해 논의함. 일본은 각각 '3년에 2년 연장'과 '3년에 1년 내지 2년 연장'안을 제시, 한국이 받아들이지 않으면 연장안을 철회하겠다고 하자 한국은 냉각 기간을 갖자고 제안, 일본이 동의함.
주제어 재일한국인 법적지위

문서명	유진오 한국대표 회담(兪鎮午韓国代表との会談)

문서파일번호 120
작성연월일 1952. 2. 20
구분 제1차 회담
세부항목 국적 처우 비공식회담
작성처 외무성 아시아국 제2과
매수 4
비밀등급 극비
문서종류 회의록
공개구분 공개
내용 국적 처우 문제에 관한 비공식회담 기록. 강제퇴거 협의 기간과 귀환자 특별조치 인정 기간에 관해 비공식회담 개최. 한국은 강제퇴거 협의 기간 7년, 귀환자에 대해서는 3년에 2년 연장안이라면 받아들인다는 취지를 언급함.
주제어 재일한국인 법적지위

문서명	유진오, 김동조 한국대표 회담(兪鎭午、金東祚両韓国代表との会談)

문서파일번호 120
작성연월일 1952. 2. 25
구분 제1차 회담
세부항목 국적 처우 비공식회담
작성처 외무성 아시아국 제2과
매수 4
비밀등급 극비
문서종류 회의록
공개구분 공개
내용 국적 처우 문제에 관한 비공식회담 기록. 한국대표가 강제퇴거에 대해 본국에 청훈(請訓)하겠다고 언급하자 일본은 강제퇴거 협의 기간과 귀환자 특별조치 기간의 연장은 합해서 5년을 넘을 수 없으며 본국에 청훈한다면 연장 없이 3년안으로 가겠다고 응수. 한국은 빈곤자가 5년간 강제퇴거 되지 않는 보장이 필요하며 실현 방법을 별도 협의하자고 제안, 일본도 동의함.
주제어 재일한국인 법적지위

문서명	국적 처우 문제에 관한 한일비공식회담(国籍処遇問題に関する日韓非公式会談)

문서파일번호 120
작성연월일 1952. 2. 28
구분 제1차 회담
세부항목 국적 처우 비공식회담
작성처 외무성 아시아국 제2과
매수 3
비밀등급 극비
문서종류 회의록
공개구분 공개
내용 국적 처우 문제에 관한 비공식회담 기록. 일본이 '영주 허가를 받은 재일한국인에 대한 강제퇴거 운용에 관한 양해사항안'을 제시, 한국의 요구를 수용한 안임을 강조함.
주제어 재일한국인 법적지위

문서명	영주 허가를 받은 재일한국인에 대한 강제퇴거의 운용에 관한 양해사항(안)[永住許可を受けた在日韓人に対する退去強制の運用に関する諒解事項(案)]

문서파일번호 120
작성연월일 1952. 2. 26
구분 제1차 회담
세부항목 국적 처우 비공식회담
작성처 외무성 아시아국 제2과
매수 3
비밀등급 극비
문서종류 양해사항(안)
공개구분 공개
내용 1952년 2월 28일 개최된 비공식회담에서 일본이 제시한 영주 허가를 받은 재일한국인에 대한 강제퇴거의 운용에 관한 양해사항(안)
주제어 재일한국인 법적지위

문서명	영주 허가를 받은 재일한국인에 대한 강제퇴거의 운용에 관한 양해사항(안) (Matters brought to Understanding concerning Application of Deportation to Koreans Resident in Japan with Permission for Permanent Residence)

문서파일번호 120
작성연월일 1952. 2. 26
구분 제1차 회담
세부항목 국적 처우 비공식회담
작성처 외무성 아시아국 제2과
매수 7
비밀등급 극비
문서종류 양해사항안
공개구분 공개
내용 1952년 2월 26일 자 영주 허가를 받은 재일한국인에 대한 강제퇴거의 운용에 관한 양해사항(안)의 영문
주제어 재일한국인 법적지위

문서명	국적 처우에 관한 비공식회담(国籍処遇問題に関する非公式会談)

문서파일번호	120
작성연월일	1952. 3. 18
구분	제1차 회담
세부항목	국적 처우 비공식회담
작성처	외무성 아시아국 제2과
매수	3
비밀등급	극비
문서종류	회의록
공개구분	공개
내용	국적 처우 문제에 관한 비공식회담 기록. 한국은 오후부터 협정문 작성에 착수, 본회의에 상정한 후 2월부터 시작된 한일회담 본회담으로 옮겨 선박, 청구권 문제와 함께 과거청산 문제로서 일괄 처리하고 싶다며 과거청산이 잘 안 되면 외교관계도 시작되지 않는다는 것이 한국 내부 분위기라고 언급함.
주제어	재일한국인 법적지위

재일한국인 귀환 시 재산의 본국 이전에 관한 구체적 방법 시안(在日韓人の帰還の際の資産本国移転に関する具体的方法試案)

문서파일번호	121
문서명	재일한국인 귀환 시 재산의 본국 이전에 관한 구체적 방법 시안(在日韓人の帰還の際の資産本国移転に関する具体的方法試案)
작성연월일	1952. 3. 24
구분	제1차 회담
세부항목	재일한국인 귀환 시 재산 본국 이전 문제
작성처	한국대표단
매수	8
비밀등급	극비
문서종류	협정안
공개구분	공개
내용	재일한국인 귀환 시 재산의 본국 이전에 관한 구체적 방법 시안 일문 번역본 및 한글본. 그 내용은 ① '재일한국인' '귀환' '외자에 관한 법률'에 대한 정의 ② 송금 ③ 귀환자송금특별감정의 설치 ④ 귀환자송금특별감정의 운영 ⑤ 귀환자송금특별감정의 사용에 관한 연락 ⑥ 귀환자의 동산 휴행 허용임.
주제어	재산 본국 이전 문제

재일한국인의 귀환에 따른 동산의 휴대 및 송금에 관한 협정안(在日韓人の引揚げに伴う動産の携行及び送金に関する取極案)

문서파일번호	122
문서명	재일한국인의 귀환에 따른 동산(動産)의 휴대 및 송금에 관한 협정안(在日韓人の引揚げに伴う動産の携行及び送金に関する取極案)
작성연월일	1952. 3. 26
구분	제1차 회담
세부항목	재일한국인 귀환 시 휴대물품 및 송금 문제
작성처	한국대표단
매수	4
비밀등급	극비
문서종류	협정안
공개구분	공개
내용	한국이 제안한 재일한국인의 귀환에 따른 동산의 휴행 및 송금에 관한 협정안 일어 번역본 및 한글본 ① 일본당국은 재일한국인 귀환자의 휴대품, 이사화물, 직업용구에 대해 제한없이 인정함. ② 일본에서 상업 또는 개인적 업무에 사용한 물건은 6천파운드 이내에 한해 자유롭게 휴대 또는 별송할 수 있음. ③ 6천 파운드를 넘는 동산을 휴대 또는 별송할 때는 대한민국정부당국이 발급하는 증명서를 첨부해 신청한 경우에는 재심사 없이 인정함. ④ 송금 ⑤ 정부 예탁금 감정(勘定)* 에 관한 사항이 포함되어 있음.
주제어	재일한국인 법적지위

* 정부 예탁금 계좌를 의미한다.

재일한국인 국적 및 처우에 관한 한일협정안
(在日韓人の国籍及び処遇に関する日韓協定案)

문서파일번호	557
작성연월일	1952. 3. 7 - 1952. 7. 23
구분	제1차 회담, 제1~2차 회담 사이
세부항목	재일한국인 국적 및 처우에 관한 협정안
작성처	외무성, 한국대표단
매수	34
비밀등급	
문서종류	협정안
공개구분	공개
내용	제1차 한일회담 국적 및 처우소위원회에서 제시된 재일한국인 국적 및 처우에 관한 한일협정 및 부속문서(안) 모음
주제어	재일한국인 법적지위

문서명	재일한국인의 국적 및 처우에 관한 한일협정안(在日韓人の国籍及び処遇に関する日韓協定案)

문서파일번호	557
작성연월일	1952. 3. 7
구분	제1차 회담
세부항목	재일한국인 국적 및 처우에 관한 협정안
작성처	외무성
매수	3
비밀등급	극비
문서종류	협정안
공개구분	공개
내용	1952년 3월 7일 자 재일한국인 국적 및 처우에 관한 협정안
주제어	재일한국인 법적지위

문서명	재일한국인의 국적 및 처우에 관한 한일협정안(Draft of Agreement between Japan and Republic of Korea Concerning Nationality and Treatment of Korean Nationals Resident in Japan)

문서파일번호	557
작성연월일	1952. 3. 7
구분	제1차 회담
세부항목	재일한국인 국적 및 처우에 관한 협정안
작성처	외무성
매수	5
비밀등급	극비
문서종류	협정안
공개구분	공개
내용	1952년 3월 7일 자 재일한국인 국적 및 처우에 관한 협정안의 영문
주제어	재일한국인 법적지위

문서명	재일한국인의 국적 및 처우에 관한 한일협정안(在日韓人の国籍及び処遇に関する日韓協定案)

문서파일번호	557
작성연월일	1952. 4. 3
구분	제1차 회담
세부항목	재일한국인 국적 및 처우에 관한 협정안
작성처	외무성
매수	2
비밀등급	극비
문서종류	협성안
공개구분	공개
내용	1952년 4월 3일 자 재일한국인 국적 및 처우에 관한 협정안
주제어	재일한국인 법적지위

문서명	재일한국인의 국적 및 처우에 관한 한일협정안(Draft of Agreement between Japan and Republic of Korea Concerning Nationality and Treatment of Koreans Resident in Japan)

문서파일번호	557
작성연월일	1952. 4. 5
구분	제1차 회담
세부항목	재일한국인 국적 및 처우에 관한 협정안
작성처	외무성
매수	6
비밀등급	극비
문서종류	협정안
공개구분	공개
내용	1952년 4월 5일 자 재일한국인 국적 및 처우에 관한 협정안의 영문
주제어	재일한국인 법적지위

문서명	재일한국인 국적 및 처우 협정문안 합동 초안(Joint Draft Agreement between the Republic of Korea and Japan Concerning Nationality and Treatment of Korean Residents in Japan)

문서파일번호 557
작성연월일 1952. 4. 5
구분 제1차 회담
세부항목 재일한국인 국적 및 처우에 관한 협정안
작성처 한국대표단(일본 가역)
매수 5
비밀등급 극비
문서종류 협정안
공개구분 공개
내용 재일한국인 국적 및 처우에 관한 한국의 협정문안 영문 가역본
주제어 재일한국인 법적지위

문서명	재일한국인의 국적 및 처우에 관한 한일협정안(在日韓人の国籍及び処遇に関する日韓協定案)

문서파일번호 557
작성연월일 1952. 4. 9
구분 제1차 회담
세부항목 재일한국인 국적 및 처우에 관한 협정안
작성처 외무성
매수 4
비밀등급 극비
문서종류 협정안
공개구분 공개
내용 1952년 4월 9일 자 재일한국인 국적 및 처우에 관한 협정안. 제1조 재일한국인의 정의, 제2조 국적, 제3조 거주권, 재일한국인이 이 협정 발효일로부터 2년 이내에 대한민국정부가 발급하는 등록증명서를 첨부해 영주 허가를 신청할 때는 이를 허가함. 영주 허가를 받은 재일한국인의 강제퇴거에 대해서는 이 협정 발효일로부터 3년간 양국 정부가 협의하고 빈곤자의 경우 협의 후 2년을 넘지 않는 범위 내에 연장할 수 있음 등 7개의 조항으로 구성됨.
주제어 재일한국인 법적지위

문서명	재일한국인의 국적 및 처우에 관한 한일협정안(在日韓人の国籍及び処遇に関する日韓協定案)

문서파일번호 557
작성연월일 1952. 7. 15
구분 제1~2차 회담 사이
세부항목 재일한국인 국적 및 처우에 관한 협정안
작성처 외무성
매수 1
비밀등급 극비
문서종류 내부문서
공개구분 공개
내용 일본의 재일한국인 국적 및 처우에 관한 협정안 교섭과 관련한 방침. 1952년 4월 9일 자 협정안이 일본의 최종안이며, 본 협정안보다 양보할 때는 강제퇴거 협의 기간과 귀환자 특별조치 인정 기간의 연장으로 교섭함.
주제어 재일한국인 법적지위

문서명	재일한국인의 국적 및 처우에 관한 한일협정안(在日韓人の国籍及び処遇に関する日韓協定案)

문서파일번호 557
작성연월일 1952. 7. 15
구분 제1~2차 회담 사이
세부항목 재일한국인 국적 및 처우에 관한 협정안
작성처 외무성
매수 3
비밀등급 극비
문서종류 협정안
공개구분 공개
내용 1952년 4월 9일 자 재일한국인 국적 및 처우에 관한 협정안
주제어 재일한국인 법적지위

문서명	재일한국인의 귀국 시 휴대하는 동산의 처리에 관한 별도 양해사항(在日韓人の引揚に際し携行する動産の取扱に関する別途了解事項)

문서파일번호 557
작성연월일 1952. 7. 15
구분 제1~2차 회담 사이
세부항목 재일한국인 국적 및 처우에 관한 협정 부속문서(안)
작성처 외무성
매수 3
비밀등급 극비
문서종류 교환공문(안)
공개구분 공개
내용 1952년 4월 9일 자 재일한국인 국적 및 처우에 관한 협정안의 부속문서(교환공문 제1호)로, 귀환자의 휴행 화물, 직업용구, 반출금지화물, 기타 사항에 대해 규정하는 별도 양해사항
주제어 재일한국인 법적지위

문서명	재일한국인의 귀국 시 송금의 처리에 관한 별도 양해사항(在日韓人の引揚に際する送金の取扱に関する別途諒解事項)

문서파일번호 557
작성연월일 1952. 7. 15
구분 제1~2차 회담 사이
세부항목 재일한국인 국적 및 처우에 관한 협정 부속문서(안)
작성처 외무성
매수 1
비밀등급 극비
문서종류 교환공문(안)
공개구분 공개
내용 1952년 4월 9일 자 재일한국인 국적 및 처우에 관한 협정안의 부속문서(교환공문 제2호). 귀환자의 송금액, 기간, 지불방법, 대한민국정부 예탁금 감정 처리에 대해 규정하는 별도 양해사항
주제어 재일한국인 법적지위

문서명	재일한국인의 국적 및 처우에 관한 한일협정안에 대해서(在日韓人の国籍及び処遇に関する日韓協定案について)

문서파일번호	557
작성연월일	1952. 7. 23
구분	제1~2차 회담 사이
세부항목	재일한국인 국적 및 처우에 관한 협정안
작성처	법무부 민사국
매수	1
비밀등급	일반
문서종류	내부문서
공개구분	공개
내용	재일한국인 국적 및 처우에 관한 협정과 관련한 법무부 민사국 입장이 기술된 문서. 한국의 억류자 송환 거부 등의 변화된 상황에 따라 제3조 1항, 2항 등 협정의 내용을 재고해야 함.
주제어	재일한국인 법적지위

재일한국인 국적 및 처우에 관한 협정 초안(Draft Agreement between Japan and Republic of Korea concerning Nationality and Treatment of Koreans Resident in Japan)

문서파일번호	123
작성연월일	1952. 4. 5
구분	제1차 회담
세부항목	재일한국인 법적지위 협정안
작성처	
매수	17
비밀등급	
문서종류	협정안
공개구분	공개
내용	재일한국인 국적 및 처우에 관한 협정 초안
주제어	재일한국인 법적지위

문서명	재일한국인 국적 및 처우에 관한 협정 초안(Draft Agreement between Japan and Republic of Korea concerning Nationality and Treatment of Koreans Resident in Japan)

문서파일번호 123
작성연월일 1952. 4. 5
구분 제1차 회담
세부항목 재일한국인 법적지위 협정안
작성처 한국대표단 (일본 번역)
매수 11
비밀등급
문서종류 협정안
공개구분 공개
내용 재일한국인 국적 및 처우에 관한 협정 1952년 4월 5일 자 한국안(영문)
주제어 재일한국인 법적지위

문서명	재일한국인 국적 및 처우에 관한 협정 합동 초안(Joint Draft Agreement between the Republic of Korea and Japan concerning Nationality and Treatment of Korean Residents in Japan)

문서파일번호 123
작성연월일 1952(월일 불명)
구분 제1차 회담
세부항목 재일한국인 법적지위 협정안
작성처 한일 공동(한국 번역)
매수 6
비밀등급
문서종류 협정안
공개구분 공개
내용 재일한국인 국적 및 처우에 관한 협정 한일 공동 초안(영문)
주제어 재일한국인 법적지위

국적 처우에 관한 한국의 요청
(国籍処遇に関する韓国側申入)

문서파일번호	400
작성연월일	1952. 4. 9 - 1952. 4. 11
구분	제1차 회담
세부항목	시마·유진오 회담
작성처	외무성
매수	15
비밀등급	
문서종류	
공개구분	공개
내용	1952년 4월 9일과 11일 일본 언론 보도에 관해 유진오 대표가 일본에 항의한 기록
주제어	재일한국인 법적지위

문서명	국적 처우에 관한 한국의 요청(国籍処遇に関する韓国側申入の件)

문서파일번호 400
작성연월일 1952. 4. 9
구분 제1차 회담
세부항목 시마·유진오 회담
작성처 외무성 시마 시게노부 참사관
매수 11
비밀등급 극비
문서종류 회의록
공개구분 공개
내용 유진오 대표가 시마 시게노부(島重信) 참사관을 내방, 3월 27일과 29일 중의원 외무위원회에서의 오카자키(岡崎勝男) 외상의 답변 내용(일본 영주권 신청 시 반드시 한국정부의 국적증명서를 제출하지 않아도 된다는 취지의 발언)에 대해 항의함(국회 발언록 및 이에 관한 언론 보도 첨부, 항의내용은 문서파일번호 558의 1952년 4월 15일 자 문서와 동일).
주제어 재일한국인 법적지위

문서명	신문기사에 대한 한국 반응(新聞記事に対する韓国側の反響)

문서파일번호 400
작성연월일 1952. 4. 11
구분 제1차 회담
세부항목 유진오·북동아과 전화 협의
작성처 외무성 아시아국 제2과
매수 4
비밀등급 비(秘)
문서종류 내부문서
공개구분 공개
내용 유진오 대표의 북동아과 전화 통화 기록. 1952년 4월 9일 시마 참사관에 항의한 건에 대한 일본의 회답을 독촉하자, 북동아과 직원은 시마 참사관의 전언이라면서 "목하 조사 중인데 외무위원회 속기록이 완성되지 않아 시간이 걸리고 판명되는 대로 회답이 있을 것"이라고 답변함.
주제어 재일한국인 법적지위

본회의 회의록 및 검토자료

한일회담 제1회 정식회의기록
(日韓会談第一回正式会議記録)

문서파일번호	180
작성연월일	1952. 2. 15
구분	제1차 회담 제1회 본회의
세부항목	
작성처	외무성 회담 사무국, 외무성 정보문화국
매수	28
비밀등급	
문서종류	회의록, 내부자료, 보도자료
공개구분	공개
내용	제1차 한일회담 제1회 본회의기록
주제어	제1차 한일회담 본회의

문서명	한일회담 제1회 정식회의 의사요록(日韓会談第一回正式会議議事要録)

문서파일번호 180
작성연월일 1952. 2. 15
구분 제1차 회담 제1회 본회의
세부항목
작성처 외무성 회담 사무국
매수 6
비밀등급 극비
문서종류 회의록
공개구분 공개
내용 제1차 한일회담 제1회 본회의기록. 양측 수석대표의 인사말이 있은 후 회의 진행요령 등을 결정함.
주제어 제1차 한일회담 본회의

문서명	한일회담 제1회 회의에서의 일본 전권의 인사말(日韓会談第一回会議における日本全権の挨拶)

문서파일번호 180
작성연월일 1952. 2. 15
구분 제1차 회담 제1회 본회의
세부항목
작성처 외무성 회담 사무국
매수 7
비밀등급 일반
문서종류 연설문
공개구분 공개
내용 한일회담 제1회 정식회의기록 첨부1. 제1차 한일회담 제1회 본회의 마쓰모토(松本俊一) 일본 전권대표 인사말(영문 번역 포함). 대일평화조약 제2조에 따라 한국의 독립 인정, 한국 관계를 최우선적으로 정상화하기를 희망, 제반 안건에 대한 성과를 기대함.
주제어 제1차 한일회담 제1회 본회의, 일본 마쓰모토 수석대표 인사말

문서명	한일정식회담에서 김용식 수석대표대리의 개회 인사말(開会の韓日正式会談における金溶植首席代表代理の挨拶)

문서파일번호 180
작성연월일 1952. 2. 15
구분 제1차 회담 제1회 본회의
세부항목
작성처 외무성 회담 사무국
매수 7
비밀등급 일반
문서종류 연설문
공개구분 공개
내용 한일회담 제1회 정식회의기록 첨부2. 제1차 한일회담 제1회 본회의 김용식 한국 수석대표 개회 인사말(영문 번역 포함). 한국이 일본정부에 요구하는 것은 식민지 지배 배상이 아니라 청구의 이행과 법적으로 한국에 속한 재산의 반환임을 밝힘(영문 및 일문).
주제어 제1차 한일회담 제1회 본회의, 청구권, 김용식 한국대표 인사말

문서명	한일회담 제1회 대표회의 발표(日韓会談第一回代表会議発表)

문서파일번호 180
작성연월일 1952. 2. 15
구분 제1차 회담 제1회 본회의
세부항목
작성처 외무성 정보문화국
매수 3
비밀등급 일반
문서종류 보도자료
공개구분 공개
내용 한일회담 제1회 정식회의기록 첨부3. 제1차 한일회담 제1회 본회의 보도자료(영문 번역본 포함)
주제어 제1차 한일회담 제1회 본회의, 회의 결과 보도자료

문서명	한일 제1회 정식회담 진행순서(2월 15일)[日韓第一回正式會談次第(二月十五日)]

문서파일번호 180
작성연월일 1952. 2. 15
구분 제1차 회담 제1회 본회의
세부항목
작성처 외무성 회담 사무국
매수
비밀등급
문서종류 내부자료
공개구분 공개
내용 제1차 한일회담 제1회 본회의 진행순서
주제어 제1차 한일회담 제1회 본회의, 회의 진행순서

문서명	한일회담 제1회 본회의 회의록(Japan-Korea Conference Summary of the First Formal Session)

문서파일번호 180
작성연월일 1952. 2. 15
구분 제1차 회담 제1회 본회의
세부항목
작성처 외무성 회담 사무국
매수 5
비밀등급 일반
문서종류 회의록
공개구분 공개
내용 제1차 한일회담 제1회 회의 영문 회의기록
주제어 제1차 한일회담 제1회 본회의

마쓰모토 전권 및 양 한국수석대표 회담 요지
(松本全權-梁韓国主席代表会談要旨)

문서파일번호	398
작성연월일	1952. 3. 3 - 1952. 4. 18
구분	제1차 회담
세부항목	한일 수석대표 비공식회담
작성처	외무성
매수	116
비밀등급	
문서종류	회의록
공개구분	공개
내용	제1차 한일회담 기간 중 개최된 한일 수석대표 (마쓰모토 · 양유찬) 비공식회담 기록
주제어	제1차 한일회담 양국 수석대표 회담

문서명	3월 3일 마쓰모토 전권과 양 한국수석대표 회담 요지(三月三日松本全權及梁韓国主席代表会談要旨)

문서파일번호 398
작성연월일 1952. 3. 3
구분 제1차 회담
세부항목 한일 수석대표 비공식회담
작성처 외무성 지바 참사관
매수 5
비밀등급 극비
문서종류 회의록
공개구분 공개
내용 한국 양 대표의 요청으로 개최된 한일 수석대표 (마쓰모토·양유찬) 비공식회담 기록. 선박, 청구권, 국적, 어업 문제 등에 대해 논의함. 청구권 문제에 관해 한국은 일본의 제안 제출을 요청함. 선박 문제에 관해 한국은 일본의 적극적 태도에 기대를 표명했지만 일본은 대장성, 운수성 등 관계부처와 협의가 필요하므로 시간이 필요하다고 답변함.
주제어 기본관계, 선박 반환, 청구권, 재일한국인 법적지위, 어업

문서명	미쓰모토, 양 비공식회담 건(松本、梁 非公式会談の件)

문서파일번호 398
작성연월일 1952. 3. 17
구분 제1차 회담
세부항목 한일 수석대표 비공식회담
작성처 외무성 오노 참사관 기록
매수 9
비밀등급 비(秘)
문서종류 회의록
공개구분 공개
내용 한일 수석대표 (마쓰모토·양유찬) 비공식회담 기록. 청구권, 선박 문제, 국적 문제, 어업 문제에 관한 논의가 이어짐. 한국은 법리론이 아니라 구체적이고 현실적인 논의를 전개하자고 주장함.
주제어 기본관계, 선박 반환, 청구권, 재일한국인 법적지위, 어업

문서명	3월 26일 마쓰모토, 양 회담 요지(三月二十六日松本、梁会談要旨)

문서파일번호 398
작성연월일 1952. 3. 26
구분 제1차 회담
세부항목 한일 수석대표 비공식회담
작성처 외무성
매수 11
비밀등급 일반
문서종류 회의록
공개구분 공개
내용 한일 수석대표 (마쓰모토·양유찬) 비공식회담 기록. 마쓰모토 대표는 청구권과 어업 문제로 한일회담이 난항을 겪고 있다며 대체로 합의가 이루어진 재일한국인 법적 지위 문제와 선박 문제를 함께 해결하고 우선 국교를 정상화한 후 청구권 및 어업 문제는 외교적 채널이나 전문가 회의에서 다룰 것을 제안함. 이에 양 대표는 일본이 청구권에 대한 종래 입장을 철회하지 않는 한 원활히 진행되지 않을 것이라고 반박함.
주제어 기본관계, 선박 반환, 청구권, 재일한국인 법적지위, 어업

문서명	3월 27일 마쓰모토, 양 회담 요지(三月二十七日松本、梁会談要旨)

문서파일번호 398
작성연월일 1952. 3. 27
구분 제1차 회담
세부항목 한일 수석대표 비공식회담
작성처 외무성
매수 9
비밀등급 극비
문서종류 회의록
공개구분 공개
내용 한일 수석대표 (마쓰모토·양유찬) 비공식회담 기록. 청구권 중심으로 논의함.
주제어 청구권, 선박 반환

문서명	마쓰모토, 양 비공식회담(松本、梁 非公式会談)

문서파일번호	398
작성연월일	1952. 4. 1
구분	제1차 회담
세부항목	한일 수석대표 비공식회담
작성처	외무성 오노 참사관 기록
매수	8
비밀등급	비(秘)
문서종류	회의록
공개구분	공개
내용	한일 수석대표 (마쓰모토·양유찬) 비공식회담 기록. 양 대표가 선박 반환 문제에 대해 한국이 나름 절제된 요구를 했는데 일본은 그에 미치지 못하는 안을 제시했다며 일본의 교섭 자세를 비판함. 이에 대해 마쓰모토 대표는 우선 기본관계를 수립하는 안에 양 대표가 동의한다면 재일한국인의 강제퇴거와 선박 문제에 성의를 보이겠다고 답함.
주제어	청구권, 재일한국인 법적지위, 어업

문서명	마쓰모토, 양 회담 (4월 2일)[松本、梁会談(四月二日)]

문서파일번호	398
작성연월일	1952. 4. 2
구분	제1차 회담
세부항목	한일 수석대표 비공식회담
작성처	외무성
매수	13
비밀등급	극비
문서종류	회의록
공개구분	공개
내용	한일 수석대표 (마쓰모토·양유찬) 비공식회담 기록. 청구권 중심으로 논의함.
주제어	기본관계, 선박 반환, 청구권, 재일한국인 법적지위, 어업

문서명	마쓰모토, 양 양국 전권 회담록(松本、梁両全権会談録)

문서파일번호 398

작성연월일 1952. 4. 16

구분 제1차 회담

세부항목 한일 수석대표 비공식회담

작성처 외무성

매수 17

비밀등급 극비

문서종류 회의록

공개구분 공개

내용 양 대표가 한국(부산)에 다녀온 후 개최된 한일 수석대표 (마쓰모토·양유찬) 비공식회담 기록. 양 대표는 일본이 청구권에 대한 주장을 바꾸지 않는 한 다른 문제를 추진하는 것은 어렵다는 한국의 기본입장에 변함이 없다고 발언함. 마쓰모토 대표는 샌프란시스코 대일평화조약이 발효되기 전에 우선 기본조약과 국적 처우 협정을 조인하는 방안을 제시하면서, 기본조약이 수립되지 않으면 한국대표부의 지위가 상실되고 국적 처우 협정이 없으면 재일한국인의 특수 지위도 부여할 수 없고 선박 문제가 해결되지 않으면 1척의 배도 제공할 수 없게 된다고 주장함. 양 대표는 청구권 문제와 관련, 주고받는 형식(give and take)에 따라 한국이 재일청구권을 포기하고 일본도 재한청구권을 포기하는 방법에 동의한다면 간단히 문제가 정리될 것이라는 의견을 피력함. 이에 대해 마쓰모토 대표는 직접적인 답은 하지 않고 청구권은 위원회를 설치, 협의하면 될 것이라고 답변함.

주제어 청구권, 기본관계, 재일한국인 법적지위

문서명	일본의 청구권 문제에 관한 기본 원칙(The criteria to elaborate the guiding principle)

문서파일번호 398
작성연월일 1952. 4. 16
구분 제1차 회담
세부항목 한일 수석대표 비공식회담
작성처 외무성
매수 3
비밀등급 극비
문서종류 non-paper
공개구분 공개
내용 청구권 문제에 관한 일본의 기본 원칙을 한국에 전달한 문서(청구권위원회 설치에 관한 입장이 담긴 문서가 별도로 첨부됨)
주제어 청구권

문서명	마쓰모토, 양 양국 전권 회담 요록(松本、梁両全権会談要録)

문서파일번호 398
작성연월일 1952. 4. 17
구분 제1차 회담
세부항목 한일 수석대표 비공식회담
작성처 외무성
매수 32
비밀등급 극비
문서종류 회의록
공개구분 공개
내용 한일 수석대표 (마쓰모토·양유찬) 비공식회담 기록. 마쓰모토 대표의 공동보고서 작성 요청을 양 대표가 거절함.
주제어 청구권, 문화재, 선박 반환, 재일한국인 법적지위

문서명	마쓰모토, 양 비공식회담 요지(1952년 4월 18일)[松本、梁非公式會談要旨(昭二七、四、一八)]

문서파일번호 398

작성연월일 1952. 4. 18

구분 제1차 회담

세부항목 한일 수석대표 비공식회담

작성처 외무성

매수 9

비밀등급 극비

문서종류 회의록

공개구분 공개

내용 한일 수석대표 (마쓰모토·양유찬) 비공식회담 기록. 양유찬 대사는 일본의 청구권 법리론 주장을 비판하고, 일본이 재한청구권을 포기한다면 한국은 주고받는 형식(give and take)으로 청구권 문제를 원만히 해결할 의사가 있다고 밝힘. 마쓰모토(松本俊一) 대표는 법리론은 포기할 수 없으며, 위원회 설치를 통한 청구권 문제 협의를 계속 주장함.

주제어 청구권, 문화재, 선박 반환

유 대표와 비공식회담 건
(兪代表と非公式会談の件)

문서파일번호	399
문서명	유 대표와 비공식회담 건(兪代表と非公式会談の件)
작성연월일	1952. 3. 15
구분	제1차 회담
세부항목	오노·유진오 회담
작성처	외무성 오노 참사관
매수	6
비밀등급	비(秘)
문서종류	회의록
공개구분	공개
내용	아시아국 오노 가쓰미(大野勝巳) 참사관과 유진오 대표(기본문제 및 재일한국인 법적지위 위원회 수석위원)의 비공식회담 기록. 양측은 청구권 문제에 관해 법리론을 우회해서 이것과 직접 관계없는 입장에서 실용적인 해결을 찾아내는 방도를 구하자는 데 의견을 모음.
주제어	선박, 청구권, 어업, 기본관계

마쓰모토 전권·김 공사 비공식회담 요록
(松本全権·金公使非公式会談要録)

문서파일번호	401
작성연월일	1952. 4. 21 - 1952. 4. 24
구분	제1차 회담
세부항목	미쓰모토·김용식 비공식회담
작성처	외무성
매수	60
비밀등급	
문서종류	회의록
공개구분	공개
내용	1952년 4월 21일과 24일 개최된 마쓰모토 일본 수석대표와 김용식 공사 회담 기록
주제어	마쓰모토·김용식 비공식회담

문서명	마쓰모토 전권 · 김 공사 비공식회담 요록(松本全権·金公使非公式会談要録)

문서파일번호 401
작성연월일 1952. 4. 21
구분 제1차 회담
세부항목 마쓰모토 · 김용식 비공식회담
작성처 외무성
매수 31
비밀등급 극비
문서종류 회의록
공개구분 공개
내용 양유찬 대사 워싱턴 귀임 후 개최된 마쓰모토 수석과 김용식 공사 비공식회담 기록. 재일한국인 법적지위, 선박, 기본관계, 청구권, 어업 문제 등 회담 의제 전반을 논의함. 김 공사는 재한미군정청 군정령 제33호에 대한 일본의 입장을 요구함. 기본관계에서는 전문(前文) 제3항의 1910년 이전에 일본과 구 대한제국 사이에 맺은 조약, 협정 등은 모두 무효라는 것을 기재해 달라고 요구함.
주제어 재일한국인 법적지위, 선박 반환, 기본관계, 청구권, 어업

문서명	마쓰모토 전권·김 공사 비공식회담 요록(松本全権·金公使非公式会談要録)

문서파일번호 401
작성연월일 1952. 4. 24
구분 제1차 회담
세부항목 마쓰모토 · 김용식 비공식회담
작성처 외무성
매수 27
비밀등급 극비
문서종류 회의록
공개구분 공개
내용 마쓰모토 수석과 김용식 공사의 비공식회담 기록. 청구권 문제와 한국의 대일 언론전에 대해 논의함. 마쓰모토 전권은 청구권 문제 관련 법리적 논의를 중단하지 않을 경우 회담을 속행할 수 없다면, 일단 중지하고 대일평화조약이 발효된 후에 적당한 시기에 재개할 것을 제안한 뒤, 한국이 언론 플레이를 중지해야 한다고 주장함.
주제어 재일한국인 법적지위, 선박 반환, 기본관계, 청구권, 어업

마쓰모토 전권·오카자키 대신과 김 공사 서한
(松本全権·岡崎大臣と金公使間の書簡)

문서파일번호	402
작성연월일	1952. 4. 26 - 1952. 5. 12
구분	제1~2차 회담 사이
세부항목	마쓰모토·오카자키·김용식 서한
작성처	외무성, 주일한국대표부
매수	15
비밀등급	
문서종류	내부문서, 서한
공개구분	일부 비공개
내용	제1차 한일회담 종료 후 김용식 주일한국대표부 공사와 마쓰모토 일본 수석 대표, 오카자키 외상이 교환한 서한에 관한 기록
주제어	제1차 한일회담 결렬

문서명	히로다 아시아국 제2과장이 마쓰모토 대표에게 보고(廣田アジア局第二課長の松本代表あて報告)

문서파일번호 402
작성연월일 1952. 4. 26
구분 제1~2차 회담 사이
세부항목 마쓰모토·김용식 서한
작성처 외무성 아시아국 제2과장
매수 1
비밀등급
문서종류 내부문서
공개구분 공개
내용 마쓰모토 대표의 현황보고 지시 관련, 김용식 공사로부터 확답을 받지 못해 부득이 별첨 마쓰모토 대표 명의 서신을 보냈다고 보고하는 히로다 아시아 제2과장 작성 보고서
주제어 제1차 한일회담 결렬

문서명	마쓰모토 전권이 김 공사에게 보낸 서한(松本全権の金公使あて書簡)

문서파일번호 402
작성연월일 1952. 4. 25
구분 제1~2차 회담 사이
세부항목 마쓰모토·김용식 서한
작성처 외무성
매수 7
비밀등급 극비
문서종류 서한
공개구분 공개
내용 마쓰모토 전권이 김 공사에게 보낸 서한(영문도 첨부). 마쓰모토 전권은 제1차 한일회담이 결렬된 경위를 설명하고, 양 대사가 회담 기밀서류를 언론에 유출한 데 대해 유감의 뜻을 표함. 또한 양 대사와 주미한국대사관원이 일본을 비난하는 언론플레이를 중지해 줄 것과 언론에 보도된 회담 중지에 대한 한국의 국무회의 결정을 확인해 달라고 요구함.
주제어 제1차 한일회담 결렬

문서명	제목 없음

문서파일번호 402
작성연월일 1952. 5. 8
구분 제1~2차 회담 사이
세부항목 마쓰모토·김용식 서한
작성처 주일한국대표부
매수 1
비밀등급 일반
문서종류 서한
공개구분 일부 비공개
내용 김용식 공사가 오카자키 외상에게 보낸 서한(발신인 명의는 먹칠되어 있음). 한국은 조기에 회담 개최를 희망한다는 내용이 담김(영문).
주제어 제1차 한일회담 결렬

문서명	서한 초안(회신)[Draft Note(Reply)]

문서파일번호 402
작성연월일 1952. 5(일자 불명)
구분 제1~2차 회담 사이
세부항목 마쓰모토·김용식 서한
작성처 외무성
매수 2
비밀등급 일반
문서종류 서한
공개구분 공개
내용 1952년 5월 8일 자 김용식 공사의 서한에 대한 답신 초안. 마쓰모토 전권이 4월 25일 김 공사에게 보낸 서한 내용을 되풀이함(영문).
주제어 제1차 한일회담 결렬

문서명	서한 초안(Draft Note)

문서파일번호	402
작성연월일	1952. 5(일자 불명)
구분	제1~2차 회담 사이
세부항목	마쓰모토·김용식 서한
작성처	외무성
매수	2
비밀등급	
문서종류	서한
공개구분	공개
내용	1952년 5월 8일 자 김용식 공사의 서한에 대한 또 다른 답신 초안. 회담 결렬의 원인이 한국에 있음을 지적하고, 회담 재개를 위한 한국의 구체적인 방안 제시를 요구하는 내용이 담김(영문).
주제어	제1차 한일회담 결렬

문서명	본건 서한에 대해서(本件書簡につき)

문서파일번호	402
작성연월일	1952. 5. 12
구분	제1~2차 회담 사이
세부항목	한일회담 재개 관련
작성처	외무성 아시아국 제2과
매수	1
비밀등급	일반
문서종류	내부문서
공개구분	공개
내용	1952년 5월 8일 김용식 공사가 오카자키 외상에게 보낸 서한(회담 재개 희망)에 대해 한국이 금후 회담 방식에 관한 재고의 여지가 있다면 김 공사 또는 유태하 참사관을 접촉할 용의가 있다는 와지마(倭島英二) 국장의 뜻을 5월 12일 한국대표부에 전달하였다는 아시아 제2과 실무직원의 보고서
주제어	제1차 한일회담 결렬

문서명	제목 없음

문서파일번호	402
작성연월일	1952. 5. 8
구분	제1~2차 회담 사이
세부항목	김용식 · 오카자키 서한
작성처	주한일본대표부
매수	1
비밀등급	
문서종류	서한
공개구분	공개
내용	김용식 공사가 1952년 5월 8일 오카자키 외상에게 보낸 서한과 동일한 문서의 영문(이 문서에는 발신인이 먹칠되어 있지 않음)
주제어	제1차 한일회담 결렬

한일회담 제1회 정식회의 의사록
(日韓会談第一回正式会議議事録)

문서파일번호	181
작성연월일	1952. 2. 15
구분	제1차 회담 제1회 본회의
세부항목	
작성처	외무성 회담 사무국
매수	22
비밀등급	
문서종류	회의록
공개구분	공개
내용	제1차 한일회담 제1회 본회의 상세회의록
주제어	제1차 한일회담 제1회 본회의

문서명	한일회담 제1회 정식회의 의사록(日韓会談第一回正式会議議事録)

문서파일번호 181
작성연월일 1952. 2. 15
구분 제1차 회담 제1회 본회의
세부항목
작성처 외무성 회담 사무국
매수 15
비밀등급 극비
문서종류 회의록
공개구분 공개
내용 제1차 한일회담 제1회 본회의 회의록. 일본 마쓰모토(松本俊一) 대표와 한국 김용식 대표의 인사말 이후 의사진행 및 의제에 대해 논의함. 일본대표는 작년 예비회담에서 의제로 양해된 ① 양국의 기본관계 수립 ② 재일한국인의 국적 처우 문제 ③ 청구권 문제 ④ 어업협정 ⑤ 해저전선의 분할 문제 ⑥ 통상항해조약 ⑦ 선박 문제를 본회담 의제로 제안, 한국은 국적 처우와 선박 문제는 현재 회의가 진행 중으로 각각 소위원회를 지속시키고 합의가 이루어지지 않을 경우 본회의에 상정하자고 제의함.
주제어 제1차 한일회담 제1회 본회의, 회의 의제, 진행절차

문서명	한일회담 일본, 한국 대표 명부(日韓会談 日本側, 韓國側 代表名簿)

문서파일번호 181
작성연월일 1952. 2. 15
구분 제1차 회담 제1회 본회의
세부항목
작성처 외무성 회담 사무국
매수 7
비밀등급
문서종류 내부자료
공개구분 공개
내용 회의록 첨부자료. 제1차 한일회담 제1회 회의 양측 대표단 명부(영문 명부 포함)
주제어 제1차 한일회담 제1회 본회의, 양국 대표단

마쓰모토 고문에 대한 협정안 심의 작성 경과 보고 협의회(松本顧問に協定案審議作成経過報告打合会)

문서파일번호	897
문서명	마쓰모토 고문에 대한 협정안 심의 작성 경과보고 협의회(松本顧問に協定案審議作成経過報告打合会)
작성연월일	1952. 2. 15
구분	예비회담~제1차 회담 사이
세부항목	어업협정안 요강
작성처	외무성
매수	7
비밀등급	일반
문서종류	회의록
공개구분	공개
내용	마쓰모토 제1차 한일회담 수석대표에게 어업협정안 작성 경위 등을 설명하기 위해 개최된 협의회 기록. 지바 참사관이 경위를 설명하고 마쓰모토 고문이 승인함. 협정안에 분쟁 방지 견지에서 볼 때 그러한 조문이 없어 보인다는 점과 관련, 공해에서 일본어선이 제한받지 않고 자유로이 조업이 가능한 범위를 정하면 될 것이라는 의견이 개진됨.
주제어	어업

제1회 한일회담 본회의 속기록
(第一回日韓会談本会議速記録)

문서파일번호	182
문서명	제1회 한일회담 본회의 속기록(第一回日韓会談本会議速記録)
작성연월일	1952. 2. 15
구분	제1차 회담 제1회 본회의
세부항목	
작성처	외무성 회담 사무국
매수	28
비밀등급	극비
문서종류	회의록
공개구분	공개
내용	제1차 한일회담 제1회 본회의 속기록
주제어	제1차 한일회담 제1회 본회의 의제, 진행절차

한일회담 제2회 본회의 의사요록
(日韓会談第二回本会議議事要録)

문서파일번호	183
작성연월일	1952. 2. 16
구분	제1차 회담 제2회 본회의
세부항목	
작성처	외무성 회담 사무국
매수	8
비밀등급	
문서종류	회의록
공개구분	공개
내용	제1차 한일회담 제2회 본회의기록
주제어	제1차 한일회담 제1회 본회의

문서명	한일회담 제2회 본회의 의사요록(日韓会談第二回本会議議事要録)

문서파일번호 183
작성연월일 1952. 2. 16
구분 제1차 회담 제2회 본회의
세부항목
작성처 외무성 회담 사무국
매수 4
비밀등급 극비
문서종류 회의록
공개구분 공개
내용 제1차 한일회담 제2회 회의기록
주제어 제1차 한일회담 제2회 본회의, 분과위원회 설치

문서명	제2회 본회의 회의록(Korea-Japan Conference Record of Proceedings of the Second Plenary Session)

문서파일번호 183
작성연월일 1952. 2. 16
구분 제1차 회담 제2회 본회의
세부항목
작성처 외무성 회담 사무국
매수 4
비밀등급
문서종류 회의록
공개구분 공개
내용 제1차 한일회담 제2회 회의 영문 회의기록
주제어 제1차 한일회담 제2회 본회의, 분과위원회 설치

한일회담 제2회 정식회의 의사록
(日韓会談第二回正式会議議事録)

문서파일번호	184
문서명	한일회담 제2회 정식회의 의사록(日韓会談第二回正式会議議事録)
작성연월일	1952. 2. 16
구분	제1차 회담 제2회 본회의
세부항목	
작성처	외무성 회담 사무국
매수	36
비밀등급	극비
문서종류	회의록
공개구분	공개
내용	제1차 한일회담 제2회 본회의 상세회의록. 한국은 의제의 논의 순서로 ① 청구권 ② 어업협정 ③ 해저전선 ④ 통상항해조약 ⑤ 기본관계로 제안함. 일본은 이에 동의하며 의제 ①, ②, ③에 대해 분과위를 설치해 논의를 병행하자고 제안함. 한국은 의제 ②, ③은 분과위원회를 설치하고 의제 ①은 본회의에서 다룰지 분과위원회에서 다룰지 다음에 답변하겠다고 함.
주제어	제1차 한일회담 제2회 본회의, 분과위원회 설치

제2회 한일회담 본회의 속기록
(第二回日韓会談本会議 速記録)

문서파일번호	185
문서명	제2회 한일회담 본회의 속기록(第二回日韓会談本会議 速記録)
작성연월일	1952. 2. 16
구분	제1차 회담 제2회 본히이
세부항목	
작성처	외무성 회담 사무국
매수	66
비밀등급	일반
문서종류	회의록
공개구분	공개
내용	제1차 한일회담 제2회 본회의 속기록
주제어	제1차 한일회담 제2회 본회의, 분과위원회 설치

한일회담 제3회 본회의 의사요록
(日韓会談第三回本会議議事要録)

문서파일번호	186
작성연월일	1952. 2. 20
구분	제1차 회담 제3회 본회의
세부항목	
작성처	외무성 회담 사무국
매수	4
비밀등급	
문서종류	회의록
공개구분	공개
내용	제1차 한일회담 제3회 본회의기록
주제어	제1차 한일회담 제3회 본회의

문서명	한일회담 제3회 본회의 의사요록(日韓会談第三回本会議議事要録)

문서파일번호 186
작성연월일 1952. 2. 20
구분 제1차 회담 제3회 본회의
세부항목
작성처 외무성 회담 사무국
매수 2
비밀등급 극비
문서종류 회의록
공개구분 공개
내용 제1차 한일회담 제3회 회의기록
주제어 제1차 한일회담 제3회 본회의, 기본관계

문서명	제3회 본회의 회의록(Korea-Japan Conference Summary Record of Proceedings of the Third Plenary Session)

문서파일번호 186
작성연월일 1952. 2. 20
구분 제1차 회담 제3회 본회의
세부항목
작성처 외무성 회담 사무국
매수 2
비밀등급
문서종류 회의록
공개구분 공개
내용 제1차 한일회담 제3회 회의 영문 회의기록
주제어 제1차 한일회담 제3회 본회의, 기본관계

한일회담 제3회 본회의 의사록
(日韓会談第三回本会議議事録)

문서파일번호	187
문서명	한일회담 제3회 본회의 의사록(日韓会談第三回本会議議事録)
작성연월일	1952. 2. 20
구분	제1차 회담 제3회 본회의
세부항목	
작성처	외무성 회담 사무국
매수	15
비밀등급	극비
문서종류	회의록
공개구분	공개
내용	제1차 한일회담 제3회 본회의 상세회의록. 일본은 지난 회의에서 제안한 우호조약안의 논의를 위해 분과위 설치를 제의, 한국이 이에 동의함. 기본관계 분과위는 1952년 2월 20일부터 개최키로 함.
주제어	제1차 한일회담 제3회 본회의, 기본관계

제3회 한일회담 본회의 속기록
(第三回日韓会談本会議 速記録)

문서파일번호	188
문서명	제3회 한일회담 본회의 속기록(第三回日韓会談本会議 速記録)
작성연월일	1952. 2. 20
구분	제1차 회담 제3회 본회의
세부항목	
작성처	외무성 회담 사무국
매수	25
비밀등급	일반
문서종류	회의록
공개구분	공개
내용	제1차 한일회담 제3회 본회의기록
주제어	제1차 한일회담 제3회 본회의, 기본관계

한일회담 제4회 본회의 의사요록
(日韓会談第四回本会議 議事要録)

문서파일번호	189
작성연월일	1952. 3. 24
구분	제1차 회담 제4회 본회의
세부항목	
작성처	외무성 회담 사무국
매수	19
비밀등급	
문서종류	회의록, 회의 보고서
공개구분	공개
내용	제1차 한일회담 제4회 본회의기록
주제어	제1차 한일회담 제4회 본회의

문서명	한일회담 제4회 본회의 의사요록(日韓会談第四回本会議 議事要録)

문서파일번호 189
작성연월일 1952. 3. 24
구분 제1차 회담 제4회 본회의
세부항목
작성처 외무성 회담 사무국
매수 3
비밀등급 극비
문서종류 회의록
공개구분 공개
내용 제1차 한일회담 본회의 제4회 회의기록
주제어 제1차 한일회담 제4회 본회의, 청구권

문서명	제4회 본회의에 대한 기본관계위원회 보고[第四回本会議に対する基本関係委員会の報告(案)]

문서파일번호 189
작성연월일 1952. 3. 24
구분 제1차 회담 제4회 본회의
세부항목
작성처 외무성 회담 사무국
매수 1
비밀등급 극비
문서종류 회의보고서
공개구분 공개
내용 제1차 한일회담 기본관계위원회 회의 경과보고
주제어 제1차 한일회담 제4회 본회의, 기본관계

문서명	제4회 본회의의 청구권위원회의 보고(안)[第四回本会議における請求権委員会の報告(案)]

문서파일번호 189
작성연월일 1952. 3. 24
구분 제1차 회담 제4회 본회의
세부항목
작성처 외무성 회담 사무국
매수 2
비밀등급 극비
문서종류 회의보고서
공개구분 공개
내용 제1차 한일회담 청구권위원회 회의 경과보고
주제어 제1차 한일회담 제4회 본회의, 청구권

문서명	제4회 본회의의 어업위원회의 보고(第四回本会議における漁業委員会の報告)

문서파일번호 189
작성연월일 1952. 3. 24
구분 제1차 회담 제4회 본회의
세부항목
작성처 외무성 회담 사무국
매수 1
비밀등급 극비
문서종류 회의보고서
공개구분 공개
내용 제1차 한일회담 어업위원회의 회의 경과보고
주제어 제1차 한일회담 제4회 본회의, 어업

문서명	한일회담 제4회 본회의 진행순서(日韓会談第四回本会議次第)

문서파일번호 189
작성연월일 1952. 3. 24
구분 제1차 회담 제4회 본회의
세부항목
작성처 외무성 회담 사무국
매수 1
비밀등급 일반
문서종류 내부자료
공개구분 공개
내용 제1차 한일회담 제4회 본회의 진행순서
주제어 제1차 한일회담 제4회 본회의, 회의 진행순서

문서명	제4회 본회의 회의록(Korea-Japan ,Conference Summary Record of the Fourth Plenary Session)

문서파일번호 189
작성연월일 1952. 3. 24
구분 제1차 회담제4회 본회의
세부항목
작성처 외무성 회담 사무국
매수 7
비밀등급 일반
문서종류 회의록
공개구분 공개
내용 제1차 한일회담 제4회 회의 영문 회의기록
주제어 제1차 한일회담 제4회 본회의, 청구권

문서명	제4회 본회의 기본관계위원회 보고서(Report of the Basic Relations Committee to the Fourth Plenary Session)

문서파일번호	189
작성연월일	1952. 3. 24
구분	제1차 회담 제4회 본회의
세부항목	
작성처	외무성 회담 사무국
매수	1
비밀등급	
문서종류	회의보고서
공개구분	공개
내용	제4회 본회의 영문 회의록 첨부1. 제1차 한일회담 기본관계위원회 보고서의 영문
주제어	제1차 한일회담 제4회 본회의, 기본관계

문서명	제4회 본회의 청구권위원회 보고서(Report of the Claims Committee to the Fourth Plenary Session)

문서파일번호	189
작성연월일	1952. 3. 24
구분	제1차 회담 제4회 본회의
세부항목	
작성처	외무성 회담 사무국
매수	2
비밀등급	
문서종류	회의보고서
공개구분	공개
내용	제4회 본회의 영문 회의록 첨부2. 제1차 한일회담청구권위원회 보고서의 영문
주제어	제1차 한일회담 제4회 본회의, 청구권

문서명	제4회 본회의 어업위원회 보고서(Report of the Fisheries Committee to the Fourth Plenary Session)

문서파일번호	189
작성연월일	1952. 3. 24
구분	제1차 회담 제4회 본회의
세부항목	
작성처	외무성 회담 사무국
매수	1
비밀등급	
문서종류	회의보고서
공개구분	공개
내용	제4회 본회의 영문 회의록 첨부3. 제1차 한일회담 어업위원회 보고서의 영문
주제어	어업

한일회담 제4회 본회의 의사록
(日韓会談第四回本会議 議事録)

문서파일번호	190
작성연월일	1952. 3. 24
구분	제1차 회담 제4회 본회의
세부항목	
작성처	외무성 회담 사무국
매수	48
비밀등급	
문서종류	회의록, 회의보고서
공개구분	공개
내용	제1차 한일회담 제4회 본회의 상세회의록
주제어	제1차 한일회담 제4회 본회의

문서명	한일회담 제4회 본회의 의사록(日韓会談第四回本会議 議事録)

문서파일번호 190
작성연월일 1952. 3. 24
구분 제1차 회담 제4회 본회의
세부항목
작성처 외무성 회담 사무국
매수 44
비밀등급 극비
문서종류 회의록
공개구분 공개
내용 제1차 한일회담 제4회 본회의 상세회의록. 한국전쟁으로 피해 입은 재한일본인 재산에 대해 일본이 그 보상까지 요구하는가에 대한 한국의 질문에 일본은 보상까지 요구하지는 않는다고 답변함. 기본관계, 청구권, 어업위원회의 경과보고가 있었음.
주제어 제1차 한일회담 제4회 본회의, 청구권, 기본관계, 어업

문서명	제4회 본회의에 대한 기본관계위원회의 보고(第四回本会議に対する基本関係委員会の報告)

문서파일번호 190
작성연월일 1952. 3. 24
구분 제1차 회담 제4회 본회의
세부항목
작성처 외무성 회담 사무국
매수 1
비밀등급 극비
문서종류 회의보고서
공개구분 공개
내용 제1차 한일회담 기본관계위원회 경과보고. 1회에서 3회는 일본의 일한우호조약안, 4회와 5회에서는 한국의 한일기본조약안에 대해 설명과 질의응답이 진행되고 6회에서는 공동안 작성에 착수함.
주제어 제1차 한일회담 제4회 본회의, 기본관계

문서명	제4회 본회의의 청구권위원회의 보고(第四回本会議における請求権委員会の報告)

문서파일번호 190
작성연월일 1952. 3. 24
구분 제1차 회담 제4회 본회의
세부항목
작성처 외무성 회담 사무국
매수 2
비밀등급 극비
문서종류 회의보고서
공개구분 공개
내용 제1차 한일회담 청구권위원회 경과보고. 6회 회의에서 한국은 양국의 원칙 문제에 관해 법률적 주장에서 근본적 대립이 있다고 보고함.
주제어 제1차 한일회담 제4회 본회의, 청구권

문서명	제4회 본회의의 어업위원회 보고(第四回本会議における漁業委員会の報告)

문서파일번호 190
작성연월일 1952. 3. 24
구분 제1차 회담 제4회 본회의
세부항목
작성처 외무성 회담 사무국
매수 1
비밀등급 극비
문서종류 회의보고서
공개구분 공개
내용 제1차 한일회담 어업위원회 경과보고. 일본 제안 제2조, 제4조, 제5조, 제6조, 제7조와 제3조의 관계 등이 주요 질의 대상이 되었음.
주제어 제1차 한일회담 제4회 본회의, 어업

한일회담 제5회 본회의 의사요록
(日韓会談第五回本会議議事要録)

문서파일번호	191
작성연월일	1952. 4. 4
구분	제1차 회담 제5회 본회의
세부항목	
작성처	외무성 회담 사무국
매수	33
비밀등급	
문서종류	회의록, 회의보고서, 성명문
공개구분	공개
내용	제1차 한일회담 제5회 본회의 의사요록
주제어	제1차 한일회담 제5회 본회의

문서명	한일회담 제5회 본회의 의사요록(日韓会談第五回本会議議事要録)

문서파일번호 191
작성연월일 1952. 4. 4
구분 제1차 회담 제5회 본회의
세부항목
작성처 외무성 회담 사무국
매수 1
비밀등급 극비
문서종류 회의록
공개구분 공개
내용 제1차 한일회담 제5회 회의기록. 한일회담 본회담 제5회 회의 내용. 각 분과위원회의 보고 후 양국 수석대표는 각 위원회의 속행과 비공식회담 개최에 동의함.
주제어 제1차 한일회담 제5회 본회의, 회의 진행

문서명	한일회담 제5회 본회의에 대한 청구권위원회의 공동보고(日韓会談第五回本会議に対する請求権委員会の共同報告)

문서파일번호 191
작성연월일 1952. 4. 4
구분 제1차 회담 제5회 본회의
세부항목
작성처 외무성 회담 사무국
매수 1
비밀등급 극비
문서종류 회의보고서
공개구분 공개
내용 제5회 본회의기록 첨부1. 제1차 한일회담 청구권위원회 경과에 관한 한일공동보고서. 공식, 비공식 심의를 거듭했지만 진전이 없었음.
주제어 제1차 한일회담 제5회 본회의, 청구권

문서명	한일회담 제5회 본회의에 대한 어업위원회의 공동보고(日韓会談第五回本会議に対する漁業委員会の共同報告)

문서파일번호 191

작성연월일 1952. 4. 4

구분 제1차 회담 제5회 본회의

세부항목

작성처 외무성 회담 사무국

매수 1

비밀등급 극비

문서종류 회의보고서

공개구분 공개

내용 제5회 본회의기록 첨부2. 제1차 한일회담 어업위원회 경과에 관한 한일공동보고서. 회의 2차례 개최. 한국 제안에 대한 질의응답이 있었음.

주제어 제1차 한일회담 제5회 본회의, 어업

문서명	제5회 본회의에 대한 기본관계위원회의 공동보고(第五回本会議に対する基本関係委員会の共同報告)

문서파일번호 191

작성연월일 1952. 4. 4

구분 제1차 회담 제5회 본회의

세부항목

작성처 외무성 회담 사무국

매수 1

비밀등급 극비

문서종류 회의보고서

공개구분 공개

내용 제5회 본회의기록 첨부3. 제1차 한일회담 기본관계위원회 경과에 관한 한일공동보고서. 회의 2차례 개최. 기본관계에 관한 한일 공동안 작성을 위해 논의 계속. 일부분에 의견의 차이가 있었지만, 그 외 전 문안에 대해서 의견이 일치됨.

주제어 제1차 한일회담 제5회 본회의, 기본관계

문서명	한일회담 수석대표 주미한국대사 양유찬 박사의 성명(日韓会談主席代表駐米韓国大使梁裕燦博士の声明)

문서파일번호 191
작성연월일 1952. 4. 4
구분 제1차 회담 제5회 본회의
세부항목
작성처 외무성 회담 사무국
매수 6
비밀등급 극비
문서종류 성명문
공개구분 공개
내용 제5회 본회의기록 첨부4. 한국 수석대표 양유찬 주미한국대사가 제1차 한일회담 제5회 청구권위원회 회의요록에서 채택된 일본의 청구권협정 기본요강에 대한 일본의 재검토를 요구하며 발표한 성명문. 일본의 청구권 주장에 대해 재한미군 군정령 제33호, 대일평화조약 제2조(a) 및 제4조 (a), (b)를 들어 반박함.
주제어 제1차 한일회담 제5회 본회의, 양유찬 성명, 청구권

문서명	제5회 본회의 주제어 마쓰모토 일본 수석대표의 진술 요지(第五回本会議における松本日本側主席代表の陳述要旨)

문서파일번호 191
작성연월일 1952. 4. 4
구분 제1차 회담 제5회 본회의
세부항목
작성처 외무성 회담 사무국
매수 4
비밀등급 극비
문서종류 내부자료
공개구분 공개
내용 제5회 본회의기록 첨부5. 1952년 4월 4일 자 양유찬 대사의 성명문에 대한 마쓰모토(松本俊一) 일본 수석대표의 입장이 수록되어 있음. 한일 문제를 서둘러서 해결해서는 안 될 것이며 전부이거나 아니거나(all or nothing)라는 자세를 지양해야 한다고 주장함.
주제어 제1차 한일회담 제5회 본회의, 마쓰모토 진술, 청구권

문서명	제5회 본회의 회의록(Japan-Korea Conference Summary Record of the Fifth Plenary Session)

문서파일번호 191
작성연월일 1952. 4. 4
구분 제1차 회담 제5회 본회의
세부항목
작성처 외무성 회담 사무국
매수 2
비밀등급 극비
문서종류 회의록
공개구분 공개
내용 제1차 한일회담 제5회 회의 영문 회의기록
주제어 제1차 한일회담 제5회 본회의, 회의 진행

문서명	제5회 본회의 청구권위원회 보고(Report of the Claim Committee to the Fifth Plenary Session, Japan-Korea Conference)

문서파일번호 191
작성연월일 1952. 4. 4
구분 제1차 회담 제5회 본회의
세부항목
작성처 외무성 회담 사무국
매수 1
비밀등급 극비
문서종류 회의보고서
공개구분 공개
내용 제5회 본회의 영문 회의록 첨부1. 제1차 한일회담 청구권위원회의 경과에 관한 한일공동보고서의 영문
주제어 제1차 한일회담 제5회 본회의, 청구권

문서명	제5회 본회의 어업위원회 보고(Report of the Fisheries Committee to the Fifth Plenary Session, Japan-Korea Conference)

문서파일번호 191
작성연월일 1952. 4. 4
구분 제1차 회담 제5회 본회의
세부항목
작성처 외무성 회담 사무국
매수 1
비밀등급 극비
문서종류 회의보고서
공개구분 공개
내용 제5회 본회의 영문 회의록 첨부2. 제1차 한일회담 어업위원회의 경과에 관한 한일공동보고서의 영문
주제어 제1차 한일회담 제5회 본회의, 어업

문서명	제5회 본회의 기본관계위원회 보고서(Report of the Basic Relations Committee to the Fifth Plenary Session, Japan-Korea Conference)

문서파일번호 191
작성연월일 1952. 4. 4
구분 제1차 회담 제5회 본회의
세부항목
작성처 외무성 회담 사무국
매수 1
비밀등급 극비
문서종류 회의보고서
공개구분 공개
내용 제5회 본회의 영문 회의록 첨부3. 제1차 한일회담 기본관계위원회 경과에 관한 한일공동보고서의 영문
주제어 제1차 한일회담 제5회 본회의, 기본관계

문서명	한일회담 수석대표 주미한국대사 양유찬 박사의 성명(Statement of Dr. You Chan Yang, Korean Ambassador to the United States and Chief Delegate to the Korea-Japan Conference)

문서파일번호 191
작성연월일 1952. 4. 4
구분 제1차 회담 제5회 본회의
세부항목
작성처 외무성 회담 사무국
매수 6
비밀등급 극비
문서종류 성명문
공개구분 공개
내용 제5회 본회의 영문 회의록 첨부4. 제1차 한일회담 제5회 본회의 한일회담 수석대표 주미한국대사 양유찬 박사 성명문의 영문
주제어 제1차 한일회담 제5회 본회의, 양유찬 성명, 청구권

문서명	마쓰모토 한일회담 일본 수석대표의 진술 요지(Gist of Address of Mr. S. Matsumoto, Japanese Chief Delegate to the Japan-Korea Conference)

문서파일번호 191
작성연월일 1952. 4. 4
구분 제1차 회담 제5회 본회의
세부항목
작성처 외무성 회담 사무국
매수 4
비밀등급 극비
문서종류 내부자료
공개구분 공개
내용 제5회 본회의 영문 회의록 첨부5. 제1차 한일회담 제5회 본회의 일본 마쓰모토 수석대표 진술 요지의 영문
주제어 제1차 한일회담 제5회 본회의, 마쓰모토 진술, 청구권

문서명	양유찬 대사의 1952년 4월 4일 자 성명에 대한 일본대표단 견해(View of Japanese Delegation on Legal Arguments Contained in Statement of Ambassador Yang dated April 4, 1952)

문서파일번호 191

작성연월일 1952. 4. 4

구분 제1차 회담 제5회 본회의

세부항목

작성처 외무성 회담 사무국

매수 4

비밀등급 극비

문서종류 내부자료

공개구분 공개

내용 제5회 본회의 영문 회의록 첨부6. 제1차 한일회담 제5회 본회의 성명문에서 양유찬 수석대표가 일본의 주장에 법률적으로 문제가 있다고 주장한 것에 대한 일본의 반박문(영문)

주제어 양유찬 성명에 대한 일본 반박문, 청구권

한일회담 제5회 본회의 의사록
(日韓会談第五回本会議 議事録)

문서파일번호	192
작성연월일	1952. 4. 4
구분	제1차 회담 제5회 본회의
세부항목	
작성처	외무성 회담 사무국
매수	11
비밀등급	
문서종류	회의록, 외교공한
공개구분	공개
내용	제1차 회담 제5회 본회의 상세회의록
주제어	제1차 한일회담 제5회 본회의

문서명	한일회담 제5회 본회의 의사록(日韓会談第五回本会議 議事録)

문서파일번호 192
작성연월일 1952. 4. 4
구분 제1차 회담 제5회 본회의
세부항목
작성처 외무성 회담 사무국
매수 9
비밀등급 극비
문서종류 회의록
공개구분 공개
내용 제1차 회담 제5회 회의 상세 기록
회의 제1차 한일회담 제5회 본회의, 회의 진행, 각 위원회 경과보고

문서명	외무성 아시아국 제4과장의 주일대표부 김태동 서기관에 대한 서한(外務省 アジア局第4課長の駐日代表部 金泰東 書記官に対する書翰)

문서파일번호 192
작성연월일 1952. 4. 4
구분 제1차 회담 제5회 본회의
세부항목
작성처 외무성 회담 사무국
매수 1
비밀등급 극비
문서종류 외교 공한
공개구분 공개
내용 양유찬 수석대표가 성명을 통해 일본의 (청구권 관련) 주장에 법률적으로 문제가 있다고 주장한 것에 대한 반박문을 첨부한 서한
주제어 제1차 한일회담 제5회 본회의, 양유찬 성명문에 대한 일본 반박

한일회담 현황(1952년 4월 4일 현재)
[日韓会談の現況(四月四日現在)]

문서파일번호	1438
문서명	한일회담 현황 (1952년 4월 4일 현재)[日韓会談の現況(四月四日現在)]
작성연월일	1952. 4. 4
구분	제1차 회담
세부항목	회담 현황
작성처	외무성
매수	2
비밀등급	극비
문서종류	내부자료
공개구분	공개
내용	1952년 4월 4일 현재의 제1차 한일회담 진행 현황을 정리한 문서
주제어	재일한국인 법적지위, 선박, 기본관계, 재산청구권, 어업

한일 양국 정부에 대한 한일회담 공동보고서(안)
[日韓両国政府に対する日韓会議共同報告書(案)]

문서파일번호	1642
작성연월일	1952. 4(일자 불명)
구분	제1차 회담
세부항목	제1차 한일회담 공동보고서안
작성처	외무성 아시아국 제2과
매수	5
비밀등급	
문서종류	회의보고서, 내부자료
공개구분	공개
내용	일본이 작성한 제1차 한일회담 경과에 관한 공동보고서(안)
주제어	제1차 한일회담

문서명	한일 양국 정부에 대한 한일회담 공동보고서(안)[日韓両国政府に対する日韓会議共同報告書(案)]

문서파일번호 1642
작성연월일 1952. 4(일자 불명)
구분 제1차 회담
세부항목 회담 공동보고서(안)
작성처 외무성 아시아국 제2과
매수 4
비밀등급 극비
문서종류 회의자료
공개구분 공개
내용 일본이 작성한 제1차 한일회담 경과에 관한 공동보고서(안)(한국의 반대로 채택되지 않음). 각 의제별 분과위 협의 결과(양측 입장)가 기재되어 있음.
주제어 기본관계, 청구권, 어업, 재일한국인 법적지위, 선박 반환

문서명	선박 문제에 관한 일본 제안 요령(船舶問題に関する日本側提案の要領)

문서파일번호 1642
작성연월일 1952. 4(일자 불명)
구분 제1차 회담
세부항목 회담 공동보고서(안)
작성처 외무성 아시아국 제2과
매수 1
비밀등급 일반
문서종류 내부자료
공개구분 공개
내용 제1차 한일회담 공동보고서안 첨부자료. 일본이 작성한 제1차 한일회담 공동보고서(안) 첨부자료. 의제별로 양측이 제안한 내용들이 첨부되어 있다고 기술되어 있으나 실제 선박 문제에 관한 일본 제안만 첨부되어 있음.
주제어 제1차 한일회담, 선박 반환

어업위원회 회의록 및 정책

한일어업협정 시안
(日韓漁業協定試案)

문서파일번호	711
문서명	한일어업협정 시안(日韓漁業協定試案)
작성연월일	1950. 5. 15
구분	예비회담
세부항목	한일어업협정 시안
작성처	중의원 수산위원회 하야시 다쓰마(衆議院 水産委員會 林達磨)
매수	48
비밀등급	일반
문서종류	내부자료
공개구분	공개
내용	한일회담이 시작되기 전인 1950년 5월 15일 일본 중의원 수산위원회에서 한일 간 어업협정 체결 필요성, 협정 시안 등을 정리한 자료(샌프란시스코 평화조약* 제9조로 인해 일본은 한국과 어업협정을 체결해야 한다는 인식 보유). 내용은 '① 한일어업협정의 중요성 ② 미국 어업사절단의 보고서에 나타난 이념 ③ 한일어업협정 제안 시기 ④ 양국 연안의 자원보호와 공해 어업의 규정 ⑤ 한일어업조정위원회의 설치 ⑥ 합병사업에 대한 한국의 기대 ⑦ 합병사업에 대한 일본의 기대 ⑧ 양국 지정항에의 어획물 적하의 자유 ⑨ 결어'로 되어 있으며, 한일어업협정 시안 요강과 금어구역 약도가 첨부되어 있음.
주제어	어업

* 샌프란시스코 대일강화조약. 일본은 이를 샌프란시스코 대일평화조약 또는 평화조약으로 부르며, 본 자료집에서는 일본이 부르는 대로 대일평화조약으로 통일하고자 함.

한일어업교섭 사무담당자 협의회
(日韓漁業交渉 事務担当者打合せ会)

문서파일번호	891
문서명	한일어업교섭 사무담당자 협의회(日韓漁業交渉 事務担当者打合せ会)
작성연월일	1952. 2. 4
구분	예비회담~제1차 회담 사이
세부항목	어업교섭 일본 기본방침
작성처	외무성 아시아국 제2과
매수	3
비밀등급	일반
문서종류	회의록
공개구분	공개
내용	1952년 2월 8일 한일어업교섭 일본대표단의 만남에 앞서 어업 문제의 기본적 방침 작성과 관련한 외무성 내부협의회 기록. 회의에서 수립한 기본방침에 대한 수산청의 요구사항(각국 평등의 입장에서 추가)을 반영하여 수정함.
주제어	어업

한일어업협정안 심의를 위한 수산청 내부협의회
(日韓漁業協定案審議のため水産庁との打合会)

문서파일번호	893
작성연월일	1952. 2. 8 - 1952. 3. 4
구분	예비회담~제1차 회담 사이, 제1차 회담
세부항목	외무성·수산청 어업협정 작성 협의회
작성처	외무성
매수	61
비밀등급	
문서종류	회의록, 내부자료
공개구분	공개 또는 일부 비공개
내용	1952년 2월 8일~3월 4일 개최된 한일어업협정 작성을 위한 외무성·수산청 협의회 기록
주제어	어업

문서명	한일어업협정안 심의를 위한 수산청 내부협의회(日韓漁業協定案審議のため水産庁との打合会)

문서파일번호 893
작성연월일 1952. 2. 8
구분 예비회담~제1차 회담 사이
세부항목 외무성 · 수산청 어업협정 작성 협의회
작성처 외무성
매수 13
비밀등급 일반
문서종류 회의록
공개구분 공개
내용 외무성 · 수산청 협의회 기록. 2월 15일 회의에서 의제를 설정하고, 16일에 대표들이 출석하는 본회의를 개최하여 우호조약 등을 제안하기로 함. 이승만 라인 및 어선 나포에 관한 한국의 조치가 너무 지나침. 어렵지만 감시선에 양국인 모두를 태우는 것이 이상적일 듯함. 국제법의 전례 등을 인용하여 3해리 원칙을 적용함. 조항별 설명: 공해의 자유, 자유롭고 평등한 제한과 분쟁의 해결 등을 강조하며, 1조-어선의 정의, 2조-필요한 조치, 3조-위원회 설치, 4조-그 임무, 5조-사기업의 비밀을 지킬 것, 6조-벌칙나포규정, 7조-분쟁방지, 8조-벌칙, 9조-제3국 관계, 10조-조약상의 체제 등으로 구성함.
주제어 어업

문서명	한일어업협정안 심의를 위한 수산청 내부협의회(日韓漁業協定案審議のため水産庁との打合会)

문서파일번호 893
작성연월일 1952. 2. 9
구분 예비회담~제1차 회담 사이
세부항목 외무성 · 수산청 어업협정 작성 협의회
작성처 외무성
매수 6
비밀등급 일반
문서종류 회의록

공개구분 공개

내용 외무성·수산청 협의회 기록. 수산청은 나포, 억류에 대해 인체 및 선체에 대한 구속을 절대로 해선 안 된다는 입장이어서 항해일지, 어로일지 등을 압수하는 것이 불가하다고 발언함. 이후 협정안의 심의에 들어가 그 주요 내용을 정리함.

주제어 어업

문서명	한일어업교섭에 관한 수산청 내부협의회(日韓漁業交渉に関する水産庁との打合会)

문서파일번호 893

작성연월일 1952. 2. 19

구분 제1차 회담

세부항목 외무성·수산청 어업협정 작성 협의회

작성처 외무성

매수 7

비밀등급 일반

문서종류 회의록

공개구분 공개

내용 외무성·수산청 협의회 기록. 한일회담 어업분과위원회 구성, 이승만 라인에 대한 문제, 1951년 국제법위원회에서의 공해의 자유 주장과 관련한 사항의 재확인 등을 논의 후 협정의 항목별 논점에 관해 심의함.

주제어 어업

문서명	어업교섭에 대한 수산청 내부협의회(漁業交渉に対する水産庁との打合会)

문서파일번호 893
작성연월일 1952. 2. 21
구분 제1차 회담
세부항목 외무성·수산청 어업협정 작성 협의회
작성처 외무성
매수 8
비밀등급 일반
문서종류 회의록
공개구분 일부 비공개
내용 외무성·수산청 협의회 기록. ① 일본의 한국어 통역 문제 ② 이승만 라인을 둘러싼 대립 ③ 김동조 대표가 비공식회담을 갖지 않기로 한 데에 대한 문제 ④ 제4조의 '과학적'이라고 하는 것이 어느 정도인지에 관한 문제 ⑤ 제2조의 영해 문제에 대해서는 영해 3해리는 세계에서 통용되는 개념이라는 점 ⑥ 언어와 관련해서 의심스러울 때에는 영어로 하기로 한다는 점 등에 대해 논의함.
주제어 어업

문서명	어업교섭에 대한 수산청 내부협의회(漁業交渉に対する水産庁との打合会)

문서파일번호 893
작성연월일 1952. 2. 23
구분 제1차 회담
세부항목 외무성·수산청 어업협정 작성 협의회
작성처 외무성
매수 2
비밀등급 일반
문서종류 회의록
공개구분 공개
내용 외무성·수산청 협의회 기록. 제2회 어업위원회 회의(2월 22일) 한국 발언에 대해 일본이 어떻게 대응할 것인지에 대한 내용과 공해자유의 원칙 등에 관해 논의함.
주제어 어업

문서명	한일어업교섭에 관한 수산청 내부협의회(日韓漁業交渉に関し水産庁との打合会)

문서파일번호 893
작성연월일 1952. 3. 1
구분 제1차 회담
세부항목 외무성·수산청 어업협정 작성 협의회
작성처 외무성
매수 12
비밀등급
문서종류 회의록
공개구분 공개
내용 외무성·수산청 협의회 기록. 어업관할권 문제로 보다 적극적으로 설득하고 싶다는 점과 원칙론을 계속 주장하고 어족 보존 등의 이유를 진지하게 주장해 가다 보면 자연적으로 해결될 것이라는 발언이 있음. 김동조 정무국장은 작년 가을부터 일본·미국·캐나다 어업조약을 주목하고 있으며, 의사록을 읽고 그중 한국과의 교섭에서 유리한 부분을 적용하려고 한다는 점 등이 지적됨.
주제어 어업

문서명	국적처우위원회 관계자의 회식에서 상대편 위원 이야기(国籍処遇委員会関係者の会食における先方委員談)

문서파일번호 893
작성연월일 1952. 2. 28
구분 제1차 회담
세부항목 일본·미국·캐나다 어업조약
작성처 외무성
매수 4
비밀등급 극비
문서종류 회의록
공개구분 공개
내용 1952년 2월 28일 국적처우위원회 양국관계자의 회식석상에서 어업 문제와 관련하여 논의된 내용. 일본은 이 라인에 관한 한국 입장을 문의하였고, 한국은 일본·미국·캐나다 3국 간 어업조약안에 관하여 언급함.
주제어 어업

문서명	제목 없음

문서파일번호	893
작성연월일	1952(월일 불명)
구분	제1차 회담
세부항목	일본·미국·캐나다 3국 어업조약안에 관한 일본 견해
작성처	외무성
매수	7
비밀등급	극비
문서종류	내부자료
공개구분	공개
내용	한국의 일본·미국·캐나다 3국 어업조약안에 관한 견해 표명에 대해 일본이 자신들의 입장을 정리하여 한국에 전달한 자료. 3국 조약안과 한일협정안은 그 기본정신이 다르며, 3국의 경우처럼 억지하는 것이 아니라 한일 양국 간에는 서로 협력하여 어업자원을 최대한 지속적으로 생산할 수 있도록 하자는 취지임. 또한 3국과 달리 한일 간에는 어업 활동의 단속에 관해서도 최대한 신속하게 소속 국가에 인도하고 영해 침범이 아닌 이상 이를 재판하지는 말자는 주장도 포함됨.
주제어	어업

문서명	어업교섭에 대한 수산청 내부협의회(漁業交渉に対する水産庁との打合会)

문서파일번호	893
작성연월일	1952. 3. 4
구분	제1차 회담
세부항목	외무성·수산청 어업협정 작성 협의회
작성처	외무성
매수	2
비밀등급	
문서종류	회의록
공개구분	공개
내용	외무성·수산청 협의회 기록. 3월 6일 한국에 회답해야 하는 사항을 별지(1)에 근거하여 검토, 별지(2)를 당일 한국에 전달하기로 함(별지는 첨부되어 있지 않음).
주제어	어업

이승만 선언에 대한 국제법상 반박근거 설명 및 어업협정안 심의 내부협의회(李承晩宣言に対する国際法上反駁根拠説明及び漁業協定案審議打合せ会)

문서파일번호	894
문서명	이승만 선언에 대한 국제법상 반박 근거 설명 및 어업협정안 심의 내부협의회 (李承晩宣言に対する国際法上反駁根拠説明及び漁業協定案審議打合せ会)
작성연월일	1952. 2. 14
구분	예비회담~제1차 회담 사이
세부항목	어업 내부협의회
작성처	외무성
매수	7
비밀등급	일반
문서종류	회의록
공개구분	공개
내용	한일어업교섭 시작을 앞두고 개최된 외무성·수산청 협의 기록. 일본 어업협정안 문구에 대해 일부 수정을 가함. '필요한 공동의 조치를 평등한 입장에 기초해서 취한다'를 '평등한 입장에서 필요한 공동의 조치를 취한다'로 수정하고, '일본국 대일평화조약의 최초 효력 발생일 이후'의 문구를 추가함.
주제어	어업

일본대표의 의견 개진안
(日本代表の意見開陳案)

문서파일번호	895
문서명	일본대표의 의견 개진안(日本代表の意見開陳案)
작성연월일	1952. 2. 14
구분	예비회담~제1차 회담 사이
세부항목	어업교섭 일본대표 의견(안)
작성처	외무성
매수	5
비밀등급	비(秘)
문서종류	내부문서
공개구분	공개
내용	제1차 한일회담 어업관계위원회 첫 번째 회의에서 일본대표가 개진하고자 하는 의견(안). 한국의 어려운 어업 사정을 이해하며, 한국이 국제사회의 일원으로서 공해에서의 어업자원 보존 개발에 책임을 다하고자 하는 입장을 이해함. 어업교섭의 목적은 한일 양국이 중요한 이해관계를 갖고 있는 어업자원을 보존하고 확대하여 지속적으로 생산성을 확보하는 한편, 금후 발생할 수 있는 양국 간 어업 분쟁을 방지하고 양국 어업의 건전한 발전을 기하기 위해 상호 협력하는 데 있음.
주제어	어업

한일어업협정 요강
(日韓漁業協定要綱)

문서파일번호	896
문서명	한일어업협정 요강(日韓漁業協定要綱)
작성연월일	1952. 2. 14
구분	예비회담~제1차 회담 사이
세부항목	어업협정안 요강
작성처	외무성 아라키 사무관
매수	5
비밀등급	
문서종류	내부문서(협정안 요강)
공개구분	공개
내용	일본이 제1회 한일어업교섭에서 제시하고자 하는 어업협정안 요강. 상대국의 연안선으로부터 3해리 이외의 수역에서 제한 없는 조업, 어업자원의 지속적 생산성 확보를 위해 평등한 기초 위에서 필요한 공동조치 실시 등의 내용이 포함됨.
주제어	어업

한일회담 제1회 어업 문제위원회 의사요록
(日韓会談第一回漁業問題委員会議事要録)

문서파일번호	981
작성연월일	1952. 2. 22
구분	제1차 회담 어업위원회 제1회 회의
세부항목	
작성처	외무성, 한국대표단
매수	22
비밀등급	
문서종류	회의록, 연설문, 협정안
공개구분	공개
내용	제1차 한일회담 어업위원회 제1회 회의기록과 어업협정안
주제어	어업

문서명	한일회담 제1회 어업 문제위원회 의사요록(日韓会談第一回漁業問題委員会議事要録)

문서파일번호 981
작성연월일 1952. 2. 22
구분 제1차 회담 어업위원회 제1회 회의
세부항목
작성처 외무성
매수 3
비밀등급 극비
문서종류 회의록
공개구분 공개
내용 제1차 한일회담 본회의 제2회 회의에서 설치가 결정된 어업위원회의 제1회 회의기록. 일본 지바(千葉皓) 대표와 한국 임철호 대표의 인사 후 의사 진행 방법을 결정하고, 일본이 오전 본회의에 제출한 한일어업협정안에 대해 설명함.
주제어 어업

문서명	지바 대표위원의 인사(千葉代表委員の挨拶)

문서파일번호 981
작성연월일 1952. 2. 22
구분 제1차 회담 어업위원회 제1회 회의
세부항목
작성처 외무성
매수 2
비밀등급
문서종류 연설문
공개구분 공개
내용 어업위원회 제1회 회의기록 첨부1. 제1차 한일회담 어업위원회 제1회 회의 일본 지바(千葉皓) 수석위원의 인사말. 국제법 또는 국제관습 등의 원칙을 참조하여 수산자원에 관해 한국과 허심탄회하게 논의하기를 희망함.
주제어 어업

문서명	임 대표위원의 인사(任代表委員の挨拶)

문서파일번호 981
작성연월일 1952. 2. 22
구분 제1차 회담 어업위원회 제1회 회의
세부항목
작성처 외무성
매수 2
비밀등급
문서종류 연설문
공개구분 공개
내용 어업위원회 제1회 회의기록 첨부2. 제1차 한일회담 어업위원회 제1회 회의 한국 임철호 수석위원의 인사말. 공해수역에 인접하는 국가 간에 자원개발, 지속의 원리와 그 이해득실을 어떻게 조정하여 정의, 공평의 이념에 합치하도록 하는가가 국가 간의 새로운 질서를 세우는 문제로 대두되었다는 점을 강조함.
주제어 어업

문서명	한일회담 제1회 어업위원회 회의록(Japan-Korea Conference Summary Record the First Session of the Fisheries Committee)

문서파일번호 981
작성연월일 1952. 2. 22
구분 제1차 회담 어업위원회 제1회 회의
세부항목
작성처 외무성
매수 3
비밀등급 극비
문서종류 회의록
공개구분 공개
내용 제1차 한일회담 어업위원회 제1회 회의 영문 회의록(일본 작성)
주제어 어업

문서명	지바 일본대표 인사말(Address of Mr. Chiba, Japanese Delegate)

문서파일번호 981
작성연월일 1952. 2. 22
구분 제1차 회담 어업위원회 제1회 회의
세부항목
작성처 외무성
매수 1
비밀등급 일반
문서종류 연설문
공개구분 공개
내용 제1회 어업위원회 영문 회의록 첨부1. 제1차 한일회담 어업위원회 제1회 회의 일본 대표 인사말 영문
주제어 어업

문서명	임 한국대표 인사말(Address of Mr. Yim, Korean Delegate)

문서파일번호 981
작성연월일 1952. 2. 22
구분 제1차 회담 어업위원회 제1회 회의
세부항목
작성처 한국대표단
매수 2
비밀등급 일반
문서종류 연설문
공개구분 공개
내용 제1회 어업위원회 영문 회의록 첨부2. 제1차 한일회담 어업위원회 제1회 회의 한국 임철호 대표 인사말 영문
주제어 어업

문서명	한일어업협정안(Proposed Agreement for Fisheries between the Government of Japan and the Government of the Republic of Korea)

문서파일번호	981
작성연월일	1952. 2. 22
구분	제1차 회담
세부항목	어업위원회 제1회 회의 어업협정안
작성처	외무성
매수	9
비밀등급	극비
문서종류	협정안
공개구분	공개
내용	제1차 한일회담 어업위원회 제1회 회의에서 일본이 제시한 한일어업협정안의 영문 가역본
주제어	어업

한일회담 제1회 어업위원회 의사록
(日韓会談第一回漁業委員会議事録)

문서파일번호	982
작성연월일	1952. 2. 20
구분	제1차 회담 어업위원회 제1회 회의
세부항목	
작성처	외무성
매수	12
비밀등급	
문서종류	회의록, 내부자료, 협정안
공개구분	공개
내용	제1차 한일회담 어업위원회 제1회 회의기록과 어업협정안
주제어	어업

문서명	한일회담 제1회 어업위원회 의사록(日韓会談第一回漁業委員会議事録)

문서파일번호 982
작성연월일 1952. 2. 20
구분 제1차 회담 어업위원회 제1회 회의
세부항목
작성처 외무성
매수 12
비밀등급 극비
문서종류 회의록
공개구분 공개
내용 제1차 한일회담 어업위원회 제1회 회의기록(한국 임철호 수석위원의 인사말 첨부)
주제어 어업

문서명	어업에 관한 일본정부와 대한민국정부 사이의 협정안 제안 이유 설명(漁業に関する日本国政府と大韓民国政府との間の協定案の提案理由説明)

문서파일번호 982
작성연월일 1952. 2. 20
구분 제1차 회담 어업위원회 제1회 회의
세부항목
작성처 외무성
매수 2
비밀등급 극비
문서종류 내부자료
공개구분 공개
내용 제1회 어업위원회 의사록 첨부1. 1952년 2월 20일 제1차 한일회담 어업위원회 제1회 회의에서 일본이 자신들이 제시한 협정안의 취지에 대해 설명. 공해상의 자유로운 어업 활동 보장, 자원보존 및 개발을 둘러싼 관계국의 연대를 강조함.
주제어 어업

문서명	어업에 관한 일본정부와 대한민국정부 사이의 협정안(漁業に関する日本国政府と大韓民国政府との間の協定案)

문서파일번호 982
작성연월일 1952. 2. 20
구분 제1차 회담
세부항목 어업위원회 제1회 회의 어업협정안
작성처 외무성
매수 10
비밀등급 극비
문서종류 협정안
공개구분 공개
내용 제1회 어업위원회 의사록 첨부2. 제1차 한일회담 어업위원회 제1회 회의에서 일본이 제시한 한일어업협정안. 전문 서두에 협정 취지로 어업자원 보호, 어업 분쟁 원인 제거를 기술하였으며, 전체 11조로 구성됨.
주제어 어업

문서명	어업에 관한 일본국정부와 대한민국정부협정안 요지(漁業に関する日本国政府と大韓民国政府との間の協定案要旨)

문서파일번호 982
작성연월일 1952. 2. 20
구분 제1차 회담
세부항목 어업위원회 제1회 회의 어업협정안 요지
작성처 외무성
매수 4
비밀등급 극비
문서종류 협정안
공개구분 공개
내용 제1회 어업위원회 의사록 첨부3. 제1차 한일회담 어업위원회 제1회 회의에서 일본이 제시한 한일어업협정안 요지
주제어 어업

1952년 2월 20일에 제출된 '어업에 관한 일본국정부와 대한민국정부 간의 협정안'(昭和二十七年二月二十日に提出された「漁業に関する日本国政府と大韓民国政府との間の協定案」)

문서파일번호	892
문서명	1952년 2월 20일에 제출된 '어업에 관한 일본국정부와 대한민국정부 간의 협정안'(昭和二十七年二月二十日に提出された「漁業に関する日本国政府と大韓民国政府との間の協定案」)
작성연월일	1952. 2. 20
구분	제1차 회담
세부항목	한일어업협정안(1952년 2월 20일 자)
작성처	외무성
매수	21
비밀등급	일반
문서종류	협정안
공개구분	공개
내용	제1차 한일회담 어업 문제위원회에 일본이 제출한 어업협정안. 제1조: 이 협정의 적용상 필요한 각종 용어 및 개념에 관한 규정. 제2조: 연안으로부터 3해리 이내의 수역을 침범하지 않는 이상, 상대국의 활동을 제약하지 않음. 제3조: 체결국은 어업자원 보존을 위해 필요한 공동의 조치를 취함. 제4조: 예외사항, 부표 설치 수역, 기간 등에 관한 규정. 제5조: 위반에 관한 처벌. 제6조: '한일어업공동위원회'의 설치에 관한 규정. 제7조: 위원회의 운행 규정. 제8조: 위원회의기록에 대한 보존. 제9조: 악천후 등 비상시를 위한 예외 조치. 제10조: 타국에게 이 협정의 목적 달성에 지장을 줄만한 협정을 할 경우 통보하고 조치에 관해 협의해야 함. 제11조: 헌법상의 절차에 따라 비준되어야 하며 최대한 신속히 진행하기로 함(협정안 영문 가역본 첨부).
주제어	어업

한일회담 제2회 어업위원회 의사요록
(日韓会談第二回漁業問題委員会議事要録)

문서파일번호	983
작성연월일	1952. 2. 22
구분	제1차 회담 어업위원회 제2회 회의
세부항목	
작성처	외무성, 한국대표단
매수	10
비밀등급	
문서종류	회의록, 내부자료
공개구분	공개
내용	제1차 한일회담 어업위원회 제2회 회의기록
주제어	어업

문서명	한일회담 제2회 어업 문제위원회 의사요록(日韓会談第二回漁業問題委員会議事要録)

문서파일번호 983
작성연월일 1952. 2. 22
구분 제1차 회담 어업위원회 제2회 회의
세부항목
작성처 외무성
매수 6
비밀등급 극비
문서종류 회의록
공개구분 공개
내용 제1차 한일회담 어업위원회 제2회 회의기록. 일본이 제1회 회의에서 제시한 협정안에 대한 질의응답이 이루어짐. 한국은 공해상의 자유로운 어업 활동은 무엇인지, 공해상의 자유로운 어업 활동의 보장과 자원보존 및 개발은 국제법 및 국제관습의 어떠한 원칙에 근거한 것인지 질문함. 일본은 상대국으로부터 어떠한 제한도 받지 않는 것이며 공해는 모든 국가에 개방되어 공해 상의 자원보존 및 개발을 위한 제한이나 규제는 평등한 입장에서 이해관계국의 합의를 요한다는 것이 원칙이라고 답변함.
주제어 어업

문서명	어업에 관한 일본정부와 대한민국정부의 협정안 제안 이유 설명(漁業に関する日本国政府と大韓民国政府との間の協定案の提案理由説明)

문서파일번호 983
작성연월일 1952. 2. 20
구분 제1차 회담 어업위원회 제2회 회의
세부항목
작성처 외무성
매수 2
비밀등급 일반
문서종류 회의자료
공개구분 공개
내용 제2회 어업위원회 회의기록 첨부. 1952년 2월 20일 제1차 한일회담 어업위원회 제1회 회의에서 일본이 자신들이 제시한 협정안의 취지에 대해 설명함.
주제어 어업

문서명	한일회담 제2회 어업위원회 회의록(Korea-Japan Conference Summary Record the Second Session of the Fisheries Committee)

문서파일번호	983
작성연월일	1952. 2. 22
구분	제1차 회담 어업위원회 제2회 회의
세부항목	
작성처	한국대표단
매수	2
비밀등급	극비
문서종류	회의록
공개구분	공개
내용	제1차 한일회담 어업위원회 제2회 회의 영문 회의록(한국 작성)
주제어	어업

한일회담 제2회 어업위원회 의사록
(日韓会談第二回漁業委員会議事録)

문서파일번호	984
문서명	한일회담 제2회 어업위원회 의사록(日韓会談第二回漁業委員会議事録)
작성연월일	1952. 2. 22
구분	제1차 회담 어업위원회 제2회 회의
세부항목	
작성처	외무성
매수	22
비밀등급	극비
문서종류	회의록
공개구분	공개
내용	제1차 한일회담 어업위원회 제2회 회의기록
주제어	어업

한일회담 제3회 어업위원회 의사요록
(日韓会談第三回漁業委員会議事要録)

문서파일번호	985
작성연월일	1952. 2. 26
구분	제1차 회담 어업위원회 제3회 회의
세부항목	
작성처	외무성, 한국대표단
매수	12
비밀등급	
문서종류	회의록, 협정안, 내부자료
공개구분	공개
내용	제1차 한일회담 어업위원회 제3회 회의기록
주제어	어업

문서명	한일회담 제3회 어업위원회 의사요록(日韓会談第三回漁業委員会談議事録)

문서파일번호 985
작성연월일 1952. 2. 26
구분 제1차 회담 어업위원회 제3회 회의
세부항목
작성처 외무성
매수 5
비밀등급 극비
문서종류 회의록
공개구분 공개
내용 제1차 한일회담 어업위원회 제3회 회의기록. 일본 협정안에 대한 한국의 질문이 이어짐. 일본의 공해자유의 주장과 한국의 연안국 관할수역, 어업관할권 주장이 대립함.
주제어 어업

문서명	일본은 공해의 자유와 어업자원의 최대한 지속적 생산성의 확보라는 2원칙 안에서 어느 것을 기본으로 삼는가라는 질문에 대한 회답(日本側は公海の自由と漁業資源の最大の持続的生産性の確保との二原則の内いずれを基本とするかの質問に対する回答)

문서파일번호 985
작성연월일 1952. 2. 26
구분 제1차 회담 어업위원회 제3회 회의
세부항목
작성처 외무성
매수 2
비밀등급
문서종류 내부자료
공개구분 공개
내용 제3회 어업위원회 회의기록 첨부1. 1952년 2월 26일 제1차 한일회담 어업위원회 제3회 회의에서 일본이 제출한 발언 요지 문서. 2가지 원칙은 모순되는 것이 아니라 공해자유라는 국제법상의 원칙에 입각해 어업자원의 최대한 지속적 생산성 확보를 꾀해야 함.
주제어 어업

문서명	어업에 관한 일본국정부와 대한민국정부의 협정안(漁業に関する日本国政府と大韓民国政府との間の協定案)

문서파일번호	985
작성연월일	1952. 2. 26
구분	제1차 회담 어업위원회 제3회 회의
세부항목	
작성처	외무성
매수	1
비밀등급	일반
문서종류	협정안
공개구분	공개
내용	제3회 어업위원회 회의기록 첨부2. 일본이 제1차 한일회담 어업위원회 제1회의에서 제시한 어업협정안 전문(前文)
주제어	어업

문서명	한일회담 제3회 어업위원회 회의록(Korea-Japan Conference Summary Record of the Third Session of the Fisheries Committee)

문서파일번호	985
작성연월일	1952. 2. 26
구분	제1차 회담 어업위원회 제3회 회의
세부항목	
작성처	한국대표단
매수	2
비밀등급	극비
문서종류	회의록
공개구분	공개
내용	제1차 한일회담 어업위원회 제3회 회의 영문 회의록(한국 작성)
주제어	어업

문서명	일본은 공해의 자유와 어업자원의 최대한 지속적 생산성의 확보라는 2원칙 안에서 어느 것을 기본으로 삼는가라는 질문에 대한 회답(Reply to the question on which one of the two principles is the Japanese fundamental attitude: the freedom of high seas or the insurance of the maximum sustained productivity of fishery resources)

문서파일번호	985
작성연월일	1952. 2. 26
구분	제1차 회담 어업위원회 제3회 회의
세부항목	
작성처	외무성
매수	2
비밀등급	
문서종류	내부자료
공개구분	공개
내용	제3회 어업위원회 영문 회의록 첨부1. 1952년 2월 26일 제1차 한일회담 어업위원회 제3회 회의에서 일본이 제출한 발언 요지(영문)
주제어	어업

한일회담 제3회 어업위원회 의사록
(日韓会談第三回漁業委員会議事録)

문서파일번호	986
작성연월일	1952. 2. 26
구분	제1차 회담 어업위원회 제3회 회의
세부항목	
작성처	외무성
매수	23
비밀등급	
문서종류	회의록, 내부자료
공개구분	공개
내용	제1차 한일회담 어업위원회 제3회 회의기록
주제어	어업

문서명	한일회담 제3회 어업위원회 의사록(日韓会談第三回漁業委員会議事録)

문서파일번호 986
작성연월일 1952. 2. 26
구분 제1차 회담 어업위원회 제3회 회의
세부항목
작성처 외무성
매수 21
비밀등급 극비
문서종류 회의록
공개구분 공개
내용 제1차 한일회담 어업위원회 제3회 회의기록
주제어 어업

문서명	일본은 공해의 자유와 어업자원의 최대한 지속적 생산성의 확보라는 2원칙 안에서 어느 것을 기본으로 삼는가라는 질문에 대한 회답(日本側は公海の自由と漁業資源の最大の持続的生産性の確保との二原則の内いずれを基本とするかの質問に対する回答)

문서파일번호 986
작성연월일 1952. 2. 26
구분 제1차 회담 어업위원회 제3회 회의
세부항목
작성처 외무성
매수 2
비밀등급 일반
문서종류 내부자료
공개구분 공개
내용 제3회 어업위원회 의사록 첨부1. 1952년 2월 26일 제1차 한일회담 어업위원회 제3회 회의에서 일본이 제출한 발언 요지 문서. 2가지 원칙은 모순되는 것이 아니라 공해자유라는 국제법상의 원칙에 입각해 어업자원의 최대한 지속적 생산성 확보를 꾀해야 함.
주제어 어업

한일회담 제4회 어업위원회 의사요록
(日韓会談第四回漁業委員会議事要録)

문서파일번호	987
작성연월일	1952. 2. 28
구분	제1차 회담 어업위원회 제4회 회의
세부항목	
작성처	외무성, 한국대표단
매수	11
비밀등급	
문서종류	회의록
공개구분	공개
내용	제1차 한일회담 어업위원회 제4회 회의기록
주제어	어업

문서명	한일회담 제4회 어업위원회 의사요록(日韓会談第四回漁業委員会議事要録)

문서파일번호 987
작성연월일 1952. 2. 28
구분 제1차 회담 어업위원회 제4회 회의
세부항목
작성처 외무성
매수 8
비밀등급 극비
문서종류 회의록
공개구분 공개
내용 제1차 한일회담 어업위원회 제4회 회의기록. 전회에 이어 일본이 제출한 한일어업 협정안에 관한 질의응답이 이어짐. 제1조의 정의 관련, 한국은 트롤어업과 기선저인망어업 2종류만 한정한 것은 그 이외의 어법은 제한 받지 않는 것인지에 대해 묻고, 이어 제2조 어업수역의 3해리에 관해서도 질의함.
주제어 어업

문서명	한일회담 제4회 어업위원회 회의록(Korea-Japan Conference Summary Record the Fourth Session of the Fisheries Committee)

문서파일번호 987
작성연월일 1952. 2. 28
구분 제1차 회담 어업위원회 제4회 회의
세부항목
작성처 한국대표단
매수 3
비밀등급 일반
문서종류 회의록
공개구분 공개
내용 제1차 한일회담 어업위원회 제4회 회의 영문 회의록(한국 작성)
주제어 어업

한일회담 제4회 어업위원회 의사록
(日韓会談第四回漁業委員会議事録)

문서파일번호	988
문서명	한일회담 제4회 어업위원회 의사록(日韓会談第四回漁業委員会議事録)
작성연월일	1952. 2. 28
구분	제1차 회담 어업위원회 제4회 회의
세부항목	
작성처	외무성
매수	37
비밀등급	극비
문서종류	회의록
공개구분	공개
내용	제1차 한일회담 어업위원회 제4회 회의기록
주제어	어업

한일회담 제5회 어업위원회 의사요록
(日韓会談第五回漁業委員会議事要録)

문서파일번호	989
작성연월일	1952. 3. 6
구분	제1차 회담 어업위원회 제5회 회의
세부항목	
작성처	외무성
매수	13
비밀등급	
문서종류	회의록
공개구분	공개
내용	제1차 한일회담 어업위원회 제5회 회의기록
주제어	어업

문서명	한일회담 제5회 어업위원회 의사요록(日韓会談第五回漁業委員会議事要録)

문서파일번호 989
작성연월일 1952. 3. 6
구분 제1차 회담 어업위원회 제5회 회의
세부항목
작성처 외무성
매수 8
비밀등급 극비
문서종류 회의록
공개구분 공개
내용 제1차 한일회담 어업위원회 제5회 회의기록. 일본은 1시간에 걸쳐 미일·캐나다 어업조약에 대해 설명, 이 조약은 연안국의 관할권을 인정한 것도 부정한 것도 아니라고 주장함.
주제어 어업

문서명	한일회담 제5회 어업위원회 회의록(Japan-Korea Conference Summary Record of the Fifth Session of the Fisheries Committee)

문서파일번호 989
작성연월일 1952. 3. 6
구분 제1차 회담 어업위원회 제5회 회의
세부항목
작성처 외무성
매수 5
비밀등급 극비
문서종류 회의록
공개구분 공개
내용 제1차 한일회담 어업위원회 제5회 회의 영문 회의록(일본 작성)
주제어 어업

한일회담 제5회 어업위원회 의사록
(日韓会談第五回漁業委員会議事録)

문서파일번호	990
문서명	한일회담 제5회 어업위원회 의사록(日韓会談第五回漁業委員会議事録)
작성연월일	1952. 3. 6
구분	제1차 회담 어업위원회 제5회 회의
세부항목	
작성처	외무성
매수	35
비밀등급	극비
문서종류	회의록
공개구분	공개
내용	제1차 한일회담 어업위원회 제5회 회의기록
주제어	어업

한일회담 제6회 어업위원회 의사요록
(日韓会談第6回漁業委員会議事要録)

문서파일번호	1648
작성연월일	1952. 3. 10
구분	제1차 회담 어업위원회 제6회 회의
세부항목	
작성처	외무성, 한국대표단
매수	10
비밀등급	
문서종류	회의록
공개구분	공개
내용	제1차 한일회담 어업위원회 제6회 회의기록
주제어	어업

문서명	한일회담 제6회 어업위원회 의사요록(日韓会談第6回漁業委員会議事要録)

문서파일번호 1648
작성연월일 1952. 3. 10
구분 제1차 회담 어업위원회 제6회 회의
세부항목
작성처 외무성 아시아국 제2과
매수 6
비밀등급 극비
문서종류 회의록
공개구분 공개
내용 제1차 한일회담 어업위원회 제6회 회의기록. 일본 협정안에 대해 질의응답이 이어짐. 한국은 연안국 어업관할권, 일본은 공해의 자유 주장을 반복함.
주제어 어업

문서명	한일회담 제6회 어업위원회 회의록(Korea-Japan Conference Summary Record of the Sixth Session of the Fisheries Committee)

문서파일번호 1648
작성연월일 1952. 3. 10
구분 제1차 회담 어업위원회 제6회 회의
세부항목
작성처 한국대표단
매수 4
비밀등급 극비
문서종류 회의록
공개구분 공개
내용 제1차 한일회담 어업위원회 제6회 회의 영문 회의록(한국 작성)
주제어 어업

한일회담 제6회 어업위원회 의사록
(日韓会談第六回漁業委員会議事録)

문서파일번호	1649
작성연월일	1952. 3. 10
구분	제1차 회담 어업위원회 제6회 회의
세부항목	
작성처	외무성 아시아국 제2과
매수	30
비밀등급	
문서종류	회의록
공개구분	공개
내용	제1차 한일회담 어업위원회 제6회 회의기록
주제어	어업

문서명	한일회담 제6회 어업위원회 의사록(日韓会談第六回漁業委員会議事録)

문서파일번호 1649
작성연월일 1952. 3. 10
구분 제1차 회담 어업위원회 제6회 회의
세부항목
작성처 외무성 아시아국 제2과
매수 28
비밀등급 극비
문서종류 회의록
공개구분 공개
내용 제1차 한일회담 어업위원회 제6회 회의기록
주제어 어업

문서명	어업회담(제6회)에서 프리토킹의 요령[漁業会談(第六回)におけるフリー·トーキングの要領]

문서파일번호 1649
작성연월일 1952. 3. 10
구분 제1차 회담 어업위원회 제6회 회의
세부항목
작성처 외무성 아시아국 제2과
매수 2
비밀등급 일반
문서종류 회의록
공개구분 공개
내용 1952년 3월 10일 제1차 한일회담 어업위원회 제6회 회의 시 한국 각 위원들이 국내법에 의해 보존조치를 취하더라도 타국은 이것을 존중해야 할 의무가 있다는 발언을 반복, 이에 대해 일본은 공해는 자유이나 어족보존에 관해 관계국 간에 합의가 있으면 그 범위 내에서 제한이 이루어진다고 주장함.
주제어 어업

한일회담 제7회 어업위원회 의사요록
(日韓会談第七回漁業委員会議事要録)

문서파일번호	1650
작성연월일	1952. 3. 13
구분	제1차 회담 어업위원회 제7회 회의
세부항목	
작성처	외무성 아시아국 제2과
매수	9
비밀등급	
문서종류	회의록
공개구분	공개
내용	제1차 한일회담 어업위원회 제7회 회의기록
주제어	어업

문서명	한일회담 제7회 어업위원회 의사요록(日韓会談第七回漁業委員会議事要録)

문서파일번호 1650
작성연월일 1952. 3. 13
구분 제1차 회담 어업위원회 제7회 회의
세부항목
작성처 외무성 아시아국 제2과
매수 5
비밀등급 극비
문서종류 회의록
공개구분 공개
내용 제1차 한일회담 어업위원회 제7회 회의기록. 일본 협정안에 대한 질의응답이 진행됨. 한국의 보존조치 위반 시 벌칙을 포함한 법령 제정에 관한 질문에 일본은 국내 사정이 다르므로 동일한 법령 제정은 적당하지 않다고 답변함. 한일어업공동위원회에 대한 질의응답을 시작함.
주제어 어업

문서명	한일회담 제7회 어업위원회 회의록(Japan-Korea Conference Summary Record of the Seventh Session of the Fisheries Committee)

문서파일번호 1650
작성연월일 1952. 3. 13
구분 제1차 회담 어업위원회 제7회 회의
세부항목
작성처 외무성 아시아국 제2과
매수 4
비밀등급 극비
문서종류 회의록
공개구분 공개
내용 제1차 한일회담 어업위원회 제7회 회의 영문 회의록(일본 작성)
주제어 어업

한일회담 제7회 어업위원회 의사록
(日韓会談第七回漁業委員会議事録)

문서파일번호	1651
문서명	한일회담 제7회 어업위원회 의사록(日韓会談第七回漁業委員会議事録)
작성연월일	1952. 3. 13
구분	제1차 회담 어업위원회 제7회 회의
세부항목	
작성처	외무성 아시아국 제2과
매수	36
비밀등급	극비
문서종류	회의록
공개구분	공개
내용	제1차 한일회담 어업위원회 제7회 회의기록
주제어	어업

한일회담 제8회 어업위원회 의사요록
(日韓会談第八回漁業委員会議事要録)

문서파일번호	1652
작성연월일	1952. 3. 15
구분	제1차 회담 어업위원회 제8회 회의
세부항목	
작성처	외무성, 한국대표단
매수	6
비밀등급	
문서종류	회의록
공개구분	공개
내용	제1차 한일회담 어업위원회 제8회 회의 의사요록
주제어	

문서명	한일회담 제8회 어업위원회 의사요록(日韓会談第八回漁業委員会議事要録)

문서파일번호 1652
작성연월일 1952. 3. 15
구분 제1차 회담 어업위원회 제8회 회의
세부항목
작성처 외무성 아시아국 제2과
매수 3
비밀등급 극비
문서종류 회의록
공개구분 공개
내용 제1차 한일회담 어업위원회 제8회 회의기록. 한일어업위원회의 임무와 해난 규정에 관한 질의응답이 이루어짐. 이번 회의에서 일본 협정안에 대한 질의를 끝내고 다음 회의 때 한국이 대안을 제출하기로 함.
주제어 어업

문서명	한일회담 제8회 어업위원회 회의록안(Draft Korea-Japan Conference Summary Record of the Eighth Session of the Fisheries Committee)

문서파일번호 1652
작성연월일 1952. 3. 15
구분 제1차 회담 어업위원회 제8회 회의
세부항목
작성처 한국대표단
매수 3
비밀등급 일반
문서종류 회의록
공개구분 공개
내용 제1차 한일회담 어업위원회 제8회 회의 영문 회의록(한국 작성)
주제어 어업

한일회담 제8회 어업위원회 의사록
(日韓会談第八回漁業委員会議事録)

문서파일번호	1653
문서명	한일회담 제8회 어업위원회 의사록(日韓会談第八回漁業委員会議事録)
작성연월일	1952. 3. 15
구분	제1차 회담 어업위원회 제8회 회의
세부항목	
작성처	외무성 아시아국 제2과
매수	25
비밀등급	극비
문서종류	회의록
공개구분	공개
내용	제1차 한일회담 어업위원회 제8회 회의기록
주제어	어업

한일회담 제9회 어업위원회 의사요록
(日韓会談第九回漁業委員会議事要録)

문서파일번호	1654
작성연월일	1952. 3. 20 - 1952. 3. 24
구분	제1차 회담 어업위원회 제9회 회의
세부항목	
작성처	외무성, 한국대표단
매수	43
비밀등급	
문서종류	회의록, 협정안, 내부자료
공개구분	공개
내용	제1차 한일회담 어업위원회 제9회 회의기록과 관련 문서 모음
주제어	어업

문서명	한일회담 제9회 어업위원회 의사요록(日韓会談第九回漁業委員会議事要録)

문서파일번호 1654
작성연월일 1952. 3. 20
구분 제1차 회담 어업위원회 제9회 회의
세부항목
작성처 외무성 아시아국 제2과
매수 3
비밀등급 극비
문서종류 회의록
공개구분 공개
내용 제1차 한일회담 어업위원회 제9회 회의기록. 한국이 일본 협정안에 대한 대안을 제출하고, 그 이유를 설명함. 일본이 한국의 협정안에 대한 태도를 일체 보류한다고 표명하자, 한국은 그렇다면 이 이상 논의할 수 없다며 퇴장하겠다고 함.
주제어 어업

문서명	어업에 관한 대한민국정부와 일본정부의 협정안(한국안)[漁業に関する大韓民国政府と日本国政府の協定案(韓国側案)]

문서파일번호 1654
작성연월일 1952. 3. 20
구분 제1차 회담 어업위원회 제9회 회의
세부항목
작성처 외무성 아시아국 제2과
매수 17
비밀등급 극비
문서종류 협정안
공개구분 공개
내용 제9회 어업위원회 회의기록 첨부1. 1952년 3월 20일제1차 한일회담 어업위원회 제9회 회의에서 한국이 제출한 어업 문제에 관한 협정안(한국안을 일본이 번역한 문서)
주제어 어업

문서명	어업에 관한 대한민국정부와 일본정부의 협정안 제안 이유 설명(漁業に関する大韓民国政府と日本国政府の協定案の提案理由説明)

문서파일번호 1654
작성연월일 1952. 3. 20
구분 제1차 회담 어업위원회 제9회 회의
세부항목
작성처 외무성 아시아국 제2과
매수 3
비밀등급 극비
문서종류 내부자료
공개구분 공개
내용 제9회 어업위원회 회의기록 첨부2. 1952년 3월 20일 제1차 한일회담 어업위원회 제9회 회의에서 한국이 제출한 어업 문제에 관한 협정안에 대한 제안 설명
주제어 어업

문서명	제4회 본회의에서 어업위원회의 보고(第四回本会議における漁業委員会の報告)

문서파일번호 1654
작성연월일 1952. 3. 24
구분 제1차 회담 어업위원회 제9회 회의
세부항목
작성처 외무성 아시아국 제2과
매수 1
비밀등급 일반
문서종류 회의보고서
공개구분 공개
내용 제9회 어업위원회 회의기록 첨부3. 제1차 한일회담 제4회 본회의 제출용 어업위원회 회의 경과보고서. 제1~9회 회의 결과가 요약 정리됨.
주제어 어업

문서명	한일회담 제9회 어업위원회 회의록(Draft Japan-Korea Conference Summary Record of the Ninth Session of the Fisheries Committee)

문서파일번호 1654
작성연월일 1952. 3. 20
구분 제1차 회담 어업위원회 제9회 회의
세부항목
작성처 외무성 아시아국 제2과
매수 2
비밀등급 극비
문서종류 회의록
공개구분 공개
내용 제1차 한일회담 어업위원회 제9회 회의 영문 회의록(일본 작성)
주제어 어업

문서명	어업에 관한 대한민국정부와 일본정부의 협정안 제안 이유 설명(Explanation of the Reasons for Proposal of the Draft Agreement for Fisheries between the Government of the Republic of Korea and the Government of Japan)

문서파일번호 1654
작성연월일 1952. 3. 20
구분 제1차 회담 어업위원회 제9회 회의
세부항목
작성처 한국대표단
매수 3
비밀등급 극비
문서종류 내부자료
공개구분 공개
내용 제9회 어업위원회 영문 회의록 첨부1. 1952년 3월 20일 제1차 한일회담 어업위원회 제9회 회의에서 어업협정안 제출에 대한 한국의 설명 문서(영문)
주제어 어업

문서명	어업에 관한 대한민국정부와 일본정부의 협정안(Proposed Agreement for Fisheries between the Government of the Republic of Korea and the Government of Japan)

문서파일번호 1654

작성연월일 1952. 3. 20

구분 제1차 회담 어업위원회 제9회 회의

세부항목

작성처 한국대표단

매수 14

비밀등급 극비

문서종류 협정안

공개구분 공개

내용 제9회 어업위원회 영문 회의록 첨부2. 1952년 3월 20일 제1차 한일회담 어업위원회 제9회 회의에서 한국정부가 제출한 어업 문제에 관한 협정안의 영문

주제어 어업

한일회담 제9회 어업위원회 의사록
(日韓会談第九回漁業委員会議事録)

문서파일번호	1655
작성연월일	1952. 3. 20 - 1952. 3. 24
구분	제1차 회담 어업위원회 제9회 회의
세부항목	
작성처	외무성, 한국대표단
매수	38
비밀등급	
문서종류	회의록, 내부자료, 협정안
공개구분	공개
내용	1952년 3월 20일 제1차 한일회담 어업위원회 제9회 회의기록과 관련 문서 모음
주제어	어업

문서명	한일회담 제9회 어업위원회 의사록(日韓会談第九回漁業委員会議事録)

문서파일번호 1655
작성연월일 1952. 3. 20
구분 제1차 회담 어업위원회 제9회 회의
세부항목
작성처 외무성 아시아국 제2과
매수 6
비밀등급 극비
문서종류 회의록
공개구분 공개
내용 제1차 한일회담 어업위원회 제9회 회의기록
주제어 어업

문서명	제4차 본회의에서의 어업위원회 보고(第四回本会議における漁業委員会の報告)

문서파일번호 1655
작성연월일 1952. 3. 24
구분 제1차 회담 어업위원회 제9회 회의
세부항목
작성처 외무성 아시아국 제2과
매수 1
비밀등급 일반
문서종류 내부자료
공개구분 공개
내용 제1차 한일회담 제4회 본회의 제출용 어업위원회 회의 경과보고서. 제1~9회 회의 결과를 정리함.
주제어 어업

문서명	어업에 관한 대한민국정부와 일본정부의 협정안 제안 이유 설명(漁業에關한大韓民國政府와日本國政府와의協定案의提案理由說明)

문서파일번호 1655
작성연월일 1952. 3. 20
구분 제1차 회담 어업위원회 제9회 회의
세부항목
작성처 한국대표단
매수 3
비밀등급 일반
문서종류 내부자료
공개구분 공개
내용 한일회담 제9회 어업위원회 의사록 첨부1. 1952년 3월 20일 제1차 한일회담 어업위원회 제9회 회의에서 한국이 제출한 어업 문제에 관한 협정안 제안 설명 한글본
주제어 어업

문서명	어업에 관한 대한민국정부와 일본정부의 협정안 제안 이유 설명(漁業に関する大韓民国政府と日本国政府の協定案の提案理由説明)

문서파일번호 1655
작성연월일 1952. 3. 20
구분 제1차 회담 어업위원회 제9회 회의
세부항목
작성처 외무성 아시아국 제2과
매수 3
비밀등급 극비
문서종류 내부자료
공개구분 공개
내용 한일회담 제9회 어업위원회 의사록 첨부2. 1952년 3월 20일 제1차 한일회담 어업위원회 제9회 회의에서 한국이 제출한 어업 문제에 관한 협정안 제안 설명 일문 번역본
주제어 어업

문서명	어업에 관한 대한민국정부와 일본정부의 협정안 제안 이유 설명(Explanation of the Reasons for Proposal of the Draft Agreement for Fisheries between the Government of the Republic of Korea and the Government of Japan)

문서파일번호 1655
작성연월일 1952. 3. 20
구분 제1차 회담 어업위원회 제9회 회의
세부항목
작성처 한국대표단
매수 3
비밀등급 극비
문서종류 내부자료
공개구분 공개
내용 한일회담 제9회 어업위원회 의사록 첨부3. 1952년 3월 20일 제1차 한일회담 어업위원회 제9회 회의에서 한국이 제출한 어업 문제에 관한 협정안 제안 설명(영문)
주제어 어업

문서명	어업에 관한 대한민국정부와 일본정부의 협정안(한국안)[漁業에関한大韓民国政府와日本国政府의協定案(韓國側案)]

문서파일번호 1655
작성연월일 1952. 3. 20
구분 제1차 회담 어업위원회 제9회 회의
세부항목
작성처 한국대표단
매수 22
비밀등급
문서종류 협정안
공개구분 공개
내용 1952년 3월 20일 제1차 한일회담 어업위원회 제9회 회의에서 한국이 제출한 어업 문제에 관한 협정안 한글본
주제어 어업

한일어업협정에 관한 한국의 대안 골자
(日韓漁業協定に関する韓国側対案の骨子)

문서파일번호	898
문서명	한일어업협정에 관한 한국의 대안 골자(日韓漁業協定に関する韓国側対案の骨子)
작성연월일	1952. 3. 21
구분	제1차 회담
세부항목	한국 어업협정안 골자
작성처	외무성
매수	3
비밀등급	극비
문서종류	내부문서
공개구분	공개
내용	제1차 한일회담 어업위원회 제9회 회의(1952년 3월 20일)에 제출된 한국 어업협정안의 골자. 한국 협정안의 3원칙(상대국 어업관할권 존중, 어업자원의 보존과 개발에 관한 공동조치 결정, 권위 있는 국제공동위원회 설치)과 ① 영수(領水) ② 관할수역 ③ 협정수역 ④ 보존조치 ⑤ 위원회 규정 등이 포함되어 있음.
주제어	어업

한일회담 제10회 어업위원회 의사요록
(日韓会談第十回漁業委員会議事要録)

문서파일번호	1656
작성연월일	1952. 3. 27
구분	제1차 회담 어업위원회 제10회 회의
세부항목	
작성처	외무성, 한국대표단
매수	9
비밀등급	
문서종류	회의록
공개구분	공개
내용	제1차 한일회담 어업위원회 제10회 회의기록
주제어	어업

문서명	한일회담 제10회 어업위원회 의사요록(日韓会談第十回漁業委員会議事要録)

문서파일번호 1656
작성연월일 1952. 3. 27
구분 제1차 회담 어업위원회 제10회 회의
세부항목
작성처 외무성 아시아국 제2과
매수 6
비밀등급 극비
문서종류 회의록
공개구분 공개
내용 제1차 한일회담 어업위원회 제10회 회의기록. 한국 협정안의 연안국 어업관할권과 보존조치를 중심으로 질의응답이 이루어졌음. 한일 양국의 주장이 대립함.
주제어 어업

문서명	한일회담 제10회 어업위원회 회의록(Draft Korea-Japan Conference Summary Record of the Tenth Session of the Fisheries Committee)

문서파일번호 1656
작성연월일 1952. 3. 27
구분 제1차 회담 어업위원회 제10회 회의
세부항목
작성처 한국대표단
매수 3
비밀등급 일반
문서종류 회의록
공개구분 공개
내용 제1차 한일회담 어업위원회 제10회 회의 영문 회의록(한국 작성)
주제어 어업

한일회담 제10회 어업위원회 의사록
(日韓会談第十回漁業委員会議事録)

문서파일번호	1657
문서명	한일회담 제10회 어업위원회 의사록(日韓会談第十回漁業委員会議事録)
작성연월일	1952. 3. 27
구분	제1차 회담 어업위원회 제10회 회의
세부항목	
작성처	외무성 아시아국 제2과
매수	20
비밀등급	극비
문서종류	회의록
공개구분	공개
내용	제1차 한일회담 어업위원회 제10회 회의기록
주제어	어업

마쓰모토 전권이 양 전권에게 이야기하고 싶은 사항(어업관계)[松本全権から梁全権に申し入れて頂きたい事項(漁業関係)]

문서파일번호	899
문서명	마쓰모토 전권이 양 전권에게 이야기하고 싶은 사항(어업관계)[松本全権から梁全権に申し入れて頂きたい事項(漁業関係)]
작성연월일	1952. 3. 27
구분	제1차 회담
세부항목	어업교섭 일본 입장
작성처	외무성 시마 참사관
매수	3
비밀등급	일반
문서종류	내부문서
공개구분	공개
내용	마쓰모토 일본 수석대표가 양유찬 한국 수석대표에게 어업과 관련하여 하고 싶은 이야기를 정리한 문서(수산청 장관, 차장과 협의하기 위한 자료). 한국 제안은 어업관할권과 관할수역을 기초로 하고 있어 한국이 이 제안을 고수하는 한 타결은 기대하기 어려움. 보존조치는 어디까지나 과학적 근거가 있어야 하고 공동의 것이어야 함. 이에 한국이 동의한다면 원칙론에서 벗어나 보존조치에 관한 구체적 논의를 진행할 수 있음.
주제어	어업

한일회담 제11회 어업위원회 의사요록
(日韓会談第11回漁業委員会議事要錄)

문서파일번호	149
작성연월일	1952. 3. 31
구분	제1차 회담 제11회 어업위원회
세부항목	
작성처	외무성
매수	8
비밀등급	
문서종류	회의록, 회의보고서
공개구분	공개
내용	제1차 한일회담 제11회 어업위원회 회의기록
주제어	어업

문서명	한일회담 제11회 어업위원회 의사요록(日韓会談第十一回漁業委員会議事要録)

문서파일번호 149
작성연월일 1952. 3. 31
구분 제1차 회담 제11회 어업위원회
세부항목
작성처 외무성
매수 2
비밀등급 극비
문서종류 회의록
공개구분 공개
내용 제1차 한일회담 제11회 어업위원회 회의기록. 4월 2일의 한일회담 본회의에 제출할 어업위원회 보고서에 대해 논의함.
주제어 어업

문서명	한일회담 본회의에 대한 어업위원회의 공동보고(안)[日韓会談本会議に対する漁業委員会の共同報告(案)]

문서파일번호 149
작성연월일 1952. 3. 31
구분 제1차 회담 제11회 어업위원회
세부항목
작성처 외무성
매수 1
비밀등급 극비
문서종류 회의보고서
공개구분 공개
내용 제11회 어업위원회 회의기록 첨부1. 제1차 한일회담 본회의에 보고하기 위해 작성한 어업위원회 공동보고서안
주제어 어업

문서명	기(記)

문서파일번호 149
작성연월일 1952. 3. 31
구분 제1차 회담 제11회 어업위원회
세부항목
작성처 외무성
매수 1
비밀등급 극비
문서종류 회의보고서
공개구분 공개
내용 제11회 어업위원회 회의기록 첨부2. 제1차 한일회담 어업위원회 본회의 보고 자료의 추가 부분
주제어 어업

문서명	한일회담 제11회 어업위원회 회의록(Japan-Korea Conference Summary Record of the 11th Session of Fisheries Committee)

문서파일번호 149
작성연월일 1952. 3. 31
구분 제1차 회담 제11회 어업위원회
세부항목
작성처 외무성
매수 2
비밀등급 극비
문서종류 회의록
공개구분 공개
내용 제1차 한일회담 제11회 어업위원회 영문 회의록(일본 작성)
주제어 어업

문서명	한일회담 본회의에 대한 어업위원회의 공동보고(안)(Joint Report of the Fisheries Committee to the Plenary Session of Japan-Korea Conference)

문서파일번호 149
작성연월일 1952. 3. 31
구분 제1차 회담 제11회 어업위원회
세부항목
작성처 외무성
매수 1
비밀등급 극비
문서종류 회의보고서
공개구분 공개
내용 한일회담 제11회 어업위원회 영문 회의록 첨부1. 제1차 한일회담 본회의 공동보고서안(영문)
주제어 어업

문서명	제목 없음

문서파일번호 149
작성연월일 1952. 3. 31
구분 제1차 회담 제11회 어업위원회
세부항목
작성처 외무성
매수 1
비밀등급 극비
문서종류 회의보고서
공개구분 공개
내용 한일회담 제11회 어업위원회 영문 회의록 첨부2. 제1차 한일회담 본회의 공동보고서안 추가 부분(영문)
주제어 어업

한일회담 제11회 어업위원회 의사록
(日韓会談第11回漁業委員会議事録)

문서파일번호	150
작성연월일	1952. 3. 31
구분	제1차 회담 제11회 어업위원회
세부항목	
작성처	외무성
매수	15
비밀등급	
문서종류	회의록, 회의 보고서
공개구분	공개
내용	제1차 한일회담 제11회 어업위원회 회의기록
주제어	어업

문서명	한일회담 제11회 어업위원회 의사록(日韓会談第十一回漁業委員会議事録)

문서파일번호 150
작성연월일 1952. 3. 31
구분 제1차 회담 제11회 어업위원회
세부항목
작성처 외무성
매수 14
비밀등급 극비
문서종류 회의록
공개구분 공개
내용 제1차 한일회담 제11회 어업위원회 회의기록
주제어 어업

문서명	한일회담에 대한 어업위원회의 공동보고(안)[日韓会談本会議に対する漁業委員会の共同報告(案)]

문서파일번호 150
작성연월일 1952. 3. 31
구분 제1차 회담 제11회 어업위원회
세부항목
작성처 외무성
매수 1
비밀등급 극비
문서종류 회의보고서
공개구분 공개
내용 제1차 한일회담 어업위원회의 본회의 보고서를 1장으로 정리한 문서
주제어 어업

한일회담 제12회 어업위원회 의사요록
(日韓会談第12回漁業委員会議事要録)

문서파일번호	151
작성연월일	1952. 4. 7
구분	제1차 회담 제12회 어업위원회
세부항목	
작성처	외무성, 한국대표단
매수	13
비밀등급	
문서종류	회의록
공개구분	공개
내용	제1차 한일회담 제12회 어업위원회 회의기록
주제어	어업

문서명	한일회담 제12회 어업위원회 의사요록(日韓会談第十二回漁業委員会議事要録)

문서파일번호 151
작성연월일 1952. 4. 7
구분 제1차 회담 제12회 어업위원회
세부항목
작성처 외무성
매수 6
비밀등급 극비
문서종류 회의록
공개구분 공개
내용 제1차 한일회담 제12회 어업위원회 회의기록. 한국 협정안의 어업관할권에 대한 질의응답이 이루어짐. 한국이 어업관할권은 양국이 지리적으로 근접해 있어 어업분쟁의 원인을 제거하기 위한 것이라고 설명하자 일본은 관할권이 아닌 쌍방의 합의에 의한 조치로 충분하다며 관할권의 선례에 대해 질문함. 이에 대해 한국이 북대서양어업조약, 미일캐나다어업조약, 트루먼선언 등 7가지를 열거하자 일본이 차례로 반론함.
주제어 어업

문서명	한일회담 제12회 어업위원회 회의록(Draft Korea-Japan Conference Summary Record of the 12th Session of the Fisheries Committee)

문서파일번호 151
작성연월일 1952. 4. 7
구분 제1차 회담 제12회 어업위원회
세부항목
작성처 한국대표단
매수 7
비밀등급 극비
문서종류 회의록
공개구분 공개
내용 제1차 한일회담 제12회 어업위원회 회의 회의기록 영문(한국 작성)
주제어 어업

한일회담 제12회 어업위원회 의사록
(日韓会談第12回漁業委員会議事録)

문서파일번호	152
문서명	한일회담 제12회 어업위원회 의사록(日韓会談第12回漁業委員会議事録)
작성연월일	1952. 4. 7
구분	제1치 회담 제12회 어업위원회
세부항목	
작성처	외무성
매수	32
비밀등급	극비
문서종류	회의록
공개구분	공개
내용	제1차 한일회담 제12회 어업위원회 회의기록
주제어	어업

한일회담 제13회 어업위원회 의사요록
(日韓会談第13回漁業委員会議事要録)

문서파일번호	153
작성연월일	1952. 4. 10
구분	제1차 회담 제13회 어업위원회
세부항목	
작성처	외무성
매수	10
비밀등급	
문서종류	회의록
공개구분	공개
내용	제1차 한일회담 제13회 어업위원회 회의기록
주제어	어업

문서명	한일회담 제13회 어업위원회 의사요록(日韓会談第十三回漁業委員会議事要録)

문서파일번호 153
작성연월일 1952. 4. 10
구분 제1차 회담 제13회 어업위원회
세부항목
작성처 외무성
매수 6
비밀등급 극비
문서종류 회의록
공개구분 공개
내용 제1차 한일회담 제13회 어업위원회 회의기록. 전회에 이어 계속해서 어업관할권에 대한 질의응답이 이어짐.
주제어 어업

문서명	한일회담 제13회 어업위원회 회의록(Japan-Korea Conference Summary Record of the 13th Session of the Fisheries Committee)

문서파일번호 153
작성연월일 1952. 4. 10
구분 제1차 회담 제13회 어업위원회
세부항목
작성처 외무성
매수 4
비밀등급 극비
문서종류 회의록
공개구분 공개
내용 제1차 한일회담 제13회 어업위원회 회의 영문 회의록(일본 작성)
주제어 어업

한일회담 제13회 어업위원회 의사록
(日韓会談第13回漁業委員会議事録)

문서파일번호	154
문서명	한일회담 제13회 어업위원회 의사록(日韓会談第13回漁業委員会議事録)
작성연월일	1952. 4. 10
구분	제1차 회담 제13회 어업위원회
세부항목	
작성처	외무성
매수	34
비밀등급	극비
문서종류	회의록
공개구분	공개
내용	제1차 한일회담 제13회 어업위원회 회의기록
주제어	어업

어업교섭에 관한 수산청 내부협의회
(漁業交渉に関して水産庁との打合会)

문서파일번호	901
작성연월일	1952. 4. 14 - 1952. 4. 16
구분	제1차 회담
세부항목	어업교섭 관련 외무성·수산청 협의
작성처	외무성
매수	12
비밀등급	
문서종류	회의록, 내부문서
공개구분	공개
내용	한일어업교섭과 관련한 외무성·수산청 협의 기록
주제어	어업

문서명	어업교섭에 관한 수산청 내부협의회(漁業交渉に関して水産庁との打合会)

문서파일번호 901
작성연월일 1952. 4. 14
구분 제1차 회담
세부항목 어업교섭 관련 외무성·수산청 협의
작성처 외무성
매수 2
비밀등급
문서종류 회의록
공개구분 공개
내용 외무성·수산청 협의회. 제14회 어업위원회 회의(4월 17일 예정)에서 한국에 설명해야 하는 일본대표의 견해를 별지로 정리함.
주제어 어업

문서명	한일어업회담 내부협의회 건(日韓漁業会談の打合に関する件)

문서파일번호 901
작성연월일 1952. 4. 16
구분 제1차 회담
세부항목 어업교섭 관련 외무성·수산청 협의
작성처 외무성 조약1과
매수 2
비밀등급 극비
문서종류 회의록
공개구분 공개
내용 1952년 4월 16일 외무성과 수산청이 제14회 한일어업회담에 앞서 일본의 태도에 대해 협의한 것을 다음과 같이 정리함. ① 한국의 '어업관할권'에 대해 별지(1)을 제출하여 요점을 재확인 ② 동시에 한국 제안에 대하여 별지(2)의 일본 견해를 통해 설명하고 진척상황을 보며 필요한 조치를 취할 것
주제어 어업

문서명	제목 없음

문서파일번호	901
작성연월일	1952. 4. 16
구분	제1차 회담
세부항목	어업교섭 관련 외무성·수산청 협의회
작성처	외무성
매수	8
비밀등급	극비
문서종류	내부문서
공개구분	공개
내용	한일회담 어업위원회에서 한국이 제출한 어업협정안 중 어업관할권에 대한 한국의 설명을 정리한 자료(별지 1). ① 어업관할권은 인류 공통의 이익을 지키기 위한 것 ② 어업관할권은 국내법상 단속규제의 제정 및 대외선언을 그 형식으로 한다는 점 ③ 어업관할권은 어업자원이 고갈되어 보존조치가 취해지는 실질적인 성립요건이 됨 ④ 관할수역에 있어서 행사하는 어업관할권은 어업에 한정된 것 ⑤ 어업관할권은 연안국이 가져야 한다는 점 등이 수록됨.
주제어	어업

문서명	한국대표의 '어업관할권' 주장에 대한 일본대표 견해(韓國代表の「漁業管轄權」の主張に對する日本代表の見解)

문서파일번호	901
작성연월일	1952. 4. 16
구분	제1차 회담
세부항목	어업교섭 관련 외무성·수산청 협의
작성처	외무성
매수	8
비밀등급	극비
문서종류	내부문서
공개구분	공개
내용	한일회담 어업위원회에서 한국이 제출한 어업협정안 중 어업관할권에 대한 한국 주장에 대해 일본의 견해를 국제법 실례를 들어 정리한 문서. 일본대표 입장에서는 국제법, 어업자원의 실태, 분쟁 방지 등에 의해 절대로 동의할 수 없음. ① 어업관할권의 주장이 국제법적으로 승인되는 실례로서 한국은 일본·미국·캐나다 조약 등을 근거로 주장하고 있음. 이러한 실례에 대하여 일본의 견해는 제12회 회의에서 상술한 바대로 경우가 다르다는 점 ② 해양자원 이용에 관해서는 1951년 7월 유엔국제법위원회의 공식보고로서 채택된 국제법전안(國際法典案)에 의해 어업자원 보호를 위한 관리를 강조 ③ 분쟁 방지 차원에서 보아도 일방적인 어업관할권이란 부자연스런 경계선을 설정하게 될 뿐이라는 입장임.
주제어	어업

한일회담 제14회 어업위원회 의사요록
(日韓会談第14回漁業委員会議事要録)

문서파일번호	155
작성연월일	1952. 4. 17
구분	제1차 회담 제14회 어업위원회
세부항목	
작성처	외무성, 한국대표단
매수	7
비밀등급	
문서종류	회의록, 내부자료
공개구분	공개
내용	제1차 한일회담 제14회 어업위원회 회의기록
주제어	어업

문서명	한일회담 제14회 어업위원회 의사요록(日韓会談第十四回漁業委員会議事要録)

문서파일번호 155
작성연월일 1952. 4. 17
구분 제1차 회담 제14회 어업위원회
세부항목
작성처 외무성
매수 1
비밀등급 극비
문서종류 회의록
공개구분 공개
내용 제1차 한일회담 제14회 어업위원회 회의기록. 일본은 어업관할권에 대한 한국의 답변을 정리한 서면을 제출하고 한국이 주장하는 관할권에 대한 일본의 이해가 맞는지 질문, 한국은 이 문서의 내용을 검토키로 함.
주제어 어업

문서명	제목 없음

문서파일번호 155
작성연월일 1952. 4. 17
구분 제1차 회담 제14회 어업위원회
세부항목
작성처 외무성
매수 1
비밀등급 극비
문서종류 내부자료
공개구분 공개
내용 제1차 한일회담 제14회 어업위원회 회의기록 별첨자료. 한국 어업협정안의 어업관할권에 대한 한국의 답변(설명) 내용을 일본이 정리하여 제4회 어업위원회 회의에서 한국에 제시한 자료
주제어 어업

문서명	한일회담 제14회 어업위원회 회의록(Korea-Japan Conference Summary Record of the 14th Session of the Fisheries Committee)

문서파일번호	155
작성연월일	1952. 4. 17
구분	제1차 회담 제14회 어업위원회
세부항목	
작성처	한국대표단
매수	2
비밀등급	극비
문서종류	회의록
공개구분	공개
내용	제1차 한일회담 제14회 어업위원회 회의 영문 회의록(한국 작성)
주제어	어업

문서명	한국이 주장하는 '어업관할권'에 관하여(Concerning the "Jurisdiction over Fisheries" Claimed by Korea)

문서파일번호	155
작성연월일	1952. 4. 17
구분	제1차 회담 제14회 어업위원회
세부항목	
작성처	외무성
매수	2
비밀등급	극비
문서종류	회의자료
공개구분	공개
내용	일본이 제14회 어업위원회 회의에서 제출한 한국의 어업관할권 설명 내용이 담긴 문서의 영문 번역본
주제어	어업

한일회담 제14회 어업위원회 의사록
(日韓会談第14回漁業委員会議事録)

문서파일번호	156
작성연월일	1952. 4. 17
구분	제1차 회담 제14회 어업위원회
세부항목	
작성처	외무성
매수	12
비밀등급	
문서종류	회의록, 내부자료
공개구분	공개
내용	제1차 한일회담 제14회 어업위원회 회의기록
주제어	어업

문서명	한일회담 제14회 어업위원회 의사록(日韓会談第十四回漁業委員会議事録)

문서파일번호 156
작성연월일 1952. 4. 17
구분 제1차 회담 제14회 어업위원회
세부항목
작성처 외무성
매수 11
비밀등급 극비
문서종류 회의록
공개구분 공개
내용 제1차 한일회담 제14회 어업위원회 회의기록
주제어 어업

문서명	제목 없음

문서파일번호 156
작성연월일 1952. 4. 17
구분 제1차 회담 제14회 어업위원회
세부항목
작성처 외무성
매수 1
비밀등급 극비
문서종류 내부자료
공개구분 공개
내용 한일회담 제14회 어업위원회 회의 첨부자료. 한국이 어업관할권에 관하여 설명한 내용을 일본이 정리한 문서
주제어 어업

한일회담 제15회 어업위원회 의사요록
(日韓会談第15回漁業委員会議事要録)

문서파일번호	157
작성연월일	1952. 4. 21
구분	제1차 회담 제15회 어업위원회
세부항목	
작성처	외무성
매수	10
비밀등급	
문서종류	회의록, 내부자료
공개구분	공개
내용	제1차 한일회담 제15회 어업위원회 회의기록
주제어	어업

문서명	한일회담 제15회 어업위원회 의사요록(日韓会談第十五回漁業委員会議事要録)

문서파일번호 157
작성연월일 1952. 4. 21
구분 제1차 회담 제15회 어업위원회
세부항목
작성처 외무성
매수 3
비밀등급 극비
문서종류 회의록
공개구분 공개
내용 제1차 한일회담 제15회 어업위원회 회의기록. 한국 임 대표의 부재로 일본이 한국의 협정안에 대한 질의를 서면으로 제출함.
주제어 어업

문서명	한일어업협정에 관한 한국 제안에 대한 일본의 질문사항(日韓漁業協定についての韓国側提案に対する質問事項)

문서파일번호 157
작성연월일 1952. 4. 21
구분 제1차 회담 제15회 어업위원회
세부항목
작성처 외무성
매수 3
비밀등급 극비
문서종류 내부자료
공개구분 공개
내용 제15회 어업위원회 회의기록 첨부자료. 한일어업협정 한국 제안에 관한 일본의 질문사항이 담긴 문서. ① 어업자원의 최대한 지속적 생산성에 대한 구체적 설명 ② 국제법 및 국제관습에 근거한 권리 및 의무 ③ 어업관할권의 기초와 보존조치의 구체적 내용 ④ 관할수역의 결정기준과 보존조치의 관계 ⑤ '평등한 입장에서 필요한 공동조치를 취한다'의 구체적 설명 ⑥ 보존조치에 대한 구체적 설명
주제어 어업

문서명	한일회담 제15회 어업위원회 회의록(Japan-Korea Conference Summary Record of the 15th Session of the Fisheries Committee)

문서파일번호 157
작성연월일 1952. 4. 21
구분 제1차 회담 제15회 어업위원회
세부항목
작성처 외무성
매수 2
비밀등급 극비
문서종류 회의록
공개구분 공개
내용 제1차 한일회담 제15회 어업위원회 회의 영문 회의록(일본 작성)
주제어 어업

문서명	한일어업협정에 관한 한국 제안에 대한 일본의 질문사항(Questionnaire concerning the Korean Draft of Japan-Korea Fisheries Agreement)

문서파일번호 157
작성연월일 1952. 4. 21
구분 제1차 회담 제15회 어업위원회
세부항목
작성처 외무성
매수 2
비밀등급 극비
문서종류 내부자료
공개구분 공개
내용 제15회 어업위원회 영문 회의록 첨부자료. 한일어업협정에 대한 일본의 서면 질의 영문
주제어 어업

한일회담 제15회 어업위원회 의사록
(日韓会談第15回漁業委員会議事録)

문서파일번호	158
문서명	한일회담 제15회 어업위원회 의사록(日韓会談第15回漁業委員会議事録)
작성연월일	1952. 4. 21
구분	제1차 회담 제15회 어업위원회
세부항목	
작성처	외무성
매수	21
비밀등급	극비
문서종류	회의록
공개구분	공개
내용	제1차 한일회담 제15회 어업위원회 회의기록
주제어	어업

한일어업공동에 관한 일본국정부와 대한민국정부의 협정안(日韓漁業共同委員会に関する日本国政府と大韓民国政府との間の協定案)

문서파일번호	903
문서명	한일어업공동위원회에 관한 일본국정부와 대한민국정부의 협정안(日韓漁業共同委員会に関する日本国政府と大韓民国政府との間の協定案)
작성연월일	1952. 7. 19
구분	제1~2차 회담 사이
세부항목	한일어업공동위원회 설치 협정안
작성처	외무성 조약국 제1과
매수	13
비밀등급	일반
문서종류	협정안
공개구분	공개
내용	외무성 조약국이 작성한 '한일어업공동위원회 설치에 관한 한일협정안'
주제어	어업

나포 사건 대책에 관한 지령
(拿捕事件対策に関する指令)

문서파일번호	902
작성연월일	1952. 5. 20 - 1952. 5. 23
구분	제1~2차 회담 사이
세부항목	어신 나포 대책
작성처	운수대신, 총리대신, 해상보안청
매수	8
비밀등급	
문서종류	공문, 내부문서
공개구분	공개
내용	일본어선의 나포에 대한 해상보안청의 대책을 각의에서 심의 후 그 내용에 관해 총리가 지령을 내리는 공문과 대책 내용이 담긴 문서
주제어	어선 나포 대책

문서명	운수대신의 각의요청(運輸大臣の閣議要請)

문서파일번호 902
작성연월일 1952. 5. 20
구분 제1~2차 회담 사이
세부항목 어선 나포 대책 각의 심의 요청
작성처 운수대신
매수 1
비밀등급 일반
문서종류 공문
공개구분 공개
내용 공해상에서 조업하는 일본어선의 어업질서를 유지하고 이에 병행해 어선을 보호할 필요가 있어 나포 사건에 대한 대책을 강구하기 위해 각의를 요구한다는 운수대신의 1952년 5월 20일 자 총리대신 앞 공문
주제어 어업

문서명	총리대신의 지령하달(總理大臣の指令下達)

문서파일번호 902
작성연월일 1952. 5. 23
구분 제1~2차 회담 사이
세부항목 어선 나포 대책 각의 심의 결정
작성처 요시다 총리대신
매수
비밀등급 일반
문서종류 공문
공개구분 공개
내용 운수대신의 각의 요청에 대해 각의 심의대로 지령한다는 1952년 5월 23일 자 총리대신 명의 공문
주제어 어업

문서명	나포 사건 대책(拿捕事件対策)

문서파일번호 902
작성연월일 1952. 5. 14
구분 제1~2차 회담 사이
세부항목 해상보안청의 어선 나포 대책
작성처 해상보안청
매수 7
비밀등급 일반
문서종류 내부문서
공개구분 공개
내용 총리대신 명의로 지령이 하달된 어선 나포 사건에 대한 일본 대책(해상보안청 작성)

① 방침: 당장은 관계국을 불필요하게 자극하지 않을 것임. 순시선은 무장하지 않은 채 생명의 위협을 느끼는 정도에 이른 경우 정당방위를 취하지만 그 외의 경우는 실력행사를 하지 않는 것을 전제로 함.

② 대책: 일본어선이 소련의 연안에서 12해리 선을 넘어 소련측 수역으로 들어가 어업하지 못하도록 감시와 시도를 병행함. 또한 어선을 보호하기 위해 당장은 순시 경계 활동을 펼침. 한국 공해에서 어업하는 일본어선에도 동일한 조치를 취함

③ 보상 및 실시에 따른 제 경비: 이를 위해 출동하는 순시선 조원에 대해 특별위험수당을 지급하며 부상, 사망, 억류 등의 경우에 대비해 재난수당 등 경비를 특별히 지급할 것을 강구함

* 지도첨부: 사할린과 홋카이도, 한국 남부와 쓰시마 부근의 러시아와 한국 간의 해양경계 지도

* 각의 구두에 의한 양해: 지난달 공해상에서 조업하는 일본어선의 어업질서를 유지하고 이에 병행해 어선을 보호하기 위해 대책을 세울 것을 요청함. 나포 행위에 대해 순시선을 파견해 수산청 어업감시선의 협력하에 필요한 조치를 강구함. 국제분쟁이 일어나지 않도록 유의하며 활동해야 함.

주제어 어업

한일어업협정에 관한 내부협의회
(日韓漁業協定に関する打合会)

문서파일번호	888
작성연월일	1952. 1. 8 - 1952. 1. 31
구분	예비회담~제1차 회담 사이
세부항목	어업교섭 대비 내부협의회, 기본방침
작성처	외무성
매수	73
비밀등급	
문서종류	회의록, 내부문서, 협정안
공개구분	공개
내용	한일어업교섭을 앞두고 외무성·수산청 협의회 또는 외무성 성내 협의회 기록과 교섭에 임하는 기본방침을 정리한 문서 모음
주제어	어업

문서명	한일어업협정에 관한 제1회 내부협의회(日韓漁業協定に関する第一回打合会)

문서파일번호 888
작성연월일 1952. 1. 8
구분 예비회담~제1차 회담 사이
세부항목 어업교섭 대비 내부협의회
작성처 외무성
매수 5
비밀등급 일반
문서종류 회의록
공개구분 공개
내용 한일어업교섭을 앞두고 개최된 외무성·수산청 협의회 기록. ① 한일어업교섭에 참고가 될 한국어업의 현황에 관한 수산청 보고. 한국은 자국 어업의 발전 여지를 남겨 두기 위해 조속히 협정을 체결하여 일본어업을 억제하기를 바라고 있다고 언급 ② 한국이 회의 시작부터 협정안을 내놓을 것이므로 일본도 안을 작성하여 충분한 대비를 해야 함.
주제어 어업

문서명	한일어업교섭을 위한 부내 내부협의회 제2회(日韓漁業交渉のための部内打合会第二回)

문서파일번호 888
작성연월일 1952. 1. 23
구분 예비회담~제1차 회담 사이
세부항목 어업교섭 대비 내부협의회
작성처 외무성
매수 5
비밀등급 일반
문서종류 회의록
공개구분 공개
내용 어업교섭 관련 외무성 내부협의회 기록. 보존조치의 규정이 필요하다는 점, 트롤과 저인망에 대해 조업금지구역을 설정할 필요가 있다는 점, 가능하다면 허가 선박 수를 상호 조정할 필요가 있다는 점 등이 지적됨.
주제어 어업

문서명	한일어업교섭의 기본방침(안) [日韓漁業交渉の基本方針(案)]

문서파일번호 888
작성연월일 1952. 1. 23
구분 예비회담~제1차 회담 사이
세부항목 어업교섭 기본방침
작성처 외무성
매수 4
비밀등급 극비
문서종류 내부문서
공개구분 공개
내용 1952년 1월 23일 작성된 어업교섭 기본방침(안). 국제적으로 확립된 공해자유의 원칙, 양국 평등 등 준수. 협정의 주목적은 ① 양국 공통의 관심사가 되어 있는 어업자원의 최대한 지속적 생산성을 확보하고 ② 양국 어업의 분쟁을 방지하며 ③ 양국의 어업협력을 꾀하는 것이라고 정리함.
주제어 어업

문서명	한일어업교섭 제3회 내부협의회(日韓漁業交渉第三回打合せ会)

문서파일번호 888
작성연월일 1952. 1. 29
구분 예비회담~제1차 회담 사이
세부항목 어업교섭 대비 내부협의회
작성처 외무성
매수 20
비밀등급 일반
문서종류 회의록
공개구분 공개
내용 한일어업교섭에 대비하여 개최된 외무성·수산청 제3회 협의회 기록. 한국은 한일회담을 2월 15일부터 시작하고 싶어 하며 먼저 어업협정, 통상항해조약을 청구권에 관한 제문제와 함께 논의하고 싶다고 함. 하지만 현재 이승만 정권의 향방이 의심스러운 상황에서 한국전쟁과 정전교섭의 추이를 보며 교섭을 진행해야 할 것임. 한국과 일본의 관계를 조정하는 것은 불가피하며 다른 나라와의 관계 정리 전에 정리할 필요가 있음. 전반적으로 미국과의 관련을 생각하며 해야 함.
주제어 어업

문서명	한일어업교섭 제4회 내부협의회(日韓漁業交渉第四回打合せ会)

문서파일번호 888
작성연월일 1952. 1. 31
구분 예비회담~제1차 회담 사이
세부항목 어업교섭 대비 내부협의회
작성처 외무성
매수 21
비밀등급
문서종류 회의록
공개구분 공개
내용 외무성·수산청 제4회 협의회 기록. 일본·미국·캐나다 어업협정처럼 과학적인 기초 위에서 평등한 입장에서 진행하고 싶지만 사정이 그렇지 않음. 이승만 라인이 국제법적으로 근거가 없다고는 하지만, 이 점에 관해 외무성이 더욱 연구할 필요가 있음. 선박 수 제한은 매우 신중할 필요가 있음. 일본이 현재 트롤 및 저인망 어선을 줄이고 있는 것이 한국과의 교섭 때문만이 아니라 국제적으로도 이용할 필요가 있기 때문임.
주제어 어업

문서명	한일어업교섭의 기본방침(안)[日韓漁業交渉の基本方針(案)]

문서파일번호 888
작성연월일 1952. 1. 29
구분 예비회담~제1차 회담 사이
세부항목 어업교섭 기본방침
작성처 외무성
매수 13
비밀등급 극비
문서종류 내부문서
공개구분 공개
내용 1952년 1월 29일 자로 작성된 어업교섭 기본방침(안). ① 국제적으로 확립되어 있

는 공해자유의 원칙을 관철 ② 1월 18일의 해양주권에 관한 이 대통령 선언이나 이 라인의 존재를 전제로 하는 교섭에는 응하지 않음 ③ 양국 공통의 관심사가 되어 있는 어업자원의 최대한 지속적 생산성의 확보를 꾀하며 이를 위해 어업 활동에 대한 필요한 제한 및 규제는 항상 양국이 평등한 입장을 취함 ④ 양국 어업 분쟁을 방지하기 위한 조치를 실시함 ⑤ 한국의 태도에 따라서 한국에 대해 기술 원조 내지 어류 수입에 대해서 고려해도 좋지만, 그 경우 일본은 어업 근거지의 제공을 요구해야 함. 단, 이 문제는 일본이 적극적으로 제기할 문제는 아님. 별지1-'한일어업공동위원회', 별지2-'동해 · 황해 저어자원의 보존조치', 별지3-'한일 어업의 분쟁 방지' 첨부

주제어 어업

문서명	한일어업공동위원회(日韓漁業共同委員会)

문서파일번호 888

작성연월일 1952. 1. 29

구분 예비회담~제1차 회담 사이

세부항목 어업공동위원회

작성처 외무성

매수 2

비밀등급 일반

문서종류 내부문서

공개구분 공개

내용 앞의 한일어업교섭의 기본방침(안) 별첨1. 한일어업공동위원회의 임무, 운영 등에 관한 사항이 정리된 문서

주제어 어업

문서명	동해·황해 저어자원의 보존조치(東海黄海底魚資源の保存措置)

문서파일번호 888
작성연월일 1952. 1. 29
구분 예비회담~제1차 회담 사이
세부항목 저어자원 보존조치
작성처 외무성
매수 2
비밀등급
문서종류 내부문서
공개구분 공개
내용 앞의 한일어업교섭의 기본방침(안) 별첨2. 동해와 황해의 저어자원 보존조치에 관한 사항이 정리됨.
주제어 어업

문서명	한일 어업의 분쟁 방지(日韓漁業の紛争防止)

문서파일번호 888
작성연월일 1952. 1. 29
구분 예비회담~제1차 회담 사이
세부항목 한일어업 분쟁 방지 조항
작성처 외무성
매수 1
비밀등급
문서종류 협정안
공개구분 공개
내용 앞의 한일어업교섭의 기본방침(안) 별첨3. 어업협정에 포함될 한일어업 분쟁 방지 조항
주제어 어업

시모노세키, 고바타 출장 보고서
(下関、戸畑出張報告書)

문서파일번호	889
문서명	시모노세키, 고바타 출장 보고서(下関、戸畑出張報告書)
작성연월일	1952. 1. 25
구분	예비회담~제1차 회담 사이
세부항목	지바 참사관·일본어업계 대표 의견교환
작성처	외무성 아시아국 제2과 이즈미미즈 사무관
매수	9
비밀등급	일반
문서종류	내부문서
공개구분	공개
내용	한일어업교섭 개시를 앞두고 지바 참사관 등이 1952년 1월 한국어업과 밀접한 관계에 있는 시모노세키와 고바타를 방문, 현지 어업 대표들과 의견교환을 한 후 이를 정리한 출장 보고서
주제어	어업

1952년 2월 6일 자 '한일어업교섭에 대한 일본의 기본방침'(昭和二十七年二月六日付「日韓漁業交渉に対する日本側基本方針」)

문서파일번호	890
문서명	1952년 2월 6일 자 '한일어업교섭에 대한 일본의 기본방침'(昭和二十七年二月六日付「日韓漁業交渉に対する日本側基本方針」)
작성연월일	1952. 2. 6
구분	예비회담~제1차 회담 사이
세부항목	어업교섭 일본 기본방침
작성처	외무성 아시아국 제2과
매수	4
비밀등급	일반
문서종류	내부문서
공개구분	공개
내용	한일회담 개시를 앞두고 어업교섭에 관한 일본 기본방침을 정리한 문서. 일본은 이승만 라인을 인정하는 것을 전제로 한 협상에 응하지 않는다는 입장임. 한일 양국은 어업자원 보호를 위해 평등한 입장에서 필요한 제한과 규제를 가함. 영해와 금지구역을 침범한 경우에 대한 규정을 포함하며 양국은 분쟁 조정을 위한 조치를 강구함.
주제어	어업

기본관계위원회 회의록 및 정책

한일회담 제1회 기본관계위원회 회의록
(日韓会議第一回基本関係委員会会議録)

문서파일번호	973
작성연월일	1952. 2. 22
구분	제1차 회담 기본관계위원회 제1회 회의
세부항목	
작성처	외무성
매수	65
비밀등급	
문서종류	회의록, 내부자료, 조약안
공개구분	공개
내용	1952년 2월 22일 개최된 제1차 한일회담 기본관계위원회 제1회 회의기록과 한일우호조약 관련 문서 모음
주제어	기본관계, 우호조약

문서명	한일회담 제1회 기본관계위원회 의사요록(日韓会議第一回基本関係委員会議事要録)

문서파일번호 973
작성연월일 1952. 2. 22
구분 제1차 회담 기본관계위원회 제1회 회의
세부항목
작성처 외무성
매수 4
비밀등급 극비
문서종류 회의록
공개구분 공개
내용 제1차 한일회담 기본관계위원회 제1회 회의 의사요지. 위원회 명칭을 '기본관계위원회'로 하는 등 위원회 회의운영을 협의함. 일본은 자신들이 제안한 우호조약 초안을 차례대로 설명함. 한국 유진오 의원은 조문에 들어가 있는 '조선'이라는 국명을 일본이 자발적으로 '대한민국'으로 수정할 의사가 있는지 문의, 일본이 사무적으로 정정할 의사로 이해해도 되겠냐고 하여 그렇다고 답함.
주제어 기본관계

문서명	제1회 기본관계위원회 유 위원 인사(요지)[第一回基本関係委員会兪委員挨拶(要旨)]

문서파일번호 973
작성연월일 1952. 2. 22
구분 제1차 회담 기본관계위원회 제1회 회의
세부항목
작성처 외무성
매수 2
비밀등급 일반
문서종류 연설문
공개구분 공개
내용 제1회 기본관계위원회 회의기록 첨부1. 1952년 2월 22일 제1차 한일회담 기본관계위원회 제1회 회의 한국 유진오 수석위원의 인사말 요지. 한일 간 진정한 우호관계는 양 민족의 상호이해와 상호 존중에 따라 수립되는 것이며, 이는 말로서가 아니라 실천으로 이루어지는 것임을 강조함.
주제어 기본관계

문서명	기본관계위원회 일본대표 인사말(基本関係員会日本代表挨拶)

문서파일번호 973
작성연월일 1952. 2. 22
구분 제1차 회담 기본관계위원회 제1회 회의
세부항목
작성처 외무성
매수 3
비밀등급 일반
문서종류 연설문
공개구분 공개
내용 제1회 기본관계위원회 회의기록 첨부2. 1952년 2월 22일 제1차 한일회담 기본관계위원회 제1회 회의 일본 오노(大野勝巳) 수석위원의 인사말. 한일 양국관계가 주권을 갖는 대등한 국가로서 우호적 연계하에 협력하는 국가 관계가 되어야 함을 확신함.
주제어 기본관계

문서명	한일우호조약의 체결을 제안하는 이유(日韓友好条約の締結方を提案する理由)

문서파일번호 973
작성연월일 1952. 2. 22
구분 제1차 회담 기본관계위원회 제1회 회의
세부항목
작성처 외무성
매수 4
비밀등급 일반
문서종류 내부자료
공개구분 공개
내용 제1회 기본관계위원회 회의기록 첨부3. 일본이 한일우호조약 체결을 제안하는 이유가 세 가지로 정리되어 있음. 대일평화조약에서 독립을 인정한 한국과 새로운 관계를 시작하고, 한국인의 국적 문제, 재산청구권 처리 및 어업협정, 통상항해협정 등을 해결하는 데 도움이 될 것이라고 주장함.
주제어 기본관계

문서명	일본국과 대한민국 사이의 우호조약 초안 축조 설명(日本国と大韓民国との間の友好条約草案逐条説明)

문서파일번호 973
작성연월일 1952. 2. 22
구분 제1차 회담 기본관계위원회 제1회 회의
세부항목
작성처 외무성
매수 3
비밀등급
문서종류 내부자료
공개구분 공개
내용 제1회 기본관계위원회 회의기록 첨부4. 일본이 제시한 한일우호조약 초안 축조에 대한 개략적인 설명이 기술됨. 전문(前文)과 전체 9개 조항으로 구성되어 있음.
주제어 기본관계, 한일우호조약

문서명	한일회담 제1회 기본관계위원회 회의록(Japan-Korea Conference Summary Record of the First Session of the Basic Relations Committee)

문서파일번호 973
작성연월일 1952. 2. 22
구분 제1차 회담 기본관계위원회 제1회 회의
세부항목
작성처 외무성
매수 7
비밀등급 극비
문서종류 회의록
공개구분 공개
내용 제1차 한일회담 제1회 기본관계위원회의 영문 회의록(일본 작성, 유진오 수석위원 및 오노 수석위원 인사말 첨부)
주제어 기본관계

문서명	한일우호조약초안(영문 가역본)[Draft Treaty of Amity between Japan and the Republic of Korea(Tentative Translation)]

문서파일번호 973
작성연월일 1952. 2. 22
구분 제1차 회담 기본관계위원회 제1회 회의
세부항목
작성처 외무성
매수 4
비밀등급 극비
문서종류 조약(안)
공개구분 공개
내용 1952년 2월 22일 제1차 한일회담 제1회 기본관계위원회 회의에서 일본이 제시한 한일우호조약 초안의 영문 가역본
주제어 기본관계, 한일우호조약

문서명	한일회담 제1회 기본관계위원회 의사록(日韓會談第一回基本関係委員会議事録)

문서파일번호 973
작성연월일 1952. 2. 22
구분 제1차 회담 기본관계위원회 제1회 회의
세부항목
작성처 외무성
매수 24
비밀등급 극비
문서종류 회의록
공개구분 공개
내용 제1차 한일회담 기본관계위원회 제1회 회의기록
주제어 기본관계

문서명	제1회 기본관계위원회 유 위원 인사(요지)[第一回基本関係委員会兪委員挨拶(要旨)]

문서파일번호 973
작성연월일 1952. 2. 22
구분 제1차 회담 기본관계위원회 제1회 회의
세부항목
작성처 외무성
매수 4
비밀등급 일반
문서종류 연설문
공개구분 공개
내용 제1회 기본관계위원회 의사록 첨부1. 1952년 2월 22일 제1차 한일회담 제1차 기본관계위원회 회의 한국 유진오 수석위원 인사말(手記)
주제어 기본관계

문서명	기본관계위원회 일본대표 인사(基本関係員会日本代表挨拶)

문서파일번호 973
작성연월일 1952. 2. 22
구분 제1차 회담 기본관계위원회 제1회 회의
세부항목
작성처 외무성
매수 6
비밀등급
문서종류 연설문
공개구분 공개
내용 제1회 기본관계위원회 의사록 첨부2. 1952년 2월 22일 제1차 한일회담 기본관계위원회 제1회 회의 일본 수석위원 인사말(手記)
주제어 기본관계

문서명	한일우호조약의 체결을 제안하는 이유(日韓友好条約の締結方を提案する理由)

문서파일번호 973
작성연월일 1952. 2. 22
구분 제1차 회담 기본관계위원회 제1회 회의
세부항목 한일우호조약
작성처 외무성
매수 2
비밀등급 극비
문서종류 내부자료
공개구분 공개
내용 제1회 기본관계위원회 의사록 첨부3. 일본대표단이 한일우호조약 체결을 제안하는 이유가 세 가지로 정리되어 있음. 대일평화조약에서 독립을 인정한 한국과 새로운 관계를 시작하고, 한국인의 국적 문제, 재산청구권 처리 및 어업협정, 통상항해협정 등을 해결하는 데 도움이 될 것이라고 주장함.
주제어 기본관계

문서명	일본국과 대한민국 사이의 우호조약 초안 축조 설명(日本国と大韓民国との間の友好条約草案逐条説明)

문서파일번호 973
작성연월일 1952. 2. 22
구분 제1차 회담 기본관계위원회 제1회 회의
세부항목
작성처 외무성
매수 2
비밀등급
문서종류 내부자료
공개구분 공개
내용 제1회 기본관계위원회 의사록 첨부4. 일본이 제시한 한일우호조약 초안 축조에 대한 개략적인 설명이 게재됨. 전문(前文)과 전체 9개 조항으로 구성되어 있음.
주제어 기본관계, 한일우호조약

한일회담 제2회 기본관계위원회 회의록
(日韓会談第二回基本関係委員会会議録)

문서파일번호	974
작성연월일	1952. 2. 27
구분	제1차 회담 기본관계위원회 제2회 회의
세부항목	
작성처	외무성, 한국대표단
매수	45
비밀등급	
문서종류	회의록
공개구분	공개 또는 일부 비공개
내용	제1차 한일회담 기본관계위원회 제2회 회의기록
주제어	기본관계

문서명	한일회담 제2회 기본관계위원회 의사요록(日韓会談第二回基本関係委員会議事要録)

문서파일번호 974
작성연월일 1952. 2. 27
구분 제1차 회담 기본관계위원회 제2회 회의
세부항목
작성처 외무성
매수 8
비밀등급 극비
문서종류 회의록
공개구분 공개
내용 제1차 한일회담 기본관계위원회 제2회 회의기록. 일본이 제1회 회의에서 제시한 조약(안)에 대해 조약의 명칭, 전문에 있는 '양국 간의 신 관계 발생에 유래하는' 어구, 제3조의 출입국 규정, 통상항해관계 등에 관한 한국의 검토의견이 정리되어 있음.
주제어 기본관계

문서명	한일회담 제2회 기본관계위원회 회의록(Korea-Japan Conference Summary Record of the Second Session of the Basic Relations Committee)

문서파일번호 974
작성연월일 1952. 2. 27
구분 제1차 회담 기본관계위원회 제2회 회의
세부항목
작성처 한국대표단
매수 3
비밀등급 일반
문서종류 회의록
공개구분 공개
내용 제1차 한일회담 기본관계위원회 제2회 회의 영문 회의록(한국 작성)
주제어 기본관계

문서명	한일회담 제2회 기본관계위원회 의사록(日韓會談第二回基本関係委員会議事録)

문서파일번호	974
작성연월일	1952. 2. 27
구분	제1차 회담 기본관계위원회 제2회 회의
세부항목	
작성처	외무성
매수	34
비밀등급	일반
문서종류	회의록
공개구분	일부 비공개
내용	제1차 한일회담 기본관계위원회 제2회 회의기록
주제어	기본관계

한일회담 제3회 기본관계위원회 회의록
(日韓会談第三回基本関係委員会会議錄)

문서파일번호	975
작성연월일	1952. 2. 29
구분	제1차 회담 기본관계위원회 제3회 회의
세부항목	
작성처	외무성
매수	67
비밀등급	
문서종류	회의록
공개구분	공개
내용	제1차 한일회담 기본관계위원회 제3회 회의기록
주제어	기본관계

문서명	한일회담 제3회 기본관계위원회 의사요록(日韓会談第三回基本関係委員会議事要録)

문서파일번호 975
작성연월일 1952. 2. 29
구분 제1차 회담 기본관계위원회 제3회 회의
세부항목
작성처 외무성
매수 5
비밀등급 극비
문서종류 회의록
공개구분 공개
내용 제1차 한일회담 기본관계위원회 제3회 회의기록. 일본이 제시한 조약(안)의 제4조(국적확인), 제6조(재산, 청구권), 제7조(해저전선분할), 제8조(어업)에 대한 한국의 주장이 기록됨.
주제어 기본관계

문서명	한일회담 제3회 기본관계위원회 회의록(Japan-Korea Conference Summary Record of the Third Session of the Basic Relations Committee)

문서파일번호 975
작성연월일 1952. 2. 29
구분 제1차 회담 기본관계위원회 제3회 회의
세부항목
작성처 외무성
매수 3
비밀등급 극비
문서종류 회의록
공개구분 공개
내용 제1차 한일회담 기본관계위원회 제3회 회의 영문 회의록(일본 작성)
주제어 기본관계

문서명	한일회담 제3회 기본관계위원회 의사록(日韓会談第三回基本関係委員会議事録)

문서파일번호	975
작성연월일	1952. 2. 29
구분	제1차 회담 기본관계위원회 제3회 회의
세부항목	
작성처	외무성
매수	59
비밀등급	극비
문서종류	회의록
공개구분	공개
내용	제1차 한일회담 기본관계위원회 제3회 회의기록. 제4조(국적 확인), 제6조(재산청구권), 제7조(해저전선 분할), 제8조(어업)에 대한 한국의 검토의견 발언 후 양국이 이에 관해 논의함.
주제어	기본관계

한일회담 제4회 기본관계위원회 회의록
(日韓会談第四回基本関係委員会会議録)

문서파일번호	976
작성연월일	1952. 3. 5
구분	제1차 회담 기본관계위원회 제4회 회의
세부항목	
작성처	외무성, 한국대표단
매수 33	
비밀등급	
문서종류	
공개구분	공개
내용	1952년 3월 5일 제1차 한일회담 기본관계위원회 제4회 회의기록과 한국의 기본조약안
주제어	기본관계, 기본조약안

문서명	한일회담 제4회 기본관계위원회 의사요록(日韓会談第四回基本関係委員会議事要録)

문서파일번호 976
작성연월일 1952. 3. 5
구분 제1차 한일회담 기본관계위원회 제4회 회의
세부항목
작성처 외무성
매수 2
비밀등급 극비
문서종류 회의록
공개구분 공개
내용 제1차 한일회담 기본관계위원회 제4회 회의기록. 한국이 한일기본조약안을 제시한 후 이에 관해 차례대로 설명이 있었음. 한국의 조약안에 대한 일본의 검토의견은 차기 회의 시 제시하기로 함.
주제어 기본관계

문서명	대한민국과 일본국 간의 기본조약(안)[大韓民国と日本国との間の基本条約(案)]

문서파일번호 976
작성연월일 1952. 3. 5
구분 제1차 회담 기본관계위원회 제4회 회의
세부항목
작성처 한국대표단
매수 6
비밀등급 극비
문서종류 조약(안)
공개구분 공개
내용 1952년 3월 5일 제1차 한일회담 기본관계위원회 제4회 회의에서 한국이 제시한 '대한민국과 일본국 간의 기본조약(안)' 일본어 번역본. 전문 및 제1~10조로 구성되어 있음.
주제어 기본관계, 기본조약안

문서명	한일회담 제4회 기본관계위원회 회의록(Korea-Japan conference summary record of the fourth session of the basic relations committee)

문서파일번호 976
작성연월일 1952. 3. 5
구분 제1차 회담 기본관계위원회 제4회 회의
세부항목
작성처 한국대표단
매수 4
비밀등급 극비
문서종류 회의록
공개구분 공개
내용 제1차 한일회담 기본관계위원회 제4회 회의 영문 회의록(한국 작성)
주제어 기본관계

문서명	한일기본조약안(Draft Basic Treaty between the Republic of Korea and Japan)

문서파일번호 976
작성연월일 1952. 3. 5
구분 제1차 회담 기본관계위원회 제4회 회의
세부항목
작성처 한국대표단
매수 3
비밀등급 극비
문서종류 조약(안)
공개구분 공개
내용 제1차 한일회담 기본관계위원회 제4회 회의에서 한국이 제시한 기본조약(안) 영문
주제어 기본관계

문서명	한일회담 제4회 기본관계위원회 의사록(日韓会談第四回基本関係委員会議事録)

문서파일번호 976
작성연월일 1952. 3. 5
구분 제1차 회담 기본관계위원회 제4회 회의
세부항목
작성처 외무성
매수 12
비밀등급 극비
문서종류 회의록
공개구분 공개
내용 제1차 한일회담 기본관계위원회 제4회 회의기록
주제어 기본관계

문서명	대한민국과 일본국 간의 기본조약(안)[大韓民國과日本國間의 基本條約(案)]

문서파일번호 976
작성연월일 1952. 3. 5
구분 제1차 회담 기본관계위원회 제4회 회의
세부항목
작성처 한국대표단
매수 6
비밀등급
문서종류 조약(안)
공개구분 공개
내용 1952년 3월 5일 제1차 한일회담 기본관계위원회 제4회 회의에서 한국이 제시한 대한민국과 일본국 간의 기본조약안(한글본)
주제어 기본관계, 기본조약안

한일회담 제5회 기본관계위원회 회의록
(日韓会談第五回基本関係委員会会議録)

문서파일번호	977
작성연월일	1952. 3. 12
구분	제1차 회담 기본관계위원회 제5회 회의
세부항목	
작성처	외무성
매수	67
비밀등급	
문서종류	회의록
공개구분	공개
내용	제1차 한일회담 기본관계위원회 제5회 회의기록
주제어	기본관계

문서명	한일회담 제5회 기본관계위원회 의사요지(日韓会談第五回基本関係委員会議事要録)

문서파일번호 977

작성연월일 1952. 3. 12

구분 제1차 회담 기본관계위원회 제5회 회의

세부항목

작성처 외무성

매수 5

비밀등급 극비

문서종류 회의록

공개구분 공개

내용 제1차 한일회담 기본관계위원회 제5회 회의 의사요지. 한국이 제안한 조약(안)에 관해 일본이 검토의견을 제시한 후 상호 논의함. 일본은 제1조의 '선린관계 운운' 자구 삭제와 제3조(병합조약 및 그 이전 조약의 무효 확인) 전면 삭제 희망, 한국은 국내여론을 들어 한일 간 조약 무효 확인을 강하게 주장함. 제5조(통상항해에 관한 조약)에 대해서 일본은 대등한 관계를 규정하고 있지 않다는 점과 제한적인 규정이 포함되었다는 점에서 한일 신 관계에 어울리지 않으므로 무조건적인 최혜국 처우 및 내국민 처우와 출입국 자유 규정을 삽입하고, 이것이 곤란한 경우에는 b)항 이하를 삭제하자는 의견을 제시함. 한국은 기본관계위원회는 통상항해문제를 실질적으로 심의하는 지위가 없기 때문에 이 문제는 추후 교섭이 가능한 시기로 미루고 이 조약에는 대일평화조약의 규정을 원용하거나, '제12조에 의한다'고 하거나 잠정조치는 12조에 의한다고 규정할 수밖에 없다고 주장함.

주제어 기본관계

문서명	한일회담 제5회 기본관계위원회 의사록(日韓会談第五回基本関係委員会議事録)

문서파일번호	977
작성연월일	1952. 3. 12
구분	제1차 회담 기본관계위원회 제5회 회의
세부항목	
작성처	외무성
매수	62
비밀등급	극비
문서종류	회의록
공개구분	공개
내용	제1차 한일회담 기본관계위원회 제5회 회의기록
주제어	기본관계

한일회담 제6회 기본관계위원회 회의록
(日韓会談第六回基本関係委員会会議録)

문서파일번호	978
작성연월일	1952. 3. 22
구분	제1차 회담 기본관계위원회 제6회 회의
세부항목	
작성처	외무성
매수	31
비밀등급	
문서종류	회의록
공개구분	공개
내용	제1차 한일회담 기본관계위원회 제6회 회의기록
주제어	기본관계

문서명	한일회담 제6회 기본관계위원회 의사요지(日韓会談第六回基本関係委員会議事要録)

문서파일번호 978
작성연월일 1952. 3. 22
구분 제1차 회담 기본관계위원회 제6회 회의
세부항목
작성처 외무성
매수 5
비밀등급 극비
문서종류 회의록
공개구분 공개
내용 제1차 한일회담 기본관계위원회 제6회 회의 의사요지. 한국은 조약명칭을 '우호조약'보다는 '기본조약'으로 하기를 희망함. 일본은 전문(前文)의 '경제관계'라는 자구를 삭제하고, 그 외 자구 삭제에 대해 설명함. 한국은 "1910년 8월 22일(병합조약) 이전의 조약, 협정의 '무효 확인'"문구(한국의 조약안 제3조, 일본은 내용을 바꿔 이를 전문에 포함)를 강하게 주장함.
주제어 기본관계

문서명	제4회 본회의에서 기본관계위원회의 보고(안)[第四回本会議に際する基本関係委員会の報告(案)]

문서파일번호 978
작성연월일 1952. 3. 22
구분 제1차 회담 기본관계위원회 제6회 회의
세부항목
작성처 외무성
매수 1
비밀등급 극비
문서종류 회의보고서
공개구분 공개
내용 제1차 한일회담 제4회 본회의 보고용으로 정리한 기본관계위원회 회의 진행 현황. 일본이 제시한 한일우호조약안과 한국이 제시한 한일기본조약에 대해 설명과 질의한 것을 정리함.
주제어 기본관계

문서명	한일회담 제6회 기본관계위원회 의사록(日韓会談第六回基本関係委員会議事録)

문서파일번호 978
작성연월일 1952. 3. 22
구분 제1차 회담 기본관계위원회 제6회 회의
세부항목
작성처 외무성
매수 22
비밀등급 극비
문서종류 회의록
공개구분 공개
내용 제1차 한일회담 기본관계위원회 제6회 회의기록
주제어 기본관계

문서명	일본국과 대한민국 사이의 우호조약(안)[日本国と大韓民国との間の友好条約(案)]

문서파일번호 978
작성연월일 1952. 3. 22
구분 제1차 회담 기본관계위원회 제6회 회의
세부항목
작성처 외무성
매수 3
비밀등급 일반
문서종류 조약(안)
공개구분 공개
내용 일본이 제1차 한일회담 기본관계위원회 제5회 회의에서 제시한 조약 수정안. 전문(前文)과 5개 조항으로 구성되어 있음. 전문에는 일본과 구 대한제국 간에 체결된 모든 조약 및 규정이 일본과 대한민국의 관계를 규정하는 것이 아님을 확인하고 양국 간의 우호조약을 체결한다는 내용이 포함됨.
주제어 기본관계, 한일우호조약안

한일회담 제7회 기본관계위원회 회의록
(日韓会談第七回基本関係委員会会議録)

문서파일번호	979
작성연월일	1952. 3. 28
구분	제1차 회담 기본관계위원회 제7회 회의
세부항목	
작성처	외무성
매수	54
비밀등급	
문서종류	회의록
공개구분	공개
내용	제1차 한일회담 기본관계위원회 제7회 회의기록
주제어	기본관계

문서명	한일회담 제7회 기본관계위원회 의사요지(日韓会談第七回基本関係委員会議事要録)

문서파일번호 979
작성연월일 1952. 3. 28
구분 제1차 회담 기본관계위원회 제7회 회의
세부항목
작성처 외무성
매수 1
비밀등급 극비
문서종류 회의록
공개구분 공개
내용 제1차 한일회담 기본관계위원회 제7회 회의 의사요지. 한국 대표는 조약의 명칭을 '우호'가 아닌 '기본조약'으로 하고, 제3조에서 '무효'라는 어구를 삽입할 것을 주장함. 일본대표는 국적 협정을 삽입할 것을 주장함.
주제어 기본관계

문서명	한일회담 제7회 기본관계위원회 의사록(日韓会談第七回基本関係委員会議事録)

문서파일번호 979
작성연월일 1952. 3. 28
구분 제1차 회담 기본관계위원회 제7회 회의
세부항목
작성처 외무성
매수 53
비밀등급 극비
문서종류 회의록
공개구분 공개
내용 제1차 한일회담 기본관계위원회 제7회 회의기록
주제어 기본관계

한일회담 제8회 기본관계위원회 회의록
(日韓会談第八回基本関係委員会会議録)

문서파일번호	980
작성연월일	1952. 4. 2
구분	제1차 회담 기본관계위원회 제8회 회의
세부항목	
작성처	외무성
매수	24
비밀등급	
문서종류	회의록
공개구분	공개
내용	제1차 한일회담 기본관계위원회 제8회 회의기록
주제어	기본관계

문서명	한일회담 제8회 기본관계위원회 의사요지(日韓会談第八回基本関係委員会議事要録)

문서파일번호 980
작성연월일 1952. 4. 2
구분 제1차 회담 기본관계위원회 제8회 회의
세부항목
작성처 외무성
매수 3
비밀등급 극비
문서종류 회의록
공개구분 공개
내용 제1차 한일회담 기본관계위원회 제8회 회의 의사요지. 조약 명칭을 '기본조약'으로 합의함. 전문(前文) 3항에 대한 한일 간 공방 끝에 "일본국과 대한민국의 관계에서 효력을 가지지 않는다"는 합의가 성립됨. "UN 헌장의 목적 및 원칙에 따라서 양국 간의 선린관계에 어울리는 방법에 의해서"라는 구절에 대해 한국이 필요하지 않다는 입장을 고수해 결국 유보함. 제3조 일본에 거주하는 한인이 대한민국 국민이라고 결정함.
주제어 기본관계

문서명	한일회담 제8회기본관계위원회 의사록(日韓会談第八回基本関係委員会議事録)

문서파일번호 980
작성연월일 1952. 4. 2
구분 제1차 회담 기본관계위원회 제8회 회의
세부항목
작성처 외무성
매수 21
비밀등급 극비
문서종류 회의록
공개구분 공개
내용 제1차 한일회담 기본관계위원회 제8회 회의기록
주제어 기본관계

기본관계조약 한국안 등
(基本關係條約韓国側案等)

문서파일번호	1836
작성연월일	1950. 2 - 1952. 3
구분	제1차 회담 및 그 이전
세부항목	기본관계조약안, 대일평화조약
작성처	한국대표단 등
매수	50
비밀등급	
문서종류	조약안 등
공개구분	공개
내용	제1차 한일회담 기간 중 한국이 작성한 기본관계조약안(국, 영문)과 대일평화조약에 대한 유진오 고려대 총장의 검토의견, 한국 '조선은행 조사월보' 등 모음
주제어	기본관계, 대일평화조약, 조선은행 조사월보

문서명	대한민국과 일본국 간의 기본조약(안)[大韓民國과日本國間의基本条約(案)]

문서파일번호 1836
작성연월일 1952. 3(일자 불명)
구분 제1차 회담
세부항목 기본조약안
작성처 한국대표단
매수 6
비밀등급 일반
문서종류 조약(안)
공개구분 공개
내용 한국이 제1차 한일회담 기본관계위원회 제4차 회의(1952년 3월 5일)에서 일본에 제시한 기본관계조약안 한글본
주제어 기본관계, 기본조약안

문서명	대한민국과 일본국 간의 기본조약안(Draft Basic Treaty between the Republic of Korea and Japan)

문서파일번호 1836
작성연월일 1952. 3(일자 불명)
구분 제1차 회담
세부항목 기본조약안
작성처 한국대표단
매수 6
비밀등급 일반
문서종류 조약안
공개구분 공개
내용 한국이 제1차 한일회담 기본관계위원회 제4차 회의(1952년 3월 5일)에서 일본에 제시한 기본조약안 영문
주제어 기본관계, 기본조약안

문서명	대일평화조약안에 대한 한국의 시각(A Korean Looks on the Japanese Peace Treaty Draft)

문서파일번호 1836
작성연월일 1951. 9(일자 불명)
구분 예비회담
세부항목 대일평화조약과 한국
작성처 유진오(Yu Chin O)
매수 11
비밀등급 일반
문서종류 내부자료
공개구분 공개
내용 1951년 7월 작성된 샌프란시스코 대일평화조약안 중 한국에 관계되는 사항들에 대한 유진오 고려대 총장의 검토의견이 담긴 글(영문). 한국이 연합국에서 배제된 것이 부당하다는 의견 등이 기술됨.
주제어 대일평화조약과 한국

문서명	「대일강화문제의 추이와 한국」『조선은행 조사월보』(1950년 2월호) [「対日講和問題の推移と韓國」『朝鮮銀行調査月報』(一九五〇年 二月号)]

문서파일번호 1836
작성연월일 1950. 2(일자 불명)
구분 예비회담
세부항목 대일평화조약과 한국
작성처 조선은행(朝鮮銀行)
매수 27
비밀등급 일반
문서종류 내부자료
공개구분 공개
내용 대일평화조약 작성 경위, 추이 및 이에 대한 한국의 입장을 정리한 글. 대일평화조약 체결 시 한국이 일본에 대해 어떠한 요구와 태도를 취해야 할 것인가 등에 관한 내용이 담김. 일본어로 작성됨.
주제어 대일평화조약과 한국

청구권위원회 회의록 및 관련 정책

일본의 대외 채무, 할양 지역에서의 일본 자산 및 부채(Japan's Foreign Obligations, Japanese Assets and Liabilities in the Detached Territories)

문서파일번호	1557
문서명	일본의 대외 채무, 할양 지역에서의 일본 자산 및 부채(Japan's Foreign Obligations, Japanese Assets and Liabilities in the Detached Territories)
작성연월일	1948. 6(일자 불명)
구분	예비회담
세부항목	전쟁 종료에 따른 일본의 의무와 구식민지국가, 지역에서의 자산 및 부채
작성처	외무성(Foreign Office, Japanese Government)
매수	17
비밀등급	일반
문서종류	내부자료
공개구분	일부 비공개
내용	전쟁 종료 후 일본의 연합국 및 중립, 아시아 국가들에 대한 채무와 구 식민지 국가, 지역에서의 자산 및 채무관계를 정리한 자료집 중에서 일부를 발췌한 자료
주제어	청구권, 일본의 대외 의무, 할양지역 자산 및 채무

강화자료 할양지역에 있는 양도국의 재산,권리, 이익의 처리에 대해서 등(講和資料 割譲地域にある譲渡国の財産、権利、利益の取扱について等)

문서파일번호	1560
작성연월일	1948. 5. 25 - 1949. 3. 10
구분	예비회담
세부항목	할양지역의 재산, 권리, 이익의 처리, 재외재산 및 섭외부채 처리원칙
작성처	외무성(Foreign Office, Japanese Government)
매수	14
비밀등급	일반
문서종류	
공개구분	공개
내용	조약국 조약과(할양지역의 재산, 권리, 이익의 처리 문제)와 관리국 경제과(재외재산 및 섭외부채 처리에 관한 원칙)에서 각각 작성한 문서를 1951년 1월 조약과에서 편집한 강화(講和) 자료집

문서명	할양지역에 있는 양도국의 재산, 권리, 이익의 처리에 대해서(割譲地域にある譲渡国の財産、権利、利益の取扱について)

문서파일번호 1560
작성연월일 1948. 5. 25
구분 예비회담
세부항목 할양지역의 재산, 권리, 이익의 처리, 재외재산 및 섭외부채 처리원칙
작성처 조약국 조약과
매수 7
비밀등급 일반 비(秘)
문서종류 내부자료
공개구분 공개
내용 외무성 조약과가 할양지역에 있는 양도국(일본)의 재산, 권리, 이익의 처리에 관해 검토한 의견서. 할양지역에 있는 양도국의 공유, 사유재산, 권리, 이익의 처리와 관련해 이탈리아강화조약, 베르사유조약, 생제르망조약의 선례를 검토해 일본에 어떻게 적용시킬지 추측한 문서.
주제어 청구권

문서명	강화자료 제25호. 재외재산 및 섭외 부채 처리에 관한 원칙(講和資料第二十五號在外財産並に涉外負債の処理に関する原則)

문서파일번호 1560
작성연월일 1949. 3. 10
세부항목 재외재산 및 섭외부채 처리원칙
작성처 관리국 경제과
매수 7
비밀등급 일반 비(秘)
문서종류 내부자료
공개구분 공개
내용 외무성 경제과가 재외재산 및 섭외(해외)부채 처리에 관한 원칙문제를 검토한 의견서. 일본의 재외재산 처리와 관련하여 재외재산을 부채처리에 활용해야 한다는 주장이 담김. 총사령부의 청산방침을 비공식적으로 입수하여 주요사항을 정리. ① 청산 대상이라는 재외 본점을 둔 회사의 범위 ② 섭외 부채 처리와 재외 재산의 관련성 원칙 ③ 한정책임제도의 확립 ④ 남은 문제로 일본에 본점을 둔 재외동포의 부채 처리, 즉 요코하마정금은행 등의 문제 처리를 위해 종합적 원칙을 일본 내에서 검토해야 할 필요성을 담고 있음.
주제어 청구권

엔계 통화와 재외 일본은행권에 대한 일본 책임에 대해서(円系通貨並びに在外日銀券に対する我方の責任について)

문서파일번호	1558
문서명	엔계 통화와 재외 일본은행권(日銀券)에 대한 일본의 책임에 대해서(円系通貨並びに在外日銀券に対する我方の責任について)
작성연월일	1949. 1. 24
구분	예비회담
세부항목	엔계통화 및 재외일본은행권 책임 문제
작성처	대장성 관리국 관리과
매수	31
비밀등급	비(秘)
문서종류	내부자료
공개구분	일부 비공개
내용	패전 후 일본의 엔계 통화와 재외 일본은행권에 대한 책임문제를 정리한 문서. 엔계 통화는 통화의 최종소지자에 대한 책임, 인플레이션에 대한 책임으로 구분하여 기술하고, 식민지 은행권, 군표, 남발권(南發券)*, 중국에서의 엔계 통화에 관해 각각 설명함. 조선은행권, 대만은행권은 완전한 화폐제도아래 각각 유통지역의 국민경제를 유지하기 위한 불가결한 경제수단으로 그 기능의 계승 유지를 결정할 책임 및 그 통화처리의 책임도 영토승계국에 있으며 일본에는 없다고 기술함. 만약 이들 통화 기능을 유지해야 한다면 당연히 발행 채무와 함께 해당 발전기관의 자산 및 기타 채무도 함께 승계해야 함.
주제어	청구권

* 남발금고(南發金庫)가 발행하는 일종의 은행권

한국에서의 채무처리에 대해서
(朝鮮における債務の処理について)

문서파일번호	1559
문서명	한국에서의 채무처리에 대해서(朝鮮における債務の処理について)
작성연월일	1949. 1. 24
구분	예비회담
세부항목	한국에서의 채무처리 문제
작성처	외무성 관리국 경제과
매수	12
비밀등급	비(秘)
문서종류	내부자료
공개구분	일부 비공개
내용	일본의 패전 후 독립한 한국에서의 채무처리에 관해 검토한 문서. 한국은 병합이 부당하며 전쟁배상을 요구하고 있으나 일본의 한국병합은 적법하게 이루어진 것이며 한국의 독립은 국제법상 말하는 분리에 해당됨. 한국정부는 조선인 은급(연금, 일시금)이 1945년 현재 506,194,970엔을 요구하고 있다고 밝힘. 이어 한국에서의 채무처리와 관련한 학술연구 및 조약의 선례(베르사유조약, 이탈리아강화조약, 생제르망조약)를 조사한 결과를 정리해 놓음.
주제어	청구권

한일 특별협정 대상인 일본자산 및 청구권에 대해서(1)[日韓特別取極の対象となる日本資産及び請求権について(1)]

문서파일번호	1563
문서명	한일 특별협정 대상인 일본자산 및 청구권에 대해서(1)[日韓特別取極の対象となる日本資産及び請求権について(1)]
작성연월일	1951. 12. 3
구분	제1차 회담
세부항목	한일 특별협정 대상인 일본 자산 및 청구권
작성처	외무성 아시아국 제2과
매수	12
비밀등급	극비
문서종류	내부문서
공개구분	공개
내용	한일회담 예비회담 종료 직전 작성한 평화조약 제4조상의 한일특별협정 대상이 되는 일본 자산 및 청구권에 대해 검토한 의견서. 한국이 제기하는 청구권의 각 구분에 대해 상세한 사항을 연구할 필요가 있음. 미군정청 제33호에 의해 실행된 일본국 및 국민의 재산처리 효력으로 대한민국에 이전된 청구권 문제의 처리를 다루고 있음. '몰수'한다는 것이 아니라 일본자산의 소유권 취득과 이전이라는 의미라고 지적하고 있음. 반면 미군정의 규정은 북한 쪽에는 미치지 않으므로 북한소재 일본재산에 대해서는 일본이 청구권을 갖는다고 해석할 수 있다고 기술함.
주제어	청구권

재산, 청구권 처리 건
(財産、請求権処理に関する件)

문서파일번호	536
문서명	재산, 청구권 처리 건(財産、請求権処理に関する件)
작성연월일	1951. 12. 11
구분	예비회담
세부항목	청구권
작성처	외무성 아시아국 제2과
매수	4
비밀등급	비(秘)
문서종류	내부문서
공개구분	공개
내용	제1차 한일회담을 앞두고 1951년 12월 10일 청구권 문제에 관한 일본 입장을 정리한 문서. 한국이 방대한 재한 일본재산을 손에 넣고, 일본에게 각종 청구권을 재기하는 것은 극히 불공평한 것일 뿐만 아니라, 청구권의 각 구분에 대한 논의도 지극히 복잡한 논쟁을 불러일으킬 것이기 때문에 일본은 양국의 청구권을 상호 일괄 포기함을 고수해야 함.
주제어	청구권

청구권 처리 문제 교섭에서 문제가 되는 점
(請求権処理問題交渉に関して問題となる諸点)

문서파일번호	1564
문서명	청구권 처리 문제 교섭에서 문제가 되는 점(請求権処理問題交渉に関して問題となる諸点)
작성연월일	1952. 2. 5
구분	예비회담~제1차 회담 사이
세부항목	청구권 처리 교섭상 문제점
작성처	외무성 아시아국 제2과
매수	4
비밀등급	극비
문서종류	내부문서
공개구분	공개
내용	제1차 예비회담 청구권 처리 문제에 관해 검토한 의견서. 개인의 청구권에 대해서 국가가 어느 정도까지 책임을 질 것인가의 문제, 직접결제주의(청구와 책임을 개인에 맡겨버리는 경우), 간접결제주의(채권, 채무 모두 국가가 대신 맡고 개인 간의 문제해결은 국내 문제로 별도 해결하는 경우. 결국 이는 정치적 해결이 암묵적 전제가 된다), 중개주의(양자 간 중간안으로 국가는 변제 책임을 부담하지 않고 공동청산위원회를 설치하는 경우)에서 어느 쪽을 선택하는 것이 유리한 것인지 논의가 필요함을 주장.
주제어	청구권

청구권 문제를 한반도 전 지역에 적용시킬 경우의 문제에 대하여(請求権問題を全鮮について採上げる場合の問題について)

문서파일번호	1566
문서명	청구권 문제를 한반도 전 지역에 적용시킬 경우의 문제에 대하여(請求権問題を全鮮について採上げる場合の問題について)
작성연월일	1952. 2. 6
구분	예비회담~제1차 회담 사이
세부항목	청구권 교섭과 북한 지역에 대한 청구권 문제
작성처	외무성
매수	5
비밀등급	일반
문서종류	내부문서
공개구분	공개
내용	한국과의 청구권 문제 교섭 시 범위를 한반도 전 지역에 적용시킬 것인지에 관해 검토한 의견서. 표면적으로는 한반도 전 지역에 관한 것으로 인정하더라도 한국이 북한 지역 청구권을 어느 정도 제기할 것인지 분명치 않으므로 신중하게 대처할 필요가 있음.
주제어	청구권

대일평화조약 제4조 (b)와 재한 구 일본재산 관계 등[平和条約第4条(b)項と在朝鮮旧日本財産との関係等]

문서파일번호	1567
작성연월일	1952. 2. 6 - 1952. 2. 7
구분	예비회담~제1차 회담 사이
세부항목	대일평화조약 제4조와 재한 구 일본재산
작성처	
매수	22
비밀등급	
문서종류	내부문서
공개구분	공개 또는 일부 비공개
내용	대일평화조약 제4조 b항과 재한 구 일본재산 관계, 제2조에 의한 분리지역과 관련된 청구권의 처리와 관련한 검토의견서
주제어	청구권

문서명	대일평화조약 제4조안(b)와 재한 구 일본재산 관계[平和条約第4条(b)項と在朝鮮旧日本財産との関係]

문서파일번호 1567
작성연월일 1952. 2. 6
구분 예비회담~제1차 회담 사이
세부항목 대일평화조약 제4조와 재한 일본재산
작성처 외무성 조약1과 하라 사무관
매수 11
비밀등급 극비
문서종류 내부문서
공개구분 공개
내용 조약1과 하라 사무관이 미군정 33호 적산 관리령에 따른 귀속은 최종적인 소유권 이전을 의미하지 않는다는 야마시타(山下康雄)* 교수의 논의를 검토한 의견서. 야마시타 교수의 견해는 지나치게 낙관적이기 때문에 군정령 33호 자체를 국제법상에서 논의할 필요가 있음을 지적하나 군정령 33호 자체가 국제법 위반이라는 논의를 강력히 주장해도 일본의 실익이 없다고 인정하고 있음.
주제어 청구권

문서명	제2조에 의한 분리지역에 관련된 청구권의 처리 방법(第二条による分離地域に係る請求権の処理方法)

문서파일번호 1567
작성연월일 1952. 2. 7
구분 예비회담~제1차 회담 사이
세부항목 대일평화조약 제4조와 재한국 일본재산
작성처 외무성 조약3과 오타
매수 11
비밀등급 극비
문서종류 내부문서
공개구분 일부 비공개
내용 대일평화조약 제2조에 따라 일본으로부터 분리된 조선, 타이완 등 지역의 재산 문제 처리는 제4조 a항 '현재 이들 지역의 시정을 행하고 있는 당국과의 협의'에 따르도록 되어 있는데, 여기서 언급한 '당국'의 범위 등을 검토한 의견서
주제어 청구권

* 나고야대학 교수 역임, 샌프란시스코 강화조약 연구자이며 국제법 전공.

한국전쟁에 대한 한국의 국가책임 유무에 대해서
(朝鮮動乱に対する韓国の国家責任の有無について)

문서파일번호	1568
문서명	한국전쟁에 대한 한국의 국가책임의 유무에 대해서(朝鮮動乱に対する韓国の国家責任の有無について)
작성연월일	1952. 2. 11
구분	예비회담~제1차 회담 사이
세부항목	한국전쟁에 의한 재한 일본재산 손상에 대한 한국의 국가책임
작성처	외무성 아시아국 제2과 구리노 사무관
매수	15
비밀등급	극비
문서종류	내부문서
공개구분	일부 비공개
내용	한국전쟁으로 일본의 재한사유재산에 대한 채권이 손상되었을 경우 이에 대해 한국정부에 그 책임을 물을 수 있는지에 관한 여러 학설을 검토한 의견서. 상당부분이 먹칠되어 있어 전체 내용을 파악하기 어려우나, 유엔군과 북한군 간의 전투에 의해 손상된 재산에 대해서는 한국정부에 책임을 묻기 어렵다는 견해가 기술되어 있음.
주제어	청구권

일본은행의 대한국 채권채무일람
(日本銀行の対韓国債権債務一覧)

문서파일번호	1569
문서명	일본은행의 대한국 채권채무일람(日本銀行の対韓国債権債務一覧)
작성연월일	1952. 2. 11
구분	예비회담~제1차 회담 사이
세부항목	일본은행의 대한국 채권·채무 일람
작성처	외무성
매수	2
비밀등급	일반
문서종류	내부자료
공개구분	일부 비공개
내용	일본은행 총무부 임시처리과장이 일본은행의 대한국 채권 채무일람표를 외무성에 제출하였다는 설명과 함께 동 일람표가 첨부되어 있는 문서. 채권채무일람표는 비공개. 한국 내 일본은행권은 1946년 4월과 47년 11월 2차례에 걸쳐 연합국 최고사령부, 일본은행, 남한미군정 및 조선은행 대표 입회하에 1,491,616,748엔이 소각되었다는 설명임.
주제어	청구권

재한 일본재산에 관한 베스팅 디크리(소유권 이전)의 효력에 대해서(在韓日本財産に関するヴェスティング·デクリーの効力について)

문서파일번호	1565
작성연월일	1952. 2. 12 - 1952. 2. 18
구분	예비회담~제1차 회담 사이
세부항목	재한 일본재산의 베스팅 디크리* 효력
작성처	외무성
매수	55
비밀등급	
문서종류	내부문서
공개구분	공개
내용	제1차 한일회담 개시 전 재한 일본재산의 베스팅 디크리(vesting decree) 효력에 관해 검토한 내부문서 모음
주제어	청구권

* 베스팅 디크리(vesting dcree) DPTJ 'VEST'는 소유권 이전의 효과를 말하는 것으로 소유권 이전이 몰수와 같은지, 해당 재산이 어떤 청구권도 갖는지, 갖지 않는지를 검토한 문서임

문서명	재한 일본재산에 관한 베스팅 디크리의 효력에 대해서(在韓日本財産に関するヴェスティング·デクリーの効力について)

문서파일번호 1565
작성연월일 1952. 2(일자 불명)
구분 예비회담~제1차 회담 사이
세부항목 재한 일본재산의 베스팅 디크리 효력
작성처 외무성 조약3과
매수 4
비밀등급 극비
문서종류 내부문서
공개구분 공개
내용 재한 일본재산의 베스팅 디크리 효력에 관해 검토한 의견서. 대일평화조약 제4조 b)항은 미국의 점령시기, 한국에 있었던 일본의 재산·권리·이익에 대해서 그것을 차압해서 유치, 청산, 처분하는 권리를 미국이 인정한 것이 아님.
주제어 청구권

문서명	한일청구권 교섭자료 4) 적산관리와 사유재산존중에 대해서[日韓請求権交渉資料四)敵産管理と私有財産尊重について]

문서파일번호 1565
작성연월일 1952. 2. 15
구분 예비회담~제1차 회담 사이
세부항목 재한 일본재산의 베스팅 디크리 효력
작성처 외무성
매수 22
비밀등급
문서종류 내부문서
공개구분 공개
내용 한국과의 청구권 교섭 자료로 작성한 문서. 재한 일본재산의 귀속에 관한 미국 명령은 몰수 규정이 아니라는 근거들을 설명함.
주제어 청구권

문서명	베스팅 디크리의 법적 성질에 대해서(ヴェスティング·デクリーの法的性質について)

문서파일번호 1565
작성연월일 불명
구분 예비회담~제1차 회담 사이
세부항목 재한 일본재산의 베스팅 디크리 효력
작성처 외무성 아시아국 제2과 구리노 사무관
매수 4
비밀등급 극비
문서종류 내부문서
공개구분 공개
내용 아시아 제2과 구리노(栗野) 사무관이 작성한 베스팅 디크리의 법적 성질에 관한 검토의견서. 재한 일본재산의 귀속에 관한 미국 명령에서 가리키는 '소유' 내지 '귀속'의 개념은 적산관리상의 개념이며, 일본국 및 일본국민의 재산에 대한 보상청구권, 반환청구권을 배제하는 것이 아님.
주제어 청구권

문서명	베스팅 디크리에 관한 다카야나기 교수의 소견에 대해서(ヴェスティング·デクリーに関する高柳教授の所見について)

문서파일번호 1565
작성연월일 1952. 2. 12
구분 예비회담~제1차 회담 사이
세부항목 재한 일본재산의 베스팅 디크리 효력
작성처 외무성 아시아국 제2과 구리노 사무관, 조약1과 하라 사무관
매수 8
비밀등급 극비
문서종류 내부문서
공개구분 공개
내용 아시아 제2과 구리노 사무관과 조약1과 하라 사무관이 작성한 다카야나기(高柳賢

三) 교수*의 베스팅 디크리에 관한 소견을 검토한 의견서. 재한 일본재산의 귀속에 관한 미국 명령에 대한 종래의 해석은 관리 처분 이상의 효력을 갖지 않는다는 사고는 안이하고 낙관적인 것임. 샌프란시스코 대일평화조약을 승인한 이상 제4조 b)항을 따라야 하기 때문에 논란이 되더라도 일본이 이길 승산이 없음. 재한 일본재산에 대한 일본의 청구권이 승인되지 않을 것임.

주제어 청구권

문서명	다카야나기 교수의 '한국에 있는 일본자산에 대한 의견' 요지(高柳教授の「朝鮮に於ける日本資産に就いての意見」要旨)

문서파일번호 1565

작성연월일 1952. 2. 18

구분 예비회담~제1차 회담 사이

세부항목 재한 일본재산의 베스팅 디크리 효력

작성처 외무성 아시아국 제2과 구리노 사무관

매수 17

비밀등급

문서종류 내부문서

공개구분 공개

내용 다카야나기 교수의 재한 일본자산에 대한 의견을 요약한 문서. 대일평화조약 제4조에 관한 야마시타(山下康雄) 교수의 법적 견해를 정당한 것으로 생각하고 있음. 대일평화조약하에서 일본은 공유재산 또는 일본국민의 사유재산의 한국정부에 의한 몰수를 인정하고 있지 않다고 생각하고 있음.

주제어 청구권

* 다카야나기 겐조(高柳賢三, 1887~1967)는 동경제국대학 법과대학 교수를 역임한 학자임.

일본의 대한청구권
(日本側対韓請求権)

문서파일번호	1571
문서명	일본의 대한청구권(日本側対韓請求権)
작성연월일	1952(월일 불명)
구분	제1차 회담
세부항목	일본의 대한청구권
작성처	불명
매수	1
비밀등급	일반
문서종류	내부문서
공개구분	비공개
내용	제목 이외의 문서 내용 전체 비공개.
주제어	청구권

한국의 대일 배상 요구에 대해서
(韓国の対日賠償要求について)

문서파일번호	1572
문서명	한국의 대일 배상 요구에 대해서(韓国の対日賠償要求について)
작성연월일	1952(월일 불명)
구분	제1차 회담
세부항목	한국의 대일배상 요구
작성처	외무성
매수	73
비밀등급	비(秘)
문서종류	내부자료
공개구분	일부 비공개
내용	한국의 대일배상 요구와 관련한 자료 모음. 이승만 대통령의 기자회견 담화(1948년 8월 17일), 조선경제연감(1949년 판)에 게재된 '대일배상' 기사가 소개됨. 한국의 대일배상 요구와 관련한 법적 근거를 파악할 수 있는 자료로『조선은행월보』에 게재된 부속서 11 "대일통화보상 요구의 관철", 『조선은행월보』 부속서 16, 1951년 8월 21일 세계신문에 게재된 "대일강화와 한국의 입장. 재산 상쇄 여부를 경계, 주목되는 한일특별협정" 좌담회 기사 등이 수록됨. 이 밖에 한국정부 관계자가 발표한 일본의 대한요구 내용도 함께 수록됨.
주제어	청구권, 대일배상 요구

청구권 문제 회담의 초기 단계 교섭 요령
(請求権問題会談の初期段階における交渉要領)

문서파일번호	537
작성연월일	1952. 1. 23 - 1952. 2. 12
구분	제1차 회담
세부항목	청구권 교섭 요령
작성처	외무성
매수	36
비밀등급	
문서종류	내부문서
공개구분	공개
내용	제1차 한일회담을 앞두고 청구권 문제에 관한 일본 입장을 정리함.
주제어	청구권

문서명	청구권 문제 회담의 초기 단계 교섭 요령(請求権問題会談の初期段階における交渉要領)

문서파일번호 537
작성연월일 1952. 1. 23
구분 제1차 회담
세부항목 청구권 교섭 요령
작성처 외무성 아시아국 제2과
매수 7
비밀등급 극비
문서종류 내부문서
공개구분 공개
내용 청구권 문제 회담 초기 단계의 교섭 요령을 기술한 문서. 청구권 회담의 장기전을 각오하고 궁극적으로 대승적, 정치적 해결을 꾀한다는 방향을 제시한 후, 상대 측의 청구권 제출을 요구할 것, 각종 청구의 총 건수 및 총액을 명확히 제시하도록 요구할 것, 피 분리국의 사유재산 존중 원칙을 배경으로 일본국민의 재한재산을 존중할 의사가 있는지 확인할 것, 상대방이 일본의 재조선재산은 일본의 약탈물이라는 주장을 전개할 경우 조선통치의 실적, 국제법 원칙, 국·공유 재산 계승에 대한 정반대의 선례를 들어 반박할 것 등 전체 8가지 교섭 요령을 제시함.
주제어 청구권

문서명	청구권, 재산 문제에 대해서 준비해야 할 자료(안)[請求権、財産問題につき準備すべき資料(案)]

문서파일번호 537
작성연월일 1952(월일 불명)
구분 제1차 회담
세부항목 청구권 교섭 요령
작성처 외무성
매수 3
비밀등급 극비
문서종류 내부문서
공개구분 공개

내용	청구권, 재산 문제에 대해서 준비해야 할 자료로 총론적 사항과 계수적 사항을 제시한 내용이 담긴 문서. 총론적 사항에는 영토 분리 시에 재외재산 및 청구권 처리에 관한 전례, 조선통치의 실적 등으로 정리되어 있고 계수적 사항에는 분리지역 내 공·사유 재산, 재외 재산 외에 제기할 수 있는 청구권, 피 분리지역의 대일청구권으로 정리되어 있음.
주제어	청구권

문서명	청구권 문제 회담의 초기 단계 교섭 요령(제2안)[請求権問題会談の初期段階における交渉要領(第二案)]

문서파일번호	537
작성연월일	1952. 2. 1
구분	제1차 회담
세부항목	청구권 교섭 요령
작성처	외무성 아시아국 제2과
매수	6
비밀등급	극비
문서종류	내부문서
공개구분	공개
내용	청구권 문제 회담의 초기 단계 교섭 요령(제2안)이 담긴 문서. 교섭 초기 단계에서 청구권 범위가 광범위하다면 방대한 청구권을 제기하여 공세에 나설 것, 분리국의 청구권은 피 분리국 사유재산의 존중을 배경으로 성립된다는 논리를 제시하고 그럴 의사가 있는지 확인할 것, 상대방이 일본의 재한재산은 일본의 약탈물이라는 주장을 전개할 경우 조선통치의 실적, 국제법 원칙, 국·공유 재산 계승에 대한 정반대의 선례를 들어 반박할 것, 각 청구권의 개별 검토에 들어갔을 경우 그 전에 환율, 원가 시가 등의 평가 방법에 대한 원칙을 협의할 것 등 총 10가지 교섭 요령을 제시함.
주제어	청구권

문서명	청구권 문제 회담의 초기 교섭 요령안(제3차 안)[請求権問題に関する初期の交渉要領案(第三次案)]

문서파일번호 537
작성연월일 1952. 2. 6
구분 제1차 회담
세부항목 청구권 교섭 요령
작성처 외무성 아시아국 제2과
매수 4
비밀등급 극비
문서종류 내부문서
공개구분 공개
내용 청구권에 관한 초기 교섭 요령(제3차 안)이 담긴 문서. 다음의 7가지가 제시되어 있음. ① 청구권에 관한 상대방의 견해를 구분하여 제출하도록 요구할 것 ② 피 분리국의 사유재산 존중 원칙을 배경으로 일본국민의 재한재산을 존중할 의사가 있는지 확인할 것 ③ 상대 측이 합리적인 요구를 하는지 명확해질 때까지 청구권의 개별 교섭을 거부할 것 ④ 관리처분보다 귀속권이 더 큰 효력을 지닌다는 법리론을 관철할 것 ⑤ 국·공유 재산의 승인 범위 및 내란에 의한 일본재산의 손해에 대한 한국의 국가 책임도 동일 논리로 대처할 것 ⑥ 이상의 문제에 타협 전망이 선다면 기술적 문제에 대해 협정할 것 ⑦ 본 문제는 남북한 전체에 걸치는 것으로 북한 관련 일본재산에 대해 할당량이 있다는 것을 인정하게 할 것.
주제어 청구권

문서명	청구권 처리에 관한 세 가지 방법(請求権処理に関する三つの方法)

문서파일번호 537
작성연월일 1952(월일 불명)
구분 제1차 회담
세부항목 청구권 교섭 요령
작성처 외무성
매수 3
비밀등급 극비

문서종류	내부문서
공개구분	공개
내용	한일 간 청구권 교섭에서 사유재산 처리가 최대 문제가 되고 있다고 지적하고, 그 방법으로서 직접주의, 간접주의, 중개주의의 세 가지를 제시한 후 각각의 이해득실에 대해서 정리함.
주제어	청구권

문서명	**청구권 문제에 관한 교섭 요령안**(제3차 안) **재검토**[請求権問題に関する交渉要領案(第三次案)の再検討]

문서파일번호	537
작성연월일	1952. 2. 12
구분	제1차 회담
세부항목	청구권 교섭 요령
작성처	외무성 아시아국 제2과 구리노
매수	13
비밀등급	일반
문서종류	내부문서
공개구분	공개
내용	청구권 문제에 관한 교섭 요령안(제3차 안)의 재검토 내용이 담긴 문서. 한국이 한국 내 일본재산에 대해 일본의 청구권은 있을 수 없다는 입장을 취하는 점, 그리고 미군정의 재한일본인 재산 처리가 관리처분에 지나지 않는다는 설에 대해 부정적인 결론이 나올 가능성이 크다는 점을 고려하여 제3차 안을 재검토한 내용이 수록되어 있음.
주제어	청구권

청구권 문제에 관한 대장성 내부협의회
(請求権問題に関する大蔵省との打合せ会)

문서파일번호	538
작성연월일	1952. 2. 14 - 1952. 2. 21
구분	제1차 회담
세부항목	외무성·대장성 자체협의
작성처	외무성, 대장성
매수	32
비밀등급	
문서종류	회의록, 내부문서
공개구분	공개
내용	제1차 회담 개최를 전후하여 외무성과 대장성이 청구권 문제와 관련하여 사전에 협의한 내용을 기록한 문서
주제어	청구권

문서명	청구권 문제에 관한 대장성 내부협의회(請求権問題に関する大蔵省との打合せ会)

문서파일번호 538
작성연월일 1952. 2. 14
구분 제1차 회담
세부항목 외무성·대장성 자체협의
작성처 외무성
매수 12
비밀등급 극비
문서종류 회의록
공개구분 공개
내용 외무성·대장성의 청구권 문제 관련 내부협의회. 여러 논의가 있었으나 특히 중요한 것은 교섭 과정에서 전개할 이론으로서 사유재산권 존중과 한국전쟁으로 인한 손해에 대한 국가책임의무를 연구하는 것임. 한국이 일본의 청구권을 인정한다고 해도, 전쟁으로 인해 그것을 잃었기 때문에 반환이 불가하다고 주장할 경우 그것에 대처할 수단이 없어지므로 그 책임을 추궁할 수 있다면, 우리(일본) 측의 주장이 강해지고, 교섭을 유리하게 할 수 있음.
주제어 청구권

문서명	제1회 청구권 분과회에 관한 대장성 내부협의회 순서(第一回請求権分科会に関する大蔵省側との打合せ会次第)

문서파일번호 538
작성연월일 1952. 2. 19
구분 제1차 회담
세부항목 외무성·대장성 자체협의
작성처 외무성
매수 4
비밀등급 극비
문서종류 회의록
공개구분 공개
내용 개최된 외무성·대장성 내부협의회. 소유권 효력에 대해서는 최종처분권을 인정하지 않고, 사유재산권 존중의 법리로 대응하자는 논의가 있었음.
주제어 청구권

문서명	청구권 문제에 관한 대장성 내부협의회(請求権問題関する大蔵省側との打合せ会)

문서파일번호 538
작성연월일 1952. 2. 22
구분 제1차 회담
세부항목 외무성·대장성 자체협의
작성처 외무성
매수 8
비밀등급 극비
문서종류 회의록
공개구분 공개
내용 개최된 외무성·대장성 내부협의회. 다음 청구권위원회에서는 한국의 설명을 들은 후 각 항의 취지, 해석에 대한 질문들을 할 것, 한국 초안의 전모를 제시하게 할 것, 그리고 청구권 문제 전반에 대해서는 재외재산권 문제에 관해 국내 여론의 동향을 고려하여 결론을 낼 것 등이 기술됨.
주제어 청구권

문서명	제안에 대해서(提案について)

문서파일번호 538
작성연월일 1952. 2. 21
구분 제1차 회담
세부항목 외무성·대장성 자체협의
작성처 대장성 이재국 외채과
매수 8
비밀등급 극비
문서종류 내부문서
공개구분 공개
내용 한국이 1952년 2월 21일 제시한 청구권 요강 8항목에 대한 일본의 질문 등이 기술되어 있음.
주제어 청구권

한일 청구권 문제 외무성·대장성 협의회
(日韓請求権問題外務、大蔵打合会)

문서파일번호	657
작성연월일	1952. 7. 24 - 1953. 10. 9
구분	제1~2차 회담 사이, 제2~3차 회담 사이
세부항목	청구권 문제 외무·대장성 협의회
작성처	외무성
매수	48
비밀등급	
문서종류	회의록
공개구분	공개
내용	청구권 및 재산 문제 관련 외무성·대장성 협의회 회의기록
주제어	청구권

문서명	청구권 문제 외무성, 대장성 협의회(請求権問題外務、大蔵打合せ会)

문서파일번호	657
작성연월일	1952. 7. 26
구분	제1~2차 회담 사이
세부항목	청구권 문제 외무성·대장성 협의회
작성처	외무성
매수	20
비밀등급	극비
문서종류	회의록
공개구분	공개
내용	1952년 7월 22일 외무성과 대장성 간 협의회 내용. 청구권 및 재산 문제에 관한 절충 요령, 샌프란시스코평화조약 제4조 b)항에 관한 미국 국무부 각서 내용 확인, 한일회담에 관한 미국 신문의 논조 등에 관한 논의가 이루어짐.
주제어	청구권

문서명	외무성, 대장성 제2회 청구권 문제 협의회(外務、大蔵第二回請求権問題打合せ会)

문서파일번호	657
작성연월일	1952. 7. 26
구분	제1~2차 회담 사이
세부항목	청구권 문제 외무성·대장성 협의회
작성처	외무성
매수	12
비밀등급	극비
문서종류	회의록
공개구분	공개
내용	외무성과 대장성의 두 번째 협의 내용. 일본의 대한 감정이 경직되어 있고, 일본에서 선거가 다가오고 있기 때문에 바로 협상하는 것은 어려움. 청구권 문제는 항목마다 구체적인 검토가 필요함. 앞으로도 외무성과 대장성의 공동연구의 필요성이 제기됨.
주제어	청구권

문서명	청구권 문제 외무성, 대장성 협의회(請求権問題外務大蔵打合会)

문서파일번호	657
작성연월일	1953. 10. 8
구분	제2~3차 회담 사이
세부항목	청구권 문제 외무성·대장성 협의회
작성처	외무성
매수	9
비밀등급	일반
문서종류	회의록
공개구분	공개
내용	제3차 회담 청구권위원회 개최를 앞둔 상황에서 개최된 외무성·대장성 청구권 문제 관련 협의회 내용. 제1차 회담 비공식회의에서 양유찬 대사의 상호 포기론 언급이 있었음을 상기하면서 주로 상호 포기론에 관한 논의가 이루어짐.
주제어	청구권

문서명	청구권 문제 제2회 협의회(請求権問題第二回打合会)

문서파일번호	657
작성연월일	1953. 10. 9
구분	제2~3차 회담 사이
세부항목	청구권 문제 외무성·대장성 협의회
작성처	외무성
매수	7
비밀등급	일반
문서종류	회의록
공개구분	공개
내용	제3차 회담 청구권위원회 개최 직후 외무성·대장성 간에 이루어진 협의 내용. 청구권 문제를 어업 문제와 연결시킬 필요가 있다는 점에 의견이 모아짐. 한국의 주장과 상관없이 일본은 청구권 상호 포기론을 제시할 필요가 있음을 재확인함. 상호 포기할 경우 일본 국내에서 곤란한 일이 생길 수도 있다는 의견이 나왔으나 이에 대해서는 부정적이었음.
주제어	청구권

한일 간 청구권협정 요강 한국 제안 세목
(韓日間請求権協定要綱韓国側提案の細目)

문서파일번호	382
문서명	한일 간 청구권협정 요강 한국 제안 세목(韓日間請求権協定要綱韓国側提案の細目)
작성연월일	1952. 2. 27
구분	제1차 회담
세부항목	청구권 대일청구요강(안) 세부내역
작성처	한국대표단
매수	13
비밀등급	극비
문서종류	내부자료
공개구분	공개
내용	청구권협정 요강 세목. 제1, 2, 4(별표 A, B), 5 항목의 세부 내역이 모두 기록되어 있는 한국이 제시한 문서(문서파일번호 1177에 포함된 문서에는 제5항목 이후의 10쪽이 비공개되어 있으나 여기서는 모두 공개됨)
주제어	청구권

재한 일본 사유재산의 법적 성격
(在韓日本私有財産の法的性格)

문서파일번호	1570
문서명	재한 일본 사유재산의 법적 성격(在韓日本私有財産の法的性格)
작성연월일	1952. 2. 28
구분	제1차 회담
세부항목	재한 일본 사유재산의 법적 성격
작성처	외무성 조약 3과
매수	16
비밀등급	극비
문서종류	내부문서
공개구분	공개
내용	재한 일본 사유재산의 법적 성격에 대한 검토의견서. 미 군정령 제33호는 점령군의 법령이므로 '육전법규관례에 관한 규칙'(1907.10.18), 즉 점령군이 적국 국민의 사유재산을 몰수해서는 안 된다는 규정을 위반해서는 안 됨. 미 군정령 제33호의 모든 재산에 대한 권리가 군정부에 이양(vest)되고 소유(own)된다는 것은 '몰수' 규정이 아님. 미군정으로부터 재산을 이양받은 한국정부는 그 재산을 선량한 관리자로서 주의를 기울여 관리할 권한만 있음. 또한 일본은 한국의 귀속재산처리법의 효력을 승인할 의무가 없음.
주제어	청구권

한일회담 청구권 문제
(日韓会談請求権問題)

문서파일번호	541
작성연월일	1952. 3. 6 - 1952. 3. 10
구분	제1차 회담
세부항목	청구권 문제
작성처	외무성
매수	19
비밀등급	
문서종류	내부문서
공개구분	공개
내용	1952년 3월 6일 제1차 회담 청구권위원회 제5회 회의에서 일본이 제시한 재산 및 청구권 처리에 관한 협정 기본요강, 재한일본인 사유재산의 처리에 관한 입장, 3월 10일 제6회 회의에서 한국이 제시한 반대 의견이 수록됨.
주제어	청구권, 일본의 역청구권

문서명	한일 양국이 결정해야 할 재산 및 청구권 처리에 관한 협정의 기본요강(일본 제안)[日韓両国間に取極めらるべき財産及び請求権の処理に関する協定の基本要綱(日本側提案)]

문서파일번호 541
작성연월일 1952. 3. 6
구분 제1차 회담
세부항목 일본 재산 및 청구권 처리 협정 기본요강
작성처 외무성
매수 3
비밀등급 극비
문서종류 내부자료
공개구분 공개
내용 일본이 제1차 한일회담 재산청구권위원회 제5회 회의에서 제출한 일본의 청구권 협정 기본요강. '한일 양국 간에 결정해야 할 재산 및 청구권의 처리에 관한 협정의 기본요강'과 동일문서
주제어 청구권, 일본의 역청구권

문서명	청구권 문제에 관한 일본안 설명 요지(請求権問題に関する日本側提案の説明要旨)

문서파일번호 541
작성연월일 1952. 3. 6
구분 제1차 회담
세부항목 청구권 문제에 관한 일본 제안
작성처 외무성
매수 9
비밀등급 극비
문서종류 내부문서
공개구분 공개
내용 '청구권 문제에 관한 일본 제안의 설명 요지'와 동일문서
주제어 청구권, 일본의 역청구권

문서명	청구권 문제에 관한 일본안에 대한 한국의 이견(請求権問題に関する日本側提案に対する韓国側異見)

문서파일번호	541
작성연월일	1952. 3. 10
구분	제1차 회담
세부항목	청구권 문제 관련 일본 제안에 대한 한국의 이견
작성처	외무성
매수	7
비밀등급	극비
문서종류	내부문서
공개구분	공개
내용	'청구권 문제에 관한 일본 제안에 대한 한국의 이견'과 동일문서
주제어	청구권, 일본의 역청구권

한일청구권 문제 대책
(日韓請求権問題対策)

문서파일번호	655
작성연월일	1952. 7(일자 불명) - 1952. 7. 26
구분	제1~2차 회담 사이
세부항목	청구권 문제 대책
작성처	외무성
매수	76
비밀등급	
문서종류	내부자료
공개구분	공개
내용	1952년 7~8월 한일회담 재개에 대비하여 청구권 문제에 관한 재검토 결과 (여러 사람으로부터 의견을 구함)를 수록한 자료
주제어	청구권

문서명	목차(目次)

문서파일번호 655
작성연월일 1952. 7(일자 불명)
구분 제1~2차 회담 사이
세부항목 청구권 문제 대책
작성처 외무성
매수 2
비밀등급
문서종류 내부자료
공개구분 공개
내용 ① 각종 대책안 ② 청구권 문제 성내 협의회 ③ 외무·대장성 협의회
주제어 청구권 대책 자료 목차

문서명	제2단계 청구권 문제(第二段階における請求権問題)

문서파일번호 655
작성연월일 1952. 7(일자 불명)
구분 제1~2차 회담 사이
세부항목 청구권 문제 대책
작성처 외무성
매수 5
비밀등급 일반
문서종류 내부자료
공개구분 공개
내용 청구권 문제 자료집의 총론. 지난 4월 이후 한일회담이 중단되었으나, 주일한국대표부의 유태하 참사관이 와지마(倭島英二) 국장을 방문, 회담 재개에 관한 장택상 국무총리의 의향을 전달, 재개 움직임이 시작됨. 청구권 문제의 경우 미국무부가 각서를 통해 일본이 주장하는 법리로 법 이론을 반대하는 것이 명백해졌고, 한국의 이승만 대통령 승리로 현 정권이 강화되었으며, 국제여론과 국내치안상의 요청에 따라 한일관계를 회담 결렬 상태로 방치할 수 없게 됨. 이러한 점들을 고려, 청구권 문제에 대한 대처방침을 검토하고자 대장성과 협의하였으나, 대장성은 국내 보상 문제를 동반하는 해결방안에는 반대하는 입장을 고수함.
주제어 청구권

문서명	한일청구권 문제 대책에 대해서(日韓請求権問題対策について)

문서파일번호 655
작성연월일 1952. 7. 15
구분 제1~2차 회담 사이
세부항목 청구권 문제 대책
작성처 외무성
매수 15
비밀등급 일반
문서종류 내부자료
공개구분 공개
내용 샌프란시스코대일평화조약 제4조 (b)에 관한 미국의 공식견해와 한일 양국의 국제적 지위가 변화되고 있다는 점이 확인됨. 미국은 한일관계가 결렬되는 것을 원치 않음. 일본은 대일평화조약과 관련해서는 한국과 싸울 것이 아니라 미국과 교섭해야 함. 다만, 미국의 해석 뒷부분(재한 일본재산의 처분은 조약 제4조 a)에서 상정하고 있는 협정에서의 고려사항)을 감안할 때, 한국의 청구권만을 주제로 해야 한다는 견해를 받아들이지 않아도 됨은 명백함. 향후 대응방안으로는 ① 베스팅 디크리(vesting decree)와 관련해서는 미국을 상대로 국제사법재판소(ICJ)에서 다투는 방안 ② 베스팅 디크리론에 관해서는 미국의 견해를 승인하는 방안 ③ 금후 회담의 의제에서 청구권 문제를 제외하는 방안 등을 검토해 볼 수 있음.
주제어 청구권

문서명	(제2단계) 청구권 문제 절충 요령안 골자[(第二段階)請求権問題折衝要領案骨子]

문서파일번호 655
작성연월일 1952. 7. 16
구분 제1~2차 회담 사이
세부항목 청구권 문제 대책
작성처 외무성
매수 3

비밀등급 비(秘)
문서종류 내부자료
공개구분 공개
내용 청구권 문제에 대한 절충적 대안. 법 이론 주장을 철회하는 방안을 검토하고 관계 부처와 협의할 필요가 있음.
주제어 청구권

문서명	청구권 재산 문제 절충 요령 건(請求權財産問題折衝要領に関する件)

문서파일번호 655
작성연월일 1952. 7. 16
구분 제1~2차 회담 사이
세부항목 청구권 문제 대책
작성처 외무성
매수 12
비밀등급 비(秘)
문서종류 내부자료
공개구분 공개
내용 청구권 문제 교섭 요령. 청구권 문제에 대해 한국은 일본의 예상을 뛰어넘는 관심을 가지고 있음. 이에 관해서는 친일파도 배일파도 구별이 없음. 한국의 주장에 대해 일본은 국민경제의 자립이라는 점과 법 이론이라는 점에서 고려할 필요가 있음. 법 이론에서 벗어나 실제적인 해결방안을 찾는 제안에서 시작할 필요가 있음.
주제어 청구권

문서명	청구권 문제 절충 요령안 골자(請求權問題折衝要領案骨子)

문서파일번호 655
작성연월일 1952(월일 불명)
구분 제1~2차 회담 사이
세부항목 청구권 문제 대책
작성처 외무성
매수 7
비밀등급 비(秘)
문서종류 내부자료
공개구분 공개
내용 청구권 문제 교섭 요령안 골자. 일본의 재한재산이 한국에 귀속된다는 주장은 다툴 필요가 있음. 청구권 문제의 해결 방향으로 한일 양국 상호 포기나 한국의 주장을 승인하는 방안을 검토할 필요도 있음. 일본 국내문제는 대장성 의견을 듣고 양해를 구할 필요가 있음.
주제어 청구권

문서명	청구권 재산 문제에 대한 절충 요령 건(請求權財産問題に関する折衝要領に関する件)

문서파일번호 655
작성연월일 1952. 7. 21
구분 제1~2차 회담 사이
세부항목 청구권 문제 대책
작성처 외무성
매수 13
비밀등급 극비
문서종류 내부자료
공개구분 공개
내용 청구권 재산 문제 교섭 요령. 한국은 청구권에 대해 일본의 예상보다 많은 관심을 가지고 있고, 친일분자 역시 일본의 태도에 실망감을 가지고 있음. 한국의 입장은 미국 국무부의 각서를 통해 지지, 강화되었음. 청구권 문제는 국제여론의 반응을 고려할 필요가 있고, 미국에는 사전에 한일교섭의 방식을 통보할 필요가 있음. 7가지 해결방안 제시, 재일한국인 국적 문제와 선박 문제가 해결될 때까지 청구권 문제 해결을 연기하는 방안, 한반도 분단 상황에 비추어 남북 통일 시기까지 교섭을 미루는 대안 등이 있음.
주제어 청구권

문서명	청구권 재산 문제에 대한 절충 요령 건(請求権財産問題に関する折衝要領に関する件)

문서파일번호	655
작성연월일	1952. 7. 21
구분	제1~2차 회담 사이
세부항목	청구권 문제 대책
작성처	외무성
매수	6
비밀등급	극비
문서종류	내부사료
공개구분	공개
내용	수기(手記)로 작성된 1952년 7월 21일 자 문서를 타이핑한 문서
주제어	청구권

문서명	제1안(第一案)

문서파일번호	655
작성연월일	1952(월일 불명)
구분	제1~2차 회담 사이
세부항목	청구권 문제 대책
작성처	외무성
매수	6
비밀등급	일반
문서종류	내부자료
공개구분	공개
내용	청구권 문제에 대한 일본의 제안. 일본과 대한민국은 연합국 최고사령관과 재한 미군정 사령관에 의한 재산 처리의 효력을 승인하는 방안
주제어	청구권

문서명	제2안(第二案)

문서파일번호 655
작성연월일 1952(월일 불명)
구분 제1~2차 회담 사이
세부항목 청구권 문제 대책
작성처 외무성
매수 1
비밀등급 일반
문서종류 내부자료
공개구분 공개
내용 청구권 문제에 대한 일본의 제안 중 제1안의 내용을 일부 수정
주제어 청구권

문서명	제3안(第三案)

문서파일번호 655
작성연월일 1952(월일 불명)
구분 제1~2차 회담 사이
세부항목 청구권 문제 대책
작성처 외무성
매수 2
비밀등급 일반
문서종류 내부자료
공개구분 공개
내용 청구권 문제에 대한 일본의 제안 중 제2안 가운데 한일 양국의 정부에게 서로 권고할 수 있는 권한을 가지는 공동위원회 설치를 제안하는 방안을 제외한 나머지는 삭제
주제어 청구권

문서명	한일 재산청구권에 관한 협정 요령안(日韓財産請求権に関する取極要領案)

문서파일번호	655
작성연월일	1952. 7. 26
구분	제1~2차 회담 사이
세부항목	청구권 문제 대책
작성처	외무성
매수	4
비밀등급	일반
문서종류	내부자료
공개구분	공개
내용	일본이 1952년 7월 21일 작성한 재산청구권 문제에 관한 협정안 요령. 주요 내용은 다음과 같음. ① 양국은 연합국 최고사령관 및 주한 미군정 또는 그들의 지령에 의해 행해진 자국 및 자국민(법인을 포함)의 재산 처리 효력을 승인 ② 일본은 일본 및 그 공공단체가 한국의 영역에 있는 일체의 재산을 한국에 무상으로 양도 ③한국은 조선사업 공채법에 기초하여 발행된 공채로, 그 협정의 효력 발생일에 미상환된 것에 관해 상환의 책임을 부담, 일본은 그 영역 내에 있는 일본의 재산으로 한국의 세습적 문화재산으로 인정된 고서적, 미술품 및 골동품을 한국에 양도 ④ 일본 및 한국은 일본 및 한국, 그리고 각각의 국민이 상대국의 영역에 재산으로 전기 ②, ③에서 정해지지 않은 사항에 관해서는 별도 협정을 체결 ⑤ 일본 및 한국은 이 협정 실시에 대해 양국 정부에 필요한 권고를 하는 권한을 보유하는 공동위원회를 설치하는 데 동의
주제어	청구권

한일 청구권 문제 성내 협의회
(日韓請求権問題省内打合会)

문서파일번호	656
문서명	한일 청구권 문제 성내 협의회(日韓請求権問題省内打合会)
작성연월일	1952. 7. 21
구분	제1~2차 회담 사이
세부항목	청구권 문제 대책
작성처	외무성
매수	14
비밀등급	비(秘)
문서종류	회의록
공개구분	공개
내용	문서파일번호 655 목차에 기재된 청구권 문제 관련 성내 내부협의회 회의기록(1952년 7월 18일 개최). 한국의 요구에 대해 일본도 재한 일본재산을 재고할 필요가 있음. 한국이 미군정 33호를 주장한다면, 미국에게 연락해 놓을 필요가 있음.
주제어	청구권

재외재산과 섭외채무
(在外財産と渉外債務)

문서파일번호	1299
문서명	재외재산과 섭외채무(在外財産と渉外債務)
작성연월일	1952(월일 불명)
구분	제1~2차 회담 사이
세부항목	재외부채 책임소재
작성처	외무성
매수	13
비밀등급	일반
문서종류	내부문서
공개구분	일부 비공개
내용	경성전기주식회사 주식에 대한 청구와 관련한 책임소재를 검토함. 무기명 주식의 경우 한국에 책임이 있다고 결론을 내림. 재외재산이 청산 처분을 받을 때 부채 처리는 어떻게 처리될 수 있는지를 검토한 것으로, 청산 절차 시 일본에 부채가 청구되는 것은 가혹한 조치라고 주장하고 있음. 재조선회사 경성전기주식회사의 재산에 대하여 샌프란시스코강화조약 제4조(a)와 관련된 법률적 성격을 검토함.
주제어	청구권

한일 청구권 문제에 관한 분할처리의 한계
(日韓請求権問題に関する分割処理の限界)

문서파일번호	1300
문서명	한일 청구권 문제에 관한 분할처리의 한계(日韓請求権問題に関する分割処理の限界)
작성연월일	1952(월일 불명)
구분	제1~2차 회담 사이
세부항목	영토 분리에 따른 재산 및 채무의 한국 계승 문제
작성처	외무성
매수	8
비밀등급	일반
문서종류	내부문서
공개구분	일부 비공개
내용	일본과 한국의 영토 분리에 따른 재산 및 채무의 한국 계승 문제에 관한 검토 의견서. 사유재산의 경우 존중되어야 하며 자의적 차별 처리는 용인되지 않음.
주제어	청구권

상호 포기의 표현방식에 대해서
(相互放棄の表現方式について)

문서파일번호	1301
작성연월일	1952. 11. 9
구분	제1~2차 회담 사이
세부항목	청구권 상호 포기
작성처	외무성
매수	17
비밀등급	
문서종류	
공개구분	일부 비공개
내용	한일 청구권 상호 포기의 여러 문제점을 검토한 의견서
주제어	청구권, 상호 포기론

문서명	상호 포기의 표현방식에 대해서(相互放棄の表現方式について)

문서파일번호	1301
작성연월일	1952. 11. 9
구분	제1~2차 회담 사이
세부항목	청구권 상호 포기
작성처	외무성
매수	1
비밀등급	일반
문서종류	내부문서
공개구분	일부 비공개
내용	제목만 보이고 내용은 비공개됨(이하 13쪽 비공개).
주제어	청구권

문서명	한일 청구권 문제 상호 포기 제문제(日韓請求權問題 相互放棄諸問題)

문서파일번호	1301
작성연월일	1952. 11. 9
구분	제1~2차 회담 사이
세부항목	청구권 상호 포기
작성처	외무성
매수	16
비밀등급	
문서종류	내부문서
공개구분	일부 비공개
내용	한일 청구권 상호 포기의 여러 문제점을 검토한 의견서. ① 일본 국내보상의 문제: 일본국 헌법 제29조는 '사유재산은 정당한 보상하에 이를 공공을 위해 이용할 수 있다'고 정하고 있음. 그러나 재외자산에 관해 소재국의 몰수조치를 승인하는 것이 곧 공용 이용과 동일한지는 약간 의문임 ② 일본에 있는 대한(對韓) 채권 · 채무자의 불공평 제거: 상호 포기를 하는 경우 대한채무를 갖고 있던 자는 채무에서 벗어나 이득을 보게 되지만 채권자는 손실을 입는 불공평한 상황이 발생함.
주제어	청구권

재한 사유재산권 포기와 국내보상 문제
(在韓私有財産権放棄と国内補償問題)

문서파일번호	1302
문서명	재한 사유재산권 포기와 국내보상 문제(在韓私有財産権放棄と国内補償問題)
작성연월일	1952(월일 불명)
구분	제1~2차 회담 사이
세부항목	재외 사유재산권 포기 문제
작성처	외무성 아시아국 제2과
매수	9
비밀등급	일반
문서종류	내부문서
공개구분	일부 비공개
내용	국가가 조약에 따라 재외사유재산권을 포기하거나 이와 같은 효과를 낳는 조치를 취할 경우 일본국 헌법 제29조 3항에 따른 보상의무가 있는지 등에 대한 검토의견서. 일본정부의 보상 여부는 조약에 의해 포기를 강요받은 경우와 국가가 자발적으로 선택한 경우를 구분하여 판단해야 함.
주제어	청구권

한일 국교 조정, 특히 청구권 문제에 대하여
(日韓国交調整、特に請求権問題について)

문서파일번호	1303
문서명	한일 국교 조정, 특히 청구권 문제에 대하여(日韓国交調整、特に請求権問題について)
작성연월일	1952. 11. 10
구분	제1~2차 회담 사이
세부항목	청구권 상호 포기
작성처	외무성 아시아국 제2과
매수	12
비밀등급	극비
문서종류	내부문서
공개구분	공개
내용	한일청구권 문제와 관련한 검토의견서. 일본의 대한 청구권 요구가 실현되기 어렵다면 차선책으로 상호 포기 내지 상쇄 방식을 고려할 수 있음(한일 양측의 청구권 비교 추정액 및 이 방식에 의한 구체안을 참조하라고 되어 있으나 첨부물은 포함되어 있지 않음).
주제어	청구권

한일청구권 문제의 여러 가지 면
(日韓請求権問題の種々相)

문서파일번호	1304
문서명	한일청구권 문제의 여러 가지 면(日韓請求権問題の種々相)
작성연월일	1952. 11. 26
구분	제1~2차 회담 사이
세부항목	청구권 처리 방식
작성처	외무성 아시아국 제2과
매수	12
비밀등급	극비
문서종류	내부문서
공개구분	일부 비공개
내용	청구권 문제를 일본 견해와 같이 상호 청구권을 행사하는 경우, 한국 견해와 같이 일본의 청구권을 부정하고 한국만 청구권을 행사하는 경우, 일본 견해에 따라 일본 청구권의 존재를 승인하나 특별결정에 따라 상호 포기하는 경우로 나누어 검토한 내용이 담긴 보고서. 각 경우 북한에 존재하는 일본재산에 대한 권리, 국내적 보상의무 등을 분석하고 있음.
주제어	청구권

샌프란시스코조약에 사용된 '재산' 및 '청구권' 용어의 의미와 사례(サンフランシスコ条約に用いられた「財産」及び「請求権」の用語の意味と例)

문서파일번호	1307
작성연월일	1953. 9
구분	제1~2차 회담 사이
세부항목	재산 청구권의 의미와 사례
작성처	외무성
매수	33
비밀등급	
문서종류	내부문서
공개구분	공개
내용	샌프란시스코강화조약에 사용된 '재산' 및 '청구권' 용어의 의미와 그 사례를 정리함.
주제어	청구권

문서명	샌프란시스코조약에 사용된 '재산' 및 '청구권' 용어의 의미에 대해(サンフランシスコ条約に用いられた「財産」及び「請求権」の用語の意味について)

문서파일번호	1307
작성연월일	1953. 9(일자 불명)
구분	제1~2차 회담 사이
세부항목	재산 청구권의 의미
작성처	외무성
매수	17
비밀등급	일반
문서종류	내부문서
공개구분	공개
내용	샌프란시스코 대일평화조약에 사용된 '재산' 및 '청구권' 용어의 의미를 정리한 문서. 조약에서는 '재산'은 '권리 및 이익', '채권' 등을 포함하는 광범위한 뜻으로 사용됨. '청구권'은 사람에 대한 권리라는 특성이 있으며, 조약에서는 채권이 청구권에 포함되는 경우도 있고 구별되는 경우도 있음.
주제어	청구권

문서명	재산 청구권 등에 관한 샌프란시스코조약의 용어 사례(財産請求権等に関するサンフランシスコ条約の用語例)

문서파일번호	1307
작성연월일	1953. 9(일자 불명)
구분	제1~2차 회담 사이
세부항목	재산 청구권의 예
작성처	외무성
매수	16
비밀등급	일반
문서종류	내부문서
공개구분	공개
내용	샌프란시스코 조약에서의 재산청구권 사용 사례를 정리한 문서. ① 주권적인 것 기타 특별한 의미로 사용되는 경우 ② 재산 및 청구권을 함께 쓰고 있는 경우 ③ 재산만을 쓰고 있는 경우 ④ 청구권 혹은 채무만을 쓰고 있는 경우로 구분하여 설명함.
주제어	청구권

청구권에 관한 약간의 법률문제
(請求権についての若干の法律問題)

문서파일번호	1298
문서명	청구권에 관한 약간의 법률문제(請求権についての若干の法律問題)
작성연월일	1953(월일 불명)
구분	제1~2차 회담 사이
세부항목	청구권의 법률적 문제
작성처	외무성
매수	54
비밀등급	
문서종류	내부자료
공개구분	일부 비공개
내용	청구권과 관련하여 법률적 문제를 검토한 자료 ① 샌프란시스코조약 제4조에서 특별협정의 주제가 되는 재산청구권의 시기적, 인적, 물적 범위: 법인의 경우 준거법주의, 관리주의, 본점 소재지주의 등 여러 자격기준이 존재할 수 있음. 재산청구권의 물적 범위에 대해 청구권 내용 중 신분법적인 청구권과 공법상의 권리를 포함하여 인정하자는 주장이 있으나 일반적인 통념에 비추어 타당하지 않다고 할 수 있음. ② 제4조 b)항의 해석: 1945년 12월 6일 자 미군정령 제33호에 의해 일본재산은 미 군정청에 귀속되었으며 이는 다시 한미협정에 의해 한국정부에 이양됨. 협정의 효력에 대해 한일 간 심각한 의견대립을 보이고 있음. 일본은 헤이그 육전규칙에 따라 점령군은 개인의 사유재산을 몰수할 수 없기 때문에 위 조치의 효력은 일본인 사유재산에는 미치지 않는다고 주장함. 나고야 대학의 야마시타 야스오(山下康雄) 교수는 1945년 9월 재한 일본재산을 귀속시킨 미군정령 제33호는 적산 관리조치에 불과하므로 이에 따른 재산 처리는 최종적인 소유권 이전이 아니며, 일본자산에 대해 일본국민의 청구권을 포기시키는 것은 아니라고 주장함. ③ 재외본점회사의 재일재산의 귀속: 법인의 국적이 어찌 되는가에 따라 개인의 지분이 보호받을 수 있는가가 결정됨.

④ 국내보상 문제: 헌법 제29조 3항에 국가가 사유재산을 공공을 위해 사용할 경우 정당한 보상을 행해야 한다고 되어 있음. 그러나 대장성에 따르면 재외재산은 소재국의 법제에 따라 규율되는 재산이며 일본의 주권이 직접 미치는 것이 아님. 따라서 제외재신이 딩해국에 의해 처분되었을 경우 헌법상의 문제로 보상의 의무가 생기는 것이 아님.

주제어	청구권

한일 간 청구권특별협정의 여러 양식에 대해서
(日韓間請求権特別取極の諸様式について)

문서파일번호	1306
문서명	한일 간 청구권특별협정의 여러 양식에 대해서(日韓間請求権特別取極の諸様式について)
작성연월일	1953. 1. 21
구분	제1~2차 회담 사이
세부항목	청구권협정의 여러 양식에 대한 검토
작성처	외무성 니시자와
매수	15
비밀등급	
문서종류	내부문서
공개구분	일부 비공개
내용	한일 간 청구권협정의 양식에 관해 검토한 보고서. 협정문안 작성 시 ① 한일 간 청구권 문제의 뒤끝이 없도록 할 것 ② 위헌론이나 국내보상 문제가 일어나지 않도록 할 것 ③ 기존 조약에 저촉되거나 장래 예상되는 다른 나라(중국)와의 교섭에 악영향을 미치지 않도록 유의할 것. 제1안 한일 양국이 각각 재산청구권 상호 포기를 결정할 경우, 제2안 한일 양국이 각각 상대국이 취한 조치를 승인하는 경우, 제3안 일본은 재한재산, 청구권에 대해서 한국 정부가 취한 조치를 승인하고, 한국은 재일재산 청구권을 승인하는 경우를 상정할 수 있으며, 제1안이 가장 타당함. 제1안의 경우 포기하는 재산, 청구권의 범위를 명확히 할 필요가 있음. 이 경우 ① 종전 후에 양국 및 양국민이 합법적으로 취득한 재산, 청구권은 제외 ② 한국 독립은 1948년 8월 15일, 상호 포기의 범위에 북한을 포함시킬지 말지에 대한 고려가 필요함. '포기'라는 용어에 대해서는 국내보상 문제와 관련해서 대장성이 다소 반대할 것으로 예상되는데 이 용어를 사용할지 말지는 헌법 제29조와 관련해서는 실질적인 차이가 없기 때문에 의미가 명확하고 오해가 적은 용어를 사용해야 함.
주제어	청구권

한일청구권의 계수적 비교
(日韓請求権の計数的比較)

문서파일번호	1308
문서명	한일청구권의 계수적 비교(日韓請求権の計数的比較)
작성연월일	1953(월일 불명)
구분	제1~2차 회담 사이
세부항목	한일청구권 금액 비교
작성처	외무성
매수	20
비밀등급	일반
문서종류	내부문서
공개구분	일부 비공개
내용	한일 양국이 주장하는 청구권 금액을 수치로 비교하고, 그러한 금액을 산출하게 된 근거(방법)에 대해 설명한 내용을 담음. 청구권 금액에 관련된 부분은 전부 먹칠로 가려짐.
주제어	청구권

한국의 대일청구권 내용
(韓国の対日請求権の内容)

문서파일번호	1310
문서명	한국의 대일청구권 내용(韓国の対日請求権の内容)
작성연월일	1953(월일 불명)
구분	제2~3차 회담 사이
세부항목	한국의 대일 청구권 내역과 금액
작성처	외무성
매수	9
비밀등급	일반
문서종류	내부자료
공개구분	일부 비공개
내용	한국의 대일청구권 내용과 금액을 표로 정리한 자료. 1952년도 회담 시 제출한 항목, 1953년도 회담 시 제출한 항목과 금액을 우선 정리한 후 1953년 4~7월 회담에서 한국이 제시한 항목 하단에 일본의 부담 추정 금액과 설명(먹칠로 가려짐)을 기재함.
주제어	청구권

재한 일본자산에 대한 청구권
(在韓日本資産に対する請求権)

문서파일번호	1311
작성연월일	1953. 4(일자 불명)
구분	제1~2차 회담 사이
세부항목	재한 일본재산에 대한 청구권
작성처	야마시타 야스오, 외무성
매수	82
비밀등급	
문서종류	내부자료
공개구분	공개
내용	야마시타 야스오(山下康雄) 교수(나고야대학)의 연구보고서 「재한 일본자산에 대한 청구권」의 요지, 질의응답 등을 수록함.
주제어	청구권

문서명	재한 일본자산에 대한 청구권(在韓日本資産に対する請求権)

문서파일번호 1311
작성연월일 1953. 4(일자 불명)
구분 제1~2차 회담 사이
세부항목 재한 일본재산에 대한 청구권
작성처 야마시타 야스오
매수 52
비밀등급
문서종류 내부자료
공개구분 공개
내용 재한 일본재산 청구권에 관한 야마시타 야스오 나고야대학 교수의 검토의견서. 야마시타는 대일평화조약 제4조 b)항에 따르면 재한 일본자산에 대한 일본국 및 일본국민의 청구권은 포기되지 않는다고 법률적으로 검토함. 미군정에 의한 재산처리 효력을 승인한 결과로 일본국 및 일본국민의 청구권은 이미 매각된 재산에 관해서는 존속하지 않음. 그러나 매각되지 않은 재산이 임대된 경우에는 임대 관계를 승인하지 않으면 안 됨. 임대 관계에서 발생한 수익은 일본국민에게 속함. 그러나 법률론으로서 청구권이 존속한다는 주장과 정책론으로서 청구권을 주장해야 한다는 논의는 전혀 별개이므로 유의해야 함. 실제로 청구권을 주장하여 재한 일본자산 또는 그 매각대금의 반환을 요구하는 것은 한국 정치의 실제를 무시하는 것임. 결국 대한청구권을 포기하는 것이 바람직함. 그에 대한 대가로 무엇을 얻어낼지 강구해야 함.
주제어 청구권

문서명	재한 일본자산에 관한 청구권에 대해서(在日日本資産に關する請求権について)

문서파일번호 1311
작성연월일 1953. 4(일자 불명)
구분 제1~2차 회담 사이
세부항목 재한 일본재산에 대한 청구권
작성처 외무성 조약국 제4과
매수 2
비밀등급 극비
문서종류 내부자료
공개구분 공개
내용 야마시타 교수가 연구결과를 발표한 공동연구회의 경위를 간략하게 소개함.
주제어 청구권

문서명	1. 야마시타 교수의 연구보고('재한 일본자산의 청구권에 관하여')[一、山下教授の研究報告(「在韓日本資産の請求権について」)]

문서파일번호 1311
작성연월일 1953. 4(일자 불명)
구분 제1~2차 회담 사이
세부항목 재한 일본재산에 대한 청구권
작성처 외무성 조약국 제4과
매수 20
비밀등급 일반
문서종류 내부자료
공개구분 공개
내용 야마시타 야스오 교수의 연구보고서 '재한 일본자산에 대한 청구권' 요지
주제어 청구권

문서명	2. 야마시타 교수의 연구보고에 관한 질의응답(二、山下教授の研究報告に対する質疑應答)

문서파일번호 1311
작성연월일 1953. 4(일자 불명)
구분 제1~2차 회담 사이
세부항목 재한 일본재산에 대한 청구권
작성처 외무성 조약국 제4과
매수 8
비밀등급 일반
문서종류 내부자료
공개구분 공개
내용 연구회에 참석한 연구자, 조약국 관료의 코멘트와 질의응답이 정리되어 있음. 재산처분(Disposition)의 법적 해석, 재한 일본재산을 몰수하여 한국 정부에 넘긴 미국 정부의 권한 등이 거론됨.
주제어 청구권

국회에서의 재외재산보상에 관한 정부답변 등
(国会における在外財産補償に関する政府答弁等)

문서파일번호	1234
작성연월일	1951(월일 불명) - 1964. 5. 8
구분	예비회담~제6차 회담
세부항목	국회 답변 기록, 답변 자료
작성처	외무성, 대장성
매수	57
비밀등급	
문서종류	내부자료, 내부문서 등
공개구분	공개
내용	1951~1964년에 걸쳐 재한일본재산에 관한 국회 질의 및 이에 대한 답변 또는 답변 자료를 모은 문서
주제어	청구권, 재한일본재산, 국회 답변

문서명	국회 재외재산보상에 관한 정부 답변 등(国会に於ける在外財産補償に関する政府答弁等)

문서파일번호 1234
작성연월일 1951(월일 불명)
구분 예비회담
세부항목 국회 답변 기록, 답변 자료
작성처 외무성 아시아국 제2과
매수 17
비밀등급 일반
문서종류 내부자료
공개구분 공개
내용 1951년 제12회 국회에서의 재외재산보상에 관한 정부답변 및 답변 요령 등을 모은 문서집.
① 샌프란시스코조약 제 14·16조 관계 보상에 대한 정부의 종래의 태도
② 재외재산보상에 관한 국회에서의 답변 요령
③ 재외재산보상 획득기성동맹본부에서의 질문에 대한 답변안
주제어 일본인의 재외재산보상

문서명	한일관계 모의질문·답변(日韓関係擬問擬答)

문서파일번호 1234
작성연월일 1958. 2. 18
구분 제3~4차 회담 사이
세부항목 국회 답변 기록, 답변 자료
작성처 외무성 아시아국
매수 7
비밀등급 극비
문서종류 내부자료
공개구분 공개
내용 제28회 국회에서의 재한일본재산 문제 등에 관한 모의 질문 및 답변을 모은 문서. 재한일본재산청구권 등에 관한 예상 질의 및 답변 요령이 정리되어 있음.
주제어 재한일본재산청구권

문서명	중의원 외무위원회의 한일회담에 대한 자료 요구건(衆議院外務委員会の日韓会談に関する資料要求の件)

문서파일번호 1234
작성연월일 1961. 2. 2
구분 제5차 회담
세부항목 국회의원 요구자료
작성처 외무성 북동아시아과
매수 4
비밀등급 극비
문서종류 내부문서
공개구분 공개
내용 1961년 2월 2일 중의원 외무위원회에서 사회당 의원이 한국의 청구권 요강 8항목 자료 제출을 요구, 이와 관련하여 외무성의 대응을 정리한 문서. 마에다 북동아과장은 한국대표부 문철순 참사관과 협의 후 교섭 관련 사항은 상대방 동의가 없으면 발표할 수 없다는 취지로 의원에게 답변함.
주제어 청구권

문서명	제목 없음

문서파일번호 1234
작성연월일 1961. 2. 14
구분 제5차 회담
세부항목 국회 답변 자료
작성처 대장성
매수 4
비밀등급 일반
문서종류 내부문서
공개구분 공개
내용 중의원 나가스에(永末)의원(민사당)의 재한(남북한) 일본 재산에 관한 질의에 대한 대장성의 답변 자료
주제어 청구권

문서명	구 재한일본재산의 총액에 대한 국회 답변 건(旧在韓日本財産の総額に関する国会答弁の件)

문서파일번호 1234
작성연월일 1961. 3. 20
구분 제5차 회담
세부항목 국회 답변 자료
작성처 외무성 북동아시아과
비밀등급 일반
문서종류 내부문서
공개구분 공개
내용 1961년 3월 17일 중의원 외무위원회에서 마쓰모토 시치로(松本七郎) 사회당 의원이 구 재한일본재산에 관한 자료 제출을 요청한 데 대한 검토의견을 정리한 문서. 교섭 사항에 관해서는 일본에 불리한 내용을 공표하는 것이 적절하지 않다는 취지로 답변키로 함.
주제어 청구권

문서명	3월 22일 중의원 외무위원회의 청구권 문제에 관한 질문에 대한 답변안(三月二十二日の衆議院外務委員会における請求権問題に関する質問に対する答弁案)

문서파일번호 1234
작성연월일 1961. 3. 20
구분 제5차 회담
세부항목 국회 답변 자료
작성처 외무성 북동아시아과
매수 2
비밀등급 일반
문서종류 내부문서
공개구분 공개
내용 중의원 마쓰모토 시치로(松本七郎) 사회당 의원의 질의에 대한 답변 자료. 교섭 사항에 관해서는 일본에 불리한 내용을 공표하는 것이 적절하지 않다는 내용이 기술됨.
주제어 청구권

문서명	한일 문제에 대한 에사키 마스미 의원(자민당) 질문에 대한 회답[日韓問題に関する江崎真澄議員(自民党)の質問に対する回答]

문서파일번호	1234
작성연월일	1961(월일 불명)
구분	제5차 회담
세부항목	국회 답변 자료
작성처	외무성 북동아시아과
매수	5
비밀등급	비(秘)
문서종류	내부문서
공개구분	공개
내용	에사키 마스미(江崎真澄) 자민당 의원의 질의에 대한 외무성 답변 자료. 재한일본재산 총액과 관련한 질의에 대해 현재 검토 중이라는 답변 내용이 담겨 있음.
주제어	청구권

문서명	한일 제 협정 비준 국회에서 재한일본재산에 관한 답변 자료(안)[日韓諸協定批准国会における在朝鮮日本財産に関する答弁資料(案)]

문서파일번호	1234
작성연월일	1964. 5. 8
구분	제6차 회담
세부항목	국회 답변 자료
작성처	외무성 북동아시아과
매수	11
비밀등급	비(秘)
문서종류	내부문서
공개구분	공개
내용	한일 제 협정 비준 국회에서의 재한일본재산에 관한 질의에 대비하여 작성한 답변 자료. 종전 당시 재한일본재산은 사유재산이 약 700억 엔(개인 192억 엔, 법인 521억 엔), 국유재산이 192억 엔 정도라는 대장성 산출 내용이 기술되어 있음(문서 작성 일자는 수기로 1964년 5월 8일로 되어 있으나 '한일 제 협정 비준 국회'라는 문서 제목으로 미루어 다른 시기에 작성된 것으로 추정됨).
주제어	청구권

한일의 청구권 상호 포기에 대해서
(日韓の請求権相互放棄について)

문서파일번호	658
문서명	한일의 청구권 상호 포기에 대해서(日韓の請求権相互放棄について)
작성연월일	1953. 11. 10
구분	제3~4차 회담 사이
세부항목	청구권 상호 포기, 외무성·대장성 협의 기록
작성처	아시아 제2과
매수	7
비밀등급	극비
문서종류	내부문서
공개구분	공개
내용	제3차 회담 결렬 후 외무성·대장성 간에 이루어진 청구권 상호 포기에 관한 협의 기록. 대장대신은 ① 사유재산에 대해 정부가 대신하여 이를 포기할 수 없고 ② 포기하면 헌법 제29조와의 관계 때문에 보상이 필요하며 ③ 대장성에서도 재한재산을 회수할 수 없다는 사정을 충분히 알고 있고, 국내에 대해서는 위로금을 줄 수 있지만, 이것을 외부에 발표해 보상이라고 인식하게 되면 곤란하다는 이유로 실제 그리하더라도 상호 포기라는 용어는 사용하기 어렵다는 입장을 밝힘. 이에 대해 외무성은 대일평화조약 제19조에서도 일본정부가 국민을 대신하여 청구권을 포기한 사례가 있고, 청구권을 포기하더라도 재외재산에 대해 즉시 헌법의 규정이 적용될 것인지 아닌지 의문이고, 대일평화조약 제14조, 제16조에서도 연합국, 중국에 있는 사유재산이 처분되는 것을 인정하고 있음에도 불구하고 보상 조치가 취해지고 있고, 한국과 협정이 성립하면 국회의 승인을 얻어야만 하고 이에 따라 사유재산을 정부가 대신해서 포기하는 것은 해소되게 된다는 입장을 밝힘.
주제어	청구권

한국의 지금·은 반환 요구
(韓国の地金銀返還要求)

문서파일번호	1309
작성연월일	1953. 11. 13
구분	제3~4차 회담 사이
세부항목	한국의 지금·은(地金銀) 반환 요구
작성처	외무성
매수	18
비밀등급	
문서종류	내부문서, 내부자료
공개구분	공개 또는 일부 비공개
내용	한국의 지금·은 반환 요구에 대한 검토의견서와 참고자료
주제어	청구권

문서명	한국의 지금·은 반환 요구(韓国の地金銀返還要求)

문서파일번호 1309
작성연월일 1953. 11. 13
구분 제3~4차 회담 사이
세부항목 한국의 지금·은 반환 요구
작성처 외무성
매수 10
비밀등급 일반
문서종류 내부문서
공개구분 공개
내용 한국의 지금·은 반환 요구에 대한 검토의견서. 한국 자료에 따르면 1909~1945년까지 조선에서 일본으로 반출된 금화 및 지금(地金) 금액의 전체 합계는 1천 8억 4,500만 엔이며, 지은(地銀)은 89톤에 달함. 또한 정보에 따르면 한국이 제시할 다른 부분의 대금은 5억 6,327만 2,881엔이라고 함.
주제어 청구권

문서명	참고사항 지금, 지은(参考事項 地金, 地銀)

문서파일번호 1309
작성연월일 1953. 11. 13
구분 제3~4차 회담 사이
세부항목 한국의 지금·은 반환 요구
작성처 외무성
매수 5
비밀등급
문서종류 내부자료
공개구분 일부 비공개
내용 금은 1931년 12월 금 유출 재금지 이래 자유로운 거래에 제약이 부가됨. 조선의 금 산출(단위: 톤)은 1937년 22,848, 1938년 27,737, 1939년 29,192, 1940년 25,288, 1941년 25,584, 1942년 23,755, 1943년 16,642, 1944년 7,769임.
주제어 청구권

문서명	1938년도 조선 금광업의 개요(昭和十三年度に於ける朝鮮金鉱業の概要)

문서파일번호	1309
작성연월일	1953. 11. 13
구분	제3~4차 회담 사이
세부항목	한국의 지금·은 반환 요구
작성처	외무성
매수	3
비밀등급	
문서종류	내부자료
공개구분	공개
내용	한국의 지금·은 반환 요구 문서 첨부물. 조선 내 금의 생산은 주로 평안북도, 충청남도, 황해도, 평안남도 지역 등임.
주제어	청구권

문화협정 건
(文化協定に関する件)

문서파일번호	566
문서명	문화협정 건(文化協定に関する件)
작성연월일	1951. 12. 10
구분	예비회담
세부항목	한일문화협정
작성처	외무성 아시아국 제2과
매수	4
비밀등급	비(秘)
문서종류	내부문서
공개구분	공개
내용	한국과 문화협정 체결 시 유의할 점 및 협정에 포함시켜야 할 내용을 명기함.
주제어	문화 협력

한국 문화재 건
(韓国文化財に関する件)

문서파일번호	583
작성연월일	1952. 2. 18 - 1952. 10. 6
구분	제1차 회담, 제1~2차 회담 사이
세부항목	일본 소재 한국 문화재 현황조사
작성처	외무성 등
매수	46
비밀등급	
문서종류	내부문서, 공문, 내부자료
공개구분	공개 또는 일부 비공개
내용	일본 소재 한국 문화재 현황조사와 관련된 일련의 문서 모음
주제어	문화재 반환

문서명	문화재보호위원회 혼마 씨 회견 보고(文化財保護委員会本間氏との會見報告)

문서파일번호 583
작성연월일 1952. 2. 18
구분 제1차 회담
세부항목 일본 소재 한국 문화재 현황조사
작성처 외무성 아시아국 제2과
매수 4
비밀등급
문서종류 내부문서
공개구분 공개
내용 1952년 2월 18일 문화재보호위원회 미술공예과장 혼마(本間)로부터 청취한 한국 관계 문화재 관련 사정. 한국의 문화재 반환 주장에 대해 고고학적인 출토물은 조선의 박물관에 보관했고, 일본에 보낸 것은 극히 소수이며, 미술 공예품은 도래의 시기가 불분명하기 때문에 반환의 대상을 고르는 것은 곤란함. 한국 관계 중요미술품의 일람표는 현존하지 않고 작성도 용이하지 않음. 한국 관계 문화재 반환은 가능한 한 회피하고 싶음.
주제어 문화재 반환

문서명	한국의 고고학품, 미술품 반환 청구대책(韓国の考古学品 美術品返還請求対策)

문서파일번호 583
작성연월일 1952. 2. 18
구분 제1차 회담
세부항목 일본 소재 한국 문화재 현황조사
작성처 외무성 아시아국 제2과
매수 3
비밀등급 일반
문서종류 내부문서
공개구분 일부 비공개
내용 1952년 2월 18일 문화재보호위원회 미술공예과장 혼마(本間)로부터 청취한 내용을 다른 직원이 정리함.
주제어 문화재 반환

문서명	한국 서적, 미술 공예품 조사 의뢰 건(韓国書籍 美術工芸品調査依頼の件)

문서파일번호 583
작성연월일 1952. 7. 15
구분 제1~2차 회담 사이
세부항목 일본 소재 한국 문화재 현황조사
작성처 외무성 아시아국 제2과
매수 7
비밀등급
문서종류 내부문서
공개구분 공개
내용 배상청 소관 업무가 외무성으로 이관되면서 외무성이 문화재보호위원회 측에 한국 관계 문화재의 조사 방법, 조사 요목(현 소유자, 일본 도래경위, 그 외), 문화재의 내용 등에 관해 조사 의뢰하였음.
주제어 문화재 반환

문서명	한국 서적, 미술 공예품 조사 의뢰 건(韓国書籍 美術工芸品調査依頼の件)

문서파일번호 583
작성연월일 1952. 7. 19
구분 제1~2차 회담 사이
세부항목 일본 소재 한국 문화재 현황조사
작성처 외무성 아시아국 제2과
매수 4
비밀등급 일반
문서종류 공문
공개구분 공개
내용 외무성이 1952년 7월 19일 자(7월 21일 발송)로 문화재보호위원회에 한국 관련 서적과 미술 공예품에 대해 서적명, 학술적 가치에 대한 설명 및 평가, 현 소유자, 입수경로, 입수 일자, 한국에서 일본으로 반출된 경로에 대해 조사해 줄 것을 의뢰함.
주제어 문화재 반환

문서명	한국 서적, 미술 공예품 조사 의뢰 건(韓国書籍 美術工芸品調査依頼の件)

문서파일번호 583
작성연월일 1952. 7. 29
구분 제1~2차 회담 사이
세부항목 일본 소재 한국 문화재 현황조사
작성처 외무성 아시아국 제2과
매수 4
비밀등급 일반
문서종류 내부문서
공개구분 공개
내용 1952년 7월 29일 문화재보호위원회 측 인사들을 만나 보다 상세한 조사를 의뢰했으나, 문화재보호위원회 기관(技官)*들은 조선 중요문화재의 양도를 염려해 목록 작성에 소극적인 태도를 보였고 한국에 있는 일본 문화재 조사를 희망했음.
주제어 문화재 반환

문서명	한국 서적 조사 보고(韓国書籍の調査報告)

문서파일번호 583
작성연월일 1952. 8. 21
구분 제1~2차 회담 사이
세부항목 일본 소재 한국 문화재 현황조사
작성처 시립 요네자와 도서관장(市立 米澤圖書館長)
매수 3
비밀등급 일반
문서종류 공문
공개구분 공개
내용 1952년 8월 21일 시립 요네자와(米澤) 도서관장이 문부성 대학학술국장에게 보고한 한국 관계 고서적 조사 결과. 도서 목록(모두 먹칠되어 파악 불가), 학술적 가치 설명 및 평가, 입수경위 및 입수일 자 등기 설명되어 있음.
주제어 문화재 반환

* 기술직 공무원 직급의 일종

문서명	한국판 서적 목록(韓国板書籍目録)

문서파일번호 583
작성연월일 1952. 8. 21
구분 제1~2차 회담 사이
세부항목 일본 소재 한국 문화재 현황조사
작성처 시립 요네자와 도서관장
매수 1
비밀등급 일반
문서종류 내부자료
공개구분 일부 비공개
내용 요네자와 도서관장 보고문서의 첨부자료이나 모두 먹칠이 되어 내용 파악이 불가함.
주제어 문화재 반환

문서명	한국 서적 조사(韓国書籍の調査)

문서파일번호 583
작성연월일 1952. 8. 21
구분 제1~2차 회담 사이
세부항목 일본 소재 한국 문화재 현황조사
작성처 국립국회도서관 일반고사부장(國立國會圖書館 一般考査部長)
매수 2
비밀등급 일반
문서종류 공문
공개구분 일부 비공개
내용 국립국회도서관 일반고사부장이 문부성 의뢰(1952년 8월 14일)에 따라 한국 서적 조사 결과를 문부성 대학학술국에 송부한 문서
주제어 문화재 반환

문서명	제목 없음

문서파일번호 583
작성연월일 1952. 8. 23
구분 제1~2차 회담 사이
세부항목 일본 소재 한국 문화재 현황조사
작성처 나고야 호사문고(名古屋 蓬左文庫)
매수 14
비밀등급 일반
문서종류 공문
공개구분 일부 비공개
내용 나고야 호사문고가 문부성 의뢰(1952년 8월 14일)에 따라 한국 서적 조사 결과를 문부성 대학학술국 정보실에 송부한 문서. 한국 서적 목록과 해당 서적들의 학술적 가치의 개요, 입수경로가 설명됨. 첨부된 조사 결과 중 평가 부분 등은 먹칠되어 있음.
주제어 문화재 반환

문서명	한국 서적의 조사에 대한 회답(韓国書籍の調査についての回答)

문서파일번호 583
작성연월일 1952. 8. 28
구분 제1~2차 회담 사이
세부항목 일본 소재 한국 문화재 현황조사
작성처 국립국회도서관지부 내각문고장(國立國會圖書館支部 內閣文庫長)
매수 4
비밀등급 일반
문서종류 공문
공개구분 공개
내용 국립국회도서관지부 내각문고장이 문부성 의뢰(1952년 8월 14일)에 따라 한국 서적 조사 결과를 문부성 대학학술국 정보실에 송부한 문서. 서적 의뢰 건에 대해 조사해 보았으나, 그 양이 매우 많고 입수경위도 복잡하여 상당한 시일이 걸릴 것임. 조사를 끝내는 것은 꽤 어려운 작업임.
주제어 문화재 반환

문서명	세이카도문고(靜嘉堂文庫) 내의 한국 서적 조사결과 문서

문서파일번호	583
작성연월일	1952. 10. 6
구분	제1~2차 회담 사이
세부항목	일본 소재 한국 문화재 현황조사
작성처	세이카도문고(靜嘉堂文庫)
매수	2
비밀등급	일반
문서종류	공문
공개구분	공개
내용	세이카도문고가 문부성 의뢰(1952년 8월 14일)에 따라 한국 서적 조사 결과를 문부성 대학학술국 정보실에 송부한 문서. 불명한 점이 많아 즉답이 어렵다면서 간략한 조사결과를 첨부함.
주제어	문화재 반환

문화재관계 주관관청에 대해서
(文化財関係主管官庁について)

문서파일번호	568
문서명	문화재관계 주관관청에 대해서(文化財関係主管官庁について)
작성연월일	1953(월일 불명)
구분	제2차 회담
세부항목	문화재관계 주관관청
작성처	외무성
매수	3
비밀등급	일반
문서종류	내부문서
공개구분	공개
내용	일본의 문화재 관계 주무관청인 문부성과 문화재보호위원회의 역할과 기능, 다른 관련기관 관계 등을 기술함.
주제어	문화재 반환

한국관계 문화재 조사에 관한 협의
(韓国関係文化財調査に関する打合)

문서파일번호	584
작성연월일	1953. 5. 20 - 1953. 7. 4
구분	제2차 회담
세부항목	일본 소재 한국문화재 현황조사
작성처	외무성 외
매수	48
비밀등급	
문서종류	회의록, 공문, 내부자료, 내부문서
공개구분	공개 또는 일부 비공개
내용	일본 소재 한국 문화재 조사와 관련된 문서 모음
주제어	문화재 반환

문서명	한국관계 문화재 조사에 관한 협의(韓国関係文化財調査に関する打合)

문서파일번호 584
작성연월일 1953. 5. 20
구분 제2차 회담
세부항목 일본 소재 한국문화재 현황조사
작성처 외무성
매수 5
비밀등급 비(秘)
문서종류 회의록
공개구분 공개
내용 1953년 5월 20일 외무성·문부성, 문화재보호위원회, 도쿄박물관 협의 기록. 외무성은 문부성, 문화재보호위원회, 도쿄박물관에 한국의 문화재에 대한 관심을 설명하였고, 관계자들은 한국에 반격하기 위해서라도 시급히 자료를 만들기로 결정함. 한편 도쿄박물관은 한국에 있는 오타니(大谷) 컬렉션의 반환을 요구하고 싶다고 언급함.
주제어 문화재 반환

문서명	한국관계 문화재 조사 의뢰 건(韓国関係文化財調査依頼の件)

문서파일번호 584
작성연월일 1953. 5. 19
구분 제2차 회담
세부항목 일본 소재 한국문화재 현황조사
작성처 외무성
매수 7
비밀등급 일반
문서종류 공문
공개구분 공개
내용 외무성이 문부성에 보낸 한국관계 문화재 조사 의뢰 공문. 문화재 관련 현소유자 사항, 일본 도래 경위, 각 문화재의 내용과 성격, 그 외 참고해야 할 사항을 조사하여 회신할 것을 요청함.
주제어 문화재 반환

문서명	한국관계 문화재 조사에 대해서(회답)[韓国関係文化財調査について(回答)]

문서파일번호 584
작성연월일 1953. 7. 4
구분 제2차 회담
세부항목 일본 소재 한국문화재 현황조사
작성처 문부성
매수 1
비밀등급 일반
문서종류 공문
공개구분 공개
내용 외무성의 의뢰 공문에 대한 문부성 답신. 도쿄대학, 교토대학, 아이치현(愛知県) 교육위원회, 이바라키현(茨城県) 교육위원회가 조사한 내용을 첨부함.
주제어 문화재 반환

문서명	한국출토품의 조사 건(도쿄대학)[韓国出土品の調査に関する件(東京大学)]

문서파일번호 584
작성연월일 1953. 7. 4
구분 제2차 회담
세부항목 일본 소재 한국문화재 현황조사
작성처 도쿄대학(東京大學), 교토대학(京都大學)
매수 2
비밀등급 일반
문서종류 내부자료
공개구분 일부 비공개
내용 도쿄대학에 소장된 낙랑유물, 삼국시대 유물의 입수, 도래 경위, 문화재 가치가 기술된 문서. 교토대학의 한국관계 문화재는 전면 먹칠되어 있어 내용 파악이 불가능함.
주제어 문화재 반환

문서명	나고야시의 호사문고 소장 한국도서에 관한 조사보고(名古屋市蓬左文庫所蔵韓国図書に関する調査報告)

문서파일번호 584
작성연월일 1953. 7. 4
구분 제2차 회담
세부항목 일본 소재 한국문화재 현황조사
작성처 호사문고(蓬左文庫)
매수 13
비밀등급 일반
문서종류 내부자료
공개구분 일부 비공개
내용 호사문고(蓬左文庫)* 에 소장된 서적의 입수일자, 입수방법 및 경로, 내용적 가치, 경제적 가치가 기술된 문서. 도서 목록이 첨부되어 있으나, 원 소장자와 입수경로는 먹칠이 되어 내용 파악이 불가능함.
주제어 문화재 반환

문서명	이바라키현 교육위원회(水戸家가 소장 한국 관련 문고)(茨城県教育委員会 社会教育課長)

문서파일번호 584
작성연월일 1953. 7. 4
구분 제2차 회담
세부항목 일본 소재 한국문화재 현황조사
작성처 이바라키현 교육위원회(茨城県教育委員会)
매수 1
비밀등급
문서종류 내부자료
공개구분 공개
내용 쇼고칸문고(彰考館文庫)** 및 미토케(水戸家) 소장 한국 관계 서적은 현존하지 않음.
주제어 문화재 반환

* 오와리도쿠가와케(尾張徳川家)의 구 장서 등 문고자료를 소장하는 공개문고

** 에도시대에 히타치노구니(常陸國)에 있던 미토(水戸)번(藩)이 『대일본사』를 편찬하기 위해 설치한 역사담당부서

문서명	한국관계 문화재 조사 의뢰에 대한 회답에 대해서(韓国関係文化財調査依頼に対する回答について)

문서파일번호 584
작성연월일 1953. 10. 15
구분 제2차 회담
세부항목 일본 소재 한국문화재 현황조사
작성처 문화재보호위원회 위원장
매수 2
비밀등급 일반
문서종류 공문
공개구분 공개
내용 외무성의 의뢰에 대한 문화재보호위원회의 회신공문. 도쿄박물관 소장 한국관계 문화재는 모두 구입, 기증, 교환 등에 따라 정규 절차를 거친 것이며, 학술적으로 중요한 자료임. 교토국립박물관, 나라(奈良)국립박물관, 도쿄문화재연구소 및 나라문화재연구소에는 해당 문화재가 소장되어 있지 않음.
주제어 문화재 반환

문서명	한국관계 문화재 건(韓国関係文化財に関する件)

문서파일번호 584
작성연월일 1953. 5. 28
구분 제2차 회담
세부항목 일본 소재 한국문화재 현황조사
작성처 외무성
매수 1
비밀등급 일반
문서종류 내부문서
공개구분 공개
내용 1953년 5월 28일 문부성이 외무성에 연락하여 서적 관계 회의는 국회도서관도 참여하고 싶다는 내용이 기술됨.
주제어 문화재 반환

문서명	한국관계 고서적 조사 의뢰 건(韓国関係古書籍調査依頼の件)

문서파일번호	584
작성연월일	1953. 6. 5
구분	제2차 회담
세부항목	일본 소재 한국문화재 현황조사
작성처	외무사무차관
매수	2
비밀등급	일반
문서종류	공문
공개구분	공개
내용	외무성이 내각 관방부 장관, 궁내청 차장, 세카도문고장(静嘉堂文庫* 長)에게 한국관계 고서적의 조사를 의뢰한 1953년 6월 5일 자 공문
주제어	문화재 반환

문서명	한국관계 고서적 조사 건(韓国関係古書籍調査の件)

문서파일번호	584
작성연월일	1953. 6. 19
구분	제2차 회담
세부항목	일본 소재 한국문화재 현황조사
작성처	내각 관방부장관
매수	7
비밀등급	일반
문서종류	공문
공개구분	공개
내용	1953년 6월 5일 자 외무성 공문에 대한 내각 관방부장관의 6월 19일 자 회신 공문. 내각문고에 소장된 한국관계 고서적의 간단한 내역, 목록에 기재된 서적의 유무, 그 밖에 문화재 문제 교섭에서 참고할 사항이 기술됨.
주제어	문화재 반환

* 도쿄 세다가야구(東京 世田谷区)에 소재한 미술관. 국보, 중요문화재 등을 포함한 20만여 권의 고전 서적과 6,500점의 동양 고미술품이 소장되어 있다.

문서명	당청 서릉부 소장 한국본에 대해서(当庁書陵部所蔵韓国本について)

문서파일번호 584
작성연월일 1953. 6. 13
구분 제2차 회담
세부항목 일본 소재 한국문화재 현황조사
작성처 궁내청 차장
매수 1
비밀등급 일반
문서종류 공문
공개구분 공개
내용 1953년 6월 5일 자 외무성 공문에 대한 궁내청 차장의 회신 공문. 궁내청 서릉부*에 소장된 한국관계 고서적의 내역과 그 취득 경로가 기술됨.
주제어 문화재 반환

문서명	한국관계 고서적 조사 회답 건(韓国関係古書籍調査回答の件)

문서파일번호 584
작성연월일 1953. 7. 4
구분 제2차 회담
세부항목 일본 소재 한국문화재 현황조사
작성처 국립국회도서관지부 세카도문고장(國立國會圖書館支部 静嘉堂文庫長)
매수 2
비밀등급 일반
문서종류 공문
공개구분 일부 비공개
내용 1953년 6월 5일 자 외무성 공문에 대한 국립국회도서관지부 세카도문고장의 회신 공문. 세카도문고에 소장된 한국관계 고서적의 간단한 내역, 목록에 기재된 서적의 유무, 그 밖의 문화재 교섭에서 참고할 사항이 기술됨.
주제어 문화재 반환

* 황실관계의 문서나 자료 등의 관리, 편수와 능묘(陵墓)의 관리를 담당하는 궁내청 내부 부서의 하나

한국관계 고서적에 대해서
(韓国関係古書籍について)

문서파일번호	586
작성연월일	1953. 6. 5 - 1953. 7. 15
구분	제2차 회담
세부항목	한국관계 고서적
작성처	외무성
매수	27
비밀등급	
문서종류	내부자료
공개구분	일부 비공개
내용	일본에 소재하고 있는 한국관계 고서적에 관하여 정리함.
주제어	문화재 반환, 한국관계 고서적

문서명	세키도문고*에 대해서(成簣堂文庫について)

문서파일번호 586
작성연월일 1953. 6. 5
구분 제2차 회담
세부항목 한국관계 고서적
작성처 외무성 아시아국 제2과
매수 3
비밀등급 일반
문서종류 내부자료
공개구분 일부 비공개
내용 세키도문고에 관해 정리한 자료. 동 문고는 도쿠토미 소호(徳富蘇峰)가 소장한 장서를 양도받은 것으로, ▬가 소유한 서적은 재단법인 '문화사업협회'에 기증되어 현재 '오차노미즈(お茶の水)대학 도서관'에 보관되어 있는데 정리되지 않은 상태임.
주제어 문화재 반환, 한국관계 고서적

문서명	손케가쿠장서에 대해서(尊経客蔵書について)

문서파일번호 586
작성연월일 1953. 6. 10
구분 제2차 회담
세부항목
작성처 외무성 아시아국 제2과
매수 3
비밀등급 일반
문서종류 내부자료
공개구분 공개
내용 한국이 제시한 조선관계 손케가쿠(尊經閣) 고문서적은 모두 도쿠가와 시대 이전에 마에다케(前田家)가 수집한 것이며, 문고 서적의 소유권은 모두 재단법인 마에다 이쿠도쿠카이(前田育徳会)에 있음.
주제어 문화재 반환

* 일본의 저널리스트, 역사가였던 도쿠토미 소호(徳富蘇峰)가 수집한 문고. 현재는 오차노미즈(お茶の水)대학 도서관 소장임.

문서명	한국관계 고서적에 대해서(韓国関係古書籍について)

문서파일번호 586
작성연월일 1953. 7. 15
구분 제2차 회담
세부항목 한국관계 고서적
작성처 외무성 니시자와
매수 21
비밀등급 일반
문서종류 내부자료
공개구분 일부 비공개
내용 한국이 제시한 리스트의 조선관계 고문서적에 대한 내각문고, 궁내청 서릉부를 비롯한 각 문고의 소장상황에 관한 보고서
주제어 문화재 반환

문서명	한국관계 문화재 조사표(韓国関係文化財調査表)

문서파일번호 586
작성연월일 1953(월일 불명)
구분 제2차 회담
세부항목 한국관계 고서적
작성처 외무성 아시아국 제2과
매수 2
비밀등급 일반
문서종류 내부자료
공개구분 공개
내용 한국관계 고서적 소장처에 대한 간단한 조사결과가 정리된 표
주제어 문화재 반환

한국의 미술품, 골동품에 대해서
(朝鮮の美術品、骨董について)

문서파일번호	585
문서명	한국의 미술품, 골동품에 대해서(朝鮮の美術品、骨董について)
작성연월일	1953. 6. 23
구분	제2차 회담
세부항목	조선 문화재 일반에 관한 설명
작성처	외무성
매수	9
비밀등급	일반
문서종류	내부문서
공개구분	공개
내용	1953년 6월 23일 예술대학 후지타(藤田) 교수로부터 청취한 조선 문화재 일반에 관한 설명 요지. 후지타는 데라우치 마사타케(寺内正毅) 조선총독의 조선 출토 문화재보호정책은 이후 총독들도 실시하였고 총독부 박물관은 고적의 조사, 발굴, 수복을 담당함. 미술품의 관외 유출은 박물관의 허가를 받아야 했으며, 도쿄박물관 소장의 조선 발굴품은 동 박물관의 조선실 설치에 따라 기부한 것임. 요컨대 식민지 시기 조선 관련 문화재의 대부분은 일본으로 가져온 것이 아님. 총독부가 취한 문화재의 보호조치에 대해서는 증빙이 되는 자료를 한국에 남겼고, 박물관의 한국인 근무자도 잘 알고 있을 것임. 문서파일번호 570 마지막 문서와 동일함.
주제어	문화재 반환

한국문화재의 제공에 대해서
(韓国文化財の提供について)

문서파일번호	567
작성연월일	1953. 10. 23 - 1958. 2. 28
구분	제3~4차 회담 사이
세부항목	문화재 반환 문제
작성처	외무성, 문화재보호위원회
매수	25
비밀등급	
문서종류	내부문서, 내부자료
공개구분	공개 또는 일부 비공개
내용	일본 소재 한국문화재 반환과 관련한 1953년 10월 23일, 1957년 2월 21일, 1958년 2월 6일 자 일본의 검토의견과 관련 자료
주제어	문화재 반환

문서명	한국문화재의 제공에 대해서(韓国文化財の提供について)

문서파일번호 567
작성연월일 1953. 10. 23
구분 제3~4차 회담 사이
세부항목 문화재 반환 문제
작성처 외무성 아시아국 제2과
매수 4
비밀등급 극비
문서종류 내부문서
공개구분 공개
내용 문화재 반환 문제 관련 외무성 검토의견. 외무성은 문화재 문제에 대해 청구권 문제와는 전혀 별개로 한국의 독립을 축하하는 의미로 국가가 소유한 것 중에 일부를 한국에 증여하는 것이 한국 국민의 감정에 호소할 것으로 판단하고, 이를 위해 관련 부처와 연락을 취하고 있지만, 완전한 양해를 얻고 있지 못함.
주제어 문화재 반환

문서명	한국문화재에 대해서(韓国文化財について)

문서파일번호 567
작성연월일 1957. 2. 21
구분 제3~4차 회담 사이
세부항목 문화재 반환 문제
작성처 외무성
매수 3
비밀등급
문서종류 내부문서
공개구분 공개
내용 문화재 반환 문제 관련 검토의견. 이승만 대통령이 특히 고서에 대해서 애착을 가지고 있고, 이에 대한 일본의 배려를 요구함. 일본은 국유문화재 가운데 일부를 독립기념으로 증여할 것을 고려함.
주제어 문화재 반환

문서명	한국관계 문화재 참고자료(韓国関係文化財参考資料)

문서파일번호 567
작성연월일 1958. 2. 6
구분 제3~4차 회담 사이
세부항목 문화재 반환 문제
작성처 문화재보호위원회
매수 4
비밀등급 극비
문서종류 내부문서
공개구분 공개
내용 문화재보호위원회의 검토의견. 외무성이 한국관계 문화재 약간을 양도하는 것을 협의했는데, 이에 대해 문부성 사무차관, 문화재보호위원회 위원장은 난색을 표함. 각의 결정에 따라 문화재보호위원회도 한국에게 증여할 미술품의 목록을 작성해서 외무성에 연락함.
주제어 문화재 반환

문서명	도쿄국립박물관 소장 한국관계 문화재 일람(東京国立博物館所蔵韓国関係文化財一覧)

문서파일번호 567
작성연월일 1958. 2. 6
구분 제3~4차 회담 사이
세부항목 문화재 반환 문제
작성처 문화재보호위원회
매수 10
비밀등급 일반
문서종류 내부자료
공개구분 공개
내용 문화재보호위원회 검토의견서의 첨부자료 1. 도쿄국립박물관이 소장하고 있는 한국관계 문화재 목록으로 품명, 수량 등이 적혀 있으나, 처리날짜, 처리구분, 비고는 모두 먹칠되어 있음.
주제어 문화재 반환

문서명	도쿄국립박물관 보관 조선고분 출토 미술품 리스트(東京国立博物館保管の朝鮮古墳出土美術品のリスト)

문서파일번호 567
작성연월일 1958. 2. 6
구분 제3~4차 회담 사이
세부항목 문화재 반환 문제
작성처 문화재보호위원회
매수 1
비밀등급 일반
문서종류 내부자료
공개구분 공개
내용 문화재보호위원회 검토의견서의 첨부자료 2. 도쿄국립박물관이 보관 중인 조선고분 출토 미술품 목록으로 제목 이외의 모든 부분은 먹칠되어 있음.
주제어 문화재 반환

문서명	한국관계 문화재 추가 참고자료(韓国関係文化財追加参考資料)

문서파일번호 567
작성연월일 1957. 2. 28
구분 제3~4차 회담 사이
세부항목 문화재 반환 문제
작성처 문화재보호위원회
매수 3
비밀등급 극비
문서종류 내부문서
공개구분 공개
내용 문화재보호위원회가 작성한 한국관계 문화재 추가 참고자료. 경상남도 창령군 창령면 교동출토 미술품, 조선왕조실록, 건조물, 황금관, 정창원에 있는 조선관계 기물과 문서, 오타니케(大谷家) 중앙아시아 발굴품에 대한 설명자료
주제어 문화재 반환

반환청구 한국문화재 목록
(返還請求韓国文化財目録)

문서파일번호	383
작성연월일	불명
구분	한일회담
세부항목	빈환청구 문화재 목록
작성처	주일한국대표부(한국대표단)
매수	12
비밀등급	
문서종류	
공개구분	공개
내용	한국이 일본에 제시한 반환청구 문화재목록 및 그 상세목록
주제어	

문서명	반환청구 한국문화재 목록(返還請求韓国文化財目録)

문서파일번호 383
작성연월일 불명
구분 한일회담
세부항목 반환청구 문화재 목록
작성처 주일한국대표부(한국대표단)
매수 5
비밀등급
문서종류 회의자료
공개구분 공개
내용 조선총독부에 의해 출토된 것, 통감 및 총독부에 의해 출토된 것, 일본 국유의 것, 지정 문화재(小倉武之助 소장 및 그 외) 등이 기재되어 있음.
주제어 문화재

문서명	반환청구 한국문화재 목록 중 제3항 1, 2세목(返還請求韓国文化財目録中第3項1, 2細目)

문서번호 383
작성연월일 불명
구분 한일회담
세부항목 반환청구 문화재 목록
작성처 주일한국대표부(한국대표단)
매수 7
비밀등급 극비
문서종류 회의자료
공개구분 공개
내용 반환청구 한국문화재 목록 중 제(3)항의 경상남북도 소재 분묘 및 그 외 유적에서 출토된 것, 고려시대 분묘 및 그 외 유적에서 출토된 것의 상세 목록이 수록됨.
주제어 문화재

이토 히로부미 수집 고려도자기 목록
(伊藤博文蒐集高麗陶磁器目錄)

문서파일번호	384
문서명	이토 히로부미 수집 고려도자기 목록(伊藤博文蒐集高麗陶磁器目錄)
작성연월일	불명
구분	한일회담
세부항목	히토 히로부미 수집 도자기 목록
작성처	불명
매수	6
비밀등급	극비
문서종류	회의자료
공개구분	공개
내용	이토 히로부미가 수집한 도자기 103점에 대한 목록
주제어	문화재

가와이문고 중 관부 기록목록
(河合文庫中官府記録目録)

문서파일번호	385
문서명	가와이문고 중 관부 기록목록(河合文庫中官府記録目録)
작성연월일	불명
구분	한일회담
세부항목	가와이문고 관부기록 목록
작성처	불명
매수	9
비밀등급	극비
문서종류	회의자료
공개구분	
내용	가와이문고 중 관부가 기록한 고서적의 목록
주제어	문화재

제1회 청구권분과회에 관한 내부협의회
(第一回請求権分科会に関する打合せ会)

문서파일번호	539
작성연월일	1952. 2. 19 - 1952. 3. 3
구분	제1차 회담
세부항목	청구권 문제 일본 내부협의회
작성처	외무성, 대장성
매수	54
비밀등급	
문서종류	회의록, 내부문서
공개구분	공개 또는 일부 비공개
내용	제1차 한일회담 청구권위원회 개최 관련, 일본 외무성과 대장성 협의 기록
주제어	청구권

문서명	제1회 청구권분과회에 관한 내부협의회 순서(第一回請求権分科会に関する打合せ会次第)

문서파일번호 539
작성연월일 1952. 2. 19
구분 제1차 회담
세부항목 청구권 문제 일본 내부협의회
작성처 외무성
매수 5
비밀등급 극비
문서종류 회의록
공개구분 공개
내용 외무성 자체협의 기록. 동화협회(同和協会)*가 제출한 자료는 한국의 태도를 알 수 있는 참고자료로서도, 각종 수치에 대한 자료로서도 상당한 이용가치가 있으므로 시급히 검토하고, 필요하다면 복사본을 작성하기로 함.
주제어 청구권

문서명	한일회담 제1회 청구권분과회에 관한 내부협의회 의제(日韓会談第一回請求権分科会に関する打合せ会議題)

문서파일번호 539
작성연월일 1952. 2. 19
구분 제1차 회담
세부항목 청구권 문제 일본 내부협의회
작성처 외무성
매수 3
비밀등급 극비
문서종류 내부문서
공개구분 일부 비공개
내용 제1회 청구권위원회 개최를 앞두고 내부에서 의제를 정리한 문서. 회의 참석자, 진행 요령 등이 기술됨.
주제어 청구권

* 전후 한국으로부터 귀환한 일본인들이 결성한 단체

문서명	제1회 청구권분과회 교섭 요령 사안(第一回請求權分科会交涉要領私案)

문서파일번호	539
작성연월일	1952. 2. 18
구분	제1차 회담
세부항목	청구권 문제 교섭 요령
작성처	외무성 구리노 사무관
매수	10
비밀등급	극비
문서종류	내부문서
공개구분	일부 비공개
내용	외무성 구리노 사무관이 사안(私案)으로 작성한 청구권분과회 교섭 요령 문서. 남북한을 동시에 다루는 문제는 청구권 교섭에서 경우에 따라 국면 전환을 도모하는 수단으로 유효하기 때문에 당분간은 보류하지만, 한국이 이 점을 문제 삼을 경우에는 남북한을 대상으로 이 문제를 처리한다는 원칙을 명확히 할 것(상당 부분이 먹칠로 가려져 있음) 등의 내용이 담김.
주제어	청구권

문서명	한일회담 재산청구권 문제 및 어업 문제위원회 일본 위원과 한국 위원(日韓会談財産請求権問題及び漁業問題委員会 日本側委員韓国側委員)

문서파일번호	539
작성연	1952(월일 불명)
구분	제1차 회담
세부항목	청구권 및 어업위원회 양국 대표단 명부
작성처	외무성
매수	3
비밀등급	일반
문서종류	내부자료
공개구분	공개
내용	제1차 한일회담 재산청구권 문제 및 어업 문제 위원회 한일 양국 위원 명단
주제어	청구권, 어업

문서명	각서 청구권 문제 성내 내부협의회(覚書 請求権問題省内打合せ会)

문서파일번호 539
작성연월일 1952. 2. 28
구분 제1차 회담
세부항목 청구권 문제 일본 내부협의회
작성처 외무성
매수 1
비밀등급 일반
문서종류 회의록, 내부문서
공개구분 공개
내용 외무성 자체 협의 기록. 제5회 회담 때 즈음하여 일본의 자료를 제출할 수 있도록 시급히 그 대책을 작성해야 함.
주제어 청구권

문서명	청구권 문제 교섭에 관한 내부협의회(請求權問題交渉に関する打合せ会)

문서파일번호 539
작성연월일 1952. 2. 25
구분 제1차 회담
세부항목 청구권 문제 일본 내부협의회
작성처 외무성
매수 12
비밀등급 극비
문서종류 회의록, 내부문서
공개구분 일부 비공개
내용 제1차 한일회담 청구권위원회 회의가 시작된 이후 개최된 외무성 자체 협의 기록. 청구권 문제 논의에 대해 제1단계는 한국이 제출한 청구 요강에 대한 일본의 입장을 아직 설명하지 말고, 한국의 제안에 대한 일반적인 질문을 하여 그들 제안의 전문을 파악하도록 함. 제2단계에서는 내용에 대한 질문으로 들어가 일본의 법적 견해를 개진하고 한국의 논거를 꺾음. 제3단계는 일본의 대안을 작성하여 한국에 제출하도록 함.
주제어 청구권

문서명	재산 및 청구권 협정에 관한 기본관념 및 요강(제1차 안)[財産及び請求権協定に関する基本観念並び要綱(第一次案)]

문서파일번호 539
작성연월일 1952. 2. 28
구분 제1차 회담
세부항목 청구권 문제에 대한 대장성 입장
작성처 대장성 이재국 외채과
매수 9
비밀등급 극비
문서종류 내부문서
공개구분 공개
내용 청구권 문제에 대한 대장성 입장을 정리한 문서. ① 재한 일본재산에 대한 미 군정청의 처분은 승인하지만, 그것은 일종의 적산관리처분이기 때문에 해당 재산에 대한 권리의 최종적 소멸(몰수)을 의미하지 않음 ② 한미협정에 의한 재한 일본재산의 한국정부 이전은 단순한 관리 이전이며, 미 군정청이 갖는 관리처분권을 그대로 계승한 것은 아님 ③ 대일평화조약 제21조 때문에 한국은 대일평화조약 제8조의 이익을 주장할 수 없음 ④ 한국의 재한 일본재산에 대한 귀속재산처리법의 효과를 승인한다는 어떠한 의무도 없음이 기술됨.
주제어 청구권

문서명	한일 간 청구권 처리안(제1회 안)[日韓間請求権処理案(第一回案)]

문서파일번호 539
작성연월일 1952. 3. 3
구분 제1차 회담
세부항목 청구권 문제 처리안
작성처 외무성 조약3과
매수 11
비밀등급
문서종류 내부문서
공개구분 공개
내용 외무성 조약국이 작성한 청구권 문제 처리안. 점령당국의 지령을 바탕으로 한 재산처분의 효력, 사유재산(우편저금, 대체저금, 우편송금환, 간이생명보험, 우편연금, 대부금, 공채 등), 국유재산에 대한 일본의 입장이 정리되어 있음.
주제어 청구권

한일회담 제1회 재산청구권 문제위원회 의사요록(日韓会談第1回財産請求権問題委員会議事要録)

문서파일번호	1173
작성연월일	1952. 2. 20 - 1952. 2. 21
구분	제1차 회담 재산청구권위원회 제1회 회의
세부항목	
작성처	외무성
매수	13
비밀등급	
문서종류	회의록, 연설문, 내부자료
공개구분	공개
내용	1952년 2월 20일 제1차 한일회담 재산청구권위원회 제1회 회의기록
주제어	청구권

문서명	한일회담 제1회 재산청구권 문제위원회 의사요록(日韓会談第一回財産請求権問題委員会議事要録)

문서파일번호 1173
작성연월일 1952. 2. 20
구분 제1차 회담 재산청구권위원회 제1회 회의
세부항목
작성처 외무성
매수 3
비밀등급 극비
문서종류 회의록
공개구분 공개
내용 제1차 한일회담 재산청구권위원회 제1회 회의기록. 회의 진행 요령 등 협의. 한국이 재산 및 청구권협정에 관한 요강(8개 항목)을 제출함.
주제어 청구권, 대일청구요강 8항목

문서명	한일회담 재산 및 청구권 문제 분과위원회에서의 한국대표 인사말(韓日会談財産及び請求権問題分科委員会においての韓国側代表の挨拶)

문서파일번호 1173
작성연월일 1952. 2. 20
구분 제1차 회담 재산청구권위원회 제1회 회의
세부항목 한국대표 연설
작성처 외무성
매수 3
비밀등급 일반
문서종류 연설문
공개구분 공개
내용 재산청구권위원회 제1회 회의 회의록 첨부1. 제1차 한일회담 재산청구권위원회 제1회 회의 한국 임송본 수석위원의 인사말. 청구권 문제는 샌프란시스코 대일평화조약 제4조에 따를 경우 매우 명확한 문제이며 복잡할 것이 없음. 한국은 일본의 36년 한국 점령에 따른 요구가 아닌 한국이 지금 살아가기 위해 절대 필요한 것, 법적으로 한국에 귀속되어야만 하는 것에 대해 청구하고자 하는 것으로 합리적, 이성적인 요구이며, 일본도 합리적, 이성적인 응답을 갖고 대응해 주기를 바람.
주제어 청구권, 임송본 한국 수석위원 인사말

문서명	한일 간 재산 및 청구권협정 요강 한국 제안(韓日間財産及び請求権協定要綱韓国側提案)

문서파일번호 1173
작성연월일 1952. 2. 21
구분 제1차 회담 재산청구권위원회 제1회 회의
세부항목
작성처 외무성
매수 2
비밀등급
문서종류 내부자료
공개구분 공개
내용 재산청구권위원회 제1회 회의 회의록 첨부2. 제1차 한일회담 재산청구권위원회 제1회 회의에서 한국이 일본에 제시한 청구권협정 요강 8항목 한글본(1952년 2월 21일 제출)
주제어 청구권, 대일청구요강 8항목

문서명	제1회 재산청구권위원회 회의록(Japan-Korea Conference Summary of the First Formal Session of the Committee)

문서파일번호 1173
작성연월일 1952. 2. 20
구분 제1차 회담 재산청구권위원회 제1회 회의
세부항목
작성처 외무성
매수 5
비밀등급 극비
문서종류 회의록
공개구분 공개
내용 제1차 한일회담 재산청구권위원회 제1회 회의 영문 회의록(일본 작성). 한국 수석위원 인사말과 청구권 요강의 영문 번역본이 첨부됨.
주제어 청구권

한일회담 제1회 재산청구권 문제위원회 의사록
(日韓会談第1回財産請求権問題委員会議事録)

문서파일번호	1174
작성연월일	1952. 2. 20 - 1952. 2. 21
구분	제1차 회담 재산청구권위원회 제1회 회의
세부항목	
작성처	외무성, 한국대표단
매수	30
비밀등급	
문서종류	회의록, 연설문, 내부자료
공개구분	공개
내용	1952년 2월 20일 제1차 한일회담 재산청구권위원회 제1회 회의 의사록과 관련 문서
주제어	청구권

문서명	한일회담 제1회 재산청구권 문제위원회 의사록(日韓会談 第一回財産請求権問題委員会議事録)

문서파일번호 1174
작성연월일 1952. 2. 20
구분 제1차 회담 재산청구권위원회 제1회 회의
세부항목
작성처 외무성
매수 23
비밀등급 극비
문서종류 회의록
공개구분 공개
내용 제1차 한일회담 재산청구권위원회 제1회 회의기록
주제어 청구권

문서명	한일회담 재산 및 청구권 문제 분과위원회 한국대표의 인사말(韓日会談財産及び請求権問題分科委員会においての韓国側代表の挨拶)

문서파일번호 1174
작성연월일 1952. 2. 20
구분 제1차 회담 재산청구권위원회 제1회 회의
세부항목
작성처 외무성
매수 3
비밀등급 일반
문서종류 연설문
공개구분 공개
내용 제1회 재산청구권 문제 위원회 의사록 첨부1. 제1차 한일회담 재산청구권위원회 제1회 회의 한국 임송본 수석위원의 인사말
주제어 청구권, 임송본 한국 수석위원 인사말

문서명	한일 간 재산 및 청구권협정 요강 한국 제안(韓日間財産및請求權協定要綱韓国側提案)

문서파일번호 1174
작성연월일 1952. 2. 21
구분 제1차 회담 재산청구권위원회 제1회 회의
세부항목
작성처 한국대표단
매수 2
비밀등급 극비
문서종류 내부자료
공개구분 공개
내용 제1차 한일회담 재산청구권위원회 제1회 회의에서 한국이 일본에 제출한 청구권 협정 요강 8항목 한글본
주제어 청구권, 대일청구요강 8항목

문서명	한일 간 재산 및 청구권협정 요강 한국 제안(韓日間財産及び請求權協定要綱韓国側提案)

문서파일번호 1174
작성연월일 1952. 2. 21
구분 제1차 회담 재산청구권위원회 제1회 회의
세부항목
작성처 외무성
매수 2
비밀등급 극비
문서종류 내부자료
공개구분 공개
내용 제1차 한일회담 재산청구권위원회 제1회 회의에서 한국이 일본에 제출한 청구권 협정 요강 8항목 일본어 번역본
주제어 청구권

한일회담 제2회 청구권위원회 의사요록
(日韓会談第二回請求権委員会議事要録)

문서파일번호	1175
작성연월일	1952. 2. 23
구분	제1차 회담 재산청구권위원회 제2회 회의
세부항목	
작성처	외무성, 한국대표단
매수	5
비밀등급	
문서종류	회의록
공개구분	공개
내용	1952년 2월 20일 제1차 한일회담 재산청구권위원회 제2회 회의 의사요록과 영문 회의록
주제어	청구권

문서명	한일회담 제2회 청구권위원회 의사요록(日韓会談第二回請求権委員会議事要録)

문서파일번호 1175
작성연월일 1952. 2. 23
구분 제1차 회담 재산청구권위원회 제2회 회의
세부항목
작성처 외무성
매수 3
비밀등급 극비
문서종류 회의록
공개구분 공개
내용 1952년 2월 20일 제1차 한일회담 재산청구권위원회 제2회 회의기록. 한국이 제1회 회의에서 제출(실제는 1952년 2월 21일 제출)한 청구권 요강의 취지 및 이론적 근거에 관해 설명함. 일본은 한국의 이론을 입증할 숫자 등의 제시를 요구, 한국은 이를 거부하고 대신 어느 정도 구체적인 내용을 제시하기로 함.
주제어 청구권

문서명	한일회담 제2회 재산청구권위원회 회의록(Korea-Japan Conference Summary Record of the Second Session of the Claims Committee)

문서파일번호 1175
작성연월일 1952. 2. 23
구분 제1차 회담 재산청구권위원회 제2회 회의
세부항목
작성처 한국대표단
매수 2
비밀등급 극비
문서종류 회의록
공개구분 공개
내용 제1차 한일회담 재산청구권위원회 제2회 회의 영문 회의록(한국 작성)
주제어 청구권

한일회담 제2회 청구권위원회 의사록
(日韓会談第二回請求権委員会議事録)

문서파일번호	1176
문서명	한일회담 제2회 청구권위원회 의사록(日韓会談第二回請求権委員会議事録)
작성연월일	1952. 2. 23
구분	제1차 회담 재산청구권위원회 제2회 회의
세부항목	
작성처	외무성
매수	94
비밀등급	극비
문서종류	회의록
공개구분	공개
내용	제1차 한일회담 재산청구권위원회 제2회 회의기록. 한국이 문화재, 지금(地金)·지은(地銀)의 반환, 대 조선총독부 부채의 결제, 송금, 한국에 본점이 있는 법인의 재일재산, 공채 등 청구권 요강 8개 항목의 취지와 이론적 근거를 설명함.
주제어	청구권

한일회담 제3회 청구권위원회 의사요록
(日韓会談第三回請求権委員会議事要録)

문서파일번호	1177
작성연월일	1952. 2. 27
구분	제1차 회담 재산청구권위원회 제3회 회의
세부항목	
작성처	외무성
매수	12
비밀등급	
문서종류	회의록, 내부자료
공개구분	공개 또는 일부 비공개
내용	제1차 한일회담 재산청구권위원회 제3회 회의기록과 관련 문서
주제어	청구권

문서명	한일회담 제3회 청구권위원회 의사요록(日韓会談第三回請求権委員会議事要録)

문서파일번호 1177
작성연월일 1952. 2. 27
구분 제1차 회담 재산청구권위원회 제3회 회의
세부항목
작성처 외무성
매수 4
비밀등급 극비
문서종류 회의록
공개구분 공개
내용 제1차 한일회담 재산청구권위원회 제3회 회의기록. 일본은 참고자료로 폐쇄기관 관계법령집, 대장성령 제88호 및 국외거주외국인 등에 대한 채무 변제를 위한 공탁의 특례에 관한 정령을 제출하였음. 한국은 청구권 요강 8항목의 세목을 제출함. 한국이 세목 제2항까지 설명하고 일본이 관련 질의를 함.
주제어 청구권

문서명	한일 간 청구권협정 요강 한국 제안의 세목(韓日間請求権協定要綱韓国側提案の細目)

문서파일번호 1177
작성연월일 1952. 2. 27
구분 제1차 회담 재산청구권위원회 제3회 회의
세부항목
작성처 외무성
매수 6
비밀등급 극비
문서종류 내부자료
공개구분 일부 비공개
내용 제1차 한일회담 제3회 재산청구권위원회에서 한국이 제시한 청구권협정 요강 8개 항목의 세목(한국대표단이 제시한 것을 일본이 일본어로 번역함) 중 제5항목 이후의 10쪽은 비공개됨.
주제어 청구권

문서명	한일회담 제3회 청구권위원회 회의록(Japan-Korea Conference Summary Record of the Third Session of the Claims Committee)

문서파일번호	1177
작성연월일	1952. 2. 27
구분	제1차 회담 재산청구권위원회 제3회 회의
세부항목	
작성처	외무성
매수	2
비밀등급	극비
문서종류	회의록
공개구분	공개
내용	제1차 한일회담 재산청구권위원회 제3회 회의 영문 회의록(일본 작성)
주제어	청구권

한일회담 제3회 청구권위원회 의사록
(日韓会談第三回請求権委員会議事録)

문서파일번호	1178
문서명	한일회담 제3회 청구권위원회 의사록(日韓会談第三回請求権委員会議事録)
작성연월일	1952. 2. 27
구분	제1차 회담 재산청구권위원회 제3회 회의
세부항목	
작성처	외무성
매수	50
비밀등급	극비
문서종류	회의록
공개구분	공개
내용	제1차 한일회담 재산청구권위원회 제3회 회의기록
주제어	청구권

한일회담 제4회 청구권위원회 의사요록
(日韓会談第4回請求権委員会議事要録)

문서파일번호	1179
작성연월일	1952. 3. 3
구분	제1차 회담 재산청구권위원회 제4회 회의
세부항목	
작성처	외무성, 한국대표단
매수	10
비밀등급	
문서종류	회의록
공개구분	공개
내용	제1차 한일회담 재산청구권위원회 제4회 회의기록과 영문 회의록
주제어	청구권

문서명	한일회담 제4회 청구권위원회 의사요록(日韓会談第四回請求権委員会議事要録)

문서파일번호 1179
작성연월일 1952. 3. 3
구분 제1차 회담 재산청구권위원회 제4회 회의
세부항목
작성처 외무성
매수 5
비밀등급 극비
문서종류 회의록
공개구분 공개
내용 제1차 한일회담 재산청구권위원회 제4회 회의기록. 일본은 참고자료로 재외회사 관계 법령집을 전달하였고, 한국은 계속해서 청구권요강 제3항 이하 및 그 세목에 관해 설명함. 양측이 청구권 요강 자구의 해석에 관해 질의응답함.
주제어 청구권

문서명	한일회담 제4회 청구권위원회 회의록(Korea-Japan conference summary record of the fourth session of the claims committee)

문서파일번호 1179
작성연월일 1952. 3. 3
구분 제1차 회담 재산청구권위원회 제4회 회의
세부항목
작성처 한국대표단
비밀등급 극비
매수 5
문서종류 회의록
공개구분 공개
내용 제1차 한일회담 재산청구권위원회 제4회 회의 영문 회의록(한국 작성)
주제어 청구권

한일회담 제4회 청구권 문제위원회 의사록
(日韓会談第4回請求権問題委員会議事録)

문서파일번호	1180
문서명	한일회담 제4회 청구권 문제위원회 의사록(日韓会談第4回請求権問題委員会議事録)
작성연월일	1952. 3. 3
구분	제1차 회담 재산청구권위원회 제4회 회의
세부항목	
작성처	외무성
매수	68
비밀등급	극비
문서종류	회의록
공개구분	일부 비공개
내용	제1차 한일회담 재산청구권위원회 제4회 회의기록
주제어	청구권

한일회담 일본대표단 제2회 내부협의회
(日韓会談日本側代表団第二回打合せ会)

문서파일번호	1635
작성연월일	1952. 2. 21 - 1952. 3. 8
구분	제1차 회담
세부항목	청구권 문제 일본대표단 제2회 내부협의회
작성처	외무성 아시아국 제2과
매수	27
비밀등급	
문서종류	내부문서, 내부자료, 회의록
공개구분	공개 또는 일부 비공개
내용	1952년 3월 4일 개최된 한일회담 일본대표단 제2회 협의회 관련 문서 모음
주제어	청구권

문서명	한일회담 일본대표단 제2회 협의 순서(日韓会談日本側代表団第二回打合せ会次第)

문서파일번호 1635
작성연월일 1952. 3. 4
구분 제1차 회담
세부항목 청구권 문제 일본대표단 제2회 내부협의회
작성처 외무성 아시아국 제2과
매수 2
비밀등급 일반
문서종류 내부문서
공개구분 공개
내용 제1차 한일회담 진행 중에 일본 외무성이 개최한 청구권 문제 관련 제2회 내부협의회 진행순서 및 배포자료 목록. 문서파일번호 540 첫 번째 문서와 동일함.
주제어 청구권

문서명	한일 간 재산 및 청구권협정 요강 한국 제안(韓日間財産及び請求権協定要綱韓国側提案)

문서파일번호 1635
작성연월일 1952. 2. 21
구분 제1차 회담
세부항목 청구권 문제 일본대표단 제2회 내부협의회
작성처 외무성 아시아국 제2과
매수 1
비밀등급 극비
문서종류 내부자료
공개구분 공개
내용 한국이 청구권위원회 회의에서 제출한 재산 및 청구권 요강 한국 제안(대일청구요강 8항목)
주제어 청구권

문서명	재한 일본 사유재산에 관한 일본정부의 주장(在韓日本私有財産に関する日本政府の主張)

문서파일번호 1635
작성연월일 1952(월일 불명)
구분 제1차 회담
세부항목 청구권 문제 일본대표단 제2회 내부협의회
작성처 외무성 아시아국 제2과
매수 3
비밀등급 극비
문서종류 내부문서
공개구분 공개
내용 재한일본인 사유재산에 관한 일본정부의 주장을 정리한 문서. 재한일본인 사유재산은 대일평화조약 제4조 b항 및 제8조와 관련되어 있음. 일본은 미군정부 처분의 효력을 인정했으나, 이것은 점령군이 국제법상 적법하게 조치한 재산의 처분에 대해 일본은 이 처분을 유효한 것으로 인정하고 그 효력에 관해 논쟁하지 않겠다는 의미이지 국제법상 점령군에게 인정되지 않은 처분(사유 재산 몰수)까지 인정한다는 의미는 아님. 문서파일번호 540 두 번째 문서와 동일함.
주제어 청구권, 재한 일본 사유재산 문제

문서명	한일 양국이 결정해야 할 재산 및 청구권에 관한 협정의 기본요강(일본 제안)[日韓両国間に取極めらるべき財産及び請求権の処理に関する協定の基本要綱(日本側提案)]

문서파일번호 1635
작성연월일 1952(월일 불명)
구분 제1차 회담
세부항목 청구권 문제 일본대표단 제2회 내부협의회
작성처 외무성 아시아국 제2과
매수 9
비밀등급 극비
문서종류 내부문서
공개구분 공개

내용 일본의 재산 및 청구권협정 기본요강. 일본은 한국 내의 일본재산에 대한 미군정의 처리 효과를 인정하면서도 그 범위를 국·공유재산에 한정시켜 재한일본인이 소유했던 사유재산은 별도의 협의대상으로 해야 하며, 한국과 일본 간의 재산 및 청구권 처리는 일방적이 아닌 상호적이어야 한다는 내용이 수록됨. 한일 양국 간 재산 및 청구권 처리요령(안)이 별지로 첨부됨. 문서파일번호 540 세 번째 문서와 동일함.

주제어 청구권, 재한 일본 사유재산 문제에 대한 일본의 청구권

문서명	한일회담 일본대표단 제2회 협의회(日韓會談日本側代表団第二回打合会)

문서파일번호 1635

작성연월일 1952. 3. 8

구분 제1차 회담

세부항목 청구권 문제 일본대표단 제2회 내부협의회

작성처 외무성 아시아국 제2과

매수 12

비밀등급

문서종류 회의록

공개구분 일부 비공개

내용 1952년 3월 4일 개최된 한일회담 일본대표단 제2회 협의회 기록. 각 위원회별 회의 진행경과에 관한 보고 후 일본이 제안할 청구권협정 요강에 대한 질의응답 등이 이루어짐.

주제어 청구권

청구권 문제 교섭 중간단계의 대처요령
(請求権問題交渉の中間段階における対処要領)

문서파일번호	542
문서명	청구권 문제 교섭 중간단계의 대처요령(請求権問題交渉の中間段階における対処要領)
작성연월일	1952. 3. 10
구분	제1차 회담
세부항목	청구권 문제 대처요령
작성처	외무성
매수	17
비밀등급	극비
문서종류	내부문서
공개구분	일부 비공개
내용	1952년 3월 10일 작성된 청구권 문제에 관한 일본의 대처요령. 회담 초기에 일본은 한국 의견의 전모를 파악하기 위해 주로 한국 의견을 들었는데, 한국은 자신들의 제안이 대체로 받아들여진 것으로 느낀 것 같으나, 일본이 대한 청구권을 주장하여 한국이 경악함. 일본은 자신들의 법 이론이 국제적으로도 승인된 정론이라는 인상을 한국에게 주고, 한국대표단을 통해 한국정부가 반성할 정도로 강한 주장을 펼쳐야 함.
주제어	청구권

한일회담 청구권 문제에 관한 비공식회담 결과 보고(日韓会談請求権問題に関する非公式会談結果報告)

문서파일번호	1189
문서명	한일회담 청구권 문제에 관한 비공식회담 결과보고(日韓会談請求権問題に関する非公式会談結果報告)
작성연월일	1952. 3. 11
구분	제1차 회담
세부항목	재산청구권위원회 비공식회담
작성처	외무성
매수	7
비밀등급	극비
문서종류	회의록
공개구분	일부 비공개
내용	일본이 재산청구권위원회 제5회 회의(1952년 3월 6일)에서 제시한 청구권협정에 관한 기본요강 때문에 한국이 회의 진행을 거부함에 따라, 양측 수석위원들이 1952년 3월 11일 오전, 양측 실무위원들이 같은 날 오후에 개최한 비공식회담 기록. 일본이 한국 내 일본재산 문제를 계속 거론한다면 회의는 진행될 수 없다는 한국의 강경한 입장에 따라 사무적인 협의가 이루어질 수 없다는 결론에 도달함.
주제어	청구권, 일본의 역청구권

한일회담 제5회 청구권위원회 의사요록
(日韓会談第五回請求権委員会議事要録)

문서파일번호	1181
작성연월일	1952. 3. 6
구분	제1차 회담 재산청구권위원회 제5회 회의
세부항목	
작성처	외무성
매수	23
비밀등급	
문서종류	회의록, 내부자료
공개구분	공개
내용	제1차 한일회담 재산청구권위원회 제5회 회의기록과 관련 문서
주제어	청구권, 일본의 역청구권

문서명	한일회담 제5회 청구권위원회 의사요록(日韓会談第五回請求権委員会議事要録)

문서파일번호 1181
작성연월일 1952. 3. 6
구분 제1차 회담 재산청구권위원회 제5회 회의
세부항목
작성처 외무성
매수 1
비밀등급 극비
문서종류 회의록
공개구분 공개
내용 제1차 한일회담 재산청구권위원회 제5회 회의기록. 일본은 '한일 양국 간에 결정해야 할 재산 및 청구권 처리에 관한 협정의 기본요강'을 제출하고, 이 요강의 근본이념과 각 항의 취지에 관해 설명함.
주제어 청구권, 일본의 역청구권

문서명	한일 양국이 결정해야 할 재산 및 청구권의 처리에 관한 협정의 기본요강(일본 제안) [日韓両国間に取極めらるべき財産及び請求権の処理に関する協定の基本要綱(日本側提案)]

문서파일번호 1181
작성연월일 1952. 3. 6
구분 제1차 회담 재산청구권위원회 제5회 회의
세부항목
작성처 외무성
매수 3
비밀등급 극비
문서종류 내부자료
공개구분 공개
내용 일본이 제1차 한일회담 재산청구권위원회 제5회 회의에서 제출한 청구권협정 기본요강. 일본은 한국 내의 일본재산에 대한 미군정의 처리 효과를 인정하지만, 그 범위는 국·공유재산에 한정되며, 재한일본인이 소유하였던 사유재산은 별도의 협의대상이 되어야 하고, 양국 간 재산 및 청구권 처리는 상호적이어야 함.
주제어 청구권, 일본의 역청구권

문서명	청구권 문제에 관한 일본 제안의 설명(요지)[請求権問題に関する日本側提案の説明(要旨)]

문서파일번호 1181
작성연월일 1952. 3. 6
구분 제1차 회담 재산청구권위원회 제5회 회의
세부항목
작성처 외무성
매수 9
비밀등급 극비
문서종류 내부자료
공개구분 공개
내용 제1차 한일회담 재산청구권위원회 제5회 회의 일본의 청구권협정 기본요강에 대한 설명 요지. 일본은 한국에 남아 있는 일본인 사유재산의 권리가 여전히 일본에 있으며, 대일평화조약 제4조 b항의 처분에 따른 최종적인 처리는 제4조 a항에 따라 당사국 간 특별협정이 체결된 후 이루어져야 한다고 주장함. 또한 요강 제1항과 관련, 한국전쟁으로 손실된 한국 내 일본재산의 원상회복, 손해배상, 권리의 행사를 가능케 하는 조치를 취해 줄 것을 요구함.
주제어 청구권, 일본의 역청구권

문서명	제5회 청구권위원회 회의록(Japan-Korea Conference Summary Record of the Fifth Session of the Claims Committee)

문서파일번호 1181
작성연월일 1952. 3. 6
구분 제1차 회담 재산청구권위원회 제5회 회의
세부항목
작성처 외무성
매수 10
비밀등급 극비
문서종류 회의록
공개구분 공개
내용 제1차 한일회담 재산청구권위원회 제5회 회의 영문 회의록(일본 작성). 일본의 청구권협정 기본요강과 이에 관한 설명 요지(영문) 첨부
주제어 청구권, 일본의 역청구권

한일회담 제5회 청구권위원회 의사록
(日韓会談第五回請求権委員会議事録)

문서파일번호	1182
작성연월일	1952. 3. 6
구분	제1차 회담 재산청구권위원회 제5회 회의
세부항목	
작성처	외무성
매수	17
비밀등급	
문서종류	회의록, 내부자료
공개구분	공개
내용	제1차 한일회담 재산청구권위원회 제5회 회의기록과 관련 문서
주제어	청구권, 일본의 역청구권

문서명	한일회담 제5회 청구권위원회 의사록(日韓会談第五回請求権委員会議事録)

문서파일번호 1182
작성연월일 1952. 3. 6
구분 제1차 회담 재산청구권위원회 제5회 회의
세부항목
작성처 외무성
매수 5
비밀등급 극비
문서종류 회의록
공개구분 공개
내용 제1차 한일회담 재산청구권위원회 제5회 회의기록
주제어 청구권, 일본의 역청구권

문서명	한일 양국이 결정해야 할 재산 및 청구권 처리에 관한 협정의 기본요강(일본 제안) [日韓両国間に取極めらるべき財産及び請求権の処理に関する協定の基本要綱(日本側提案)]

문서파일번호 1182
작성연월일 1952. 3. 6
구분 제1차 회담 재산청구권위원회 제5회 회의
세부항목
작성처 외무성
매수 3
비밀등급 극비
문서종류 내부자료
공개구분 공개
내용 일본이 제1차 한일회담 재산청구권위원회 제5회 회의에서 제출한 일본의 청구권 협정 기본요강
주제어 청구권, 일본의 역청구권

문서명	청구권 문제에 관한 일본 제안의 설명 요지(請求権問題に関する日本側提案の説明要旨)

문서파일번호	1182
작성연월일	1952. 3. 6
구분	제1차 회담 재산청구권위원회 제5회 회의
세부항목	
작성처	외무성
매수	9
비밀등급	극비
문서종류	회의자료
공개구분	공개
내용	제1차 한일회담 재산청구권위원회 제5회 회의 일본의 청구권협정 기본요강에 대한 설명 요지
주제어	청구권, 일본의 역청구권

한일회담 제6회 청구권위원회 의사요록
(日韓会談第六回請求権委員会議事要録)

문서파일번호	1183
작성연월일	1952. 3. 10
구분	제1차 회담 재산청구권위원회 제6회 회의
세부항목	
작성처	외무성, 한국대표단
매수	17
비밀등급	
문서종류	회의록, 내부자료
공개구분	공개
내용	제1차 한일회담 재산청구권위원회 제6회 회의기록과 관련 문서
주제어	청구권, 일본의 역청구권

문서명	한일회담 제6회 청구권위원회 의사요록(日韓会談第六回請求権委員会議事要録)

문서파일번호 1183
작성연월일 1952. 3. 10
구분 제1차 회담 재산청구권위원회 제6회 회의
세부항목
작성처 외무성
매수 3
비밀등급 극비
문서종류 회의록
공개구분 공개
내용 제1차 한일회담 재산청구권위원회 제6회 회의기록. 한국이 앞선 회의에서 일본이 제출한 기본요강 및 그 취지의 설명에 대한 한국 의견을 말함. 일본이 자신들의 요강에 대한 한국의 의견을 요청하자 한국은 일본 제안의 근본정신이 잘못 되었다면서 이대로는 회의를 진행할 수 없다며 질문을 하지 않음.
주제어 청구권, 일본의 역청구권

문서명	청구권 문제에 관한 일본 제안에 대한 한국의 이견(請求権問題に関する日本側提案に対する韓国側異見)

문서파일번호 1183
작성연월일 1952. 3. 10
구분 제1차 회담 재산청구권위원회 제6회 회의
세부항목
작성처 외무성
매수 7
비밀등급 극비
문서종류 회의자료
공개구분 공개
내용 제1차 한일회담 재산청구권회의 제5회 회의에서 일본이 제시한 청구권협정에 관한 기본요강 및 그 설명에 대한 한국의 이견을 담은 문서. 한국 내에는 남아 있는 일본재산이 없으며, 한국전쟁으로 인한 멸실, 피해에 대한 손해배상 또는 원상회복 운운은 언어도단이라고 비판함.
주제어 청구권, 일본의 역청구권

문서명	제6회 청구권위원회 회의록(Korea-Japan Conference Summary Record of the Sixth Session of the Claims Committee)

문서파일번호	1183
작성연월일	1952. 3. 10
구분	제1차 회담 재산청구권위원회 제6회 회의
세부항목	
작성처	한국대표단
매수	7
비밀등급	극비
문서종류	회의록
공개구분	공개
내용	제1차 한일회담 재산청구권위원회 제6회 회의 영문 회의록(한국 작성, 한국 이견이 담긴 문서의 영문 첨부)
주제어	청구권, 일본의 역청구권

한일회담 제6회 청구권위원회 의사록
(日韓会談第六回請求権委員会議事録)

문서파일번호	1184
작성연월일	1952. 3. 10
구분	제1차 회담 재산청구권위원회 제6회 회의
세부항목	
작성처	외무성
매수	24
비밀등급	
문서종류	회의록, 내부자료
공개구분	공개
내용	제1차 한일회담 재산청구권위원회 제6회 회의기록과 관련 문서
주제어	청구권, 일본의 역청구권

문서명	한일회담 제6회 청구권위원회 의사록(日韓会談第六回請求権委員会議事録)

문서파일번호 1184
작성연월일 1952. 3. 10
구분 제1차 회담 재산청구권위원회 제6회 회의
세부항목
작성처 외무성
매수 17
비밀등급 극비
문서종류 회의록
공개구분 공개
내용 제1차 한일회담 재산청구권위원회 제6회 회의기록
주제어 청구권, 일본의 역청구권

문서명	청구권 문제에 관한 일본 제안에 대한 한국의 이견(請求権問題に関する日本側提案に対する韓国側異見)

문서파일번호 1184
작성연월일 1952. 3. 10
구분 제1차 회담 재산청구권위원회 제6회 회의
세부항목
작성처 외무성
매수 7
비밀등급 극비
문서종류 내부자료
공개구분 공개
내용 제1차 한일회담 재산청구권회의 제5회 회의에서 일본이 제시한 청구권협정에 관한 기본요강 및 그 설명에 대한 한국의 이견을 기록함.
주제어 청구권, 일본의 역청구권

청구권 문제의 논의 재개를 본회의에서 제안하는 것에 대해서(請求権問題の討議再開を本会議に提議することについて)

문서파일번호	543
문서명	청구권 문제의 논의 재개를 본회의에서 제안하는 것에 대해서(請求権問題の討議再開を本会議に提議することについて)
작성연월일	1952. 3. 18
구분	제1차 회담
세부항목	청구권 문제 대처요령
작성처	외무성 아시아국 제2과
매수	6
비밀등급	극비
문서종류	내부문서
공개구분	공개
내용	1952년 3월 18일 작성된 청구권 문제 관련 일본 방침(시안). 일본이 법리론을 굽히고 기본요강을 개정하는 것은 대의명분에서 봐도 바람직하지 않으며, 그렇게 하지 않아도 교섭에서 어떠한 불이익도 없지만 한국의 미경험과 무대책으로 인해 회담이 난관에 부딪치게 되었음. 따라서 앞으로 본회의에서 이러한 사태를 일본 대표가 보고해서 청구권 문제의 논의 재개를 제의하는 것이 어떨지 검토 필요. 이는 한국 대표의 책임을 다소나마 경감시켜 주게 될 것임.
주제어	청구권

한일회담 제7회 청구권위원회 의사요록
(日韓会談第7回請求権委員会議事要録)

문서파일번호	1185
작성연월일	1952. 3. 28
구분	제1차 회담 재산청구권위원회 제7회 회의
세부항목	
작성처	외무성
매수	24
비밀등급	
문서종류	회의록, 내부자료
공개구분	공개
내용	제1차 한일회담 재산청구권위원회 제7회 회의기록과 관련 문서
주제어	청구권

문서명	한일회담 제7회 청구권위원회 의사요록(日韓会談第七回請求権委員会議事要録)

문서파일번호 1185
작성연월일 1952. 3. 28
구분 제1차 회담 재산청구권위원회 제7회 회의
세부항목
작성처 외무성
매수 2
비밀등급 극비
문서종류 회의록
공개구분 공개
내용 제1차 한일회담 재산청구권위원회 제7회 회의기록. 전회 회의에서 한국이 제시한 이견에 대해 일본의 의견이 담긴 문서를 제시함. 본회의 보고용 자료(한국 작성)를 수정함. 한국은 일본의 기본요강에 대한 질문을 시작함.
주제어 청구권

문서명	청구권 문제에 관한 일본 제안에 대한 한국의 이견에 대해서(請求権問題に関する日本側提案に対する韓国側異見について)

문서파일번호 1185
작성연월일 1952. 3. 28
구분 제1차 회담 재산청구권위원회 제7회 회의
세부항목
작성처 외무성
매수 6
비밀등급 극비
문서종류 회의자료
공개구분 공개
내용 재산청구권위원회 제7회 회의 회의록 첨부1. 한국이 제1차 한일회담 재산청구권위원회 제6회 회의에서 제시한 (일본의 기본요강 및 취지 설명에 대한) 이견에 대해 일본이 재차 자신들의 견해를 정리한 문서.
주제어 청구권

문서명	제목 없음

문서파일번호	1185
작성연월일	1952. 3. 28
구분	제1차 회담 재산청구권위원회 제7회 회의
세부항목	
작성처	외무성
매수	1
비밀등급	일반
문서종류	회의자료
공개구분	공개
내용	재산청구권위원회 제7회 회의 회의록 첨부2. 제1차 한일회담 재산청구권위원회 제7회 회의에서 한국이 작성한 본회의 보고용 자료(재산청구권위원회 논의 경과)의 마지막 부분
주제어	청구권

문서명	한일회담 본회의에 대한 청구권위원회의 공동보고(안) [日韓会談本会議に対する請求権委員会の共同報告(案)]

문서파일번호	1185
작성연월일	1952. 3. 28
구분	제1차 회담 재산청구권위원회 제7회 회의
세부항목	
작성처	외무성
매수	2
비밀등급	극비
문서종류	내부자료
공개구분	공개
내용	재산청구권위원회 제7회 회의 회의록 첨부3. 본회의 보고용으로 작성한 재산청구권위원회 공동보고서(안)
주제어	청구권

문서명	제7회 청구권위원회 회의록(Japan-Korea Conference Summary Record of the Seventh Session of the Claims Committee)

문서파일번호	1185
작성연월일	1952. 3. 28
구분	제1차 회담 재산청구권위원회 제7회 회의
세부항목	
작성처	외무성
매수	13
비밀등급	일반
문서종류	회의록
공개구분	공개
내용	제1차 한일회담 재산청구권위원회 제7회 회의 영문 회의록(일본 작성, 한국의 이견에 대한 일본의 이견이 담긴 문서, 공동보고 마지막 부분, 공동보고 영문분 첨부)
주제어	청구권

한일회담 제7회 청구권위원회 의사록
(日韓会談第7回請求權委員会議事録)

문서파일번호	1186
작성연월일	1952. 3. 28
구분	제1차 회담 재산청구권위원회 제7회 회의
세부항목	
작성처	외무성
매수	62
비밀등급	
문서종류	회의록, 내부자료
공개구분	공개
내용	제1차 한일회담 재산청구권위원회 제7회 회의기록과 관련 문서
주제어	청구권

문서명	한일회담 제7회 청구권위원회 의사록(日韓会談第七回請求権委員会議事録)

문서파일번호 1186
작성연월일 1952. 3. 28
구분 제1차 회담 재산청구권위원회 제7회 회의
세부항목
작성처 외무성
매수 53
비밀등급 극비
문서종류 회의록
공개구분 공개
내용 제1차 한일회담 재산청구권위원회 제7회 회의기록
주제어 청구권

문서명	청구권 문제에 관한 일본 제안에 대한 한국의 이견에 대해서(請求権問題に関する日本側提案に対する韓国側異見について)

문서파일번호 1186
작성연월일 1952. 3. 28
구분 제1차 회담 재산청구권위원회 제7회 회의
세부항목
작성처 외무성
매수 6
비밀등급 일반
문서종류 내부자료
공개구분 공개
내용 재산청구권위원회 제7회 회의 회의록 첨부1. 한국이 제1차 한일회담 재산청구권위원회 제6회 회의에서 제시한(일본의 기본요강 및 취지 설명에 대한) 이견에 대해 일본이 재차 자신들의 견해를 정리한 문서
주제어 청구권

문서명	제목 없음

문서파일번호	1186
작성연월일	1952. 3. 28
구분	제1차 회담 재산청구권위원회 제7회 회의
세부항목	
작성처	외무성
매수	1
비밀등급	일반
문서종류	내부자료
공개구분	공개
내용	재산청구권위원회 제7회 회의 회의록 첨부2. 한국이 제1차 한일회담 재산청구권위원회 제7회 회의에서 제시한 본회의 보고용 자료(재산청구권위원회 논의 경과)의 마지막 부분
주제어	청구권

문서명	한일회담 본회의에 대한 청구권위원회의 공동보고(안)[日韓会談本会議に対する請求権委員会の共同報告(案)]

문서파일번호	1186
작성연월일	1952. 3. 28
구분	제1차 회담 재산청구권위원회 제7회 회의
세부항목	
작성처	외무성
매수	2
비밀등급	극비
문서종류	내부자료
공개구분	공개
내용	재산청구권위원회 제7회 회의 회의록 첨부3. 본회의 보고용으로 작성한 재산청구권위원회 공동보고서(안)
주제어	청구권

한일회담 제8회 청구권위원회 의사요록
(日韓会談第8回請求権委員会議事要録)

문서파일번호	1187
작성연월일	1952. 4. 1
구분	제1차 회담 재산청구권위원회 제8회 회의
세부항목	
작성처	외무성, 한국대표단
매수	9
비밀등급	
문서종류	회의록, 내부자료
공개구분	공개
내용	제1차 한일회담 재산청구권위원회 제8회 회의기록과 관련 문서
주제어	청구권

문서명	한일회담 제8회 청구권위원회 의사요록(日韓会談第八回請求権委員会議事要録)

문서파일번호 1187
작성연월일 1952. 4. 1
구분 제1차 회담 재산청구권위원회 제8회 회의
세부항목
작성처 외무성
매수 1
비밀등급 극비
문서종류 회의록
공개구분 공개
내용 제1차 한일회담 재산청구권위원회 제8회 회의기록. 제1차 한일회담 제5회 본회의에 보고할 재산청구권위원회 공동보고서 작성과 관련, 양측의 의견이 모아지지 않음에 따라 한국은 양국 안을 병기하는 의견을 제시하였으나 일본은 확답을 하지 않은 채 추후 연락하기로 함.
주제어 청구권

문서명	한일회담 본회의에 대한 청구권위원회의 공동보고(한국안)[日韓会談本会議に対する請求権委員会の共同報告(韓国案)]

문서파일번호 1187
작성연월일 1952. 4. 1
구분 제1차 회담 재산청구권위원회 제8회 회의
세부항목
작성처 외무성
매수 1
비밀등급
문서종류 내부자료
공개구분 공개
내용 제1차 한일회담 제5회 본회의에 보고할 재산청구권위원회 공동보고서 한국안
주제어 청구권

문서명	한일회담 본회의에 대한 청구권위원회의 공동보고(일본안)[日韓会談本会議に対する請求権委員会の共同報告(日本案)]

문서파일번호 1187
작성연월일 1952. 4. 1
구분 제1차 회담 재산청구권위원회 제8회 회의
세부항목
작성처 외무성
매수 2
비밀등급 일반
문서종류 회의자료
공개구분 공개
내용 제1차 한일회담 제5회 본회의에 보고할 재산청구권위원회 공동보고서 일본안
주제어 청구권

문서명	제8회 청구권위원회 회의록(Korea-Japan Conference Summary Record of the Eighth Session of the Claims Committee)

문서파일번호 1187
작성연월일 1952. 4. 1
구분 제1차 회담 재산청구권위원회 제8회 회의
세부항목
작성처 한국대표단
매수 5
비밀등급 일반
문서종류 회의록
공개구분 공개
내용 제1차 한일회담 재산청구권위원회 제8회 회의 영문 회의록(한국 작성, 본회의 보고용 공동보고서 일본안, 한국안, 아무런 성과가 없었다는 내용이 기술된 공동보고서(영문) 첨부)
주제어 청구권

한일회담 제8회 청구권위원회 의사록
(日韓会談第8回請求権委員会議事録)

문서파일번호	1188
문서명	한일회담 제8회 청구권위원회 의사록(日韓会談第8回請求権委員会議事録)
작성연월일	1952. 4. 1
구분	제1차 회담 재산청구권위원회 제8회 회의
세부항목	
작성처	외무성
매수	41
비밀등급	극비
문서종류	회의록
공개구분	공개
내용	제1차 한일회담 재산청구권위원회 제8회 회의기록
주제어	청구권

한일회담 제8회 청구권위원회 의사록
(日韓会談第8回請求権委員会議事録)

문서파일번호	547
작성연월일	1952. 4. 7 - 1952. 4. 16
구분	제1차 회담
세부항목	청구권 문제 대책
작성처	외무성
매수	31
비밀등급	
문서종류	재가문서, 내부문서, 내부자료, 교환공문안
공개구분	공개
내용	청구권 문제에 대처하기 위하여 일본이 마련한 3가지 방식 중 제2 방식을 취한다는 내부 재가문서와 관련 문서 모음
주제어	청구권

문서명	한일회담 청구권 문제 대책 건(日韓会談における請求権問題対策に関する件)

문서파일번호 547
작성연월일 1952. 4. 8
구분 제1차 회담
세부항목 청구권 문제 대책
작성처 외무성 아시아국 제2과
매수 2
비밀등급 극비
문서종류 재가문서
공개구분 공개
내용 청구권 문제에 관한 대책으로 별지의 세 가지 방식 중 제2 방식을 취해도 되는가를 묻는 내부 재가문서
주제어 청구권

문서명	한일회담 청구권 문제 대책 건(日韓会談における請求権問題対策に関する件)

문서파일번호 547
작성연월일 1952. 4. 8
구분 제1차 회담
세부항목 청구권 문제 대책
작성처 마쓰모토 슌이치 외무성 고문
매수 10
비밀등급 극비
문서종류 내부문서
공개구분 공개
내용 제1차 한일회담 일본 수석대표인 마쓰모토 외무성 고문이 작성한 향후 한일회담 추진 방식에 대한 견해. 특히 청구권 문제 대책과 관련해서는 세 가지 방식 중 제2 방식이 적당하다고 생각되며, 그 이유는 첫째, 한국이 흥미를 가질만한 내용을 포함하고 있어 한국도 일본의 구상에 따라올 가능성이 있으며, 둘째, 이번 한일회담이 결렬되더라도 한국의 고의적인 선전(일본이 재한일본인 재산의 90%까지 돌려달라고 주장)의 근거를 빼앗을 수가 있기 때문이라고 기술함.
주제어 청구권

문서명	청구권 문제의 3방식(請求権問題の三方式)

문서파일번호	547
작성연월일	1952. 4. 7
구분	제1차 회담
세부항목	청구권 문제 대책
작성처	외무성
매수	8
비밀등급	일반
문서종류	내부문서
공개구분	공개
내용	청구권 문제 해결을 위해 일본이 검토한 세 가지 방식이 기술된 문서. ① 지금까지의 방식대로 회담이 결렬될 때까지 밀고 나감, ② 재한일본인 재산권 전부를 모두 청구하지는 않는다고 표명하고, 일본의 구상으로 유도함, ③ 한일 양국 모두 청구권을 상호 폐기함이 그 내용임. 별지의 두 번째 방식 구체안에는 유체재산, 기업재산, 농지, 광업권, 그 외의 개인주택 등에 관한 내용이 담겨 있음.
주제어	청구권

문서명	청구권 문제 대처 방식의 설명을 위한 기준(The Criteria to Elaborate the Guiding Principles)

문서파일번호	547
작성연월일	1952. 4. 7
구분	제1차 회담
세부항목	청구권 문제 대책
작성처	외무성
매수	2
비밀등급	극비
문서종류	회의자료
공개구분	공개
내용	재산 및 청구권 문제 대처를 위한 두 번째 방식 구체안의 영문
주제어	청구권

문서명	재산 및 청구권 문제의 재심의를 위한 상설공동위원회 설치 관련 청구권위원회의 본회의 건의안(Recommendation of the Claims Committee to the Plenary Session, Japan-Korea Conference concerning the Establishment of a Joint Standing Committee to Renew Deliberations of the Problem of Property and Claims)

문서파일번호 547
작성연월일 1952. 4. 16
구분 제1차 회담
세부항목 청구권 문제 대책
작성처 외무성
매수 1
비밀등급 일반
문서종류 내부자료
공개구분 공개
내용 한일회담 종료 후 재산 및 청구권 문제의 재심의를 위해 상설공동위원회를 설치한다는 내용의 청구권위원회의 본회의 건의안(영문). 제1차 한일회담이 청구권 문제로 결렬 사태에 이르게 되자 일본이 1952년 4월 16일 양유찬·마쓰모토 비공식회의에서 해결안으로 제시한 것으로 한국은 이에 반대함.
주제어 청구권

문서명	한일회담 본회의에 대한 청구권위원회의 공동보고서(안)[日韓会談本会議に対する請求権委員会の共同報告(案)]

문서파일번호 547
작성연월일 1952. 4. 16
구분 제1차 회담
세부항목 청구권 문제 대책
작성처 외무성
매수 2
비밀등급 극비
문서종류 회의자료
공개구분 공개

내용	본회의 보고용으로 작성한 청구권위원회 공동보고서(안). 청구권 문제는 최종 해결에 이르지 못할지도 모르지만, 그럴 경우 첫째, 되도록 한국경제 복구에 기여하기 위한 정신에 입각하여 심의를 진행함. 둘째, 되도록 실업가를 참가시킴. 셋째, 구체적인 세목의 검토 및 공동조사에 착수함 등의 조치를 취함. 1952년 4월 16일 양유찬·마쓰모토 비공식회의에서 해결안으로 제시한 것이며, 한국은 이에 반대함.
주제어	청구권

문서명	**한일회담 청구권위원회의 본회의 공동보고서**(Joint Report of Claims Committee to Plenary Session, Japan-Korea Conference)

문서파일번호	547
작성연월일	1952. 4. 16
구분	제1차 회담
세부항목	청구권 문제 대책
작성처	외무성
매수	2
비밀등급	일반
문서종류	회의자료
공개구분	공개
내용	청구권위원회 공동보고서(안)의 영문
주제어	청구권

문서명	재산 및 청구권 처리에 관한 일본국과 대한민국 사이의 교환공문 시안(財産及び請求権の処理に関する日本国と大韓民国との間の交換公文試案)

문서파일번호 547
작성연월일 1952(월일 불명)
구분 제1차 회담
세부항목 청구권 문제 대책
작성처 외무성
매수 2
비밀등급 극비
문서종류 교환공문(안)
공개구분 공개
내용 한국이 본회의 공동보고를 수락했을 경우 시행할 교환공문 시안(일본 마쓰모토 수석의 한국 양유찬 수석 앞 공한 형식)으로, 공동보고의 권고를 채택하여 상설위원회를 설치하고, 청구권 문제를 새롭게 논의하기로 결정함.
주제어 청구권

문서명	재산 및 청구권 처리에 관한 일본국과 대한민국 사이의 교환공문 시안(Tentative Draft of Note to be Exchanged between Japan and the Republic of Korea on Dispositions of Property and Claims)

문서파일번호 547
작성연월일 1952(월일 불명)
구분 제1차 회담
세부항목 청구권 문제 대책
작성처 외무성
매수 2
비밀등급 극비
문서종류 교환공문(안)
공개구분 공개
내용 한국이 본회의 공동보고를 수락했을 경우 시행할 교환공문 시안의 영문
주제어 청구권

한일회담 재산, 청구권 문제 교섭 경위
(日韓会談 財産、請求権問題交渉の経緯)

문서파일번호	544
작성연월일	1952. 3. 19 - 1952. 5. 2
구분	제1차 회담
세부항목	청구권 문제 교섭 경위
작성처	외무성
매수	96
비밀등급	
문서종류	내부문서
공개구분	공개
내용	1952년 3월 19일, 4월 15일, 5월 2일 3차례에 걸쳐 작성한 제1차 한일회담 재산, 청구권 문제 교섭 경위
주제어	청구권

문서명	한일회담 재산, 청구권 문제 교섭 경위(日韓会談 財産、請求権問題交渉の経緯)

문서파일번호 544
작성연월일 1952. 3. 19
구분 제1차 회담
세부항목 청구권 문제 교섭 경위
작성처 외무성
매수 21
비밀등급 극비
문서종류 내부문서
공개구분 공개
내용 1952년 2월 20일~3월 18일까지 제1차 회담 청구권위원회 제1~6회 회의 및 수차례의 비공식회의에서 진행된 재산 및 청구권 문제 교섭 경위를 정리한 문서. 한국의 대일 청구권 8항목 제시와 이를 둘러싼 논의 과정, 일본이 제시한 협정 기본요강, 재한일본인 사유재산과 관련한 일본 입장 제시 및 이에 대한 한국의 반박 경위 등이 기술됨.
주제어 청구권

문서명	한일회담 재산, 청구권 문제 교섭 경위(속)[日韓会談 財産、請求権問題交渉の経緯(続)]

문서파일번호 544
작성연월일 1952. 4. 15
구분 제1차 회담
세부항목 청구권 문제 교섭 경위
작성처 외무성
매수 36
비밀등급 극비
문서종류 내부문서
공개구분 공개
내용 제1차 한일회담 청구권위원회 제7회(1952년 3월 28일), 8회(1952년 4월 1일), 제4회 본회의(1952년 3월 24일)에서 진행된 청구권 문제 교섭 및 비공식회의 교섭 내용이 정리되어 있음. 청구권 문제에 대해 법리론을 우회해서 법리론과 직접 관계없는 입장에서 실용적인 해결방안을 찾아보자는 입장에 한일 양국이 동의했음. 이후 비공식회의에서 한국대표는 기본입장을 되풀이함. 한국이 청구권위원회 제6회 회의 시 제시한 의견에 대해 일본이 제7회 회의(1952년 3월 28일)에서 제시한 일본 견해, 제5회 본회의 청구권위원회 공동보고(안), 1952년 4월 4일 양유찬 대사 성명 중 법률론적 부분에 대한 일본대표단의 의견 등이 첨부되어 있음.

주제어 청구권

문서명	한일회담 재산, 청구권 문제 교섭 경위(제3)[日韓会談財産、請求権問題交渉の経緯(第三)]

문서파일번호 544

작성연월일 1952. 5. 2

구분 제1차 회담

세부항목 청구권 문제 교섭 경위

작성처 외무성

매수 29

비밀등급 극비

문서종류 내부문서

공개구분 공개

내용 1952년 4월 11일 양유찬 대사의 성명, 청구권 문제에 관한 일본의 3가지 방식(① 모든 회담이 중지될 것을 각오하고 강력하게 밀어붙임 ② 재한 일본재산 전부를 되찾는다는 결과는 되지 않는다는 점을 구체적으로 표명하고 일본의 구상으로 유도함 ③ 상호 청구권 포기), 마쓰모토 수석대표의 한일회담 중단을 통보하는 김용식 공사 앞 공한(1952년 4월 25일 자), 청구권 문제에 관한 일본의 기본입장(영문) 등이 첨부되어 있음.

주제어 청구권

제3부

제2차 한일회담(1953. 4. 15~7. 23)~
제3차 한일회담(1953. 10. 6~10. 21)

선박위원회 회의록 및 정책

한일 선박 문제에 관한 운수성 및 대장성 내부 협의회(日韓船舶問題に関する運輸省及び大蔵省との打合せ会)

문서파일번호	627
작성연월일	1953. 4. 20 - 1953. 4. 27
구분	제2차 회담
세부항목	선박 문제 관련 일본 관계 성청 협의회
작성처	외무성 아시아국 제2과
매수	25
비밀등급	
문서종류	회의록, 내부문서, 내부자료
공개구분	공개
내용	제2차 한일회담 선박분과위원회 개최를 앞두고 1953년 4월 20일 선박 문제에 관해 외무성, 운수성, 대장성 간에 개최된 내부협의회 기록과 각 위원회별 일본 참가자 명부
주제어	선박 반환

문서명	한일 선박 문제에 관한 운수성 및 대장성 내부협의회(日韓船舶問題に関する運輸省及び大蔵省との打合会)

문서파일번호 627
작성연월일 1953. 4. 20
구분 제2차 회담
세부항목 선박 문제 관련 일본 관계 성청 협의회
작성처 외무성 아시아국 제2과
매수 11
비밀등급 극비
문서종류 회의록
공개구분 공개
내용 선박 문제 관련 외무성, 운수성, 대장성 협의회 기록. 일본은 이승만 정권에게 원조하는 것인지 아닌지, 호의적인 경제제휴를 하는 것인지 아닌지 등의 근본 방침을 정할 것, 선박의 인도는 청구권 문제가 해결된 후에 할 것, 작년 회담에서는 6,700톤 정도를 제공한다고 했으나, 앞으로의 회담에서는 그 이상 더 늘린다는 의견은 말하지 말 것 등을 제안함.
주제어 선박

문서명	한일 선박 문제에 관한 내부협의회(日韓船舶問題に関する打合会)

문서파일번호 627
작성연월일 1953. 4. 20
구분 제2차 회담
세부항목 선박 문제 관련 일본 관계 성청 협의회
작성처 외무성 아시아국 제2과
매수 7
비밀등급 일반
문서종류 회의록
공개구분 공개
내용 1953년 4월 20일 선박 문제 관련 관계성 내부협의회 결과를 요약한 문서
주제어 선박 반환

문서명	한일교섭 문제별 그룹 건(日韓交渉問題別グループに関する件)

문서파일번호 627
작성연월일 1953. 4. 27
구분 제2차 회담
세부항목 각 분과위 일본 참가자
작성처 외무성 아시아국 제2과
매수 4
비밀등급 일반
문시종류 내부문서
공개구분 공개
내용 기본관계 문제, 국적 처우 문제, 재산청구권 문제, 어업 문제, 선박 문제에 참가하는 일본 관계관 명부
주제어 기본관계, 재일한국인 법적지위, 재산청구권, 어업, 선박 반환

문서명	한일회담 일본 관계관 명부(예정)[日韓會談日本側關係官名簿(豫定)]

문서파일번호 627
작성연월일 1953(월일 불명)
구분 제2차 회담
세부항목 각 분과위 일본 참가자
작성처 외무성 아시아국 제2과
매수 3
비밀등급 일반
문서종류 내부자료
공개구분 공개
내용 한일회담에 참가하는 외무성, 법무성, 대장성, 운수성, 수산청, 통산성 관계관의 명부
주제어 제2차 한일회담 일본대표단 명부

제2차 한일교섭 보고(선박관계위원회)
[第2次 日韓交渉報告(船舶関係部会)]

문서파일번호	694
작성연월일	1953. 5. 8 - 1953. 5. 29
구분	제2차 회담 선박관계위원회(제1~4회 회의)
세부항목	
작성처	외무성, 운수성, 한국대표단
매수	95
비밀등급	
문서종류	내부문서, 내부자료, 회의록
공개구분	공개
내용	제2차 한일회담 선박관계위원회 제1~4회 회의 및 비공식 회의기록
주제어	선박 반환

문서명	한일교섭 보고(5) 선박관계위원회 제1회 회의 상황[日韓交渉報告(五)船舶関係部会第一回会議状況]

문서파일번호 694
작성연월일 1953. 5. 8
구분 제2차 회담 선박관계위원회 제1회 회의
세부항목
작성처 외무성 구보타 참여
매수 4
비밀등급 극비
문서종류 내부문서
공개구분 공개
내용 제2차 한일회담 선박관계위원회 제1회 회의 결과 요약 보고문서
주제어 선박 반환

문서명	선박관계위원회 제1회 회의에서 구니야스 운수성 해운조정부장의 인사(船舶関係部会第一回会議における国安運輸省海運調整部長の挨拶)

문서파일번호 694
작성연월일 1953. 5. 8
구분 제2차 회담 선박관계위원회 제1회 회의
세부항목
작성처 운수성
매수 1
비밀등급
문서종류 연설문
공개구분 공개
내용 제2차 한일회담 제1회 선박관계위원회 회의 일본 운수성 구니야스(国安誠一) 해운조정부장 인사말
주제어 제2차 한일회담 선박위원회 일본 대표 인사말, 선박 반환

문서명	인사(한국)[人事(五月八日船舶그룹 会議에 있어서)]

문서파일번호 694
작성연월일 1953. 5. 8
구분 제2차 회담 선박관계위원회 제1회 회의
세부항목
작성처 한국대표단
매수 5
비밀등급 일반
문서종류 내부자료
공개구분 공개
내용 제2차 한일회담 제1회 선박관계위원회 회의 한국 홍진기 대표의 인사말(한글 및 일본어 역문)
주제어 제2차 한일회담 선박위원회 한국 대표 인사말, 선박 반환

문서명	한일교섭 회의 의사요록(5) 제1회 선박관계위원회[日韓交渉会議議事要録(五)第一回船舶関係部会]

문서파일번호 694
작성연월일 1953. 5. 8
구분 제2차 회담 선박관계위원회 제1회 회의
세부항목
작성처 외무성 아시아국 제2과
매수 7
비밀등급 극비
문서종류 회의록
공개구분 공개
내용 제2차 한일회담 제1회 선박관계위원회 회의기록. 양국 대표의 인사말 후, 한국어, 일본어, 영어를 회의 용어로 결정하고 원칙적으로 주 2회 회의 개최 등 기본적인 회의 진행 방침을 정함. 한국이 선박 문제는 비교적 간단하고 연합국 최고사령부 지령((SCAPIN)도 있어 가능한 빠른 해결을 원한다고 하자, 일본은 연합국 최고사령부 지령이 하달되었을 때와 현재는 상황이 다르며 양국이 독립국으로서 상호이익, 경제제휴, 친선관계 촉진이라는 입장에서 연합국 최고사령부 지령이나 미군정법령에서 벗어나 선박을 제공, 한국의 해운정책에 대한 양해를 심화한 후 선박 문제를 논의하고 싶다고 답변함.
주제어 선박 반환

문서명	한일교섭 보고(9) 선박관계위원회 제2회 회의 상황[日韓交渉報告(九)船舶関係部会第二回会議状況]

문서파일번호 694
작성연월일 1953. 5. 14
구분 제2차 회담 선박관계위원회 제2회 회의
세부항목
작성처 외무성 구보타 참여
매수 5
비밀등급 극비
문시종류 내부문서
공개구분 공개
내용 제2차 한일회담 선박관계위원회 제2회 회의 결과 요약 보고
주제어 선박 반환

문서명	한일교섭 회의 의사요록(9) 제2회 선박관계위원회[日韓交渉会議議事要録(九)第二回船舶関係部会]

문서파일번호 694
작성연월일 1953. 5. 14
구분 제2차 회담 선박관계위원회 제2회 회의
세부항목
작성처 외무성 아시아국 제2과
매수 12
비밀등급 극비
문서종류 회의록
공개구분 공개
내용 제2차 한일회담 제2회 선박관계위원회 회의기록. 한국은 선박 문제에 대해 일본이 제공할 선박의 수량에 집중함, 일본은 한일경제의 제휴, 우호관계 촉진을 기한다는 것을 근거로 하고 있으며, 연합국 최고사령부 지령을 근거로 하는 것은 아니라고 그 입장을 설명함.
주제어 선박 반환

문서명	한일교섭 보고(2) 선박관계위원회 제3회 회의 상황[日韓交渉報告(二)船舶関係部会第三回会議状況]

문서파일번호 694
작성연월일 1953. 5. 18
구분 제2차 회담 선박관계위원회 제3회 회의
세부항목
작성처 외무성 구보타 참여
매수 3
비밀등급 극비
문서종류 내부문서
공개구분 공개
내용 제2차 한일회담 제3회 선박관계위원회 회의 결과 요약 보고
주제어 선박

문서명	한일 간 해운관계 질문사항(日韓間海運関係質問事項)

문서파일번호 694
작성연월일 1953(월일 불명)
구분 제2차 회담 선박관계위원회
세부항목
작성처 운수성
매수 2
비밀등급 극비
문서종류 내부문서
공개구분 공개
내용 일본이 한국에 대해 한국의 대외환율관리와 외국무역관리에 관한 법률 절차 등에 대해 질문함.
주제어 선박 반환

문서명	한일교섭 회의 의사요록(2) 제3회 선박관계위원회[日韓交渉会議議事要録(二)第三回船舶関係部会]

문서파일번호 694
작성연월일 1953. 5. 18
구분 제2차 회담 선박관계위원회 제3회 회의
세부항목
작성처 외무성 아시아국 제2과
매수 16
비밀등급 극비
문서종류 회의록
공개구분 공개
내용 제2차 한일회담 제3회 선박관계위원회 회의기록. 일본은 선박 문제와 함께 한국의 대외환율관리와 외국무역관리에 대한 설명을 요구하면서 한국의 해운정책을 논의할 것을 제안함. 한국은 해운정책은 위원회와는 관계없다며 반대하자, 일본은 해운정책의 이해가 선박 문제의 해결과 관련이 있다고 주장함.
주제어 선박 반환

문서명	한일교섭 보고(16) 선박관계위원회 제4회 회의 상황[日韓交渉報告(十六)船舶関係部会第四回会議状況]

문서파일번호 694
작성연월일 1953. 5. 26
구분 제2차 회담 선박관계위원회 제4회 회의
세부항목
작성처 외무성 구보타 참여
매수 3
비밀등급 극비
문서종류 내부문서
공개구분 공개
내용 제2차 한일회담 제4회 선박관계위원회 회의 결과 요약 보고
주제어 선박 반환

문서명	한일교섭 회의 의사요록(16) 제4회 선박관계위원회[日韓交渉会議議事要録(十六)代四回船舶関係部会]

문서파일번호 694
작성연월일 1953. 5. 26
구분 제2차 회담 선박관계위원회 제4회 회의
세부항목
작성처 외무성 아시아국 제2과
매수 12
비밀등급 극비
문서종류 회의록
공개구분 공개
내용 제2차 한일회담 제4회 선박관계위원회 회의기록. 제3회 회의와 마찬가지로 한국의 해운정책 설명에 대한 양측의 입장이 대립함.
주제어 선박 반환

문서명	한일교섭 회의 의사록(日韓交渉会議議事録)

문서파일번호 694
작성연월일 1953. 5. 29
구분 제2차 회담 선박관계위원회 비공식 회의
세부항목
작성처 외무성 아시아국 제2과
매수 25
비밀등급 극비
문서종류 회의록
공개구분 공개
내용 선박관계위원회 비공식회의 의사록. 선박관계위원회에서 한국의 해운정책에 대한 설명을 듣지 못하자, 한국의 관계자를 불러 '한일 간 해운관계 질문사항'에 대한 한국의 답변을 들음.
주제어 선박 반환

전조선치적선의 처분에 대해서
(元朝鮮置籍船の処分について)

문서파일번호	628
문서명	전조선치적선의 처분에 대해서(元朝鮮置籍船の処分について)
작성연월일	1953. 8. 7
구분	제2~3차 회담 사이
세부항목	한국적 선박 반환 문제
작성처	외무성 아시아국 제2과
매수	7
비밀등급	
문서종류	내부문서
공개구분	공개
내용	조선총독부 소속 선박이었으나 전쟁 종료 후 관동 재무국 소속으로 변경되어 일본 사기업이 사용하던 한국적 선박의 처분과 관련하여 운수성, 대장성 등과 협의한 결과 기록
주제어	선박 반환

한일교섭 보고(제3) 선박관계위원회 제1회 회의 상황[日韓交渉報告(再三)船舶関係部会第1回会議状況]

문서파일번호	175
작성연월일	1953. 10. 8
구분	제3차 회담 선박위원회 제1회 회의
세부항목	
작성처	
매수	15
비밀등급	
문서종류	내부문서, 회의록
공개구분	공개
내용	제3차 한일회담 선박위원회 제1회 회의기록
주제어	선박 반환

문서명	한일교섭 보고(제3) 선박관계위원회 제1회 회의 상황[日韓交渉報告(再三)船舶関係部会第1回会議状況]

문서파일번호 175
작성연월일 1953. 10. 8
구분 제3차 회담 선박위원회 제1회 회의
세부항목
작성처 외무성 구보타 참여
매수 4
비밀등급 극비
문서종류 회의보고서
공개구분 공개
내용 제3차 한일회담 선박위원회 제1회 회의 상황 보고서. 한국은 선박 문제는 재작년부터 논의해 온 가장 오래된 안건으로 쌍방의 주장이 거의 제시되었으니 작년 말 비공식회담에서 마쓰모토(松本俊一) 대표가 양유찬 대표에게 제시한 수량에 어느 정도 더 고려할 수 있는지 내용을 구체화해야 한다고 주장함. 이에 일본은 마쓰모토 대표가 제시한 수량 이상의 선박은 정치적 결정이 필요하고 시기를 기다려야 한다며 다른 위원회의 진행상황에 맞추기 위해 선박위원회는 당분간 휴회할 것을 제안함.
주제어 선박 반환

문서명	재개 한일교섭 의사요록 선박위원회 제1회(再開日韓交渉議事要録船舶部会第一回)

문서파일번호 175
작성연월일 1953. 10. 8
구분 제3차 회담 선박위원회 제1회 회의
세부항목
작성처 외무성 아시아국제2과
매수 11
비밀등급 극비
문서종류 회의록
공개구분 공개
내용 제3차 한일회담 선박위원회 제1회 회의기록
주제어 선박

한일 선박 문제 경위(자료)
[日韓船舶問題経緯(資料)]

문서파일번호	629
작성연월일	1953. 10. 12
구분	제3차 회담
세부항목	선박 문제 경위
작성처	
매수	25
비밀등급	
문서종류	내부자료, 내부문서
공개구분	공개
내용	제2차 한일회담까지의 선박 문제 경위와 (제3차) 한일회담 결렬에 따른 일본의 보복조치로서 일본 항만에 정박 중인 한국 선박의 나포 문제에 대한 검토 의견
주제어	선박 반환

문서명	한일 선박 문제 경위(자료)[日韓船舶問題経緯(資料)]

문서파일번호 629
작성연월일 1953. 10. 12
구분 제3차 회담
세부항목 제2차 한일회담까지의 선박 문제 교섭경위
작성처 운수성 해운조정부 국제업무과
매수 8
비밀등급 비(秘)
문서종류 내부자료
공개구분 공개
내용 제2차 한일회담까지의 선박 문제의 교섭경위를 정리
주제어 선박 반환

문서명	복구조치로서 한국 선박의 나포에 대해서(復仇措置としての韓国船の拿捕について)

문서파일번호 629
작성연월일 1953. 10(일자 불명)
구분 제3차 회담
세부항목 한국 선박 나포 문제
작성처 외무성
매수 13
비밀등급 비(秘)
문서종류 내부문서
공개구분 공개
내용 한국의 '이 라인' 강행조치에 대한 일본의 대응조치로서 한국 선박 나포와 나포 실시 시의 참고사항, 실시효과에 대해 검토함.
주제어 선박 반환, '이 라인'

문서명	재 일본항만 한국 선박 나포의 가부(在日本港湾韓国船舶だ捕の可否)

문서파일번호	629
작성연월일	1953. 10(일자 불명)
구분	제3차 회담
세부항목	한국 선박 나포 문제
작성처	운수성
매수	4
비밀등급	극비
문서종류	내부문서
공개구분	공개
내용	제3차 한일회담이 결렬됨에 따라 한국정부의 일본어선 나포에 대한 보복 조치로서 일본항만에 재항 중인 한국적 상선과 그 외의 선박을 나포하는 안에 대한 운수성 검토의견서. 운수성은 부흥특수와 관련하여 일본경제에 미치는 영향이 크므로 반대한다는 견해를 밝힘.
주제어	선박 반환

한일통상항해조약 체결까지의 잠정조치
(日韓通商航海条約の締結までの暫定措置)

문서파일번호	1865
작성연월일	1952(월일 불명)
구분	제1차 회담
세부항목	한일통상항해조약
작성처	외무성 아시아국 제2과
매수	13
비밀등급	
문서종류	외교공한
공개구분	공개
내용	한일통상항해조약이 체결될 때까지 양국 간에 통상항해에 관한 사항을 잠정적으로 규정하기 위해 요시다(吉田茂) 외무대신과 김용식 주일대표가 교환한 서한(안)(서한 교환방식이 1952년 4월 12일 각서교환방식으로 변경되면서 이 문서에 수록된 양측의 서한(안)은 폐기되었다고 수기로 기재됨)
주제어	한일통상항해조약

문서명	김 재일대한민국 사절단장이 요시다 외무대신에게 보낸 서한(초안) [金在日大韓民國使節團長から吉田外務大臣にあてた書簡(草案)]

문서파일번호	1865
작성연월일	1952(월일 불명)
구분	제1차 회담
세부항목	한일통상항해조약
작성처	외무성 아시아국 제2과
매수	10
비밀등급	극비
문서종류	외교공한
공개구분	공개
내용	김용식 공사가 요시다 외무대신에게 보낸 공한(안). 한일통상항해조약이 체결될 때까지 양국 간의 해운을 잠정적으로 규정하기 위해 대일평화조약 제12조 b 및 21조 규정에 따라 한국이 일본에 대해 내국민처우와 최혜국 처우를 부여함을 통지함.
주제어	한일통상항해조약

문서명	요시다 외무대신이 김 재일대한민국 사절단장에게 보낸 답신(초안) [吉田外務大臣から金在日大韓民國使節團長にあてた返簡(草案)]

문서파일번호	1865
작성연월일	1952(월일 불명)
구분	제1차 회담
세부항목	한일통상항해조약
작성처	외무성 아시아국 제2과
매수	3
비밀등급	극비
문서종류	외교공한
공개구분	공개
내용	한일통상항해조약 체결 전까지의 잠정조치를 위해 요시다 외무대신이 김용식 공사에게 보내는 답신 초안
주제어	한일통상항해조약

외지관계법령 정리에 관한 선후조치에 대해서
(外地関係法令整理に関する善後措置について)

문서파일번호	546
작성연월일	1952. 4. 15 - 1952. 10. 6
구분	제1차 회담
세부항목	외지(구 식민지)관계법령 정리
작성처	외무성 조약국 제4과
매수	21
비밀등급	
문서종류	내부문서
공개구분	공개
내용	일본의 식민지(외지)였던 지역들(조선, 타이완, 사할린, 관동주 및 남양군도)이 대일평화조약 발효와 함께 일본의 주권으로부터 완전히 분리되면서 이들 지역의 존재를 전제로 제정된 법령을 어떻게 처리할 것인가를 검토한 문서
주제어	외지(구 식민지) 관계 법령 정리

문서명	외지관계법령 정리에 관한 선후조치에 대해서(外地関係法令整理に関する善後措置について)

문서파일번호 546
작성연월일 1952. 4. 15
구분 제1차 회담
세부항목 외지(구 식민지)관계법령 정리
작성처 외무성 조약국 제4과
매수 11
비밀등급 비(秘)
문서종류 내부문서
공개구분 공개
내용 일본의 식민지(외지)였던 지역들(조선, 타이완, 사할린, 관동주 및 남양 군도)이 대일평화조약 발효와 함께 일본의 주권으로부터 완전히 분리되면서 이들 지역의 존재를 전제로 제정된 법령은 당연히 효력을 상실되는 것으로 본다는 견해 등이 기술되어 있음.
주제어 외지(구식민지) 법령

문서명	외지관계법령의 종류(外地関係法令の種類)

문서파일번호 546
작성연월일 1952. 4. 15
구분 제1차 회담
세부항목 외지(구 식민지)관계법령 정리
작성처 외무성 조약국 제4과
매수 2
비밀등급 일반
문서종류 내부자료
공개구분 공개
내용 '외지관계법령 정리에 관한 선후조치에 대해서' 제하 문서의 참고자료 1. 검토 대상이 된 외지관계법령의 종류에 관해 정리함.
주제어 외지(구 식민지) 법령

문서명	외지정리 사무에 관한 외무성의 권한 및 종래의 조치(外地整理事務に関する外務省の権限及び従来の措置)

문서파일번호 546
작성연월일 1952. 4. 15
구분 제1차 회담
세부항목 외지(구 식민지)관계법령 정리
작성처 외무성 조약국 제4과
매수 2
비밀등급 일반
문서종류 내부사료
공개구분 공개
내용 '외지관계법령 정리에 관한 선후조치에 대해서' 제하 문서의 참고자료 2. 일본 외무성은 법률에 따라 과거 외지(식민지)였던 지역의 일본인의 공사(公私) 재산 및 부채, 기업, 기타 제 시설의 정리에 관해 필요한 조치를 취한다는 내용 등이 담김.
주제어 외지(구 식민지) 법령

문서명	외지관계법령 정리에 관한 전후 조치에 대해 조약국 제4과 의견과 이에 대한 대장성 의견(外地関係法令整理に関する善後措置についての条約局第四課意見とこれに対する大蔵省意見)

문서파일번호 546
작성연월일 1952. 10. 6
구분 제1차 회담
세부항목 외지(구 식민지)관계법령 정리
작성처 외무성 조약국 제4과
매수 6
비밀등급
문서종류 내부문서
공개구분 공개
내용 외지관계법령 정리를 위한 선후조치와 관련, 외무성 조약국이 검토한 의견에 대한 대장성의 견해를 정리함.
주제어 외지(구 식민지) 법령

한일 간 통상항해에 관한 협정안
(日韓間の通商航海に関する取極案)

문서파일번호	1837
문서명	한일 간 통상항해에 관한 협정안(日韓間の通商航海に関する取極案)
작성연월일	1953. 6. 23
구분	제2차 회담
세부항목	통상항해협정
작성처	외무성 경제국 경제5과
매수	3
비밀등급	극비
문서종류	협정안
공개구분	공개
내용 외	외무성 경제국에서 연구용으로 작성한 한국과의 통상항해에 관한 협정안. 양국 간 최혜국 대우 조항 등이 포함됨.
주제어	통상항해협정

한일통상항해조약 및 잠정해운협정 건
(日韓間の通商航海條約および暫定海運協定に関する件)

문서파일번호	1868
작성연월일	1953. 1. 4 - 1953. 7. 10
구분	제2차 회담
세부항목	한일통상항해조약, 잠정해운협정
작성처	외무성 경제 5과
매수	44
비밀등급	
문서종류	내부문서, 회의록, 의정서안, 협정안
공개구분	공개
내용	한일통상항해조약 및 잠정해운협정과 관련한 내부협의회 기록과 잠정협정안 등 모음
주제어	한일통상항해조약, 잠정해운협정

문서명	한일교섭 통상조항에 관한 일정(日韓交渉通商条項に関するスケヂュール)

문서파일번호 1868
작성연월일 1953. 6(일자 불명)
구분 제2차 회담
세부항목 한일 통상조항 교섭
작성처 외무성 경제5과
매수 2
비밀등급 일반
문서종류 내부문서
공개구분 공개
내용 한일회담에서의 통상조항(通商条項) 교섭과 관련한 내부 회의스케줄 등을 정리함.
주제어 한일 통상조항 교섭

문서명	6월 20일 내부협의회(六月二十日打合会)

문서파일번호 1868
작성연월일 1953. 6. 20
구분 제2차 회담
세부항목 한일통상항해조약
작성처 외무성 경제5과
매수 3
비밀등급
문서종류 회의록
공개구분 공개
내용 한일통상항해조약과 관련하여 개최된 외무성 자체협의 기록. 경제5과가 일·타이 완 의정서에 기초하여 작성한 안을 중심으로 논의함.
주제어 한일통상항해조약

문서명	6월 22일 내부협의회(六月二十二日打合会)

문서파일번호 1868
작성연월일 1953. 6. 22
구분 제2차 회담
세부항목 한일통상항해조약
작성처 외무성 경제5과
매수 3
비밀등급
문서종류 회의록
공개구분 공개
내용 한일통상항해조약과 관련하여 두 번째로 개최된 외무성 자체협의 기록. 일·타이완 의정서를 준용할 경우 최혜국 대우, 내국민대우 제한조치, 광산권, 금융 활동 제외 규정 삭제 등에 관해 협의함.
주제어 한일통상항해조약

문서명	통상 항해조항(6월 25일 회의기록)(Commerce & Navigation Clause)

문서파일번호 1868
작성연월일 1953. 6. 25
구분 제2차 회담
세부항목 한일통상항해조약
작성처 외무성 경제5과
매수 3
비밀등급
문서종류 회의록
공개구분 공개
내용 한일통상항해조약과 관련하여 개최된 외무성 자체협의 기록. 미일통상항해조약과 일·타이완 의정서상의 내용을 비교하면서 한국에 적용할 경우의 문제점과 추후 회의일정 등을 검토함.
주제어 한일통상항해조약

문서명	미일통상항해조약규정을 대한관계에 적용하는 경우 문제가 될 소지가 있는 점 (日米通商航海条約規定を対韓関係に適用する場合、問題となることを予想される諸点)

문서파일번호	1868
작성연월일	불명
구분	제2차 회담
세부항목	한일통상항해조약
작성처	외무성 경제5과
매수	2
비밀등급	일반
문서종류	내부문서
공개구분	공개
내용	미일통상항해조약 규정을 한국 관계에 적용할 경우 예상되는 문제점에 관한 검토 의견서. 신체 구속, 내국인 대우 등의 조건(establishment)에 관한 규정과 물건에 관한 규정 등이 검토됨.
주제어	한일통상항해조약

문서명	의정서(議定書)

문서파일번호	1868
작성연월일	1953. 7. 10
구분	제2차 회담
세부항목	한일 통상 및 항해에 관한 의정서안
작성처	외무성 경제5과
매수	5
비밀등급	일반
문서종류	의정서안
공개구분	공개
내용	한일 양국 간 통상 및 항해에 관한 의정서안. 통상에 있어서의 최혜국 대우, 해운 및 항해에 관한 내국민 대우 및 최혜국 대우, 자연인, 법인 및 그 이익에 관한 최혜국 대우 등의 조항이 담겨 있음.
주제어	한일 통상 및 항해에 관한 의정서안

문서명	대한민국과 점령하의 일본국 사이의 잠정해운협정(大韓民国と占領下の日本国との間の暫定海運協定)

문서파일번호 1868
작성연월일 1950. 10. 4
구분 제2차 회담
세부항목 한일 잠정해운 협정
작성처 외무성 경제5과
매수 8
비밀등급 일반
문서종류 협정
공개구분 공개
내용 한국(1950년 10월 4일 서명)과 연합국 최고사령부(1950년 4월 15일 서명)가 체결한 한일잠정해운협정 조문
주제어 한일잠정해운협정

문서명	대한민국과 일본국 사이의 잠정해운협정(현행)[大韓民国と日本国との間の暫定海運協定(現行)]

문서파일번호 1868
작성연월일 1952. 4. 26
구분 제2차 회담
세부항목 한일잠정해운협정
작성처 외무성 경제5과
매수 8
비밀등급 일반
문서종류 협정
공개구분 공개
내용 대일평화조약 발효 후 한국과 일본이 서한교환을 통해 잠정적으로 체결한 해운협정. 한국과 연합국 최고사령부가 체결한 해운협정 조문 가운데 제16조와 제19조가 삭제됨.
주제어 한일잠정해운협정

문서명	일본국과 대한민국 사이의 잠정해운협정(안)[大韓民国と日本国との間の暫定海運協定(案)]

문서파일번호	1868
작성연월일	1952. 4(일자 불명)
구분	제2차 회담
세부항목	한일잠정해운협정
작성처	외무성 경제5과
매수	10
비밀등급	극비
문서종류	협정안
공개구분	공개
내용	일본이 대일평화조약 발효 후 한국과 체결을 추진했던 잠정해운협정 초안
주제어	한일잠정해운협정

국적 및 처우소위원회(법적지위 문제) 회의록 및 정책

재일한국인에 대한 강제송환 문제 등
(在日韓人に対する強制送還問題等)

문서파일번호	558
작성연월일	1952. 4. 1 - 1952. 7. 30
구분	제1차 회담 , 제1~2차 회담 사이
세부항목	재일한국인 강제송환 문제
작성처	외무성
매수	7
비밀등급	
문서종류	내부문서
공개구분	공개
내용	재일한국인의 강제퇴거에 관한 일본 제안, 억류한인 강제송환 문제와 회담 재개 등과 관련한 문서
주제어	재일한국인 법적지위

문서명	영주 허가를 받은 재일한국인에 대한 강제퇴거 운용에 관한 양해사항(안)[永住許可を受けた在日韓人に対する退去強制の運用に関する諒解事項(案)]

문서파일번호	558
작성연월일	1952. 4. 1
구분	제1차 회담
세부항목	재일한국인 강제송환 문제
작성처	외무성
매수	2
비밀등급	극비
문서종류	내부문서
공개구분	공개
내용	영주 허가를 받은 재일한국인에 대한 강제퇴거 운용 관련 일본 입장(안)
주제어	재일한국인 법적지위

문서명	국적 처우에 관한 한국의 항의 건(国籍処遇に関する韓国側申入の件)

문서파일번호	558
작성연월일	1952. 4. 15
구분	제1차 회담
세부항목	재일한국인 강제송환 문제
작성처	외무성 이마이(今井)
매수	2
비밀등급	일반
문서종류	내부문서
공개구분	공개
내용	1952년 4월 15일 한일 비공식회의에서 유진오 한국대표가 오카자키(岡崎勝男) 외상의 '외국인등록증명서에 기재된 대로 국적으로 변경한다'는 국회 발언에 대해 항의하자, 스즈키(鈴木) 입관 제2부장은 1952년 4월 9일 자 마이니치신문기사가 오보라고 설명함.
주제어	재일한국인 법적지위

문서명	한일교섭 재개 및 강제송환 문제 건(日韓交渉再開並びに強制送還問題に関する件)

문서파일번호 558

작성연월일 1952. 7. 30

구분 제1~2차 회담 사이

세부항목 재일한국인 강제송환 문제

작성처 외무성 아시아국

매수 3

비밀등급 일반

문서종류 내부문시

공개구분 공개

내용 재일한국인 강제송환과 관련하여 한국과의 교섭 내용을 기록한 문서. 와지마(倭島英二) 아시아국장과 유태하 참사관이 1952년 7월 2일부터 24일까지 5회에 걸친 회담에서 합의를 했으나, 7월 25일 와지마 국장이 김용식 공사를 방문하자 김 공사가 다른 입장을 보임. 이에 아시아국장은 한국이 불량분자의 강제송환을 받아들인다면 한일회담을 재개하는 데 동의하고 이번 회담에서는 기본조약, 국적 처우, 선박 문제를 우선적으로 타결한다는 일본 입장을 전달하면서 한국정부의 의향을 확인하도록 요청하고 김 공사가 이를 받아들임.

주제어 한일회담 재개, 재일한국인 법적지위

재일한국인의 광업권에 대해서
(在日朝鮮人の鉱業権について)

문서파일번호	879
작성연월일	1952. 11. 15 - 1953. 2. 18
구분	제1~2차 회담 사이
세부항목	재일한국인 광업권 문제
작성처	
매수	23
비밀등급	
문서종류	공문, 내부자료, 회의록, 법령(안)
공개구분	공개 또는 일부 비공개
내용	재일한국인의 일본 국적 상실에 따라 이들이 소유하던 광업권의 처리 문제에 대해 검토한 내용이 담긴 문서와 광업법 개정안 등 관련 자료 모음
주제어	재일한국인 법적지위

문서명	재일한국인의 광업권에 대해서(在日朝鮮人の鉱業権について)

문서파일번호 879
작성연월일 1952. 11. 15
구분 제1~2차 회담 사이
세부항목 재일한국인 광업권 문제
작성처 통상산업성 광산국장
매수 2
비밀등급 비(秘)
문서종류 공문
공개구분 공개
내용 통상산업성 광산국장이 외무성 아시아국장에게 보낸 공문. 광산국장은 대일평화조약 발효에 따라 재일한국인 소유 광업권이 법적으로 소멸되게끔 되어 있으나, 한일회담이 진행 중인 점을 고려, 협정 체결 시까지 임시로 광업권을 용인하는 입법 조치를 취하고자 한다면서 이에 대한 외무성의 의견을 물음.
주제어 재일한국인 법적지위

문서명	한국인 광산에서 최근 발생한 사건(朝鮮人鉱山に於て最近発生した事件)

문서파일번호 879
작성연월일 1952. 11. 15
구분 제1~2차 회담 사이
세부항목 재일한국인 광업권 문제
작성처 통상산업성 광산국장
매수 2
비밀등급 일반
문서종류 내부자료
공개구분 일부 비공개
내용 통상산업성 광산국장의 1952년 11월 15일 자 외무성 아시아국장 앞 공문 첨부1. 1952년 6월 23일 한국인 소유 광산에서 발생한 사건 개요를 정리함.
주제어 재일한국인 법적지위

문서명	한국인이 소유한 광업권 일람표(朝鮮人の所持する鉱業権一覧表)

문서파일번호	879
작성연월일	1952. 11. 15
구분	제1~2차 회담 사이
세부항목	재일한국인 광업권 문제
작성처	통상산업성 광산국장
매수	3
비밀등급	비(秘)
문서종류	내부자료
공개구분	일부 비공개
내용	통상산업성 광산국장의 1952년 11월 15일 자 외무성 아시아국장 앞 공문 첨부2. 1952년 10월 1일 현재 재일한국인이 소유 중인 광업권에 관한 내용이 정리된 일람표
주제어	재일한국인 법적지위

문서명	재일한국인 소유 광업권의 처리에 대해서(在日韓人所有鉱業権の処理について)

문서파일번호	879
작성연월일	1953. 2. 17
구분	제1~2차 회담 사이
세부항목	재일한국인 광업권 문제
작성처	외무성 아시아국 제2과
매수	4
비밀등급	일반
문서종류	회의록
공개구분	공개
내용	1953년 2월 17일 통산성 광산국 무라타(村田) 과장이 외무성 히로타(廣田積) 아시아 제2과장을 방문, 재일한국인의 광업권과 관련하여 협의한 기록. 무라타 과장은 통산성의 입장을 설명한 후 조속히 이에 대해 외무성이 견해를 줄 것을 요청함.
주제어	재일한국인 법적지위

문서명	재일한국인 소유 광업권에 대해서(在日韓人所有鉱業権について)

문서파일번호 879
작성연월일 1953. 2. 18
구분 제1~2차 회담 사이
세부항목 재일한국인 광업권 문제
작성처 외무성 아시아국 제2과
매수 2
비밀등급 일반
문서종류 회의록
공개구분 공개
내용 1953년 2월 18일 외무성 아시아2과 히토미(人見) 사무관이 통산성 광정과를 방문, 재일한국인의 광업권과 관련하여 외무성 견해를 전달함. 외무성으로서는 원칙적으로 일본 국적을 상실한 재일한국인의 광업권을 인정하지 않되, 일정 기간 동안 잠정조치로서 현상 유지를 인정하고 현상 유지 때문에 발생하는 광산보안상의 의무를 부담시키고, 일본인에 광업권 양도를 인정한다는 입장임.
주제어 재일한국인 법적지위

문서명	재일한국인의 광업권 등의 처리에 관한 광업법 개정안(在日朝鮮人の鉱業権等の取扱に関する鉱業法改正案)

문서파일번호 879
작성연월일 1952(월일 불명)
구분 제1~2차 회담 사이
세부항목 재일한국인 광업권 문제
작성처 통산성 광산국 광정과
매수 1
비밀등급 일반
문서종류 법령(안)
공개구분 공개
내용 통산성이 마련한 재일한국인의 광업권 등의 처리에 관한 광업법 개정안. 새로운 조약의 발효일까지 현 광업권 또는 조광권을 인정함.
주제어 재일한국인 법적지위

문서명	재일한국인의 광업권에 대해서(在日朝鮮人の鉱業権について)

문서파일번호 879
작성연월일 1952. 12. 3
구분 제1~2차 회담 사이
세부항목 재일한국인 광업권 문제
작성처 외무성 아시아국 제2과
매수 4
비밀등급 일반
문서종류 회의록
공개구분 공개
내용 1952년 12월 2일 재일한국인 광업권 관련 개최된 내각 연락위원회 분과위 회의기록. 내각 조사실장, 통산성 광정과장, 법무성 민사국 제2과장, 외무성 아시아국 히토미 사무관, 공안조사청 관계관 등 참석. 대일평화조약 발효 후 일정 기간(2~3년) 재일한국인의 광업권과 조광권이 유지되도록 하는 방안 등을 논의함.
주제어 재일한국인 법적지위

문서명	국적상실자인 광업권자의 처리에 관한 광업법 개정안(国籍喪失者の鉱業権者の取扱に関する鉱業法改正案)

문서파일번호 879
작성연월일 1952. 12. 2
구분 제1~2차 회담 사이
세부항목 재일한국인 광업권 문제
작성처 통산성 광산국 광정과
매수 1
비밀등급 일반
문서종류 법령(안)
공개구분 공개
내용 재일한국인의 광업권과 조광권을 1954년 4월 27일까지 인정하는 내용의 광업법 개정안
주제어 재일한국인 법적지위

문서명	대일평화조약 발효에 따라 일본 국적을 상실하는 자가 갖는 광업권의 처리에 대해서(平和条約の発効に伴い日本国籍を喪失する者の有する鉱業権の取扱について)

문서파일번호 879
작성연월일 1952. 12. 2
구분 제1~2차 회담 사이
세부항목 재일한국인 광업권 문제
작성처 통상산업성 광산국
매수 2
비밀등급 일반
문서종류 내부자료
공개구분 공개
내용 1952년 12월 2일 개최된 재일한국인 광업권 관련 내각 연락위원회 분과위 회의를 위해 통산성 광업국에서 준비한 자료
주제어 재일한국인 법적지위

문서명	광업법의 해석에 대해서(鉱業法の解釈について)

문서파일번호 879
작성연월일 1952. 11. 15
구분 제1~2차 회담 사이
세부항목 재일한국인 광업권 문제
작성처 법제국 제1부장
매수 2
비밀등급 일반
문서종류 공문
공개구분 공개
내용 통산성 광산국이 법제국에 재일한국인의 광업권과 관련한 광업법 제17조의 해석을 요청한 공문
주제어 재일한국인 법적지위

재일한국인의 국적 문제 등에 관한 협의회
(在日韓人の国籍問題等に関する打合せ会)

문서파일번호	855
문서명	재일한국인의 국적 문제 등에 관한 협의회(在日韓人の国籍問題等に関する打合せ会)
작성연월일	1953. 4. 16
구분	제2차 회담
세부항목	재일한국인 국적 문제 외무성·법무성 협의
작성처	외무성 사치(佐治)
매수	9
비밀등급	극비
문서종류	회의록
공개구분	공개
내용	재일한국인 국적 문제 관련 외무성·법무성 협의 기록. 4월 15일 제2차 한일회담 제1회 본회의가 개최되고 각 사안별로 위원회에서 논의가 예상됨에 따라 재일한국인 문제에 관한 일본 입장 수립을 위해 개최됨. 재일한국인이 한국적을 취득하는 것은 강화조약 발효로부터의 당연한 결과임. 그러나 이를 명문화할 경우 국회 등에서 문제가 될 수 있으므로 신중해야 할 것임을 강조함. 국제정세의 변화에 따라 융통성이 있어야 하므로 특별히 불합리하지 않은 한 피해야 한다는 의견에 대하여 신분관계 등에서 애매한 문제를 남길 우려가 있으므로 적어도 재일한국인이 외국인이 된다는 표현이 있어야 한다는 점, 송환 문제에 한해서는 한국적 확인 조항이 있는 것이 더 낫고, 한국적 취득에 대해서는 순리적으로 꼭 외국인이 되었다는 것을 명기할 필요가 있다는 점 등이 논의됨.
주제어	재일한국인 법적지위

재일한국인의 국적 처우 문제에 관한 내부협의회
(在日朝鮮人の国籍処遇問題に関する省内打合せ会)

문서파일번호	856
작성연월일	1953. 5. 2 - 1954. 2. 8
구분	제2차 회담
세부항목	재일한국인 국적 문제 일본 내부협의회
작성처	외무성
매수	44
비밀등급	
문서종류	회의록, 내부문서, 내부자료
공개구분	공개
내용	재일한국인 국적 처우 문제에 관한 외무성 내부협의회 및 외무성·법무성 협의 기록과 관련 자료
주제어	재일한국인 법적지위

문서명	재일한국인의 국적 처우 문제에 관한 내부협의회(在日朝鮮人の国籍処遇問題に関する省内打合せ会)

문서파일번호 856
작성연월일 1953. 5. 2
구분 제2차 회담
세부항목 재일한국인 국적 문제 외무성 내부협의회
작성처 외무성 아시아국 제2과
매수 6
비밀등급 비(秘)
문서종류 회의록
공개구분 공개
내용 재일한국인 국적 처우 문제에 관한 외무성 내부협의회 기록. 협정문의 국적 문제와 강제퇴거 문제에 관한 조항을 협의. 국적 문제는 일본국적의 상실만 규정하고 처우는 별도 교환공문으로 협의할 것, 강제퇴거 문제는 출신국에 송환하는 것을 원칙으로 하고, 북한으로 돌아가고 싶지 않으면 귀환을 포기한 것으로 처리해 한국으로 송환한다는 의견을 교환할 것 등의 내용이 담김.
주제어 재일한국인 법적지위

문서명	재일한국인의 국적 및 처우에 관한 내부협의회(在日朝鮮人の国籍及び処遇に関する打合せ会)

문서파일번호 856
작성연월일 1953. 5. 4
구분 제2차 회담
세부항목 재일한국인 국적 문제 외무성·법무성 내부협의회
작성처 외무성 아시아국 제2과
매수 7
비밀등급 비(秘)
문서종류 회의록
공개구분 공개
내용 국적처우위원회 회의를 앞두고 열린 외무성과 법무성 내부협의회 기록. 구보타 참여의 모두 발언(상대방에 대해 약속하지 말고 우선 들으라는 대신의 당부가 있었다)이 있은 후 논의함. 국적 문제는 재일한국인의 일본국적 상실 및 한국적 취득을 확인할 필요가 있으나 의사록 등에 표면적으로 나타나지 않도록 주의해야 한다는 점이 강조되었고, 거주자격, 강제퇴거 등에 관해서도 논의가 이루어짐.
주제어 재일한국인 법적지위

문서명	종전 전부터 계속 일본에 거주하는 한국인의 법적 처우에 관한 교섭상의 원칙에 대해서(終戦前から引続き本邦に在住する韓人の国籍処遇に関する交渉上の原則について)

문서파일번호 856
작성연월일 1953. 5. 4
구분 제2차 회담
세부항목 재일한국인 국적 문제 외무성·법무성 협의 자료
작성처 외무성 아시아국 제2과
매수 5
비밀등급 극비
문서종류 내부문서
공개구분 공개
내용 외무성·법무성 회의 자료. 재일한국인은 국내법상 외국인으로 처리되게 되었는데 거주자격 부여, 강제퇴거 실시는 국적이 명확해야 한다는 점, 처우 문제, 강제송환과 귀환 문제에 관한 방침이 기술됨.
주제어 재일한국인 법적지위

문서명	재일한국인의 처우 특히 교육 및 생활보호 문제에 관한 내부협의회 의사 요지 (在日朝鮮人の処遇特に教育及び生活保護問題に関する打合せ会議事要旨)

문서파일번호 856
작성연월일 1953. 5. 8
구분 제2차 회담
세부항목 재일한국인 국적 문제 관계성 내부협의회
작성처 외무성 아시아국 제2과
매수 9
비밀등급 비(秘)
문서종류 회의록
공개구분 공개
내용 재일한국인의 교육과 빈곤자 문제에 대한 외무성, 법무성, 대장성, 문부성, 후생성 간 협의 기록
주제어 재일한국인 법적지위

문서명	재일한국인의 국적 처우에 관한 한일 쌍방의 의견 대조(在日韓人の国籍処遇に関する日韓双方の見解対照)

문서파일번호 856
작성연월일 1953. 6. 18
구분 제2차 회담
세부항목 재일한국인 국적 처우 문제에 관한 한일 견해 대조
작성처 불명
매수 7
비밀등급 극비
문서종류 내부자료
공개구분 공개
내용 재일한국인의 국적 처우에 관한 한일 양국의 견해를 대조한 표. 국적, 국적 관련 합의 형식, 거주자격, 한국적의 등록, 강제퇴거, 자유귀환 등에 관한 양측 견해가 기술됨.
주제어 재일한국인 법적지위

문서명	대일평화조약 발효 후 주요한 양측 의견 불일치점(平和條約發效後主たる雙方意見の不一致点)

문서파일번호 856
작성연월일 1954. 2. 8
구분 제2차 회담
세부항목 재일한국인 국적 처우 문제에 관한 한일 견해 불일치점
작성처 외무성 사치(佐治)
매수 10
비밀등급 일반
문서종류 내부자료
공개구분 공개
내용 대일평화조약 발효 후 재일한국인의 국적 처우 문제에 관해 한일 양측의 의견이 일치하지 않는 점을 정리한 표. 재일한국인의 국적, 거주, 내국민 대우, 귀환자에 대한 편의제공 등에 관한 사항들이 정리됨.
주제어 재일한국인 법적지위

빈곤자에 해당하는 재일한국인의 귀환 권장 조치에 대해서(貧困者たる在日韓人の引揚勧奨措置について)

문서파일번호	857
작성연월일	1953. 5. 21 - 1953. 6. 11
구분	제2차 회담
세부항목	재일한국인 빈곤지 귀환 권장 조치
작성처	외무성, 법무성 입국관리국
매수	6
비밀등급	
문서종류	회의록, 내부자료
공개구분	공개
내용	빈곤자에 해당하는 재일한국인의 본국 귀환 권장 조치에 관한 외무성·후생성 협의 기록과 관련 자료
주제어	재일한국인 법적지위

문서명	빈곤자에 해당하는 재일한국인의 귀환 권장 조치에 대해서(貧困者たる在日韓人の引揚勧奨措置について)

문서파일번호 857
작성연월일 1953. 6. 11
구분 제2차 회담
세부항목 재일한국인 빈곤자 귀환 권장 조치
작성처 외무성 아시아국 제2과
매수 2
비밀등급 극비
문서종류 회의록
공개구분 공개
내용 1953년 6월 11일 외무성 히로타(広田槇) 아시아 제2과장은 후생성 사회국 구로키(黒木) 보호과장을 방문, 재일한국인 빈곤자에 대한 외무성의 방침을 설명함. 귀환 권장 조치로 생활후생자금을 지급하는 문제에 대해 양해를 구하고 후생성에게 구체적인 안을 의뢰함.
주제어 재일한국인 법적지위

문서명	재일한국인에 지출된 금액(在日朝鮮人に支出される金額)

문서파일번호 857
작성연월일 1953(월일 불명)
구분 제2차 회담
세부항목 재일한국인 빈곤자 귀환 권장 조치
작성처 법무성 입국관리국
매수 2
비밀등급 비(秘)
문서종류 내부자료
공개구분 공개
내용 1953년 6월 11일 히로타 과장이 구로키 과장과 회의 시 전달한 자료. 일본정부가 재일한국인에게 지출한 금액에 대한 내용이 정리되어 있음.
주제어 재일한국인 법적지위

문서명	귀환 원조와 국비 부담상황(引揚援助と国費負担状況)

문서파일번호	857
작성연월일	1953. 5. 21
구분	제2차 회담
세부항목	재일한국인 빈곤자 귀환 권장 조치
작성처	불명
매수	2
비밀등급	비(秘)
문서종류	내부자료
공개구분	공개
내용	1953년 5월 21일 현재 재일한국인에 대한 귀환 원조와 국비 부담상황에 관한 자료
주제어	재일한국인 법적지위

한국인의 토지 취득 등
(朝鮮人の土地取得等)

문서파일번호	883
작성연월일	1953. 9. 12 - 1954. 10. 16
구분	제2차 회담 종료 후~제4차 회담 개시 전
세부항목	재일한국인 토지 취득 문제
작성처	외무성, 농림성 등
매수	20
비밀등급	
문서종류	공문, 서한, 내부문서, 회의록
공개구분	일부 비공개
내용	재일한국인의 토지 취득과 관련한 민원인, 농림성 문의에 대해 외무성이 답변한 자료 모음
주제어	재일한국인 법적지위

문서명	한국인의 토지 취득 건(朝鮮人の土地取得等に関する件)

문서파일번호 883
작성연월일 1953. 9. 12
구분 제2~3차 회담 사이
세부항목 재일한국인 토지 취득 문제
작성처 외무성 조약국 제3과장
매수 4
비밀등급 일반
문서종류 공문
공개구분 공개
내용 미에현(三重縣) 거주 민원인 테라우치(寺內俊一) 씨의 한국인 토지 취득에 관한 문의에 대한 외무성의 회신. 재일한국인의 토지 소유권과 저당권은 대일평화조약 발효에도 불구하고 큰 차이가 없다는 내용임.
주제어 재일한국인 법적지위

문서명	제목 없음

문서파일번호 883
작성연월일 1953. 9. 6
구분 제3~4차 회담 사이
세부항목 재일한국인 토지 취득 문제
작성처 미에현 민원인(三重縣 民願人)
매수 2
비밀등급 일반
문서종류 서한
공개구분 일부 비공개
내용 1953년 9월 6일 미에현(三重縣) 나가군(名賀郡) 거주 민원인[문서상에는 이름이 먹칠로 가려져 있으나 앞에 있는 외무성의 답신에 그 이름이 테라우치(寺內俊一)로 나와 있음]이 외무성 관계자에게 한국인 토지 취득에 관해 문의한 서한
주제어 재일한국인 법적지위

문서명	한국인의 농지 취득에 대해서(朝鮮人の農地取得について)

문서파일번호 883
작성연월일 1954. 6. 3
구분 제3~4차 회담 사이
세부항목 재일한국인 토지 취득 문제
작성처 외무성 아시아국 제5과
매수 7
비밀등급 일반
문서종류 내부문서
공개구분 공개
내용 한국인의 농지 취득과 관련한 외무성 입장을 정리한 문서. 1954년 6월 2일 농림성 농지국 농지과로부터 한국인 농지 취득과 택지로의 변경에 대해 외무성의 견해를 문의하는 전화가 있었음. 외무성은 한국인의 농지 취득을 금지하는 것은 대일평화조약의 최혜국 대우 조항에 어긋나므로 신중하게 접근할 필요가 있다면서, 일반 외국인의 농지 취득 문제로 이 문제를 제기한다면 재검토할 필요가 있다고 답변함.
주제어 재일한국인 법적지위

문서명	한국인에 대한 농지 등의 매매에 대해서(조회)[韓国人に対する農地等の売買について(照会)]

문서파일번호 883
작성연월일 1954. 7. 5
구분 제3~4차 회담 사이
세부항목 재일한국인 토지 취득 문제
작성처 농림성 농지국장
매수 2
비밀등급 일반
문서종류 공문
공개구분 공개
내용 1954년 7월 5일 자 한국인에 대한 농지 등의 매매에 관해 농림성 농지국장이 외무성 아시아국장에게 조회함.
주제어 재일한국인 법적지위

문서명	한국인의 토지 취득 건(韓国人の土地収得に関する件)

문서파일번호 883
작성연월일 1954. 8. 2
구분 제3~4차 회담 사이
세부항목 재일한국인 토지 취득 문제
작성처 외무성 아시아국장
매수 3
비밀등급 일반
문서종류 공문
공개구분 공개
내용 1954년 7월 5일 자 농림성 농지국장의 조회 공문에 대한 8월 2일 자 외무성 아시아국장의 회신 공문. 한국인에게 불리한 대우를 하는 것은 대일평화조약의 최혜국 대우에 어긋나며, 현행 법령상 외국인의 농지 매매를 적극적으로 제약하는 조항이 없기에 한일회담의 대상이 아니라는 내용
주제어 재일한국인 법적지위

문서명	조선인의 농지 취득에 관한 농지과장 희망(韓国人の農地収得に関する農地課長希望)

문서파일번호 883
작성연월일 1954. 10. 16
구분 제3~4차 회담 사이
세부항목 재일한국인 토지 취득 문제
작성처 외무성 아시아국 제5과
매수 2
비밀등급 일반
문서종류 회의록
공개구분 공개
내용 1954년 8월 2일 자 외무성 아시아국장의 회신에 대해 농림성 농지국 농지과장이 아시아 5과장을 내방, 입식 내지 간척지 등 국비조성, 투자를 요하는 것은 한국인의 취득을 정지시키고 싶다며 이를 위한 법적 근거의 정비, 행정조치의 가능성에 대해 외무성의 의견을 물음. 외무성 측은 검토 후 견해를 전달하기로 함.
주제어 재일한국인 법적지위

한일 국적 처우협정에 대한 근본 방침 결정의 필요성에 대해서(日韓国籍処遇協定に対する根本方針決定の必要性について)

문서파일번호	559
작성연월일	1952. 7. 23 - 1952. 8. 14
구분	제1~2차 회담 사이
세부항목	재일한국인 국적 및 처우에 관한 일본 방침
작성처	외무성, 법무부
매수	8
비밀등급	
문서종류	내부문서
공개구분	공개
내용	재일한국인 국적 및 처우에 관한 협정, 강제퇴거 문제 등과 관련한 일본 방침을 재검토한 문서
주제어	재일한국인 법적지위

문서명	한일 국적 처우 협정에 대한 근본방침 결정의 필요성에 대해서(日韓国籍処遇協定に対する根本方針決定の必要について)

문서파일번호 559
작성연월일 1952(월일 불명)
구분 제1~2차 회담 사이
세부항목 재일한국인 국적 및 처우에 관한 일본 방침
작성처 외무성 아시아국 제2과
매수 2
비밀등급 극비
문서종류 내부문서
공개구분 공개
내용 재일한국인 국적 및 처우에 관한 협정 관련 외무성 방침에 대한 검토의견. 1952년 7월 말경 작성한 것으로 추정됨. 일본 법무부는 7월 15일의 협정안에 대한 근본적 수정안을 제출하였으며, 이 수정안은 유동적 상황에서도 안정성을 가짐. 결국 문제는 졸속으로라도 재일한국인 법적지위 문제를 조기 타결할 것인가 또는 교섭에서 일본의 주장을 관철시키면서 교섭이 지연되는 것을 개의치 않고, 재일'불령한인'의 조치에 대해 별도의 적당한 국내적 조치를 강화해서 진행할 것인가를 결정할 필요가 있음.
주제어 재일한국인 법적지위

문서명	재일한국인의 국적 및 처우에 관한 한일협정안에 대해서(在日韓人の国籍及び処遇に関する日韓協定案について)

문서파일번호 559
작성연월일 1952. 7. 23
구분 제1~2차 회담 사이
세부항목 재일한국인 국적 및 처우에 관한 일본 방침
작성처 법무부 민사국
매수 1
비밀등급 일반
문서종류 내부문서
공개구분 공개
내용 재일한국인 국적 및 처우에 관한 협정과 관련하여 법무부 민사국이 검토한 의견. 문서파일번호 557의 마지막 문서와 동일함.
주제어 재일한국인 법적지위

문서명	영주 허가를 받은 재일한국인에 대한 강제퇴거 운용에 관한 양해사항(안)[永住許可を受けた在日韓人に対する退去強制の運用に関する諒解事項(案)]

문서파일번호 559
작성연월일 1952. 7. 23
구분 제1~2차 회담 사이
세부항목 재일한국인 국적 및 처우에 관한 일본 방침
작성처 외무성
매수 1
비밀등급 극비
문서종류 내부문서
공개구분 공개
내용 재일한국인 강제퇴거에 대한 일본 입장이 적힌 문서. 재일한국인의 국적 및 처우 등에 관한 한일협정 제3조 규정에 따라 영주 허가를 받은 자에 대한 강제퇴거 운용에 관한 한일 양국관계당국 간의 협의 방법에 대해서는 동 협정 발표일부터 3개월간 적용함.
주제어 재일한국인 법적지위

문서명	한일 국적 처우 교섭에 관한 근본방침 결정의 필요성에 대해서(日韓国籍処遇問題交渉に関する根本方針決定の必要について)

문서파일번호 559
작성연월일 1952. 8. 14
구분 제1~2차 회담 사이
세부항목 재일한국인 국적 및 처우에 관한 일본 방침
작성처 외무성 아시아국 제2과
매수 2
비밀등급 극비
문서종류 내부문서
공개구분 공개
내용 재일한국인 국적 및 처우에 관한 교섭과 관련하여 일본 방침을 검토한 1952년 8월 14일 자 의견. 기본조약의 구 조약 무효를 명시하는 규정은 법률상의 문제도 있고, 장래 우호관계 수립에도 문제가 있기 때문에 삭제를 요청함. 선박 문제는 단순히

일본이 몇 척의 선박을 제공하느냐는 문제이기 때문에 비교적 간단한 문제임. 국적 처우 문제는 7월 1일의 수정안으로 비교적 용이하게 타협할 수 있을 것 같으나, 법무부의 수정안은 단순히 국적 처우 문제만이 아니라 한일회담 전체에 영향을 끼칠 수도 있음.

주제어 재일한국인 법적지위

문서명	한일 국적 처우 협정에 관한 법무부 수정안 설명(日韓国籍処遇協定に対する法務府修正案説明)

문서파일번호 559

작성연월일 1952(월일 불명)

구분 제1~2차 회담 사이

세부항목 재일한국인 국적 및 처우에 관한 일본 방침

작성처 외무성 아시아국 제2과

매수 2

비밀등급 일반

문서종류 내부문서

공개구분 공개

내용 재일한국인 국적 및 처우에 관한 협정과 관련한 외무성 방침에 대한 검토의견. 1952년 7월 말경 작성한 것으로 추정됨. 일본 법무부는 7월 15일의 협정안에 대해 근본적 수정안을 제출하였으며, 이 수정안은 유동적 상황에서도 안정성을 가짐. 결국 문제는 졸속으로라도 재일한국인 법적지위 문제를 조기 타결할 것인가 또는 교섭에서 일본의 주장을 관철시키면서 교섭이 지연되는 것을 개의치 않고, 재일'불령한인'의 조치에 대해 별도의 적당한 국내적 조치를 강화해서 진행할 것인가를 결정할 필요가 있음. 같은 문서철 첫 번째 문서와 동일함.

주제어 재일한국인 법적지위

한일교섭 보고(8) 국적처우관계위원회 제1회 회의 상황[日韓交渉報告(八) 国籍処遇関係第一回会議状況]

문서파일번호	159
작성연월일	1953. 5. 13
구분	제2차 회담 제1회 국적처우위원회
세부항목	
작성처	
매수	11
비밀등급	극비
문서종류	내부문서, 회의록, 내부자료
공개구분	공개
내용	제2차 한일회담 국적처우위원회 제1회 회의기록
주제어	재일한국인 법적지위

문서명	한일교섭 보고(8) 국적처우관계 제1회 회의 상황[日韓交渉報告(八)国籍処遇関係第一回会議状況]

문서파일번호	159
작성연월일	1953. 5. 13
구분	제2차 회담 제1회 국적처우위원회
세부항목	
작성처	외무성 구보타 참여
매수	2
비밀등급	극비
문서종류	내부문서
공개구분	공개
내용	제2차 한일회담 국적처우위원회 제1회 회의 상황 보고서. 양국 대표의 인사말 후에 의사 절차를 결정함. 일본이 강제퇴거 문제부터 논의하자고 제안, 한국이 받아들임.
주제어	재일한국인 법적지위

문서명	한일교섭 회의 의사요록(8) 제1회 국적처우위원회[日韓交渉会議議事要録(八)第一回国籍処遇部会]

문서파일번호	159
작성연월일	1953. 5. 13
구분	제2차 회담 제1회 국적처우위원회
세부항목	
작성처	외무성 아시아국 제2과
매수	4
비밀등급	일반
문서종류	회의록
공개구분	공개
내용	제2차 한일회담 국적처우위원회 제1회 회의 회의록
주제어	재일한국인 법적지위

문서명	한일회담 국적 처우 문제 제1회 회의에서의 쓰루오카 차장* 인사말(日韓会談国籍処遇問題第一回会合における鶴岡次長挨拶)

문서파일번호	159
작성연월일	1953. 5. 13
구분	제2차 회담 제1회 국적처우위원회
세부항목	
작성처	외무성 아시아국 제2과
매수	3
비밀등급	일반
문서종류	내부자료
공개구분	공개
내용	제2차 한일회담 국적처우위원회 제1회 회의기록 첨부1. 제2차 한일회담 제1회 국적처우위원회에서의 쓰루오카 센진(鶴岡千仞) 일본 수석위원 인사말
주제어	제2차 한일회담 국적처우문제위원회 일본 대표 인사말, 재일한국인 법적지위

문서명	홍진기 법무국장 연설(일어 번역문)[洪璡基法務局長挨拶(訳文)]

문서파일번호	159
작성연월일	1953. 5. 13
구분	제2차 회담 제1회 국적처우위원회
세부항목	
작성처	한국대표단(일본 번역)
매수	2
비밀등급	
문서종류	내부자료
공개구분	공개
내용	제2차 한일회담 국적처우위원회 제1회 회의기록 첨부2. 제2차 한일회담 제1회 국적처우위원회 홍진기 한국 수석위원 인사말
주제어	제2차 한일회담 국적 처우 문제위원회 한국 대표 인사말, 재일한국인 법적지위

* 법무성 입국관리국 차장

한일교섭 보고(14) 국적처우관계위원회 제2회 회의 상황[日韓交渉報告(十四) 国籍処遇関係部会第2回会議状況]

문서파일번호	160
작성연월일	1953. 5. 22
구분	제2차 회담 제2회 국적처우위원회
세부항목	
작성처	외무성
매수	15
비밀등급	
문서종류	내부문서, 회의록
공개구분	공개
내용	제2차 한일회담 국적처우위원회 제2회 회의기록
주제어	재일한국인 법적지위

문서명	한일교섭 보고(14) 국적처우관계위원회 제2회 회의 상황[日韓交渉報告(十四) 国籍処遇部会第二回会議状況)]

문서파일번호 160
작성연월일 1953. 5. 22
구분 제2차 회담 제2회 국적처우위원회
세부항목
작성처 외무성 구보타 참여
매수 4
비밀등급 극비
문서종류 내부문서
공개구분 공개
내용 제2차 한일회담 국적처우위원회 제2회 회의 상황 보고서. 일본이 강제송환 문제를 제기, 한일회담과 관계없이 오무라(大村) 수용소의 재일한국인 460명을 인수할 것을 강하게 요구하자 한국은 입국관리령에 근거한 행정조치로 장기수용하는 것은 헌법의 인권보장규정에 어긋나며 협정 성립 전에는 인수할 수 없다고 응수함.
주제어 재일한국인 법적지위, 강제송환

문서명	한일교섭 회의 의사요록(14) 제2회 국적처우관계위원회[日韓交渉会議議事要録(十四)第二回国籍処遇関係部会]

문서파일번호 160
작성연월일 1953. 5. 22
구분 제2차 회담 제2회 국적처우위원회
세부항목
작성처 외무성 아시아국 제2과
매수 11
비밀등급 극비
문서종류 회의록
공개구분 공개
내용 재일한국인 법적지위위원회의 제2회 회의 회의록
주제어 재일한국인 법적지위, 강제송환

한일교섭 보고(18) 국적처우관계위원회 제3회 회의 상황[日韓交渉報告(十八)国籍処遇関係部会第3回会議状況]

문서파일번호	161
작성연월일	1953. 5. 29
구분	제2차 회담 제3회 국적처우위원회
세부항목	
작성처	외무성
매수	20
비밀등급	
문서종류	내부문서, 회의록
공개구분	공개
내용	제2차 한일회담 국적처우위원회 제3회 회의기록
주제어	재일한국인 법적지위

문서명	한일교섭 보고(18) 국적처우관계위원회 제3회 회의 상황[日韓交渉報告(十八)国籍処遇関係部会第三回会議状況]

문서파일번호 161
작성연월일 1953. 5. 29
구분 제2차 회담 제3회 국적처우위원회
세부항목
작성처 외무성 구보타 참여
매수 5
비밀등급 극비
문서종류 회의보고서
공개구분 공개
내용 제2차 한일회담 국적처우위원회 제3회 회의 상황 보고서. ① 재일한국인의 국적 ② 일본의 강제송환에 관해 논의함. 재일한국인의 국적이 법적으로 미확정이라는 한국의 주장에 대해 일본은 종래 주일한국대표부는 재일한국인이 한국국민임을 전제로 외교보호권을 발동한 사례가 많고 일본도 이를 인정했기 때문에 사실상 재일한국인이 한국적이라는 한일 간 합의가 성립된 것이라고 주장함.
주제어 재일한국인 법적지위, 강제송환

문서명	한일교섭 회의의사요록(18) 제3회 국적처우관계위원회[日韓交渉会議議事要録(十八)第三回国籍処遇関係部会]

문서파일번호 161
작성연월일 1953. 5. 29
구분 제2차 회담 제3회 국적처우위원회
세부항목
작성처 외무성 아시아국 제2과
매수 15
비밀등급 극비
문서종류 회의록
공개구분 공개
내용 제2차 한일회담 국적처우위원회 제3회 회의 회의록
주제어 재일한국인 법적지위, 강제송환

한일교섭 보고(20) 국적처우관계위원회 제4회 회의 상황[日韓交渉報告(二十) 国籍処遇関係部会第4回会議状況]

문서파일번호	162
작성연월일	1953. 6. 5
구분	제2차 회담 제4회 국적처우위원회
세부항목	
작성처	외무성
매수	23
비밀등급	
문서종류	내부문서, 회의록
공개구분	공개
내용	제2차 한일회담 국적처우위원회 제4회 회의기록
주제어	재일한국인 법적지위

문서명	한일교섭 보고(20) 국적처우관계위원회 제4회 회의 상황[日韓交渉報告(二十) 国籍処遇関係部会第4回会議状況]

문서파일번호 162
작성연월일 1953. 6. 5
구분 제2차 회담 제4회 국적처우위원회
세부항목
작성처 외무성 구보타 참여
매수 6
비밀등급 극비
문서종류 내부문서
공개구분 공개
내용 제2차 한일회담 국적처우위원회 제4회 회의 상황 보고서. ① 재일한국인의 거주허가 문제 ② 강제송환과 강제퇴거에 관해 논의함. 일본이 재일한국인의 거주허가 문제에 대해 종전부터 합법적으로 거주한 자에 대해서는 영주허가를 부여하지만 전과자는 일본사회에 융합하기 어려운 결함이 있는 자로 기한부 거주허가를 부여, 미성년자는 기한부 거주허가를 부여하고 성년이 된 후 거주자격을 결정한다고 제시하자 한국은 일본의 태도는 작년 회담에서 후퇴한 것이라고 불만을 표출함.
주제어 재일한국인 법적지위, 강제송환

문서명	한일교섭 회의 의사요록(20) 제4회 국적처우관계위원회[日韓交渉会議議事要録(二十)第四回国籍処遇関係部会]

문서파일번호 162
작성연월일 1953. 6. 5
구분 제2차 회담 제4회 국적처우위원회
세부항목
작성처 외무성 아시아국 제2과
매수 17
비밀등급 극비
문서종류 회의록
공개구분 공개
내용 제2차 한일회담 국적처우위원회 제4회 회의 회의록
주제어 재일한국인 법적지위, 강제송환

한일교섭 보고(23) 국적처우관계위원회 제5회 회의 상황[日韓交渉報告(二三) 国籍処遇関係部会第5回会議状況]

문서파일번호	163
작성연월일	1953. 6. 12
구분	제2차 회담 제5회 국적처우위원회
세부항목	
작성처	외무성
매수	20
비밀등급	
문서종류	내부문서, 회의록
공개구분	공개
내용	제2차 한일회담 국적처우위원회 제5회 회의기록
주제어	재일한국인 법적지위, 강제송환

문서명	한일교섭 보고(23) 국적처우관계위원회 제5회 회의 상황[日韓交渉報告(二三) 国籍処遇関係部会第5回会議状況]

문서파일번호 163
작성연월일 1953. 6. 12
구분 제2차 회담 제5회 국적처우위원회
세부항목
작성처 외무성 구보타 참여
매수 5
비밀등급 극비
문서종류 내부문서
공개구분 공개
내용 제2차 한일회담 국적처우위원회 제5회 회의 상황 보고서. 계속해서 국적조항, 영주허가, 강제퇴거를 둘러싸고 의견이 대립함.
주제어 재일한국인 법적지위, 강제송환

문서명	한일교섭 회의 의사요록(23) 제5회 국적처우위원회[日韓交渉会議議事要録(二十三) 第五回国籍処遇部会]

문서파일번호 163
작성연월일 1953. 6. 12
구분 제2차 회담 제5회 국적처우위원회
세부항목
작성처 외무성 아시아국 제2과
매수 15
비밀등급 극비
문서종류 회의록
공개구분 공개
내용 제2차 한일회담 국적처우위원회 제5회 회의 회의록
주제어 재일한국인 법적지위, 강제송환

국적처우위원회(송금 및 화물에 관한 제1회 전문가 협의)
[国籍処遇部会(送金及び荷物に関する第1回専門協議)]

문서파일번호	165
문서명	국적처우위원회(송금 및 화물에 관한 제1회 전문가 협의)[国籍処遇部会(送金及び荷物に関する第1回専門協議)]
작성연월일	1953. 6. 16
구분	제2차 회담
세부항목	국적처우위원회 제1회 송금·화물 전문가 협의
작성처	외무성 아시아국 제2과
매수	8
비밀등급	극비
문서종류	회의록
공개구분	공개
내용	제2차 한일회담 국적처우위원회 귀환자 송금과 화물에 관한 제1회 전문가 협의 내용
주제어	재일한국인 법적지위, 귀환자 송금 및 화물

한일교섭 보고(25) 국적처우관계위원회 제6회 회의 상황[日韓交渉報告(二五) 国籍処遇関係部会第6回会議状況]

문서파일번호	164
작성연월일	1953. 6. 19
구분	제2차 회담 제6회 국적처우위원회
세부항목	
작성처	외무성
매수	13
비밀등급	
문서종류	내부문서, 회의록
공개구분	공개
내용	제2차 한일회담 국적처우위원회 제6회 회의기록
주제어	재일한국인 법적지위

문서명	한일교섭 보고(25) 국적처우관계위원회 제6회 회의 상황[日韓交渉報告(二五) 国籍処遇関係部会第6回会議状況]

문서파일번호	164
작성연월일	1953. 6. 19
구분	제2차 회담 제6회 국적처우위원회
세부항목	
작성처	외무성 구보타 참여
매수	4
비밀등급	극비
문서종류	내부문서
공개구분	공개
내용	제2차 한일회담 국적처우위원회 제6회 회의 상황 보고서. 강제퇴거에 대해 집중 논의함. 한국은 좋은 내용이라면 비밀공문으로 해도 좋으나 나쁜 내용이라면 협정문에 명기해야 한다는 견해를 밝힘. 일본은 빈곤자나 나환자의 구제방법에 대한 검토를 제안, 한국은 대표부와 협의하겠다고 답변함.
주제어	재일한국인 법적지위, 강제송환

문서명	한일교섭 회의 의사요록(25) 제6회 국적처우위원회[日韓交渉会議議事要録(二五)第六回国籍処遇部会]

문서파일번호	164
작성연월일	1953. 6. 19
구분	제2차 회담 제6회 국적처우위원회
세부항목	
작성처	외무성 아시아국 제2과
매수	9
비밀등급	극비
문서종류	회의록
공개구분	공개
내용	제2차 한일회담 국적처우위원회 제6회 회의 회의록
주제어	재일한국인 법적지위, 강제송환

한일회담 국적처우위원회 송금 및 재산 반출에 관한 제2회 전문가 협의(日韓会談国籍処遇部会送金及び財産搬出に関する第2回専門協議)

문서파일번호	166
문서명	한일회담 국적처우위원회 송금 및 재산 반출에 관한 제2회 전문가 협의(日韓会談国籍処遇部会送金及び財産搬出に関する第2回専門協議)
작성연월일	1953. 6. 22
구분	제2차 회담
세부항목	국적처우위원회 제2회 송금·화물 전문가 협의
작성처	외무성 아시아국 제2과
매수	5
비밀등급	극비
문서종류	회의록
공개구분	공개
내용	제2차 한일회담 국적처우위원회 송금과 재산 반출에 관한 제2회 전문가 협의 내용
주제어	재일한국인 법적지위, 귀환자 송금 및 화물

한일회담 국적처우위원회 송금 및 재산 반출에 관한 제3회 전문가 협의(日韓会談国籍処遇部会送金及び財産搬出に関する第3回専門協議)

문서파일번호	167
작성연월일	1953. 6. 25
구분	제2차 회담
세부항목	국적치우위원회 제3회 송금·화물 진문가 협의
작성처	외무성, 한국대표단
매수	8
비밀등급	
문서종류	회의록, 약정안
공개구분	공개
내용	제2차 한일회담 국적처우위원회 송금과 재산 반출에 관한 제3회 전문가 협의 내용
주제어	재일한국인 법적지위

문서명	한일회담 국적처우위원회 송금 및 재산 반출에 관한 제3회 전문가 협의(日韓会談国籍処遇部会送金及び財産搬出に関する第三回専門協議)

문서파일번호 167
작성연월일 1953. 6. 25
구분 제2차 회담
세부항목 국적처우위원회 제3회 송금·화물 전문가 협의
작성처 외무성 아시아국 제2과
매수 5
비밀등급 극비
문서종류 회의록
공개구분 공개
내용 제2차 한일회담 국적처우위원회 송금과 재산 반출에 관한 제3회 전문가 협의 회의록
주제어 재일한국인 법적지위, 귀환자 송금 및 화물

문서명	재산 반출 및 송금에 관한 약정(한국 제안 일어 번역문)[財産搬出及び送金に関する約定(訳文)]

문서파일번호 167
작성연월일 1953. 6. 25
구분 제2차 회담
세부항목 국적처우위원회 제3회 송금·화물 전문가 협의
작성처 한국대표단(일본 번역)
매수 3
비밀등급 극비
문서종류 약정안
공개구분 공개
내용 국적처우위원회 송금 및 재산 반출에 관한 제3회 전문가 협의 회의록 첨부자료. 재산 반출 및 송금에 관한 약정 한국 제안
주제어 재일한국인 법적지위, 귀환자 송금 및 화물

한일교섭 보고(제5) 국적처우관계위원회 제1회 회의 상황[日韓交渉報告(再五)国籍処遇関係部会第1回会議状況]

문서파일번호	178
작성연월일	1953. 10. 12
구분	제3차 회담 국적처우위원회 제1회 회의
세부항목	
작성처	외무성
매수	14
비밀등급	
문서종류	내부문서, 회의록
공개구분	공개
내용	제3차 한일회담 국적처우위원회 제1회 회의기록
주제어	재일한국인 법적지위

문서명	한일교섭 보고(제5) 국적처우관계위원회 제1회 회의 상황[日韓交渉報告(再五)国籍処遇関係部会第1回会議状況]

문서파일번호 178
작성연월일 1953. 10. 12
구분 제3차 회담 국적처우위원회 제1회 회의
세부항목
작성처 외무성 구보타 참여
매수 5
비밀등급 극비
문서종류 내부문서
공개구분 공개
내용 제3차 한일회담 국적처우위원회 제1회 회의 상황 보고서. 오무라(大村) 수용소 문제와 재일한국인의 생활보호 문제에 대해 논의함.
주제어 재일한국인 법적지위

문서명	재개 한일교섭 의사요록 국적처우위원회 제1회(再開日韓交渉議事要録 国籍処遇部会第一回)

문서파일번호 178
작성연월일 1953. 10. 12
구분 제3차 회담 국적처우위원회 제1회 회의
세부항목
작성처 외무성 아시아국 제2과
매수 9
비밀등급 극비
문서종류 회의록
공개구분 공개
내용 제3차 한일회담 국적처우위원회 제1회 회의 회의록
주제어 재일한국인 법적지위

재일한국인의 강제퇴거와 오무라수용소 석방 문제(在日朝鮮人の退去強制と大村収容所釈放問題)

문서파일번호	858
문서명	재일한국인의 강제퇴거와 오무라수용소 석방 문제(在日朝鮮人の退去強制と大村収容所釈放問題)
작성연월일	1953. 11
구분	제3~4차 회담 사이
세부항목	재일한국인 오무라수용소 수용 문제
작성처	외무성 아시아국 제2과
매수	9
비밀등급	
문서종류	내부문서
공개구분	공개
내용	종전 후부터 1953년 11월 현재까지의 출입국관리와 재일한국인의 강제퇴거, 한국인의 수, 한국의 인수 거부와 재송환자의 오무라수용소 수용, 이에 대한 한일 양국의 주장과 대응이 정리됨.
주제어	재일한국인 법적지위

국적 처우협정 요강
(国籍処遇協定要綱)

문서파일번호	859
문서명	국적 처우협정 요강(国籍処遇協定要綱)
작성연월일	1953(월일 불명)
구분	제3~4차 회담 사이
세부항목	재일한국인 국적 처우협정 요강
작성처	외무성
매수	13
비밀등급	일반
문서종류	협정 요강(안)
공개구분	공개
내용	일본이 작성한 재일한국인 국적 처우협정 요강(작성일 자 불명). ① 국적: 대한민국정부는 태평양전쟁 종전 이전부터 계속 일본에 주소를 갖고 있던 한국인(이하 재일한국인)이 샌프란시스코 대일평화조약 발효일부터 대한민국 국민이 됨을 확인 ② 처우: (1) 신분관계 (2) 거주자격 (3) 귀화의 조건 및 귀화한 이들에 대한 대우 (4) 강제퇴거 (5) 자발적 귀국 조장 등의 내용이 포함됨.
주제어	재일한국인 법적지위

외국인에게 금지 또는 제한되어 있는 직업 및 재산권 일람(外国人に対し禁止又は制限されている職業及び財産権一覧)

문서파일번호	878
작성연월일	1951. 11. 15 - 1957. 2. 27
구분	예비회담~제4차 회담 시작 전
세부항목	외국인에 제한된 직업 및 권리
작성처	외무성 아시아국 제2과 등
매수	5
비밀등급	
문서종류	내부자료
공개구분	공개
내용	재일한국인의 국적 이탈에 즈음하여 외국인에게 금지 또는 제한되어 있는 직업, 재산권 등 권리에 관해 정리한 자료 모음
주제어	재일한국인 법적지위

문서명	외국인에게 금지 또는 제한되어 있는 직업 및 재산권 일람(外国人に対して禁止又は制限されている職業及び財産権一覧)

문서파일번호 878
작성연월일 1951. 11. 15
구분 예비회담
세부항목 외국인에 제한된 직업 및 권리
작성처 불명
매수 1
비밀등급 일반
문서종류 내부자료
공개구분 공개
내용 외국인에게 금지 또는 제한되어 있는 직업 및 재산권을 정리함.
주제어 재일한국인 법적지위

문서명	외국인에게 금지 또는 제한되어 있는 권리 및 직업(外国人に禁止又は制限している権利及び職業)

문서파일번호 878
작성연월일 1951. 12. 10
구분 예비회담~제1차 회담 사이
세부항목 외국인에 제한된 직업 및 권리
작성처 불명
매수 3
비밀등급 일반
문서종류 내부자료
공개구분 공개
내용 외국인에게 금지 또는 제한되어 있는 권리 및 직업을 정리함.
주제어 재일한국인 법적지위

문서명	일본에 거주 중인 외국인에게 금지 또는 제한되어 있는 권리 및 직업[外国人(日本に在留する)に禁止又は制限している権利乃至職業]

문서파일번호 878
작성연월일 1953. 3. 5
구분 제1~2차 회담 사이
세부항목 외국인에 제한된 직업 및 권리
작성처 외무성 아시아국 제2과
매수 1
비밀등급 일반
문시종류 내부자료
공개구분 공개
내용 일본에 거주 중인 외국인(비거주 외국인을 제외)에게 금지 또는 제한되어 있는 권리 및 직업을 정리한 표
주제어 재일한국인 법적지위

문서명	일본 거주자인 외국인에 금지 또는 제한되어 있는 권리 및 직업(居住者たる外国人に禁止又は制限されている権利乃至職業)

문서파일번호 878
작성연월일 1953. 12. 12
구분 제3~4차 회담 사이
세부항목 외국인에 제한된 직업 및 권리
작성처 외무성 아시아국 제2과
매수 1
비밀등급 일반
문서종류 내부자료
공개구분 공개
내용 일본에 거주하는 외국인에게 금지 또는 제한되어 있는 권리 및 직업 일람표
주제어 재일한국인 법적지위

문서명	일본 거주자인 외국인에게 금지 또는 제한되어 있는 권리 및 직업과 재일한국인의 지위(居住者たる外国人に禁止又は制限している権利及び職業と在日朝鮮人の地位)

문서파일번호	878
작성연월일	1957. 2. 27
구분	제3~4차 회담 사이
세부항목	외국인에 제한된 직업 및 권리
작성처	외무성 아시아국 제2과
매수	1
비밀등급	비(秘)
문서종류	내부자료
공개구분	공개
내용	일본에 거주하는 외국인에게 금지 또는 제한되어 있는 권리 및 직업과 재일한국인의 해당 유무, 재일한국인 해당자에 대한 조치 내용이 정리된 일람표
주제어	재일한국인 법적지위

어업위원회 회의록 및 정책

한일 간 잠정해운협정 적용기간 연장
(日韓間の暫定海運協定適用期間延長)

문서파일번호	1867
문서명	한일 간 잠정해운협정 적용기간 연장(日韓間の暫定海運協定適用期間延長)
작성연월일	1953. 4. 16
구분	제2차 회담
세부항목	한일 잠정해운 협정 연장
작성처	외무성 경제5과
매수	4
비밀등급	일반
문서종류	재가문서
공개구분	공개
내용	한일 간 잠정해운협정의 적용기간을 1953년 4월 28일부터 1년간 연장코자 한다는 것에 대한 재가문서
주제어	한일잠정해운협정 연장

한일교섭 보고(4) 어업관계위원회 제1회 회의 상황[日韓交渉報告(四) 漁業関係部会第一回会議状況]

문서파일번호	991
문서명	한일교섭 보고(4) 어업관계위원회 제1회 회의 상황[日韓交渉報告(四) 漁業関係部会第一回会議状況]
작성연월일	1953. 5. 6
구분	제2차 회담 어업위원회 제1회 회의
세부항목	
작성처	외무성 구보타 참여
매수	6
비밀등급	극비
문서종류	내부문서
공개구분	공개
내용	제2차 한일회담 어업위원회 제1회 회의기록. 구보타 대표의 인사말이 있은 후 한국어, 일본어, 영어를 회의 용어로 정하고 주 2회 개최를 원칙으로 하는 의사 절차 등을 정함.
주제어	어업

한일교섭 보고(7) 어업관계위원회 제2회 회의 상황[日韓交渉報告(七) 漁業関係部会第二回会議状況]

문서파일번호	992
작성연월일	1953. 5. 12
구분	제2차 회담 어업위원회 제2회 회의
세부항목	
작성처	외무성
매수	15
비밀등급	
문서종류	
공개구분	공개
내용	제2차 한일회담 어업위원회 제2회 회의기록
주제어	어업

문서명	한일교섭 보고(7) 어업관계위원회 제2회 회의 상황[日韓交渉報告(七) 漁業関係部会第二回会議状況]

문서파일번호 992
작성연월일 1953. 5. 12
구분 제2차 회담 어업위원회 제2회 회의
세부항목
작성처 외무성 구보타 참여
매수 6
비밀등급 극비
문서종류 내부문서
공개구분 공개
내용 제2차 한일회담 어업위원회 제2회 회의기록. 제1회 회의에 불참했던 한국 대표의 인사말이 있은 후 일본은 공동 보존조치의 대상어종부터 논의하자고 제안, 한국은 보존조치 내용, 수역 범위부터 정하자는 의견을 반복해서 주장함.
주제어 어업

문서명	한일교섭 회의 의사요록(7) 제2회 어업관계위원회[日韓交渉会議議事要録(七)第二回漁業関係部会]

문서파일번호 992
작성연월일 1953. 5. 12
구분 제2차 회담 어업위원회 제2회 회의
세부항목
작성처 외무성 아시아국 제2과
매수 7
비밀등급 극비
문서종류 회의록
공개구분 공개
내용 제2차 한일회담 어업위원회 제2회 회의기록
주제어 어업

문서명	장경근 대표의 인사 요지(張暻根代表の挨拶要旨)

문서파일번호	992
작성연월일	1953. 5. 12
구분	제2차 회담 어업위원회 제2회 회의
세부항목	
작성처	외무성 아시아국 제2과
매수	2
비밀등급	일반
문서종류	연설문
공개구분	공개
내용	제2차 회담 제2회 어업위원회 회의기록 첨부문서. 제2차 한일회담 어업위원회 제2회 회의 한국 장경근 수석위원의 인사말. 인접 공해에서 어족자원 보존과 개발에 대한 위협을 제거하는 것이 필요하다는 점을 강조함.
주제어	어업

한일교섭 보고(13) 어업관계위원회 제3회 회의 상황[日韓交渉報告(十三) 漁業関係部会第三回会議状況]

문서파일번호	993
작성연월일	1953. 5. 20
구분	제2차 회담 어업위원회 제3회 회의
세부항목	
작성처	외무성
매수	17
비밀등급	
문서종류	내부문서, 회의록
공개구분	공개
내용	제2차 한일회담 어업위원회 제3회 회의기록
주제어	어업

문서명	한일교섭 보고(13) 어업관계위원회 제3회 회의 상황[日韓交渉報告(十三)漁業関係部会第三回会議状況]

문서파일번호 993
작성연월일 1953. 5. 20
구분 제2차 회담 어업위원회 제3회 회의
세부항목
작성처 외무성 구보타 참여
매수 3
비밀등급 극비
문서종류 내부문서
공개구분 공개
내용 제2차 한일회담 어업위원회 제3회 회의기록. 일본은 보존조치 대상은 저어(底魚)로 저인망어업에 대해, 개발 대상은 부어(浮魚)로 건착망(巾着網)어업에 대해 각각 어장범위, 대상어종, 어기, 어선수의 실태를 설명하고 한국에도 설명을 요구했으나, 한국은 준비 불충분이라며 설명을 유보함. 한국은 일본의 설명에 앞서 보존조치 대상을 저어뿐 아니라 부어도 포함시켜야 한다고 언급하고 일본의 설명에 대해 보존조치의 구체적 내용을 질의하자 일본은 그것을 정하기 위해서는 우선 공동의 과학적 조사를 선행해야 한다고 답변함.
주제어 어업

문서명	한일교섭 회의 의사요록(13) 제3회 어업관계위원회[日韓交渉会議議事要録(十三)第三回漁業関係部会]

문서파일번호 993
작성연월일 1953. 5. 20
구분 제2차 회담 어업위원회 제3회 회의
세부항목
작성처 외무성 아시아국 제2과
매수 14
비밀등급 극비
문서종류 회의록
공개구분 공개
내용 제2차 한일회담 어업위원회 제3회 회의기록
주제어 어업

한일교섭 보고(17) 어업관계위원회 제4회 회의 상황[日韓交渉報告(十七) 漁業関係部会第四回会議状況]

문서파일번호	994
작성연월일	1953. 5. 28
구분	제2차 회담 어업위원회 제4회 회의
세부항목	
작성처	외무성
매수	22
비밀등급	
문서종류	내부문서, 회의록
공개구분	공개
내용	제2차 한일회담 어업위원회 제4회 회의기록
주제어	

문서명	한일교섭 보고(17) 어업관계위원회 제4회 회의 상황[日韓交渉報告(十七) 漁業関係部会第四回会議状況]

문서파일번호 994
작성연월일 1953. 5. 28
구분 제2차 회담 어업위원회 제4회 회의
세부항목
작성처 외무성 구보타 참여
매수 5
비밀등급 극비
문서종류 내부문서
공개구분 공개
내용 제2차 한일회담 어업위원회 제4회 회의기록. ① 제3회 회의에서의 일본 어업 상황 설명에 대해 한국은 어장 범위에 대해 질문하며 조업 중인 구역이라면 이는 라인 침범이라고 하자 일본은 실제 조업 중인 구역이며 '이 라인'은 국제관례상 승인되지 않았고 일본도 합의하지 않았음을 밝힘. ② 한국은 저어를 대상으로 하는 어법과 부어를 대상으로 하는 어법, 그 어장, 어선 수, 어기, 어획물에 대해 설명함. ③ 이에 대해 일본은 한국의 부어 규제는 영세 연안 어업자를 보호하기 위한 사회·경제적 이유일 뿐 자원보존의 의미가 아니라고 하자 한국은 현재 객관적으로 부어 어획이 감소하고 있는데 일본은 풍부하다고 생각하는지 거듭 질문함. 한국은 풍부하다고 하면 일본어선은 한국 근해에 출어할 필요가 없을 것이고 감소하고 있다고 하면 보존조치가 필요할 것이라고 주장함.
주제어 어업

문서명	한일교섭 회의 의사요록(17) 제4회 어업관계위원회[日韓交渉会議議事要録(十七)第四回漁業関係部会]

문서파일번호 994
작성연월일 1953. 5. 28
구분 제2차 회담 어업위원회 제4회 회의
세부항목
작성처 외무성 아시아국 제2과
매수 17
비밀등급 극비
문서종류 회의록
공개구분 공개
내용 제2차 한일회담 어업위원회 제4회 회의기록
주제어 어업

한일교섭 보고(19) 어업관계위원회 제5회 회의 상황[日韓交渉報告(十九) 漁業関係部会第五回会議状況]

문서파일번호	995
작성연월일	1953. 6. 4
구분	제2차 회담 어업위원회 제5회 회의
세부항목	
작성처	외무성
매수	19
비밀등급	
문서종류	내부문서, 회의록
공개구분	공개
내용	제2차 한일회담 어업위원회 제5회 회의기록
주제어	어업

문서명	**한일교섭 보고(19) 어업관계위원회 제5회 회의 상황**[日韓交渉報告(十九) 漁業関係部会第五回会議状況]

문서파일번호	995
작성연월일	1953. 6. 4
구분	제2차 회담 어업위원회 제5회 회의
세부항목	
작성처	외무성 구보타 참여
매수	3
비밀등급	극비
문서종류	내부문서
공개구분	공개
내용	제2차 한일회담 어업위원회 제5회 회의기록. 일본이 어업협정에 대한 전체적 구상을 설명하고, 저어에 대해서는 보존조치가 필요하다고 생각되므로 산란장이 판명되면 금지구역을 설치할 필요가 있다고 함. 이에 대해 한국은 공동위원회가 자료수집하고 조사, 권고하는 데는 시일이 걸린다며 그사이의 저어 보존조치에 대해 질문함.
주제어	어업

문서명	**한일교섭 회의 의사요록(19) 제5회 어업관계위원회**[日韓交渉会議議事要録(十九)第五回漁業関係部会]

문서파일번호	995
작성연월일	1953. 6. 4
구분	제2차 회담 어업위원회 제5회 회의
세부항목	
작성처	외무성 아시아국 제2과
매수	16
비밀등급	극비
문서종류	회의록
공개구분	공개
내용	제2차 한일회담 어업위원회 제5회 회의기록
주제어	어업

한일교섭 보고(21) 어업관계위원회 제6회 회의 상황[日韓交渉報告(二一) 漁業関係部会第六回会議状況]

문서파일번호	996
작성연월일	1953. 6. 10
구분	제2차 회담 어업위원회 제6회 회의
세부항목	
작성처	외무성
매수	33
비밀등급	
문서종류	내부문서, 회의록, 내부자료
공개구분	공개
내용	한일회담 어업위원회 제6회 회의기록과 관련 자료 모음
주제어	어업

문서명	한일교섭 보고(21) 어업관계위원회 제6회 회의 상황[日韓交渉報告(二十一) 漁業関係部会第六回会議状況]

문서파일번호 996
작성연월일 1953. 6. 10
구분 제2차 회담 어업위원회 제6회 회의
세부항목
작성처 외무성 구보타 참여
매수 5
비밀등급 극비
문서종류 내부문서
공개구분 공개
내용 제2차 한일회담 어업위원회 제6회 회의기록. 한국은 보존, 개발조치에 관해 설명하며 제1차 한일회담 때 제시한 원칙적 주장을 반복함.
주제어 어업

문서명	한일교섭 회의 의사요록(21) 제6회 어업관계위원회[日韓交渉会議議事要録(二十一) 第六回漁業関係部会]

문서파일번호 996
작성연월일 1953. 6. 10
구분 제2차 회담 어업위원회 제6회 회의
세부항목
작성처 외무성 아시아국 제2과
매수 25
비밀등급 극비
문서종류 회의록
공개구분 공개
내용 제2차 한일회담 어업위원회 제6회 회의기록
주제어 어업

문서명	갑표 연차 고등어 어획량(甲表年次鯖漁獲高)

문서파일번호 996
작성연월일 1953. 6. 10
구분 제2차 회담 어업위원회 제6회 회의
세부항목
작성처 한국대표단
매수 2
비밀등급 일반
문서종류 내부자료
공개구분 공개
내용 어업위원회 제6회 회의기록 첨부문서. 1953년 6월 10일 제2차 한일회담 어업위원회 제6회 회의에서 한국이 제출한 자료
주제어 어업

문서명	을표 연차 어업종사건수 표(乙表 年次漁業從事件數表)

문서파일번호 996
작성연월일 1953. 6. 10
구분 제2차 회담 어업위원회 제6회 회의
세부항목
작성처 한국대표단
매수 1
비밀등급 일반
문서종류 내부자료
공개구분 공개
내용 어업위원회 제6회 회의기록 첨부문서. 1953년 6월 10일 제2차 한일회담 어업위원회 제6회 회의에서 한국이 제출한 자료
주제어 어업

한일교섭 보고(24) 어업관계위원회 제7회 회의 상황[日韓交渉報告(二四) 漁業関係部会第七回会議状況]

문서파일번호	997
작성연월일	1953. 6. 17
구분	제2차 회담 어업위원회 제7회 회의
세부항목	
작성처	외무성
매수	22
비밀등급	
문서종류	내부문서, 회의록
공개구분	공개
내용	제2차 한일회담 어업위원회 제7회 회의기록
주제어	어업

문서명	한일교섭 보고(24) 어업관계위원회 제7회 회의 상황[日韓交渉報告(二四) 漁業関係部会第七回会議状況]

문서파일번호 997
작성연월일 1953. 6. 17
구분 제2차 회담 어업위원회 제7회 회의
세부항목
작성처 외무성 구보타 참여
매수 4
비밀등급 극비
문서종류 내부문서
공개구분 공개
내용 제2차 한일회담 어업위원회 제7회 회의기록. 일본은 어업관할권은 인정할 수 없지만 한국이 기존 입장을 수정한다면 양국 어업을 조정하여 공존 공영할 수 있도록 한국의 어업부흥계획 구상을 들을 수 있다고 언급함.
주제어 어업

문서명	한일교섭 회의 의사요록(24) 제7회 어업관계위원회[日韓交渉会議議事要録(二十四)第七回漁業関係部会]

문서파일번호 997
작성연월일 1953. 6. 17
구분 제2차 회담 어업위원회 제7회 회의
세부항목
작성처 외무성 아시아국 제2과
매수 18
비밀등급 극비
문서종류 회의록
공개구분 공개
내용 제2차 한일회담 어업위원회 제7회 회의기록
주제어 어업

한일어업교섭 비공식회담 건
(日韓漁業交渉非公式会談に関する件)

문서파일번호	998
문서명	한일어업교섭 비공식회담 건(日韓漁業交渉非公式会談に関する件)
작성연월일	1953. 6. 22
구분	제2차 회담
세부항목	한일어업교섭 비공식회담
작성처	외무성 조약1과
매수	13
비밀등급	극비
문서종류	회의록
공개구분	공개
내용	한일 어업 대표 간 비공식회담 기록. 기탄없이 논의하기 위해 개최된 비공식회담이었으나 관할수역과 어선 나포 문제에 대한 의견 차이를 좁히지 못함.
주제어	어업

한일교섭 보고(26) 어업관계위원회 제8회 회의 상황[日韓交渉報告(二六) 漁業関係部会第八回会議状況]

문서파일번호	999
작성연월일	1953. 6. 24
구분	제2차 회담 어업위원회 제8회 회의
세부항목	
작성처	외무성
매수	21
비밀등급	
문서종류	내부문서, 회의록
공개구분	공개
내용	제2차 한일회담 어업위원회 제8회 회의기록
주제어	어업

문서명	한일교섭 보고(26) 어업관계위원회 제8회 회의 상황[日韓交渉報告(二六) 漁業関係部会第八回会議状況]

문서파일번호 999
작성연월일 1953. 6. 24
구분 제2차 회담 어업위원회 제8회 회의
세부항목
작성처 외무성 구보타 참여
매수 3
비밀등급 극비
문서종류 내부문서
공개구분 공개
내용 제2차 한일회담 어업위원회 제8회 회의기록. 한일 양측이 각각 고등어 어업실태, 어법, 어장, 어기, 어선 수, 조업 항해일수에 대해 설명함. 한국은 강력한 보존조치를 취하고 있음을, 일본은 한국 근해에 고등어 어선이 출어하고 있음을 보여줌.
주제어 어업

문서명	한일교섭 회의 의사요록(26) 제8회 어업관계위원회[日韓交渉会議議事要録(二十六)第八回漁業関係部会]

문서파일번호 999
작성연월일 1953. 6. 24
구분 제2차 회담 어업위원회 제8회 회의
세부항목
작성처 외무성 아시아국 제2과
매수 18
비밀등급 극비
문서종류 회의록
공개구분 공개
내용 제2차 한일회담 어업위원회 제8회 회의기록
주제어 어업

한일교섭 보고(27) 어업관계위원회 제9회 회의 상황[日韓交渉報告(二七) 漁業関係部会第九回会議状況]

문서파일번호	1000
작성연월일	1953. 6. 29
구분	제2차 회담 어업위원회 제9회 회의
세부항목	
작성처	외무성
매수	22
비밀등급	
문서종류	내부문서, 회의록, 협정요강안
공개구분	공개
내용	제2차 한일회담 어업위원회 제9회 회의기록
주제어	어업

문서명	한일교섭 보고(27) 어업관계위원회 제9회 회의 상황[日韓交涉報告(二七) 漁業関係部会第九回会議状況]

문서파일번호 1000
작성연월일 1953. 6. 29
구분 제2차 회담 어업위원회 제9회 회의
세부항목
작성처 외무성 구보타 참여
매수 4
비밀등급 극비
문서종류 내부문서
공개구분 공개
내용 제2차 한일회담 어업위원회 제9회 회의기록. 일본이 한일어업협정 요강을 제시하고 설명함. 특히 '특별히 고려해야 할 사항'에서 한국의 주의를 환기시키며 어업관할권을 주장하지 않고도 어자원을 보존할 수 있는 방법이라고 하자, 한국은 규제조치는 저어(底魚)뿐 아니라 부어(浮魚)도 대상이 되어야 한다고 강조함.
주제어 어업

문서명	한일교섭 회의 의사요록(27) 제9회 어업관계위원회[日韓交渉会議議事要録(二十七)第九回漁業関係部会]

문서파일번호 1000
작성연월일 1953. 6. 29
구분 제2차 회담 어업위원회 제9회 회의
세부항목
작성처 외무성 아시아국 제2과
매수 15
비밀등급 극비
문서종류 회의록
공개구분 공개
내용 제2차 한일회담 어업위원회 제9회 회의기록
주제어 어업

문서명	한일어업협정 요강(日韓漁業協定要綱)

문서파일번호 1000
작성연월일 1953. 6. 29
구분 제2차 회담 어업위원회 제9회 회의
세부항목
작성처 외무성 아시아국 제2과
매수 3
비밀등급 극비
문서종류 협정요강(안)
공개구분 공개
내용 제2차 한일회담 어업위원회 제9회 회의에서 제시된 일본의 어업협정 요강. 협정의 기본 입장, 목적, 특별히 고려되어야 할 사항 등이 기술됨. 문서파일번호 479의 한일어업협정 요강과 동일함.
주제어 어업

한일교섭 보고(28) 어업관계위원회 제10회 회의 상황[日韓交渉報告(二八) 漁業関係部会第十回会議状況]

문서파일번호	1001
작성연월일	1953. 7. 3
구분	제2차 회담 어업위원회 제10회 회의
세부항목	
작성처	외무성
매수	10
비밀등급	
문서종류	내부문서, 회의록
공개구분	공개
내용	제2차 한일회담 어업위원회 제10회 회의기록
주제어	어업

문서명	한일교섭 보고(28) 어업관계위원회 제10회 회의 상황[日韓交渉報告(二八)漁業関係部会第十回会議状況]

문서파일번호 1001
작성연월일 1953. 7. 3
구분 제2차 회담 어업위원회 제10회 회의
세부항목
작성처 외무성 구보타 참여
매수 3
비밀등급 극비
문서종류 내부문서
공개구분 공개
내용 제2차 한일회담 어업위원회 제10회 회의기록. 일본이 제출한 어업협정 요강 중 '특별히 고려해야할 사항'에 대해 한국이 질의함.
주제어 어업

문서명	한일교섭 회의 의사요록(28) 제10회 어업관계위원회[日韓交渉会議議事要録(二八)第十回漁業関係部会]

문서파일번호 1001
작성연월일 1953. 7. 3
구분 제2차 회담 어업위원회 제10회 회의
세부항목
작성처 외무성 아시아국 제2과
매수 7
비밀등급 극비
문서종류 회의록
공개구분 공개
내용 제2차 한일회담 어업위원회 제10회 회의기록
주제어 어업

한일교섭 보고(29) 어업관계위원회 제11회 회의 상황[日韓交渉報告(二九) 漁業関係部会第十一回会議状況]

문서파일번호	1002
작성연월일	1953. 7. 9 - 1953. 7. 13
구분	제2차 회담 어업위원회 제11회 회의
세부항목	
작성처	외무성
매수	21
비밀등급	
문서종류	내부문서, 회의록, 내부자료
공개구분	공개
내용	1953년 7월 9일 제2차 한일회담 어업위원회 제11회 회의기록
주제어	어업

문서명	한일교섭 보고(29) 어업관계위원회 제11회 회의 상황[日韓交渉報告(二九) 漁業関係部会第十一回会議状況]

문서파일번호 1002
작성연월일 1953. 7. 9
구분 제2차 회담 어업위원회 제11회 회의
세부항목
작성처 외무성 구보타 참여
매수 4
비밀등급 극비
문서종류 내부문서
공개구분 공개
내용 제2차 한일회담 어업위원회 제11회 회의기록. 일본 제출 어업협정 요강에 대한 한국의 질의와 일본의 응답이 이어짐.
주제어 어업

문서명	한일교섭 회의 의사요록(29) 제11회 어업관계위원회[日韓交渉会議議事要録(二九)第十一回漁業関係部会]

문서파일번호 1002
작성연월일 1953. 7. 9
구분 제2차 회담 어업위원회 제11회 회의
세부항목
작성처 외무성 아시아국 제2과
매수 11
비밀등급 극비
문서종류 회의록
공개구분 공개
내용 제2차 한일회담 어업위원회 제11회 회의기록
주제어 어업

문서명	저어 어업 및 부어 어업에 관한 국내규칙의 상황(底魚漁業および浮魚漁業に関する国内規則の状況)

문서파일번호 1002
작성연월일 1953. 7. 13
구분 제2차 회담 어업위원회 제11회 회의
세부항목
작성처 외무성 아시아국 제2과
매수 6
비밀등급 일반
문서종류 내부자료
공개구분 공개
내용 일본의 트롤어업과 기선저인망어업에 관한 국내 규제 상황을 정리한 문서
주제어 어업

한일교섭 보고(30) 어업관계위원회 제12회 회의 상황[日韓交渉報告(三〇) 漁業関係部会第十二回会議状況]

문서파일번호	1003
작성연월일	1953. 7. 17
구분	제2차 회담 어업위원회 제12회 회의
세부항목	
작성처	외무성
매수	13
비밀등급	
문서종류	내부문서, 조약요강안, 회의록
공개구분	공개
내용	제2차 한일회담 어업위원회 제12회 회의기록과 한국이 제시한 한일어업조약 요강(일본어 가역본)
주제어	어업

문서명	한일교섭 보고(30) 어업관계위원회 제12회 회의 상황[日韓交渉報告(三〇) 漁業関係部会第十二回会議状況]

문서파일번호 1003
작성연월일 1953. 7. 17
구분 제2차 회담 어업위원회 제12회 회의
세부항목
작성처 외무성 구보타 참여
매수 4
비밀등급 극비
문서종류 내부문서
공개구분 공개
내용 제2차 한일회담 어업위원회 제12회 회의기록. 한국이 어업관할권을 기본으로 한 어업요강안을 제시하였으나, 일본은 국제법상 이를 인정할 수 없다며 반발함.
주제어 어업

문서명	한일어업조약요강(韓日漁業条約要綱)

문서파일번호 1003
작성연월일 1953. 7. 17
구분 제2차 회담 어업위원회 제12회 회의
세부항목 어업조약 요강
작성처 한국대표단
매수 3
비밀등급 극비
문서종류 조약요강안(일본 가역)
공개구분 공개
내용 제2차 한일회담 어업위원회 제12회 회의에서 한국이 제출한 어업협정 요강.
①. 기본정신
② 조약의 요령 (1) 일정 수역에 대한 연안국의 어업관할권을 상호 인정 (2) 어업관할수역 외의 양국공통의 이해관계가 있는 수역에서의 양국의 공동 보존조치 (3) 한일어업공동위원회를 설치하고 어업자원의 최대한 지속적인 생산성을 확보하

기 위해 과학적 조사와 연구를 추진하고 체약국에 대해 조치를 권고하게 함. 또한 이 조약의 실시를 확보하기 위해 단속상 필요한 조치와 조약 위반자에 대한 처벌규정을 체약국에 권고하게 함.

③ 일본의 '특별히 고려해야 할 사항'은 너무 추상적임. 보다 구체적인 내용을 제시할 것을 희망함.

주제어 어업

문서명	한일교섭 회의 의사요록(30) 제12회 어업관계위원회[日韓交渉会議議事要録(三〇)第十二回漁業関係部会]

문서파일번호 1003

작성연월일 1953. 7. 17

구분 제2차 회담 어업위원회 제12회 회의

세부항목

작성처 외무성 아시아국 제2과

매수 6

비밀등급 극비

문서종류 회의록

공개구분 공개

내용 제2차 한일회담 어업위원회 제12회 회의기록

주제어 어업

한일교섭 보고(31) 어업관계위원회 제13회 회의 상황[日韓交渉報告(三一) 漁業関係部会第十三回会議状況]

문서파일번호	1004
작성연월일	1953. 7. 23
구분	제2차 회담 어업위원회 제13회 회의
세부항목	
작성처	외무성
매수	8
비밀등급	
문서종류	내부문서, 회의록
공개구분	공개
내용	제2차 한일회담 어업위원회 제13회 회의기록
주제어	어업

문서명	한일교섭 보고(31) 어업관계위원회 제13회 회의 상황[日韓交渉報告(三一) 漁業関係部会第十三回会議状況]

문서파일번호 1004
작성연월일 1953. 7. 23
구분 제2차 회담 어업위원회 제13회 회의
세부항목
작성처 외무성 구보타 참여
매수 2
비밀등급 극비
문서종류 내부문서
공개구분 공개
내용 제2차 한일회담 어업위원회 제13회 회의기록. 일본은 '특별히 고려해야 할 사항'에 대해 구체적 조치를 고려하고 양국 어업의 실태에 대한 논의를 진행시키기 위해 한국의 기선저인망어업과 고등어 어업의 실태, 법적 규제조치에 관한 자료 제출을 요구하였으며, 한국도 같은 자료 제출을 일본에 요구함. 7월 22일 구보타·김용식 대표 비공식회담에서의 양해에 따라 위원회를 휴회하고 9월에 재개하기로 함.
주제어 어업

문서명	한일교섭 회의 의사요록(31) 제13회 어업관계위원회[日韓交渉会議議事要録(三一)第十三回漁業関係部会]

문서파일번호 1004
작성연월일 1953. 7. 23
구분 제2차 회담 어업위원회 제13회 회의
세부항목
작성처 외무성 아시아국 제2과
매수 6
비밀등급 극비
문서종류 회의록
공개구분 공개
내용 제2차 한일회담 어업위원회 제13회 회의기록
주제어 어업

한일교섭 보고(재2) 어업관계위원회 재개 제1회 회의 상황[日韓交渉報告(再二)漁業関係部会再開第1回会議状況]

문서파일번호	176
작성연월일	1953. 10. 8
구분	제3차 회담 어업위원회 제1회 회의
세부항목	
작성처	외무성
매수	26
비밀등급	
문서종류	내부문서, 회의록
공개구분	공개
내용	제3차 한일회담 어업위원회 제1회 회의기록
주제어	어업

문서명	한일교섭 보고(제2) 어업관계위원회 재개 제1회 회의 상황[日韓交渉報告(再二)漁業関係部会再開第1回会議状況]

문서파일번호 176
작성연월일 1953. 10. 8
구분 제3차 회담 어업위원회 제1회 회의
세부항목
작성처 외무성 구보타 참여
매수 7
비밀등급 극비
문서종류 내부문서
공개구분 공개
내용 제3차 한일회담 어업위원회 제1회 회의 상황 보고서. 일본이 어업 대표 3명을 전문위원으로 임명한 것에 대해 한국의 양해를 얻은 후, 9월 초순 이래 회담도 재개된 상황에서 이승만 라인 강행조치로 어선 나포가 계속되고 있는 것에 대해 회담 중에 상호 감정을 격발시키는 것은 자제할 필요가 있다고 강하게 언급함. '이 라인'과 일본의 어업협정안에 대해 논의함.
주제어 어업

문서명	재개 한일교섭 의사요록 어업위원회 제1회(再開日韓交渉議事要録 漁業部会第一回)

문서파일번호 176
작성연월일 1953. 10. 8
구분 제3차 회담 어업위원회 제1회 회의
세부항목
작성처 외무성 아시아국 제2과
매수 19
비밀등급 극비
문서종류 회의록
공개구분 공개
내용 제3차 한일회담 어업위원회 제1회 회의 회의록
주제어 어업

한일교섭 보고(제8) 어업관계위원회 재개 제2회 회의 상황[日韓交渉報告(再八)漁業関係部会再開第2回会議状況]

문서파일번호	177
작성연월일	1953. 10. 14
구분	제3차 회담 어업위원회 제2회 회의
세부항목	
작성처	외무성
매수	41
비밀등급	
문서종류	내부문서, 회의록
공개구분	공개
내용	제3차 한일회담 어업위원회 제2회 회의기록
주제어	어업

문서명	한일교섭 보고(8) 어업관계위원회 제2회 회의 상황[日韓交渉報告(再八)漁業関係部会第二回会議状況]

문서파일번호 177
작성연월일 1953. 10. 14
구분 제3차 회담 어업위원회 제2회 회의
세부항목
작성처 외무성 구보타 참여
매수 10
비밀등급 극비
문서종류 내부문서
공개구분 공개
내용 제3차 한일회담 어업위원회 제2회 회의 상황 보고서. 일본의 어업 대표 3명이 옵저버로 회의에 출석. 1. 나포어선, 선원명에 관한 상세 리스트의 제공 2. 억류지, 건강상태에 관한 정보 제공 3. 억류자에 대한 의료품, 약품, 일용품의 전달 허가 4. 억류선원에의 송금 방법을 요구하자 한국은 본국과 연락하여 회답하기로 함.
주제어 어업

문서명	한일교섭 의사요록 어업관계위원회 제2회(日韓交渉議事要録 漁業関係部会第二回)

문서파일번호 177
작성연월일 1953. 10. 14
구분 제3차 회담 어업위원회 제2회 회의
세부항목
작성처 외무성 아시아국 제2과
매수 31
비밀등급 극비
문서종류 회의록
공개구분 공개
내용 제3차 한일회담 어업위원회 제2회 회의 회의록
주제어 어업

한일어업 문제에 관한 수산청 내부협의회
(日韓漁業問題に関する水産庁との打合会)

문서파일번호	904
작성연월일	1953. 4. 9 - 1953. 9. 9
구분	제1~2차 회담 사이, 제2~3차 회담
세부항목	외무성·수산청 협의회, 이승만 라인 대책
작성처	외무성, 수산청
매수	47
비밀등급	
문서종류	회의록, 내부문서, 기자회견록
공개구분	공개
내용	1953년 4월 9일~7월 8일 제2차 한일회담 기간 중 어업교섭과 관련하여 외무성·수산청 간에 개최된 협의회 기록과 관련 자료 모음
주제어	어업

문서명	한일어업 문제에 관한 구보타 참여와 수산청장관 내부협의회(日韓漁業問題に関する久保田参加と水産庁長官との打合会)

문서파일번호 904
작성연월일 1953. 4. 9
구분 제1~2차 회담 사이
세부항목 외무성·수산청 협의회
작성처 외무성 아시아국 제2과
매수 1
비밀등급 일반
문서종류 회의록
공개구분 공개
내용 외무성·수산청 간 어업교섭 대비 내부협의회 기록. 일시, 장소, 참석자만 기록되어 있음.
주제어 어업

문서명	한일어업 문제에 관한 수산청 내부협의회(日韓漁業に関する水産庁との打合会)

문서파일번호 904
작성연월일 1953. 4. 17
구분 제2차 회담
세부항목 외무성·수산청 협의회
작성처 외무성 아시아국 제2과
매수 9
비밀등급 일반
문서종류 회의록
공개구분 공개
내용 외무성·수산청 협의회 기록. 4월 15일 제2차 한일회담 제1회 본회의에서 한국이 현안별 전문가그룹 회의 개최를 요망함에 따라 이에 대한 일본 입장을 정리하기 위해 향후 회의방식에 관한 논의가 이루어짐. 그룹별 회의는 비공식의 자유논의(free talking) 방식으로 하고 합의의사록은 작성하지 않기로 함.
주제어 어업

문서명	수산청 내부협의회(水産庁との打合会)

문서파일번호 904
작성연월일 1953. 7. 8
구분 제2차 회담
세부항목 외무성·수산청 협의회
작성처 외무성 아시아국 제2과
매수 2
비밀등급 일반
문서종류 회의록
공개구분 공개
내용 외무성·수산청 협의회 기록. 제2차 회담 어업관계위원회 제10회 회의(7월 3일)에서 한국이 일본의 어업협정 요강에 대해 질의한 데 대한 회신과 관련 수산청안을 중심으로 논의함.
주제어 어업

문서명	한국의 '관할수역' 주장에 대한 일본의 의견 요지(안)[韓国側の「管理水域」主張に対する日本側の見解要旨(案)]

문서파일번호 904
작성연월일 1953. 6. 15
구분 제2차 회담
세부항목 한국 주장 관할수역에 대한 일본의 의견 요지
작성처 외무성 조약1과 가와카미(川上) 사무관
매수 21
비밀등급 극비
문서종류 내부문서
공개구분 공개
내용 1953년 6월 10일 제2차 한일회담 어업관계위원회 제6회 회의에서 한국이 주장한 '관할수역'에 대해 일본 견해를 정리하게 된 경위와 동 견해가 담긴 문서(6월 15일 수산청과 이 견해에 관해 협의함). 한국은 어업자원 보존, 능력 차이가 나는 한일 어업의 불공평한 자유경쟁 회피, 국제선례 등을 이유로 '관할수역' 설정을 주장하나 일본은 동의할 수 없음. 보존이 필요한 어종은 이미 조업제한 중이고, 관할수역은 과학적 근거에 의한 보존조치와 무관하며, 한일 양국 근해의 조업실태를 무시하는 것임.
주제어 어업

문서명	수산청안(10월 16일 지참)(水産庁案 一〇、一六持参)

문서파일번호	904
작성연월일	1953. 10. 16
구분	제3차 회담
세부항목	어업조약 골자 수산청안
작성처	수산청
매수	5
비밀등급	극비
문서종류	내부문서
공개구분	공개
내용	한일어업조약에 포함되어야 할 사항(골자)에 관한 수산청안(1953년 10월 16일 자). 어족자원의 지속적인 확보를 위한 보존 및 개발 조치, 한일어업공동위원회 구성, 협정에 따른 조치가 강구될 때까지의 잠정조치(트롤어선, 일정톤수 이상의 기선저인망어업의 금지 구역 설정, 고등어어업의 금지구역 설정) 등이 열거되어 있음.
주제어	어업

문서명	수산청안(1953년 10월 20일 지참)(水産庁案 二八、一〇、二〇持参)

문서파일번호	904
작성연월일	1953. 10. 20
구분	제3차 회담
세부항목	어업조약 골자 수산청안
작성처	수산청
매수	3
비밀등급	
문서종류	내부문서
공개구분	공개
내용	1953년 10월 16일 안을 발전시킨 10월 20일 자 수산청의 어업협정 골자안
주제어	어업

문서명	국내 기자회견(제78호)[国内記者会見(第七八号)]

문서파일번호 904
작성연월일 1953. 9. 8
구분 제2~3차 회담 사이
세부항목 '이 라인' 대책
작성처 외무성 정보문화국
매수 3
비밀등급 일반
문서종류 기자회견록
공개구분 공개
내용 한국의 '이승만 라인' 출입금지 통고와 관련, 1953년 9월 8일 이루어진 오카자키 외무대신의 기자회견록. 각의에서 실정에 대한 보고가 있었으며, 일본의 항의 등 대책이 준비되면 발표할 예정임.
주제어 어업, 이 라인

문서명	국내 기자회견(제79호)[国内記者会見(第七九号)]

문서파일번호 904
작성연월일 1953. 9. 9
구분 제2~3차 회담 사이
세부항목 '이 라인' 대책
작성처 외무성 정보문화국
매수 3
비밀등급 일반
문서종류 기자회견록
공개구분 공개
내용 한국의 이승만 라인 출입금지 통고와 관련, 오쿠무라 차관의 기자회견록. 오쿠무라 차관이 한국대표부 김용식 공사에게 일본의 항의를 구상서로 전달하고 한국의 발표 경고에 대한 주의를 환기시켰음.
주제어 어업, 이 라인

한일어업 문제 건(오쿠무라 차관·유 참사관 회담 건)
[日韓漁業問題の件(奥村次官·柳参事官会談の件)]

문서파일번호	1702
문서명	한일어업 문제 건(오쿠무라 차관·유 참사관 회담 건)[日韓漁業問題の件(奥村次官·柳参事官会談の件)]
작성연월일	1953. 9. 28
구분	제2~3차 회담 사이
세부항목	오쿠무라 차관·유태하 참사관 회담
작성처	외무성
매수	3
비밀등급	
문서종류	회의록
공개구분	공개
내용	오쿠무라 차관·유태하 참사관 회담 기록(김용식 공사는 일시 귀국 중). 유 참사관이 일본의 반한단체 격문에 대해 한일회담 재개를 앞두고 조치를 요구하자, 오쿠무라 차관은 일본은 언론자유의 국가로 이를 단속하는 것은 어렵다고 답변하는 한편, 한국이야말로 한일회담 재개를 앞두고 일본어선 나포를 중지해야 한다고 주장함.
주제어	반한단체 문제, 일본어선 나포

'이 라인' 대책 요강안
(李ライン対策要綱案)

문서파일번호	905
작성연월일	1953. 10. 19 - 1953. 10. 23
구분	제3차 회담, 제3~4차 회담 사이
세부항목	'이 라인' 대책
작성처	농림성, 외무성
매수	12
비밀등급	
문서종류	내부문서
공개구분	공개
내용	한국정부의 일본어선 이승만 라인 침범 금지조치에 대해 일본이 대책을 강구한 내용들이 담긴 문서 모음
주제어	어업, '이 라인'

문서명	'이 라인' 대책 요강안(李ライン対策要綱案)

문서파일번호 905
작성연월일 1953. 10. 23
구분 제3~4차 회담 사이
세부항목 '이 라인' 대책
작성처 농림성
매수 2
비밀등급 극비
문서종류 내부문서
공개구분 공개
내용 농림성이 작성한 '이 라인' 대책 요강안. 한국과의 교섭으로 본 문제를 해결하는 데는 약간의 시간이 걸리므로 그동안 제3국에 의한 알선, 국제기관에 의한 해결을 위해 노력한다는 내용이 담김.
주제어 어업

문서명	한일회담 결렬에 동반한 어선보호대책 등에 관한 건(日韓會談決裂に伴う漁船保護対策等に関する件)

문서파일번호 905
작성연월일 1953. 10. 23
구분 제3~4차 회담 사이
세부항목 '이 라인' 대책
작성처 농림성
매수 4
비밀등급 일반
문서종류 내부문서
공개구분 공개
내용 한일회담 결렬에 따른 농림성의 일본어선 보호대책안. 한국의 불법 실력행사로 일본어선의 '이 라인' 내 어업 활동이 정지되었고, 이 상태가 계속되면 '이 라인' 주장이 현실화될 우려와 연간 130억 엔의 주요 어장을 잃을 우려가 있으므로 어장확보와 어민의 생활보호, 국민식량공급의 견지에서도 정부로서 이러한 사태를 방임할 수 없음.
주제어 어업

문서명	한반도 주변 해역('이 라인' 내)에서의 일본의 주요어업[朝鮮半島周辺海域(李ライン内)における日本の主要漁業]

문서파일번호 905
작성연월일 1953. 10. 10
구분 제3차 회담
세부항목 '이 라인' 대책
작성처 농림성
매수 1
비밀등급 비(秘)
문서종류 내부자료
공개구분 공개
내용 농림성의 일본어선 보호대책안 문서에 첨부된 자료. 한반도 주변해역에서의 일본의 주요 어업현황 자료
주제어 어업

문서명	자유당 총무회에서의 설명 점(自由党総務会における説明点)

문서파일번호 905
작성연월일 1953. 10. 23
구분 제3~4차 회담 사이
세부항목 '이 라인' 대책
작성처 외무성 아시아국 제2과
매수 3
비밀등급 일반
문서종류 내부문서
공개구분 공개
내용 자유당 총무회에 예비회담부터 제3차 회담까지의 한일회담 경과를 설명한 기록. 한국은 5개 현안* 동시해결을 주장하고 '이 라인' 강행조치도 일본의 양보를 끌어내려는 수단으로 사용하고 있어 어업 문제만 분리해서 해결하기 어렵다고 설명함.
주제어 어업

* 이 당시 5개 현안은 기본관계, 어업, 청구권, 재일한국인 법적지위, 선박 반환이며, 문화재는 청구권 안에 포함되어 있었음.

문서명	총리 지시사항(総理指示事項)

문서파일번호	905
작성연월일	1953. 10. 19
구분	제3차 회담
세부항목	한일교섭 기본방침의 총리 보고
작성처	외무성 아시아국 제2과
매수	2
비밀등급	비(秘)
문서종류	내부문서
공개구분	공개
내용	총리가 내린 지시사항을 기록한 문서. 한일교섭 등 교섭의 기본방침은 반드시 각의 심의를 거치든가 보안유지 필요가 있는 경우는 총리 또는 부총리, 관방장관에게 사전 보고하고, 어선 나포 문제 대책에 관한 후속조치에 대해서도 보고하도록 할 것.
주제어	어업

한일어업분쟁을 국제사법재판소에 회부 신청 건
(日韓漁業紛争を国際司法裁判所に対し付託申入れの件)

문서파일번호	906
문서명	한일어업분쟁을 국제사법재판소에 회부 신청 건(日韓漁業紛争を国際司法裁判所に対し付託申入れの件)
작성연월일	1953. 11. 14
구분	제3~4차 회담 사이
세부항목	한일어업분쟁 국제사법재판소 회부(付託)
작성처	외무성 조약3과
매수	4
비밀등급	극비
문서종류	내부문서
공개구분	공개
내용	한국정부의 일본어선 '이 라인' 침범 금지 조치와 관련, 일본 외무성이 한국대표부에 동 건에 대해 국제사법재판소에 회부를 요청하는 내용의 구상서 시안. 한국정부는 해양주권 선언을 하고 이후 일본 선박에 대해 부당한 조치들을 취해 옴. 이러한 조치는 국제법상 확립된 해양자유의 원칙을 근본적으로 위반하는 것임. 일본정부는 이 문제를 공정하게 해결할 수 있는 국제사법재판소에 회부할 것을 주장하나 한국정부가 이 조치에 동의해야 함.
주제어	어업

어업협정 요강
(漁業協定要綱)

문서파일번호	907
문서명	어업협정 요강(漁業協定要綱)
작성연월일	1953(월일 불명)
구분	제3~4차 회담 사이
세부항목	한일어업협정 요강
작성처	외무성
매수	9
비밀등급	일반
문서종류	협정요강안
공개구분	공개
내용	일본이 작성한 어업협정 요강 ① 어업조약: (1) 원칙 (2) 어업공동위원회 (3) 어업자원의 보존에 관한 권고 (4) 어업자원의 개발에 관한 권고 (5) 양국정부에 의한 권고의 수락 (6) 제3국의 국민 혹은 어선 ② 잠정적 약속: (1) 트롤어업 및 기선저인망어업의 금지구역 (2) 고등어 선망어업 및 고등어 낚시어업의 금지구역 (3) 집어등의 광력 제한 (4) 자국선에 대한 규제를 위한 법제적 조치 (5) 분쟁처리위원회 (6) 잠정적 단속의 효력 ③ 나포, 도난어선의 조치 등의 내용으로 되어 있음.
주제어	어업

제2차 한일어업회담
(第二次日韓漁業会談)

문서파일번호	908
문서명	제2차 한일어업회담(第二次日韓漁業会談)
작성연월일	1953(월일 불명)
구분	제3~4차 회담 사이
세부항목	제2차 한일회담 어업교섭 경과
작성처	외무성
매수	27
비밀등급	일반
문서종류	내부자료
공개구분	공개
내용	제2차 한일회담 어업관계위원회 회의경과를 정리한 문서 ① 개요: 제2차 한일회담은 1953년 4월 15일부터 7월 23일까지 개최, 어업관계위원회는 5월 6일부터 7월 23일까지 13차례 개최함. ② 의사(議事)의 대요(大要): 제2차 한일회담 어업부회 제3회 회의에서 일본이 보존조치 대상으로 저어(底魚) 관계의 기선저인망어업 및 트롤어업의 현황에 대해 설명하고 개발 대상인 부어(浮魚)에 대해서도 설명함. 제4회 회의에서 한국이 어업현황을 설 명함. 제5회 회의에서 일본은 저어에 대한 보존조치와 부어에 대한 개발조치의 구상을 발표함. 제6회 회의에서 한국이 보존, 개발조치에 관해 구상을 설명함. 첨부: 한국의 고등어 어획고(1953년 6월 10일 제6회 회의 시 제출), 어업종사 건수 표
주제어	어업

제3차 한일어업회담
(第三次日韓漁業会談)

문서파일번호	909
문서명	제3차 한일어업회담(第三次日韓漁業会談)
작성연월일	1953(월일 불명)
구분	제3~4차 회담 사이
세부항목	제3차 한일회담 어업교섭 경과
작성처	외무성
매수	10
비밀등급	일반
문서종류	내부자료
공개구분	공개
내용	제3차 한일회담 어업관계위원회 회의경과를 정리한 문서 ① 개요: 1953년 10월 8일, 14일 2회에 걸쳐 제3차 한일회담 어업위원회의 회의가 개최되었으나 10월 20일 본회의에서의 구보타 발언으로 회담이 결렬됨. ② 의사(議事)의 대요(大要): 제1회 회의에서는 '이 라인' 침범 금지조치와 관련한 한국의 방침, 명령, 그 이유, 진의 등에 관해 일본이 질의, 한국은 국제법상 확립된 원칙에 따른 어족 보존을 위한 조치라고 답변함. 제2회 회의에서는 제1회 회의 시 양측 질의응답을 일본이 문서로 작성, 한국에 제시함.
주제어	어업

본회의 회의록 및 검토자료

제2차 한일교섭 보고(1)~(3)
[第2次 日韓交涉報告(一) ~ (三)]

문서파일번호	691
작성연월일	1953. 4. 15 - 1953. 4. 30
구분	제2차 회담 본회의 (제1~3회)
세부항목	
작성처	외무성, 한국대표단
매수	31
비밀등급	
문서종류	내부문서, 연설문, 회의록, 내부자료
공개구분	공개
내용	제2차 한일회담 본회의 제1~3회 회의기록
주제어	제2차 한일회담 본회의

문서명	한일교섭 보고(1) 제1회 회의 상황[日韓交渉報告(一) 第一回会議状況]

문서파일번호	691
작성연월일	1953. 4. 15
구분	제2차 회담 본회의 제1회 회의
세부항목	
작성처	외무성 구보타 참여
매수	3
비밀등급	극비
문서종류	내부문서
공개구분	공개
내용	제2차 한일회담 제1회 본회의 결과 요약 보고문서
주제어	회의 의제, 의사일정

문서명	일본정부 구보타 대표 인사(日本政府久保田代表挨拶)

문서파일번호	691
작성연월일	1953. 4. 15
구분	제2차 회담 본회의 제1회 회의
세부항목	
작성처	외무성 구보타 참여
매수	3
비밀등급	일반
문서종류	연설문
공개구분	공개
내용	제2차 한일회담 제1회 본회의 구보타(久保田貫一郎) 대표 인사말. 작년 한일회담이 양측의 원칙 집착으로 중단되었음을 고려, 이번에는 '주고받음(give and take)'의 우호 호양의 정신으로 교섭에 임해야 함을 강조함(일문 및 영문).
주제어	제2차 한일회담 구보타 인사말

문서명	한국 수석대표 김용식 공사의 인사말(Remarks of Minister Yong Shik Kim, Chief of the Korean Mission in Japan and Chief of ROK Conference Delegation)

문서파일번호 691
작성연월일 1953. 4. 15
구분 제2차 회담 본회의 제1회 회의
세부항목
작성처 한국대표단
매수 4
비밀등급 일반
문서종류 연설문
공개구분 공개
내용 제2차 한일회담 제1회 본회의 김용식 한국 대표 인사말(영문). 자유롭고 솔직한 대화를 통해 공정하고 정의로우며 합리적인 결론을 도출해 낼 수 있기를 기대함.
주제어 제2차 한일회담 김용식 인사말

문서명	한일교섭 제1회 회의 의사록(1)[日韓交渉第一回会議議事要録(一)]

문서파일번호 691
작성연월일 1953. 4. 15
구분 제2차 회담 본회의 제1회 회의
세부항목
작성처 외무성 아시아국 제2과
매수 5
비밀등급 극비
문서종류 회의록
공개구분 공개
내용 제2차 한일회담 제1회 본회의 의사록. 한일 양국은 회의용어, 기록, 신문 발표 등 의사일정에 대해 합의함. 한국이 다섯 가지 의제에 관해 각각 여러 명의 담당관을 지명하고, 담당관이 협의한 후 양국 대표가 조정하는 방법을 제안함. 일본은 양국 대표 간 회의로 진행할 생각이며, 각 의제에 대한 분과위원회는 생각하지 않았다면서 다음 회의까지 이를 결정하기로 함.
주제어 제2차 한일회담 의제, 의사일정

문서명	한일교섭 보고(二) 제2회 회의 상황[日韓交渉報告(二) 第二回会議状況]

문서파일번호 691
작성연월일 1953. 4. 22
구분 제2차 회담 본회의 제2회 회의
세부항목
작성처 외무성 구보타 참여
매수 3
비밀등급 극비
문서종류 내부문서
공개구분 공개
내용 제2차 한일회담 제2회 본회의 결과 요약 보고문서
주제어 청구권, 어업, 선박 반환, 재일한국인 법적지위

문서명	한일회담 제2회 의사요록(2)[日韓交渉第二回会議議事要録(二)]

문서파일번호 691
작성연월일 1953. 4. 22
구분 제2차 회담 본회의 제2회 회의
세부항목
작성처 외무성 아시아국 제2과
매수 5
비밀등급 극비
문서종류 회의록
공개구분 공개
내용 제2차 한일회담 제2회 본회의 의사록. 구보타는 청구권 문제에 대해 대장성이 현재 매우 바쁜 사정도 있고, 본 문제는 심각하게 대립하는 정치적인 문제이기 때문에 먼저 어업, 선박, 국적 처우 문제부터 논의를 시작할 것을 제안하였고, 김 공사는 다섯 가지 현안을 그룹별 회의를 통해 논의하자고 제안함.
주제어 청구권, 어업, 선박 반환, 재일한국인 법적지위

문서명	한일교섭위원회 제1회 회의 예정(日韓交渉部会第一回会合予定)

문서파일번호 691
작성연월일 1953. 4. 28
구분 제2차 회담 본회의 제3회 회의
세부항목
작성처 외무성 아시아국 제2과
매수 1
비밀등급 일반
문서종류 내부자료
공개구분 공개
내용 한일회담 제2회 의사요지(2) 첨부2. 제2차 회담 의제별 각 위원회 회의 일정
주제어 회의 일정

문서명	한일교섭 보고(3) 한일회담 제3회 회의 상황[日韓交渉報告(三) 第三回会議状況]

문서파일번호 691
작성연월일 1953. 4. 30
구분 제2차 회담 본회의 제3회 회의
세부항목
작성처 외무성 구보타 참여
매수 2
비밀등급 극비
문서종류 내부문서
공개구분 공개
내용 제2차 한일회담 제3회 본회의 결과 요약 보고문서
주제어 청구권, 어업, 선박 반환, 재일한국인 법적지위, 기본관계

문서명	한일교섭 제3회 회의 의사요록(3)[日韓交渉第三回会議議事要録(三)]

문서파일번호 691
작성연월일 1953. 4. 30
구분 제2차 회담 본회의 제3회 회의
세부항목
작성처 외무성 아시아국 제2과
매수 4
비밀등급 극비
문서종류 회의록
공개구분 공개
내용 제2차 한일회담 제3회 본회의 의사록. 일본은 대장성도 동의하였으므로 청구권 문제위원회를 포함한 5개 위원회 설치에 이의가 없다고 답변함. 청구권 문제 회의를 가장 먼저 개최하기로 결정함.
주제어 청구권, 어업, 선박 반환, 재일한국인 법적지위, 기본관계

문서명	한일교섭 안건별 담당관 명부(日韓交渉案件別担当官名簿)

문서파일번호 691
작성연월일 1953. 4. 28
구분 제2차 회담 본회의 제3회 회의
세부항목
작성처 외무성 아시아국 제2과
매수 2
비밀등급 일반
문서종류 내부자료
공개구분 공개
내용 한일교섭 제3회 회의기록(3) 첨부1. 제2차 회담 각 위원회 별 일본 참석자 명부
주제어 일본대표단 명부

오쿠무라 외무차관·김 공사 회담
(奥村外務次官·金公使会談)

문서파일번호	1697
작성연월일	1953. 1. 27 - 1953. 9. 24
구분	제2~3차 회담 사이
세부항목	오쿠무라 차관·김용식 공사 회담
작성처	외무성
매수	64
비밀등급	
문서종류	회의록, 구상서, 비망록(Aide - Memoire)
공개구분	공개
내용	1953년 1~9월 사이의 오쿠무라(奥村勝蔵) 외무차관과 김용식 공사 회담 기록
주제어	한일회담 재개 협의

문서명	한일회담 재개 건(日韓会談再開に関する件)

문서파일번호 1697
작성연월일 1953. 1. 27
구분 제2차 회담
세부항목 오쿠무라 차관·김용식 공사 회담
작성처 외무성 아시아국 제2과 마에다
매수 10
비밀등급 극비
문서종류 회의록
공개구분 공개
내용 오쿠무라 차관·김용식 공사 회담 기록. 일본은 이승만 대통령의 방일을 통해 만들어진 좋은 분위기를 놓치지 않기 위해 국교정상화를 목적으로 한 회담 개시와 일본대표부를 한국에 설치하는 것을 제안함.
주제어 한일회담 제2차 회담 재개 협의, 주한일본대표부 설치 문제

문서명	한일회담 재개 건(日韓会談再開の件)

문서파일번호 1697
작성연월일 1953. 3. 25
구분 제1~2차 회담 사이
세부항목 오쿠무라 차관·김용식 공사 회담
작성처 외무성 아시아국 제2과
매수 9
비밀등급 극비
문서종류 회의록
공개구분 공개
내용 오쿠무라 차관·김용식 공사 회담 기록. 일본은 회담을 재개할 용의가 있으며, 갑자기 시작하는 것보다는 김 공사와 오쿠무라 차관이 비공식 회의를 열어 현안을 하나씩 풀어가면서 공식회담을 여는 것이 좋겠다는 뜻을 전달함.
주제어 한일회담 재개 협의

문서명	한일회담 1건(日韓会談一件)

문서파일번호 1697
작성연월일 1953. 4. 3
구분 제1~2차 회담 사이
세부항목 오쿠무라 차관·김용식 공사 회담
작성처 외무성 아시아국 제2과
매수 6
비밀등급
문서종류 회의록
공개구분 공개
내용 오쿠무라 차관·김용식 공사 회담 기록. 김 공사는 한국정부가 언제든 회담을 재개할 용의가 있으며, 되도록 빨리 현안들을 해결하고 싶다는 취지로 이야기함.
주제어 한일회담 재개 협의

문서명	한일회담 1건(日韓会談一件)

문서파일번호 1697
작성연월일 1953. 4. 6
구분 제1~2차 회담 사이
세부항목 오쿠무라 차관·김용식 공사 회담
작성처 외무성 아시아국 제2과
매수 3
비밀등급 극비
문서종류 회의록
공개구분 공개
내용 오쿠무라 차관·김용식 공사 회담 기록. 일본은 구보타 간이치로(久保田貫一郎)를 대표로 회담에 참가시키겠다고 통보함. 양측은 1953년 4월 15일에 회담을 개시하는 것으로 일단 합의함.
주제어 한일회담 재개 협의

문서명	오쿠무라 외무차관·김 공사 회담 요지(奥村外務次官·金公使会談要旨)

문서파일번호 1697
작성연월일 1953. 4. 13
구분 제1~2차 회담 사이
세부항목 오쿠무라 차관·김용식 공사 회담
작성처 외무성 아시아국 제2과
매수 7
비밀등급 일반
문서종류 회의록
공개구분 공개
내용 오쿠무라 차관·김용식 공사 회담 기록. 양측은 4월 15일에(제2차) 한일회담 제1회 회의를 하기로 합의함. 회담 형식은 각 위원회를 설치하기로 함.
주제어 한일회담 재개 협의

문서명	오쿠무라 외무차관·김 공사 회담 요지(奥村外務次官·金公使会談要旨)

문서파일번호 1697
작성연월일 1953. 9. 9
구분 제2~3차 회담 사이
세부항목 오쿠무라 차관·김용식 공사 회담
작성처 외무성 아시아국 제2과
매수 6
비밀등급
문서종류 회의록
공개구분 공개
내용 오쿠무라 차관·김용식 공사 회담 기록. 일본은 이승만 라인에 따른 일본어선 불법 나포와 '이 라인' 밖으로의 어선 강제퇴거에 항의하는 구상서를 전달함.
주제어 일본어선 나포

문서명	구상서(口上書)

문서파일번호 1697
작성연월일 1953. 9. 9
구분 제2~3차 회담 사이
세부항목 오쿠무라 차관·김용식 공사 회담
작성처 외무성 아시아국 제2과
매수 3
비밀등급
문서종류 구상서
공개구분 공개
내용 오쿠무라 차관·김용식 회담에서 일본이 전달한 어선 나포와 '이 라인' 밖으로의 어선 퇴거에 항의하는 구상서
주제어 일본어선 나포

문서명	구상서(Note Verbale)

문서파일번호 1697
작성연월일 1953. 9. 9
구분 제2~3차 회담 사이
세부항목 오쿠무라 차관·김용식 공사 회담
작성처 외무성 아시아국 제2과
매수 3
비밀등급 일반
문서종류 구상서
공개구분 공개
내용 1953년 9월 9일 자 일본이 전달한 어선 나포와 '이 라인' 밖으로의 어선 퇴거에 항의하는 구상서
주제어 일본어선 나포

문서명	한일어업 문제 1건(日韓漁業問題一件)

문서파일번호 1697
작성연월일 1953. 9. 24
구분 제2~3차 회담 사이
세부항목 오쿠무라 차관·김용식 공사 회담
작성처 외무성 오쿠무라 차관
매수 10
비밀등급 비(秘)
문서종류 회의록
공개구분 공개
내용 오쿠무라 차관·김용식 공사 회담 기록. 일본은 한국수역에서의 어업 문제가 우려할 만한 상황이라며 한일회담을 재개해 조속히 어업 문제를 논의해야 한다며 민간어업자를 회담에 참석시키는 것을 제안함. 한국은 어업 문제만 별도로 논의할 생각이 없고 회담은 어디까지나 정부 간 회담이어야 한다고 답변함.
주제어 한일회담 재개 협의, 어업

문서명	비망록(エードメモリアール)

문서파일번호 1697
작성연월일 1953. 9. 24
구분 제2~3차 회담 사이
세부항목 오쿠무라 차관·김용식 공사 회담
작성처 외무성 아시아국 제2과
매수 3
비밀등급 극비
문서종류 비망록
공개구분 공개
내용 오쿠무라 차관·김용식 공사 회담에서 일본이 한국에 한일회담 재개를 위해 전달한 비망록. 최근 한국의 이승만 라인에 따른 강제조치는 일본어민 10만 명의 생활을 위협하고 있음. 이에 일본정부는 7월부터 휴회 중인 한일회담 재개를 제안함. 어업 문제와 관련하여 어업자원 보존과 양국 어민 공존이라는 견지에서 공해상의 어업 규제를 내용으로 하는 어업협정을 체결할 용의가 있다고 밝힘.
주제어 한일회담 재개 협의, 어업

문서명	비망록(aide-memoire)

문서파일번호 1697
작성연월일 1953. 9. 24
구분 제2~3차 회담 사이
세부항목 오쿠무라 차관·김용식 공사 회담
작성처 외무성 아시아국 제2과
매수 1
비밀등급
문서종류 비망록(aide-memoire)
공개구분 공개
내용 비망록의 영문
주제어 한일회담 재개 협의, 어업

문서명	한국 공사 회담 요지(韓国公使との会談要旨)

문서파일번호 1697
작성연월일 1953. 3. 7
구분 제1~2차 회담 사이
세부항목 오카자키 외무대신·김용식 공사 회담
작성처 오카자키 외무대신
매수 3
비밀등급 극비
문서종류 회의록
공개구분 공개
내용 오카자키 외무대신·김용식 공사 회담 기록. 오카자키 대신이 한일회담 재개 조건으로 일본어선 격침 사건에 대한 한국정부의 답변과 상호 양보주의에 입각한 협의를 제시함.
주제어 한일회담 재개 협의, 일본어선 격침

한일 연락관 협의
(日韓連絡官打合せ)

문서파일번호	1698
작성연월일	1953. 4. 15 - 1953. 5. 2
구분	제2차 회담
세부항목	제1~3회 회의
작성처	외무성, 한국대표단
매수	18
비밀등급	
문서종류	회의록, 연설문
공개구분	공개
내용	한일 양국이 지정한 연락관[일본 히로타(廣田積) 아시아 제2과장, 한국 주일한국대표부 최규하 총영사] 연락회의기록
주제어	어선 나포, 제2차 한일회담 본회의 회의록

문서명	히로타·최 양 연락관의 연락 요지(広田·崔両連絡官の連絡要旨)

문서파일번호	1698
작성연월일	1953. 5. 2
구분	제2차 회담
세부항목	히로타 아시아 2과장 · 최규하 총영사 회담
작성처	외무성 아시아국 제2과 히로세
매수	10
비밀등급	비(秘)
문서종류	회의록
공개구분	공개
내용	히로타(廣田積) 아시아 2과장 · 주일한국대표부 최규하 총영사 회담 기록. 일본은 나포된 일본어선과 관련하여 한국에 전달한 구상서의 답을 요구함. 양측은 제2차 한일회담의 제1~3회 회의 의사록을 검토함.
주제어	일본어선 나포, 제2차 회담 본회의 회의록

문서명	제1회 본회의 회의록(Draft Japan-Korea Talks Summary of the First Session)

문서파일번호	1698
작성연월일	1953. 4. 15
구분	제2차 회담
세부항목	제2차 회담 제1회 회의 회의록
작성처	외무성 아시아국 제2과
매수	4
비밀등급	일반
문서종류	회의록
공개구분	공개
내용	제2차 한일회담 제1회 회의 영문회의록(일본 작성)
주제어	제2차 한일회담 제1회 회의 영문회의록

문서명	한국 수석대표 김용식 공사 인사말(Remarks of Minister Yong Shik Kim, Chief of the Korean Mission in Japan and Chief of ROK Conference Delegation)

문서파일번호	1698
작성연월일	1953. 4. 15
구분	제2차 회담
세부항목	제2차 회담 제1회 회의 김용식 대표 인사말
작성처	한국대표단
매수	3
비밀등급	일반
문서종류	연설문
공개구분	공개
내용	제2차 한일회담 제1회 본회의 한국 김용식 대표 인사말
주제어	제2차 한일회담 김용식 대표 인사말

문서명	구보타 일본정부 대표 인사말(Address by Mr. K. Kubota Representative of the Japanese Government at the First Meeting of the Japan-Korea Talks, April 15, 1953)

문서파일번호	1698
작성연월일	1953. 4. 15
구분	제2차 회담
세부항목	제2차 회담 제1회 회의 구보타 대표 인사말
작성처	외무성 아시아국 제2과
매수	1
비밀등급	일반
문서종류	연설문
공개구분	공개
내용	제2차 한일회담 제1회 회의 일본 구보타(久保田貫一郎) 대표 인사말
주제어	제2차 한일회담 구보타 대표 인사말

구보타 대표·장 대표 비공식회담
(久保田代表·張代表非公式会談)

문서파일번호	1699
작성연월일	1953. 6. 17 - 1953. 7. 1
구분	제2차 회담
세부항목	구보타·장기영 비공식회담
작성처	외무성 구보타
매수	36
비밀등급	
문서종류	회의록
공개구분	공개
내용	제2차 한일회담 일본 구보타 대표와 한국 장기영 대표의 비공식회담 기록
주제어	제2차 한일회담 비공식회담

문서명	장기영 대표와의 비공식회담 건(張基栄代表との非公式会談に関する件)

문서파일번호 1699
작성연월일 1953. 6. 17
구분 제2차 회담
세부항목 구보타·장기영 비공식회담
작성처 외무성 구보타
매수 9
비밀등급 극비
문서종류 회의록
공개구분 공개
내용 구보타(久保田貫一郎)·장기영 비공식회담 기록. 장 대표가 청구권 문제는 일본의 예산조치가 필요하고 어업은 완전한 형태의 협정 체결까지 시간이 걸릴 것이라면서 한국(변영태 외무장관)에는 회담을 서두를 필요가 없다는 의견이 있다고 전달함. 이에 구보타 대표도 일본도 그러한 의견을 갖고 있는 사람들이 있다고 답변함. 장기영 대표는 일본이 청구권, 선박 문제에서 한국에 양보하면 미국으로부터 보상도 있을 것이라는 점, 한일우호는 전 세계의 이익이 될 것이라는 점 등을 언급함.
주제어 청구권, 선박 반환, 재일한국인 법적지위

문서명	장기영 대표와의 비공식회담 건(張基栄代表との非公式会談に関する件)

문서파일번호 1699
작성연월일 1953. 6. 18
구분 제2차 회담
세부항목 구보타·장기영 비공식회담
작성처 외무성 구보타
매수 14
비밀등급 극비
문서종류 회의록
공개구분 공개
내용 구보타·장기영 비공식회담 기록. 장기영 대표는 이승만 대통령의 성격 및 대통령

이 요시다 총리, 오카자키 외상에 대해 갖고 있는 인상에 관해 설명함. 이에 한일회담과 관련해 청구권 문제는 ③, ⑩이 정부관계, ⑦, ⑩이 민간관계이므로 민간에 맡기면 쉽게 해결될 것이며, 어업 문제는 일본이 1년 정도는 '이 라인' 철폐를 주장하지 않고 2년째 되는 해부터 협동경영방식으로 점진적으로 나가고 3년째 되는 해에 해결하면 될 것이라고 언급함. 구보타는 현재 한국이 나포한 어선이 14척이나 되며, 한국이 반환 의지를 보이면 교섭의 분위기가 좋아질 것이라고 답변함. 구보타가 요시다 총리의 방한에 관한 이승만 대통령의 뜻을 묻자 장기영은 총리보다 오카자키 외상의 방한이 좋을 것이라고 답변함.

주제어 청구권, 어업, 요시다 총리 방한

문서명	**장기영 대표와의 비공식회담 건**(張基栄代表と非公式会談に関する件)

문서파일번호 1699

작성연월일 1953. 6. 27

구분 제2차 회담

세부항목 구보타·장기영 비공식회담

작성처 외무성 구보타

매수 5

비밀등급 극비

문서종류 회의록

공개구분 공개

내용 구보타·장기영 비공식회담 기록. 구보타 대표가 휴전 관련 한미교섭에 대해 질문하자 장기영 대표는 3년이나 전쟁을 하고 있기 때문에 미국으로부터 안전보장조약과 경제원조에 대한 보장을 받게 되면 타결될 것으로 생각한다고 답변함. 한일회담에 대해 장 대표는 여름까지 회담이 성사되지 않으면 일본의 여름은 더우니 7, 8월은 휴회하고 가을에 재개하자고 제안함.

주제어 휴전 전망, 한일회담 휴회 제안

문서명	장기영 대표 및 유 참사관 간담회 건(張基栄代表及び柳参事官と懇談の件)

문서파일번호 1699

작성연월일 1953. 7. 1

구분 제2차 회담

세부항목 구보타·장기영 비공식회담

작성처 외무성 구보타

매수 8

비밀등급 극비

문서종류 회의록

공개구분 공개

내용 구보타와 장기영 대표, 유 참사관 간담회 기록. 한국의 초청으로 간담회를 개최하였으며, 여름 휴회에 대해 논의함. 구보타 대표가 여름 휴회에 대해 언급하자 장 대표도 동감을 표명함. 장 대표는 어업 이외의 4개 현안은 원칙만이라도 정해서 대사관을 개설하고 이후 천천히 어업 및 통상 문제를 해결하면 좋겠다고 언급함. 구보타 대표는 4개 현안을 한 번에 해결하는 것은 곤란하다고 답변함.

주제어 한일회담 휴회 관련 언론 보도

와지마 국장 · 유 참사관 회담
(倭島局長·柳参事官会談)

문서파일번호	1700
문서명	와지마 국장 · 유 참사관 회담(倭島局長·柳参事官会談)
작성연월일	1953. 6. 30
구분	제2차 회담
세부항목	와지마 · 유태하 회담
작성처	외무성 아시아국 제2과
매수	16
비밀등급	극비
문서종류	회의록
공개구분	공개
내용	외무성 와지마 아시아 국장 · 주일한국대표부 유태하 참사관 회담 기록. 유 참사관은 독도 주변에서 한국어선이 일본에 나포되었음을 언급하고 사실관계 확인을 요청하자 와지마 국장은 본인도 상세한 내용은 모른다면서 독도는 일본영토라고 주장함. 유태하 참사관은 한일회담이 잘 진행되고 있는 것 아니냐고 하자 와지마 국장은 이에 반발하면서 청구권 문제나 어업 문제에서 한국이 무슨 생각을 하고 있는지 모르겠다면서 마쓰모토 전권, 오카자키 외상의 방한을 거절한 이승만 대통령이 한일회담을 타결시킬 의지가 있는지 따지듯이 물음.
주제어	독도, 한국어선 나포, 청구권, 어업

구보타 대표·김 공사 회담
(久保田代表·金公使会談)

문서파일번호	1701
작성연월일	1953. 7. 13 - 1953. 10. 7
구분	제2차 회담, 제3차 회담
세부항목	구보타·김용식 회담
작성처	
매수	18
비밀등급	
문서종류	회의록, 내부문서, 내부자료
공개구분	공개 또는 일부 비공개
내용	구보타 일본 대표와 김용식 한국 대표 회담 기록
주제어	제2차 한일회담 휴회

문서명	한일회담에 관한 구보타 · 김 비공식회담 요지(日韓会談に関する久保田·金非公式会談要旨)

문서파일번호 1701
작성연월일 1953. 7. 22
구분 제2차 회담
세부항목 구보타·김용식 회담
작성처 외무성 아시아국 제2과 다케다
매수 8
비밀등급 극비
문서종류 회의록
공개구분 공개
내용 구보타 대표·김용식 공사 비공식회담 기록. 구보타 대표가 진전 없는 회담의 타개를 위해 우선 대사를 교환하고 국교를 수립한 후 현안을 교섭할 것을 제안하자, 한국은 현안을 해결한 후 외교관계를 수립한다는 종래의 입장을 반복함. 김 공사가 각 위원회가 진척이 없을 경우 휴회할 것을 제안하자, 구보타 대표는 휴회하더라도 회담 결렬의 인상을 외부에 주는 일은 절대 피해야 한다고 말함.
주제어 제2차 한일회담 휴회

문서명	한일회담 처리방침안(日韓関係処理方針案)

문서파일번호 1701
작성연월일 1953. 7. 13
구분 제2차 회담
세부항목 한일회담 처리방침안
작성처 외무성 구보타
매수 8
비밀등급 극비
문서종류 내부문서
공개구분 일부 비공개
내용 1953년 7월 13일 자로 기본조약 문제(상호 대사관 개설 공문 교환), 청구권 문제(국내보상 문제 등을 감안할 때 상호 포기로 타결할 수밖에 없으며, 따라서 당분간은 해결 난망), 국적 · 처우 문제, 어업 문제(정부가 권고권을 갖는 관민위원회를 설치, 현 위원회를 대체) 등에 대해 구보타가 사안(私案)으로 작성한 한일회담 처리방침안
주제어 청구권, 재일한국인 법적지위, 어업, 선박 반환

문서명	구보타, 김 회담(久保田·金会談)

문서파일번호 1701
작성연월일 1953. 10. 7
구분 제3차 회담
세부항목 구보타·김용식 회담
작성처 외무성 아시아국 제2과
매수 1
비밀등급
문서종류 회의록
공개구분 공개
내용 1953년 10월 7일 구보타 대표·김용식 공사. 제3차 한일회담 각 위원회를 2주 후에 개최하는 데 합의함.
주제어 제3차 한일회담 위원회 개최 일정

문서명	각 위원회 개최 일시(各部會開催日時)

문서파일번호 1701
작성연월일 1953. 10. 7
구분 제3차 회담
세부항목 제3차 한일회담 위원회 개최 일정
작성처 외무성 아시아국 제2과
매수 1
비밀등급 비(秘)
문서종류 내부자료
공개구분 공개
내용 제3차 한일회담 각 위원회 개최 일시를 기록함.
주제어 제3차 한일회담 위원회 개최 일정

마쓰모토 전권 보고(1952년 5월 6일)
(松本全権の報告 昭和27. 5. 6)

문서파일번호	1441
작성연월일	1952. 5. 6 - 1952. 5. 17
구분	제1~2차 회담 사이
세부항목	제1차 회담 보고서
작성처	외무성, 한국대표단
매수	154
비밀등급	
문서종류	내부자료
공개구분	공개
내용	제1차 한일회담 일본 수석대표를 맡았던 마쓰모토 고문이 대한교섭과 관련하여 작성한 보고서 및 관련 자료(첨부) 모음
주제어	제1차 한일회담 보고서

문서명	대한교섭보고서(표지)(対韓交渉報告書)

문서파일번호 1441
작성연월일 1952. 5. 17
구분 제1~2차 회담 사이
세부항목 제1차 회담 보고서
작성처 외무성 아시아국 제2과
매수 1
비밀등급 일반
내용 마쓰모토 고문이 작성한 대한교섭보고서의 표지. 동 고문이 총리 및 외무대신에게 보고한 보고서의 사본을 참고로 배포한다는 내용이 기록됨.
주제어 제1차 한일회담 보고서

문서명	대한교섭보고서(속표지)(対韓交渉報告書)

문서파일번호 1441
작성연월일 1952. 5. 15
구분 제1~2차 회담 사이
세부항목 제1차 회담 보고서
작성처 아시아국 제2과장
매수 1
비밀등급 일반
문서종류 내부자료
공개구분 공개
내용 마쓰모토 고문이 작성한 대한교섭보고서를 참고로 보낸다는 우시로쿠(後宮虎郎) 아시아국 제2과장의 설명이 적힌 보고서 속표지
주제어 제1차 한일회담 보고서

문서명	대한교섭에 관한 보고 건(対韓交渉につき報告の件)

문서파일번호 1441
작성연월일 1952. 5. 6
구분 제1~2차 회담 사이
세부항목 제1차 회담 보고서
작성처 마쓰모토 슌이치
매수 1
비밀등급 일반
문서종류 내부자료
공개구분 공개
내용 마쓰모토 고문이 총리 및 외무대신에게 제1차 한일회담 보고서를 제출한다는 내용이 적힌 보고서 서문
주제어 제1차 한일회담 보고서, 마쓰모토 대사

문서명	별첨 갑호. 대한교섭의 개요(別添 甲号 対韓交渉の概要)

문서파일번호 1441
작성연월일 1952. 5. 6
구분 제1~2차 회담 사이
세부항목 제1차 회담 보고서
작성처 외무성 마쓰모토 슌이치 고문
매수 13
비밀등급 극비
문서종류 내부자료
공개구분 공개
내용 제1차 한일회담의 개시, 경과 및 결렬에 이르기까지의 내용을 정리한 문서
주제어 기본관계, 재산 및 청구권, 어업, 재일한국인 법적지위, 선박 반환

문서명	마쓰모토 전권이 김 공사에게 보낸 서한 번역문(松本全権の金公使あて書簡訳文)

문서파일번호 1441
작성연월일 1952. 4. 25
구분 제1~2차 회담 사이
세부항목 제1차 회담 보고서
작성처 외무성 마쓰모토 슌이치 고문
매수 3
비밀등급 일반
문서종류 내부자료
공개구분 공개
내용 마쓰모토 일본 대표가 김용식 공사에게 보낸 한일회담 결렬을 통보하는 서한(영어로 작성된 서한의 일문 번역본)
주제어 마쓰모토 전권이 김용식 공사에게 보낸 서한

문서명	별첨 을호. 대한교섭에서 한일 쌍방의 제안과 그 결과(別添乙号 対韓交渉における日韓双方の提案とその結果)

문서파일번호 1441
작성연월일 1952. 5. 6
구분 제1~2차 회담 사이
세부항목 제1차 회담 보고서
작성처 외무성 마쓰모토 슌이치 고문
매수 6
비밀등급 일반
문서종류 내부자료
공개구분 공개
내용 기본관계조약, 재산 및 청구권, 어업, 재일한국인 국적 및 처우에 관한 협정에 관한 양측의 제안과 이를 토대로 한 협의 결과를 정리한 내용이 담긴 문서(관련 협정안은 별첨자료로 첨부함)
주제어 기본관계, 재산 및 청구권, 어업, 재일한국인 법적지위

문서명	별첨 제1. 일본국과 대한민국 사이의 기본관계를 설정하는 조약(안) [別添第一 日本国と大韓民国との間の基本的関係を設定する条約(案)]

문서파일번호 1441
작성연월일 1952. 4. 4
구분 제1~2차 회담 사이
세부항목 제1차 회담 보고서
작성처 외무성
매수 4
비밀등급 일반
문서종류 내부자료
공개구분 공개
내용 1952년 4월 4일 일본이 작성한 기본조약(안)
주제어 기본관계

문서명	별첨 제2. 한일 양국 간 결정해야 할 재산 및 청구권의 처리에 관한 협정의 기본요강(일본 제안) [別添第二 日韓両国間に取極めらるべき財産及び請求権の処理に関する協定の基本要綱(日本側提案)]

문서파일번호 1441
작성연월일 1952. 3. 6
구분 제1~2차 회담 사이
세부항목 제1차 회담 보고서
작성처 외무성
매수 4
비밀등급 일반
문서종류 내부자료
공개구분 공개
내용 1952년 3월 6일 제5회 청구권위원회 회의에서 일본이 제안한 청구권 기본요강
주제어 청구권

문서명	별첨 제3. 한일 간 재산 및 청구권 협정 요강 한국 제안(1952년 2월 21일 제출) [別添第三 韓日間財産及び請求権協定要綱韓国側提案(一九五二年二月二十一日提出)]

문서파일번호 1441
작성연월일 1952. 2. 21
구분 제1~2차 회담 사이
세부항목 제1차 회담 보고서
작성처 한국대표단
매수 3
비밀등급 일반
문서종류 내부자료
공개구분 공개
내용 1952년 2월 21일 제1회 청구권위원회 회의 익일 한국이 제출한 청구권 요강
주제어 청구권

문서명	별첨 제4. 청구권 문제에 관한 일본 제안의 설명(요지) [別添第四 請求権問題に関する日本側提案の説明(要旨)]

문서파일번호 1441
작성연월일 1952. 3. 6
구분 제1~2차 회담 사이
세부항목 제1차 회담 보고서
작성처 외무성
매수 10
비밀등급 일반
문서종류 내부자료
공개구분 공개
내용 1952년 3월 6일 일본의 청구권 기본요강에 대한 설명 요지
주제어 청구권

문서명	별첨 제5. 청구권 문제에 관한 일본 제안에 관한 한국 이견(添第五 請求権問題に関する日本側提案に対する韓国側異見)

문서파일번호 1441
작성연월일 1952. 3. 10
구분 제1~2차 회담 사이
세부항목 제1차 회담 보고서
작성처 한국대표단
매수 6
비밀등급 일반
문서종류 내부자료
공개구분 공개
내용 1952년 3월 10일 한국이 제출한 일본 제안(3월 6일 자)에 대한 이견
주제어 청구권

문서명	별첨 제6. 어업에 관한 일본국정부와 대한민국정부 사이의 협정안(일본 제안)[別添第六 漁業に関する日本国政府と大韓民国政府との間の協定案(日本側提案)]

문서파일번호 1441
작성연월일 1952. 2. 16.
구분 제1~2차 회담 사이
세부항목 제1차 회담 보고서
작성처 외무성
매수 11
비밀등급 일반
문서종류 내부자료
공개구분 공개
내용 1952년 2월 16일 제2회 본회의에서 일본이 제시한 어업협정안
주제어 어업

문서명	별첨 제7. 어업에 관한 대한민국정부와 일본국정부의 협정안(한국안) [別添第七 漁業に関する大韓民国政府と日本国政府の協定案(韓国側提案)]

문서파일번호	1441
작성연월일	1952. 3. 20
구분	제1~2차 회담 사이
세부항목	제1차 회담 보고서
작성처	한국대표단
매수	17
비밀등급	일반
문서종류	내부자료
공개구분	공개
내용	1952년 3월 20일 제9회 어업위원회에서 한국이 제안한 어업협정안
주제어	어업

문서명	별첨 제8. 재일한국인의 국적 및 처우에 관한 한일협정안(4월 4일) [別添第八 在日韓人の国籍及び処遇に関する日韓協定案(四月四日)]

문서파일번호	1441
작성연월일	1952. 4. 4
구분	제1~2차 회담 사이
세부항목	제1차 회담 보고서
작성처	외무성
매수	5
비밀등급	일반
문서종류	내부자료
공개구분	공개
내용	1952년 4월 4일 일본이 작성한 재일한국인의 국적 및 처우에 관한 협정안
주제어	재일한국인 법적지위

문서명	별첨 제9. 선박 문제에 관한 일본 제안의 요령(別添第九 船舶問題に関する日本側提案の要領)

문서파일번호 1441
작성연월일 1952. 4. 1
구분 제1~2차 회담 사이
세부항목 제1차 회담 보고서
작성처 외무성
매수 2
비밀등급 일반
문서종류 내부자료
공개구분 공개
내용 1952년 제33회 선박위원회에서 일본이 제안한 선박 문제 해결 요령
주제어 선박

문서명	한일 양국 정부에 대한 한일회담 공동보고서(안)[日韓両国政府に対する日韓会談共同報告書(案)]

문서파일번호 1441
작성연월일 1952. 4(일자 불명)
구분 제1~2차 회담 사이
세부항목 제1차 회담 보고서
작성처 외무성
매수 4
비밀등급 극비
문서종류 내부자료
공개구분 공개
내용 일본이 제안한 제1차 한일회담 공동보고서(안). 한국의 거부로 채택이 무산됨.
주제어 제1차 회담 공동보고서(안)

문서명	한일 양국 정부의 한일회담 공동보고서(Joint Report on Japan-Korea Conference to Japanese and Korean Governments)

문서파일번호 1441
작성연월일 1952. 4(일자 불명)
구분 제1~2차 회담 사이
세부항목 제1차 회담 보고서
작성처 외무성
매수 5
비밀등급 극비
문서종류 내부자료
공개구분 공개
내용 일본이 제안한 제1차 한일회담 공동보고서(안) 영문
주제어 제1차 회담 공동보고서(안)

문서명	별첨1. 한일 기본관계를 설정하는 조약안(Draft Treaty Establishing the Basic Relations between Japan and the Republic of Korea)

문서파일번호 1441
작성연월일 1952. 4. 4
구분 제1~2차 회담 사이
세부항목 제1차 회담 보고서
작성처 외무성
매수 4
비밀등급 일반
문서종류 내부자료
공개구분 공개
내용 1952년 4월 4일 일본이 작성한 기본조약(안) 영문
주제어 기본관계

문서명	별첨2. 재산 및 청구권 문제 해결에 관한 한일협정의 기본 요강(일본 제안) [Basic Principles of the Agreement To Be Concluded between Japan and the Republic of Korea Concerning the Disposition of Property and Claims(the Japanese Delegation's Proposal)]

문서파일번호	1441
작성연월일	1952. 3. 6
구분	제1~2차 회담 사이
세부항목	제1차 회담 보고서
작성처	외무성
매수	3
비밀등급	일반
문서종류	내부자료
공개구분	공개
내용	1952년 3월 6일 제5회 청구권위원회 회의에서 일본이 제안한 청구권 기본요강 영문
주제어	청구권

문서명	별첨3. 한일청구권 문제 해결에 관한 협정 기본 요강(Principles of the Draft Agreement on the Disposition of Property Claims between the Republic of Korea and Japan)

문서파일번호	1441
작성연월일	1952. 2. 21
구분	제1~2차 회담 사이
세부항목	제1차 회담 보고서
작성처	한국대표단
매수	2
비밀등급	
문서종류	내부자료
공개구분	공개
내용	1952년 2월 21일 제1회 청구권위원회 회의 익일 한국이 제출한 청구권 요강 영문
주제어	청구권

문서명	별첨4. 재산청구권에 관한 일본의 제안 요지(Gist of Explanation of the Japanese Proposal Concerning the Problem of Property and Claims)

문서파일번호 1441
작성연월일 1952. 3. 6
구분 제1~2차 회담 사이
세부항목 제1차 회담 보고서
작성처 외무성
매수 8
비밀등급 일반
문서종류 내부자료
공개구분 공개
내용 1952년 3월 6일 일본의 청구권 기본요강에 대한 설명 요지(영문)
주제어 청구권

문서명	별첨5. 재산청구권 문제 일본 제안에 관한 한국의 이견(Different View of Korean Side on Japanese Proposal Regarding Problem of Property and Claims)

문서파일번호 1441
작성연월일 1952. 3. 10
구분 제1~2차 회담 사이
세부항목 제1차 회담 보고서
작성처 한국대표단
매수 8
비밀등급 일반
문서종류 내부자료
공개구분 공개
내용 1952년 3월 10일 한국이 제출한 일본 제안(3월 6일 자)에 대한 이견 영문
주제어 청구권

문서명	별첨6. 한일어업협정안(Proposed Agreement for Fisheries between the Government of Japan and the Government of the Republic of Korea)

문서파일번호	1441
작성연월일	1952. 2. 16
구분	제1~2차 회담 사이
세부항목	제1차 회담 보고서
작성처	외무성
매수	10
비밀등급	일반
문서종류	내부자료
공개구분	공개
내용	1952년 2월 16일 제2회 본회의에서 일본이 제시한 어업협정안 영문
주제어	어업

문서명	별첨7. 한일어업협정안(한국 제안)[Proposed Agreement for Fisheries between the Government of the Republic of Korea and the Government of Japan (by the Korean Side)]

문서파일번호	1441
작성연월일	1952. 3. 20
구분	제1~2차 회담 사이
세부항목	제1차 회담 보고서
작성처	한국대표단
매수	14
비밀등급	일반
문서종류	내부자료
공개구분	공개
내용	1952년 3월 20일 제9회 어업위원회에서 한국이 제안한 어업협정안 영문
주제어	어업

문서명	별첨8. 재일한국인 국적 및 처우에 관한 한일협정안(Draft Agreement between Japan and Republic of Korea Concerning Nationality and Treatment of Koreans Resident in Japan)

문서파일번호 1441
작성연월일 1952. 4. 4
구분 제1~2차 회담 사이
세부항목 제1차 회담 보고서
작성처 외무성
매수 5
비밀등급 일반
문서종류 내부자료
공개구분 공개
내용 1952년 4월 4일 일본이 작성한 재일한국인의 국적 및 처우에 관한 협정안 영문
주제어 재일한국인 법적지위

문서명	별첨9. 선박 문제에 관한 일본의 제안 상세(Particulars of the Japanese Side's Proposal on the Problem of Vessels)

문서파일번호 1441
작성연월일 1952. 4. 1
구분 제1~2차 회담 사이
세부항목 제1차 회담 보고서
작성처 외무성
매수 4
비밀등급 일반
문서종류 내부자료
공개구분 공개
내용 1952년 제33회 선박위원회에서 일본이 제안한 선박 문제 해결 요령 영문
주제어 선박 반환

한국 미션과의 회담 요지
(韓国ミッションとの会談要旨)

문서파일번호	404
문서명	한국 미션과의 회담 요지(韓国ミッションとの会談要旨)
작성연월일	1952. 5. 13
구분	제1~2차 회담 사이
세부항목	유태하·유진오·우시로쿠 회담
작성처	외무성
매수	8
비밀등급	비(秘)
문서종류	회의록
공개구분	공개
내용	한국대표부 유태하 참사관, 한일회담의 한국 오 대표(유진오 대표를 착오로 吳로 오기한 것으로 보임)가 아시아국장 부재로 우시로쿠(後宮虎郎) 아시아국 제2과장과 회담 재개에 대해 협의한 기록. 우시로쿠는 구체적인 아이디어 없이 회담을 재개해도 다시 중단될 것이라는 입장을 표명함. 이에 대해 한국은 회담 중단으로 재일거류민들의 불안이 가중되고 있다면서 일단 회담을 재개한 후 아이디어를 모으면 될 것이라고 주장함.
주제어	한일회담 재개 협의

한일회담 재개에 관한 유 참사관과 와지마 국장 회담 요지(日韓会談再開に関し柳参事官と倭島局長会談要旨)

문서파일번호	406
작성연월일	1952. 7. 2 - 1952. 7. 12
구분	제1~2차 회담 사이
세부항목	유태하·와지마 국장 회담
작성처	외무성
매수	18
비밀등급	
문서종류	회의록, 각서
공개구분	공개
내용	유태하 주일대표부 참사관과 와지마 아시아국장의 한일회담 재개 관련 회담 기록
주제어	한일회담 재개 협의, 강제송환

문서명	한일회담 재개에 관한 유 참사관과 와지마 국장회담 요지(日韓会談再開に関し柳参事官と倭島局長会談要旨)

문서파일번호 406
작성연월일 1952. 7. 2
구분 제1~2차 회담 사이
세부항목 유태하·와지마 국장 회담
작성처 외무성
매수 9
비밀등급 일반
문서종류 회의록
공개구분 공개
내용 유태하 주일대표부 참사관과 와지마 아시아국장의 한일회담 재개 관련 회담 기록. 유 참사관은 회담 재개를 희망하는 한국정부 내의 움직임을 언급함. 이에 대해 와지마 국장은 한국의 강제송환자 수락 거부와 일본 국내사정의 변화로 일본 여론이 악화되었다고 설명함.
주제어 한일회담 재개 협의, 강제송환

문서명	유 참사관 회담 건(柳参事官との会談の件)

문서파일번호 406
작성연월일 1952. 7. 12
구분 제1~2차 회담 사이
세부항목 유태하·와지마 국장 회담
작성처 외무성
매수 5
비밀등급 극비
문서종류 회의록
공개구분 공개
내용 유태하 주일대표부 참사관과 와지마 아시아국장의 한일회담 재개 관련 회담 기록. 한일회담에 대한 머피(Robert D. Murphy) 주일미대사의 의견 등이 언급됨.
주제어 한일회담 재개 협의

문서명	각서(覚書)

문서파일번호	406
작성연월일	1952. 7. 12
구분	제1~2차 회담 사이
세부항목	유태하·와지마 국장 회담
작성처	외무성
매수	4
비밀등급	극비
문서종류	각서
공개구분	공개
내용	유태하·와지마 국장 회담 때 일본이 한국에 전달한 각서. 앞으로의 회담에서 한국이 여러 현안의 해결을 바란다면 먼저 이미 타결에 근접해 있는 기본관계 설정에 관한 조약과 국적 및 선박 문제를 정식으로 타결하고 어려운 두 가지 문제의 처리를 점차 진행시키는 것이 실질적 방법이라고 주장함.
주제어	한일회담 재개 방안

와지마 국장·김 공사 회담 요지
(倭島局長·金公使会談要旨)

문서파일번호	407
작성연월일	1952. 7. 25 - 1952. 9. 2
구분	제1~2차 회담 사이
세부항목	와지마 국장·김용식 회담
작성처	외무성
매수	26
비밀등급	
문서종류	회의록
공개구분	공개
내용	1952년 7월 25일 및 9월 3일 개최된 와지마 아시아국장과 김용식 주일한국 대표부 공사의 한일회담 재개와 강제송환자 인수에 관한 회담 기록
주제어	한일회담 재개 협의, 강제송환

문서명	와지마 국장·김 공사 회담 요지(倭島局長·金公使会談要旨)

문서파일번호 407
작성연월일 1952. 7. 25
구분 제1~2차 회담 사이
세부항목 와지마 국장·김용식 회담
작성처 외무성
매수 10
비밀등급 극비
문서종류 회의록
공개구분 공개
내용 와지마 국장이 주일한국대표부 김용식 공사를 방문하여 회담 재개를 위해 협의한 기록. 김 공사가 재일한국인의 강제송환 인수에 대해 유 참사관 견해와 달리 불법 입국자는 인수하지만 그 외 재일한국인의 강제송환은 국적 처우에 관한 협정이 타결될 때까지 인수하지 않는다는 방침에 변함이 없다고 주장함. 김 공사의 반응에 대해 일본은 한국이 강제송환 문제를 지렛대로 일본의 대폭적인 양보를 바라고 있는 것이 뻔히 보인다고 평가함.
주제어 한일회담 재개 협의,강제송환

문서명	와지마 국장·김 공사 회담 요지(倭島局長·金公使会談要旨)

문서파일번호 407
작성연월일 1952. 9. 2
구분 제1~2차 회담 사이
세부항목 와지마 국장·김용식 회담
작성처 외무성 아시아국 제2과
매수 16
비밀등급 극비
문서종류 회의록(전화)
공개구분 공개
내용 외무대신의 지시(8월 14일 외무대신·김 공사 회담 시 김 공사가 본국 정부의 청훈이 필요하다 하여 청훈 결과를 확인)로 9월 2일 와지마 국장이 김용식 공사에게 전화하여 협의한 기록. 김 공사는 중단된 형태 그대로 한일회담 재개, 현안 일괄 타결, 국적 처우가 결정될 때까지 재일한국인의 강제송환 인수 보류가 한국정부의 입장이라고 청훈 결과를 전달함.
주제어 한일회담 재개협의, 강제송환

오카자키 대신·김 공사 회담 요지
(岡崎大臣·金公使会談要旨)

문서파일번호	408
작성연월일	1952. 7. 26 - 1952. 8. 14
구분	제1~2차 회담 사이
세부항목	오카자키 대신·김용식 공사 회담
작성처	외무성
매수	26
비밀등급	
문서종류	회의록
공개구분	공개
내용	1952년 7월 26일과 8월 14일 개최된 오카자키 외상·김용식 공사의 회담 기록
주제어	한일회담 재개 협의, 강제송환

문서명	오카자키 대신, 김 공사 회담 요지(岡崎大臣·金公使会談要旨)

문서파일번호 408
작성연월일 1952. 7. 26
구분 제1~2차 회담 사이
세부항목 오카자키 대신·김용식 공사 회담
작성처 외무성
매수 22
비밀등급 극비
문서종류 회의록
공개구분 공개
내용 오카자키 외무대신·김용식 공사의 회담 기록. 오카자키 대신은 타협이 곤란한 청구권, 어업 문제는 다른 현안을 마무리한 뒤에 처리하자고 제안함. 그리고 강제송환에 대한 한국의 협조를 요청함.
주제어 한일회담 재개 협의, 강제송환

문서명	오카자키 대신, 김 공사 회담 요지(岡崎大臣·金公使会談要旨)

문서파일번호 408
작성연월일 1952. 8. 14
구분 제1~2차 회담 사이
세부항목 오카자키 대신·김용식 공사 회담
작성처 외무성
매수 4
비밀등급 극비
문서종류 회의록
공개구분 공개
내용 오카자키 외무대신·김용식 공사 회담 기록. 김 공사는 기본관계, 국적 처우, 선박, 청구권, 어업에 대해서 일괄논의하기를 희망한다고 하자 오카자키 대신은 안건 가운데 타협이 성립한 것부터 조인할 필요가 있다고 주장함. 한국의 교섭자세에 관해서는 강제송환에 대한 종래의 태도를 변경하지 않고 청구권 및 다른 안건에 대한 양보를 얻어내려는 의도라고 분석함.
주제어 한일회담 재개 협의, 강제송환

■의 담화요지
(■の談話要旨)

문서파일번호	409
문서명	■의 담화요지(■の談話要旨)
작성연월일	1952. 9. 3
구분	제1~2차 회담 사이
세부항목	와지마 국장·외부인사 면담
작성처	외무성 아시아국 제2과
매수	11
비밀등급	비(秘)
문서종류	내부문서
공개구분	일부 비공개
내용	1952년 9월 3일 외무성 와지마 아시아국장을 내방한 ■와의 담화 요지. ■은 재일한국인의 국적 변경과 관련하여 일본이 일정 기간 국적선택권을 인정하는 관대한 조치를 취하면 어떻겠느냐고 제안, 아시아국장은 신중한 연구를 요하는 문제로 쉽지 않다고 답변함. ■은 이승만 대통령의 대일관에 대해서도 언급함.
주제어	재일한국인 법적지위, 이승만 대일관

아시아국장·김 거류민단장 회담 요지
(アジア局長·金居留民団長会談要旨)

문서파일번호	410
문서명	아시아국장·김 거류민단장 회담 요지(アジア局長·金居留民団長会談要旨)
작성연월일	1952. 9. 10
구분	제1~2차 회담 사이
세부항목	와지마 국장·김재화 민단단장 면담
작성처	외무성 아시아국 제2과
매수	25
비밀등급	일반
문서종류	면담록
공개구분	일부 비공개
내용	1952년 9월 9일 외무성 와지마 아시아국장과 김재화 재일거류민단장의 면담 기록. 와지마 국장은 한일회담 개최 배경, 제1차 회담 경과 등에 대해 설명하고, 7월부터 한국이 회담 재개를 희망해 오고 있으나 문제를 풀어나갈 성의가 보이지 않아 각 성청이 한일회담 진전을 위해 미루어 놓았던 조치들을 취하려 하고 있어 재일한국인들의 불이익이 우려된다고 설명함. 김 단장은 가장 어려운 청구권 문제와 관련하여 한일 쌍방이 양보할 여지는 없는지 문의, 이에 대해 와지마 국장은 그런 여지가 있다고 하고, 지난 회담에서 일본은 명분(建前)상으로 주장할 것은 하고 그다음에 실질 협의를 진행하고자 했으나 한국이 국제교류의 상식에서 벗어나는 태도를 보이면서 일본의 명분을 이유로 회담을 결렬시켰다고 주장함. 이에 대해 김 단장은 한국이 40년간 외교 공백이 있어 어쩔 수 없다고 답함. 김 단장은 일본이 회담 재개 의욕이 있고 타협의 여지가 있음을 알았으므로 이를 본국 방문 시 요로에 전하겠다고 함.
주제어	한일회담 재개

이누카이 대신·양 대사 회담
(大臣·梁大使会談)

문서파일번호	1703
문서명	이누카이 대신 · 양 대사 회담(大臣 · 梁大使会談)
작성연월일	1953. 10. 7
구분	제2~3차 회담 사이
세부항목	이누카이 임시 외무대신 · 양유찬 대사 회담
작성처	외무성 쓰치야 구미(土屋歐米) 국장
매수	8
비밀등급	극비
문서종류	회의록
공개구분	공개
내용	이누카이 다케루(犬養健)* 임시 외무대신 · 양유찬 대사 회담 기록. 한일관계에 관한 일반적인 대화를 나눔.
주제어	한일관계, 한일회담

* 당시 법무대신으로 오카자키 외무대신의 부재중 임시 외무대신을 맡았음.

와지마 아시아국장·김 한국거류민단장 회담
(倭島アジア局長·金韓国居留民団長会談)

문서파일번호	1704
문서명	와지마 아시아국장·김 한국거류민단장 회담 (倭島アジア局長·金韓国居留民団長会談)
작성연월일	1953. 10. 8
구분	제3차 회담
세부항목	와지마 아시아국장·김재화 거류민단장 회담
작성처	외무성 아시아국 제2과
매수	9
비밀등급	비(秘)
문서종류	회의록
공개구분	공개
내용	와지마(倭島英二) 국장·김재화 재일거류민단장 회담 기록. 김 단장은 한국의 국회의원, 이 대통령, 학계 인사들은 일본에 대한 이해가 있으나 문제는 언론 보도에 있다면서, 한국이 지금 전쟁 중에 있으므로 일본이 한국을 자극하지 않기를 희망함. 이에 대해 와지마 국장은 일본은 회담의 조기 타결을 위해 노력해 왔으나, 한국이 전쟁 완수에 전력을 기울이는 것을 기다려 여유가 생길 때 회담을 재개하려 한다고 하고 재일한국인 문제만은 조기 해결이 필요하다고 생각한다고 답변함. 김 단장은 재일한국인 대표의 회담 참석과 관련 이 대통령의 허가를 받았다고 하면서 재일한국인 문제에 관한 플랜이 수립되면 재차 한국을 방문할 것이라고 말함. 와지마 국장은 재일한국인 문제에 관해 의견이나 희망이 있으면 우선 한국에 전달해야 할 것이라고 말함.
주제어	재일한국인 법적지위

한일교섭 보고(재1) 재개 한일교섭 제1회 본회의 상황[日韓交渉報告(再一) 再開日韓交渉第1回本会議状況]

문서파일번호	168
작성연월일	1953. 10. 6
구분	제3차 회담 제1회 본회의
세부항목	
작성처	외무성
매수	19
비밀등급	
문서종류	내부문서, 회의록, 내부자료
공개구분	공개
내용	제3차 한일회담 제1회 본회의기록
주제어	제3차 한일회담 제1회 본회의

문서명	한일교섭 보고(제1) 재개 한일교섭 제1회 본회의 상황[日韓交渉報告(再一) 再開日韓交渉第一回本会議状況]

문서파일번호 168
작성연월일 1953. 10. 6
구분 제3차 회담 제1회 본회의
세부항목
작성처 외무성 구보타 참여(參與)
매수 3
비밀등급 극비
문서종류 내부문서
공개구분 공개
내용 제3차 한일회담 제1회 회의상황 보고서. 양국 대표의 인사말이 있은 후 일본은 어업 문제부터 논의할 것과 어업위원회 매일 개최, 본회의 매주 개최를 제안, 한국이 동의해 본회의는 매주 화요일에, 어업위원회는 10월 7일부터 개최하기로 함.
주제어 제3차 한일회담 진행요령

문서명	재개 한일교섭 제1회 본회의 의사요지(再開日韓交渉第一回本会議議事要録)

문서파일번호 168
문작성연월일 1953. 10. 6
구분 제3차 회담 제1회 본회의
세부항목
작성처 외무성 아시아국 제2과
매수 6
비밀등급 극비
문서종류 회의록
공개구분 공개
내용 제3차 한일회담 제1회 회의 회의록. 양국 대표의 인사말 부분에서 '이 라인'과 관련한 한일 간 입장 차가 드러남. 양유찬 대사는 한국에 대한 일본의 청구권 포기를 요구함.
주제어 억류자, 어업, 청구권, 재일한국인 법적지위

문서명	참석자(出席者)

문서파일번호 168
작성연월일 1953. 10. 6
구분 제3차 회담 제1회 본회의
세부항목
작성처 외무성 아시아국 제2과
매수 2
비밀등급 일반
문서종류 내부자료
공개구분 공개
내용 재개 한일교섭 제1회 본회의기록 첨부1. 제3차 한일회담 양측 회의 참석자 명부
주제어 제3차 회담 한일 대표단

문서명	일본정부 구보타 대표 인사말(日本政府久保田代表挨拶)

문서파일번호 168
작성연월일 1953. 10. 6
구분 제3차 회담 제1회 본회의
세부항목
작성처 외무성 아시아국 제2과
매수 2
비밀등급 일반
문서종류 연설문
공개구분 공개
내용 제3차 한일회담 제1회 본회의 일본 구보타 대표 인사말. '이 라인'의 강행조치에 대해 유감을 표명함. 한일 양국이 인식의 차이를 극복하고 교섭을 원만히 진행해 나가기를 기대함.
주제어 제3차 한일회담 구보타 인사말, 이승만 라인

문서명	**재개 한일회담 김용식 한국 대표 인사말**(Address by Mr. Kim, Yong Shik, Chief of Korean Mission at the First Meeting of the Resumed Japan-Korea Talks, October 6, 1953)

문서파일번호 168
작성연월일 1953. 10. 6
구분 제3차 회담 제1회 본회의
세부항목
작성처 외무성 정보문화국
매수 2
비밀등급 일반
문서종류 보도자료(연설문)
공개구분 공개
내용 제3차 한일회담 제1회 회의 한국 김용식 수석대표 인사말. 조속한 회담 타결을 바람(영문).
주제어 제3차 한일회담 김용식 인사말

문서명	**재개 한일회담 구보타 일본정부 대표 인사말**(Address by Mr. K. Kubota, Representative of the Japanese Government at the First Meeting of the Resumed Japan-Korea Talks, October 6, 1953)

문서파일번호 168
작성연월일 1953. 10. 6
구분 제3차 회담 제1회 본회의
세부항목
작성처 외무성 아시아국 제2과
매수 2
비밀등급 일반
문서종류 내부자료
공개구분 공개
내용 제3차 한일회담 제1회 회의 구보타 수석대표 인사말의 영어 번역문
주제어 제3차 한일회담 구보타 인사말, 이승만 라인

문서명	양 한국주미대사 인사 요지(粱韓国駐米大使挨拶要旨)

문서파일번호	168
작성연월일	1953. 10. 6
구분	제3차 회담 제1회 본회의
세부항목	
작성처	한국대표단(일본 번역)
매수	2
비밀등급	일반
문서종류	연설문
공개구분	공개
내용	재개 한일교섭 제1회 본회의기록 첨부4. 제3차 한일회담 제1회 본회의 양유찬 대사의 인사말 요지. 대일평화조약 4조 b)항에 규정된 대로 일본은 청구권을 철회해야 하며 미국무부도 같은 해석이라고 강조함.
주제어	제3차 한일회담 양유찬 인사말, 대일평화조약 제4조, 일본의 대한청구권

한일교섭 보고(재 7) 한일교섭 제2회 본회의 상황
[日韓交渉報告(再七) 日韓交渉第2回本会議状況]

문서파일번호	169
작성연월일	1953. 10. 13
구분	제3차 회담 제2회 본회의
세부항목	
작성처	외무성
매수	20
비밀등급	
문서종류	내부문서, 회의록
공개구분	공개
내용	제3차 한일회담 제2회 본회의기록
주제어	제3차 한일회담 제2회 본회의

문서명	한일교섭 보고(제7) 한일교섭 제2회 본회의 상황[日韓交渉報告(再七)日韓交渉第二回本会議状況]

문서파일번호 169
작성연월일 1953. 10. 13
구분 제3차 회담 제2회 본회의
세부항목
작성처 외무성 구보타 참여
매수 7
비밀등급 극비
문서종류 내부문서
공개구분 공개
내용 제3차 한일회담 제2회 회의 상황 보고서. 각 위원회의 경과를 보고하고 5개 현안에 대한 각 수석위원의 견해와 요점을 발표, 의견을 교환함.
주제어 청구권, 선박 반환, 어업, 재일한국인 법적지위, 기본관계

문서명	한일교섭 제2회 본회의 의사록(日韓交渉第二回本会議議事要録)

문서파일번호 169
작성연월일 1953. 10. 13
구분 제3차 회담 제2회 본회의
세부항목
작성처 외무성 아시아국 제2과
매수 13
비밀등급 극비
문서종류 회의록
공개구분 공개
내용 제3차 한일회담 제2회 본회의 상황을 보다 자세히 기록함.
주제어 청구권, 선박 반환, 어업, 재일한국인 법적지위, 기본관계

한일교섭 보고(제10) 본회의 제3회 회의 상황
[日韓交渉報告(再十) 本会議第3回会議状況]

문서파일번호	170
작성연월일	1953. 10. 20
구분	제3차 회담 제3회 본회의
세부항목	
작성처	외무성
매수	21
비밀등급	
문서종류	내부문서, 회의록
공개구분	공개
내용	제3차 한일회담 제3회 본회의기록
주제어	제3차 한일회담 제3회 본회의

문서명	한일교섭 보고(제10) 본회의 제3회 회의 상황[日韓交渉報告(再十)本会議第三回会議状況]

문서파일번호 170
작성연월일 1953. 10. 20
구분 제3차 회담 제3회 본회의
세부항목
작성처 외무성 구보타 참여
매수 7
비밀등급 극비
문서종류 내부문서
공개구분 공개
내용 제3차 한일회담 제3회 회의 상황 보고서. '구보타 발언' 이후 개최된 본회의 내용과 발언 요지를 정리해서 기술한 문서. 김용식 대표가 구보타 대표 발언의 진위 여부를 확인하려 함. 이에 대해 구보타 대표가 답변함.
주제어 청구권

문서명	재개 한일교섭 제3회 본회의 의사요록(再開日韓交渉第三回本会議議事要録)

문서파일번호 170
작성연월일 1953. 10. 20
구분 제3차 회담 제3회 본회의
세부항목
작성처 외무성 아시아국 제2과
매수 14
비밀등급 극비
문서종류 회의록
공개구분 공개
내용 제3차 한일회담 제3회 본회의 상황을 보다 자세히 기록함.
주제어 청구권

한일교섭 보고(재11) 본회의 제4회 회의 상황
[日韓交涉報告(再十一)本会議第4回会議状況]

문서파일번호	171
작성연월일	1953. 10. 21
구분	제3차 회담 제4회 본회의
세부항목	
작성처	외무성
매수	19
비밀등급	
문서종류	내부문서, 회의록, 내부자료
공개구분	공개
내용	제3차 한일회담 제4회 본회의기록
주제어	제3차 한일회담 제4회 본회의

문서명	한일교섭 보고(제11) 본회의 제4회 회의 상황[日韓交渉報告(再十一)本会議第4回会議状況]

문서파일번호 171
작성연월일 1953. 10. 21
구분 제3차 회담 제4회 본회의
세부항목
작성처 외무성 구보타 참여
매수 4
비밀등급 극비
문서종류 내부문서
공개구분 공개
내용 제3차 한일회담 제4회 회의 상황 보고서. 구보타 대표가 한국이 샌프란시스코 대일평화조약 체결 이전에 독립한 것에 관해서 일본의 법적 해석을 설명함. 이를 두고 양측이 대립하면서 갑론을박이 이어짐. 이 때문에 재개된 한일회담은 결렬됨.
주제어 한국 독립에 대한 일본 해석

문서명	재개 한일교섭 제4회 본회의 의사요지(再開日韓交渉第四回本会議議事要録)

문서파일번호 171
작성연월일 1953. 10. 21
구분 제3차 회담 제4회 본회의
세부항목
작성처 외무성 아시아국 제2과
매수 13
비밀등급 극비
문서종류 회의록
공개구분 공개
내용 제3차 한일회담 제4회 본회의 상황을 보다 자세히 기록함.
주제어 한국 독립에 대한 일본 해석

문서명	제목 없음

문서파일번호	171
작성연월일	1953. 10. 21
구분	제3차 회담 제4회 본회의
세부항목	
작성처	외무성 아시아국 제2과
매수	2
비밀등급	
문서종류	내부자료
공개구분	공개
내용	재개 한일교섭 제4회 본회의 의사요지 첨부물. 한국이 샌프란시스코 대일평화조약 효력 발생 이전에 독립한 것에 대해 일본의 해석을 기술함.
주제어	한국 독립에 대한 일본 해석

기본관계위원회 회의록

제2차 한일교섭 보고(기본관계위원회)
[第2次 日韓交涉報告(基本関係部会)]

문서파일번호	692
작성연월일	1953. 5. 15 - 1953. 5. 25
구분	제2차 회담 기본관계위원회(제1~2회 회의)
세부항목	
작성처	외무성, 한국대표단
매수	21
비밀등급	
문서종류	내부문서, 내부자료, 회의록
공개구분	공개
내용	제2차 한일회담 기본관계위원회 제1~2회 회의기록
주제어	기본관계

문서명	한일교섭 보고(10) 기본관계위원회 제1회 회의 상황[日韓交渉報告(一〇)基本関係部会第一回会議状況]

문서파일번호	692
작성연월일	1953. 5. 15
구분	제2차 회담 기본관계위원회 제1회 회의
세부항목	
작성처	외무성 구보타 참여
매수	4
비밀등급	극비
문서종류	내부문서
공개구분	공개
내용	제2차 한일회담 기본관계위원회 제1회 회의 결과 요약 보고문서. 회의 용어로 한국어, 일본어, 영어를 사용하며, 회의는 주 2회 개최하기로 함.
주제어	기본관계

문서명	스즈키 참사관 연설 요지(鈴木参事官挨拶要旨)

문서파일번호	692
작성연월일	1953. 5. 15
구분	제2차 회담 기본관계위원회 제1회 회의
세부항목	
작성처	외무성 스즈키 참사관
매수	1
비밀등급	일반
문서종류	연설문
공개구분	공개
내용	제2차 한일회담 제1회 기본관계위원회 회의 스즈키(鈴木政勝) 참사관의 인사말
주제어	제2차 한일회담 기본관계위원회 일본 대표 인사말, 기본관계

문서명	임송본 외교위원 인사(林外交委員挨拶)

문서파일번호 692
작성연월일 1953. 5. 15
구분 제2차 회담 기본관계위원회 제1회 회의
세부항목
작성처 한국대표단
매수 5
비밀등급 일반
문서종류 연설문
공개구분 공개
내용 제2차 한일회담 제1회 기본관계위원회 회의 임송본 외교위원의 인사말(한글 및 일문 번역본)
주제어 제2차 한일회담 기본관계위원회 한국 대표 인사말, 기본관계

문서명	한일교섭 보고(15) 기본관계위원회 제2회 회의 상황[日韓交渉報告(一五)基本関係部会第二回会議状況]

문서파일번호 692
작성연월일 1953. 5. 25
구분 제2차 회담 기본관계위원회 제2회 회의
세부항목
작성처 외무성 구보타 참여
매수 4
비밀등급 극비
문서종류 내부문서
공개구분 공개
내용 제2차 한일회담 기본관계위원회 제2회 회의 결과 요약 보고
주제어 기본관계

문서명	한일교섭 회의 의사요록(15) 제2회 기본관계위원회[日韓交渉会議議事要録(十五)第二回基本関係部会]

문서파일번호 692

작성연월일 1953. 5. 25

구분 제2차 회담 기본관계위원회 제2회 회의

세부항목

작성처 외무성 아시아국 제2과

매수 7

비밀등급 극비

문서종류 회의록

공개구분 공개

내용 제2차 한일회담 제2회 기본관계위원회 회의 의사록. 재일한국인 국적 문제, 일본과 대한제국 간에 체결된 조약의 무효 문제, 통상관계를 기본관계에 포함시킬지를 둘러싼 논의가 진행됨. 국적 문제는 기본관계위원회에서 다루지 않고 국적처우관계위원회에서 논의하기로 함.

주제어 기본관계

한일교섭 보고(제6)기본관계위원회 재개 제1회 회의 상황[日韓交渉報告(再六) 基本関係部会再開第1回会議状況]

문서파일번호	172
작성연월일	1953. 10. 12
구분	제3차 회담 기본관계위원회 제1회 회의
세부항목	
작성처	외무성
매수	12
비밀등급	
문서종류	내부문서, 회의록
공개구분	공개
내용	제3차 한일회담 기본관계위원회 제1회 회의기록
주제어	기본관계

문서명	한일교섭 보고(제6) 기본관계위원회 재개 제1회 회의 상황[日韓交渉報告(再六) 基本関係部会再開第1回会議状況]

문서파일번호 172
작성연월일 1953. 10. 12
구분 제3차 회담 기본관계위원회 제1회 회의
세부항목
작성처 외무성 구보타 참여
매수 4
비밀등급 극비
문서종류 내부문서
공개구분 공개
내용 제3차 한일회담 기본관계위원회 제1회 회의 상황 보고서. 한국은 범죄인 인도에 관한 협정을 본회의에서 논의하자고 제안함. 일본은 한국의 실정도 명확하지 않고, 정치적으로 미묘한 문제라는 이유로 본회의에서 논의하는 것은 부적절하다며 필요하다면 정상적으로 국교가 재개된 후에 협의하자고 주장함.
주제어 기본관계

문서명	재개 한일교섭 의사요록 기본관계위원회 제1회(再開日韓交渉議事要録 基本関係部会第一回)

문서파일번호 172
작성연월일 1953. 10. 12
구분 제3차 회담 기본관계위원회 제1회 회의
세부항목
작성처 외무성 아시아국 제2과
매수 8
비밀등급 극비
문서종류 회의록
공개구분 공개
내용 제3차 한일회담 기본관계위원회 제1회 회의 회의록
주제어 기본관계

청구권 및 문화재 문제 관련 자료 및 청구권위원회 회의록

한일 양국이 결정해야 하는 재산 및 청구권 처리에 관한 협정의 기본요강(일본안)에 관한 약간의 주해[日韓両国間に取極めらるべき財産及び請求権の処理に関する協定の基本要綱(日本側案)に関する若干の注解]

문서파일번호	545
문서명	한일 양국이 결정해야 하는 재산 및 청구권 처리에 관한 협정의 기본요강(일본안)에 관한 약간의 주해(注解)[日韓両国間に取極めらるべき財産及び請求権の処理に関する協定の基本要綱(日本側案)に関する若干の注解]
작성연월일	1952. 4. 15
구분	제1차 회담
세부항목	청구권 대장성 견해
작성처	대장성
매수	5
비밀등급	극비
문서종류	내부문서
공개구분	공개
내용	대장성이 작성한 청구권 문제 관련 문서. 한국은 재산 및 청구권 문제에 관한 일본의 협정안에 대해 식민지 지배 부활을 승인하는 것이라고 주장했으나, 이는 일본 견해에 대한 이해 부족에서 기인하는 것이라고 생각되며, 사유재산권을 존중하더라도 제약 혹은 양보의 여지가 있으므로 이것을 이해한다면, 한국의 오해는 해소될 것임.
주제어	청구권

제2차 한일교섭 보고(청구권관계위원회)
[第2次日韓交渉報告(請求権関係部会)]

문서파일번호	693
작성연월일	1953. 5. 11 - 1953. 6. 18
구분	제2차 회담 청구권위원회(제1~3회)
세부항목	
작성처	외무성, 미국무부, 한국대표단
매수	62
비밀등급	
문서종류	내부문서, 내부자료, 외교공한, 회의록, 비망록
공개구분	공개 또는 일부 비공개
내용	제2차 한일회담 청구권위원회 제1~3회 회의기록
주제어	청구권

문서명	한일교섭 보고(6) 청구권관계위원회 제1회 회의 상황[日韓交涉報告(六)請求権関係部会第一回会議状況]

문서파일번호 693
작성연월일 1953. 5. 11
구분 제2차 회담 청구권위원회 제1회 회의
세부항목
작성처 외무성 구보타 참여
매수 3
비밀등급 극비
문서종류 내부문서
공개구분 공개
내용 제2차 한일회담 청구권위원회 제1회 회의 결과 요약 보고문서. 양측 대표의 인사말과 회담 운영 방식에 대한 논의가 이루어짐.
주제어 청구권

문서명	청구권관계위원회 제1회 회의에서 장 대표 연설 요지(請求権関係部会第一回会議における張代表挨拶要旨)

문서파일번호 693
작성연월일 1953. 5. 11
구분 제2차 회담 청구권위원회 제1회 회의
세부항목
작성처 외무성 아시아국 제2과
매수 2
비밀등급 일반
문서종류 연설문
공개구분 공개
내용 제2차 한일회담 제1회 청구권위원회 회의 장기영 대표 인사말 요지
주제어 제2차 한일회담 청구권위원회 인사말

문서명	제목 없음

문서파일번호	693
작성연월일	1952. 4. 29
구분	제2차 회담 청구권위원회 제1회 회의
세부항목	
작성처	미국무부
매수	1
비밀등급	일반
문서종류	외교공한
공개구분	공개
내용	양유찬 대사가 제1차 한일회담 때 미국에게 샌프란시스코 대일평화조약 제4조a), b)항에 대한 해석을 요구한 것에 국무부가 답신함(영문).
주제어	청구권

문서명	재산청구권 관계위원회 제1회 회의 구보타 대표 연설(財産請求権関係部会第一回会議における久保田代表挨拶)

문서파일번호	693
작성연월일	1953. 5. 11
구분	제2차 회담 청구권위원회 제1회 회의
세부항목	
작성처	외무성 구보타 참여
매수	2
비밀등급	일반
문서종류	연설문
공개구분	공개
내용	제2차 한일회담 제1회 청구권위원회 회의 구보타 대표 인사말
주제어	제2차 한일회담 청구권위원회 인사말

문서명	제1회 청구권관계위원회에서의 장기영 대표 연설(第一回請求権関係部会における張基栄代表の挨拶(訳文))

문서파일번호 693
작성연월일 1953. 5. 11
구분 제2차 회담 청구권위원회 제1회 회의
세부항목
작성처 외무성 아시아국 제2과
매수 3
비밀등급 비(秘)
문서종류 연설문
공개구분 공개
내용 제2차 한일회담 제1회 청구권위원회 회의 장기영 대표 인사말을 일어로 번역함.
주제어 제2차 한일회담 청구권위원회 인사말

문서명	한일교섭 회의 의사요록(6) 제1회 청구권관계위원회[日韓交渉会議議事要録(六)第一回請求権関係部会]

문서파일번호 693
작성연월일 1953. 5. 12
구분 제2차 회담 청구권위원회 제1회 회의
세부항목
작성처 외무성 아시아국 제2과
매수 6
비밀등급 극비
문서종류 회의록
공개구분 공개
내용 제2차 한일회담 제1회 청구권위원회 회의기록. 양측 참석자 명단, 인사말, 의사 개요, 금후 회의 운영 방식 등의 요지가 기록됨.
주제어 청구권

문서명	한일교섭 보고(12) 청구권관계위원회 제2회 회의 상황[日韓交渉報告(十二)請求権関係部会第二回会議状況]

문서파일번호 693
작성연월일 1953. 5. 19
구분 제2차 회담 청구권위원회 제2회 회의
세부항목
작성처 외무성 구보타 참여
매수 3
비밀등급 극비
문서종류 내부문서
공개구분 공개
내용 제2차 한일회담 청구권위원회 제2회 회의 결과 요약보고문서. 청구권 문제에 대한 법리론적 해석에 구애받지 않는 실질적인 회담 운영 방식을 채택하는 것에 양측이 동의함.
주제어 청구권

문서명	한일교섭 회의 의사요록(12) 제2회 청구권관계위원회[日韓交渉会議議事要録(一二)第二回請求権関係部会]

문서파일번호 693
작성연월일 1953. 5. 19
구분 제2차 회담 청구권위원회 제2회 회의
세부항목
작성처 외무성 아시아국 제2과
매수 14
비밀등급 극비
문서종류 회의록
공개구분 일부 비공개
내용 제2차 한일회담 제2회 청구권위원회 회의 의사록. 한국이 제출했던 청구권 네 개 항목에 대한 상호 간의 질의응답 내용을 중심으로 기술됨. 네 개 항목에는 한국의 국보와 역사적 기념물의 반환 청구 목록, 한국 지도 원판 목록, 한국인 소유 일본유가증권, 한국인 피징용 노무자 미수금 등에 대한 확인 요청이 포함됨.
주제어 청구권

문서명	1953년 5월 14일 협의에 관한 비망록(Aide-Memoire on talking of the 14th May, 1953)

문서파일번호 693
작성연월일 1953. 5. 14
구분 제2차 회담
세부항목 청구권위원회
작성처 한국대표단(일본 번역)
매수 1
비밀등급 극비
문서종류 비망록
공개구분 공개
내용 한국이 청구권위원회 제2회 회의에서 제시했던 청구권 문제 관련 1~4 항목이 기술됨.
주제어 청구권

문서명	1953년 5월 23일 협의에 관한 비망록(Aide-Memoire on talking of the 23rd May, 1953)

문서파일번호 693
작성연월일 1953. 5. 23
구분 제2차 회담
세부항목 청구권위원회
작성처 한국대표단(일본 번역)
매수 3
비밀등급 일반
문서종류 비망록
공개구분 공개
내용 한국이 제시했던 청구권 ①~④ 항목에 대한 보충 설명과 추가 확인을 요청한 내용이 기술됨. 예컨대 1945년 9월 30일 자 연합국 최고사령부 지령(SCAPIN) 74호에 따른 활동 폐쇄기관의 일본 소재 자산 규모와 관리 현황을 기술함.
주제어 청구권

문서명	1953년 5월 28일 협의에 대한 비망록(Aide-Memoire on talking of the 28th May, 1953)

문서파일번호 693
작성연월일 1953. 5. 28
구분 제2차 회담
세부항목 청구권위원회
작성처 한국대표단(일본 번역)
매수 5
비밀등급 일반
문서종류 비망록
공개구분 일부 비공개
내용 한국이 청구권위원회에서 1953년 5월 28일 제출한 문서로 한국인 피징용 미수금에 대한 산출 금액을 A, B, C, D 각 하위분류에 따라 제시한 것이 주된 내용임.
주제어 청구권

문서명	조회사항(일본)[照会事項(日本側)]

문서파일번호 693
작성연월일 1953. 5. 28
구분 제2차 회담
세부항목 청구권위원회
작성처 외무성 아시아국 제2과
매수 4
비밀등급 극비
문서종류 내부자료
공개구분 공개
내용 일본이 청구권위원회에서 한국이 제시한 청구권 항목에 대해 한국에게 확인을 요청하는 내용이 여섯 가지로 분류되어 기술됨.
주제어 청구권

문서명	한일교섭 보고(22) 청구권관계위원회 제3회 회의 상황[日韓交渉報告(二十二)請求権関係部会第三回会議状況]

문서파일번호 693
작성연월일 1953. 6. 11
구분 제2차 회담 청구권위원회 제3회 회의
세부항목
작성처 외무성 구보타 참여
매수 2
비밀등급 극비
문서종류 내부문서
공개구분 공개
내용 제2차 한일회담 제3회 청구권위원회 회의 결과 요약 보고문서. 일본이 미수금, 문화재 등에 관해서 설명한 뒤 금후 회의 진행 방식에 대한 논의가 이루어짐.
주제어 청구권

문서명	한일교섭 회의 의사요록(22) 제3회 청구권관계위원회[日韓交渉会議議事要録(二二)第三回請求権関係部会]

문서파일번호 693
작성연월일 1953. 6. 11
구분 제2차 회담 청구권위원회 제3회 회의
세부항목
작성처 외무성 아시아국 제2과
매수 8
비밀등급 극비
문서종류 회의록
공개구분 일부 비공개
내용 제2차 한일회담 제3회 청구권위원회 회의 의사록. 한국이 확인을 요청했던 분류에 대해 일본에서 설명이 있은 뒤에 양측은 청구권 문제를 해결하기 위해 비공식 실무그룹(working group)에서 사실관계 확인을 진행하기로 합의함.
주제어 청구권

문서명	청구권관계 전문가협의회 의사요록(請求権関係専門家協議会議事要録)

문서파일번호 693

작성연월일 1953. 6. 18

구분 제2차 회담 청구권위원회 전문가 회의

세부항목

작성처 외무성 아시아국 제2과

매수 5

비밀등급 극비

문서종류 회의록

공개구분 공개

내용 청구권관계 전문가 회의 요지. 전쟁으로 인해 부상당한 재일한국인에 대한 일본 국내에서의 치료, 구제 조치 여부를 비롯해 군인과 군속 출신자들의 미수금, 조선장학회 등에 대한 양측의 질의응답이 기록됨.

주제어 청구권

한일교섭 보고(제4) 청구권위원회 재개 제1회 회의 상황[日韓交渉報告(再四)請求権部会再開第1回会議状況]

문서파일번호	173
작성연월일	1953. 10. 9
구분	제3차 회담 청구권위원회 제1회 회의
세부항목	
작성처	외무성
매수	21
비밀등급	
문서종류	내부문서, 회의록
공개구분	공개
내용	제3차 한일회담 청구권위원회 제1회 회의기록
주제어	청구권

문서명	한일교섭 보고(제4) 청구권위원회 재개 제1회 회의 상황[日韓交渉報告(再四) 請求権部会再開第一回会議状況]

문서파일번호 173
작성연월일 1953. 10. 9
구분 제3차 회담 청구권위원회 제1회 회의
세부항목
작성처 외무성 구보타 참여
매수 5
비밀등급 극비
문서종류 내부문서
공개구분 공개
내용 제3차 한일회담 청구권위원회 제1회 회의 상황 보고서. 위원회 진행방식에 대해서 한국은 앞으로는 한국의 대일청구권만을 협의할 것을 주장함. 이에 대해 일본은 작년 마쓰모토 대표와 양유찬 대사의 비밀회의에서 청구권의 상호 포기가 협의되었다는 사실을 지적하면서 한국의 견해를 묻고 일본은 일본의 자금을 가지고 가서 한국의 국민경제를 발전시켰다는 주장을 전개함.
주제어 청구권

문서명	재개 한일교섭 의사요록 청구권위원회 제1회(再開日韓交渉議事要録 請求権部会第一回)

문서파일번호 173
작성연월일 1953. 10. 9
구분 제3차 회담 청구권위원회 제1회 회의
세부항목
작성처 외무성 아시아국 제2과
매수 16
비밀등급 극비
문서종류 회의록
공개구분 공개
내용 제3차 한일회담 청구권위원회 제1회 회의 회의록. 청구권에 대해 공방이 벌어짐. 한국은 미국의 해석을 들어 일본은 청구권을 행사할 수 없다고 주장하고 작년 양유찬 대사가 비밀회의에서 청구권의 상호 포기를 주장한 것은 정치적인 의도에서 비롯되었을지 모르나 들은 바 없다고 답변함. 이에 대해 구보타 대표는 재한국유재산뿐 아니라 사유재산을 전부 포기한다는 것은 납득할 수 없다고 주장함.
주제어 청구권

한일교섭 보고(제9) 청구권위원회 재개 제2회 회의 상황[日韓交渉報告(再九)請求権部会再開第1回会議状況]

문서파일번호	174
작성연월일	1953. 10. 15
구분	제3차 회담 청구권위원회 제2회 회의
세부항목	
작성처	외무성
매수	42
비밀등급	
문서종류	내부문서, 회의록
공개구분	공개 또는 일부 비공개
내용	제3차 한일회담 청구권위원회 제2회 회의기록
주제어	청구권

문서명	한일교섭 보고(제9) 청구권위원회 제2회 회의 상황[日韓交渉報告(再九)請求権部会第二回会議状況]

문서파일번호	174
작성연월일	1953. 10. 15
구분	제3차 회담 청구권위원회 제2회 회의
세부항목	
작성처	외무성 구보타 참여
매수	10
비밀등급	극비
문서종류	내부문서
공개구분	공개
내용	제3차 한일회담 청구권위원회 제2회 회의 상황 보고서. 한국이 1952년 4월 회담 때 제출했던 반환 요구 문화재 리스트의 추가분에 대해 일본이 조사 결과를 답변함. 청구권 문제의 전제를 두고 양측이 격렬하게 대립함. '구보타 발언'을 남긴 회의임.
주제어	청구권

문서명	재개 한일교섭 의사요록 청구권위원회 제2회(再開日韓交渉議事要録 請求権部会第二回)

문서파일번호	174
작성연월일	1953. 10. 15
구분	제3차 회담 청구권위원회 제2회 회의
세부항목	
작성처	외무성 아시아국 제2과
매수	32
비밀등급	극비
문서종류	회의록
공개구분	일부 비공개
내용	제3차 한일회담 청구권위원회 제2회 회의 회의록. 한국이 일제강점기에서 벗어난 후 한일관계에서 대표적인 망언으로 기억하고 있는 이른바 '구보타 발언'의 내용이 담겨 있음. 한일 양측 대표들의 갑론을박이 '구보타 발언'을 기점으로 격화되는 당시 교섭 장면이 기록됨.
주제어	청구권, 구보타 발언

제4부

한일회담 관련 훈령 및 개요

한일교섭에 관한 자료
(日韓交渉に関する資料)

문서파일번호	1626
문서명	한일교섭에 관한 자료(日韓交渉に関する資料)
작성연월일	1951. 10. 18
구분	예비회담
세부항목	한일교섭에 관한 자료
작성처	외무성 관리국 총무과
매수	12
비밀등급	극비
문서종류	내부문서
공개구분	공개
내용	한일회담 예비회담 시작을 앞두고 재일한국인이 확정적인 외국인(대한민국인)이 되었을 경우의 제반 영향, 국적 문제 이 외에 한국과의 교섭에서 의제가 될 것으로 예상되는 사안(청구권)에 대해 검토한 문서
주제어	재일한국인 법적지위, 청구권

한일회담 개최 경위
(日韓會談 開催經緯)

문서파일번호	688
작성연월일	1951. 8. 10 - 1951. 12. 14
구분	예비회담~제1차 회담 사이
세부항목	한일회담 개최 경위
작성처	외무성, 연합국 최고사령부
매수	53
비밀등급	
문서종류	회의록, 외교공한, 내부문서 등
공개구분	공개 또는 일부 비공개
내용	한일회담이 개최되기까지의 일본 외무성과 연합국 최고사령부 외교국이 협의한 기록이 담긴 문서. 외무성·연합국 최고사령부 외교국 사이에 주고받은 외교공한, 예비회담에 관한 보고서 등의 모음
주제어	한일회담 개최 경위

문서명	국내 한인 문제에 대한 한일 간 회담 개최 건(国内朝鮮人問題につき日鮮間会談開催に関する件)

문서파일번호 688
작성연월일 1951. 8. 10
구분 예비회담
세부항목 일본 외무성·연합국 최고사령부 협의
작성처 외무성
매수 3
비밀등급 일반
문서종류 회의록
공개구분 일부 비공개
내용 한일회담 예비회담이 열리기에 앞서 1951년 8월 10일 일본 외무성 관리국장과 연합국 최고사령부 외교국이 재일한국인 문제를 두고 협의한 내용이 정리된 문서
주제어 한일 예비회담 개최 경위, 재일한국인 법적지위

문서명	일본 내 한국인의 법적지위(Legal Status of Koreans Resident in Japan)

문서파일번호 688
작성연월일 1951. 9. 25
구분 예비회담
세부항목 연합국 최고사령부의 외무성 앞 공한
작성처 연합국 최고사령부 외교국
매수 2
비밀등급 일반
문서종류 외교공한
공개구분 공개
내용 연합국 최고사령부가 외무성에 보낸 외교공한(영문). 한일교섭 예비회담의 의제(재일한국인의 법적지위)와 회담 개최 일정을 제안함. 문서파일번호 606에 포함된 문서와 동일함.
주제어 예비회담 일정, 의제

문서명	일본 내 한국인의 법적지위(Legal Status of Koreans Resident in Japan)

문서파일번호 688
작성연월일 1951. 9. 29
구분 예비회담
세부항목 외무성의 연합국 최고사령부 앞 공한
작성처 외무성
매수 1
비밀등급 일반
문서종류 외교공한
공개구분 공개
내용 연합국 최고사령부 외교국 외교공한에 대한 일본 외무성의 답신 공한(영문). 미국의 제안을 받아들이며 재일한국인의 법적지위 문제를 의제로 삼겠음. 문서파일번호 606에 포함된 문서와 동일함.
주제어 예비회담 일정, 의제

문서명	일본 내 한국인의 법적지위(Legal Status of Koreans Resident in Japan)

문서파일번호 688
작성연월일 1951. 10. 9
구분 예비회담
세부항목 한일 예비회담 일정, 의제
작성처 연합국 최고사령부 외교국
매수 1
비밀등급 일반
문서종류 외교공한
공개구분 일부 비공개
내용 연합국 최고사령부가 외무성에 보낸 공한(영문). 한국이 회담 연기와 함께 재일한국인의 법적지위 문제뿐만 아니라 다른 의제도 포함시켜 예비회담에서 논의를 희망함. 문서파일번호 606에 포함된 문서와 동일함.
주제어 예비회담 일정, 의제

문서명	일본 내 한국인의 법적지위(Legal Status of Koreans Resident in Japan)

문서파일번호 688
작성연월일 1951. 10. 11
구분 예비회담
세부항목 한일예비 회담 일정, 의제
작성처 외무성
매수 1
비밀등급 일반
문서종류 외교공한
공개구분 공개
내용 1951년 10월 9일 자 연합국 최고사령부 외교국 공한에 대한 일본 외무성의 답신 공한(영문). 일본은 재일한국인의 법적지위 문제만 의제로 삼고 싶지만 한국이 그 이외의 의제에 대해 논의하고 싶다면 일본은 그 의견을 청취하겠음. 문서파일번호 606에 포함된 문서와 동일함.
주제어 예비회담 일정, 의제

문서명	한국대표부 회담 건(韓国代表部との会談に関する件)

문서파일번호 688
작성연월일 1951. 10. 1
구분 예비회담
세부항목 일본 외무성·연합국 최고사령부 협의
작성처 외무성 이마이(今井)
매수 3
비밀등급 비(秘)
문서종류 회의록(전화)
공개구분 공개
내용 지바(千葉) 사무관*(외무성 참여)이 연합국 최고사령부 외교국과 전화로 한일회담 일정 조정 및 의제 범위 확대에 대해 논의한 내용을 기술함.
주제어 예비회담 일정, 의제

* 일본 관료들은 일반 직원부터 사무차관까지 직급은 사무관으로 동일하며, 직위나 직책으로 구별하도록 되어 있음.

문서명	한일교섭 건(日韓交渉に関する件)

문서파일번호 688
작성연월일 1951. 10. 15
구분 예비회담
세부항목 지바·연합국 최고사령부 외교국 협의
작성처 외무성 지바 사무관
매수 2
비밀등급 일반
문서종류 회의록
공개구분 일부 비공개
내용 지바 사무관이 연합국 최고사령부 외교국을 방문해서 한미 간에 주고받은 문서 중 주목을 요하는 사항에 대해 협의한 내용을 기술한 문서.
주제어 한일 예비회담, 한미 협의

문서명	재일한국인의 국적 및 처우 문제에 관한 연합국 최고사령부의 알선(在日朝鮮人の国籍及び処遇問題に関する總司令部の斡旋)

문서파일번호 688
작성연월일 1951. 11. 27
구분 예비회담
세부항목 와지마 국장·연합국 최고사령부 외교국 회담
작성처 외무성 관리국 총무과
매수 12
비밀등급 일반
문서종류 회의록
공개구분 일부 비공개
내용 와지마(倭島英二) 외무성 관리국장과 지바 사무관이 연합국 최고사령부 외교국을 방문하여 재일한국인 법적지위 문제에 대한 일본의 대안을 제시하면서 의견을 교환한 내용. 미일 정부 당국이 향후 한국과의 일정과 입장을 고려하면서 본 문제에 대한 교섭 진행 방향을 논의함.
주제어 예비회담 일정, 의제

문서명	제목 없음

문서파일번호	688
작성연월일	1951. 11. 26
구분	예비회담
세부항목	재일한국인 법적지위 및 처우에 관한 연합국 최고사령부, 일본 문서
작성처	연합국 최고사령부, 외무성
매수	3
비밀등급	극비
문서종류	내부문서
공개구분	일부 비공개
내용	연합국 최고사령부 측이 작성한 재일한국인의 법적지위 및 처우에 대한 문서 및 일본 견해가 담김(영문, 일문).
주제어	재일한국인 법적지위

문서명	부록. 한일대화에 관한 보고서(Report on Japan-Korean Conversation ANNEXES)

문서파일번호	688
작성연월일	1951. 12. 14
구분	예비회담~제1차 회담 사이
세부항목	한일회담 관련 문서 부속자료
작성처	외무성
매수	14
비밀등급	일반
문서종류	외교공한 첨부자료
공개구분	일부 비공개
내용	이구치 외무차관이 미국의 덜레스에게 보고한 한일회담 관련 문서의 부속자료. 1951년 9월 25일~10월 11일 사이에 연합국 최고사령부와 일본 외무성이 주고받은 외교공한, 예비회담 한일 양국 수석대표 인사말 등이 수록됨.
주제어	한일 예비회담 결과

문서명	이구치 차관이 덜레스에게 보낸 서한(井口次官発ダレス氏宛書簡)

문서파일번호 688

작성연월일 1951. 12. 14

구분 예비회담~제1차 회담 사이

세부항목 한일회담 예비회담 보고서

작성처 외무성 이구치 차관

매수 11

비밀등급 일반

문서종류 외교공한

공개구분 공개

내용 외무성 이구치 차관 명의로 미국의 덜레스에게 한일교섭 예비회담에 대한 보고서 개요를 보낸 문서. 첫 번째 회의 및 전반적인 회담의 진행 상황, 그중에서도 법적지위 문제, 선박 문제 그리고 기본관계, 청구권, 어업 등에 이르는 광범위한 의제의 진행 상황에 대해 기술함.

주제어 예비회담 결과보고

한국 파견 사절의 사명과 행동 기준
(遣韓使節の使命と行動基準)

문서파일번호	1630
작성연월일	1951. 12. 5
구분	예비회담~제1차 회담 사이
세부항목	한국 파견 사절 사명 및 훈령
작성처	외무성
매수	19
비밀등급	
문서종류	내부문서
공개구분	공개
내용	예비회담 종료 후 검토한 사절단의 한국 파견과 관련, 사절단의 사명, 행동 기준, 훈령, 총리 메시지 등을 담은 문서 모음
주제어	사절단 한국 파견

문서명	한국 파견 사절의 사명과 행동 기준(안)[遣韓使節の使命と行動基準(案)]

문서파일번호 1630
작성연월일 1951. 12. 5
구분 예비회담~제1차 회담 사이
세부항목 한국 파견 사절 사명 및 훈령
작성처 외무성
매수 6
비밀등급 극비
문서종류 내부문서
공개구분 공개
내용 일본은 예비회담 종료 후 제1차 회담 개최를 염두에 두고 1951년 12월 18~23일 사이에 마쓰모토 슌이치 전권*의 한국 파견 계획을 수립함. 본 문서는 마쓰모토 전권의 파견 목적, 행동 기준 등에 관한 내용을 정리함.
주제어 사절단 한국 파견

문서명	한국 파견 사절에 대한 훈령(안)[遣韓使節に対する訓令(案)]

문서파일번호 1630
작성연월일 1951. 12. 5
구분 예비회담~제1차 회담 사이
세부항목 한국 파견 사절 사명 및 훈령
작성처 외무성
매수 6
비밀등급 극비
문서종류 내부문서
공개구분 공개
내용 마쓰모토 전권의 한국 파견 계획에 따른 훈령을 기술한 문서. 한국의 독립 격려, 한국 국민에 대한 일본 국민의 우정 표명, 일본정부의 대한 정책의 근본정신 설명, 한국 요인 및 재한 미국 당국자 접촉 시 일본 입장 설명, 한일회담에 대한 일본의 진의 설명, 향후 한일회담의 제목 및 양국 간 문제될 사안들에 대한 한국 견해 청취, 한국 내 일본 공관 설치에 관한 한국 이해 추진, 한국의 현상 관찰 보고 등 총 여덟 가지 사안으로 구성됨.
주제어 사절단 한국 파견

* 제1차 한일회담 일본 수석대표 마쓰모토 슌이치(松本俊一) 외무성 고문

문서명	요시다 수상의 메시지(안)[吉田首相のメッセージ(案)]

문서파일번호	1630
작성연월일	1951. 12. 5
구분	예비회담~제1차 회담 사이
세부항목	한국 파견 사절 사명 및 훈령
작성처	외무성
매수	3
비밀등급	극비
문서종류	내부문서
공개구분	공개
내용	마쓰모토 전권의 한국 파견 시 지참할 요시다 수상의 메시지 안
주제어	사절단 한국 파견

문서명	대한정책의 대강(対韓政策の大綱)

문서파일번호	1630
작성연월일	1951. 12. 5
구분	예비회담~제1차 회담 사이
세부항목	대한정책 대강
작성처	외무성
매수	4
비밀등급	극비
문서종류	내부문서
공개구분	공개
내용	마쓰모토 전권의 한국 파견 시 한국에 설명할 일본정부의 대한 정책 대강. 한민족의 남북통일 열망에 동정을 갖고 대처하되 북한에 병탄되는 일이 없도록 해야 한다는 내용 등이 기술됨.
주제어	사절단 한국 파견

한일 문제에 관한 정례협의회(제2~8회)

[日韓問題に関する定例打合会(第2~8回)]

문서파일번호	1631
작성연월일	1951. 12. 5 - 1951. 12. 26
구분	예비회담~제1차 회담 사이
세부항목	한일 문제 관련 관계 성청 정례협의회(제2~8회)
작성처	외무성
매수	32
비밀등급	일반
문서종류	회의록
공개구분	공개
내용	한일회담 예비회담 종료 후 개최된 한국 문제에 관한 관계자 정례협의회 기록
주제어	사절단 한국 파견, 청구권, 재일한국인 법적지위, 선박 반환, 어업

문서명	제2회 대한기본정책 협의회(第二回對韓基本政策打合會)

문서파일번호	1631
작성연월일	1951. 12. 5
구분	예비회담~제1차 회담 사이
세부항목	한일 문제 관련 관계 성청 정례협의회
작성처	외무성
매수	2
비밀등급	일반
문서종류	회의록
공개구분	공개
내용	한일 문제에 관한 정례 관계자(외무성, 입관, 배상청) 협의회에서 협의될 사안을 정리한 문서. 사절단의 한국 파견 준비에 필요한 사항들이 주로 기술됨.
주제어	사절단 한국 파견

문서명	한국 문제에 관한 정례협의회(제2회) [韓国問題に関する定例打合会(第二回)]

문서파일번호	1631
작성연월일	1951. 12. 5
구분	예비회담~제1차 회담 사이
세부항목	한일 문제 관련 관계 성청 정례협의회
작성처	외무성
매수	6
비밀등급	일반
문서종류	회의록
공개구분	공개
내용	한일 문제에 관한 제2회 관계자 협의회 기록. 마쓰모토(松本俊一) 전권의 한국 파견 시기(12월 18~19일), 재일한국인의 지위, 한국 파견 사절단 준비 자료, 한국 이재민에 대한 위문 문제 등에 관해 협의함.
주제어	사절단 한국 파견, 재일한국인 법적지위

문서명	한일 문제에 정례협의회(제3회) [日韓問題に関する定例打合会(第三回)]

문서파일번호	1631
작성연월일	1951. 12. 10
구분	예비회담~제1차 회담 사이
세부항목	한일 문제 관련 관계 성청 정례협의회
작성처	외무성
매수	7
비밀등급	일반
문서종류	회의록
공개구분	공개
내용	제3회 한일 문제에 관한 관계자 정례협의회 기록. 한국 파견 사절단에 대한 훈령안, 총리 메시지안, 여론 개발에 관한 문제, 재한 일본재산에 대한 베스팅 디크리(vesting decree)* 경위, 재일한국인 처우 문제 등에 관해 협의함.
주제어	사절단 한국 파견, 청구권, 재일한국인 법적지위

문서명	한일 문제에 관한 정례협의회(제4회) [日韓問題に関する定例打合会(第四回)]

문서파일번호	1631
작성연월일	1951. 12. 12
구분	예비회담~제1차 회담 사이
세부항목	한일 문제 관련 관계 성청 정례협의회
작성처	외무성
매수	5
비밀등급	일반
문서종류	회의록
공개구분	공개
내용	제4회 한일 문제에 관한 정례협의회 기록. 국적 처우소위원회에서 한국이 제안한 내용을 협의함.
주제어	재일한국인 법적지위

* '베스팅 디크리(vesting decree)'는 권한을 부여하는 조항이란 뜻으로, 여기서는 남한의 미 군정청이 재한 일본재산을 몰수한 조치를 일본이 인정하는 샌프란시스코 대일평화조약 제4조 b)항을 의미함.

문서명	제목 없음

문서파일번호 1631
작성연월일 1951. 12. 14
구분 예비회담~제1차 회담 사이
세부항목 한일 문제 관련 관계 성청 정례협의회
작성처 외무성
매수 8
비밀등급 일반
문서종류 회의록
공개구분 공개
내용 한일 문제에 관한 정례협의회 기록. 한국 국적선 반환 문제, 재일한국인 국적 처우 문제, 어업 등에 관해 협의함.
주제어 선박 반환, 재일한국인 법적지위, 어업

문서명	한일 문제 정례협의회(제8회)[日韓問題に関する定例打合会(第八回)]

문서파일번호 1631
작성연월일 1951. 12. 26
구분 예비회담~제1차 회담 사이
세부항목 한일 문제 관련 관계 성청 정례협의회
작성처 외무성
매수 4
비밀등급 일반
문서종류 회의록
공개구분 공개
내용 제8회 한일 문제에 관한 정례협의회 기록. 한일화친조약 요강(제1안)에 관해 협의함.
주제어 기본관계

한일교섭의 현상(한일교섭 처리요령안 포함)
[日韓交渉の現状(含む日韓交渉処理要領案)]

문서파일번호	1632
작성연월일	1952. 1. 6
구분	예비회담~제1차 회담 사이
세부항목	한일회담 현황 및 교섭 처리 요령
작성처	외무성 아시아국 제2과
매수	15
비밀등급	극비
문서종류	내부문서
공개구분	공개
내용	한일회담 예비회담의 현황 및 향후 개최될 회담에서의 교섭 처리요령안을 기술한 문서
주제어	한일교섭 요령

문서명	한일교섭의 현상(비밀회 설명자료)[日韓交渉の現状(秘密会説明資料)]

문서파일번호 1632
작성연월일 1952. 1.
구분 예비회담~제1차 회담 사이
세부항목 한일회담 현황 및 교섭 처리 요령
작성처 외무성 아시아국 제2과
매수 5
비밀등급 극비
문서종류 내부문서
공개구분 공개
내용 한일회담 예비회담 개최 현황을 정리한 문서. 국적 및 처우 문제와 모든 미해결 문제에 관한 상호교섭의 수단과 방법 조사 및 의제 결정에 관해 협의하였으며, 연합국 최고사령부의 간섭 없이 동등하게 선박 소속 문제에 관해서도 협의함.
주제어 재일한국인 법적지위, 본회담 의제, 선박 반환

문서명	한일교섭 처리요령안(日韓交渉処理要領案)

문서파일번호 1632
작성연월일 1952. 1. 6
구분 예비회담~제1차 회담 사이
세부항목 한일회담 현황 및 교섭 처리 요령
작성처 외무성 아시아국 제2과
매수 10
비밀등급 극비
문서종류 내부문서
공개구분 공개
내용 1952년 2월로 예정된 한일회담에서의 교섭 요령을 기술한 문서. 회담 모두에 한일 우호조약(기본관계 설정, 통상항해조약의 교섭 시기, 해저전선 처리에 관한 교섭 처리 등 포함)을 제시한다는 기본 입장과 함께 의제로 설정된 재일한국인 국적 처우 문제, 재산청구권 처리 문제(교섭을 우호조약의 뒤로 미루고 재한 일본재산에 대한 카운터 클레임을 한국이 인정하도록 요구), 선박, 어업 문제에 대한 교섭방침이 기술됨.
주제어 우호조약, 재산청구권, 선박, 어업

한일회담에 대한 성내 협의회
(日韓会談についての省内打合せ)

문서파일번호	1633
작성연월일	1952. 1. 31 - 1952. 2. 6
구분	예비회담~제1차 회담 사이
세부항목	1차 한일회담 사전 외무성 협의회
작성처	외무성 아시아국 제2과
매수	26
비밀등급	
문서종류	내부문서, 회의록
공개구분	공개 또는 일부 비공개
내용	제1차 한일회담을 앞두고 개최된 외무성 내 협의회 관련 문서 모음
주제어	한일회담 준비

문서명	한일회담에 대한 성내 협의사항(日韓会談についての省内打合せ事項)

문서파일번호 1633
작성연월일 1952. 1. 31
구분 예비회담~제1차 회담 사이
세부항목 제1차 한일회담 사전 외무성 협의회
작성처 외무성 아시아국 제2과
매수 1
비밀등급 일반
문서종류 내부문서
공개구분 공개
내용 제1차 한일회담에 대비한 외무성 내 내부협의회 협의사항을 기재함.
주제어 한일회담 준비

문서명	한일 제1회 공식회의 의제(안)[日韓第一回公式会議議題(案)]

문서파일번호 1633
작성연월일 1952. 1. 31
구분 예비회담~제1차 회담 사이
세부항목 제1차 한일회담 의제 및 회의진행 요령
작성처 외무성 아시아국 제2과
매수 2
비밀등급 극비
문서종류 내부문서
공개구분 공개
내용 제1차 한일회담 제1회 회의 진행에 관한 안. 회의 용어, 의사록 작성, 언론 발표, 회의 진행순서 등에 관한 사항들이 기재됨.
주제어 한일회담 준비

문서명	제1회 공식회의 수석대표 인사요령(안) [第一回公式会議における首席代表挨拶要領(案)]

문서파일번호 1633
작성연월일 1952. 2. 2
구분 예비회담~제1차 회담 사이
세부항목 제1차 한일회담 제1회 회의 일본 수석대표 인사말(안)
작성처 외무성 아시아국 제2과
매수 2
비밀등급 일반
문서종류 회의자료
공개구분 공개
내용 제1차 한일회담 제1회 회의 일본 수석대표의 인사요령(안). 여러 문제가 양자에 만족스럽게 해결되는 것은 한일 양국의 장래 관계를 안정시키고 양호하게 하는 데 절대적으로 필요하며, 동아시아의 안정, 세계평화 증진에 기여하는 것이 될 것이라는 내용이 담김.
주제어 한일회담 준비

문서명	한일 제1회 공식회의 의제(안) [日韓第一回公式会議議題]

문서파일번호 1633
작성연월일 1952. 2. 2
구분 예비회담~제1차 회담 사이
세부항목 제1차 한일회담 제1회 회의 의제 및 의사진행 요령
작성처 외무성 아시아국 제2과.
매수 4
비밀등급 극비
문서종류 내부문서
공개구분 공개
내용 제1차 한일회담 제1회 회의 진행에 관한 수정안. 회담 의제에 관한 사항이 1952년 1월 31일 안보다 상세히 기재됨. 의제는 외교관계를 포함한 기본관계 수립, 재일한국인의 국적 처우 문제 해결, 재산 및 청구권 처리, 통상항해조약의 논의 개시, 선박 문제 해결 등임.
주제어 한일회담 준비

문서명	제2회 공식회의 의제(第二回公式会議議題)

문서파일번호 1633
작성연월일 1952. 2. 2
구분 예비회담~제1차 회담 사이
세부항목 제1차 한일회담 제2회 회의 의제
작성처 외무성 아시아국 제2과
매수 3
비밀등급 극비
문서종류 회의자료
공개구분 공개
내용 제1차 한일회담 제2회 회의(1952년 2월 16일로 상정) 의제에 관한 안. 일본이 우호조약안을 상정, 동 조약의 심의를 국적 처우 문제 등 여타 의제와 함께 분과위원회에 회부하는 것을 제안하는 것으로 되어 있음.
주제어 한일회담 준비

문서명	문제가 될 수 있는 여러 문제(問題となり得る諸点)

문서파일번호 1633
작성연월일 1952. 2
구분 예비회담~제1차 회담 사이
세부항목 한일회담에서 문제가 될 수 있는 사안 검토
작성처 외무성 아시아국 제2과
매수 5
비밀등급 극비
문서종류 내부문서
공개구분 공개
내용 한일회담에서 문제가 될 수 있는 사안들에 대해 검토한 보고서. 한국의 독립 시기에 관한 문제, '조선'이라는 용어에 관한 문제, 대한민국정부의 지위 등에 관한 검토 의견이 기술되어 있음.
주제어 한일회담 준비

문서명	한일회담 성내 내부협의회 결정사항(日韓會談省内打合會決定事項)

문서파일번호 1633
작성연월일 1952. 2. 6
구분 예비회담~제1차 회담 사이
세부항목 제1차 한일회담 외무성 내부협의회
작성처 외무성 아시아국 제2과
매수 7
비밀등급 극비
문서종류 회의록
공개구분 공개
내용 한일회담에 대비한 1952년 2월 6일 외무성 내 내부협의회 기록. 제1회 한일회담 의제, 회담 준비 자료 등을 점검함.
주제어 한일회담 준비

문서명	청구권 문제에 관한 초기의 교섭 요령안(請求權問題に関する初期の交渉要領案)

문서파일번호 1633
작성연월일 1952. 2. 6
구분 예비회담~제1차 회담 사이
세부항목 제1차 한일회담 청구권 초기 교섭 요령
작성처 외무성 아시아국 제2과
매수 2
비밀등급 극비
문서종류 내부문서
공개구분 일부 비공개
내용 청구권 문제에 관한 초기의 교섭 요령에 관해 정리한 문서. 시작 단계에서 한국으로 하여금 구분별 자료를 제출토록 하고 설명을 듣는다는 내용이 기술됨. 이후 내용은 비공개됨(이하 2쪽 비공개).
주제어 청구권

한일회담 일본대표단 준비
(日韓会談日本側代表团準備)

문서파일번호	1634
작성연월일	1952. 2. 7 - 1952. 2. 15
구분	예비회담~제1차 회담 사이
세부항목	제1차 한일회담 일본의 준비 (제1회 협의회)
작성처	외무성 아시아국 제2과
매수	67
비밀등급	
문서종류	내부문서, 회의록, 내부자료, 재가문서
공개구분	공개 또는 일부 비공개
내용	
주제어	한일회담 준비

문서명	한일회담 준비에 대해서(日韓會談準備について)

문서파일번호 1634
작성연월일 1952. 2. 7
구분 예비회담~제1차 회담 사이
세부항목 제1차 한일회담 일본 제1회 내부협의회
작성처 외무성 아시아국 제2과
매수 1
비밀등급 일반
문서종류 재가문서
공개구분 공개
내용 제1차 한일회담 대비 관계 성청 협의회의 1952년 2월 8일 개최 승인을 요청하는 재가문서. 협의회 참석자(별첨1), 협의회 진행순서(별첨2), 제1차 한일회담 의제(별첨10), 협의회 운영에 관한 사항 등이 첨부됨.
주제어 한일회담 준비

문서명	한일회담 일본대표단 제1회 내부협의회(2월 8일) 출석자[日韓會談日本側代表團第一回打合会(二月八日)出席者]

문서파일번호 1634
작성연월일 1952. 2. 7
구분 예비회담~제1차 회담 사이
세부항목 제1차 한일회담 일본 제1회 내부협의회
작성처 외무성 아시아국 제2과
매수 2
비밀등급 일반
문서종류 내부문서
공개구분 공개
내용 '한일회담 준비에 대해서' 문서의 첨부1. 1952년 2월 8일 개최 예정인 한일회담 일본대표단 내부협의회 제1회 회의 참석자 명단(외무성, 법무부, 대장성, 농림성, 운수성 관계관 등).
주제어 한일회담 준비

문서명	한일회담 일본대표단 제1회 내부협의회 진행순서(日韓會談日本側代表團第一回打合会次第)

문서파일번호 1634
작성연월일 1952. 2. 7
구분 예비회담~제1차 회담 사이
세부항목 제1차 한일회담 일본 제1회 내부협의회
작성처 외무성 아시아국 제2과
매수 1
비밀등급 일반
문서종류 내부문서
공개구분 공개
내용 '한일회담 준비에 대해서' 문서의 첨부2. 1952년 2월 8일 개최 예정인 한일회담 일본대표단 내부협의회 제1회 회의 진행순서
주제어 한일회담 준비

문서명	한일 제1회 공식회의(2월 15일) 의제[日韓第一回公式會議(二月十五日)議題]

문서파일번호 1634
작성연월일 1952. 2. 6
구분 예비회담~제1차 회담 사이
세부항목 제1차 한일회담 일본 제1회 내부협의회
작성처 외무성 아시아국 제2과
매수 3
비밀등급 비(秘)
문서종류 내부문서
공개구분 공개
내용 '한일회담 준비에 대해서' 문서의 첨부10. 1952년 2월 15일 개최 예정인 제1차 한일회담 제1회 공식회의 의제. 의제로 외교관계를 포함한 기본관계 수립, 재일한국인의 국적 처우 문제 해결, 한일 양국 및 양국민의 재산 및 청구권 처리, 어업협정 체결, 해저전선 분할에 관한 논의 개시, 통상항해조약의 논의 개시, 선박 문제 해결 등이 기술됨.
주제어 한일회담 준비

문서명	한일회담 일본대표단 제1회 내부협의회 운영에 관하여(日韓會談日本側代表團第一回打合会運営について)

문서파일번호 1634
작성연월일 1952. 2. 7
구분 예비회담~제1차 회담 사이
세부항목 제1차 한일회담 일본 제1회 내부협의회
작성처 외무성 아시아국 제2과
매수 2
비밀등급 일반
문서종류 내부문서
공개구분 공개
내용 1952년 2월 8일 개최 예정인 한일회담 일본대표단 내부협의회 제1회 회의 운영에 관하여 기록함.
주제어 한일회담 준비

문서명	일본대표단 제1회 내부협의회에서 마쓰모토(松本俊一) 수석대표의 연설 요강(日本側代表団第一回打合会における松本主席代表の演述要綱)

문서파일번호 1634
작성연월일 1952. 2. 7
구분 예비회담~제1차 회담 사이
세부항목 제1차 한일회담 일본 제1회 내부협의회 마쓰모토 수석대표 연설 요강
작성처 외무성 아시아국 제2과
매수 5
비밀등급 극비
문서종류 내부문서
공개구분 공개
내용 1952년 2월 8일 개최 예정인 한일회담 일본대표단 내부협의회 제1회 회의 마쓰모토 수석대표의 연설 요강(안). 일본의 대한정책 당면 목적(양국의 공존공영의 기초를 다짐), 대한정책의 기본이념, 한국전쟁의 전망과 한일교섭의 시기, 예비회담 경위와 금번 회담의 관계, 일본대표단의 운영과 교섭방침 등에 관한 사항들이 기술됨.
주제어 한일회담 준비

문서명	한일회담 일본대표단 제1회 내부협의회(日韓會談日本側代表団第一回打合会)

문서파일번호 1634
작성연월일 1952. 2. 8
구분 예비회담~제1차 회담 사이
세부항목 제1차 한일회담 일본 제1회 내부협의회
작성처 외무성 아시아국 제2과
매수 11
비밀등급 비(秘)
문서종류 회의록
공개구분 공개
내용 1952년 2월 8일 개최된 한일회담 일본대표단 내부협의회 제1회 회의기록. 사전에 준비한 시나리오대로 회의가 진행됨. 총 7가지의 자료(한일우호조약안 요강, 한일어업협정 교섭에 대한 일본의 기본방침안, 청구권 문제에 대한 초기의 교섭 요령안, 해저전선 및 통상항해조약 문제, 한일 선박 문제 해결의 기본방침, 재일한국인 국적 및 처우 등에 대한 한일합의 요강, 한일회담 제1회 정식회의의 진행순서)가 배포되고 이에 대한 설명과 논의가 이루어짐.
주제어 한일회담 준비

문서명	제1호 '한일우호조약안 요강'에 대해서(第1号「日韓友好条約案要綱」について)

문서파일번호 1634
작성연월일 1952. 2. 5
구분 예비회담~제1차 회담 사이
세부항목 제1차 한일회담 일본 제1회 내부협의회
작성처 외무성 아시아국 제2과
매수 2
비밀등급 극비
문서종류 내부자료
공개구분 공개
내용 1952년 2월 8일 한일회담 일본대표단 내부협의회 제1회 회의에서 배포된 자료. 한일우호조약안 요강(안)으로 양국의 우호관계를 규정함과 동시에 재산청구권, 해저전선, 어업, 통상항해 등과 관련한 최소한도의 구분이 포함됨.
주제어 한일우호조약안 요강

문서명	제2호 한일어업협정 교섭에 대한 일본의 기본방침안(第2号 日韓漁業協定交渉に対する日本側基本方針案)

문서파일번호 1634
작성연월일 1952. 2. 6
구분 예비회담~제1차 회담 사이
세부항목 제1차 한일회담 일본 제1회 내부협의회
작성처 외무성 아시아국 제2과
매수 2
비밀등급 극비
문서종류 내부자료
공개구분 공개
내용 1952년 2월 8일 한일회담 일본대표단 내부협의회 제1회 회의에서 배포된 자료로 어업협정 교섭에 대한 최초의 기본방침을 정한 문서. 일본은 이승만 라인을 인정한 전제로는 협상에 응하지 않는다는 입장임. 한일 양국은 어업자원 보호를 위해 평등한 입장에서 필요한 제한과 규제를 가해야 함. 영해와 금지구역을 침범한 경우에 대한 규정을 포함하며 양국은 분쟁 조정을 위한 조치를 강구함. 문서파일번호 890과 동일함.
주제어 어업

문서명	제3호 청구권 문제에 관한 초기의 교섭 요령안(第3号 請求権問題に関する初期の交渉要領案)

문서파일번호 1634
작성연월일 1952. 2. 6
구분 예비회담~제1차 회담 사이
세부항목 제1차 한일회담 일본 제1회 내부협의회
작성처 외무성 아시아국 제2과
매수 5
비밀등급 극비
문서종류 내부자료
공개구분 공개

내용	1952년 2월 8일 한일회담 일본대표단 내부협의회 제1회 회의에서 배포된 자료로, 문서파일번호 1633에 포함된 문서와 동일하나 이곳에서는 전체가 공개됨. 한국이 제시한 청구권 구분, 범위, 논거 등이 어느 정도 합리적이라는 점이 명확해 질 때까지 각종 청구권의 개별적 교섭을 거부함. 베스팅 디크리가 관리처분 이상의 효력이 없다는 점에 관한 논리를 관철함. 한국전쟁에 의한 재한 일본재산의 손상에 대한 한국의 책임 문제를 거론함. 북한과 관계된 일본재산은 일본 것이라는 점을 한국이 승인토록 함. 한국의 재일재산 및 청구권에 비해 일본의 재한재산 및 청구권이 더 크므로 이와 관련한 법 이론을 잘 견지하여 장기적으로 충분한 심의하에 대국적 해결을 유도해 나가야 함. 사유재산 처리에 관한 3가지 방안(직접주의, 간접주의, 중개주의)도 포함됨.
주제어	청구권

문서명	**제4호 해저전선 및 통상항해조약 문제에 대해서**(第4号 海底電線および通商航海条約問題について)

문서파일번호	1634
작성연월일	1952. 2. 6
구분	예비회담~제1차 회담 사이
세부항목	제1차 한일회담 일본 제1회 내부협의회
작성처	외무성 아시아국 제2과
매수	1
비밀등급	비(秘)
문서종류	내부자료
공개구분	공개
내용	1952년 2월 8일 한일회담 일본대표단 내부협의회 제1회 회의에서 배포된 자료. 해저전선에 관한 교섭은 다른 논의사항이 많으므로 뒤로 미루며, 통상항해조약 체결 교섭은 한국과 국교수립 후로 미루되 우호조약을 통해 잠정조치를 규정토록 함.
주제어	해저전선, 통상항해조약

문서명	제5호 한일 선박 문제 해결의 기본방침(第5号 日韓船舶問題解決の基本方針)

문서파일번호 1634
작성연월일 1952. 2. 6
구분 예비회담~제1차 회담 사이
세부항목 제1차 한일회담 일본 제1회 내부협의회
작성처 외무성 아시아국 제2과
매수 4
비밀등급 극비
문서종류 내부자료
공개구분 공개
내용 1952년 2월 8일 한일회담 일본대표단 내부협의회 제1회 회의에서 배포된 자료. 약간의 선박을 한국에게 인도하며, 한일경제협력의 일환으로 일본이 원조한다는 취지로 행함. 선박 양도는 적당한 선박을 국가가 선박 소유자에게 사들여 행하고, 이와 같은 인도를 통해 선박 문제를 최종적으로 해결하며, 이후 한국이 선박의 인도를 요구하지 않도록 확약시킴. 문서파일번호 617과 동일함.
주제어 선박

문서명	제6호 재일한국인의 국적 및 처우 등에 관한 한일합의 요강(第6号 在日韓人の国籍及び処遇等に関する日韓取極要綱)

문서파일번호 1634
작성연월일 1952. 2. 6
구분 예비회담~제1차 회담 사이
세부항목 제1차 한일회담 일본 제1회 내부협의회
작성처 외무성 아시아국 제2과
매수 2
비밀등급 극비
문서종류 내부자료
공개구분 공개
내용 1952년 2월 8일 한일회담 일본대표단 내부협의회 제1회 회의에서 배포된 자료. 재일한국인의 국적은 대일평화조약 발효와 동시에 일본 국적에서 이탈되며 국적 선택권은 부여되지 않음. 일본 국적 이탈 후에는 일반 외국인과 동일한 지위를 갖게 되나, 패전 전부터 계속 일본에 거주해 온 한국인에 대해서는 원칙적으로 계속 거주를 허용하고, 일본 국민 고유의 권리(참정권, 공무담임권, 선박소유권 등)를 제외한 일반 외국인에 금지되어 있는 권리와 직업은 원칙적으로 계속 인정함.

주제어 재일한국인 법적지위

문서명	제7호 한일 제1회 공식회담의제(第7号 日韓第一回正式会議議題)

문서파일번호 1634

작성연월일 1952. 2. 6

구분 예비회담~제1차 회담 사이

세부항목 제1차 한일회담 일본 제1회 내부협의회

작성처 외무성 아시아국 제2과

매수 1

비밀등급

문서종류 내부자료

공개구분 공개

내용 1952년 2월 8일 한일회담 일본대표단 내부협의회 제1회 회의에서 배포된 자료. 한일회담 제1회 회의 의제에 관한 사항이 기재됨.

주제어 한일회담 의제

문서명	한일회담 제1회 및 제2회 회의 의제에 대해서(日韓会談第一及び第二回会議議題について)

문서파일번호 1634
작성연월일 1952. 2. 4
구분 예비회담~제1차 회담 사이
세부항목 제1차 한일회담 제1, 2회 회의 의제
작성처 외무성 아시아국 제2과
매수 2
비밀등급
문서종류 재가문서
공개구분 공개
내용 제1차 한일회담 제1회 및 제2회 본회의 의제 재가문서. 의제가 기재된 첨부문서는 포함되어 있지 않음.
주제어 한일회담 의제

문서명	한일회담 본회의 개최 건(日韓会談本会議開催に関する件)

문서파일번호 1634
작성연월일 1952. 2. 12
구분 예비회담~제1차 회담 사이
세부항목 제1차 한일회담 각 성청 대표 및 수행원 참석요구
작성처 외무성 아시아국 제2과
매수 3
비밀등급 일반
문서종류 재가문서
공개구분 공개
내용 관계 성청에 제1차 한일회담 본회의가 1952년 2월 15일 개최됨을 통보하면서 동 회의에 대표와 수행원의 참석을 요구하는 공문의 재가문서
주제어 한일회담 준비

문서명	한일회담 본회의 개최 시간 변경 건(日韓会談本会議開催時変更に関する件)

문서파일번호 1634
작성연월일 1952. 2. 13
구분 예비회담~제1차 회담 사이
세부항목 제1차 한일회담 회담 시간 변경 통보
작성처 외무성 아시아국 제2과
매수 2
비밀등급 일반
문서종류 재가문서
공개구분 공개
내용 제1차 한일회담 제1회 본회의 개최 시간이 1952년 2월 15일 오전 10시에서 오후 2시로 변경되었음을 관계 성청에 통보하는 공문의 재가문서
주제어 한일회담 준비

문서명	한일회담 성내 내부협의회(日韓会談省内打合会)

문서파일번호 1634
작성연월일 1952. 2. 14
구분 예비회담~제1차 회담 사이
세부항목 제1차 한일회담 일본 내부협의회
작성처 외무성 아시아국 제2과
매수 10
비밀등급 극비
문서종류 회의록
공개구분 일부 비공개
내용 1952년 2월 13일 개최된 제1차 한일회담 대비 외무성 내부협의회 기록. 회의 진행 순서, 용어, 회의기록, 언론 발표, 의제 및 회의에서의 의제별 대처방안 등에 관해 점검함.
주제어 한일회담 준비

문서명	한일우호조약 체결에 대해서(日韓友好条約締結について)

문서파일번호 1634
작성연월일 1952. 2. 14
구분 예비회담~제1차 회담 사이
세부항목 한일우호조약 요강안
작성처 외무성 아시아국 제2과
매수 2
비밀등급 극비
문서종류 내부문서
공개구분 공개
내용 한일회담 개최에 앞서 1952년 2월 14일 자로 일본이 준비한 한일우호조약 요강안
주제어 기본관계

문서명	한일어업협정 요강(日韓漁業協定要綱)

문서파일번호 1634
작성연월일 1952. 2. 14
구분 예비회담~제1차 회담 사이
세부항목 한일어업협정 요강안
작성처 외무성 아시아국 제2과
매수 2
비밀등급 극비
문서종류 내부문서
공개구분 공개
내용 한일회담 개최에 앞서 일본이 준비한 1952년 2월 14일 자 어업협정 요강안.
전문(前文): 한일 양국은 국제법 및 국제관습의 원칙에 근거하여 자유, 평등의 입장에서 공해의 어업자원의 보존 및 개발에 임하고 분쟁 방지에 노력함.
본문: ① 상대국의 연안선으로부터 3해리 이내의 수역을 제외하고 양 국민의 어업활동은 상대국으로부터 제한을 받지 않음. ② 어업자원의 최대한 지속적 생

산성 확보를 위해 평등한 기초에서 필요한 공동의 조치를 취함. ③ 공동조치의 긴급한 필요가 있는 경우 황해 및 동해의 저어 자원의 어획에 대해 제한 조치를 양국이 취함. ④ 어업자원의 유효한 이용 및 보존에 대해 과학적 조사 연구를 위해 한일어업공동위원회를 설치하고 양국 정부는 위원회가 요청하는 기록 및 정보 제공에 동의함. ⑤ 3항의 조치를 실시하기 위해 양국 정부는 벌칙을 수반하는 필요한 국내법적 조치를 취하는 외에 적당하고 유효한 조치를 취함. ⑥ 해난의 경우 상대국의 어선에 대해 우호적인 처우 및 원조를 제공함. ⑦ 제3국의 국민 또는 어선이 협정의 목적 달성을 저해할 때는 양국이 상호 통보하고 협의함. ⑧ 본 협정의 유효기간은 5년으로 하고 그 후 폐지를 통고하고 나서 1년간 효력을 존속시킴.

주제어 어업

문서명	**제1회 대표회담 종료 후의 일본대표단 협의회**(第一回代表会議終了後の日本側代表団打合せ)

문서파일번호 1634
작성연월일 1952. 2. 15
구분 제1차 회담 사이
세부항목 제1차 한일회담 일본 협의회
작성처 외무성 아시아국 제2과
매수 4
비밀등급 극비
문서종류 회의록
공개구분 공개
내용 제1차 한일회담 제1회 회의 종료 후 개최된 일본대표단 협의회 기록. 회담 의제와 관련 선박, 국적 처우 문제를 의제로 선정한 경위, 제2회 회의의 의제와 관련한 논의가 이루어짐.
주제어 한일회담 의제

한일회담 현황
(日韓会談の現況)

문서파일번호	689
작성연월일	1952. 3. 13 - 1952. 9. 25
구분	제1차 회담, 제1~2차 회담 사이
세부항목	제1차 한일회담 교섭 현황, 회담 재개
작성처	외무성, 주미대사 등
매수	132
비밀등급	
문서종류	내부문서, 외교공한, 회의록, 전문, 공문
공개구분	공개 또는 일부 비공개
내용	제1차 한일회담 현황, 회담 재개를 위한 미일 간 접촉 기록과 관련 자료 모음
주제어	제1차 한일회담 교섭 현황, 회담 재개 관련

문서명	한일회담 현황(日韓会談の現況)

문서파일번호	689
작성연월일	1952. 3. 13
구분	제1차 회담
세부항목	제1차 한일회담 교섭 현황
작성처	외무성 아시아국 제2과
매수	12
비밀등급	극비
문서종류	내부문서
공개구분	공개
내용	제1차 한일회담의 교섭 경위를 재일한국인 법적지위, 선박 반환, 기본관계, 재산청구권, 어업의 항목별로 양국의 주장을 정리한 문서. 아울러 교섭 전반에 걸친 견해를 제시하면서 특히 청구권과 어업 문제를 조속히 해결하는 것은 어려워 보인다고 평가함.
주제어	재일한국인 법적지위, 선박 반환, 기본관계, 청구권, 어업

문서명	한일교섭에 관하여(On Japanese-Korean conversations)

문서파일번호	689
작성연월일	1952. 3. 14
구분	제1차 회담
세부항목	제1차 한일회담 현황
작성처	외무성 아시아국 제2과
매수	6
비밀등급	극비
문서종류	내부문서
공개구분	공개
내용	제1차 한일회담 현황을 영문으로 요약 정리한 문서
주제어	재일한국인 법적지위, 선박 반환, 기본관계, 청구권, 어업

문서명	한일회담 경위 개요(日韓会談の経緯概要)

문서파일번호 689
작성연월일 1952. 5. 2
구분 제1~2차 회담 사이
세부항목 제1차 한일회담 교섭 경과
작성처 외무성 아시아국 제2과
매수 5
비밀등급 극비
문서종류 내부문서
공개구분 공개
내용 1952년 2월에 시작된 제1차 한일회담의 교섭 경과를 정리한 문서. 재산청구권 문제로 회담이 교착 상태에 빠지고 양유찬 대사의 신문을 통한 선전 운동으로 상호간의 불신을 더욱 초래하며 회담이 결렬되었다고 경위를 설명함.
주제어 재일한국인 법적지위, 선박, 기본관계, 청구권, 어업

문서명	제목 없음

문서파일번호 689
작성연월일 1952. 5. 1
구분 제1~2차 회담 사이
세부항목 리지웨이 사령관 앞 외교공한
작성처 외무성
매수 1
비밀등급 일반
문서종류 외교공한
공개구분 공개
내용 일본 외무성이 매튜 리지웨이(Mathew B. Ridgway) 유엔군 사령관 앞으로 보낸 한일회담 관련 공한(영문)
주제어 리지웨이 사령관, 한일회담 경위

문서명	한일회담 경위 요약(Summary of Proceedings of the Japan-Korean Conference)

문서파일번호	689
작성연월일	1952. 5. 2
구분	제1~2차 회담 사이
세부항목	제1차 한일회담 교섭 경위
작성처	외무성 아시아국 제2과
매수	5
비밀등급	극비
문서종류	내부문서
공개구분	공개
내용	일본 외상이 매튜 리지웨이 유엔군사령관에게 보낸 공한에 첨부된 한일회담 교섭 경위 개요. 기본적으로 일본 외무성의 한일회담 경위 개요의 내부문서와 동일한 내용임(영문).
주제어	재일한국인 법적지위, 선박 반환, 기본관계, 청구권, 어업

문서명	한일회담에 관한 ▬ 서기관 회담 요지(日韓会談に関し▬書記官との会談要旨)

문서파일번호	689
작성연월일	1952. 5. 15
구분	제1~2차 회담 사이
세부항목	우시로쿠 과장·주일미대사관 서기관 회담
작성처	외무성 우시로쿠 과장
매수	5
비밀등급	비(秘)
문서종류	회의록
공개구분	일부 비공개
내용	1952년 5월 15일 우시로쿠(後宮虎郎) 과장과 주일미대사관 ▬ 서기관 회담 기록. 미국무부가 한일회담 재개를 희망하는 입장을 전달하고 청구권 문제 해결의 실마리를 찾기 위한 논의가 이루어짐.
주제어	청구권, 회담 재개

문서명	한일회담에 관한 미국대사관 ■ 서기관 회담 요지(日韓会談に関し米国大使館 ■書記官との会談要旨)

문서파일번호	689
작성연월일	1952. 5. 28
구분	제1~2차 회담 사이
세부항목	우시로쿠 과장·주일미대사관 서기관 회담
작성처	외무성 우시로쿠 과장
매수	3
비밀등급	비(秘)
문서종류	회의록
공개구분	일부 비공개
내용	1952년 5월 28일 우시로쿠 과장과 주일미대사관 ■ 서기관 회담 기록. 우시로쿠 과장이 한국의 강제송환자 수용 거부에 관한 경위를 문서로 건네고 설명한 뒤에 한국의 국내 정세에 대해 논의함.
주제어	재일한국인 법적지위, 회담 재개

문서명	한일회담에 관한 미국대사관 ■ 서기관 회담 요지(日韓会談に関しアメリカ大使館 ■書記官との会談要旨)

문서파일번호	689
작성연월일	1952. 7. 3
구분	제1~2차 회담 사이
세부항목	우시로쿠 과장·주일미대사관 서기관 회담
작성처	외무성 우시로쿠 과장
매수	4
비밀등급	일반
문서종류	회의록
공개구분	일부 비공개
내용	1952년 7월 3일 우시로쿠 과장과 주일미대사관 ■ 서기관 회담 기록. 미국은 한일회담 재개를 계속 요구함.
주제어	재일한국인 법적지위, 회담 재개

문서명	한일회담 재개(Resumption of Japan-Korea Conference)

문서파일번호 689
작성연월일 1952(월일 불명)
구분 제1~2차 회담 사이
세부항목 일본 외무성·주일한국대표부 간 회담 재개 교섭 기록
작성처 외무성 아시아국 제2과
매수 6
비밀등급 일반
문서종류 내부문서
공개구분 일부 비공개
내용 주일한국대표부와 일본 외무성이 한일회담 재개를 위해 논의했던 발언 내용을 영문으로 기록한 문서. 유태하 참사관과 와지마 국장·김용식 공사와 오카자키 외상의 회담 내용이 기록됨.
주제어 한일회담 재개

문서명	9월 24일 외상·머피 대사 회담 건(九月二十四日の外相マーフィ大使会談に関する件)

문서파일번호 689
작성연월일 1952. 9. 24
구분 제1~2차 회담 사이
세부항목 오카자키 외상·머피 주일미대사 회담
작성처 외무성
매수 2
비밀등급 비(秘)
문서종류 회의록
공개구분 공개
내용 오카자키 외상과 머피(Robert D. Murphy) 주일미국대사의 회담 기록. 머피 대사는 일본 해상보안청의 경비정이 자국 어선을 보호한다는 명목으로 한국 인근 해역에서 활동하는 것에 대해 자제를 촉구하며 절충안을 제시함. 또한 한일회담 재개를 위해 미국이 도와줄 일이 있으면 도와주겠다는 뜻을 전달함.
주제어 어업, 한일회담 재개

문서명	한일교섭 현황(Present Situation of the Japan-Korea Negotiation)

문서파일번호	689
작성연월일	1952(월일 불명)
구분	제1~2차 회담 사이
세부항목	유태하·와지마 국장·김용식·오카자키 외상회담 기록
작성처	외무성 아시아국 제2과
매수	3
비밀등급	일반
문서종류	내부문서
공개구분	공개
내용	한일교섭 재개를 위해 유태하 참사관과 와지마 국장이 7월 2일에서 24일까지 다섯 번, 그리고 김용식 공사와 오카자키 외상이 7월 26일, 8월 14일 두 번에 걸쳐 회담했던 논의 요지가 기록된 영문 문서
주제어	한일회담 재개

문서명	제목 없음

문서파일번호	689
작성연월일	1952. 7. 12
구분	제1~2차 회담 사이
세부항목	한일회담 재개 전망
작성처	외무성 아시아국 제2과
매수	3
비밀등급	일반
문서종류	내부문서(Memorandum)
공개구분	공개
내용	한일회담 재개 전망에 관한 기록. 샌프란시스코, 일본과 중국(타이완), 일본과 인도 간의 대일평화조약 선례에 따라 한일국교 정상화가 실현되기를 희망하지만 회담 경위를 살펴봤을 때 쉽지 않다고 전망함. 재개되는 한일교섭에서는 사전 회의를 거쳐 공식 회담을 개최하도록 제안함.
주제어	한일회담 재개 전망

문서명	재한재산에 대한 미국 신문의 논조 건(在韓財産について米紙の論調に関する件)

문서파일번호 689
작성연월일 1952. 5. 27
구분 제1~2차 회담 사이
세부항목 재한재산 관련 미국 언론 보도, 주미일본임시대리대사 보고
작성처 주미임시대리대사
매수 2
비밀등급 일반
문서종류 전문(電文)
공개구분 공개
내용 다케우치 류지(武內龍次) 주미임시대리대사가 「크리스천 사이언스 모니터 지(The Christian Science Monitor)」의 1952년 5월 24일 자 '일본의 맹목적 애국주의(Japanese Jingoism)'라는 제목의 사설 내용을 일본어로 요약해서 보고한 전문
주제어 청구권

문서명	한일회담 경위에 관한 외무대신의 국회 설명에 대해서(日韓会談経緯に関する外務大臣の国会説明について)

문서파일번호 689
작성연월일 1952. 5. 14
구분 제1~2차 회담 사이
세부항목 한일회담 경위 국회 보고
작성처 외무성 아시아국 제2과
매수 3
비밀등급
문서종류 전문(電文)
공개구분 공개
내용 외무성이 다케우치(武內龍次) 주미임시대리대사에게 1952년 5월 14일 중의원 외무위원회에서 한일회담 경위에 대해 설명한 내용을 전달한 전문
주제어 한일회담 경위

문서명	한일회담 재개 기운 건(日韓会談の再開気運に関する件)

문서파일번호 689
작성연월일 1952. 7. 3
구분 제1~2차 회담 사이
세부항목 한일회담 재개 관련 일본 입장 통보
작성처 외무성 아시아국 제2과
매수 6
비밀등급 일반
문서종류 전문(電文)
공개구분 공개
내용 외무성이 아라키 에이키치(新木栄吉) 주미대사에게 한일회담 재개를 둘러싼 현황에 대해 통보하는 전문. 한국에서 회담 재개 의지를 전달해 와 일본도 이에 동의했으나 회담 중단의 경위를 고려해 사전 회의를 충분히 활용할 방침임을 설명함. 아울러 머피(Robert D. Murphy) 주일대사와 한일회담 재개에 대해 의견교환한 사실도 통보함.
주제어 한일회담 재개

문서명	주미한국대사 방문 건(在米韓国大使訪問の件)

문서파일번호 689
작성연월일 1952. 8. 20
구분 제1~2차 회담 사이
세부항목 주미일본·한국 대사 교류에 관한 주미대사 보고
작성처 주미대사
매수 1
비밀등급 일반
문서종류 공문
공개구분 공개
내용 아라키(新木栄吉) 주미일본대사가 1952년 8월 14일 한국대사를 만난 데 이어 8월 15일 한국대사관이 주최하는 한국 독립 기념일 리셉션에 참석하였음을 본성에 보고함.
주제어 주미 한국-일본 대사 교류

문서명	한일회담에 관한 자료 송부 건(日韓会談に関する資料送付の件)

문서파일번호 689
작성연월일 1952. 3. 26
구분 제1차 회담
세부항목 한일회담 교섭 현황 통보
작성처 외무성 아시아국 제2과
매수 2
비밀등급 비(秘)
문서종류 공문
공개구분 공개
내용 외무성이 주워싱턴 재외사무소*장에게 보낸 공문. 제1차 한일회담에서 청구권 및 어업 문제를 중심으로 양측의 견해가 충돌하고 있다는 내용과 함께 미국무부와의 논의를 대비해서 관련 자료를 송부한다는 내용
주제어 청구권, 어업

문서명	한일회담 현황(日韓会談の現況)

문서파일번호 689
작성연월일 1952. 3. 23
구분 제1차 회담
세부항목 한일회담 교섭 현황 자료 송부
작성처 외무성 아시아국 제2과
매수 21
비밀등급 극비
문서종류 내부문서
공개구분 공개
내용 주워싱턴 재외사무소장에게 보낸 한일회담 관련 자료. 한일회담 예비교섭을 비롯한 제1차 회담 경위를 재일한국인 법적지위, 선박, 기본관계, 청구권, 어업 문제로 나누어 요약한 내용이 담김. 한일 양측이 제시했던 문서 내용과 주장의 요지, 그리고 1953년 3월 23일까지의 상황이 기술됨.
주제어 제1차 회담 경위

* 전쟁 종료 후 연합국의 일본 점령이 이루어진 이래 샌프란시스코 대일평화조약이 발효되는 1952년 4월 28일까지 일본의 재외공관은 '○○재외사무소'로 불렸음.

문서명	한일 간 재산 및 청구권 협정 요강 한국 제안(1952년 2월 21일 제출)[韓日間財産及び請求権協定要綱韓国側提案(一九五二年二月二十一日提出)]

문서파일번호 689
작성연월일 1952. 2. 21
구분 제1차 회담
세부항목 청구권요강 8항목 통보
작성처 외무성 아시아국 제2과
매수 2
비밀등급 극비
문서종류 내부문서
공개구분 공개
내용 주워싱턴 재외사무소장에게 보낸 한일회담 관련 자료. 한국이 제1차 한일회담 청구권위원회에서 제시했던 청구권 협정 요강 8항목
주제어 청구권

문서명	미 대통령 특파 한국경제사절단 건(米大統領特派韓国経済使節団に関する件)

문서파일번호 689
작성연월일 1952. 4. 15
구분 제1차 회담
세부항목 한국경제 관련 보고 지시
작성처 외무성 아시아국 제2과
매수 3
비밀등급 비(秘)
문서종류 공문
공개구분 공개
내용 외무성이 주워싱턴 재외사무소장에게 미 대통령 특파 한국경제사절단의 보고서, 미국 정부의 한국경제에 대한 판단, 향후 부흥 계획 등에 대한 정보를 파악, 보고하라고 지시하는 공문
주제어 경제협력

문서명	한일회담 현황에 관한 서류 송부 건(日韓会談の現況に関する書類送付の件)

문서파일번호 689
작성연월일 1952. 4. 18
구분 제1차 회담
세부항목 양유찬 대사 주장에 대한 대응방안 지시
작성처 외무성 아시아국 제2과
매수 3
비밀등급 비(秘)
문서종류 공문
공개구분 공개
내용 외무성이 주워싱턴 재외사무소장에게 보낸 공문. 한일회담 한국 수석대표였던 양유찬 주미대사가 워싱턴으로 귀임하였는데 금후 일본의 청구권 관련 주장을 미국 현지에서 왜곡하면 적극 대처하도록 지시함.
주제어 청구권

문서명	한일회담 현황(1952. 4. 17. 현재)[日韓会談の現況(1952. 4. 17. 現在)]

문서파일번호 689
작성연월일 1952. 4. 17
구분 제1차 회담
세부항목 한일교섭 현황 통보
작성처 외무성 아시아국 제2과
매수 3
비밀등급 일반
문서종류 내부문서
공개구분 공개
내용 1952년 4월 18일 자 주워싱턴 재외사무소장 앞 공문 첨부자료. 제1차 한일회담에서 양측이 청구권 문제로 첨예하게 대립했고 한국 수석대표 양유찬 주미대사가 본국으로 귀국한 뒤에 한일회담 진전과 관련하여 아무런 변화가 없음.
주제어 한일회담 현황

문서명	한일 양국 정부에 대한 한일회담 공동보고서(안)[日韓両国政府に対する日韓会談共同報告書(案)]

문서파일번호 689
작성연월일 1952. 4(일자 불명)
구분 제1차 회담
세부항목 한일회담 공동 보고서(안) 송부
작성처 외무성 아시아국 제2과
매수 4
비밀등급 극비
문서종류 내부자료
공개구분 공개
내용 1952년 4월 18일 자 주워싱턴 재외사무소장 앞 공문 첨부자료로 보임. 1952년 4월 작성된 한일 양국 정부에 대한 한일회담 공동보고서(안). 기본관계, 청구권, 어업, 재일한국인 법적지위, 선박 문제에 대한 논의 현황이 정리되어 있음(일본이 제1차 한일회담 결렬 상황에서 제의한 것임)
주제어 기본관계, 청구권, 어업, 재일한국인 법적지위, 선박 반환

문서명	한일회담에 관한 자료 송부 건(日韓会談に関し資料送付の件)

문서파일번호 689
작성연월일 1952. 4. 18
구분 제1차 회담
세부항목 마쓰모토 고문이 양유찬 대사에게 보낸 서한 관련 설명
작성처 외무성 아시아국 제2과
매수 3
비밀등급 일반
문서종류 공문
공개구분 공개
내용 외무성(아시아국장)이 워싱턴 재외사무소장에게 보낸 자료에 대한 설명이 담긴 공문. 한국 수석대표 양유찬 주미대사가 회담의 주요 내용을 일방적으로 언론사에 발표한 것을 반박하기 위해 마쓰모토 고문이 양 대사에게 보낸 서한이라고 설명함.
주제어 마쓰모토 고문이 양유찬 대사에게 보낸 서한

문서명	한일회담 현황(日韓会談の現況)

문서파일번호 689
작성연월일 1952. 4. 24
구분 제1차 회담
세부항목 김용식·마쓰모토 대표 간 회담 경위
작성처 외무성 아시아국 제2과
매수 3
비밀등급 극비
문서종류 내부문서
공개구분 공개
내용 양유찬 대표가 1952년 4월 16, 17, 18일에 걸쳐 마쓰모토(松本俊一) 대표와 비공식 회담을 열었으나 성과를 거두지 못함. 후임으로 임명된 김용식 공사가 마쓰모토 대표와 회담한 경위가 기술됨. 결국 회담을 중단하는 것으로 결론짓고 그다음 대응을 모색하기로 했다는 내용도 기술됨.
주제어 한일회담 현황

문서명	한일회담 미재개를 둘러싼 한국 움직임 등에 관한 건(日韓会談未再開を繞る韓國側の動き等に関する件)

문서파일번호 689
작성연월일 1952. 6. 10
구분 제1~2차 회담 사이
세부항목 한일회담 관련 한국 동향 등 통보
작성처 외무성 아시아국 제2과
매수 4
비밀등급 일반
문서종류 공문
공개구분 공개
내용 외무성이 아라키 주미대사에게 한일회담 미재개를 둘러싼 한국 동향에 대한 정보를 비롯해 외신 기자 인터뷰 내용을 통보함.
주제어 한일회담 재개 관련 한국 동향

문서명	한일회담 건(日韓会談に関する件)

문서파일번호 689
작성연월일 1952. 9. 25
구분 제1~2차 회담 사이
세부항목 한일회담 현황 통보
작성처 외무성 아시아국 제2과
매수 17
비밀등급 극비
문서종류 공문
공개구분 일부 비공개
내용 외무성이 아라키 주미대사에게 보낸 공문. 한일회담 현황에 대한 정보를 전달하면서 이를 바탕으로 주미대사관이 미국무부과 접촉하길 바란다는 내용이 담김. 재개되는 한일회담에서 의제를 일괄 처리할 것인지를 두고 양측 정부 레벨에서 교섭한 경위, 일본정부의 각 성청별 의제에 대한 입장 변화, 머피(Robert D. Murphy) 주일대사 회담 내용 등도 기술됨.
주제어 한일회담 현황

한일회담 성내 내부협의회 회의기록
(日韓会談省内打合せ会議事要録)

문서파일번호	1636
작성연월일	1952. 3. 13
구분	제1차 회담
세부항목	한일회담 외무성 성내 내부협의회
작성처	외무성 아시아국 제2과
매수	28
비밀등급	
문서종류	회의록, 내부자료
공개구분	공개
내용	제1차 한일회담이 진행되고 있는 1952년 3월 13일 개최된 외무성 내 협의회 기록 및 관련 문서 모음
주제어	기본관계, 청구권, 어업, 선박, 재일한국인 법적지위, 한일우호조약

문서명	한일회담 성내 내부협의회 회의기록(日韓会談省内打合せ会議事要録)

문서파일번호 1636
작성연월일 1952. 3. 13
구분 제1차 회담
세부항목 한일회담 외무성 성내 협의회
작성처 외무성 아시아국 제2과
매수 5
비밀등급 극비
문서종류 회의록
공개구분 공개
내용 한일회담 외무성 내 협의회 기록. 각 위원회(기본관계, 청구권, 어업, 선박 문제 및 국적 처우 문제)의 회의 경과가 보고됨. 조약국장이 한일우호조약 중 통상항해관계 조항의 최종안과 관련해 한국이 대일평화조약 제12조의 수혜국임을 확인하는 의미의 규정을 포함시킬 것을 희망한다고 설명함.
주제어 기본관계, 청구권, 어업, 선박, 재일한국인 법적지위, 한일우호조약

문서명	오노(大野勝巳) 참사관의 보고요지(大野参事官の報告要旨)

문서파일번호 1636
작성연월일 1952. 3. 13
구분 제1차 회담
세부항목 한일회담 외무성 성내 협의회
작성처 외무성 아시아국 제2과
매수 19
비밀등급 일반
문서종류 내부문서
공개구분 공개
내용 1952년 3월 13일 한일회담 외무성 내 협의회 기록 첨부1. 1952년 3월 13일 외무성 내 협의회에서의 기본관계위원회 및 청구권위원회 회의경과 보고 요지. 한국과의 회의에서 기본관계와 관련하여 조약 명칭 문제와 조항 문제 논의가 청구권 문제와 관련하여 재한 일본재산에 대한 논의가 이루어졌다고 보고함.
주제어 기본관계, 청구권

문서명	시마 참사관의 보고 요지(島参事官の報告要旨)

문서파일번호 1636
작성연월일 1952. 3. 13
구분 제1차 회담
세부항목 한일회담 외무성 성내 협의회
작성처 외무성 아시아국 제2과
매수 2
비밀등급 일반
문서종류 회의자료
공개구분 공개
내용 1952년 3월 13일 한일회담 외무성 내 협의회 기록 첨부2. 1952년 3월 13일 외무성 내 협의회에서의 어업위원회 회의 경과보고 요지. 어업 문제와 관련해 3차례 회의했으나, 일본 제안에 대해 질의응답 단계를 벗어나지 못하고 있음.
주제어 어업

문서명	한일회담 각분과위원회 개최 예정표(日韓会談各分科委員会開催予定表)

문서파일번호 1636
작성연월일 1952. 3. 13
구분 제1차 회담
세부항목 한일회담 외무성 성내 협의회
작성처 외무성 아시아국 제2과
매수 1
비밀등급 비(秘)
문서종류 회의자료
공개구분 공개
내용 1952년 3월 13일 한일회담 외무성 내 협의회 기록 첨부3. 1952년 3월 13일 외무성 내 협의회에서 배포된 한일회담 분과위원회 개최 예정일 자료
주제어 제1차 한일회담 분과위원회 개최 예정일

문서명	한일회담 각 담당관 자체협의 예정시간표(日韓会談省内各係官打合せ予定時間表)

문서파일번호 1636

작성연월일 1952. 3. 13

구분 제1차 회담

세부항목 한일회담 외무성 성내 협의회

작성처 외무성 아시아국 제2과

매수 1

비밀등급 비(秘)

문서종류 회의자료

공개구분 공개

내용 1952년 3월 13일 한일회담 외무성 내 협의회 기록 첨부4. 1952년 3월 13일 외무성 내 협의회에서 배포된 성내회의를 위한 자체협의 시간표

주제어 외무성 제1차 한일회담 외무성 성내 협의회

회담 합의를 위한 대책안
(会談取纏めのための対策案)

문서파일번호	1637
작성연월일	1952. 3. 18
구분	제1차 회담
세부항목	회남 타결을 위한 대책안
작성처	외무성 아시아국 제2과
매수	13
비밀등급	
문서종류	내부문서, 공동성명(안)
공개구분	공개
내용	제1차 한일회담이 진행되는 중간에 의제별로 회의 경과 및 회담 타결을 위한 대책안을 정리한 문서
주제어	우호조약, 공동성명, 재일한국인 법적지위, 선박, 청구권

문서명	회담 합의를 위한 대책안(会談取纏めのための対策案)

문서파일번호 1637
작성연월일 1952. 3. 18
구분 제1차 회담
세부항목 회담 타결을 위한 대책안
작성처 외무성 아시아국 제2과
매수 4
비밀등급 극비
문서종류 내부문서
공개구분 공개
내용 1952년 3월 18일 자 회담 타결을 위한 대책안. 우호조약은 공문 교환으로 국교를 정상화하는 방식은 불가능(기술적으로는 가능하나 회담을 개최하고서도 합의가 이루어지지 않을 경우 일본의 국민감정이 이를 용납하지 못함), 청구권 문제는 우호조약이 위원회의 손을 벗어난 상태에서 이번 회담 기간 중에는 어떠한 합의도 이루어지기 어려우며, 공문 형식으로 '화협의 정신에 따라 정의와 공평의 원칙에 의거 해결한다'는 취지의 합의를 유도하고, 상설위원회를 설치하여 장래 계속해서 논의, 선박 문제는 일본 전권으로 하여금 대강의 안으로 해결 가능한 아웃라인을 정하도록 해서 우호조약과 청구권 문제를 해결할 수 있도록 협상카드로 활용할 수 있도록 함.
주제어 우호조약, 청구권, 선박 반환

문서명	공동성명(안)[共同声明(案)]

문서파일번호 1637
작성연월일 1952. 3. 18
구분 제1차 회담
세부항목 회담 타결 대비공동성명안
작성처 외무성 아시아국 제2과
매수 6
비밀등급 극비

문서종류 공동성명안

공개구분 공개

내용 일본이 1952년 4월 초순경 회담 타결을 예상하여 준비했으나 사용하지 못하게 된 공동성명(안). 우호조약 체결, 재일한국인 국적 및 처우 협정 타결, 교환공문을 통한 선박 반환 문제 해결, 청구권 문제는 상설위원회 설치를 통해 계속 협의, 어업 문제도 계속 협의하기로 함.

주제어 한일회담 타결에 따른 공동성명(안), 우호조약, 재일한국인 법적지위, 선박 반환, 어업

문서명	공동성명(Joint Statement)

문서파일번호 1637

작성연월일 1952. 3. 18

구분 제1차 회담

세부항목 회담 타결 대비공동성명안

작성처 외무성 아시아국 제2과

매수 3

비밀등급

문서종류 공동성명안

공개구분 공개

내용 한일 공동성명안의 영문

주제어 한일회담 타결에 따른 공동성명안

제3회 일본대표단 협의회
(第3回日本側代表団打合せ)

문서파일번호	1638
작성연월일	1952. 3. 31
구분	제1차 회담
세부항목	일본대표단 협의회(제3회)
작성처	외무성 아시아국 제2과
매수	32
비밀등급	
문서종류	회의록, 교환공문안
공개구분	공개
내용	1952년 3월 27일 개최된 한일회담 일본대표단 제3회 협의회 기록 및 관련 문서
주제어	일본대표단 협의회

문서명	제3회 일본 대표 협의회 의사록(第三回日本側代表打合会議事録)

문서파일번호 1638
작성연월일 1952. 3. 31
구분 제1차 회담
세부항목 일본대표단 협의회(제3회)
작성처 외무성 아시아국 제2과
매수 27
비밀등급 극비
문서종류 회의록
공개구분 공개
내용 1952년 3월 27일 한일회담 일본대표단 제3회 협의회 의사록. 샌프란시스코 대일평화조약이 발효될 때 중요한 것은 한일 국교가 개시되었다는 것을 세계에 알리는 것이며, 국적, 선박 문제를 일괄적으로 해결하여 기본조약안을 작성한다는 기본방침 아래 한국이 요구하는 강제퇴거 협의 기간 7년 안을 받아들이고 선박을 제공할 것임.
주제어 일본대표단 협의회, 재일한국인 법적지위, 선박 반환, 기본관계

문서명	선박 문제 해결에 관한 일본국과 대한민국의 교환공문 시안(船舶問題の解決に関する日本国と大韓民国との間の交換公文試案)

문서파일번호 1638
작성연월일 1952. 3(일자 불명)
구분 제1차 회담
세부항목 일본대표단 협의회(제3회)
작성처 외무성 아시아국 제2과
매수 3
비밀등급 극비
문서종류 교환공문(안)
공개구분 공개
내용 일본정부가 한국정부에게 일정한 선박을 제공하는 것으로 선박 문제를 해결한다는 내용의 교환공문 시안
주제어 선박 반환

제4회 일본대표단 내부협의회
(第4回日本側代表団打合せ)

문서파일번호	1639
문서명	제4회 일본대표단 협의회(第4回日本側代表団打合せ)
작성연월일	1952. 4(일자 불명)
구분	제1차 회담
세부항목	일본대표단 협의회(제4회)
작성처	외무성 아시아국 제2과
매수	6
비밀등급	일반
문서종류	회의록
공개구분	공개
내용	1952년 4월 개최된(정확한 개최일 자 불명) 한일회담 일본대표단 제4회 협의회 기록. 각 위원회 회의와 마쓰모토·양유찬 비공식 회의(3월 27일, 4월 1일, 2일) 경과에 관한 보고 후 각 안건별 한국 반응에 관해 논의함.
주제어	재일한국인 법적지위, 선박 반환, 기본관계

한일회담 추이에 따른 대한관계의 행정조치에 대해서(日韓会談の推移に伴う対韓関係の行政措置について)

문서파일번호	1640
문서명	한일회담 추이에 따른 대한관계의 행정조치에 대해서(日韓会談の推移に伴う対韓関係の行政措置について)
작성연월일	1952. 4. 15
구분	제1차 회담
세부항목	한일회담 추이에 따른 대한국 행정조치
작성처	외무성 아시아국 제2과
매수	16
비밀등급	극비
문서종류	내부문서
공개구분	일부 비공개
내용	한일회담이 중단되고 샌프란시스코 대일평화조약이 발효될 경우 한국 및 재일한국인에 대해 취해야 할 행정적 조치를 검토한 내용. ① 주일한국대표부 지위: 한일회담이 중지된 채 샌프란시스코 대일평화조약 발효 시, 주일한국대표부의 지위는 모든 권리 특권을 거부할 것, 외교사절적인 권능 및 이에 직접 관련한 특권은 의례적으로 당분간 제공, 재외사무소로서 통상 사무를 위한 권한만 인정, 영사관 내지 영사사무를 행하는 재외사무소 지위 인정, 사실상 외교사절로 인정함. ② 재일한국인의 국적 처우에 관한 사항: 국적 처우에 관한 한일협정이 성립하지 않을 경우 재일한국인의 특별 처우 여부와 필요한 입법 조치 등을 검토함. ③ 연합국 최고사령부·한국 간의 잠정 협정: 해운, 무역, 금융의 잠정협정에 대해 일본이 유리해지기 위해서, 이에 대한 교섭을 중지한다는 것을 한국에게 시사하는 것이 좋을 듯함. ④ 어업: 한일회담 결렬 후 어업 분쟁이 예상되며, 특히 맥아더라인 철폐 이후는 일본어선에 대한 발포, 나포, 억류 사건이 우려됨. 이에 대한 조치로 한국 어류의 수입 금지, 어선 매각 제한, 어선 장비 수출 금지를 상정함. 이 외에 선박 반환은 백지화하고 정기 항공기의 한국 취항 허가 금지, 해저전선 분할 보류함.
주제어	한일회담 중단, 대일평화조약 발효, 재일한국대표부 지위, 재일한국인 법적 지위, 해운무역금융잠정협정, 어업

한일회담 현황(1952. 3. 23.)
[日韓会談の現況(昭和27. 3. 23)]

문서파일번호	1437
작성연월일	1952. 3. 23
구분	제1차 회담
세부항목	회담 현황
작성처	외무성
매수	116
비밀등급	
문서종류	내부자료
공개구분	공개
내용	1952년 3월 23일 제1차 한일회담이 개최되는 동안에 회담 진행 현황을 정리한 내용과 관련 자료 모음
주제어	제1차 한일회담 현황

문서명	1. 한일회담 현황(一、日韓会談の現況)

문서파일번호 1437
작성연월일 1952. 3. 23
구분 제1차 회담
세부항목 회담 현황
작성처 외무성
매수 22
비밀등급 일반
문서종류 내부자료
공개구분 공개
내용 제1차 한일회담 본회의와 각 소위원회(재일한국인 법적지위, 선박 반환, 기본관계, 재산 및 청구권, 어업)의 회담 경과를 정리함
주제어 재일한국인 법적지위, 선박 반환, 기본관계, 청구권, 어업

문서명	한일회담의 현황보고에 관한 서류목록(韓日會談の現況報告に關する書類目錄)

문서파일번호 1437
작성연월일 1952. 2-1952. 3
구분 제1차 회담
세부항목 회담 현황
작성처 외무성
매수 94
비밀등급 극비
문서종류 내부자료
공개구분 공개
내용 ① 3월 20일 자 재일한국인의 국적 및 처우에 관한 한일협정안
② Proposed Settlement of Questions Concerning Vessels(선박 문제에 관한 해결안)
③ 일본국과 대한민국 사이의 우호조약초안
④ 대한민국과 일본국 사이의 기본조약(안)
⑤ 일본국과 대한민국 사이의 우호조약(안)

⑥ 한일 간 재산 및 청구권협정 요강 한국 제안(안)(1952년 2월 21일 제출)
⑦ 한일 간 청구권협정 요강 한국 제안의 세목
⑧ 한일 양국 사이에 결정해야 할 재산 및 청구권에 관한 협정의 기본요강(일본 제안)
⑨ 재산청구권 관련 일본 제안과 관련 문서(The Japanese Delegation's Proposal and Related Documents Concerning the Problem of Property and Claims at the Japan-Korea Conference)
⑩ 재산청구권 일본 제안 설명 요지(Gist of Explanation of the Japanese Proposal Concerning the Problem of Property and Claims)
⑪ 어업에 관한 일본정부와 대한민국정부 사이의 협정안(일본 제안)
⑫ 어업에 관한 대한민국정부와 일본정부의 협정안(한국안)
⑬ 어업에 관한 대한민국정부와 일본정부의 협정안의 제안 이유 설명
⑭ 한국 어업협정안(Proposed Agreement for Fisheries between the Government of the Republic of Korea and the Government of Japan(by the Korea Side)
⑮ 한국 어업협정안 설명(Explanation of the Reasons for Proposal of the Draft Agreement for Fisheries between the Government of the Republic of Korea and the Government of Japan)

주제어 재일한국인 법적지위, 선박 반환, 기본관계, 청구권, 어업

한일회담 각 안건의 교섭 경위 개요
(日韓会談における各案件交渉の経緯概要)

문서파일번호	476
문서명	한일회담 각 안건의 교섭 경위 개요(日韓会談における各案件交渉の経緯概要)
작성연월일	1952. 4. 15
구분	제1차 회담
세부항목	회담 안건별 교섭 경위
작성처	외무성
매수	30
비밀등급	일반
문서종류	내부자료
공개구분	공개
내용	제1차 한일회담 종료 직전 각 안건별 교섭 경위를 아래 구분으로 정리한 문서 ① 국적 처우 문제 ② 선박 문제 ③ 기본조약 문제 ④ 재산청구권 문제 ⑤ 어업 문제
주제어	재일한국인 법적지위, 선박 반환, 기본조약, 재산청구권, 어업

한일회담 개요
(日韓会談の概要)

문서파일번호	477
문서명	한일회담 개요(日韓会談の概要)
작성연월일	1952(월일 불명)
구분	제1차 회담
세부항목	한일회담 개요
작성처	외무성 아시아국
매수	119
비밀등급	극비
문서종류	내부자료
공개구분	공개
내용	1952년 2월 21일부터 4월 25일까지 개최된 제1차 한일회담 개시 경위, 본회담의 개요와 회담 중지 경위를 기록한 문서. 대일평화조약 발효 전 타결을 목적으로 각 분과위원회에서 주 2, 3회 회의를 개최하고 비공식회담을 열어 의제들을 논의함. 재일한국인 법적지위 문제와 선박 문제는 대체로 의견일치를 봄. 한국이 회담 도중 기밀서류를 신문기자에 전달하여 왜곡된 성명이 발표되었고 한국정부가 회담을 속행하지 않겠다는 각의결정이 보도되었으며, 4월 25일 마쓰모토 일본대표가 김용식 공사에게 서한을 보내 회담 중지를 통보함. 의제별 한일 간 불일치점과 의제별 부속문서(우호조약초안, 기본조약안, 기본관계설정조약안, 청구권요강 한국 제안, 청구권요강 일본 제안, 어업협정안, 법적지위 협정안, 선박 문제 일본 제안 등)가 첨부됨.
주제어	재일한국인 법적지위, 선박 반환, 기본조약, 재산청구권, 어업

대한교섭 개요
(対韓交渉の概要)

문서파일번호	478
문서명	대한교섭 개요(対韓交渉の概要)
작성연월일	1952. 5. 6
구분	제1~2차 회담 사이
세부항목	회담 개요
작성처	외무성 아시아국 제2과
매수	18
비밀등급	극비
문서종류	내부자료
공개구분	공개
내용	제1차 회담의 개최 경위와 기본관계 문제, 청구권 문제, 어업 문제, 재일한국인의 법적지위 문제, 선박 문제에 대한 논의사항이 정리되어 있음.
주제어	기본관계, 청구권, 어업, 재일한국인 법적지위, 선박 반환

회담 결렬의 경우 한국에 불리한 점들
(会談決裂の場合韓国側の不利となる諸点)

문서파일번호	1644
문서명	회담 결렬의 경우 한국에 불리한 점들(会談決裂の場合韓国側の不利となる諸点)
작성연월일	1952. 4. 4
구분	제1차 회담
세부항목	회담 결렬에 따른 금후 대처방침
작성처	외무성 아시아국 제2과
매수	13
비밀등급	일반
문서종류	내부문서
공개구분	공개
내용	샌프란시스코대일평화조약 발효일인 1952년 4월 28일까지 한일회담이 타결되지 못하고 중단될 경우에 대비, 현안별로 한국에 불리한 점들을 검토하고 이에 대한 일본의 대응방안을 기술한 문서. 재일한국인에 대한 시책과 관련해서는 광업권은 소유인정 조치도 등록말소 조치도 취하지 않고 당분간 현 상태를 유지하며, 생활부조에 대해서는 대장성은 예산 관계상 반대하고 있으나, 후생성은 국내 치안상 계속할 의향이고 외무성과 다른 부처도 국내 치안 때문에 후생성 의견에 동의함.
주제어	재일한국인 법적지위, 선박 반환, 기본관계, 청구권

한국의 지위와 일본의 입장
(韓国のステイタスと我が国の立場)

문서파일번호	1305
문서명	한국의 지위와 일본의 입장(韓国のステイタスと我が国の立場)
작성연월일	1953. 1. 18
구분	제1~2차 회담 사이
세부항목	한국의 지위
작성처	외무성 니시자와
매수	17
비밀등급	일반
문서종류	내부문서
공개구분	일부 비공개
내용	한국의 지위에 관한 검토 보고서. 1948년 12월 12일 유엔총회 결의와 1949년 1월 1일 미국의 한국정부 승인으로 각국이 한국과 국교를 수립하도록 권고받았으나, 영논의 범위 등에 관해 반드시 한국정부의 주장을 따를 필요는 없으며, 한국과 각종 조약, 협정을 체결하는 데 있어 일본이 타국에 앞서 한국의 전 한반도 지배권을 인정하는 것은 극력 피하고 정세 변화를 지켜보며 대응할 여지를 남겨야 함.
주제어	한국의 지위

한일회담 금후의 대처방침
(日韓会談今後の対処方針)

문서파일번호	1643
작성연월일	1952. 4. 11 - 1952. 5. 9
구분	제1차 회담, 제1~2차 회담 사이
세부항목	회담 결렬에 따른 금후 대처방침
작성처	외무성 아시아국 제2과
매수	13
비밀등급	
문서종류	내부문서
공개구분	공개
내용	제1차 한일회담의 결렬에 따른 금후의 대처방침에 관한 내용을 담은 문서
주제어	대일평화조약 발효, 한일관계

문서명	한일회담 금후의 대처방침(안)[日韓会談今後の対処方針(案)]

문서파일번호	1643
작성연월일	1952. 4. 11
구분	제1차 회담
세부항목	회담 결렬에 따른 금후 대처방침
작성처	외무성 아시아국 제2과
매수	6
비밀등급	극비
문서종류	내부문서
공개구분	공개
내용	1952년 4월 11일 자로 작성한 한일회담 금후의 대처방침(안). 제1차 한일회담 공동보고서 작성, 한국이 회담 결렬을 도모할 경우 일본이 선제적으로 대응(언론 캠페인 등), 청구권 문제 관련 상설위원회 설치 추진, 대일평화조약 발효 후 대한국 조치(한국 미션의 처우)에 관한 검토 등이 내용이 담겨 있음.
주제어	제1차 한일회담 공동보고서, 대일평화조약 발표, 청구권, 주일한국대표부 지위

문서명	한일회담 현황과 대처방침에 대해서(日韓会談の現状と対処方針について)

문서파일번호 1643

작성연월일 1952. 5. 9

구분 제1~2차 회담 사이

세부항목 회담 결렬에 따른 금후 대처방침

작성처 외무성 아시아국 제2과

매수 7

비밀등급 극비

문서종류 내부문서

공개구분 공개

내용 한일회담 결렬 후 한일관계 현황 및 금후 대처방침에 관하여 정리한 문서. 1952년 4월 28일 대일평화조약 발효 후 주일한국대표부의 지위 인정, 한일 간 무역, 금융, 해운 등의 잠정 협정 효력 연장 조치, 양국 간 기본관계 수립과 현안 해결을 위해 잠시 냉각 기간을 두고 한국의 대응을 기다린다는 입장이었으나, 한국은 1952년 5월 8일 김용식 공사가 외무대신에게 보낸 서한을 통해 회담 재개를 희망해 옴. 김 공사의 서한에는 일본 제안에 대해 어떠한 언급도 없이 회담 재개만을 희망해 왔으며, 양유찬 대사는 미국에서 선전공작을 계속하고 있음. 일본은 당분간 회담을 재개하지 않고 냉각 기간을 가질 필요가 있으며 김 공사의 서한에는 어떠한 반응도 보이지 않는 것이 적당한 것으로 판단됨.

주제어 제1차 한일회담 결렬 후 일본의 대처방침

한일교섭 재개 건
(日韓交渉の再開に関する件)

문서파일번호	1038
작성연월일	1952. 7. 8 - 1952. 7. 10
구분	제1~2차 회담 사이
세부항목	한일회담 재개 대책
작성처	외무성 아시아국 제2과
매수	27
비밀등급	
문서종류	재가문서, 내부자료
공개구분	공개
내용	1952년 4월 제1차 한일회담이 결렬된 이후 회담 재개와 관련하여 한국과 협의하거나 일본 관계부처와 협의한 결과를 기록한 문서 모음
주제어	한일회담 재개 대책

문서명	한일교섭 재개 건(日韓交渉の再開に関する件)

문서파일번호 1038
작성연월일 1952. 7. 8
구분 제1~2차 회담 사이
세부항목 한일회담 재개 대책
작성처 외무성 아시아국 제2과
매수 7
비밀등급 극비
문서종류 재가문서
공개구분 공개
내용 한국과 교섭을 통해 수정한 일본의 한일회담 재개 관련 향후 방침에 관한 내부 재가문서. 별첨 '한일교섭 재개 건'에는 한일회담은 ① 각 성 연락회의 ② 한국 김용식 공사와 아시아국장 사전 회담 ③ 국적 문제 ④ 선박 문제 순으로 진행하고 한국과 재일한국인 강제송환에 대해 협의를 추진하겠음.
주제어 한일회담 재개 대책

문서명	한일회담 재개 건(日韓会談の再開に関する件)

문서파일번호 1038
작성연월일 1952. 7. 10
구분 제1~2차 회담 사이
세부항목 한일회담 재개 관련 집무 주보
작성처 외무성 아시아국 제2과
매수 20
비밀등급 비(秘)
문서종류 내부자료
공개구분 공개
내용 외무성 아시아국 집무주보 원고. 한일회담 재개를 둘러싼 움직임을 정리함. 7월 2일과 10일 와지마 아시아 국장과 유태하 참사관 회담, 7월 7일 오카자키 외상과 머피 주일미대사 회담 내용이 기록됨. 와지마·유태하 회담에서 일본은 한일회담 결렬 후 한국의 태도(강제송환자 인수 거부 등)를 지적하고, 회담 재개 시 진행방식과 관련해 어느 정도 합의에 도달한 기본관계, 국적 문제, 선박 문제를 먼저 처리한 후 청구권, 어업 등에 대해 합동위원회를 구성, 교섭해 나가는 방안을 제시함.
주제어 한일회담 재개 대책

한일회담 재개에 관한 (각 성) 연락회의
[日韓会談再開に関する(各省)連絡会議]

문서파일번호	1039
문서명	한일회담 재개에 관한 (각 성) 연락회의[日韓会談再開に関する(各省)連絡会議]
작성연월일	1952. 7. 11
구분	제1~2차 회담 사이
세부항목	회담 재개 각 성 연락회의
작성처	외무성 아시아국 제2과
매수	25
비밀등급	일반
문서종류	회의록
공개구분	공개
내용	한일회담 재개와 관련한 외무성, 입국관리국, 법무부, 대장성, 운수성 관계자 참석 회의기록. 재일한국인 강제송환, 어업 문제를 논의하고 청구권에 관해서는 상쇄 가능성에 대해 적당한 기회에 연구할 필요가 있다는 의견이 제시됨.
주제어	한일회담 재개 대책

한일회담 결렬에 따른 조치에 관해서
(日韓会談の不成立に伴う措置について)

문서파일번호	1646
문서명	한일회담 결렬에 따른 조치에 관해서(日韓会談の不成立に伴う措置について)
작성연월일	1952. 5. 10
구분	제1차 회담
세부항목	회담 결렬에 따른 조치
작성처	외무성 아시아국 제2과
매수	7
비밀등급	극비
문서종류	내부문서
공개구분	공개
내용	제1차 한일회담 결렬 후 일본이 강구한 조치에 대해 정리한 문서. 한국대표부 지위(현상 유지), 재일한국인소유 광업권(현상 유지), 한일 간 무역·금융 및 해운협정(잠정적으로 효력 연장), 재일한국인 처우 문제(생활부조 계속) 등에 관한 사항들이 기술됨.
주제어	주일한국대표부 지위, 재일한국인 법적지위, 연합국 최고사령부·한국의 잠정협정

한일회담 재개에 대한 한국의 태도
(日韓会談再開に対する韓側態度)

문서파일번호	403
작성연월일	1952. 5. 12 - 1952. 7. 28
구분	제1~2차 회담 사이
세부항목	한일회담 재개 협의
작성처	
매수	44
비밀등급	
문서종류	회의록, 내부문서
공개구분	공개
내용	1952년 5월~7월간 이루어진 한일회담 재개를 위한 한일 양측 간 협의 기록
주제어	한일회담 재개 협의

문서명	한일회담 재개에 관한 한국의 태도(日韓会談再開に対する韓側態度)

문서파일번호 403
작성연월일 1952. 5. 12
구분 제1~2차 회담 사이
세부항목 한일회담 재개 협의
작성처 외무성 아시아국 제2과
매수 4
비밀등급 극비(極秘)
문서종류 회의록(전화)
공개구분 공개
내용 외무성 아시아2과 담당관과 주일한국대표부 김 서기관 전화 협의 기록. 김 서기관은 김 공사가 회담 재개를 강하게 원하고 있으며, 양 대사로부터 전권을 넘겨받을 경우 작은 것을 버리고 큰 것을 취하는 입장에서 회담을 타결해 나가고 싶은 의향이 있다고 언급함.
주제어 한일회담 재개 협의

문서명	한일회담 재개에 관한 한국의 태도(日韓会談再開に対する韓側態度)

문서파일번호 403
작성연월일 1952. 5. 19
구분 제1~2차 회담 사이
세부항목 한일회담 재개 협의
작성처 외무성 아시아국 제2과
매수 5
비밀등급 비(秘)
문서종류 회의록
공개구분 공개
내용 외무성 아시아2과 직원이 주일한국대표부 김 1등서기관을 방문, 의견 교환 중 회담 재개에 관해 언급한 내용이 기술된 문서. 김 서기관은 대통령선거를 앞둔 이승만이 대폭 양보할 것이라고 일본이 생각하는 것 같으나, 이러한 일본 입장이 회담 재개를 늦출 수도 있음을 지적하고 청구권 문제와 관련하여 미국무부가 결정적인 견해를 발표하지는 않을 것으로 본다고 함.
주제어 한일회담 재개 협의, 청구권

문서명	한일교섭 재개 및 강제송환 문제 건(日韓交渉再開並びに強制送還問題に関する件)

문서파일번호 403
작성연월일 1952. 7. 24
구분 제1~2차 회담 사이
세부항목 한일회담 재개 협의
작성처 외무성 아시아국
매수 3
비밀등급 일반
문서종류 회의록
공개구분 공개
내용 주일한국대표부 유태하 참사관이 1952년 7월 22일 아시아국장을 방문, 회담 재개를 위한 사전협의 개최와 강제송환자 인수에 동의한다는 본국 정부와의 협의 결과를 전달하는 내용이 담긴 회의록
주제어 한일회담 재개 협의, 강제송환

문서명	한일회담 재개 건(日韓会談の再開に関する件)

문서파일번호 403
작성연월일 1952. 7. 28
구분 제1~2차 회담 사이
세부항목 한일회담 재개 협의
작성처 외무성
매수 16
비밀등급
문서종류 회의록
공개구분 공개
내용 1952년 7월 2일 유태하 참사관과 와지마(倭島英二) 아시아국장(유 참사관은 장택상 국무총리가 한일 현안의 신속해결을 원하며 필요하면 직접 방일하겠다는 의향 전달), 7월 22일 및 24일 유 참사관과 와지마 국장(유 참사관은 회담 재개를 위한 협의 개최에 이의 없으며, 이에 관해서는 김 공사가 전담할 예정이라는 점과 강제송환 관련 쌍방의 의견이 일치하는 범위 내에서 밀입국자뿐만

아니라 그 외의 억류자에 대해 한국이 접수할 용의가 있음을 통보), 7월 25일 와지마 국장과 김용식 공사(김 공사는 한일회담 재개를 위한 협의는 반드시 회담을 재개하는 형식이 되어야 하며, 강제송환과 관련해서 밀입국자 이외의 송환자는 국적 문제를 회담의 일환으로 다룬다는 전제하에 접수하고자 한다 함. 이에 대해 와지마 국장이 유 참사관의 발언과 상치한다며 이의를 제기함), 7월 26일 오카자키(岡崎勝男) 외상과 김용식 공사(오카자키 외상은 회담 재개에는 동의하나 청구권과 어업은 조기 타협이 어려우므로 기본조약, 국적 처우, 선박에 관해 우선 협의함이 현명한 방안이라고 설명. 강제송환 문제에 대한 한국의 적극 협조 요망, 김 공사는 중단된 회담을 일자를 정해 개최하길 희망하며, 모든 현안이 다 협의되어야 함을 주장) 간 회담 기록

주제어 한일회담 재개 협의, 강제송환

문서명	한일회담 재개에 관한 외무성과 한국대표부 간 협의(日韓會談再開に關する外務省と韓國代表部間の話合い)

문서파일번호 403

작성연월일 1952(월일 불명)

구분 제1~2차 회담 사이

세부항목 한일회담 재개 협의

작성처 외무성

매수 16

비밀등급

문서종류 내부문서

공개구분 공개

내용 한일회담 재개에 관한 외무성과 한국대표부 간 협의 경위가 기술된 문서. 1952년 4월 말 한일회담이 중단된 이래, 7월부터 한국대표부는 외무성에 대해 회담 재개를 희망하는 본국 정부의 의사를 전달해 왔으며, 이에 대해 일본도 9월 초까지 대표부와 9회에 걸쳐 회담 재개를 위한 협의를 진행해 옴(7월 2일, 10일, 12일, 22일, 24일 와지마 국장·유태하 참사관, 7월 25일 국장·김용식 공사, 7월 26일, 8월 14일 오카자키 외상·김용식 공사, 9월 2일 와지마 국장·김 공사). 회담 내용은 앞에 나온 문서에 기록(한일회담 재개 건)된 내용이 재차 기재되어 있음.

주제어 한일회담 재개 협의, 강제송환

한일회담 재개에 관한 연락회의(제2회)
[日韓会談再開に関する連絡会議(第二回)]

문서파일번호	1040
작성연월일	1952. 7. 20 - 1952. 7. 21
구분	제1~2차 회담 사이
세부항목	회담 재개 각 성 연락회의
작성처	
매수	24
비밀등급	
문서종류	회의록, 조약안
공개구분	공개
내용	1952년 7월 13일 개최된 한일회담 재개 대책 논의를 위한 각 성 연락회의 제2회 회의기록과 한일기본관계조약(안)
주제어	한일회담 재개 협의

문서명	한일회담 재개에 관한 연락회의(제2회) [日韓会談再開に関する連絡会議(第二回)]

문서파일번호 1040
작성연월일 1952. 7. 21
구분 제1~2차 회담 사이
세부항목 회담 재개 각 성 연락회의
작성처 외무성 니시자와(西澤)
매수 22
비밀등급 비(秘)
문서종류 회의록
공개구분 공개
내용 1952년 7월 13일 개최된 한일회담 재개 관련 제2회 각 성 연락회의. 주로 국적 처우 문제에 대해 논의함. 대일평화조약 발효 후 시간이 경과했으므로 재일한국인의 재산권과 직업에 대한 처우는 삭제하고 광업권 등은 소멸하는 것이 바람직하지만 외교상 구제수단은 필요하며 재일한국인의 강제송환은 종래의 방식대로 하기로 합의함.
한일회담 재개 대책

문서명	일본국과 대한민국의 기본적 관계를 설정하는 조약(안) [日本国と大韓民国との間の基本的関係を設定する条約(案)]

문서파일번호 1040
작성연월일 1952. 7. 20
구분 제1~2차 회담 사이
세부항목 기본관계조약 초안
작성처 외무성
매수 2
비밀등급 극비
문서종류 조약(안)
공개구분 공개
내용 1952년 7월 20일 자 일본의 '일본국과 대한민국의 기본적 관계를 설정하는 조약' 초안
주제어 기본관계

이 한국 대통령 방일 건
(李韓国大統領の訪日に関する件)

문서파일번호	1045
작성연월일	1952. 12. 30 - 1953. 1. 23
구분	제1~2차 회담 사이
세부항목	이승만 방일, 한일회담 재개
작성처	
매수	18
비밀등급	
문서종류	내부문서, 전문
공개구분	공개
내용	이승만 대통령의 방일 시 처우, 이 대통령 방일 이후 한일회담 재개에 관한 기본 조건 등을 정리한 문서
주제어	이승만 방일, 한일회담 재개의 기본 조건

문서명	이 대통령 방일 시 처우에 대해서(李大統領訪日の際に与えるべき待遇について)

문서파일번호	1045
작성연월일	1952. 12. 30
구분	제1~2차 회담 사이
세부항목	이승만 방일시 처우 문제
작성처	외무성 조약국장
매수	4
비밀등급	일반
문서종류	내부문서
공개구분	공개
내용	1953년 1월 5~7일까지 한국의 이승만 대통령이 일본을 방문할 때 부여할 수 있는 특권의 유형과 성격에 대해서 검토한 결과를 정리함.
주제어	이승만 방일

문서명	이 한국 대통령 방일 건(李韓国大統領の訪日に関する件)

문서파일번호	1045
작성연월일	1953. 1. 7
구분	제1~2차 회담 사이
세부항목	이승만 방일결과 통보
작성처	정보문화국 제1과
매수	4
비밀등급	일반
문서종류	전문(電文)
공개구분	공개
내용	이승만 대통령의 방일 경위 및 결과를 주미, 영, 인도, 중화민국대사에게 통보함.
주제어	이승만 방일

문서명	한일회담 재개의 기본조건에 대해서(日韓会談再開の基本条件について)

문서파일번호 1045

작성연월일 1953. 1. 23

구분 제1~2차 회담 사이

세부항목 한일회담 재개 기본조건

작성처 외무성

매수 6

비밀등급 극비

문서종류 내부문서

공개구분 공개

내용 '한일회담 재개의 기본조건에 관하여'라는 제목의 문서. 이승만 대통령의 방일에 따라 한일관계가 완화되는 것을 기회로 조속히 한일회담을 재개해야 함.

회의방법: 제1안, 우선 양국 간 국교를 정상화한 후 청구권, 어업 등 타결에 시간이 걸리는 문제부터 논의함. 제2안, 예비회담을 통해 관계부처가 한국대표부와 각 협정안을 작성하고 본회담에서 일괄 조인함.

어업 문제: 이승만 라인을 전제로 한 한국 주장은 인정할 수 없지만 공해자유의 원칙을 표면에 제시하지 않고 한일어업공동위원회를 통해 공동보존조치를 강구하는 등 전적으로 기술적인 내용의 협정을 체결함. 법적지위와 선박 문제는 제1차 한일회담 합의에 따름.

주제어 한일회담 재개 조건, 청구권, 어업, 이승만 라인

문서명	한일 5개 현안 처리방침(日韓五懸案処理方針)

문서파일번호	1045
작성연월일	1953(월일 불명)
구분	제1~2차 회담 사이
세부항목	한일 5개 현안 처리방침
작성처	외무성
매수	4
비밀등급	
문서종류	내부문서
공개구분	공개
내용	작성일자가 불명확한 '한일 5현안 처리방침'이 정리된 문서. 기본관계, 국적 처우 문제, 한국 선박 문제, 한일청구권 문제에 대한 처리방침을 정리함. 상호 포기를 하면 이해 관계자의 반대가 있을 것이고 국내보상 문제가 불거질 것이기 때문에 이 문제를 보류할 필요성이 있다고 지적함.
주제어	기본관계, 재일한국인 법적지위, 선박 반환, 청구권, 어업

이승만 한국 대통령 방일
(李韓国大統領の訪日)

문서파일번호	762
작성연월일	1953. 1. 9 - 1953. 1. 13
구분	제1~2차 회담 사이
세부항목	이승만 방일
작성처	외무성 등
매수	5
비밀등급	
문서종류	전문(電文), 공문
공개구분	공개
내용	1953년 1월 5~7일까지 클라크(Mark W. Clark) 사령관 초청으로 일본을 방문한 이승만 대통령의 방일결과를 주요 해외공관에 통보한 전문과 관련 기사 보고문서
주제어	이승만 대통령 방일

문서명	이 한국 대통령 방일 건(李韓国大統領の訪日に関する件)

문서파일번호 762
작성연월일 1953. 1. 9
구분 제1~2차 회담 사이
세부항목 이승만 방일
작성처 외무성
매수 2
비밀등급 극비
문서종류 전문(電文)
공개구분 공개
내용 1953년 1월 5~7일까지 클라크(Mark W. Clark) 사령관 초청으로 일본을 방문한 이승만 대통령의 방일결과를 주요 해외공관에 통보한 전문. 이 대통령은 클라크 사령관 초청으로 방일하였으나 한일회담과 관련하여 건설적인 기초가 쌓여진다면 재개를 희망한다고 언급하였다는 내용이 담겨 있음.
주제어 이승만 방일

문서명	이 한국 대통령 방일에 관한 신문기사 발췌 송부 건(李韓国大統領訪に関する新聞記事切抜送付の件)

문서파일번호 762
작성연월일 1953. 1. 13
구분 제1~2차 회담 사이
세부항목 이승만 방일, 언론 보도, 주뉴올리언스 영사 보고
작성처 주뉴올리언스영사
매수 3
비밀등급
문서종류 공문
공개구분 공개
내용 1953년 1월 12일 뉴올리언스 스테이트지(New Orleans State)에 게재된 이승만 대통령의 방일 관련 사설 내용을 보고한 뉴올리언스영사의 공문
주제어 이승만 대통령 방일

한일관계 조정에 관한 관계각료 승인(안)

[日韓関係調整に関する関係閣僚了解(案)]

문서파일번호	1047
작성연월일	1953. 1. 31
구분	제1~2차 회담 사이
세부항목	한일관계 조정 각료 양해(안)
작성처	외무성
매수	26
비밀등급	
문서종류	내부문서
공개구분	공개
내용	한일회담 재개를 위해 1953년 1월 31일 자로 작성한 한일관계 조정에 관한 관계각료 양해(안)
주제어	한일관계 조정 각료 양해안

문서명	한일관계 조정에 관한 관계 각료 양해(안) [日韓関係調整に関する関係閣僚了解(案)]

문서파일번호 1047
작성연월일 1953. 1. 31
구분 제1~2차 회담 사이
세부항목 한일관계 조정 각료 양해(안)
작성처 외무성
매수 3
비밀등급 극비
문서종류 내부문서
공개구분 공개
내용 한일회담 재개를 위해 외무성이 마련한 기본방침 관계 각료 양해(안). 기본관계의 수립, 재산 및 청구권(원칙적으로 상호 포기), 어업(어업자원 보존 목적의 협정 체결, 어업공동위원회 설치 등), 재일한국인 국적 및 처우(종전 이전부터 계속 일본 거주 한인의 국적은 한국 국적으로 함), 선박에 대한 방침(10억 엔 정도 범위 내에서 한국에 선박 제공)에 따라 한일 간 국교를 수립하겠다는 내용이 담겨 있음.
주제어 한일관계 조정 각료 양해안

문서명	한일관계 조정에 관한 관계 각료 양해(안) 설명자료 [日韓関係調整に関する関係閣僚了解(案) 説明資料]

문서파일번호 1047
작성연월일 1953. 1. 31
구분 제1~2차 회담 사이
세부항목 한일관계 조정 각료 양해(안)
작성처 외무성
매수 23
비밀등급 극비
문서종류 내부문서
공개구분 공개
내용 한일회담 재개를 위한 기본방침 관계 각료 양해(안)의 설명자료. 현안별로 간단한 설명이 붙어 있음.
주제어 한일관계 조정 각료 양해안

일본국과 대한민국의 기본적 관계를 설정하는 조약, 재산 및 청구권협정, 어업협정, 재일한국인국적 및 처우에 관한 협정 요강(안)[日本国と大韓民国との間の基本的関係を設定する条約, 財産及び請求權協定, 漁業協定, 在日韓國人國籍及び處遇協定要綱(案)]

문서파일번호	1048
작성연월일	1953. 2. 9
구분	제1~2차 회담 사이
세부항목	
작성처	외무성
매수	8
비밀등급	
문서종류	조약 및 협정 요강안
공개구분	공개 또는 일부 비공개
내용	한일회담(제2차) 재개를 앞두고 1953년 2월 9일 일본이 작성한 기본관계, 청구권, 어업, 재일한국인 국적 및 처우 관련 협정 요강(안)
주제어	한일 간 조약 및 협정 요강안

문서명	일본국과 대한민국의 기본적 관계를 설정하는 조약 요강(안)[日本国と大韓民国との間の基本的関係を設定する条約要綱(案)]

문서파일번호 1048
작성연월일 1953. 2. 9
구분 제1~2차 회담 사이
세부항목 기본관계조약 요강(안)
작성처 외무성
매수 2
비밀등급 극비
문서종류 조약 요강안
공개구분 공개
내용 일본과 한국의 기본관계를 설정하는 조약 요강(안)
주제어 기본관계

문서명	한일 간 재산청구권 특별협정 요강(안)[日韓財産請求権特別取極要綱(案)]

문서파일번호 1048
작성연월일 1953. 2. 9
구분 제1~2차 회담 사이
세부항목 청구권협정 요강(안)
작성처 외무성
매수 2
비밀등급 극비
문서종류 협정 요강안
공개구분 일부 비공개
내용 일본과 한국의 재산 청구권 특별 협정에 관한 요강(안)
주제어 재산청구권

문서명	어업협정 요강(안)[漁業協定要綱(案)]

문서파일번호 1048
작성연월일 1953. 2. 9
구분 제1~2차 회담 사이
세부항목 어업협정 요강(안)
작성처 외무성
매수 2
비밀등급 극비
문시종류 협정 요강안
공개구분 공개
내용 일본과 한국의 어업협정에 관한 요강(안)
주제어 어업

문서명	재일한국인의 국적 및 처우에 관한 협정 요강(안)[在日韓人の国籍及び処遇に関する協定要綱(案)]

문서파일번호 1048
작성연월일 1953. 2. 9
구분 제1~2차 회담 사이
세부항목 재일한국인 국적 처우 협정 요강(안)
작성처 외무성
매수 2
비밀등급 극비
문서종류 협정 요강안
공개구분 공개
내용 재일한국인의 국적과 처우에 관한 협정 요강(안)
주제어 재일한국인 법적지위

일본국과 대한민국의 기본적 관계를 설정하는 조약(안), 재산 및 청구권협정(안), 선박에 관한 교환공문 시안, 재일한국인 국적 및 처우에 관한 협정 요강(안)
[日本国と大韓民国との間の基本的関係を設定する条約(案), 財産及び請求権特別取極(案), 船舶交換公文試案, 在日韓國人國籍及び處遇協定(案)]

문서파일번호	1049
작성연월일	1953. 3. 25
구분	제1~2차 회담 사이
세부항목	조약, 협정 요강(안), 교환공문 시안
작성처	외무성
매수	22
비밀등급	
문서종류	조약안, 협정안, 교환공문안
공개구분	일부 비공개
내용	1953년 3월 25일 자로 작성한 기본관계조약, 청구권, 선박(교환공문 시안), 재일한국인 국적 및 처우 관련 협정 요강(안)
주제어	

문서명	일본국과 대한민국의 기본적 관계를 설정하는 조약(안) [日本国と大韓民国との間の基本的関係を設定する条約(案)]

문서파일번호 1049
작성연월일 1953. 3. 25
구분 제1~2차 회담 사이
세부항목 기본관계조약 요강(안)
작성처 외무성
매수 5
비밀등급 일반
문서종류 조약 요강안
공개구분 공개
내용 일본과 한국의 기본관계를 설정하는 조약(안)
주제어 기본관계

문서명	일본국과 대한민국의 재산 및 청구권 처리에 관한 협정(안) [日本国と大韓民国との間の財産及び請求権処理に関する特別取極(案)]

문서파일번호 1049
작성연월일 1953. 3. 25
구분 제1~2차 회담 사이
세부항목 청구권협정 요강(안)
작성처 외무성
매수 6
비밀등급
문서종류 협정 요강안
공개구분 일부 비공개
내용 일본과 한국의 재산 및 청구권 처리에 관한 특별 조약안
주제어 재산청구권

문서명	선박 문제 해결에 관한 일본국 전권위원과 대한민국 전권위원 사이의 교환공문 시안(船舶問題の解決に関する日本国全権委員と大韓民国全権委員との間の交換公文試案)

문서파일번호 1049
작성연월일 1953. 3. 25
구분 제1~2차 회담 사이
세부항목 선박 문제 교환공문 시안
작성처 외무성
매수 3
비밀등급
문서종류 교환공문 시안
공개구분 일부 비공개
내용 선박 문제 해결에 관한 일본 전권위원과 한국 전권위원 간의 교환공문 시안
주제어 선박

문서명	재일한국인의 국적 및 처우에 관한 한일협정안(在日韓人の国籍及び処遇に関する日韓協定案)

문서파일번호 1049
작성연월일 1953. 3. 25
구분 제1~2차 회담 사이
세부항목 재일한국인국적 처우협정 요강(안)
작성처 외무성
매수 8
비밀등급
문서종류 협정 요강안
공개구분 공개
내용 재일한국인의 국적과 처우에 관한 협정(안)
주제어 재일한국인 법적지위

한일회담 교섭방침(안)
[日韓会談交渉方針(案)]

문서파일번호	1050
작성연월일	1953. 3. 24 - 1953. 4. 8
구분	제2차 회담
세부항목	회담 교섭방침(안)
작성처	외무성 아시아국 제2과
매수	10
비밀등급	
문서종류	내부문서
공개구분	공개
내용	한일회담(제2차) 재개를 앞두고 1953년 3월 24일과 4월 8일 작성한 회담 교섭방침(안)
주제어	한일회담 교섭방침안

문서명	한일회담 교섭방침(안) [日韓会談交渉方針(案)]

문서파일번호 1050
작성연월일 1953. 3. 24
구분 제2차 회담
세부항목 회담 교섭방침(안)
작성처 외무성 아시아국 제2과
매수 5
비밀등급 극비
문서종류 내부문서
공개구분 공개
내용 1953년 3월 24일 자 한일회담 교섭방침(안). 우선, 나포된 오쿠니마루(大邦丸), 청구권 및 어업에 관한 상호 호양의 정신, 주한일본대표부 설치에 관한 한국의 성의 있는 회답을 회담 재개의 전제조건으로 제시한 후, 한국으로부터 회답이 올 경우 신내각 성립까지 문제의 최종결정을 유보, 소인수 대표단 구성, 기본관계조약과 선박 문제는 어느 정도 타협점에 도달했으므로 뒤로 미루고 어업 문제를 우선 협의(상대방이 국적·처우 문제 제기 시 병행 논의)하는 방식으로 회담에 임함.
주제어 회담 교섭방침안

문서명	한일회담 교섭방침(안) [日韓会談交渉方針(案)]

문서파일번호 1050
작성연월일 1953. 4. 8
구분 제2차 회담
세부항목 회담 교섭방침(안)
작성처 외무성 아시아국 제2과
매수 5
비밀등급 극비
문서종류 내부문서
공개구분 공개
내용 1953년 4월 8일 작성한 한일회담 교섭방침(안). 원칙론 주장을 피하고 현안의 실제적 해결을 위해 노력, 근본적인 대립 문제는 논의를 피하고 잠정적 협정의 명분하에 실질적인 진전 도모, 문제별 분과위 토론 후 본회의에서 정리, 회담의 최종 마무리는 선거 결과 신내각이 출범한 후로 함.
주제어 회담 교섭방침안

한일교섭 처리방침에 대해서(관계 각료 양해안)

[日韓交涉処理方針について(関係閣僚了解案)]

문서파일번호	1053
작성연월일	1953. 6. 9 - 1953. 6. 11
구분	제2차 회담
세부항목	한일교섭 처리방침 관계 각료 양해안
작성처	외무성
매수	23
비밀등급	
문서종류	내부문서, 내부자료
공개구분	공개 또는 일부 비공개
내용	한일교섭 처리방침에 관한 1953년 6월 11일 자 관계 각료 양해안과 설명자료
주제어	한일교섭 처리방침

문서명	한일교섭 처리방침에 대해서(관계 각료 양해안)[日韓交渉処理方針について(関係閣僚了解案)]

문서파일번호 1053
작성연월일 1953. 6. 11
구분 제2차 회담
세부항목 한일교섭 처리방침 관계 각료 양해안
작성처 외무성
매수 3
비밀등급 극비
문서종류 내부문서
공개구분 공개
내용 한일교섭 처리방침에 관한 1953년 6월 11일 자 관계 각료 양해안. 기본관계(외교 및 영사관계 설정, 유엔의 원칙에 기초한 우호협력 및 통상항해조약, 항공협정 체결 등을 규정하는 간단한 조약), 청구권(상호 포기 원칙, 단 문화재 약간 증여), 어업(어업자원 보존과 개발을 목적으로 공동위원회 설치), 재일한국인 국적 및 처우(종전 전부터 일본에 거주해 온 한국인의 국적에 관해서는 한국 주장을 존중하되 협정에 이를 명기하는 것은 피함), 선박 문제(한국에 10억 엔 범위 내에서 선박 증여)를 정리함.
주제어 한일교섭 처리방침 관계 각료 양해안

문서명	설명자료 1. 기본관계 처리요강안(説明資料その一、基本関係処理要綱案)

문서파일번호 1053
작성연월일 1953. 6. 11
구분 제2차 회담
세부항목 한일교섭 처리방침 관계 각료 양해안
작성처 외무성
매수 2
비밀등급 극비
문서종류 내부자료
공개구분 공개
내용 1953년 6월 11일 자 한일교섭 처리방침에 관한 관계 각료 양해안 설명자료 기본관계 처리요령안. 한국과의 외교 및 영사관계의 설정을 간단한 조약 형식으로 처리한다는 방침을 제시하고 조약명 및 조약에 규정할 사항에 대해 간략하게 정리함.
주제어 기본관계

문서명	설명자료 2. 한일 간 재산·청구권 문제 처리요강안(説明資料その二、日韓間財産·請求権問題処理要綱案)

문서파일번호 1053
작성연월일 1953. 6. 11
구분 제2차 회담
세부항목 한일교섭 처리방침 관계 각료 양해안
작성처 외무성
매수 3
비밀등급 극비
문서종류 내부자료
공개구분 일부 비공개
내용 1953년 6월 11일 자 한일교섭 처리방침에 관한 관계 각료 양해안 설명자료 재산·청구권 문제 처리요령안. 샌프란시스코 강화조약 제4조 b)항 규정 및 재한 일본재산의 재난적 상황을 고려하여 각자의 청구권을 상호 포기하는 것을 원칙으로 한다는 방침을 제시하고 상호 포기의 예외 항목과 일본정부 소유 한국 문화재 증여 의사가 언급되어 있음.
주제어 재산 및 청구권

문서명	설명자료 3. 어업관계 처리요강안(説明資料その三、漁業関係処理要綱案)

문서파일번호 1053
작성연월일 1953. 6. 11
구분 제2차 회담
세부항목 한일교섭 처리방침 관계 각료 양해안
작성처 외무성
매수 5
비밀등급 극비
문서종류 내부자료
공개구분 공개
내용 1953년 6월 11일 자 한일교섭 처리방침에 관한 관계 각료 양해안 설명자료 어업관계 처리요령안. 관할권에 관한 논쟁은 최대한 삼가하고 현실문제 해결에 집중하며, 합의가 필요한 사항으로서 '협정'과 '잠정합의' 중 후자를 가지고 현실 문제를 해결한다는 내용과 함께 공동위원회 설치 및 권고, 분쟁 방지 등에 대해 정리함.
주제어 어업

문서명	설명자료 4. 재일한국인의 국적 및 처우에 관한 처리요강안(説明資料その四､在日韓人の国籍才及び処遇に関する処理要綱案)

문서파일번호 1053
작성연월일 1953. 6. 11
구분 제2차 회담
세부항목 한일교섭 처리방침 관계 각료 양해안
작성처 외무성
매수 5
비밀등급 극비
문서종류 내부자료
공개구분 공개
내용 1953년 6월 11일 자 한일교섭 처리방침에 관한 관계 각료 양해안 설명자료 재일한국인의 국적 및 처우에 관한 처리요령안. 국적, 신분관계, 거주자격, 강제퇴거, 자발적 귀국 조장, 거주자의 권리 및 취업 등 재일한국인 모두가 한국국민이 된다는 한국 국적법의 명분을 존중하고, 재일한국인의 귀국을 조장하며 악질분자는 퇴거시킨다는 내용이 담김.
주제어 재일한국인 법적지위

문서명	설명자료 5. 선박 관계 처리요강안(説明資料その五､船舶関係処理要綱案)

문서파일번호 1053
작성연월일 1953. 6. 11
구분 제2차 회담
세부항목 한일교섭 처리방침 관계 각료 양해안
작성처 외무성
매수 2
비밀등급 극비
문서종류 내부자료
공개구분 공개
내용 1953년 6월 11일 자 한일교섭 처리방침에 관한 관계 각료 양해안 설명자료 선박 문제 처리요령안. 일본이 일정 수량의 선박을 구입해 한국에 증여함으로써 최종적으로 해결한다는 방침을 제시함. 합의 형식, 구입 선박의 수량, 양해사항, 증여 실시시기 및 방법, 나포 및 도난 어선의 반환에 대해 정리함.
주제어 선박 반환

문서명	한일 간 제 협정의 형식에 대해서(日韓間諸取極の形式について)

문서파일번호 1053

작성연월일 1953. 6. 9

구분 제2차 회담

세부항목 한일 양국 간 합의의 형식에 관한 검토의견

작성처 외무성 아시아국 제2과

매수 3

비밀등급 극비

문서종류 내부문서

공개구분 공개

내용 한일 간 여러 현안의 일괄적 해결을 위해 제2차 한일회담 결과로 체결되는 양국 간 합의의 형식을 정리한 문서. 조약(기본관계), 의정서(통상항해조약 체결까지의 잠정조치, 청구권 처리, 재일한국인 처우), 협정(어업에 관한 일반협정, 어업에 관한 잠정협정), 교환공문(빈곤자 등에 대한 귀국 조장, 선박 문제, 나포·도난어선 반환, 재일한국인 국적, 재일한국인 강제퇴거), 합의 의사록(재일한국인 자발적 귀국 시 소지금 및 화물 제한 특례, 거주자의 권리, 직업 등에 관한 상호 양해사항)을 제시함.

주제어 한일 양국 간 합의의 형식에 관한 검토의견

한일회담 무기 휴회안(사안)
[日韓会談無期休会案(私案)]

문서파일번호	1054
작성연월일	1953. 6. 13 - 1953. 6. 23
구분	제2차 회담
세부항목	한일회담 무기 휴회 주장
작성처	외무성
매수	25
비밀등급	
문서종류	내부문서
공개구분	공개
내용	구보타 대표의 제2차 한일회담 휴회 제안서와 시모다 조약국장의 무기 휴회 찬성의견서
주제어	한일회담 무기 휴회 주장

문서명	제목 없음

문서파일번호	1054
작성연월일	1953. 6. 13
구분	제2차 회담
세부항목	한일회담 무기 휴회 주장
작성처	외무성 구보타 대표
매수	4
비밀등급	극비
문서종류	내부문서
공개구분	공개
내용	구보타(久保田貫一郎) 일본 대표가 작성한 휴회 제안문서. 유엔 휴전안에 대한 이승만 대통령의 반대, 휴전 이후의 한반도 상황, 이승만 이후 지일파가 대두할 가능성 등을 지적하면서 회담을 휴회할 것을 제안함.
주제어	한일회담 무기 휴회 주장

문서명	한일회담 무기 휴회안(사안)[日韓会談無期休会案(私案)]

문서파일번호	1054
작성연월일	1953. 6. 21
구분	제2차 회담
세부항목	한일회담 무기 휴회 주장
작성처	외무성 구보타 대표
매수	16
비밀등급	극비
문서종류	내부문서
공개구분	
내용	구보타 일본 대표가 작성한 한일회담 휴회 제안문서. 4월에 세 차례에 걸쳐 개최된 한일회담 본회의 내용을 개괄한 후에 유엔 협력, 이승만의 불안한 기반, 한반도의 유동적인 정세, 회담 중단에 따른 이해손실 등을 종합적으로 고려하여 회담의 무기한 휴회를 제안함.
주제어	한일회담 무기 휴회 주장

문서명	무기 휴회안 찬성 이유(無期休会案に賛成の理由)

문서파일번호 1054
작성연월일 1953. 6. 23
구분 제2차 회담
세부항목 한일회담 무기 휴회 주장
작성처 시모다 조약국장
매수 5
비밀등급 극비
문서종류 내부문서
공개구분
내용 시모다(下田武三) 조약국장의 한일회담 무기 휴회안 찬성 이유서. 한일회담을 타결하여 국회 승인을 요구할 시 분규가 일어날 가능성이 크며 국회 통과도 보장받지 못할 상황에 빠질 가능성이 크다고 지적하고, 휴전협정을 구실삼아 한일회담의 무기 휴회를 제안함. 문서 중간 중간에 이승만 정권에 대한 평가가 기술되어 있음.
주제어 한일회담 무기 휴회 주장

한일교섭 처리방침 건
(日韓交涉処理方針に関する件)

문서파일번호	1056
작성연월일	1953. 7. 9
구분	제2차 회담
세부항목	한일교섭 처리방침
작성처	외무성 아시아국 제2과
매수	17
비밀등급	
문서종류	재가문서, 내부문서
공개구분	공개 또는 일부 비공개
내용	제2차 한일회담이 3개월 정도 지난 시점에서 회담 휴회론이 대두되고 있는 가운데, 회담이 휴회될 경우에 대비하여 남은 기간을 어떻게 교섭에 임할까에 관해 갑, 을 2개안을 작성, 상부 재가를 받기 위해 작성한 문서
주제어	한일교섭 처리방침

문서명	한일교섭 처리방침 건 1953. 7. 9(日韓交渉処理方針に関する件)

문서파일번호 1056
작성연월일 1953. 7. 9
구분 제2차 회담
세부항목 한일교섭 처리방침
작성처 외무성 아시아국 제2과
매수 5
비밀등급 극비
문서종류 재가문서
공개구분 공개
내용 4월 15일 제2차 한일회담이 시작되어 3개월간 진행, 각 현안별 양국의 견해는 명확해졌고 한국 휴전회담도 가까운 시일 내에 타결될 전망이어서 일본의 태도를 결정할 필요가 있음. 갑과 을 안에 대해 검토하고 정부 방침으로 결정 바람.
주제어 한일교섭 처리방침

문서명	한일교섭 처리방침(갑안)[日韓交渉処理方針(甲案)]

문서파일번호 1056
작성연월일 1953. 7. 9
구분 제2차 회담
세부항목 한일교섭 처리방침
작성처 외무성 아시아국 제2과
매수 7
비밀등급 극비
문서종류 내부문서
공개구분 일부 비공개
내용 한일교섭 처리방침 갑안.

① 한일 간 관계를 설정하는 조약: 외교관계를 설정하는 것을 주안으로 삼지만 가까운 시일 내에 한국에 평화가 회복된다는 전망하에 유엔의 원칙을 따라서 우호적 협력 특히 경제협력을 할 것을 규정하고, 아울러 통상항해조약 및 항공협정의 조기 체결을 약속하는 간단한 조약으로 함. 통상항해조약이 체결될 때까지는 대일평화조약의 규정이 적용된다는 취지를 의정서에서 확인할 것,

② 청구권: 국제여론과 전쟁으로 인한 재한 일본재산의 피해를 감안하여 청구권을 상호 포기, 단 한국인 징병자 및 일반 징용자에 대한 미불급여금 등 전후 한국으로 귀국한 한국인들의 세관 예탁금, 전쟁 전 근무로 일본의 은급을 받을 권리가 있는 한국인에 대한 은급 등은 한국의 청구권으로 인정, 문화재 가운데 일부를 한국에 증여함.

주제어 한일교섭 처리방침안, 기본관계, 청구권

문서명	한일교섭 처리방침(을안)[日韓交涉処理方針(乙案)]

문서파일번호 1056
작성연월일 1953. 7. 9
구분 제2차 회담
세부항목 한일교섭 처리방침
작성처 외무성 아시아국 제2과
매수 5
비밀등급 극비
문서종류 내부문서
공개구분 공개
내용 한일교섭 처리방침 을안.

① 한일 간 관계를 설정하는 조약: 외교관계를 설정하는 것을 주안으로 삼지만 가까운 시일 내에 한국에 평화가 회복된다는 전망하에 유엔의 원칙에 따라 우호적 협력 특히 경제협력 할 것을 규정하고, 아울러 통상항해조약 및 항공협정의 조기 체결을 약속하는 간단한 조약으로 함. 통상항해조약이 체결될 때까지는 잠정조치로서 국민, 상품 및 선박 활동, 화물의 수출입, 수입화물의 처리, 해운 및 항해에 대해서 최혜국 또는 내국민 대우를 규정하고 대일평화조약 제12조의 유사한 규정을 의정서로 정하는데, 특히 상호주의에 입각하여 출입국, 여행, 체재, 거주에 관한 최혜국 대우 조항을 포함할 것,

② 청구권: 양국관계의 새로운 발족을 고려하여 종래의 현안을 근본적으로 해결하기 위해 청구권을 포기, 교섭의 상황에 따라 상호 포기를 제안하는 것이 적당하지 않은 경우에는 청구권 문제의 처리에 대해 양국 정부에 권고하는 권능을 가지는 공동위원회를 설치할 것을 제의함.

주제어 한일교섭 처리방침(안), 기본관계, 청구권

제2차 한일회담 개요
(第二次日韓会談概要)

문서파일번호	479
문서명	제2차 한일회담 개요(第二次日韓会談概要)
작성연월일	1953. 7
구분	제2차 회담
세부항목	회담개요
작성처	외무성 아시아국 제2과
매수	36
비밀등급	극비
문서종류	내부자료
공개구분	일부 비공개
내용	제2차 한일회담 개시 경위, 회담 개요, 회담 휴회 등에 관하여 정리한 자료. 비망록(Aide - Memoire) 형태로 일본에 전달된 한국의 청구권요강 8개 항목 세부항목이 첨부되어 있음.
주제어	기본관계, 청구권, 어업, 재일한국인 법적지위, 선박 반환

한국에 우리나라(일본) 재외사무소설치 신청 시기에 대해서(韓国にわが国在外事務所設置方申し入れの時期について)

문서파일번호	1058
문서명	한국에 우리나라(일본) 재외사무소 설치 신청 시기에 대해서(韓国にわが国在外事務所設置方申し入れの時期について)
작성연월일	1953. 9. 19
구분	제2~3차 회담 사이
세부항목	주한일본대표부 설치 문제
작성처	외무성 아시아국 제2과
매수	8
비밀등급	극비
문서종류	내부문서
공개구분	공개
내용	주한일본재외사무소 설치를 어업교섭(한일회담)의 재개 요청과 동시에 한국에 요청할 필요가 있다는 검토의견서
주제어	주한일본대표부

한일회담에 관한 각 성 관계관 연락회에서의 구보타 참여의 인사(안) [日韓会談に関する各省関係官連絡会における久保田参与の挨拶 (案)]

문서파일번호	1057
작성연월일	1953. 7. 27
구분	제2~3차 회담 사이 제2차 회담 휴회 관련 각 성청 관계관 연락회의
세부항목	
작성처	외무성 아시아국 제2과
매수	24
비밀등급	
문서종류	내부문서
공개구분	공개
내용	제2차 한일회담의 휴회와 관련하여 관계 성청 관계관 연락회의를 소집하는 통지문과 동 회의 구보타 대표의 인사말(안)
주제어	제2차 한일회담 휴회

문서명	한일회담에 관한 각 성 관계관 연락회 구보타 참여의 인사(안)[日韓会談に関する各省関係官連絡会における久保田参与の挨拶(案)]

문서파일번호 1057
작성연월일 1953. 7. 27
구분 제2~3차 회담 사이
세부항목 제2차 회담 휴회 관련 각 성청 관계관 연락회의
작성처 외무성 아시아국 제2과
매수 18
비밀등급 일반
문서종류 내부문서
공개구분 공개
내용 1953년 7월 29일 개최하는 한일회담 각 성청 관계관 연락회의에서 구보타 대표가 할 인사말 안. 제2차 한일회담 경과, 회담 휴회 경위, 주한일본대표부 설치 문제 등에 관한 내용이 담겨 있음.
주제어 제2차 한일회담 휴회

문서명	통지(각 성청 관계관 연락회의 소집)(お知らせ)

문서파일번호 1057
작성연월일 1953. 7. 27
구분 제2~3차 회담 사이
세부항목 제2차 회담 휴회 관련 각 성청 관계관 연락회의
작성처 외무성 아시아국 제2과
매수 6
비밀등급 일반
문서종류 내부문서
공개구분 공개
내용 1953년 7월 29일 한일회담 각 성청 관계관 연락회의 소집을 통지하는 안내문
주제어 제2차 한일회담 휴회

한일교섭 처리방침 건
(日韓交渉処理方針に関する件)

문서파일번호	1060
작성연월일	1953. 10. 13
구분	제3차 회담
세부항목	교섭 처리방침
작성처	외무성 아시아국 제2과
매수	19
비밀등급	
문서종류	재가문서, 내부문서
공개구분	공개 또는 일부 비공개
내용	제3차 한일회담 개최를 앞두고 교섭의 추진과 대응방침에 관해 내부 재가를 받은 문서와 교섭방침 내용이 담긴 첨부 문서
주제어	제3차 한일회담 교섭 처리방침

문서명	한일교섭 처리방침 건(日韓交渉処理方針に関する件)

문서파일번호 1060
작성연월일 1953. 10. 13
구분 제3차 회담
세부항목 교섭 처리방침
작성처 외무성 아시아국 제2과
매수 2
비밀등급 극비
문서종류 재가문서
공개구분 공개
내용 제3차 한일회담에 대비하여 교섭의 추진과 회담의 처리방침을 정리한 내부 재가문서
주제어 제3차 한일회담 교섭 처리방침

문서명	한일교섭 처리방침(日韓交渉処理方針)

문서파일번호 1060
작성연월일 1953. 10. 13
구분 제3차 회담
세부항목 교섭 처리방침
작성처 외무성 아시아국 제2과
매수 4
비밀등급 극비
문서종류 내부문서
공개구분 공개
내용 한일교섭 처리방침 건 제하 재가문서의 첨부문서

① 기본관계: 외국관계 및 영사관계의 설정, 유엔 원칙에 의거하여 우호적 협력, 통상항해조약 및 항공협정에 관한 사항들을 간단한 조약으로 대처. 경우에 따라서

는 외국관계 및 영사관계를 설정하는 공문 교환만으로 할 것

② 청구권: 한국의 전쟁 상황을 고려하여 재한 일본재산의 실질적인 해결방법으로서 상호 포기를 원칙으로 하고, 일본이 보유하고 있는 한국 관계 문화재 일부를 한국에 증여

③ 어업: '이 라인'의 어업관할권 주장은 인정할 수 없으며, 일본어선의 출어 확보를 위해 유효기간 3년의 잠정협정을 체결

④ 재일한국인 국적 및 처우: 전쟁 전부터 일본에 거주해 온 한인들에 대해서는 한국 국적을 부여하고 이들에게 원칙적으로 영주권 허가

⑤ 선박: 문제의 최종해결을 위해 한국에 10억 엔 범위 내에서 선박 증여

주제어 제3차 한일회담 교섭 처리방침

문서명	설명자료 1. 기본관계 처리요강안(説明資料その一基本関係処理要領案)

문서파일번호 1060
작성연월일 1953. 10. 13
구분 제3차 회담
세부항목 교섭 처리방침
작성처 외무성 아시아국 제2과
매수 1
비밀등급 극비
문서종류 내부문서
공개구분 공개
내용 제3차 한일회담 교섭 처리방침 설명자료. 기본관계 처리요강안
주제어 기본관계

문서명	설명자료 2. 한일 간 재산·청구권 문제 처리요강안(説明資料その一基本関係処理要領案)

문서파일번호 1060
작성연월일 1953. 10. 13
구분 제3차 회담
세부항목 교섭 처리방침
작성처 외무성 아시아국 제2과
매수 2
비밀등급 극비
문서종류 내부무서
공개구분 일부 비공개
내용 제3차 한일회담 교섭 처리방침 설명자료. 재산 · 청구권 문제 처리요강안
주제어 재산 · 청구권

문서명	설명자료 3. 어업 관계 처리요강안(説明資料その三 漁業関係処理要領案)

문서파일번호 1060
작성연월일 1953. 10. 13
구분 제3차 회담
세부항목 교섭 처리방침
작성처 외무성 아시아국 제2과
매수 5
비밀등급 극비
문서종류 내부문서
공개구분 공개
내용 제3차 한일회담 교섭 처리방침 설명자료. 어업관계 처리요강안
주제어 어업

문서명	설명자료 4. 재일한국인의 국적 및 처우에 관한 처리요강안(説明資料その四 在日朝鮮人の国籍および処遇に関する処理要領案)

문서파일번호 1060
작성연월일 1953. 10. 13
구분 제3차 회담
세부항목 교섭 처리방침
작성처 외무성 아시아국 제2과
매수 3
비밀등급 극비
문서종류 내부문서
공개구분 공개
내용 제3차 한일회담 교섭 처리방침 설명자료. 재일한국인 국적 및 처우 문제 처리요강안
주제어 재일한국인 법적지위

문서명	설명자료 5. 선박 관계 처리요강안(説明資料その五 船舶関係処理要領案)

문서파일번호 1060
작성연월일 1953. 10. 13
구분 제3차 회담
세부항목 교섭 처리방침
작성처 외무성 아시아국 제2과
매수 2
비밀등급 극비
문서종류 내부문서
공개구분 공개
내용 제3차 한일회담 교섭 처리방침 설명자료. 선박 관계 처리요강안
주제어 선박

한일회담 쌍방 주장의 현재
(日韓会談双方主張の現状)

문서파일번호	1061
작성연월일	1953. 10. 3 - 1953. 10. 22
구분	제3~4차 회담 사이
세부항목	한일회담에서의 양국 주장 현상
작성처	외무성 아시아국 제2과
매수	20
비밀등급	
문서종류	공문, 내부자료
공개구분	공개 또는 일부 비공개
내용	제3차 한일회담 결렬 후 한일 양국의 주장을 정리한 것을 주요 공관에 보낸 공문, 첨부 문서
주제어	한일회담에서의 양국 주장

문서명	한일회담 자료 송부 건(日韓会談資料送付の件)

문서파일번호 1061
작성연월일 1953. 10. 22
구분 제3~4차 회담 사이
세부항목 한일회담에서의 양국 주장 현상
작성처 외무성 아시아국 제2과
매수 1
비밀등급 극비
문서종류 공문
공개구분 공개
내용 제3차 한일회담 결렬 후 한일 양국의 주장을 정리한 것을 주요 공관에 보내는 1953년 10월 22일 자 공문
주제어 한일회담에서의 양국 주장 현상

문서명	한일회담에서의 쌍방 주장 실태(日韓会談における双方主張の現状)

문서파일번호 1061
작성연월일 1953. 10. 3
구분 제3~4차 회담 사이
세부항목 한일회담에서의 양국 주장 실태
작성처 외무성 아시아국 제2과
매수 19
비밀등급 극비
문서종류 내부자료
공개구분 일부 비공개
내용 주요 공관에 보내는 한일회담 자료 송부 건 공문 첨부물. 1953년 10월 3일 자로 작성한 한일회담에서의 양국 주장 실태. 회담 경위, 기본관계 수립 문제, 재산 및 청구권 문제(한일 양국이 상대국에 대해 주장하는 재산청구권 추정액은 먹칠로 가려짐), 어업 문제, 재일한국인 국적 처우 문제, 선박 문제에 관한 양측 주장이 기술되어 있음.
주제어 한일회담에서의 양국 주장 현상

한일회담 결렬 선후대책
(日韓会談決裂善後対策)

문서파일번호	1062
문서명	한일회담 결렬 선후대책 (日韓会談決裂善後対策)
작성연월일	1953. 10. 26
구분	제3~4차 회담 사이
세부항목	한일회담 결렬 선후대책
작성처	외무성 구보타
매수	20
비밀등급	극비
문서종류	내부문서
공개구분	공개
내용	제3차 한일회담 결렬 후 일본 수석대표였던 구보타 참여가 정리한 '한일회담 결렬 선후대책'. 한국의 비외교적 태도로 한일회담이 결렬되었다고 지적하고 한국의 태도가 수정되지 않는 한 한일회담의 원만한 해결은 불가능하다고 전망함. 이를 전제로 어업, 한국대표부 설치, 미국의 중개, 어업 교섭, 정부요인 파견, 경제적 보복조치, 재일한국인 압박 및 북한 송환 등의 즉시적 대책을 제시하고 장기대책으로 국제여론 계몽, '이 라인' 관련 국제사법재판소 제소 및 실력 증강, 미국을 통한 이승만 정부 타도 방안 등을 제시함.
주제어	한일회담 결렬 선후대책

한일회담 교섭경과에 대해서(대신의 의회 답변자료)
[日韓会談交渉経過について(大臣の議会答弁資料)]

문서파일번호	1063
문서명	한일회담 교섭경과에 대해서(대신의 의회 답변자료)[日韓会談交渉経過について(大臣の議会答弁資料)]
작성연월일	1953. 10. 28
구분	제3~4차 회담 사이
세부항목	한일회담 교섭 경과 국회 답변자료
작성처	외무성 아시아국 제2과
매수	29
비밀등급	일반
문서종류	내부자료
공개구분	공개
내용	외무대신의 제3차 한일회담에 대한 의회 답변자료. ① 경위: 예비회담부터 제3차 한일회담 결렬까지의 경위를 정리함. 제3차 회담에서 한국이 36년간의 식민지 통치에 대한 피해 청구권을 유보한다고 발언한 것에 대해 폭언이라고 평하고 있음. ② 본회의 및 5개 위원회 상황: ⑴ 본회의 ⑵ 어업위원회 ⑶ 선박위원회 ⑷ 청구권위원회 ⑸ 국적처우위원회 ⑹ 기본조약위원회 상황을 정리함. 청구권위원회에서 한국이 36년간의 배상요구를 언급한 것에 대해 일본이 한국의 배상청구권을 부정하고 식민지 근대화론을 피력함. 문제가 될 수 있는 점①: 쟁점이 될 수 있는 현안에 대해 ⑴ 조선의 독립 시기 문제 ⑵ '조선' 용어 ⑶ 대한민국정부의 지위를 중심으로 정리 문제가 될 수 있는 점②: 한국의 대일평화조약 참가 문제를 둘러싼 한미 간의 회담, 한국의 반응 등을 설명함.
주제어	한일회담 교섭 경과

오에 관방장관·유 참사관 회담
(大江官房長·柳参事官会談)

문서파일번호	1705
문서명	오에 관방장관·유 참사관 회담 (大江官房長·柳参事官会談)
작성연월일	1953. 10. 28
구분	제3~4차 회담 사이
세부항목	오에 관방장관·유태하 참사관 회동
작성처	외무성 오에 관방장관
매수	6
비밀등급	극비
문서종류	회의록
공개구분	공개
내용	외무성 오에(大江) 관방장관과 주일한국대표부 유태하 참사관 만찬 회동 기록. 유 참사관은 일시 귀국 중 회담 결렬 소식을 들었다면서 이 대통령은 양국관계가 악화되는 것을 우려하고 있다며, 미국의 알선을 통해 회담을 재개할 수 있는 방안이 없는지 문의함. 오에 관방장관이 한국이 회담을 결렬 시켰으므로 일본이 먼저 회담 재개를 말할 상황은 아니라고 하자, 유 참사관은 차관인 김용식 공사를 불러 이야기하는 형식을 취할 수는 없는지 문의함. 유 참사관은 또한 한국 국내 분위기상 일본의 재한사무소 설치는 어려울 것 같다면서 일본이 재일한국대표부 철수를 요구할지 몰라 이에 대한 대비를 하고 있다고 말함.
주제어	한일회담 재개 문제, 어업, 불법입국 한국인 강제송환

한일회담 재개 문제
(日韓会談再開問題)

문서파일번호	1675
작성연월일	1953. 9. 9 - 1954. 11. 21
구분	제3~4차 회담 사이
세부항목	한일회담 재개 관련 미일 협의, 외무성·공관 전문
작성처	외무성, 주일매국대사관, 주미대사, 주유엔대사, 미국무부 등
매수	271
비밀등급	
문서종류	회의록, 내부자료, 내부문서, 전문, 공문
공개구분	공개 또는 일부미공개
내용	한일회담 재개 관련 미국과 일본의 협의 기록과 외무성·주미대사관, 주유엔 대표부 간 주고받은 전문 모음
주제어	한일회담 재개 관련 미일 협의

문서명	구보타 발언 건(久保田発言に関する件)

문서파일번호 1675
작성연월일 1954. 1. 21
구분 제3~4차 회담 사이
세부항목 한일회담 재개 관련 미일 협의
작성처 외무성 아시아국 제2과
매수 5
비밀등급 극비
문서종류 회의록
공개구분 일부 비공개
내용 다케우치(竹内春海) 아시아 제2과장·주일미국대사관 ▬서기관 간 회담 기록. ▬서기관은 비공식 의견임을 전제로 일본이 구보타 발언 관련 재고의 여지가 없는지 묻고, 별지 제3항의 문구(일본정부의 견해가 아닌 전 일본 대표의 성급한 사적 표현으로 오해가 발생한 것을 유감으로 생각, 당일 의사록은 논의와 무관하며 기록에서 삭제함)는 어떤지 문의함. 다케우치 과장은 이 문제와 관련한 일본안에 대한 한국 반응은 수용이 어렵다는 것이었는데 미국 측이 제시한 문안으로 한국을 납득시킬 수 있는지 반문함. ▬서기관은 금명간 앨리슨(John M. Allison) 대사가 본 건 관련 오카자키(岡崎勝男) 외상과 이야기하게 될 것이라고 함.
주제어 구보타 발언

문서명	제목 없음

문서파일번호 1675
작성연월일 1954. 1. 21
구분 제3~4차 회담 사이
세부항목 한일회담 재개 관련 미일 협의
작성처 주일미국대사관
매수 1
비밀등급 일반
문서종류 내부자료
공개구분 공개
내용 1954년 1월 21일 다케우치 아시아 제2과장·주일미국대사관 ▬서기관 간 회담에서 미국이 작성해 일본에 전달한 구보타 발언 관련(일본) 입장 표명문(영문)
주제어 구보타 발언

문서명	제목 없음

문서파일번호 1675
작성연월일 1954. 1. 23
구분 제3~4차 회담 사이
세부항목 한일회담 재개 관련 미일 협의
작성처 외무성 아시아국 제2과
매수 1
비밀등급 일반
문서종류 내부자료
공개구분 공개
내용 미국이 작성한 구보타 발언 관련 일본 입장 표명문을 약간 수정하여 1954년 1월 23일 미국에 전달한 문구(영문)
주제어 구보타 발언

문서명	구보타 발언 등에 관한 건(久保田発言等に関する件)

문서파일번호 1675
작성연월일 1954. 2. 1
구분 제3~4차 회담 사이
세부항목 한일회담 재개 관련 미일 협의
작성처 외무성 아시아국 제2과
매수 4
비밀등급 극비
문서종류 회의록
공개구분 일부 비공개
내용 다케우치(竹内春海) 과장·미대사관 ■■서기관 회담 기록. ■■서기관은 1월 21일 미국이 전달한 구보타 발언 관련 일본 입장표명문에 대해 한국이 강경한 태도를 보여 어려움을 겪고 있다면서 한국은 "일본의 조선 통치는 나쁜 면만 있었고 조선에 하등 이익을 준 것이 없다, 카이로 선언에 언급된 대로 일본이 조선을 노예화한 것은 사실이다" 등의 표현을 원하고 있다고 함. 이에 다케우치는 미국 측으로부터 또 다른 제안이 있을 경우 검토해 보겠다고 함(1월 23일 구보타 발언 관련 일본의 수정문구 첨부).
주제어 구보타 발언

문서명	제목 없음

문서파일번호	1675
작성연월일	1954. 1. 23
구분	제3~4차 회담 사이
세부항목	한일회담 재개 관련 미일 협의
작성처	외무성 아시아국 제2과
매수	1
비밀등급	
문서종류	내부자료
공개구분	공개
내용	미국이 작성한 구보타 발언 관련(일본 입장) 표명문을 약간 수정하여 1954년 1월 23일 미국에 전달한 문구(영문)
주제어	구보타 발언

문서명	제목 없음

문서파일번호	없음
작성연월일	1954. 1
구분	제3~4차 회담 사이
세부항목	한일회담 재개 관련 미일 협의
작성처	외무성 아시아국 제2과
매수	1
비밀등급	일반
문서종류	내부문서
공개구분	공개
내용	구보타 발언 관련 일본 입장표명문에 대한 차관 의견 메모. 입장표명문은 예를 들어 회담의 일정을 발표할 때 동시에 하고, 대신에 대한 보고와 간부회의에서의 검토 후 미국에 전달하라는 지시내용이 기록됨.
주제어	구보타 발언

문서명	구보타 발언 등에 관한 건(久保田発言等に関する件)

문서파일번호 1675
작성연월일 1954. 2. 6
구분 제3~4차 회담 사이
세부항목 한일회담 재개 관련 미일 협의
작성처 외무성 아시아국 제2과
매수 7
비밀등급 일반
문서종류 회의록
공개구분 일부 비공개
내용 다케우치 과장·미대사관 ■■서기관 회담 기록. ■■서기관은 일본이 표명할 문서안을 전달하고, 로버트슨(Walter S. Robertson) 차관보가 일본의 구보타 발언 관련 입장표명 수용을 평가하고 있다며, "카이로 선언에서 언급한 대로 일본의 조선 노예화는 사실이다" 등을 일본이 언급하는 것은 무리이며, 양유찬 주미한국대사를 불러 이 문제는 이 정도 선에서 마무리하는 것이 좋겠다는 뜻을 전했다고 말함. 한국은 회담 전에 일본이 성명을 통해 이 점을 밝히기를 희망한다는 뜻을 전함.
주제어 구보타 발언

문서명	제목 없음

문서파일번호 1675
작성연월일 1954. 2. 6
구분 제3~4차 회담 사이
세부항목 한일회담 재개 관련 미일 협의
작성처 주일미국대사관
매수 1
비밀등급 일반
문서종류 내부자료
공개구분 공개
내용 1954년 2월 6일 미국이 전달한 구보타 발언과 회담 재개에 관한 일본 입장표명 문안(영문). 문서에 2월 10일 앨리슨 대사의 일시 귀국에 앞서 외무대신이 이 문안에 관해 일본은 문제 없다는 뜻을 전달했다고 수기(手記)로 표기함.
주제어 구보타 발언

문서명	한일 문제 건(日韓問題に関する件)

문서파일번호 1675
작성연월일 1954. 3. 18
구분 제3~4차 회담 사이
세부항목 한일회담 재개 관련 미일 협의
작성처 외무성 아시아국 제5과장
매수 4
비밀등급 극비
문서종류 회의록
공개구분 일부 비공개
내용 아시아 제5과장·미대사관 ■서기관 회담 기록. ■서기관은 내주 중 앨리슨 대사가 한일관계 관련 대신이나 차관을 만나게 될 것이라고 함. 과장이 4월 말 한국 영해에서 개최 예정이라고 보도된 동아시아 반공회의 관련 한미 간 연락이 있느냐고 묻자, ■서기관은 명확한 정보는 없지만 본 건 목적을 위해 파견된 특별사절단의 성과에 대해 이 대통령이 실망한 것으로 보인다는 정보가 있다고 답함.
주제어 한일관계

문서명	구보타 발언 등에 관한 건(久保田発言等の件)

문서파일번호 1675
작성연월일 1954. 2. 13
구분 제3~4차 회담 사이
세부항목 한일회담 재개 관련 미일 협의
작성처 외무성 아시아국 제2과
매수 2
비밀등급 극비
문서종류 회의록
공개구분 공개
내용 나카가와 도오루(中川融) 아시아국장·주일미국대사관 버거(バーガー) 참사관 회담 기록. 버거 참사관은 한국이 구보타 발언 관련 일본의 사전 성명 발표가 있더라도 반드시 한일회담을 재개하는 것은 아니라는 태도를 보이고 있어 난처하다는 입장을 보임.
주제어 구보타 발언, 한일회담 재개

문서명	한일관계 1건(日韓関係一件)

문서파일번호 1675
작성연월일 1954. 2. 8
구분 제3~4차 회담 사이
세부항목 한일회담 재개 관련 미일 협의
작성처 외무성 오쿠무라 차관
매수 7
비밀등급 극비
문서종류 회의록
공개구분 일부 비공개
내용 오쿠무라 차관·주일미국대사관 파슨즈(J. G. Parsons) 참사관 회담 기록. 파슨즈는 한일회담 재개를 위해 미국이 여러 노력을 기울이고 있다며 구보타 발언 관련 일본 입장표명 문안(2월 6일 다케우치 과장에게 전달한 것과 동일)을 전달함. 오쿠무라 차관은 성명 발표는 상관없는데 회담 재개와 연결되어야 할 것이라는 입장을 표명함. 파슨즈가 '이 라인'에 관한 한국 감시를 자제시키는 문제는 미국이 '이 라인'을 인정하는 형국이 되므로 바람직하지 않다고 하자 오쿠무라는 일본 감시선이 무장하고 있어 혹시라도 한국 감시선과 충돌하는 사건이 발생할까 우려된다고 말함.
주제어 구보타 발언, '이 라인'

문서명	제목 없음

문서파일번호 1675
작성연월일 1954. 2. 6
구분 제3~4차 회담 사이
세부항목 한일회담 재개 관련 미일 협의
작성처 주일미국대사관
매수 1
비밀등급 일반
문서종류 내부자료
공개구분 공개
내용 1954년 2월 8일 주일미국대사관 참사관이 오쿠무라 차관에게 전달한 구보타 발언과 회담 재개에 관한 일본 입장표명 문안(영문). 2월 6일 다케우치 과장에게 전달한 문안과 동일함.
주제어 구보타 발언

문서명	한일회담 1건(日韓會談一件)

문서파일번호 1675
작성연월일 1954. 2. 19
구분 제3~4차 회담 사이
세부항목 한일회담 재개 관련 미일 협의
작성처 외무성 오쿠무라 차관
매수 6
비밀등급 비(秘)
문서종류 회의록
공개구분 일부 비공개
내용 오쿠무라 차관· 주일미국대사관 파슨즈 대리대사(참사관) 회담 기록. 파슨즈는 한국이 일본 입장표명 문안의 수용을 거부했다면서 국면 타개를 위한 일본안이 있다면 협의에 응하겠다고 함. 오쿠무라는 1월 12일~2월 13일간 한국의 추적 또는 발포를 겪은 어선이 15척, 나포된 어선이 2척이라면서 어민 중 사상자가 있어서 우려된다 말함(2월 19일 부산에서 한국대표부에 나포 어선의 어민들은 모두 무사하다는 연락이 있었으며, 이를 미국대사관 측에 전달함).
주제어 구보타 발언, 어선나포

문서명	한국대사의 INS에 대한 기고 건(韓国大使のINS*に対する寄稿に関する件)

문서파일번호 1675
작성연월일 1954. 2. 22
구분 제3~4차 회담 사이
세부항목 양유찬 대사 기고, 주미임시대리대사 보고
작성처 주미임시대리대사
매수 2
비밀등급 극비
문서종류 전문(電文)
공개구분 공개
내용 1954년 2월 22일 워싱턴 소재 INS 지국으로부터 양 유찬 한국대사의 기고가 있으며, 이에 대한 일본 반박문을 발표하고 싶다는 의사전달이 있었음을 보고함.
주제어 양유찬 대사 언론 기고

* 인터내셔널 뉴스 서비스(International News Service). 미국 기반 뉴스 통신사로 1958년 5월 유피(UP)에 합병되었음.

문서명	주미한국대사의 INS에 대한 기고 건(駐米韓国大使のINSに対する寄稿の件)

문서파일번호 1675
작성연월일 1954. 2. 22
구분 제3~4차 회담 사이
세부항목 양유찬 대사 기고, 주미임시대리대사 보고
작성처 주미임시대리대사
매수 5
비밀등급 극비
문서종류 전문(電文)
공개구분 공개
내용 양유찬 주미한국대사의 일본 비방 INS 기고문 내용(영문)을 보고함.
주제어 양유찬 대사 언론 기고

문서명	한국대사의 INS 기고에 대한 일본의 반박 건(韓国大使のINS寄稿に対するわが方反駁の件)

문서파일번호 1675
작성연월일 1954. 2. 22
구분 제3~4차 회담 사이
세부항목 양유찬 대사 기고 반박문, 주미임시대리대사 보고
작성처 주미임시대리대사
매수 3
비밀등급 극비
문서종류 전문(電文)
공개구분 공개
내용 양유찬 주미한국대사의 INS 기고문에 대한 일본 반박문(영문)을 보고함.
주제어 양유찬 대사 언론 기고 반박문

문서명	앨리슨 대사 귀국 이후의 배상 문제, 한일회담 재개 교섭 경위 등에 관한 건(アリソン大使帰国以降の賠償問題、日韓会談再開交渉の経緯等に関する件)

문서파일번호 1675
작성연월일 1954. 3. 16
구분 제3~4차 회담 사이
세부항목 주미대사의 덜레스(John F. Dulles) 장관 면담
작성처 주미대사
매수 1
비밀등급 극비
문서종류 전문(電文)
공개구분 공개
내용 금명간 덜레스 국무장관을 만날 예정이므로 앨리슨 대사 귀국 이후의 배상 문제와 한일회담 재개 교섭 경위를 알려 달라고 요청함.
주제어 한일회담 재개 교섭 경위, 주미대사의 덜레스 장관 면담

문서명	앨리슨 대사 귀국 이후의 배상 문제, 한일회담 재개 교섭 경위 등에 관한 건(アリソン大使帰国以降の賠償問題、日韓会談再開交渉の経緯等に関する件)

문서파일번호 1675
작성연월일 1954. 3. 19
구분 제3~4차 회담 사이
세부항목 주미대사의 덜레스 장관 면담 결과 보고
작성처 주미대사
매수 1
비밀등급 극비
문서종류 전문(電文)
공개구분 공개
내용 덜레스 국무장관 면담 일자가 1954년 3월 22일로 잡혔음을 보고함.
주제어 한일회담 재개 교섭 경위, 주미대사의 덜레스 장관 면담

문서명	총리 방미, 배상 문제, 한일회담 등에 관한 덜레스 회담 건(総理渡米、賠償問題、日韓会談等につきダレス等と会談の件)

문서파일번호 1675

작성연월일 1954. 3. 24

구분 제3~4차 회담 사이

세부항목 주미일본대사의 미국무부 장관, 차관보 회담결과 보고

작성처 주미대사

매수 4

비밀등급 극비

문서종류 전문(電文)

공개구분 공개

내용 1954년 3월 22일, 23일 덜레스, 머피(Robert D. Murphy), 로버트슨(Walter S. Robertson) 회담 결과를 보고하는 주미대사 전문. 일본정부는 한일국교 정상화라는 대국적 견지에서 구보타 발언을 철회할 용의가 있으나, 일본어선 나포로 사태 악화가 우려되므로 한일회담 재개를 위한 미국의 알선을 의뢰함. 로버트슨은 한국은 이 문제에 대해 미국이 일본 편을 든다고 생각하고 있어 중개하기 어려운 바, 일본이 세세한 논의에 구애받지 말고 구보타 발언은 일본정부의 공식견해를 표명한 것이 아니라는 선에서 철회하고 회담 재개 방법을 한국대사에게 전하는 것도 하나의 방법이라고 언급함.

주제어 주미일본대사의 미국무부 장관, 차관보 회담, 한일회담 재개, 어선 나포

문서명	한일회담 건(日韓会談に関する件)

문서파일번호 1675

작성연월일 1954. 4. 7

구분 제3~4차 회담 사이

세부항목 주미일본대사·한국대사 간담결과에 대한 주미대사 보고

작성처 주미대사

매수 2

비밀등급 극비

문서종류 전문(電文)

공개구분 공개

내용 1954년 4월 6일 양유찬 대사 간담 결과를 보고하는 이구치 사다오(井口貞夫) 주미대사 전문. 양 대사는 구보타 발언 관련 이 대통령을 설득하기 위해 일본이 유감표명(we regret), 구보타 발언 삭제 등이 들어간 서한을 보내는 방안(대외 불공표, 국회에 대해서는 대국적 견지에서 회담 재개의 내용으로 설명)을 제안, 양측은 각각 본국 뜻을 묻기로 함.

주제어 주미일본·한국대사 간담, 구보타 발언

문서명	한일회담 재개 및 제네바회의 등에 관한 양 대사 회담 건(日韓会談再開及び寿付会談等に付ての梁大使と会談の件)

문서파일번호 1675

작성연월일 1954. 4. 17

구분 제3~4차 회담 사이

세부항목 이구치·양유찬 회담 결과에 대한 주미대사 보고

작성처 주미대사

매수 2

비밀등급 극비

문서종류 전문(電文)

공개구분 공개

내용 1954년 4월 16일 양유찬 대사 회담 결과를 보고하는 이구치 주미대사 전문. 양 대사의 방문으로 이루어진 회담에서 양 대사는 일본의 일방적 성명 발표에 본인은 이의 없으나, 본국에서는 성명문안에 대일평화조약의 규정을 준수한다는 뜻이 포함되기를 희망한다고 함. 이구치 대사는 그것은 당연한 것으로 문구를 만들어 서로 합의가 이루어지면 본국의 승낙을 받기로 함. 회담 재개가 결정되면 미국 측을 옵서버로 참석시키는 방안에 대해서도 의견이 일치함.

주제어 이구치·양유찬 회담, 한일회담 재개

문서명	한일회담 재개 건(日韓会談再開に関する件)

문서파일번호 1675
작성연월일 1954. 5. 26
구분 제3~4차 회담 사이
세부항목 한일회담 재개 관련 미일 협의에 관한 주미대사 보고
작성처 주미대사
매수 2
비밀등급 극비
문서종류 전문(電文)
공개구분 공개
내용 1954년 5월 26일 주미대사관 시마(島) 공사·미국무부 맥라킨(Robert J. McClurkin) 동아시아부장 간 회담 결과를 보고하는 주미대사 전문. 미국은 대일평화조약 규정 준수 문구를 주일미국대사관이 외무성에 타진하는 방안을 제시함.
주제어 한일회담 재개

문서명	앨리슨 대사 회담 건(アリソン大使との会談に関する件)

문서파일번호 1675
작성연월일 1954. 6. 7
구분 제3~4차 회담 사이
세부항목 한일회담 재개 관련 미일 협의에 관한 주미대사 보고
작성처 주미대사
매수 2
비밀등급 극비
문서종류 전문(電文)
공개구분 공개
내용 1 1954년 6월 7일 앨리슨 차관보 회담 결과를 보고하는 주미대사 전문. 앨리슨은 일본 견해표명과 관련하여 이 대통령이 난색을 표명한 것으로 보이며, 이는 제네바회의에 관심이 쏠려 잠시 '관심이 다른 곳으로 가 있는(cool off)' 것이 아닌가 생각한다고 말함.
주제어 한일회담 재개

문서명	앨리슨 대사와의 비공식 대화 건(アリソン大使との内話に関する件)

문서파일번호	1675
작성연월일	1954. 6. 17
구분	제3~4차 회담 사이
세부항목	한일회담 재개 관련 미일 협의에 관한 주미대사 보고
작성처	주미대사
매수	2
비밀등급	극비
문서종류	전문(電文)
공개구분	공개
내용	1954년 6월 17일 앨리슨 대사로부터 한일관계 관련 진전이 없으며 잠시 '관심이 다른 곳으로 가 있는(cool off)' 것으로 보인다는 언급이 있었다는 주미대사의 보고
주제어	한일회담 재개

문서명	제네바회의 정세 건(寿付会談の情勢に関する件)

문서파일번호	1675
작성연월일	1954. 6. 23
구분	제3~4차 회담 사이
세부항목	제네바회의 후의 정세에 관한 주미대사 보고
작성처	주미대사
매수	2
비밀등급	극비
문서종류	전문(電文)
공개구분	공개
내용	1954년 6월 23일 제네바회의 이후의 정세에 관해 미국무부 직원이 대사관원에게 알려준 내용을 보고하는 주미대사 전문. 한국 문제의 조기 해결 전망은 없으며 평화적 통일을 위한 노력을 계속 해나간다는 구호를 외치는 방안 이 외에는 다른 방도가 없음. 한국 파견군은 존치하는 것으로 하며, 병력은 줄지도 모르겠음. 한국군 증강은 인접 국가들의 방위능력 관계에서 필요성을 검토하게 될 것임.
주제어	제네바회의 후의 정세

문서명	제목 없음

문서파일번호	1675
작성연월일	1954(월일 불명)
구분	제3~4차 회담 사이
세부항목	제네바 정치회의, 덜레스 장관 발언
작성처	외무성
매수	1
비밀등급	일반
문서종류	내부문서
공개구분	공개
내용	한반도 관련 정치회의에 관해 덜레스 장관이 언급한 내용을 메모한 문서.(누가 언제 어떠한 기회에 메모를 작성했는지 불명). 1953년 8월 4일 덜레스 장관은 한미상호방위협정 체결을 위한 방한 시 발표한 성명에서 정치회의에 관해 이 회의가 공산 측의 한미 양국에 대한 침투 선전이나 한국을 혼란시키는 데 이용된다는 것이 명백할 경우 이 회의에서 탈퇴할 것이라고 언급함.
주제어	제네바 정치회의, 덜레스 장관 발언

문서명	베트남 정세에 관한 캄보디아, 한국대사와의 비공식 대화(インドシナ情勢に関するカンボジヤ、韓国大使等の内話の件)

문서파일번호	1675
작성연월일	1954. 7. 7
구분	제3~4차 회담 사이
세부항목	베트남 정세 관련 주미대사 보고
작성처	주미대사
매수	2
비밀등급	극비
문서종류	전문(電文)
공개구분	공개
내용	1954년 7월 7일 베트남 정세에 관해 최근 제네바로부터 귀임한 캄보디아와 한국대사와 나눈 비공식 대화 내용을 보고함.
주제어	베트남 정세

문서명	한일회담 재개에 관한 미국의 조정 실패설 건(日韓会談再開に対する米国の調停失敗説に関する件)

문서파일번호 1675
작성연월일 1954. 7. 13
구분 제3~4차 회담 사이
세부항목 한일회담 재개 관련 주미대사 보고
작성처 주미대사
매수 1
비밀등급 극비
문서종류 전문(電文)
공개구분 공개
내용 한일회담 재개에 대한 미국의 조정 실패설에 관한 미국무부 답변을 보고하는 주미대사 전문. 로이터 기자로부터 관련 질문이 있어 미국무부에 확인한 결과 현재 한일회담 재개를 위한 협의가 이루어지지 않고 있다는 답변이 있었음.
주제어 한일회담 재개

문서명	미영회담 등에 관한 머피 대사 담화 요지 건(米英会談等に付マーフィ大使談話要旨の件)

문서파일번호 1675
작성연월일 1954. 7. 19
구분 제3~4차 회담 사이
세부항목 미영회담, 제네바회의 관련 주미대사 보고
작성처 주미대사
매수 5
비밀등급 극비
문서종류 전문(電文)
공개구분 공개
내용 1954년 7월 19일 미국무부 머피 대사가 참석한 미영회담, 제네바회의 및 불인(仏印-프랑스령 인도차이나) 정전 문제, 동남아시아 방위기구 등에 관한 대화 내용을 보고함.
주제어 미영회담, 제네바회의

문서명	이 대통령 방미 건(李大統領の訪米に関する件)

문서파일번호 1675
작성연월일 1954. 7. 21
구분 제3~4차 회담 사이
세부항목 한일관계 타개 관련 주미대사 보고
작성처 주미대사
매수 1
비밀등급 극비
문서종류 전문(電文)
공개구분 공개
내용 반 플리트* 대장의 고문 워렌 박사와 대화한 내용을 보고하는 주미대사 전문. 이구치 대사는 한일관계 타개를 위해 알선을 요청했는데, 워렌 박사는 일본이 한국에 대표를 파견하여 직접 이야기하는 것이 최선의 방책이라고 언급함.
주제어 한일관계 타개

문서명	미영회담 건(米英会談に関する件)

문서파일번호 1675
작성연월일 1954. 7. 30
구분 제3~4차 회담 사이
세부항목 제네바회의 이후 미국의 당면 외교 관련 주미대사 보고
작성처 주미대사
매수 6
비밀등급 극비
문서종류 전문(電文)
공개구분 공개
내용 제네바회의 이후 미국의 당면 외교에 대한 주미대사의 견해를 보고함.
주제어 제네바회의 이후 미국의 당면 외교

* 제임스 반 플리트(James A. Van Fleet) 장군은 제2차 세계대전과 한국전쟁에 참전한 미국 장성으로, 한국전쟁 당시 미 제8군 사령관 겸 유엔군 사령관을 역임함.

문서명	이 대통령 방미 건(李大統領の訪米に関する件)

문서파일번호 1675
작성연월일 1954. 7. 30
구분 제3~4차 회담 사이
세부항목 한일관계 타개 관련 주미대사 보고
작성처 주미대사
매수 3
비밀등급 극비
문서종류 전문(電文)
공개구분 공개
내용 한일관계 타개를 위해 미국무부와 협의한 결과 등을 포함한 주미대사의 방안을 보고하는 전문. 일본이 회담 재개의 조건으로(구보타 발언 등에 관한) 양해안을 발표하는 방식을 고집할 경우 관계 타개가 어려울 것임. 미국 측 중재에 관한 일본 입장을 국무부에 전한 결과 내주 초에 머피가 한일 양국 대사를 불러 회담 재개 방안을 제안하는 것을 고려하겠다 함. 한일관계를 현 상태로 방치하는 것은 최근의 극동정세에 비추거나 자유 제국의 결속 차원에서도 바람직하지 않음.
주제어 한일관계 타개

문서명	제목 없음

문서파일번호 1675
작성연월일 1954. 7. 31
구분 제3~4차 회담 사이
세부항목 한일회담 재개 관련 주미대사보고에 대한 오카자키 대신 의향
작성처 외무성 오쿠무라 차관
매수 3
비밀등급 일반
문서종류 내부문서
공개구분 공개
내용 주미대사의 한일회담 재개 관련 건의에 대한 오카자키 외무대신의 의향을 오쿠무

라(奧村) 차관이 기록한 문서. 일본 '양해서'에 대해 미리 미국의 양해를 구하고 회담 중에 미국 옵서버가 일본의 생각을 지지하면서 한국을 설득하도록 하는 것에 대해 미국의 내락을 받는다면 회담을 재개해도 상관없다는 내용이 담긴 회람안을 작성하되, 청구권 상호 포기에 관해 한국의 양 대사가 회담에서 스스로 언급한 바 있음을 미국에 상기시킬 것, 필요한 경우 본성에서 인력을 지원할 용의가 있음.

주제어 한일회담 재개

문서명	한일관계에 대한 반 플리트 및 헐 대장 회담 건(日韓関係についてヴァンフリート及びハル大将との会談の件)

문서파일번호 1675

작성연월일 1954. 7. 30

구분 제3~4차 회담 사이

세부항목 한일회담 재개 관련 주미대사 보고

작성처 주미대사

매수 3

비밀등급 극비

문서종류 전문(電文)

공개구분 공개

내용 1954년 7월 29일 반 플리트(James A. Van Fleet) 대장, 7월 30일 헐* 대장 회담 결과를 보고하는 주미대사 전문. 현 한일관계는 극동안정의 암으로 공산세력이 노리는 바임에 비추어 대통령과 덜레스 장관 공히 양국관계의 타개를 간절히 바라고 있으며 방미 중인 이 대통령에게도 당연히 이야기할 것으로 생각함. 회담 개시 전 양국 청구권의 상호 포기에 관해 약속해야 한다는 등의 조치는 곤란하다고 생각하며, 미국 무부로서도 한일 양국 대사가 양해하는 선에서 미국이 옵서버로 참석하는 가운데 대화를 시작하기를 희망하고 있음.

주제어 한일회담 재개

* 존 헐(John E. Hull) 장군은 제4대(1953~1955년) 극동군 사령관 겸 유엔군 사령관을 역임한 미국의 장성임.

문서명	한미회담에 관한 Young과의 담화(米韓会談に関するヤング等の内話)

문서파일번호 1675
작성연월일 1954. 8. 2
구분 제3~4차 회담 사이
세부항목 한미정상회담 결과 관련 주미대사 보고
작성처 주미대사
매수 3
비밀등급 극비
문서종류 전문(電文)
공개구분 공개
내용 방미 중인 이승만 대통령 한미회담 결과에 관해 1954년 미국무부 영(Kenneth T. Young) 동북아과장으로부터 청취한 내용을 보고하는 주미대사 전문. 그간 이 대통령이 휴전협정 무효론을 주장해 온 것과는 달리 회담에서는 이러한 주장이 없었으며, 제네바회의에서 휴전협정과 다른 결과가 나오지 않자 유효하다고 생각한다는 해석을 함. 양 측은 극동에서의 자유제국 결속의 중요성 차원에서 한일관계 타개의 실마리를 찾으려 노력했으나 구체적인 진전은 없었음.
주제어 한미정상회담 결과

문서명	아사딘 씨의 한일관계 조정을 위한 재방한 건(アーサーディーン氏の日韓関係調整のため再渡鮮に関する件)

문서파일번호 1675
작성연월일 1954. 8. 13
구분 제3~4차 회담 사이
세부항목 한일관계 타개 관련 주유엔대사 보고
작성처 주유엔대사
매수 2
비밀등급 극비
문서종류 전문(電文)
공개구분 공개
내용 아사딘 씨 대화 내용을 보고하는 주유엔대사 전문. 지난번 서울 방문 시 이 대통령을 만나 한일관계 개선을 주장했던 아사딘 씨가 재차 한일관계 타개를 위해 한국을 방문할 가능성이 있음.
주제어 한일관계 타개

문서명	한일회담 재개 건(日韓会談再開に関する件)

문서파일번호 1675
작성연월일 1954. 8. 25
구분 제3~4차 회담 사이
세부항목 한일회담 재개 관련 주미대사 보고
작성처 주미대사
매수 2
비밀등급 극비
문서종류 전문(電文)
공개구분 공개
내용 한일회담 재개와 관련한 1954년 8월 25일 자 주미대사 전문 보고. 미국은 이 대통령 방미 중에는 회담 재개 동의를 받지 못했으며 서울에서 한국에 대한 설득을 계속할 예정임. 이 대통령 워싱턴 방문 시 보여줬던 완고한 태도, 한일 양국으로부터 중재를 부탁받고 있는 입장 등에 비추어 미국이 상당히 경계적인 태도를 보이고 있음.
주제어 한일회담 재개

문서명	최근 한국정세 건(最近の韓国情勢に関する件)

문서파일번호 1675
작성연월일 1954. 9. 30
구분 제3~4차 회담 사이
세부항목 한국정세 관련 주미대사 보고
작성처 주미대사
매수 3
비밀등급 극비
문서종류 전문(電文)
공개구분 공개
내용 1954년 9월 28일 미국무부로부터 청취한 한국정세 관련 내용을 보고하는 주미대사 전문. 한국은 미군 4개 사단의 철수를 시기상조로 보고 항의를 계속하는 중이며,

한국군 증강요구에 대해서도 미국은 현재 이상의 양적 증강에 반대하고 있음. 경제 재건에 관해서는 한미 간 '합동경제이사회(Combined Economic Board)'가 원조내용에 관해 연구를 진행 중임. 최근 2주간 한국정부 지도하의 반미선전이 일본에 대한 것 이상으로 격해지고 있는데, 이는 이승만 대통령의 방미 중 한반도의 무력통일 주장에 대해 미국 내에서도 어떠한 지지자가 없었다는데 초조함을 느끼는 데서 기인하는 것으로 보고 있음.

주제어 한국정세

문서명	**독도영유권에 관한 대일평화조약 제2안 해석 건**(竹島の領有権に関する平和条約第二条の解釈に関する件)

문서파일번호 1675

작성연월일 1954. 10. 1

구분 제3~4차 회담 사이

세부항목 독도영유권, 대일평화조약 제2조 미국해석관련 주미대사 보고

작성처 주미대사

매수 2

비밀등급 극비

문서종류 전문(電文)

공개구분 일부 비공개

내용 1954년 10월 1일 본성의 지시에 따라 독도영유권과 관련한 대일평화조약 제2조의 해석에 대한 미국무부 의견을 파악, 보고하는 주미대사 전문. 국무부 법률전문가 중 일부는 대일평화조약에 독도의 지위가 명기되어 있지 않으므로 1905년 한일병합 당시의 상태에 따라 귀속결정을 해야 한다는 의견도 있으나, 조약 초안 작성 관계자를 포함한 대부분은 대일평화조약은 카이로 선언의 원칙에 기초하여 작성되었으며, 일본으로부터 분리되는 도서를 명기하였고 조약 해석론으로서도 독도는 일본에 귀속되어야 한다는 견해를 가지고 있음. 전문 두 번째 쪽은 먹칠되어 있음.

주제어 독도영유권, 대일평화조약 제2조 미국 해석

문서명	독도 문제 건(竹島問題に関する件)

문서파일번호 1675
작성연월일 1954. 11. 15
구분 제3~4차 회담 사이
세부항목 독도 관련 주유엔대사 보고
작성처 주유엔대사
매수 2
비밀등급 극비
문서종류 전문(電文)
공개구분 일부 비공개
내용 본성 지시에 따라 독도 문제에 관해 유엔 측에 문의한 결과를 보고하는 주유엔대사 전문. 내용은 먹칠되어 있음.
주제어 독도 문제

문서명	독도 문제 건(竹島問題に関する件)

문서파일번호 1675
작성연월일 1954. 11. 16
구분 제3~4차 회담 사이
세부항목 독도 관련 주유엔대사 보고
작성처 주유엔대사
매수 1
비밀등급 극비
문서종류 전문(電文)
공개구분 일부 비공개
내용 독도 문제에 관한 주유엔대사의 추가보고 전문. 내용은 먹칠되어 있음.
주제어 독도 문제

문서명	독도 문제 건(竹島問題に関する件)

문서파일번호 1675
작성연월일 1954. 11. 16
구분 제3~4차 회담 사이
세부항목 독도 관련 주유엔대사 보고
작성처 주유엔대사
매수 1
비밀등급 비(秘)
문서종류 전문(電文)
공개구분 일부 비공개
내용 독도 문제에 관한 주유엔대사의 또 다른 보고 전문. 내용은 먹칠되어 있음.
주제어 독도 문제

문서명	최근 한미관계 등에 관한 건(最近の米韓関係等に関する件)

문서파일번호 1675
작성연월일 1954. 11. 16
구분 제3~4차 회담 사이
세부항목 한미관계 관련 주미대사 보고
작성처 주미대사
매수 1
비밀등급 극비
문서종류 전문(電文)
공개구분 공개
내용 한미관계에 관한 주미대사 보고 전문. 이승만 대통령 방미 후 껄끄러웠던 한미관계가 최근 들어 급속히 조정 가능성이 증대되면서 양국의 중요현안도 타결 움직임을 보이고 있음. 현안 중에는 자유세계의 대한 원조물자 조달에 관한 위원회 양해사항으로서 일본의 조달 문제도 해결되는 것으로 되어 있음.
주제어 한미관계

문서명	한미방위조약 건(米韓防衛条約に関する件)

문서파일번호 1675
작성연월일 1954. 11. 17
구분 제3~4차 회담 사이
세부항목 한미방위조약관련 주미대사 보고
작성처 주미대사
매수 2
비밀등급 극비
문서종류 전문(電文)
공개구분 공개
내용 한미방위조약 비준과 관련하여 미국무부로부터 청취한 내용을 보고하는 주미대사 전문. 군사조항에 관해서는 한국은 미국의 권고를 받아들여 당면 한국군의 양적 증강을 하지 않고 보급부대의 정리, 장비 강화, 예비군제도 정비를 실시함. 1954년도 미국의 대한원조는 7억 달러이며, 군사원조는 4억 2천만 달러, 경제원조 4억 2천만 달러임.
주제어 한미방위조약

문서명	정정 기록(訂正報)

문서파일번호 1675
작성연월일 1954. 11. 20
구분 제3~4차 회담 사이
세부항목 한미방위조약 전문 오류 정정
작성처 전신과(電信課)
매수 1
비밀등급 극비
문서종류 전문(電文)
공개구분 공개
내용 1954년 11월 17일 자 주미대사의 본성 앞 전문 내용 중 경제원조 4억 2천만 달러를 2억 8천만 달러로 정정함.
주제어 한미방위조약

문서명	독도 문제 건(竹島問題に関する件)

문서파일번호 1675
작성연월일 1954. 11. 17
구분 제3~4차 회담 사이
세부항목 독도 관련 주미대사 보고
작성처 주미대사
매수 2
비밀등급 극비
문서종류 전문(電文)
공개구분 일부 비공개
내용 1954년 11월 17일 독도에 관한 주미대사의 보고 전문. 내용은 먹칠되어 파악이 불가능함.
주제어 독도 문제

문서명	한미방위조약 건(米韓防衛条約に関する件)

문서파일번호 1675
작성연월일 1954. 11. 22
구분 제3~4차 회담 사이
세부항목 한미방위조약
작성처 주미대사
매수 2
비밀등급 극비
문서종류 전문(電文)
공개구분 공개
내용 본성 지시에 따라 미국무부와 '대외활동본부(FOA, Foreign Operation Administration)* 에 미국의 원조자금 중 일본에 책정(earmark)된 내용을 파악, 보고한 주미대사 전문. 미국정부는 원칙적 양해하에 한국정부의 성의를 신뢰, 본 건 해결이 가능할 것으로 확신하고 있으며 당분간 추이를 보는 수밖에 없음.
주제어 한미방위조약

* 미국의 대외 원조 문제 등을 담당했던 기구

문서명	FOA 대 한국 원조물자 건(FOA対韓国援助物資の件)

문서파일번호 1675
작성연월일 1954. 12. 8
구분 제3~4차 회담 사이
세부항목 대한국 원조물자 중 일본 분량
작성처 주미대사
매수 1
비밀등급 극비
문서종류 전문(電文)
공개구분 공개
내용 미국 '대외활동본부' 측에 확인한 대한국 원조물자 중 일본 분량에 관한 정보는 더 이상 파악하기 어려움.
주제어 대한국원조물자의 일본 분량

문서명	앨리슨 대사 귀국 후의 한일회담 재개 교섭 경위 등에 관한 통보 건(アリソン大使帰国後の賠償問題、日韓会談再開交渉の経緯等通報の件)

문서파일번호 1675
작성연월일 1954. 3. 21
구분 제3~4차 회담 사이
세부항목 한일회담 재개
작성처 외무성 아시아제1과
매수 4
비밀등급
문서종류 전문(電文)
공개구분 공개
내용 주미대사의 요청에 따라 앨리슨 대사 미국 귀국 후의 한일회담 재개 교섭 경위를 통보하는 본성의 전문. 한국이 구보타 발언의 5개항 취소를 계속 요구하고 있다는 내용 등이 담김.
주제어 한일회담 재개

문서명	한일회담 건(日韓会談に関する件)

문서파일번호 1675
작성연월일 1954. 4. 1
구분 제3~4차 회담 사이
세부항목 한일회담 재개
작성처 외무성 아시아제1과
매수 2
비밀등급 극비
문서종류 전문(電文)
공개구분 공개
내용 한일회담 재개 교섭 경과를 주미대사에게 통보하는 전문. 일본이 구보타 발언에 관해 유감을 표명하고 일본정부의 뜻을 반영한 것이 아니라는 입장표명안을 작성하였으나 한국이 이를 수용하지 않고 있음.
주제어 한일회담 재개

문서명	한일회담 건(日韓会談に関する件)

문서파일번호 1675
작성연월일 1954. 4. 14
구분 제3~4차 회담 사이
세부항목 한일회담 재개
작성처 외무성 아시아국 제5과
매수 1
비밀등급 극비
문서종류 전문(電文)
공개구분 공개
내용 구보타 발언에 관한 해결방안(일본의 일방적 성명 발표 형식)에 관해 주미대사에게 통보함.
주제어 한일회담 재개

문서명	한일회담 재개에 관한 대신 기자회견 건(日韓会談再開に関する大臣記者会見の件)

문서파일번호	1675
작성연월일	1954. 5. 14
구분	제3~4차 회담 사이
세부항목	오카자키 대신 기자회견, 한일회담 재개
작성처	외무성 아시아국 제5과
매수	2
비밀등급	극비
문서종류	전문(電文)
공개구분	공개
내용	오카자키 외무대신의 외신 기자회견 관련 내용을 주미대사에게 통보하는 전문. 5월 12일 대신의 기자회견 시 회담 재개 교섭 관련 내용에 대해 5월 13일 유태하 참사관이 아시아국장에게 질의, 주미한국·일본대사 간 협의 내용이 포함된 경위를 설명해 주었음.
주제어	오카자키 대신 기자회견, 한일회담 재개

문서명	한일회담 재개에 관한 대신 기자회견 건(日韓会談再開に関する大臣記者会見の件)

문서파일번호	1675
작성연월일	1954. 5. 14
구분	제3~4차 회담 사이
세부항목	오카자키 대신 기자회견, 한일회담 재개
작성처	외무성 아시아국 제5과
매수	2
비밀등급	일반
문서종류	전문(電文)
공개구분	공개
내용	오카자키 대신의 1954년 5월 12일 외신 기자회견 내용 중 한일관계 부분을 주미대사에게 통보함.
주제어	오카자키 대신 기자회견, 한일회담 재개

문서명	한일회담 재개에 관한 대신 기자회견 건(日韓会談再開に関する大臣記者会見の件)

문서파일번호 1675
작성연월일 1954. 5. 15
구분 제3~4차 회담 사이
세부항목 오카자키 대신 기자회견, 한일회담 재개
작성처 외무성 아시아국 제5과
매수 2
비밀등급
문서종류 전문(電文)
공개구분 공개
내용 오카자키 대신의 1954년 5월 1일 외신 기자회견에 대한 한국 반향을 주미대사에게 통보하는 전문. 한국정부는 대신의 회견에 대해 회담 재개를 위한 일본의 진전으로 환영하고 있으나, 변영태 외무장관은 일본정부가 구보타 발언에 대한 사과, '이 라인' 승인 및 재한재산에 대한 청구권 포기를 보장하는 것이 회담 재개의 조건이라고 말함.
주제어 오카자키 대신 기자회견, 한일회담 재개

문서명	한일회담 재개 제안 건(日韓会談再開提案に関する件)

문서파일번호 1675
작성연월일 1954. 6. 3
구분 제3~4차 회담 사이
세부항목 구보타 발언 관련 일본 입장표명 문안
작성처 외무성 아시아국 제5과
매수 1
비밀등급 극비
문서종류 전문(電文)
공개구분 공개
내용 김용식 공사가 앨리슨 주일미국대사를 통해 제시한 성명안에 대해 1954년 5월 27일 일본안을 재차 앨리슨 대사에게 전달하고 미국의 의향을 타진 중임을 주미대사에게 통보함.
주제어 구보타 발언, 일본 입장표명 문안

문서명	한일회담 재개 제안 건(日韓会談再開提案の件)

문서파일번호 1675
작성연월일 1954. 6. 3
구분 제3~4차 회담 사이
세부항목 구보타 발언 관련 일본 입장표명 문안
작성처 외무성 아시아국 제5과
매수 1
비밀등급 극비
문서종류 전문(電文)
공개구분 공개
내용 1954년 5월 27일 구보타 발언과 관련한 일본 입장표명 문안을 주미대사에게 통보함.
주제어 구보타 발언, 일본 입장표명 문안

문서명	한일회담 재개 제안 건(日韓会談再開提案の件)

문서파일번호 1675
작성연월일 1954. 6. 3
구분 제3~4차 회담 사이
세부항목 구보타 발언 관련 일본 입장표명 문안
작성처 외무성 아시아국 제5과
매수 1
비밀등급 극비
문서종류 전문(電文)
공개구분 공개
내용 청구권 문제와 관련한 일본 입장표명 문안(일본은 종래의 청구권에 관한 법적 입장을 더 이상 고집하지 않으며, 은급, 미불임금, 이와 유사한 카테고리의 한국인이 갖고 있는 청구권에 대해 지불할 준비가 되어 있음. 또한 일본정부는 한국정부에 일정한 수량의 한국 미술품을 인도할 준비가 되어 있음)을 주미대사에게 통보함.
주제어 청구권에 관한 일본 입장표명 문안

문서명	한일회담 재개에 관한 미국의 조정 실패설 건(日韓会談再開に関する米国の調停失敗説に関する件)

문서파일번호 1675
작성연월일 1954. 7. 13
구분 제3~4차 회담 사이
세부항목 미국의 조정자 역할 실패에 관한 언론 보도
작성처 외무성 아시아국 제5과
매수 2
비밀등급 일반
문서종류 전문(電文)
공개구분 공개
내용 1954년 7월 10일 미 당국자가 한일회담 재개를 위한 미국무부의 움직임 실패에 관해 언급하였다는 로이터통신 보도에 관해 관련 사실을 파악하라고 지시함.
주제어 미국의 조정자 역할 실패에 관한 언론 보도

문서명	이 대통령 방미 건(李大統領の訪米に関する件)

문서파일번호 1675
작성연월일 1954. 7. 21
구분 제3~4차 회담 사이
세부항목 미국의 조정자 역할
작성처 외무성 아시아국 제5과
매수 2
비밀등급 일반
문서종류 전문(電文)
공개구분 공개
내용 이승만 대통령의 방미 시 미국이 한일관계 타개를 위한 역할을 해줄 것을 요청하라고 지시함.
주제어 미국의 조정자 역할

문서명	한일회담 건(日韓会談に関する件)

문서파일번호 1675
작성연월일 1954. 7. 31
구분 제3~4차 회담 사이
세부항목 미국의 조정자 역할
작성처 외무성 아시아국 제5과
매수 2
비밀등급 일반
문서종류 전문(電文)
공개구분 공개
내용 미국이 한국을 설득하도록 교섭하라고 지시함.
주제어 미국의 조정자 역할

문서명	한일회담 건(日韓会談に関する件)

문서파일번호 1675
작성연월일 1954. 8. 2
구분 제3~4차 회담 사이
세부항목 청구권 상호 포기
작성처 외무성 아시아국 제5과
매수 1
비밀등급 일반
문서종류 전문(電文)
공개구분 공개
내용 1952년 4월 1일과 17일 양유찬 대사가 한일 양국이 청구권을 상호 존중해야 한다는 취지의 발언을 했었음을 미국에 상기시키라고 지시함.
주제어 청구권 상호 포기

문서명	한일회담 재개 건(日韓会談再開に関する件)

문서파일번호 1675
작성연월일 1954. 8. 25
구분 제3~4차 회담 사이
세부항목 미국의 조정자 역할
작성처 외무성 아시아국 제5과
매수 2
비밀등급 극비
문서종류 전문(電文)
공개구분 공개
내용 출어기를 앞두고 다수의 일본어선이 '이 라인' 방면에 출어할 것으로 예상되는 만큼 회담 재개에 관한 미국의 협의 경위를 보고할 것을 지시함.
주제어 미국의 조정자 역할

문서명	한일 간 당국의 현안 해결을 위한 농림대신의 방한에 대한 신청 건(日韓間当国の懸案解決のため農林大臣の遣韓につき申入れの件)

문서파일번호 1675
작성연월일 1954. 9. 16
구분 제3~4차 회담 사이
세부항목 일본 농림대신 방한 문제
작성처 외무성 아시아국 제5과
매수 2
비밀등급
문서종류 전문(電文)
공개구분 공개
내용 1954년 8월 31일 나카가와 도루(中川融) 아시아국장이 주일한국대표부 유태하 참사관에게 어업 관련 문제의 해결을 위한 일본 농림대신의 방한을 희망하였으나 유 참사관은 이를 거부하고 한일회담 재개 시 도쿄에서 양국 농림대신 간 회담하는 방안을 제시하였다는 내용을 통보함.
주제어 일본 농림대신 방한 문제

문서명	독도영유권에 관한 대일평화조약 제2조 해석 건(竹島の領有権に関する平和条約第二条の解釈に関する件)

문서파일번호 1675
작성연월일 1954. 9. 24
구분 제3~4차 회담 사이
세부항목 독도영유권
작성처 외무성 조약3과
매수 1
비밀등급 일반
문서종류 전문(電文)
공개구분 일부 비공개
내용 독도영유권에 관한 대일평화조약 제2조 해석을 지시하는 1954년 9월 24일 자 주미대사 앞 전문. 본문 내용은 먹칠되어 있음.
주제어 독도영유권

문서명	신문 스크랩(독도 문제 응소, 한국 정식으로 거부)(韓国、正式に拒否, 竹島問題への 應訴)

문서파일번호 1675
작성연월일 1954. 9. 24
구분 제3~4차 회담 사이
세부항목 독도 문제 관련 언론 보도
작성처 아사히신문(朝日新聞)
매수 1
비밀등급 일반
문서종류 내부자료
공개구분 공개
내용 한국이 독도 문제와 관련해 국제사법재판소에서 해결하자는 일본의 제안을 거절했다는 내용의 신문 기사 스크랩. 게재 일자는 불명임.
주제어 독도 문제, 언론 보도

문서명	독도영유권에 관한 대일평화조약 제2조 해석 건(竹島の領有権に関する平和条約第二条の解釈に関する件)

문서파일번호 1675
작성연월일 1954. 10. 6
구분 제3~4차 회담 사이
세부항목 독도영유권
작성처 조약3과
매수 1
비밀등급
문서종류 전문(電文)
공개구분 일부 비공개
내용 미국의 독도영유권 관련 대일평화조약 제2조 해석을 파악하라고 지시하는 1954년 10월 6일 자 주미대사 앞 전문. 본문 내용은 먹칠되어 있음.
주제어 독도영유권

문서명	한일회담 건(日韓会談に関する件)

문서파일번호 1675
작성연월일 1954. 10. 22
구분 제3~4차 회담 사이
세부항목 한일회담 재개
작성처 외무성 아시아국 제5과
매수 6
비밀등급 극비
문서종류 전문(電文)
공개구분 공개
내용 한일회담 관련 사항을 주미대사에게 통보하는 전문. 한국대표부의 유태하 참사관이 나카가와 도루 아시아국장을 내방하여 구보타 발언의 철회와 일본의 청구권 포기 성명을 사전에 발표할 것을 조건으로 회담을 재개하자는 한국정부의 의향을 전달, 아시아국장은 청구권 포기에 대해 반대를 표명함.
주제어 한일회담 재개

문서명	독도 문제 건(竹島問題に関する件)

문서파일번호 1675
작성연월일 1954. 11. 2
구분 제3~4차 회담 사이
세부항목 독도 문제
작성처 외무성 국제협력국 제1과
매수 2
비밀등급 일반
문서종류 전문(電文)
공개구분 일부 비공개
내용 독도 문제에 관해 주미대사에게 보내는 전문. 1954년 9월 25일 일본의 독도 문제 국제사법재판소 회부 제의를 한국이 10월 28일 자 구상서로 거부했다는 내용. 이 외의 내용은 먹칠로 가려짐(이하 7쪽 비공개)
주제어 독도 문제

문서명	독도 문제 건(竹島問題に関する件)

문서파일번호 1675
작성연월일 1954. 11. 2
구분 제3~4차 회담 사이
세부항목 독도 문제
작성처 외무성 국제협력국 제1과
매수 1
비밀등급 일반
문서종류 전문(電文)
공개구분 일부 비공개
내용 독도 문제에 관해 주유엔대사에게 보내는 전문. 내용은 먹칠되어 있으며, 다음 쪽도 비공개됨.
주제어 독도 문제

문서명	독도 문제 건(竹島問題に関する件)

문서파일번호	1675
작성연월일	1954. 11. 19
구분	제3~4차 회담 사이
세부항목	독도 문제
작성처	외무성 국제협력국 제1과
매수	1
비밀등급	일반
문서종류	전문(電文)
공개구분	일부 비공개
내용	독도 문제에 관해 주유엔대사에게 지시하는 전문. 내용은 먹칠되어 있으며, 다음 쪽도 비공개됨.
주제어	독도 문제

문서명	한미방위조약 건(米韓防衛条約に関する件)

문서파일번호	1675
작성연월일	1954. 11. 21
구분	제3~4차 회담 사이
세부항목	한미상호방위조약, 일본으로부터의 물자 구매
작성처	외무성 아시아국 제5과
매수	2
비밀등급	일반
문서종류	전문(電文)
공개구분	공개
내용	미국의 대한경제원조 2억 8천만 달러 중 약 25%를 일본에서 구매하는 방안에 관해 한미 양국의 양해가 이루어졌다는 민간 정보에 관해 사실관계 확인을 지시함.
주제어	한미상호방위조약, 일본으로부터의 물자 구매

문서명	로버트슨 국무차관보 및 한 한국 참사관 연설 텍스트 송부 건(ロバートソン国務次官補並にハン韓国参事官演説テキスト送付の件)

문서파일번호 1675
작성연월일 1954. 2. 9
구분 제3~4차 회담 사이
세부항목 로버트슨 차관보 연설 및 한표욱 참사관 연설 관련 주미임시대리대사 보고
작성처 주미임시대리대사
매수 1
비밀등급 일반
문서종류 공문
공개구분 공개
내용 클리블랜드 세계문제연구회에서 미국무부 로보트슨(Walter S. Robertson) 차관보와 한표욱 주미한국대사관 참사관이 연설한 내용(텍스트)을 송부함.
주제어 로버트슨 차관보 연설, 한표욱 참사관 연설

문서명	클리블랜드 세계문제연구회에서 미국무부 로버트슨 차관보가 한 연설(Address by the Honorable Walter S. Robertson, Assistant Secretary of State for Far Eastern Affairs, before the Cleveland Council on World Affairs, Cleveland, Ohio)

문서파일번호 1675
작성연월일 1954. 2. 5
구분 제3~4차 회담 사이
세부항목 로버트슨 차관보 연설문, 주미대사 보고
작성처 미국무부
매수 9
비밀등급 일반
문서종류 내부자료(연설문)
공개구분 공개
내용 1954년 2월 6일 클리블랜드 세계문제연구회에서 로버트슨 미국무부 차관보가 '미국의 대일정책'에 관해 연설한 내용(영문)
주제어 로버트슨 차관보 연설문

문서명	클리블랜드 세계문제연구회에서 한표욱 주미대사관 참사관이 한 연설(An Address by Counselor Pyo Wook Han of the Korean Embassy in Washington Delivered before the Cleveland Council on World Affairs, Cleveland, Ohio)

문서파일번호 1675
작성연월일 1954. 2. 6
구분 제3~4차 회담 사이
세부항목 한표욱 참사관 연설문
작성처 주미한국대사관
매수 12
비밀등급 일반
문서종류 내부자료(연설문)
공개구분 공개
내용 클리블랜드 세계문제연구회에서 한표욱 주미한국대사관 참사관이 '한국의 일본관'에 대해 연설한 내용(영문). 문서파일번호 764에 같은 문서가 수록되어 있음.
주제어 한표욱 참사관 연설문

문서명	한국정세 건(朝鮮情勢に関する件)

문서파일번호 1675
작성연월일 1954. 7. 13
구분 제3~4차 회담 사이
세부항목 한국정세 관련 주미대사 보고
작성처 주미대사
매수 3
비밀등급
문서종류 공문
공개구분 공개
내용 1954년 7월 2일 미국무부 관계관으로부터 청취한 한국정세에 관한 정보를 보고함.
주제어 한국정세

문서명	이 대통령 방미 건(李大統領訪米に関する件)

문서파일번호 1675
작성연월일 1954. 7. 30
구분 제3~4차 회담 사이
세부항목 미국의 조정자 역할 관련 주미대사 보고
작성처 주미대사
매수 2
비밀등급 비(秘)
문서종류 공문
공개구분 공개
내용 1954년 7월 29일 주미대사관 직원이 미국무부 영(Kenneth T. Young) 동북아과장에게 별첨 비망록을 통해(이승만 대통령 방미 시) 한일관계에 대한 미국의 관여를 요청하였음을 보고함.
주제어 미국의 조정자 역할

문서명	비망록(Aide Memoire)

문서파일번호 1675
작성연월일 1954. 7. 30
구분 제3~4차 회담 사이
세부항목 미국의 조정자 역할 관련 주미대사 보고
작성처 주미대사
매수 5
비밀등급
문서종류 비망록
공개구분 공개
내용 1954년 7월 30일 자 주미대사의 본성 앞 공문 첨부물. 1954년 7월 28일 주미일본대사관이 작성하여 29일 미국무부 영 동북아과장에게 전달한 비망록. 한일관계 현안과 미국의 조정을 요청함.
주제어 미국의 조정자 역할

문서명	아사딘 씨 조선행 건(アーサーディーン氏の朝鮮行に関する件)

문서파일번호 1675
작성연월일 1954. 8. 24
구분 제3~4차 회담 사이
세부항목 한일관계 타개 관련 주유엔대사 보고
작성처 주유엔대사
매수 5
비밀등급 극비
문서종류 공문
공개구분 공개
내용 한국을 재방문, 이 대통령을 만나겠다고 공언한 바 있는 아사딘 씨와 1954년 8월 16일 오찬에서 협의한 기록을 보고함.
주제어 한일관계 타개

문서명	한국의 미국 비난과 이에 대한 미국 측 반향에 관한 뉴욕타임스의 기사(韓国の米国非難とこれに対する米国側反響に関するニューヨーク·タイムズ記事)

문서파일번호 1675
작성연월일 1954. 9. 21
구분 제3~4차 회담 사이
세부항목 한미관계 관련 언론 보도, 주미대사 보고
작성처 주미대사
매수 2
비밀등급
문서종류 공문
공개구분 공개
내용 1954년 9월 21일 자 뉴욕타임스의 기사내용(9월 20일 자 로이터통신의 한국의 미국 비난 기사와 이에 대한 미국무부 및 국방부 측의 해명)을 보고함.
주제어 한미관계

문서명	독도 문제 건(竹島問題に関する件)

문서파일번호 1675
작성연월일 1954. 10. 18
구분 제3~4차 회담 사이
세부항목 독도 관련 주미대사 보고
작성처 주미대사
매수 1
비밀등급 극비
문서종류 공문
공개구분 일부 비공개
내용 본성 지시에 따른 주미대사의 독도 문제 관련 보고 공문. 내용은 먹칠로 가려짐. 이하 4쪽은 비공개됨.
주제어 독도 문제

문서명	독도 문제 건(竹島問題に関する件)

문서파일번호 1675
작성연월일 1954. 11. 11
구분 제3~4차 회담 사이
세부항목 독도관련 주유엔 대사 보고
작성처 주유엔대사
매수 1
비밀등급 일반
문서종류 공문
공개구분 일부 비공개
내용 본성 지시에 따른 주유엔대사의 독도 문제 관련 보고 공문. 내용은 먹칠로 가려짐. 이하 3쪽은 비공개됨.
주제어 독도 문제

문서명	제목 없음

문서파일번호 1675
작성연월일 1955. 5. 15
구분 제3~4차 회담 사이
세부항목 미국무부 동북아시아부장 언론 회견
작성처 영문 마이니치(The Mainichi)
매수 1
비밀등급 일반
문서종류 내부자료
공개구분 공개
내용 미국무부 맥라킨(Robert J. McClurkin) 동북아시아부장의 영문 마이니치 인터뷰 기사. 문서파일번호 1676에 같은 신문 스크랩이 포함되어 있음. 본 문서파일에는 편철이 잘못된 것으로 보임.
주제어 미국무부 동북아시아부장 언론 회견

문서명	한일회담 재개 교섭에 관한 자료 송부 건(日韓会談再開交渉に関する資料送付の件)

문서파일번호 1675
작성연월일 1954. 4. 5
구분 제3~4차 회담 사이
세부항목 구보타 발언, 미일 협의 경과
작성처 외무성 아시아국 제5과
매수 2
비밀등급 극비
문서종류 전문(電文)
공개구분 공개
내용 주요공관장(미국, 유엔, 영국, 프랑스, 타이완)에게 구보타 발언의 철회에 관한 미국과의 협의 경과 등 관련 자료를 송부함.
주제어 구보타 발언, 미일 협의 경과

문서명	한일 문제에 관한 대미절충 경위(日韓問題に関する対米折衝の経緯)

문서파일번호 1675
작성연월일 1954. 4. 9
구분 제3~4차 회담 사이
세부항목 한일 문제에 관한 미일교섭 경위
작성처 외무성 아시아국 제5과
매수 16
비밀등급 극비
문서종류 내부자료
공개구분 일부 비공개
내용 제3차 한일회담 재개를 위한 대미교섭과 회담결렬 후의 한일 문제에 관한 대미교섭 경위를 정리함.
주제어 한일 문제에 관한 미일교섭 경위

문서명	비망록(Aide-Memoire)

문서파일번호 1675
작성연월일 1953. 9. 9
구분 제3~4차 회담 사이
세부항목 한일 문제에 관한 미일교섭 경위
작성처 외무성
매수 2
비밀등급 극비
문서종류 내부자료
공개구분 공개
내용 '한일 문제에 관한 대미절충 경위' 문서 첨부1. 일본이 1953년 9월 9일 한일 문제의 타개를 위해 미국에 전달한 비망록(영문)
주제어 한일 문제에 관한 미일교섭 경위

문서명	제목 없음

문서파일번호	1675
작성연월일	1953. 10. 28
구분	제3~4차 회담 사이
세부항목	한일 문제에 관한 미일교섭 경위
작성처	리지웨이(Matthew B. Ridgway)
매수	5
비밀등급	극비
문서종류	내부자료
공개구분	공개
내용	'한일 문제에 관한 대미절충 경위' 문서 첨부2. 일본 외무대신이 리지웨이 미 육군 참모총장에게 보낸 한일관계 관련 공한(영문)
주제어	한일 문제에 관한 미일교섭 경위

문서명	성명문안(1) [Draft Statement(1)]

문서파일번호	1675
작성연월일	1953. 11. 3
구분	제3~4차 회담 사이
세부항목	한일 문제에 관한 미일교섭 경위
작성처	외무성
매수	2
비밀등급	극비
문서종류	내부자료
공개구분	공개
내용	'한일 문제에 관한 대미절충 경위' 문서 첨부3. 일본이 한일회담 재개를 위하여 1953년 11월 3일 작성한 입장표명 성명문 제1안(영문)
주제어	한일 문제에 관한 미일교섭 경위

문서명	성명문안(2) [Draft Statement(2)]

문서파일번호	1675
작성연월일	1953. 11. 3
구분	제3~4차 회담 사이
세부항목	한일 문제에 관한 미일교섭 경위
작성처	외무성
매수	2
비밀등급	극비
문서종류	내부자료
공개구분	공개
내용	'한일 문제에 관한 대미절충 경위' 문서 첨부4. 일본이 한일회담 재개를 위하여 작성한 1953년 11월 3일 자 입장표명 성명문 제2안(영문)
주제어	한일 문제에 관한 미일교섭 경위

문서명	성명문안(1) [Draft Statement(1)]

문서파일번호	1675
작성연월일	1953. 11. 6
구분	제3~4차 회담 사이
세부항목	한일 문제에 관한 미일교섭 경위
작성처	외무성
매수	2
비밀등급	극비
문서종류	내부자료
공개구분	공개
내용	'한일 문제에 관한 대미절충 경위' 문서 첨부5-1. 일본이 한일회담 재개를 위하여 작성한 1953년 11월 6일 자 입장표명 성명문 제1안(영문)
주제어	한일 문제에 관한 미일교섭 경위

문서명	성명문안(2) [Draft Statement(2)]

문서파일번호	1675
작성연월일	1953. 11. 6
구분	제3~4차 회담 사이
세부항목	한일 문제에 관한 미일교섭 경위
작성처	외무성
매수	2
비밀등급	극비
문서종류	내부자료
공개구분	공개
내용	'한일 문제에 관한 대미절충 경위' 문서 첨부5-2. 일본이 한일회담 재개를 위하여 작성한 1953년 11월 6일 자 입장표명 성명문 제2안(영문)
주제어	한일 문제에 관한 미일교섭 경위

문서명	성명문안(2) [Draft Statement(2)]

문서파일번호	1675
작성연월일	1953. 11. 18
구분	제3~4차 회담 사이
세부항목	한일 문제에 관한 미일교섭 경위
작성처	외무성
매수	2
비밀등급	극비
문서종류	내부자료
공개구분	공개
내용	'한일 문제에 관한 대미절충 경위' 문서 첨부6. 일본이 한일회담 재개를 위하여 작성한 1953년 11월 18일 자 입장표명 성명문 제2안(영문)
주제어	한일 문제에 관한 미일교섭 경위

문서명	제목 없음

문서파일번호 1675
작성연월일 1953. 12. 11
구분 제3~4차 회담 사이
세부항목 한일 문제에 관한 미일교섭 경위
작성처 주일미국대사관
매수 2
비밀등급 극비
문서종류 내부자료
공개구분 공개
내용 '한일 문제에 관한 대미절충 경위' 문서 첨부7. 앨리슨 주일미국대사가 오카자키 외무대신에게 보낸 공한(영문). 한일관계 타개를 위해서는 보다 구체적으로 일본 입장을 표명할 필요가 있다는 내용이 담김.
주제어 한일 문제에 관한 미일교섭 경위

문서명	일본 성명문안 참고사항(Notes for Draft Japanese Statement)

문서파일번호 1675
작성연월일 1953. 12. 11
구분 제3~4차 회담 사이
세부항목 한일 문제에 관한 미일교섭 경위
작성처 주일미국대사관
매수 3
비밀등급 일반
문서종류 내부자료
공개구분 공개
내용 '한일 문제에 관한 대미절충 경위' 문서 첨부물(번호 없음). 앨리슨 주일미국대사가 오카자키 외무대신에게 보낸 공한에 첨부된 일본 입장표명 문안에 관한 의견서(영문). 구보타 발언의 문제점을 일일이 지적한 후 이와 관련한 한국의 의구심을 해결한 필요가 있다는 내용이 담김.
주제어 한일 문제에 관한 미일교섭 경위

문서명	성명문안(Draft Statement)

문서파일번호 1675
작성연월일 1953. 12. 12
구분 제3~4차 회담 사이
세부항목 한일 문제에 관한 미일교섭 경위
작성처 외무성
매수 5
비밀등급 극비
문서종류 내부자료
공개구분 공개
내용 '한일 문제에 관한 대미절충 경위' 문서 첨부8. 일본의 입장표명 성명문안(영문). 미국의 조언에 따라 구보타 발언에 관한 유감표명이 담김.
주제어 한일 문제에 관한 미일교섭 경위

문서명	제목 없음

문서파일번호 1675
작성연월일 1954. 1. 21
구분 제3~4차 회담 사이
세부항목 한일 문제에 관한 미일교섭 경위
작성처 외무성
매수 1
비밀등급 일반
문서종류 내부자료
공개구분 공개
내용 '한일 문제에 관한 대미절충 경위' 문서 첨부9. 구보타 발언에 관한 일본정부의 입장 성명문안(영문). 일본정부의 견해가 아닌 전 일본 대표의 성급한 개인적 견해 표명으로 오해가 생긴 것을 유감스럽게 생각, 그날 회의록은 논의와 관계없으며 기록에서 삭제한다는 내용이 담김.
주제어 한일 문제에 관한 미일교섭 경위

문서명	제목 없음

문서파일번호 1675
작성연월일 1954. 1. 23
구분 제3~4차 회담 사이
세부항목 한일 문제에 관한 미일교섭 경위
작성처 외무성
매수 1
비밀등급 일반
문서종류 내부자료
공개구분 공개
내용 '한일 문제에 관한 대미절충 경위' 문서 첨부10. 구보타 발언에 관한 일본정부의 입장표명 성명문 수정문안(영문). 일본정부의 공식 입장을 반영하지 않은 전 일본 대표의 현장에서의 개인적 견해 표명으로 오해가 생긴 것을 유감스럽게 생각, 그날 회의록은 논의와 관계없으며 기록에서 삭제한다는 내용이 담김.
주제어 한일 문제에 관한 미일교섭 경위

문서명	제목 없음

문서파일번호 1675
작성연월일 1954. 2. 8
구분 제3~4차 회담 사이
세부항목 한일 문제에 관한 미일교섭 경위
작성처 외무성
매수 2
비밀등급 일반
문서종류 내부자료
공개구분 공개
내용 '한일 문제에 관한 대미절충 경위' 문서 첨부11. 일본의 입장표명 성명문안(영문)
주제어 한일 문제에 관한 미일교섭 경위

문서명	한일관계(Japanese-Korea Relations)

문서파일번호	1675
작성연월일	1954. 2. 10
구분	제3~4차 회담 사이
세부항목	한일 문제에 관한 미일교섭 경위
작성처	외무성
매수	3
비밀등급	
문서종류	내부자료
공개구분	공개
내용	'한일 문제에 관한 대미절충 경위' 문서 첨부12. 일본의 미국에 대한 조력 요청 및 회담 재개를 위한 입장표명 성명문안(영문)
주제어	한일 문제에 관한 미일교섭 경위

문서명	이 대통령 방미에 관한 참고자료 송부 건(李大統領の訪米に関し参考資料送付の件)

문서파일번호	1675
작성연월일	1954. 7. 21
구분	제3~4차 회담 사이
세부항목	한일 문제 관련 자료
작성처	외무성 아시아국 제5과
매수	10
비밀등급	극비
문서종류	공문
공개구분	공개
내용	이승만 대통령의 방미에 즈음하여 미국과 한일관계에 대한 협의와 한국의 일본에 대한 악의적인 선전에 대비, 참고자료로 활용하라며 한일관계 관련 주요 안건의 경위에 관한 참고자료를 주미대사에게 송부함.
주제어	한일 문제 관련 자료

문서명	한일관계 기사에 관한 보도 건(日韓関係記事に関する報道の件)

문서파일번호 1675

작성연월일 1954. 3. 5

구분 제3~4차 회담 사이

세부항목 한일관계 언론 보도

작성처 외무성 정보문화국 제1과

매수 3

비밀등급 극비

문서종류 전문(電文)

공개구분 공개

내용 1954년 1월 31일 요미우리신문의 보도내용(미 통합참모본부 모 고관은 일본이 미국과의 상호방위원조협정(MSA)*에 따르면 원조에 의해 국력을 키우고 있는데 이승만 정권이 변화를 보이지 않는 한 한일관계 타개의 길은 없다는 견해를 가지고 있다는 내용을 주미대사가 본성에 보고했으며, 이에 따라 미국 소식통도 한일관계 회복은 곤란하다고 보는 것이 맞으며 미국의 알선도 정체, 한일관계 호전은 당분간 기대하기 어렵다는 내용)과 이에 관해 2월 2일 중의원 예산위원회에서 가와사키(川崎吞二) 의원이 보도의 사실관계에 대해 질의, 외무대신이 사실무근이라고 답변했다는 내용을 주미대사에게 통보함.

주제어 한일관계 언론 보도

* 1954년 3월 미일 간에 체결된 협정(The U. S. and Japan Mutual Defense Assistance Agreement, 약칭 MSA 협정으로 불린다) 으로 미일 간의 일련의 조약을 기초로 하여 미국이 제공하는 원조의 조건을 규정하였음.

문서명	한일 분쟁에 관한 뉴욕타임스 기사(日韓紛争に関するニューヨーク·タイムズ記事)

문서파일번호	1675
작성연월일	1954. 4. 17
구분	제3~4차 회담 사이
세부항목	한일관계 언론 보도
작성처	주미대사
매수	3
비밀등급	일반
문서종류	공문
공개구분	공개
내용	1954년 4월 13~16일까지 뉴욕타임스가 서울특파원발로 한일관계 등에 관해 보도한 내용을 보고함.
주제어	한일관계 언론 보도

제1차 한일회담 중단 후의 중요 한일교섭
(第1次日韓会談中絶後の主な日韓交渉)

문서파일번호	501
문서명	제1차 한일회담 중단 후의 중요 한일교섭(第1次日韓会談中絶後の主な日韓交渉)
작성연월일	1954(월일 불명)
구분	제3~4차 회담 사이
세부항목	1952년 5월~1953년 12월까지 교섭 일지
작성처	외무성
매수	9
비밀등급	비(秘)
문서종류	내부자료
공개구분	공개
내용	1952년 5월~1953년까지 한일 간에 이루어진 주요 교섭(제2차 한일회담 포함) 일지
주제어	한일교섭 일지

한일회담 경위
(日韓会談の経緯)

문서파일번호	1068
문서명	한일회담 경위(日韓会談の経緯)
작성연월일	19540. 9. 10
구분	제3~4차 회담 사이
세부항목	한일회담 경과
작성처	외무성 아시아국 제5과
매수	27
비밀등급	일반
문서종류	내부자료
공개구분	공개
내용	제3차까지의 한일회담의 경과에 관해 정리한 정보 소식지(Information Bulletin) 원고용 자료
주제어	한일회담 경과

한일회담 일본대표단 제2회 내부협의회
(日韓会談日本側代表団第二回打合せ会)

문서파일번호	540
작성연월일	1952. 3. 4 - 1952. 3. 10
구분	제1차 회담
세부항목	청구권 문제 일본대표단 제2회 내부협의회
작성처	외무성
매수	52
비밀등급	
문서종류	내부문서, 협정안, 내부자료
공개구분	공개
내용	제1차 한일회담 개최 후 청구권 문제와 관련하여 일본 외무성이 개최한 제2회 내부협의회 회의기록과 재한일본인 사유재산에 관한 한일 양측의 입장 표명 문서
주제어	청구권

문서명	한일회담 일본대표단 제2회 내부협의회 순서(日韓会談日本側代表団第二回打合せ会次第)

문서파일번호 540
작성연월일 1952. 3. 4
구분 제1차 회담
세부항목 청구권 문제 일본대표단 제2회 내부협의회
작성처 외무성
매수 2
비밀등급
문서종류 내부문서
공개구분 공개
내용 제1차 한일회담 진행 중 일본 외무성이 개최한 청구권 문제 관련 제2회 내부협의회 회의 진행순서와 배포자료 목록
주제어 청구권

문서명	재한 일본 사유재산에 관한 일본정부의 주장(在韓日本私有財産に関する日本政府の主張)

문서파일번호 540
작성연월일 1952(월일 불명)
구분 제1차 회담
세부항목 재한일본인 사유재산에 관한 일본 주장
작성처 외무성
매수 3
비밀등급 극비
문서종류 내부문서
공개구분 공개
내용 재한일본인 사유재산에 관한 일본정부의 주장을 정리한 문서. 재한일본인 사유재산은 대일평화조약 제4조 b항 및 제8조와 관련되어 있음. 일본은 미군정 처분의 효력을 인정했으나, 이것은 점령군이 국제법상 적법하게 조치한 재산의 처분에 대해 일본은 이 조치를 유효한 것으로 인정하고 그 효력에 관해 논쟁하지 않겠다는 의미이지 국제법상 점령군에게 인정되지 않는 처분(사유재산 몰수)까지 인정한다는 의미는 아님.
주제어 청구권, 재한 일본 사유재산

문서명	한일 양국이 결정해야 할 재산 및 청구권 처리에 관한 협정의 기본요강(일본 제안) [日韓両国間に取極められるべき財産及び請求権の処理に関する協定の基本要綱(日本側提案)]

문서파일번호 540
작성연월일 1952(월일 불명)
구분 제1차 회담
세부항목 재산 및 청구권 처리 협정 기본요강
작성처 외무성
매수 10
비밀등급 극비
문서종류 내부문서
공개구분 공개
내용 일본의 재산 및 청구권협정 기본요강. 일본은 한국 내의 일본재산에 대한 미군정의 처리 효과를 인정하면서도 그 범위를 국·공유재산에 한정시켜 재한일본인이 소유했던 사유재산은 별도의 협의대상으로 해야 하며, 한국과 일본 간의 재산 및 청구권 처리는 일방적이 아닌 상호적이어야 한다고 주장함. 한일 양국 간 재산 및 청구권 처리요령(안)이 별지로 첨부됨.
주제어 청구권, 재한 일본 사유재산 문제에 대한 일본의 청구권

문서명	청구권위원회 경과보고 및 일본 대안 설명(請求権委員会経過報告及び我が方対案の説明)

문서파일번호 540
작성연월일 1952. 3. 4
구분 제1차 회담
세부항목 청구권위원회 경과보고 및 일본의 대안
작성처 외무성
매수 19
비밀등급 극비
문서종류 내부문서
공개구분 공개
내용 제4회까지 개최된 제1차 한일회담 청구권위원회 회의에서 일본은 우선 한국 제안의 전모를 파악하는 데 주력하였다고 기술함. 한국이 제시한 청구 요강 8개 항목에 대한 분석 내용, 일본의 제안 설명(재한일본인 사유재산에 대한 일본의 권리 주장) 일문, 영문이 첨부됨.
주제어 청구권, 대일청구요강 8항목

문서명	한일 양국 간에 결정해야 할 재산 및 청구권의 처리에 관한 협정의 기본요강(日韓両国間に取極めらるべき財産及び請求権の処理に関する協定の基本要綱)

문서파일번호 540
작성연월일 1952. 3. 6
구분 제1차 회담 재산 및 청구권 처리 협정 기본요강
세부항목
작성처 외무성
매수 3
비밀등급 극비
문서종류 협정안
공개구분 공개
내용 1952년 3월 6일 제1차 회담 청구권위원회 제5회 회의에서 일본이 한국에 제시한 한일 재산 및 청구권 처리에 관한 협정의 기본요강. 한국과 일본은 양국의 국민이 상대국에 남긴 재산에 관한 권리를 서로 확인한다 등이 기록됨.
주제어 청구권

문서명	청구권 문제에 관한 일본의 제안 설명 요지(請求権問題に関する日本側提案の説明要旨)

문서파일번호 540
작성연월일 1952. 3. 6
구분 제1차 회담
세부항목 청구권 문제에 관한 일본 제안
작성처 외무성
매수 9
비밀등급 극비
문서종류
공개구분 공개
내용 제1차 회담 청구권위원회 제5회 회의에서 일본이 한국에 제시한 재한일본인 사유재산에 관한 입장 요지. 첫째, 사유재산에 관해서는 재한 일본재산, 권리, 이익을 확인함. 둘째, 대일평화조약 제4조(b)와 연합국 최고사령부의 지령으로 실시된 조치의 효과를 승인함. 셋째, 국유재산에 대해서는 별도의 협정에 따라 한국에게 양도함. 넷째, 상기 세 개항은 하나로서 처리되어야 함.
주제어 청구권, 재한 일본 사유재산

문서명	청구권 문제에 관한 일본 제안에 대한 한국의 이견(請求権問題に関する日本側提案に対する韓国側異見)

문서파일번호	540
작성연월일	1952. 3. 10
구분	제1차 회담
세부항목	청구권 문제 관련 일본 제안에 대한 한국의 이견
작성처	외무성
매수	7
비밀등급	극비
문서종류	회의자료
공개구분	공개
내용	1952년 3월 6일 제1차 한일회담 청구권위원회 제5회 회의에서 일본이 제시한 재한일본인 사유재산에 관한 입장에 대해 한국이 3월 10일 제6회 회의에서 제시한 반대 의견. 일본의 생각은 일본이 아직 구식민지 관계의 타성에서 벗어나지 못하고 있다는 인상을 받으며, 대한청구권의 주장은 새로운 경제적 병합을 초래하는 것이고, 카이로 선언에서 언급한 노예상태의 새로운 승인을 원하는 것임. 따라서 일본이 제시한 안은 한국의 정치적, 경제적 독립에 대한 의문을 품는 것임.
주제어	청구권, 재한 일본 사유재산

양 주미대사의 기자회견 등
(梁駐米大使の記者会見等)

문서파일번호	653
작성연월일	1952. 4. 9 - 1952. 5. 7
구분	제1차 회담
세부항목	양유찬 대사 성명에 대한 일본 대응
작성처	외무성, 주워싱턴 사무소장
매수	58
비밀등급	
문서종류	내부문서, 외교공한, 내부자료, 재가문서, 구상서, 전문
공개구분	공개 또는 일부 비공개
내용	제1차 한일회담 한국 수석대표인 양유찬 주미대사의 1952년 4월 8일 기자회견(이 자리에서 4월 4일 자 성명문 발표)과 대미 선전 활동에 대한 일본의 대응 관련 문서 모음
주제어	양유찬 대사 성명에 대한 일본 대응

문서명	양 대사의 기자회견 건(梁大使の記者会見の件)

문서파일번호 653
작성연월일 1952. 4. 9
구분 제1차 회담
세부항목 양유찬 기자회견
작성처 외무성 오노 참사관
매수 1
비밀등급 비(秘)
문서종료 내부문서
공개구분 공개
내용 양유찬 대사가 기자회견에서 설명한 내용이 신문기사에 게재될 것으로 예상된다는 외무성 오노 가쓰미(大野勝巳) 참사관의 의견이 기록됨.
주제어 양유찬 대사 성명에 대한 일본 대응

문서명	제목 없음

문서파일번호 653
작성연월일 1952. 4. 9
구분 제1차 회담
세부항목 마쓰모토 대표가 양유찬 대사에게 보낸 공한
작성처 마쓰모토 수석대표
매수 3
비밀등급 극비
문서종류 서한
공개구분 공개
내용 마쓰모토 일본 수석대표가 양유찬 한국 수석대표에게 보낸 서한. 양유찬 대표가 기자회견에서 일본이 재한 일본재산에 대해 법외의 요구를 하는 것, 한국 전쟁으로 인해 파손된 일본재산에 대해 보상을 요구하고 있다는 성명을 낸 것, 그리고 한일회담 본회의에서 양유찬 대표가 읽은 의견서의 사본을 일본과 상의 없이 신문기자에게 전달한 것에 대해 항의와 반성을 촉구하는 내용이 담김.
주제어 양유찬 대사 성명에 대한 일본 대응

문서명	마쓰모토 수석대표가 양 대사에게 보낸 서한 번역문(松本首席代表の梁博士あて書簡訳文)

문서파일번호 653
작성연월일 1952. 4. 9
구분 제1차 회담
세부항목 마쓰모토 대표의 양유찬 대사 앞 공한
작성처 외무성
매수 4
비밀등급 극비
문서종류 내부자료
공개구분 공개
내용 마쓰모토 일본 수석대표가 양유찬 한국 수석대표에게 보낸 서한 번역본
주제어 양유찬 대사 성명에 대한 일본 대응

문서명	제목 없음

문서파일번호 653
작성연월일 1952. 4. 10
구분 제1차 회담
세부항목 양유찬 대사 성명 언론 보도
작성처 AP통신(AP通信)
매수 2
비밀등급 일반
문서종류 내부자료
공개구분 공개
내용 변영태 외무장관과 양유찬 대사가 발표한 성명내용을 보도한 AP통신 기사(영문). 변 장관은 일본의 불합리한 주장으로 한일회담이 중단되었다고 했으며, 양유찬 대사는 대일평화조약 발효 이후, 일본은 한국에 대한 청구권뿐만이 아니라, 파괴된 재산에 대한 변상 요구 등 한국이 절대 받아들일 수 없는 주장을 하고 있다고 주장함.
주제어 양유찬 대사 성명

문서명	제목 없음

문서파일번호	653
작성연월일	1952. 4. 11
구분	제1차 회담
세부항목	양유찬 대사 성명에 대한 일본 대응
작성처	외무성 아시아국 제2과
매수	1
비밀등급	극비
문서종류	내부문서
공개구분	공개
내용	양유찬 대사의 성명에 대한 일본의 조치 내용을 적은 문서. 양유찬 대사의 한일회담 본회담 관련 성명서가 신문기자에게 전달된 것은, 합의사항 이외는 신문에 발표하지 않기로 한 결정에 반하는 것이며, 양유찬 대사에 대한 일본의 신뢰를 배반한 것임. 따라서 마쓰모토 대표가 서신을 보내 양 박사의 반성을 촉구할 예정임(서신은 첨부되어 있지 않음).
주제어	양유찬 대사 성명에 대한 일본 대응

문서명	양 박사의 성명 발표에 대해 한국정부에 항의하기 위한 구상서 송부 건(梁博士の声明発表につき韓国政府に抗議するための口上書送付に関する件)

문서파일번호	653
작성연월일	1952. 4. 18
구분	제1차 회담
세부항목	주제어 양유찬 대사 성명에 대한 일본 대응
작성처	외무성 아시아국 제2과
매수	4
비밀등급	일반
문서종류	재가문서
공개구분	공개
내용	양유찬 대사가 성명을 언론에 발표한 것에 대해 마쓰모토 대표 명의로 항의 서한을 보냈으며 이어 구상서를 재차 보내고자 한다는 1952년 4월 18일 자 재가문서
주제어	양유찬 대사 성명에 대한 일본 대응

문서명	구상서(口上書)

문서파일번호 653
작성연월일 1952. 4. 14
구분 제1차 회담
세부항목 양유찬 대사 성명에 대한 일본 대응
작성처 외무성 아시아국 제2과
매수 6
비밀등급 일반
문서종류 구상서
공개구분 공개
내용 양유찬 대사의 성명 언론 발표에 대한 일본의 항의 구상서. 한일회담 제1회 본회의에서 한일 양국은 본회의, 분과위원회 등에서 논의된 사항은 양국 대표단이 합의한 경우 또는 합의된 한도에서만 신문에 발표하기로 했으나, 양유찬 대사는 이를 무시하고 회담의 중요 문서 내용을 신문기자에게 발표하였음. 이후부터 이런 일이 없도록 한국정부에 구상서를 전달해 주었으면 함.
주제어 양유찬 대사 성명에 대한 일본 대응

문서명	구상서(Note Verbale)

문서파일번호 653
작성연월일 1952. 4. 14
구분 제1차 회담
세부항목 양유찬 대사 성명에 대한 일본 대응
작성처 외무성 아시아국 제2과
매수 3
비밀등급 일반
문서종류 구상서
공개구분 공개
내용 외무성의 구상서 영문
주제어 양유찬 대사 성명에 대한 일본 대응

문서명	제목 없음

문서파일번호 653
작성연월일 1952. 4. 18
구분 제1차 회담
세부항목 양유찬 대사 성명에 대한 일본 대응
작성처 마쓰모토 수석대표
매수 2
비밀등급 일반
문서종류 서한
공개구분 공개
내용 마쓰모토 수석대표가 양유찬 대사에게 보낸 2차 항의 서한. 양유찬 대사가 마쓰모토 대표가 앞서 보낸 서한에 대해 일언반구도 없이 일본을 떠난 점, 청구권 문제와 같은 복잡한 문제에 관해 자세한 내용을 모르는 외부자들에게 과장, 왜곡된 이야기를 하는 것은 전혀 이해할 수가 없다는 내용 등이 담겨 있음.
주제어 양유찬 대사 성명에 대한 일본 대응

문서명	마쓰모토 수석대표가 양 박사에게 보낸 서한 번역문(제2신) [松本主席代表の梁博士宛書簡訳文(第二信)]

문서파일번호 653
작성연월일 1952. 4. 18
구분 제1차 회담
세부항목 주제어 양유찬 대사 성명에 대한 일본 대응
작성처 외무성
매수 3
비밀등급 일반
문서종류 내부자료
공개구분 공개
내용 마쓰모토 수석대표가 양유찬 대사에게 보낸 2차 항의 서한의 일문 번역본
주제어 양유찬 대사 성명에 대한 일본 대응

문서명	양 대사의 미국 귀국을 둘러싼 관측(梁大使の帰米を巡る一観測)

문서파일번호 653
작성연월일 1952. 4. 18
구분 제1차 회담
세부항목 양유찬 대사 성명에 대한 한국기자클럽 관측
작성처 외무성 아시아국 제2과
매수 3
비밀등급 극비
문서종류 내부문서
공개구분 일부 비공개
내용 ▬ 기자가 한국기자클럽의 관측이라면서 언급한 내용을 정리한 문서. 일본은 양유찬 대사의 귀국을 교착상태가 된 회담의 타결책을 구하기 위한 것으로 관측하고 낙관적으로 생각했으나, 그것은 완전한 착오였음. 양유찬 대사의 미국행은 청구권 문제에 대한 미국의 견해를 구하기 위한 것, 혹은 이번 달에 착임 예정인 머피(Robert D. Murphy) 주일미국대사가 청구권 문제 관련 한국에 유리한 무언가를 해 줄 것을 기대하는 것이었음.
주제어 양유찬 대사 성명에 대한 일본 대응

문서명	한일회담에 관한 양 대사의 선전공작에 대한 대책 건(日韓会談に関する梁大使の宣伝工作に対する対策の件)

문서파일번호 653
작성연월일 1952. 4. 19
구분 제1차 회담
세부항목 양유찬 대사 성명에 대한 일본 대응
작성처 외무성 아시아국 제2과
매수 3
비밀등급
문서종류 전문(電文)
공개구분 공개
내용 외무성이 다케우치(武内龍次) 주워싱턴 사무소장에게 보낸 양유찬 대사의 선전공작에 대한 대응책 관련 1952년 4월 19일 자 전문. 양유찬 대사가 미국 귀임 후, 미국 관민에 대해 일본이 한국을 경제적으로 다시 지배한다는 등 일본의 설명을 고의로 왜곡 선전할 것으로 예상되는바, 이에 대한 대책으로 관련 자료를 보냄.
주제어 양유찬 대사 성명에 대한 일본 대응

문서명	양 박사에 대한 마쓰모토 전권 서한 등 송부 건(梁博士に対する松本全権書簡等送付の件)

문서파일번호 653
작성연월일 1952. 4. 21
구분 제1차 회담
세부항목 양유찬 대사 성명에 대한 일본 대응
작성처 외무성 아시아국 제2과
매수 4
비밀등급 극비
문서종류 공문
공개구분 공개
내용 외무성이 주워싱턴 사무소장에게 보낸 공문. 한일회담에 관한 양유찬 대사의 위법 행위에 대해 마쓰모토 수석대표가 반성을 촉구하는 서한을 보냈으나, 아무 답변도 없이 오히려 적극적으로 선전공작을 하고 있어 이에 대해 마쓰모토 수석대표의 두 번째 서한 및 구상서를 주일한국대표부에게 송부했음.
주제어 양유찬 대사 성명에 대한 일본 대응

문서명	한일회담 청구권 문제 처리방침 건(日韓会談請求権問題処理方針に関する件)

문서파일번호 653
작성연월일 1952. 4. 22
구분 제1차 회담
세부항목 제1차 회담 청구권 교섭 경위
작성처 외무성 아시아국 제2과
매수 4
비밀등급 일빈
문서종류 전문(電文)
공개구분 공개
내용 외무성이 주워싱턴 사무소장에게 보낸 청구권 문제 교섭 경위 전문. 일본은 청구권 문제를 해결하고자 공동위원회를 설치하고 대일평화조약 제4조를 바탕으로 종래의 경위에 구애받지 않고 청구권 문제를 논의하자고 제안했으나, 한국은 이를 수락하지 않고 선전 활동만을 계속하고 있음.
주제어 청구권

문서명	한일 간 청구권처리협정 일본 제안 기본요강 주해 건(日韓間請求権処理協定日本側提案基本要綱の注解に関する件)

문서파일번호 653
작성연월일 1952. 4. 22
구분 제1차 회담
세부항목 청구권 일본 제안
작성처 외무성 아시아국 제2과
매수 4
비밀등급 일반
문서종류 전문(電文)
공개구분 공개
내용 외무성이 주워싱턴 사무소장에게 보낸 청구권 문제의 일본 제안 관련 전문. 주한미군지령에 따라 취해진 조치의 효과 자체를 뒤엎는 것은 되도록 피하고자 한다는 것과 토지, 광산권 및 어업권, 기본산업에 속한 재외회사 주식, 예금 등 금전채권에 대한 일본 방침이 기술되어 있음.
주제어 청구권

문서명	일본·타이완, 한·일 교섭 건(日華、日韓交渉に関する件)

문서파일번호 653
작성연월일 1952. 4. 24
구분 제1차 회담
세부항목 일본 · 타이완 및 한 · 일 교섭 상황
작성처 외무성 아시아국 제2과
매수 3
비밀등급 일반
문서종류 전문(電文)
공개구분 공개
내용 외무성이 주워싱턴 사무소장에게 보낸 일본의 타이완과의 교섭 상황 및 한국과의 교섭 상황이 간략하게 기술된 전문
주제어 일본 · 타이완 및 한일교섭 상황

문서명	한일회담 경위(日韓会談の経緯)

문서파일번호 653
작성연월일 1952. 4. 24
구분 제1차 회담
세부항목 한일회담 교섭 경위
작성처 외무성 아시아국 제2과
매수 5
비밀등급 일반
문서종류 전문(電文)
공개구분 공개
내용 외무성이 주워싱턴 사무소장에게 보낸 한일회담 교섭 경위 전문. 한국은 청구권 문제에 대해 일본이 주장(역청구권)을 철회하지 않으면 어떠한 조약이나 협정도 무의미하다는 태도를 보임. 일본은 양유찬 대사 등의 왜곡된 선전 활동으로 인해 회담을 일단 중지하였음. 4월 24일 마쓰모토·김용식 비공식회담에서 앞으로 대일평화조약 발효 후 한일 양국은 외국 영사 관계 설정 등과 관련해 공문에 의한 논의를 고려해도 좋다는 점을 시사한 바 있음.
주제어 한일회담 교섭 경위

문서명	한일회담에 관한 양 대사의 선전공작에 대한 대책 건(日韓会談に関する梁大使の宣伝工作に対する対策の件)

문서파일번호 653
작성연월일 1952. 4. 26
구분 제1차 회담
세부항목 양유찬 선전공작 일본 대응
작성처 다케우치 주워싱턴 사무소장
매수 2
비밀등급 비(秘)
문서종류 전문(電文)
공개구분 공개
내용 본성의 지침에 따라 미국무부 케네스 영 북동아시아과국장에게 청구권 교섭 경위, 문제점 등을 설명했다는 내용의 1952년 4월 26일 자 주워싱턴 사무소장의 보고 전문
주제어 양유찬 대사 선전공작 일본 대응

문서명	'일본의 재한재산청구는 극히 기괴하다'는 양 주미한국대사 주장(「日本の在韓財産請求は奇怪至極」梁駐米韓国大使談)

문서파일번호 653
작성연월일 1952. 4. 30
구분 제1차 회담
세부항목 일본의 역청구권에 대한 양유찬 대사 주장
작성처 외무성 아시아국 제2과
매수 2
비밀등급 일반
문서종류 내부자료
공개구분 공개
내용 양유찬 주미대사가 청구권 관련 일본 주장을 비난하고 있다는 내용의 UP, KP* 기사 내용을 정리한 문서. 양유찬 대사는 일본이 미군정부에 의해 몰수되어 한국에게 이양된 재한 일본재산을 요구하고 있으며, 한국전쟁으로 인해 파괴된 재산의 변상도 요구하고 있다고 비난하고 있음.
주제어 양유찬 대사 주장

문서명	한일회담 관계자료 송부 건(日韓会談関係資料送付の件)

문서파일번호 653
작성연월일 1952. 5. 7
구분 제1차 회담
세부항목 한일회담 결렬경위
작성처 외무성 아시아국 제2과
매수 2
비밀등급 일반
문서종류 공문
공개구분 공개
내용 외무성이 주워싱턴 임시대리대사에게 보낸 한일회담 결렬 경위에 관한 참고자료
주제어 한일회담 결렬 경위

* KP는 Korea Press로 일본에서 한국 관련 기사를 주로 보도하는 언론매체다.

한일회담에 관한 양 대사의 선전공작에 대한 대책(日韓会談に関する梁大使の宣伝工作に対する対策)

문서파일번호	654
작성연월일	1952. 4. 29 - 1952. 5. 23
구분	제1~2차 회담 사이
세부항목	양유찬 대사 선전공작 대책, 대일평화조약 제4조 미국무부 해석
작성처	미국무부, 외무성, AP통신, 다케우치 주미임시대리대사
매수	157
비밀등급	
문서종류	외교공한, 전문, 내부자료, 성명문, 서한, 공문, 내부문서
공개구분	일부 비공개
내용	청구권 문제와 관련한 양유찬 주미대사의 대미 선전공작, 미국의 대일평화조약 제4조에 대한 해석 성명 발표 등에 관한 일본의 대책이 담긴 문서(주로 외무성 본성과 주워싱턴 임시대리대사 간 주고받은 전문) 모음
주제어	재한 일본재산청구권, 대일평화조약 제4조 미국무부 해석

문서명	제목 없음

문서파일번호 654
작성연월일 1952. 4. 29
구분 제1~2차 회담 사이
세부항목 미국무부의 대일평화조약 제4조 해석
작성처 미국무부
매수 1
비밀등급 일반
문서종류 외교공한
공개구분 공개
내용 양유찬 주미대사의 1952년 3월 25일 자 공한(대일평화조약 제4조에 대한 미국의 공식적인 해석 요청)에 대한 미국무부의 4월 29일 자 회신. 대일평화조약 제4조(b)에 의해 재한 일본 공·사 재산에 대한 모든 권리, 타이틀은 한국정부에 양여되었음. 따라서 그러한 재산에 대한 일본의 청구권은 성립하지 않는다는 것이 미국의 의견임. 그러나 그러한 재산의 처분은 조약 제4조(a)에서 상정하고 있는 협정에서 고려할 사항과 관련이 있다고 보아야 할 것이라는 것 또한 미국의 의견임.
주제어 청구권, 대일평화조약 제4조 미국무부 해석

문서명	한일회담에 관한 양 대사의 선전공작에 대한 대책 건(日韓会談に関する梁大使の宣伝工作に対する対策の件)

문서파일번호 654
작성연월일 1952. 5. 9
구분 제1~2차 회담 사이
세부항목 미국무부의 대일평화조약 제4조 해석
작성처 외무성 아시아국 제2과
매수 2
비밀등급 일반
문서종류 전문(電文)
공개구분 공개
내용 외무성이 주워싱턴 임시대리대사에게 보내는 지시 전문. AP통신에 따르면 미국이 대일평화조약 제4조의 해석과 관련 일본의 재한재산권이 없다는 내용의 공한을 공표했다는데 이에 대한 진상을 보고 바람.
주제어 청구권, 대일평화조약 제4조 미국무부 해석

문서명	한일청구권 문제 해결과 관련한 대일평화조약 제4조 해석에 관한 미국의 입장 성명문 초안(Draft Statement of U. S. Position on Interpretation of Article 4 of the Japanese Peace Treaty with respect to Korean-Japanese Claims Settlement)

문서파일번호 654
작성연월일 1952(월일 불명)
구분 제1~2차 회담 사이
세부항목 미국무부의 대일평화조약 제4조 해석에 관한 성명
작성처 미국무부
매수 2
비밀등급 극비
문서종류 성명문
공개구분 공개
내용 대일평화조약 제4조에 대한 미국의 공식적인 입장과 그 입장에 대한 부연 설명을 담은 미국무부의 성명문안 초안
주제어 청구권, 대일평화조약 제4조 미국무부 해석

문서명	AP 24 소식(AP 24 Bulletin)

문서파일번호 654
작성연월일 1952. 5. 8
구분 제1~2차 회담 사이
세부항목 대일평화조약 제4조 미국무부 해석
작성처 AP통신
매수 3
비밀등급 일반
문서종류 내부자료
공개구분 공개
내용 대일평화조약 제4조에 대한 미국의 공식적인 해석과 양유찬 주미대사의 주장, 일본정부의 입장(추정) 등에 관해 보도한 1952년 5월 8일 자 AP통신 기사
주제어 청구권, 대일평화조약 제4조 미국무부 해석

문서명	한일회담에 관한 양 대사의 선전공작에 대한 대책(日韓会談に関する梁大使の宣伝工作に対する対策の件)

문서파일번호 654
작성연월일 1952. 5. 9
구분 제1~2차 회담 사이
세부항목 대일평화조약 제4조 미국무부 해석에 관한 성명
작성처 다케우치 주미임시대리대사
매수 2
비밀등급 극비
문서종류 전문(電文)
공개구분 공개
내용 주워싱턴 임시대리대사가 본성에 보고한 전문. AP통신 기사관련 존슨 차관보대리에게 일본 주장이 근거 없다는 성명을 외무성에서 발표했는지 질문하자 그러한 사실이 없다고 언명. 노동절 사건 직후이고, 미국의 군령 제33조를 일본이 뒤집어 조선에 대한 침략적 태도를 취했다는 선전이 상당히 강할 것으로 예상되므로, 정부는 적정한 설명과 반박 형식의 성명을 공표하길 바란다는 건의가 포함됨.
주제어 청구권, 대일평화조약 제4조 미국무부 해석

문서명	한일 간 청구권 문제에 관한 외무성 정보문화국장 성명(日韓間請求権問題に関する外務省情報文化局長声明)

문서파일번호 654
작성연월일 1952. 5. 12
구분 제1~2차 회담 사이
세부항목 대일평화조약 제4조 미국무부 해석에 대한 일본의 반박
작성처 외무성 정보문화국장
매수 11
비밀등급 일반
문서종류 성명문
공개구분 공개
내용 AP통신의 재한 일본재산 문제 관련 보도에 대한 외무성의 공식적인 반박 성명문
주제어 청구권, 대일평화조약 제4조 미국무부 해석에 대한 일본 반박 성명

문서명	제목 없음

문서파일번호 654
작성연월일 1952. 5. 13
구분 제1~2차 회담 사이
세부항목 대일평화조약 제4조 미국무부 해석
작성처 아시아 제2과장
매수 2
비밀등급
문서종류 서한
공개구분 공개
내용 외무성 우시로쿠(後宮虎郎) 아시아 제2과장이 재한 일본재산 청구권과 관련하여 미국무부 측에 확인한 결과를 대장성 외채과장에게 알려 주는 서한
주제어 청구권, 대일평화조약 제4조 미국무부 해석

문서명	대한교섭에 대한 우리의 태도에 대해서(対韓交渉の我方態度について)

문서파일번호 654
작성연월일 1952. 5. 16
구분 제1~2차 회담 사이
세부항목 청구권 문제 교섭방침
작성처 외무성 아시아국 제2과
매수 5
비밀등급 일반
문서종류 전문(電文)
공개구분 공개
내용 외무성이 주워싱턴 임시대리대사에게 청구권 문제 관련 교섭방침에 관해 보낸 전문. 청구권에 대한 주장의 법률적인 명분은 유지하겠지만, 현실에 기반하지 않는 무리한 해결을 기도하지 않고 앞으로 적당한 시기에 교섭을 촉진시켜 원만하게 타협하기 위해 노력하고자 함. 국무부가 양 대사의 선전에 놀아나 한국에 동조해서 일본의 주장을 억제하려고 하면 일본 국내 문제가 발생하므로 국무부 당국에 일본의 의도를 잘 설명해 주기 바람. 현재 한일회담은 전반적으로 정체되어 있는데, 양 대사의 책동, 일본정부의 움직임, 한국의 대통령 선거 등 국내외적 상황을 고려하면서 사태의 추이를 관망하고 있음.
주제어 청구권

문서명	대한청구권 문제에 관한 우리의 태도에 대해서(対韓請求権問題に関する我方態度について)

문서파일번호 654
작성연월일 1952. 5. 16
구분 제1~2차 회담 사이
세부항목 청구권 문제 교섭방침
작성처 외무성 아시아국 제2과
매수 3
비밀등급 일반
문서종류 전문(電文)
공개구분 공개
내용 외무성이 주워싱턴 임시대리대사에게 청구권 문제 관련 교섭방침을 보낸 전문. 일본의 법률적 견해에 대해서는 명분(建前)상 굽힐 수 없지만, 청구권 문제의 구체적인 처리에 대해서는 충분히 논의해서 실제적으로 쌍방이 만족할 수 있도록 해결해 나가고자 함. 재한일본인재산 전부의 반환을 요구하는 등 한국경제를 파괴하는 무리한 요구는 하지 않고, 동란에 의해 손상된 재산의 보상을 한국정부에 요구하고 있지 않음.
주제어 청구권

문서명	대한청구권 문제에 대한 외전(外電)에 대해서(対韓請求権問題に関する外電について)

문서파일번호 654
작성연월일 1952. 5. 16
구분 제1~2차 회담 사이
세부항목 청구권 관련 외신보도에 대한 미국태도
작성처 외무성 아시아국 제2과
매수 5
비밀등급 일반
문서종류 전문(電文)
공개구분 공개

내용	외무성이 주워싱턴 임시대리대사에게 청구권 문제 관련 외신보도에 관해 보낸 전문. 미국무부가 양 대사에게 보낸 대일평화조약 제4조에 관한 해석 각서 내용 설명과 함께 미국정부 당국의 태도를 분석한 결과를 다음과 같이 통보함. ① 공식적으로는 이 문제에 개입하지 않는다는 태도임 ② 비공식적인 의사표시에서는 일본정부에 대해 일본의 이 문제에 대한 권리 주장은 정당하지 않다는 것을 명확히 함 ③ 양 대사에 대해서도 미국은 일본의 주장이 부당하다고 통보함 ④ 미국정부의 태도는 대일평화조약 제2조, 제4조에 의해서 한국은 당연히 일본의 주장을 거부할 수 있지만 제4조에는 빈틈이 있을지도 모른다고 인정함 ⑤ 국무부가 정식으로 일본에 통보하지 않은 것은 주권을 막 회복한 일본정부에 압력을 가하는 것처럼 보이는 것을 피하기 위해서임.
주제어	청구권, 대일평화조약 제4조 미국무부 해석

문서명	한일회담에 관한 양 대사의 선전공작에 대한 대책 건(日韓会談に関する梁大使の宣伝工作に対する対策の件)

문서파일번호	654
작성연월일	1952. 5. 15
구분	제1~2차 회담 사이
세부항목	AP기사, 대일평화조약 제4조 미국무부 해석
작성처	다케우치 임시대리대사
매수	2
비밀등급	비(秘)
문서종류	전문(電文)
공개구분	공개
내용	주워싱턴 임시대리대사의 외무성 보고 전문. 존슨 차관보대리 회담 그리고 신문기자로부터 얻은 정보를 종합하면 AP기사는 한국의 미국무부 각서 선전에 이용된 것임.
주제어	청구권, 대일평화조약 제4조 미국무부 해석

문서명	한일회담에 관한 양 대사의 선전공작에 대한 대책 건(日韓会談に関する梁大使の宣伝工作に対する対策の件)

문서파일번호 654
작성연월일 1952. 5. 15
구분 제1~2차 회담 사이
세부항목 대일평화조약 제4조 미국무부 해석
작성처 다케우치 임시대리대사
매수 5
비밀등급 비(秘)
문서종류 전문(電文)
공개구분 공개
내용 주워싱턴 임시대리대사의 외무성 보고 전문. 미국무부의 대일평화조약 제4조 해석 관련, 한일 간 청구권 문제에 관한 입장 등이 정리된 Aide-Memoire 내용을 그대로 본성에 보고함.
주제어 청구권, 대일평화조약 제4조 미국무부 해석

문서명	한일교섭 건(日韓交渉に関する件)

문서파일번호 654
작성연월일 1952. 5. 16
구분 제1~2차 회담 사이
세부항목 대일평화조약 제4조 미국무부 해석에 관한 성명
작성처 외무성 아시아국 제2과
매수 1
비밀등급 일반
문서종류 전문(電文)
공개구분 공개
내용 외무성의 주워싱턴 임시대리대사 전문. 미국무부가 대일평화조약 제4조 및 청구권 관련 입장을 밝히는 성명을 발표하지 않기를 희망한다는 내용
주제어 청구권, 대일평화조약 제4조 미국무부 해석

문서명	국무부 성명 발표 건(国務省声明の発表に関する件)

문서파일번호 654
작성연월일 1952. 5. 16
구분 제1~2차 회담 사이
세부항목 대일평화조약 제4조 미국무부 해석에 관한 성명
작성처 외무성 아시아국 제2과
매수 4
비밀등급 일반
문서종류 전문(電文)
공개구분 공개
내용 외무성이 주워싱턴 임시대리대사에게 보낸 전문. 미국무부가 성명 공표를 연기하도록 교섭하고 그 결과를 보고하라는 내용. 공표 연기 이유로 한일교섭에 미국이 개입한다는 인상을 주는 것은 본 문제를 한일 간에 처리해야 한다고 하는 일본 국민의 기대를 저버리는 것이고, 대미관계에서도 좋지 않다는 점, 일본이 성명을 발표하면 대통령선거를 앞두고 있는 한국도 이에 응수하게 되어 결국 선전전 양상을 띨 우려가 있다는 점을 들고 있음.
주제어 청구권, 대일평화조약 제4조 미국무부 해석

문서명	국무부 성명 발표 건(国務省声明の発表に関する件)

문서파일번호 654
작성연월일 1952. 5. 16
구분 제1~2차 회담 사이
세부항목 대일평화조약 제4조 미국무부 해석에 관한 성명
작성처 외무성 아시아국 제2과
매수 2
비밀등급 일반
문서종류 전문(電文)
공개구분 공개
내용 외무성이 주워싱턴 임시대리대사에게 보낸 전문. 주일미국대사관 본드(Bond) 참사관에게 일본의 입장을 설명, 참사관은 공감을 표하고 국무부에 전달하겠다고 하였음을 통보함.
주제어 청구권, 대일평화조약 제4조 미국무부 해석

문서명	한일회담 경위에 관한 외무대신의 국회 설명 요지 송부 건(日韓会談経緯に関する外務大臣の国会説明要旨送付の件)

문서파일번호 654
작성연월일 1952. 5. 16
구분 제1~2차 회담 사이
세부항목 한일회담 경위
작성처 외무성 아시아국 제2과
매수 1
비밀등급 일반
문서종류 공문
공개구분 공개
내용 한일회담 경위에 관한 외무대신의 국회 설명 요지를 주워싱턴 임시대리대사에게 송부함.
주제어 청구권

문서명	'한일회담 재산, 청구권 문제 교섭 경위' 송부 건(「日韓会談財産、請求権問題交渉の経緯」送付の件)

문서파일번호 654
작성연월일 1952. 5. 16
구분 제1~2차 회담 사이
세부항목 청구권 교섭 경위
작성처 외무성 아시아국 제2과
매수 1
비밀등급 일반
문서종류 공문
공개구분 공개
내용 '한일회담 재산청구권 문제 교섭 경위'를 주워싱턴 임시대리대사에게 송부하는 공문
주제어 청구권

문서명	한일청구권 문제에 관하여 국무부가 성명을 발표할 경우 우리의 조치에 대해서(日韓請求権問題に関し国務省が声明を発表した場合の我方の措置について)

문서파일번호 654
작성연월일 1952. 5. 16
구분 제1~2차 회담 사이
세부항목 대일평화조약 제4조 미국무부 해석에 관한 성명
작성처 외무성 아시아국 제2과
매수 11
비밀등급 극비
문서종류 내부문서
공개구분 공개
내용 미국무부의 대일평화조약 제4조 해석과 청구권 문제 관련 입장이 담긴 성명 발표건과 관련하여, 일본도 성명을 발표할 필요가 있다는 내용의 대응방침을 정리한 문서. 외무성의 수수방관적인 태도는 일본이 미국 견해에 굴복한 것처럼 오해를 살 우려가 있음. 미국 견해에 관계없이 대한청구권이 있다는 입장을 견지하는 방침을 명확히 하지 않으면 국내 이해관계자가 억측해서 앞으로의 청구권 교섭에 지장을 줄 우려가 있음. 침묵하는 것은 한국에 승리감을 안겨줘 교섭이 재개될 시 일본이 다소 불리한 입장에 처할 우려가 있음, 미일관계에서도 일본의 반미적 분자가 본건을 이용해서 미국의 압력이 얼마나 효력 있는지를 선전하는 기회로 삼을 수 있음.
주제어 청구권, 대일평화조약 제4조 미국무부 해석

문서명	한일교섭 건(日韓交渉に関する件)

문서파일번호 654
작성연월일 1952. 5. 16
구분 제1~2차 회담 사이
세부항목 대일평화조약 제4조 미국무부 해석에 관한 성명
작성처 다케우치 임시대리대사
매수 1
비밀등급 비(秘)

문서종류 전문(電文)

공개구분 공개

내용 주워싱턴 임시대리대사가 본성에 보낸 보고 전문. 미국무부가 성명발표를 자제해 주도록 재차 요청했음을 보고함.

주제어 청구권, 대일평화조약 제4조 미국무부 해석

문서명	한일교섭 건(日韓交渉に関する件)

문서파일번호 654

작성연월일 1952. 5. 16

구분 제1~2차 회담 사이

세부항목 대일평화조약 제4조 미국무부 해석에 관한 성명

작성처 다케우치 임시대리대사

매수 3

비밀등급 비(秘)

문서종류 전문(電文)

공개구분 공개

내용 주워싱턴 임시대리대사가 본성에 보낸 보고 전문. 미국이 본건을 발표하게 되면 대일평화조약 제4조의 해석을 둘러싸고 이견이 표출되면서 양국 국민 간의 감정 대립으로 이어질 우려가 있다는 점을 미국에 전달함. 미국은 한일 양국 주장의 중간을 취해서 일본에 청구권은 없지만 이로 인해 일본이 다대한 재산을 상실한다는 사실을 한일 양국 간 교섭에서 충분히 고려되어야 한다고 생각하기 때문에 일본에 오히려 유리하다고 주장함. 결국 미국은 일본의 요청으로 이번 주 중 발표를 중지하고 발표 시에도 일본과 긴밀히 협의하겠다고 함. 국무부는 결국 본건에 대해 어떠한 형태이든지 발표할 것으로 예상됨.

주제어 청구권, 대일평화조약 제4조 미국무부 해석

문서명	국무부 발표 건(国務省の発表に関する件)

문서파일번호 654
작성연월일 1952. 5. 17
구분 제1~2차 회담 사이
세부항목 대일평화조약 제4조 미국무부 해석에 관한 성명
작성처 외무성 아시아국 제2과
매수 4
비밀등급 일반
문서종류 전문(電文)
공개구분 공개
내용 외무성이 주워싱턴 임시대리대사에게 보낸 전문. 국무부가 성명을 발표할 경우 초래될 수 있는 악영향을 최소화하기 위해 국무부로 하여금 청구권 교섭에 개입할 의사가 없으며, 양국 간의 교섭으로 원만한 해결에 도달하기를 원한다는 내용을 성명에 포함시키도록 교섭하고 그 결과를 보고할 것을 지시함.
주제어 청구권, 대일평화조약 제4조 미국무부 해석

문서명	국무부 발표 건(国務省の発表に関する件)

문서파일번호 654
작성연월일 1952. 5. 16
구분 제1~2차 회담 사이
세부항목 대일평화조약 제4조 미국무부 해석에 관한 성명
작성처 외무성 아시아국 제2과
매수 3
비밀등급 일반
문서종류 전문(電文)
공개구분 공개
내용 외무성이 주워싱턴 임시대리대사에게 보낸 전문. 국무부가 성명을 발표할 수밖에 없을 때에는 제4조의 해석에 관한 미국의 견해를 생략하고 미국의 원칙적인 입장만을 발표해 주도록 요청할 것을 지시함.
주제어 청구권, 대일평화조약 제4조 미국무부 해석

문서명	국무부 발표 건(별전)[国務省の発表に関する件(別電)]

문서파일번호 654
작성연월일 1952. 5. 17
구분 제1~2차 회담 사이
세부항목 대일평화조약 제4조 미국무부 해석에 관한 성명
작성처 외무성 아시아국 제2과
매수 3
비밀등급 일반
문서종류 전문(電文)
공개구분 공개
내용 외무성이 주워싱턴 임시대리대사에게 보낸 전문. 일본이 작성한 미국의 발표문안(미국은 양국의 타협을 통해 원만한 합의에 도달하기를 희망함)을 전달함.
주제어 청구권, 대일평화조약 제4조 미국무부 해석

문서명	한일교섭에 관한 국무부 발표 건(日韓交渉に関する国務省発表に関する件)

문서파일번호 654
작성연월일 1952. 5. 19
구분 제1~2차 회담 사이
세부항목 대일평화조약 제4조 미국무부 해석에 관한 성명
작성처 다케우치 임시대리대사
매수 1
비밀등급 극비
문서종류 전문(電文)
공개구분 공개
내용 주워싱턴 임시대리대사가 본성에 보낸 보고 전문. 국무부 보도관의 성명 발표에 대해서 UP 등은 미국무부가 한국 편을 들고 있다고 보도한 내용
주제어 청구권, 대일평화조약 제4조 미국무부 해석

문서명	한일교섭에 관한 국무부 발표 건(日韓交渉に関する国務省発表に関する件)

문서파일번호 654
작성연월일 1952. 5. 19
구분 제1~2차 회담 사이
세부항목 대일평화조약 제4조 미국무부 해석에 관한 성명
작성처 다케우치 임시대리대사
매수 2
비밀등급 비(秘)
문서종류 전문(電文)
공개구분 공개
내용 주워싱턴 임시대리대사가 미국의 발표문안(미국은 양국의 타협을 통해 원만한 합의에 도달하기를 희망함)을 본성에 보고하는 전문
주제어 청구권, 대일평화조약 제4조 미국무부 해석

문서명	한일교섭에 관한 국무부 발표 송부 건(日韓交渉に関する国務省発表送付の件)

문서파일번호 654
작성연월일 1952. 5. 21
구분 제1~2차 회담 사이
세부항목 대일평화조약 제4조 미국무부 해석에 관한 성명
작성처 다케우치 임시대리대사
매수 2
비밀등급 일반
문서종류 공문
공개구분 공개
내용 주워싱턴 임시대리대사가 미국의 발표문을 본성에 보내는 공문
주제어 청구권, 대일평화조약 제4조 미국무부 해석

문서명	한일교섭 재개에 관한 보도 건(日韓交渉再開に関する報道に関する件)

문서파일번호 654
작성연월일 1952. 5. 22
구분 제1~2차 회담 사이
세부항목 청구권 관련 AP 기사
작성처 외무성 아시아국 제2과
매수 3
비밀등급 일반
문서종류 전문(電文)
공개구분 공개
내용 외무성의 주워싱턴 임시대리대사 앞 전문. 별도 전문으로 보내는 5월 21일 자 AP통신 기사가 보도된 경위를 조사 보고하라고 지시함. 이와 함께 한국이 청구권 문제만을 고집해 다른 타협한 안건에 대해 접촉에 응하려 하지 않는 이상 일본도 대규모 회의 방식에는 응할 생각이 없음을 대사관 측에 통보함.
주제어 청구권

문서명	한일교섭 재개에 관한 보도에 대해서(日韓交渉再開に関する報道について)

문서파일번호 654
작성연월일 1952. 5. 22
구분 제1~2차 회담 사이
세부항목 청구권 관련 AP 기사
작성처 외무성 아시아국 제2과
매수 2
비밀등급 일반
문서종류 전문(電文)
공개구분 공개
내용 외무성 워싱턴 발 AP통신 기사 내용(주미일본대사관 대변인은 한국이 희망하면 일본은 한일교섭을 재개할 용의가 있다고 하였으며, 한국은 재한재산청구권을 일본이 포기한다면 교섭을 재개하겠다고 밝힘)을 주워싱턴 임시대리대사에게 통보하는 전문
주제어 청구권

문서명	한일교섭 재개에 관한 보도 건(日韓交渉再開についての報道に関する件)

문서파일번호 654
작성연월일 1952. 5. 22
구분 제1~2차 회담 사이
세부항목 청구권 관련 AP 기사
작성처 다케우치 임시대리대사
매수 1
비밀등급 극비
문서종류 전문(電文)
공개구분 공개
내용 주워싱턴 임시대리대사가 AP통신 보도 관련 확인 결과를 보고한 전문. 대사관 직원이 1952년 5월 19일 언론의 문의에 대해 한국의 불신 태도에 유감을 표명하고 교섭 타결을 위해서는 어떠한 노력도 할 것이라는 입장을 언급한 바는 있으나, AP가 전하는 바와 같은 말은 한 적이 없다고 보고함.
주제어 청구권

문서명	한일교섭에 관한 핀 서기관 전화(日韓交渉に関するフィン書記官との電話の件)

문서파일번호 654
작성연월일 1952. 5. 23
구분 제1~2차 회담 사이
세부항목 재한 일본재산에 대한 청구권
작성처 외무성 아시아국 제2과
매수 5
비밀등급 비(秘)
문서종류 내부문서
공개구분 일부 비공개
내용 주일미대사관의 핀(Finn) 서기관이 5월 17일 자 시사신문의 기사내용[오카자키(岡崎勝男) 외상은 국회 답변에서, 미국무부가 재한 일본재산에 대한 일본의 청구권이 없다는 내용의 성명을 발표할 것이라는 이야기는 듣지 못했으며, 일본은 재한사유재산에 대한 청구권이 있다고 발언함]에 관한 사실 여부를 전화로 문의한 내용이 기록된 문서. 일본은 시사신문의 발표는 공식 견해가 아니고 국무부 성명 발표 이후 아무런 진전이 없다고 응답함(시사신문 기사 별첨)
주제어 청구권

문서명	대한청구권 문제에 대해서(미국무부의 성명발표를 둘러싸고) [対韓請求権問題について(米国務省の声明発表をめぐって)]

문서파일번호 654

작성연월일 1952. 5. 16-1952. 5. 19

구분 제1~2차 회담 사이

세부항목 대일평화조약 제4조 해석에 관한 미국무부 성명

작성처 외무성 아시아국 제2과

매수 87

비밀등급 극비

문서종류 내부문서, 내부자료

공개구분 공개

내용 청구권 문제와 관련하여 미국무부의 성명 발표에 대한 일본의 일련의 대응 경위 및 참고자료 등을 정리한 문서. 청구권 문제는 상설공동위원회 설치를 통해서 해결을 모색하려 했지만 한국이 거절함. 한국은 법률적 견해를 철회하지 않는 한 안건 해결은 무의미하다는 입장을 견지, 그 후 양 대사의 성명 발표, 앨리슨 국무차관보 성명의 문서(Note)가 양 대사에게 전달됨. 일본이 재한사유재산을 포기할 경우 국내 문제로 이들 재산에 대한 보상 문제가 발생함. 한일 양국 간 문제에 제3국의 개입을 허용하게 되면 외교재개를 앞두고 있는 외무성의 능력이 의심받는 사항이므로 적절히 타협해서 처리할 필요가 있음.

대처방안-주미 책임자에게 본 문제의 중요성과 일본의 의도를 충분히 이해시키고 외무성과의 긴밀한 연락하에 적극적으로 활동하여 양 대사의 책동을 봉쇄할 것, 이를 지원하기 위해 최근의 미국 방문자에게 본 문제의 경위, 현황, 본성의 방침 등을 잘 교시하고 필요한 자료를 휴대케 할 것, 다케우치(武内龍次) 임시대리대사가 요망하고 있는 성명을 정보문화국장이 빠른 시일 안에 발표할 것, 국내 협력자의 협력을 요청하고 적당한 재료를 주고 언론 선전에서 상대방을 압도할 것, 청구권의 법이론에 대해 학자의 협력을 얻어 견실한 이론을 전개할 것. 참고자료로는 ① 미 상원 82차 2기 외교위원회 보고서(대일평화조약과 한국) ② 샌프란시스코 평화회의 제2회 총회 의사록 ③ 주워싱턴 임시대리대사의 본성 앞 보고전문 4건 ④ 미국언론 보도 8건이 첨부됨.

주제어 청구권, 대일평화조약 제4조 미국무부 해석

한일예비회의 개최 건
(日韓予備会議開催に関する件)

문서파일번호	1037
문서명	한일예비회의 개최 건(日韓予備会議開催に関する件)
작성연월일	1952. 7. 4
구분	제1~2차 회담 사이
세부항목	한일회담 재개 대책
작성처	외무성 아시아국 제2과
매수	13
비밀등급	비(秘)
문서종류	내부문서
공개구분	공개
내용	1952년 4월 제1차 한일회담이 결렬되기까지의 경위, 향후 방침과 대응 요령 등을 정리한 문서. 곧바로 회담을 재개할 것이 아니라 유보적 태도를 갖고 예비교섭을 통해 한국이 성의를 확실히 가지도록 하는 데 주안점을 둘 필요가 있다고 강조함.
주제어	한일회담 재개 대책

한일회담 문제의 검토
(日韓会談問題の検討)

문서파일번호	1041
문서명	한일회담 문제의 검토(日韓会談問題の検討)
작성연월일	1952. 8. 19
구분	제1~2차 회담 사이
세부항목	한일회담 문제 검토
작성처	외무성 아시아국 제2과
매수	18
비밀등급	극비
문서종류	내부문서
공개구분	공개
내용	아시아2과가 작성한 '한일회담 문제의 검토'라는 제목의 문서. 서론, 한일회담 의제 검토, 한일회담의 배경(일본 국내의 사정, 한국의 정세, 한국을 둘러싼 국제정세), 결론으로 구성되어 있음.
주제어	한일회담 문제 검토

한국 문제 연락협의회 개최 건
(朝鮮問題連絡協議会開催の件)

문서파일번호	1042
작성연월일	1952. 8. 19 - 1952. 8. 21
구분	제1~2차 회담 사이
세부항목	한국 문제 각 성청 연락회의
작성처	외무성 아시아국 제2과
매수	9
비밀등급	
문서종류	내부문서, 내부자료
공개구분	공개
내용	한국 문제에 관한 각 성청 연락협의회 개최(1952년 8월 22일)와 관련한 문서
주제어	한국 문제 관련 각 성청 협의회

문서명	한국 문제 연락협의회 개최 건(朝鮮問題連絡協議会開催の件)

문서파일번호 1042
작성연월일 1952. 8. 19
구분 제1~2차 회담 사이
세부항목 한국 문제 각 성청 연락회의
작성처 외무성 아시아국 제2과
매수 2
비밀등급 극비
문서종류 내부문서
공개구분 공개
내용 일본 국내에서 정치적 과제가 되고 있는 한국 문제의 종합적인 대책 수립을 위한 각 성청의 협의회 참석을 요청하는 공문
주제어 한국 문제 각 성청 연락회의

문서명	한국 관계 현안 예(朝鮮関係懸案例)

문서파일번호 1042
작성연월일 1952. 8. 21
구분 제1~2차 회담 사이
세부항목 한일 문제 각 성청 연락회의
작성처 외무성 아시아국 제2과
매수 7
비밀등급
문서종류 내부자료
공개구분 공개
내용 1952년 8월 22일 개최된 한국 문제 연락협의회 자료로 각 부처의 한국 문제 관련 현안을 정리함.
주제어 한일 문제 관련 현안

한일국교조정 처리방침 등
(日韓国交調整処理方針等)

문서파일번호	1043
작성연월일	1952. 11. 1
구분	제1~2차 회담 사이
세부항목	한일국교조정 처리방침
작성처	외무성 아시아국 제2과
매수	28
비밀등급	
문서종류	내부문서
공개구분	공개 또는 일부 비공개
내용	한일국교 정상화 교섭, 청구권 문제에 관하여 외무성(아시아2과) 직원들이 검토한 의견을 정리함.
주제어	한일국교 정상화 교섭, 청구권

문서명	한일국교조정 처리방침(日韓国交調整処理方針)

문서파일번호 1043
작성연월일 1952. 11. 1
구분 제1~2차 회담 사이
세부항목 한일국교조정 처리방침
작성처 외무성 아시아국 제2과
매수 22
비밀등급 일반
문서종류 내부문서
공개구분 일부 비공개
내용 '한일국교조정 처리방침'이라는 제목의 검토 보고서. 핵심내용은 일본은 샌프란시스코 대일평화조약 4조 b)항에 따라 일본에 청구권이 없음을 인정하고 동시에 한국은 대일청구권을 포기하도록 하기를 원한다는 것임.
주제어 청구권, 재한 일본재산

문서명	1. 종래의 우리의 이론(적극설)[一.従来の我方の理論(積極接)]

문서파일번호 1043
작성연월일 1952. 11. 1
구분 제1~2차 회담 사이
세부항목 한일국교조정 처리방침
작성처 외무성 아시아국 제2과
매수 2
비밀등급 일반
문서종류 내부문서
공개구분 공개
내용 재한 일본재산에 관한 이론(적극설)을 정리한 문서. 어떤 학설에 따르면 재한미군정령 제33호는 헤이그육전규칙을 위반한 것으로 해석할 수 있음. 적산관리에 대한 규정이지 몰수 규정이 아님. 미군은 점령목적 수행을 위해 일시적으로 이를 관리할 뿐이며 점령이 종료된 후 소유권은 국제법에 따라 돌려받을 수 있는 청구권이 존재함.
주제어 청구권, 재한 일본재산

문서명	2. 재한 일본자산몰수설(소극설)[二.在韓日本資産没収説(消極説)]

문서파일번호	1043
작성연월일	1952. 11. 1
구분	제1~2차 회담 사이
세부항목	한일국교조정 처리방침
작성처	외무성 아시아국 제2과
매수	4
비밀등급	일반
문서종류	내부문서
공개구분	공개
내용	재한 일본재산에 관한 또 다른 이론(소극설)을 정리한 문서. 어떤 학설에 따르면 재한미군정령 제33호는 적산관리에 대한 규정이지만 적산처리는 몰수적 효과를 동반한다고 보아야 함. 특히 동 조항은 몰수의 의미를 명확히 함.
주제어	청구권, 재한 일본재산

한일관계 조정방침(안)
[日韓関係調整方針(案)]

문서파일번호	1044
작성연월일	1952. 12. 30
구분	제1~2차 회담 사이
세부항목	한일관계 조정 방침
작성처	외무성
매수	8
비밀등급	
문서종류	내부문서
공개구분	공개
내용	1952년 12월 30일 작성한 일본의 한일관계조정방침(안)과 청구권 문제에 관한 경위 개요를 정리함.
주제어	한일관계 조정 방침, 청구권

문서명	한일관계조정방침(안) [日韓関係調整方針(案)]

문서파일번호 1044

작성연월일 1952. 12. 30

구분 제1~2차 회담 사이

세부항목 한일관계 조정 방침안

작성처 외무성

매수 4

비밀등급 극비

문서종류 내부문서

공개구분 공개

내용 한일관계 조정방침(안). 청구권 문제에 대해 상호 포기 방식을 확인할 것, 한국은 일본어선에 대한 나포 중지, 억류 중인 어선과 승무원을 송환할 것, 일본에 있는 한국인 강제송환에 대해서는 회담 중단 전에 실시한 대로 받아들일 것, 이 대강에 따라 합의가 성립될 경우 조속히 한일회담을 재개, 다른 현안과 함께 일괄타결을 도모할 것. 청구권 문제에 대해서 한국은 종전 이전부터 일본에 거주하는 한국인의 사유재산권, 문화재, 군인과 군속에 대한 미납급여, 징용한국인 미지급금, 사망자에 대한 위로금, 은급을 제외한 대일청구권을 포기해야 함.

주제어 한일관계조정 방침, 청구권, 어업, 강제송환,

문서명	한일청구권 관계 경위 대강(日韓請求権問題の経緯大綱)

문서파일번호	1044
작성연월일	1952. 12. 30
구분	제1~2차 회담 사이
세부항목	한일청구권 관계 경위
작성처	외무성
매수	4
비밀등급	극비
문서종류	내부문서
공개구분	공개
내용	한일관계조정방침(안)문서의 첨부문서. 청구권 문제 경위에 대한 대강이 정리됨. 일본이 한국에 주장하는 주요 청구권은 공기업재산(철도, 산림 등), 특수회사재산, 사기업재산, 사인재산임. 한국 주장은 샌프란시스코 대일평화조약 4조 b)항과 미군정 조치에 기반하고 있음. 일본은 미군정령 제33호가 적산관리에 대한 것일 뿐 몰수 효력을 갖지 않는 것으로 판단하고 있음.
주제어	청구권

한일회담 현황(1952년 4월 21일)
[日韓会談の現況 昭和27.04.21]

문서파일번호	1439
문서명	한일회담 현황(1952년 4월 21일)[日韓会談の現況 昭和27.04.21]
작성연월일	1952. 4. 21
구분	제1차 회담
세부항목	한일회담 현황
작성처	외무성
매수	13
비밀등급	극비
문서종류	내부자료
공개구분	공개
내용	제1차 한일회담 진행 현황을 정리한 문서
주제어	재일한국인 법적지위, 선박 반환, 기본관계, 재산청구권, 어업

한일회담 결렬 시 대한관계의 시책
(日韓会談不成立の場合における対韓関係の施策)

문서파일번호	1645
문서명	한일회담 결렬 시 대한관계의 시책(日韓会談不成立の場合における対韓関係の施策)
작성연월일	1952. 4. 23
구분	제1차 회담
세부항목	회담 결렬시 대한관계 시책
작성처	외무성 아시아국 제2과
매수	7
비밀등급	극비
문서종류	내부문서
공개구분	공개
내용	제1차 한일회담 결렬 시 일본의 대한관계 시책에 관한 의견을 담은 문서. 주일한국대표부의 지위(도쿄, 오사카 후쿠오카에 한국 영사관 설치, 일본도 한국에 동수의 영사관 설치 추진), 재일한국인의 국적 및 처우(재일한국인의 일본 재류는 입법이 이루어질 때 까지 현상 유지 등), 연합국 최고사령부와 한국 간의 잠정 협정(잠정적으로 효력 연장), 한국인의 입국사증(주일한국대표부의 구상서에 의한 입국 허가 요청 등), 반환 선박, 항공기 한국 취항 및 해저전선 처리(당분간 유보), 어업 관계(어업 분쟁에 대비, 한국해산물의 수입 전면 금지, 어선, 어구 대한수출 제한) 등에 관해 기술함.
주제어	주일한국대표부 지위, 재일한국인 법적지위, 연합국 최고사령부·한국 간 잠정협정, 입국사증, 어업, 선박 반환

한일회담 현황(1952년 4월 24일)
[日韓会談の現況 昭和27.04.24]

문서파일번호	1440
문서명	한일회담 현황(1952년 4월 24일)[日韓会談の現況 昭和27.04.24]
작성연월일	1952. 4. 24
구분	제1차 회담
세부항목	회담 현황
작성처	외무성
매수	3
비밀등급	극비
문서종류	내부자료
공개구분	공개
내용	제1차 한일회담 진행 현황을 정리한 문서. 양유찬 대사의 동정, 마쓰모토·김용식 공사의 2차례에 걸친 회담, 한일회담 결렬 경위 등이 기록되어 있음.
주제어	청구권, 한일회담 결렬

한일회담 재개에 관한 제1회 성내 회의 의사 요록 등(日韓会談再開に関する第一回省内打合会議事要録等)

문서파일번호	1046
작성연월일	1953. 1. 23 - 1953. 1. 29
구분	제2차 회담 전
세부항목	회담 재개 대책
작성처	외무성 아시아국 제2과
매수	44
비밀등급	
문서종류	회의록, 내부자료,
공개구분	공개 또는 일부 비공개
내용	1953년 1월 23일 개최된 한일회담 재개 관련 성내 내부협의회 기록(2건의 문서), 내부자료(한일회담 재개의 기본조건에 관하여), 1월 29일 오쿠무라 가쓰조(奥村勝蔵) 차관과 김용식 공사 회담 기록 등 모음
주제어	한일회담 재개 협의

문서명	한일회담 재개에 관한 제1회 성내 내부협의회 의사요록(日韓会談再開に関する第一回省内打合会議事要録)

문서파일번호 1046
작성연월일 1953. 1. 23
구분 제1~2차 회담 사이
세부항목 외무성 성내 회의
작성처 외무성 아시아국 제2과
매수 26
비밀등급 일반
문서종류 회의록
공개구분 일부 비공개
내용 오쿠무라(奥村勝蔵) 차관 주재 한일회담 재개에 관한 외무성 내부회의기록. 히로타(廣田積) 과장이 '한일회담 재개의 기본조건'에 관해 설명한 후, 참가자들이 청구권 문제, 어업 문제, 일본어선 나포 문제, 재일한국인 국적·처우 문제, 관할권 문제 등에 관해 논의함.
주제어 회담 재개 대책

문서명	한일회담 재개 건(日韓会談再開に関する件)

문서파일번호 1046
작성연월일 1953(월일 불명)
구분 제1~2차 회담 사이
세부항목 한일회담 재개 관련 상황 보고
작성처 외무성 아시아국 제2과
매수 4
비밀등급 일반
문서종류 내부문서
공개구분 공개
내용 한일회담 재개에 관한 일련의 상황을 정리한 국장 보고용 문서. '한일회담 재개 건' 문서 작성(별첨1), 이를 토대로 1953년 1월 23일 차관 주재 내부 회의 개최(별첨2), 1월 27일 오쿠무라 차관이 김용식 공사를 초치, 정식 회담을 개최한 후(별첨3) 회담 재개 관련 각료 양해안을 작성한 경위 등이 정리되어 있음.
주제어 회담 재개 대책

문서명	한일회담 재개 건(日韓会談再開に関する件)

문서파일번호	1046
작성연월일	1953. 1. 22
구분	제1~2차 회담 사이
세부항목	한일회담 재개 대책
작성처	외무성 아시아국 제2과
매수	2
비밀등급	일반
문서종류	내부자료
공개구분	공개
내용	'한일회담 재개 건' 문서 첨부1. 1953년 1월 23일 한일회담 재개에 관한 차관 주재 외무성 내부 회의용 자료
주제어	회담 재개 대책

문서명	한일회담 재개의 기본조건에 관한 내부협의회 회의 상황(日韓会談再開の基本條件に関する打合せ會議狀況)

문서파일번호	1046
작성연월일	1953. 1. 24
구분	제1~2차 회담 사이
세부항목	외무성 성내 회의
작성처	외무성 아시아국 제2과
매수	10
비밀등급	극비
문서종류	회의록
공개구분	공개
내용	'한일회담 재개 건' 문서 첨부2. 1953년 1월 23일 개최된 외무성 내부 회의 결과를 정리한 문서(1월 23일 자 '한일회담 재개의 기본조건에 관하여' 제하 문서 및 회의 참석자 명단 별첨)
주제어	회담 재개 대책

문서명	한일회담 재개 건(日韓会談再開に関する件)

문서파일번호 1046

작성연월일 1953. 1. 29

구분 제1~2차 회담 사이

세부항목 오쿠무라 차관·김용식 회담

작성처 외무성 아시아국 제2과

매수 3

비밀등급

문서종류 회의록

공개구분 공개

내용 '한일회담 재개 건' 문서 첨부3. 1953년 1월 27일 오쿠무라 차관이 김용식 공사를 불러 한일회담 재개에 관해 협의한 기록. 일본은 한일회담 재개를 원하며, 제반 현안에 대해 새로운 각도에서 검토할 필요가 있어 준비되는 대로 비공식 예비회의(informal preliminary talks)를 시작하고 싶다고 하고, 이어 재일한국대표부와 동일한 성격의 주한일본대표부 설치를 원한다고 전달함. 이에 대해 한국은 회담의 조속 개최를 희망한다고 하고 주한일본대표부 설치 문제는 본국에 보고하겠다고 답변함.

주제어 회담 재개 대책

한국 문제 각 성 연락회의 상황
(朝鮮問題各省連絡会議状況)

문서파일번호	1051
문서명	한국 문제 각 성 연락회의 상황(朝鮮問題各省連絡会議状況)
작성연월일	1953. 4. 14
구분	제1~2차 회담 사이 한일회담 재개 대비 각 성 연락회의
세부항목	
작성처	외무성 아시아국 제2과
매수	31
비밀등급	극비
문서종류	회의록
공개구분	공개
내용	한일회담(제2차) 재개를 앞두고 교섭방침을 수립하기 위해 1953년 4월 13일 개최된 각 성 연락회의기록. 외무성, 대장성, 후생성, 내각조사실, 통산성, 수산청, 법무성, 경찰청, 운수성, 해상보안청, 입국관리국, 공안조사청 관계관이 참석함. 외무성으로부터 그간 회담을 재개하게 된 경위, 오쿠니마루(大邦丸) 나포 사건 개요, 제2차 회담 방식(기본관계, 국적 처우, 선박은 마무리 작업, 청구권은 한국 생각을 청취, 어업은 실질적, 잠정적 해결 방안을 모색)에 대한 설명이 있은 후, 각 성 참석자들과 의견을 나눔.
주제어	각 성 연락회의

한일교섭에 관한 제1회 각 성 내부협의회
(日韓交渉に関する第一回各省打合会次第)

문서파일번호	1052
작성연월일	1953. 4. 20
구분	제1~2차 회담 사이
세부항목	한일회담 재개 대비 각 성 내부협의회
작성처	외무성 아시아국 제2과
매수	55
비밀등급	
문서종류	회의록
공개구분	공개 또는 일부 비공개
내용	한일회담(제2차) 재개를 대비한 관계 성 , 외무성 성내, 과내 협의 개최 기록
주제어	제2차 한일회담 내부협의회

문서명	한일교섭에 관한 제1회 각 성 내부협의회(日韓交渉に関する第一回各省打合会次第)

문서파일번호 1052
작성연월일 1953. 4. 20
구분 제1~2차 회담 사이
세부항목 한일회담 재개 대비 각 성 내부협의회
작성처 외무성 아시아국 제2과
매수 46
비밀등급 극비
문서종류 회의록
공개구분 일부 비공개
내용 한일회담 재개를 대비하여 1953년 4월 14일 개최된 관계 부처 내부협의회 기록. 외무성 구보타(久保田貫一郎) 참여(제2차 한일회담 수석대표) 주재로 법무성(입국관리국장 등), 대장성(이재국장 등), 운수성(해운조정부장 등), 통산성[광산국 광정(鑛政)과장 등], 농림성(수산청장관 등) 관계관이 참석함. 구보타 참여는 전권위임장 훈령을 받지 않은 채 회의 대표를 하게 되었으며, 회의도 격식에 구애받지 않고 진행해 나갈 것이고, 회담은 어업 문제부터 교섭을 시작해 나갈 것이라고 설명함. 이후 각 성 참가자들이 각기 자신들이 담당하는 한일 현안에 관한 입장을 설명한 후 논의가 진행됨.
주제어 각 성 내부협의회

문서명	일본 전체 내부협의회 후의 외무성 내 협의(日本側全体打合会後の部内打合会)

문서파일번호 1052
작성연월일 1953. 4. 20
구분 제1~2차 회담 사이
세부항목 한일회담 재개 대비 각 성 내부협의회
작성처 외무성 아시아국 제2과
매수 5
비밀등급 일반
문서종류 회의록
공개구분 공개

내용	1953년 4월 14일 관계 성청 협의회 후에 개최된 외무성 내부협의회 기록. 관계 성청 협의를 통해 제1차 한일회담 결과에 대해 각 성청이 만족하지 않고 있으며, 외무대신은 기본관계, 국적 처우, 선박 등 3현안은 어느 정도 마무리 단계인 것으로 이해하고 있으나 관계 성청은 다른 생각을 하고 있다는 점, 2차 회담을 통해 한일 간에 우호관계가 성립될 수 있다는 생각으로 회담에 임할 필요가 있다는 점 등이 거론됨. 2차 회담 제1회 회의에서는 금후 회의 방식 등에 관한 협의에 국한하고, 한국인 송환 거부 문제, 주한일본대표부 설치 문제에 관해 한국의 주의를 환기하기로 함.
주제어	외무성 성내 회의

문서명	**한일교섭 4월 15일 과내 협의**(日韓交渉四月十五日課内打合会)

문서파일번호	1052
작성연월일	1953. 4. 20
구분	제1~2차 회담 사이
세부항목	한일회담 재개 대비 각 성 내부협의회
작성처	외무성 아시아국 제2과
매수	4
비밀등급	일반
문서종류	회의록
공개구분	공개
내용	4월 15일 제2차 한일회담 제1회 회의 개최일에 열린 외무성 아시아국 아시아 제2과의 과내 협의 기록. 제2차 한일회담 진행과 관련한 사무적인 문제를 협의함.
주제어	외무성 아시아국 제2과 내부회의

재개 한일회담 제1회 각 성 협의회 의사록
(再開日韓会談第一回各省打合会議事録)

문서파일번호	1059
작성연월일	1953. 10. 2
구분	제3차 회담
세부항목	제3차 회담 내부협의회
작성처	외무성
매수	14
비밀등급	
문서종류	회의록, 내부자료
공개구분	공개
내용	한일회담(제3차) 재개를 앞두고 교섭방침에 관해 각 성의 의견을 듣기 위해 개최한 내부협의회 기록
주제어	제3차 한일회담 내부협의회

문서명	재개 한일회담 제1회 각 성 내부협의회 의사록(再開日韓会談第一回各省打合会議事録)

문서파일번호 1059
작성연월일 1953. 10. 2
구분 제3차 회담
세부항목 제3차 회담 내부협의회
작성처 외무성
매수 11
비밀등급 일반
문서종류 회의록
공개구분 공개
내용 한일회담(제3차) 재개를 앞두고 교섭방침에 관해 각 성(외무성, 법무성, 농림성, 운수성, 대장성)의 의견을 듣기 위해 개최한 내부협의회 기록. 청구권 문제는 정치적 판단이 필요하다는 의견(대장성), 국적 처우 문제는 일본이 최후의 선까지 제안하였으므로 더 이상 양보할 수 없다는 의견(입관)이 제시됨. 구보타 대표는 청구권 문제 관련 한국 의견을 우선 들어보는 것이 좋겠다고 함.
주제어 제3차 한일회담 내부협의회

문서명	한일회담 개회에 앞선 자체협의 사항의 선례(日韓会談開会当初における打合せ事項の先例)

문서파일번호 1059
작성연월일 1953. 10. 2
구분 제3차 회담
세부항목 제3차 회담 내부협의회
작성처 외무성
매수 3
비밀등급 일반
문서종류 내부자료
공개구분 공개
내용 제1, 2차 한일회담을 앞두고 각 성청 내부협의회에서 다루었던 사항(선례)들을 정리한 문서. 회의용어, 의사기록, 신문 발표, 의제 결정에 대한 협의사항 등이 열거됨.
주제어 각 성청 내부협의회

한일회담 기록(1)
[日韓會談記錄(一)]

문서파일번호	281
문서명	한일회담 기록 (1)[日韓會談記錄(一)]
작성연월일	1952. 6(일자 불명)
구분	제1~2차 회담 사이
세부항목	제1차 한일회담 기록
작성처	외무성 아시아국
매수	270
비밀등급	극비
문서종류	내부자료
공개구분	일부 비공개
내용	제1차 한일회담의 개최 경위, 양측 대표단 명부, 회담 일지, 공식회의(본회의, 기본관계, 청구권관계, 어업관계, 선박관계) 의사요록 등이 모두 수록된 자료. (목차에는 국적관계 의사요록, 비공식회담 기록, 양측 제안 및 주장, 구상서 등이 별책으로 되어 있다고 기록되어 있음.)
주제어	회담 기록

한일회담 기록(2)(국적 처우 문제)
[日韓会談記録(二)(国籍処遇問題)]

문서파일번호	606
작성연월일	1952. 6(일자 불명)
구분	예비회담~제1차 회담
세부항목	재일한국인 법적지위 교섭
작성처	외무성 아시아국
매수	488
비밀등급	극비
문서종류	내부자료
공개구분	공개
내용	예비회담 본회의 및 예비회담, 제1차 회담 기간에 개최된 국적 처우소위원회, 비공식회담 등 재일한국인 법적지위 관련 교섭 기록을 한데 모아놓은 자료집(* 이곳에 포함된 문서들은 여타 문서화일상의 문서들과 상당부분 중복됨.)
주제어	재일한국인 법적지위

문서명	회담 개최에 관한 연합국 총사령부와의 왕복문서(会談開催に関する連合国総司令部との往復文書)

문서파일번호 606

작성연월일 1951. 9. 25-1951. 10. 11

구분 예비회담

세부항목 한일회담 개최 관련 연합국 최고사령부·외무성 간 공한

작성처 외무성 아시아국

매수 7(전체 표지 포함)

비밀등급 일반

문서종류 내부자료

공개구분 공개

내용 한일회담 개최와 관련 연합국 최고사령부가 일본 외무성과 주고받은 외교공한(문서파일번호 688에 동일한 문서들이 포함되어 있음.)

① 1951년 9월 25일 연합국 최고사령부의 외무성 앞 공한(한국이 재일한국인 법적지위와 관련하여 일본과의 회담에 동의했으며 10월 8일 제1차 회의를 개최하자고 제안하는 내용)

② 1951년 9월 29일 외무성의 연합국 최고사령부 앞 공한(재일한국인 법적지위에 관해 한국과의 회담 개최 제안에 동의)

③ 1951년 10월 9일 연합국 최고사령부의 외무성 앞 공한(한국의 개최 연기에 따라 제1차 회의를 10월 20일에 개최하자고 제의)

④ 1951년 10월 11일 외무성의 연합국 최고사령부 앞 공한(재일한국인 법적지위에 관해 회의를 개최하되, 이 의제에 관한 협의가 끝나면 한일 간 현안에 관한 향후 양자 협의의 방안에 관해서도 협의할 수 있다고 통보하는 내용)

주제어 재일한국인 법적지위

문서명	예비회담 본회의 의사요록(予備会談本会議議事録)

문서파일번호 606
작성연월일 1951. 10. 20-1951. 12. 4
구분 예비회담
세부항목 예비회담 본회의기록
작성처 외무성 아시아국
매수 103
비밀등급 일반
문서종류 내부자료
공개구분 공개
내용 한일회담 예비회담 제1~10회 본회의기록. 문서파일번호 63의 문서들과 동일함.
주제어 재일한국인 법적지위

문서명	재일한국인 법적지위에 관한 일본 견해(View of the Japanese Side on the Legal Status of Korean Residents)

문서파일번호 606
작성연월일 1951. 11. 22
구분 예비회담
세부항목 재일한국인 법적지위 일본 견해
작성처 외무성 아시아국
매수 11
비밀등급 일반
문서종류 내부자료
공개구분 공개
내용 국적 처우소위원회에서 제시된 재일한국인의 법적지위에 대한 일본 견해. 문서파일번호 225의 1951년 11월 12일 자(제6회 회의) 문서 및 문서파일번호 229의 1951년 11월 22일 자(제10회 회의) 문서와 동일함.
주제어 재일한국인 법적지위

문서명	재일한국인 법적지위에 관한 한국대표단 견해 요지(The Outline of General Viewpoints of Korean Representatives on the Legal Status of Korean Residents in Japan)

문서파일번호 606
작성연월일 1951. 11. 10
구분 예비회담
세부항목 재일한국인 법적지위 한국 견해
작성처 외무성 아시아국
매수 5
비밀등급 일반
문서종류 내부자료
공개구분 공개
내용 재일한국인의 법적지위에 대한 한국 견해 요지. 문서파일번호 229의 1951년 11월 10일 자(제10회 회의) 문서와 동일함.
주제어 재일한국인 법적지위

문서명	소위원회 의사록(小委員会議事録)

문서파일번호 606
작성연월일 1951. 10. 30-1952. 4. 1
구분 예비회담~제1차 회담
세부항목 국적 처우소위 회의기록 (제1~35회)
작성처 외무성 아시아국
매수 312
비밀등급 일반
문서종류 내부자료
공개구분 공개
내용 1951년 10월 30일~11월 22일까지 개최된 국적 처우소위원회 제1차 회의(제1회~10회) 기록(문서파일번호 220~229와 동일함). 1951년 11월 30일~12월 22일 사이에 개최된 같은 위원회 제2차 회의(제11~20회) 기록(문서파일번호 230~239와 동일함). 1952년 1월 16일~4월 1일까지 개최된 같은 위원회 제3차 회의(제21회~35회) 기록(문서파일번호 119와 동일함)
주제어 재일한국인 법적지위

문서명	비공식회담 기록(非公式会談記録)

문서파일번호 606
작성연월일 1952. 2. 11-1952. 3. 18
구분 제1차 회담
세부항목 재일한국인 법적지위 비공식회담 기록
작성처 외무성 아시아국
매수 31
비밀등급 일반
문서종류 내부자료
공개구분 공개
내용 재일한국인 법적지위 관련 비공식회담 기록(문서파일번호 120과 동일)
주제어 재일한국인 법적지위

문서명	별도협의관계(別途協議関係)

문서파일번호 606
작성연월일 1952. 2. 26-1952. 3. 26
구분 제1차 회담
세부항목 재일한국인 법적지위 관련 별도협의
작성처 외무성 아시아국
매수 19
비밀등급 일반
문서종류 내부자료
공개구분 공개
내용
① 영주 허가를 받은 재일한국인에 대한 강제퇴거 운용에 관한 양해사항(안)(1952년 2월 26일, 문서파일번호 120 포함문서와 동일)
② 영주 허가를 받은 재일한국인에 대한 강제퇴거 운용에 관한 양해사항(안)(1952년 4월 1일, 문서파일번호 561 포함문서와 동일)
③ 재일한국인이 한일협정 발효에 따라 귀국 시 송금 방법안(문서파일번호 119 제33회 소위원회 회의록 첨부물과 동일)

④ 대일평화조약 발효에 따라 귀환하는 재일한국인의 귀환 화물의 처리에 대해서 (1952년 3월 24일 통산성 제출, 문서파일번호 561 포함문서와 동일)

⑤ 재일한국인의 귀환 시 자산 본국 이전에 관한 구체적인 방법 시안(1952년 3월 24일 한국 제출, 문서파일번호 561 포함문서와 동일)

⑥ 재일한국인의 귀환 시 동산의 휴대 및 송금에 관한 결정안(1952년 3월 26일, 문서파일번호 561 포함문서와 동일)

주제어 재일한국인 법적지위

한일회담 기록(3)
[日韓会談記録(三)]

문서파일번호	282
문서명	한일회담 기록 (3)[日韓会談記録(三)]
작성연월일	1952. 6(일자 불명)
구분	제1~2차 회담 사이
세부항목	제1차 한일회담 비공식 회의기록
작성처	외무성 아시아국
매수	74
비밀등급	극비
문서종류	내부자료
공개구분	공개
내용	제1차 한일회담 기간 중 개최된 각종 비공식회담 기록 모음(1952. 3. 3. 마쓰모토 일본 수석대표와 양유찬 한국 수석대표 회담 기록 및 3. 24. 마스모토 일본 수석대표와 김용식 대표 회담 기록은 생략)
주제어	제1차 한일회담 비공식 회의기록

한일회담 기록(4)(부속)
[日韓会談記録(四)(附屬)]

문서파일번호	283
문서명	한일회담 기록(4)(부속)[日韓会談記録(四)(附屬)]
작성연월일	1952. 6(일자 불명)
구분	제1~2차 회담 사이
세부항목	제1차 한일회담 협정안 등
작성처	외무성 아시아국
매수	107
비밀등급	극비
문서종류	내부자료
공개구분	공개
내용	제1차 회담 기간 중 양측이 제시한 협정안, 인사말, 양측의 청구권 요강, 상대측 제안에 대한 입장 표명 요지 등이 수록된 한일회담 기록 제4편 부속자료집
주제어	회담 기록, 협정안

외무성 · 미국 회담 요지
(外務省 · 米國側会談要旨)

문서파일번호	690
작성연월일	1953. 2. 21 - 1953. 12. 14
구분	제1~2차 회담 사이, 제2~3차 회담 사이, 제3차 회담, 제3~4차 회담 사이
세부항목	한일 문제 관련 일본 · 미국 협의
작성처	외무성, 수산청, 주미대사, 주유엔대사 등
매수	216
비밀등급	
문서종류	회의록, 외교공한, 비망록, 내부문서, 성명문안, 전문, 공문
공개구분	공개 또는 일부 비공개
내용	제1차 및 3차 한일회담 종료 후 회담 재개를 위한 일본 외무성과 미국의 회담 기록 모음
주제어	한일 문제 관련 일본 · 미국 협의

문서명	와지마 국장 · ■회담 요지(倭島局長 · ■会談要旨)

문서파일번호 690
작성연월일 1953. 2. 21
구분 제2~3차 회담 사이
세부항목 한일 문제 관련 일본 · 미국 협의
작성처 외무성 아시아국 제2과
매수 16
비밀등급 극비
문서종류 회의록
공개구분 일부 비공개
내용 1953년 2월 21일 미국무부 동북아시아과 관료와 주일미국대사관 ■서기관이 일본 외무성을 방문해서 와지마(倭島英二) 아시아국장과 한일관계의 현황 및 교섭 재개 여부를 두고 진행한 회담 요지. 미국 측 관계자가 방한을 앞두고 일본어민 사살 사건과 한일회담 재개를 위한 조건에 대해 일본 생각과 제안을 묻는 내용이 담겨 있음.
주제어 어업, 억류자

문서명	'이 라인'에 관한 오카자키 대신·앨리슨 대사 회담 요지(李ラインに関する岡崎大臣·アリソン大使会談要旨)

문서파일번호 690
작성연월일 1953. 9. 9
구분 제3~4차 회담 사이
세부항목 오카자키 외상 · 앨리슨 주일미국대사 회담
작성처 외무성 아시아국 제2과
매수 5
비밀등급 극비
문서종류 회의록
공개구분 공개
내용 1953년 9월 9일 오카자키(岡崎勝男) 외무대신과 앨리슨(John M. Allison) 주일미국대사가 이승만 라인과 관련되는 어업 문제에 대해 논의한 회담 요지. 일본은 어업 문제 해결을 위해 미국의 적극 개입을 요구하고 있으며, 앨리슨 대사는 이에 동조하면서 국무부의 의향을 타진해 보겠다고 함.
주제어 어업

문서명	비망록(Aide Memoire)

문서파일번호 690
작성연월일 1953. 9. 9
구분 제3~4차 회담 사이
세부항목 오카자키 외상·앨리슨 주일 미대사 회담
작성처 외무성 아시아국 제2과
매수 2
비밀등급 극비
문서종류 비망록(Aide-Memoire)
공개구분 공개
내용 오카자키 외무대신이 앨리슨 주일미국대사에게 전달한 한일어업 문제 관련 기록
주제어 어업

문서명	한일회담 1건(日韓会談一件)

문서파일번호 690
작성연월일 1953. 9. 29
구분 제3~4차 회담 사이
세부항목 오쿠무라 차관·주일미국대사관 파슨즈 참사관 전화 협의
작성처 외무성 오쿠무라 사무차관
매수 3
비밀등급 일반
문서종류 내부문서
공개구분 공개
내용 1953년 9월 29일 오후 주일미국대사관 파슨즈(J. G. Parsons) 참사관이 오쿠무라(奥村勝蔵) 차관에게 전화한 내용을 기록한 문서. 어업 문제에 대한 미국무부 생각은 조속히 한일회담을 재개해서 이 문제를 논의하되 청구권 문제를 고려해야 한다는 입장임.
주제어 어업, 청구권

문서명	'이 라인' 강행에 관한 대미 절충(李ライン強行に関する対米折衝)

문서파일번호 690
작성연월일 1953. 10. 5
구분 제3~4차 회담 사이
세부항목 한일 문제 관련 일본·미국 협의
작성처 외무성 아시아국 제2과
매수 14
비밀등급 극비
문서종류 내부문서
공개구분 공개
내용 이승만 라인 때문에 발생하는 어업 문제에 대한 일본정부의 대미 교섭 경위가 정리된 문서. 1953년 9월 9일에 오카자키 외무대신이 앨리슨 주일미국대사에게 비망록을 전달하면서 미국의 적극 개입을 요청함. 이 회담 내용을 아라키 주미일본대사에게 전달하면서 미국무부와도 교섭할 것을 요청함. 9월 24일 오쿠무라 차관과 김용식 공사의 회담과 9월 29일 미일 전화 회담까지의 상황이 정리됨.
주제어 어업, 청구권

문서명	성명안(1)[Draft Statement(1)]

문서파일번호 690
작성연월일 1953. 11. 3
구분 제3~4차 회담 사이
세부항목 한일 문제 관련 일본·미국 협의
작성처 외무성 아시아국 제2과
매수 2
비밀등급 일반
문서종류 성명문안
공개구분 공개
내용 제3차 한일회담 결렬에 따라 일본에서 발표할 성명의 영문 초안(1)
주제어 한일회담 결렬 관련 성명, 어업, 청구권

문서명	성명(1)[声明(一)]

문서파일번호	690
작성연월일	1953. 11. 3
구분	제3~4차 회담 사이
세부항목	한일 문제 관련 일본·미국 협의
작성처	외무성 아시아국 제2과
매수	3
비밀등급	극비
문서종류	성명문안
공개구분	공개
내용	제3차 한일회담 결렬에 따라 일본에서 발표할 성명의 1953년 11월 3일 자 성명 초안(1)의 일본어본
주제어	한일회담 결렬 관련 성명, 어업, 청구권

문서명	Draft Statement(2)

문서파일번호	690
작성연월일	1953. 11. 3
구분	제3~4차 회담 사이
세부항목	한일 문제 관련 일본·미국 협의
작성처	외무성 아시아국 제2과
매수	2
비밀등급	일반
문서종류	성명문안
공개구분	공개
내용	제3차 한일회담 결렬에 따라 일본에서 발표할 성명의 영문 초안(2)
주제어	어업/청구권

문서명	성명(2) [声明(二)]

문서파일번호 690
작성연월일 1953. 11. 3
구분 제3~4차 회담 사이
세부항목 한일 문제 관련 일본·미국 협의
작성처 외무성 아시아국 제2과
매수 2
비밀등급 극비
문서종류 성명문안
공개구분 공개
내용 제3차 한일회담 결렬에 따라 일본에서 발표할 성명 초안(2)의 일본어본
주제어 한일회담 결렬 관련 성명, 어업, 청구권

문서명	일본 성명문안에 대한 코멘트(Japanese Statements: Comments)

문서파일번호 690
작성연월일 1953. 11. 5
구분 제3~4차 회담 사이
세부항목 한일 문제 관련 일본·미국 협의
작성처 외무성 아시아국 제2과
매수 1
비밀등급 일반
문서종류 성명문안
공개구분 공개
내용 1953년 11월 3일 자로 작성된 일본 성명문안(Draft Statement)(1),(2)에 대한 주일미국 대사의 수정 코멘트
주제어 한일회담 결렬 관련 성명, 어업, 청구권

문서명	성명문안[Draft Statement(1)]

문서파일번호	690
작성연월일	1953. 11. 6
구분	제3~4차 회담 사이
세부항목	한일 문제 관련 일본·미국 협의
작성처	외무성 아시아국 제2과
매수	2
비밀등급	극비
문서종류	성명문안
공개구분	공개
내용	제3차 한일회담 결렬에 따른 일본 성명문의 성명 영문 초안(1)
주제어	한일회담 결렬 관련 성명, 어업, 청구권

문서명	성명문안[Draft Statement(2)]

문서파일번호	690
작성연월일	1953. 11. 6
구분	제3~4차 회담 사이
세부항목	한일 문제 관련 일본·미국 협의
작성처	외무성 아시아국 제2과
매수	2
비밀등급	극비
문서종류	성명문안
공개구분	공개
내용	제3차 한일회담 결렬에 따른 일본 성명문의 영문 초안(2)
주제어	한일회담 결렬 관련 성명, 어업, 청구권

문서명	성명문안[Draft Statement(2)]

문서파일번호	690
작성연월일	1953. 11. 18
구분	제3~4차 회담 사이
세부항목	한일 문제 관련 일본·미국 협의
작성처	외무성 아시아국 제2과
매수	2
비밀등급	일반
문서종류	기타
공개구분	공개
내용	제3차 한일회담 결렬에 따른 일본 성명문 영문 초안(2)의 11월 18일 자 수정안
주제어	한일회담 결렬 관련 성명, 어업, 청구권

문서명	제목 없음

문서파일번호	690
작성연월일	1953. 12. 11
구분	제3~4차 회담 사이
세부항목	한일 문제 관련 일본·미국 협의
작성처	앨리슨 주일미국대사
매수	2
비밀등급	극비
문서종류	외교공한
공개구분	공개
내용	앨리슨 주일미국대사가 오카자키 외무대신에게 보낸 서한. 구보타 발언을 비롯해 재개된 한일회담에 대한 일본 입장에 대해 이해를 표명하면서, 일본의 성명에 관한 미국안(draft notes)을 전달함.
주제어	한일회담 결렬 관련 성명, 어업, 청구권, 구보타 발언

문서명	일본 성명문안에 대한 견해(Notes for Draft Japanese Statement)

문서파일번호	690
작성연월일	1953. 12. 11
구분	제3~4차 회담 사이
세부항목	한일 문제 관련 일본·미국 협의
작성처	주일미국대사관
매수	3
비밀등급	극비
문서종류	성명문안
공개구분	공개
내용	앨리슨 대사가 보낸 서한에 첨부된 미국 측 작성 일본정부 성명 초안(영문)
주제어	한일회담 결렬 관련 성명, 기본관계, 청구권, 재일한국인 법적지위

문서명	성명문안(Draft Statement)

문서파일번호	690
작성연월일	1953. 12. 12
구분	제3~4차 회담 사이
세부항목	한일 문제 관련 일본·미국 협의
작성처	외무성 아시아국 제2과
매수	5
비밀등급	극비
문서종류	성명문안
공개구분	공개
내용	일본정부 성명문안(Draft Statement)의 수정본(영문)
주제어	한일회담 결렬 관련 성명, 청구권

문서명	제목 없음

문서파일번호 690
작성연월일 1954. 1. 21
구분 제3~4차 회담 사이
세부항목 한일 문제 관련 일본·미국 협의
작성처 외무성 아시아국 제2과
매수 1
비밀등급 일반
문서종류 성명문안
공개구분 공개
내용 일본 성명문안(Draft)과 관련된 수기 메모
주제어 한일회담 결렬 관련 성명, 청구권

문서명	제목 없음

문서파일번호 690
작성연월일 1954. 1. 23
구분 제3~4차 회담 사이
세부항목 한일 문제 관련 일본·미국 협의
작성처 외무성 아시아국 제2과
매수 1
비밀등급 일반
문서종류 성명문안
공개구분 공개
내용 1954년 1월 21일 자 수기메모를 반영하여 타이핑한 성명문안(Draft) 일부
주제어 한일회담 결렬 관련 성명, 청구권

문서명	제목 없음

문서파일번호 690
작성연월일 1954. 2. 8
구분 제3~4차 회담 사이
세부항목 한일 문제 관련 일본·미국 협의
작성처 외무성 아시아국 제2과
매수 2
비밀등급 일반
문서종류 성명문안
공개구분 공개
내용 1954년 1월 23일 자 성명문안(Draft)을 보완해서 구보타 발언에 대한 일본의 입장을 영문으로 작성함(같은 문서가 2매 있으며, 뒷장은 앞장의 내용을 손으로 일부 수정한 부분이 있음).
주제어 청구권, 구보타 발언

문서명	4. 한일관계(4. Japan-Korea Relations)

문서파일번호 690
작성연월일 1954. 2. 10
구분 제3~4차 회담 사이
세부항목 한일 문제 관련 일본·미국 협의
작성처 외무성 아시아국 제2과
매수 1
비밀등급 일반
문서종류 성명문안
공개구분 공개
내용 영문 성명문안(Draft)의 한일관계에 대한 메모
주제어 한일관계

문서명	제목 없음

문서파일번호 690
작성연월일 1953. 10. 28
구분 제3~4차 회담 사이
세부항목 오카자키 대신의 리지웨이 사령관 앞 공한
작성처 외무성 아시아국 제2과
매수 4
비밀등급 일반
문서종류 외교공한
공개구분 공개
내용 오카자키 외무대신이 리지웨이(Matthew B. Ridgway) 미 육군참모총장에게 보낸 공한. 한일어업 문제 경위와 일본 입장을 전달하며 선처를 바란다는 내용이 담김.
주제어 어업, 억류자

문서명	제목 없음

문서파일번호 690
작성연월일 1953. 10. 28
구분 제3~4차 회담 사이
세부항목 외무차관의 헐 사령관 앞 공한
작성처 외무성 아시아국 제2과
매수 5
비밀등급 일반[첨부물은 극비]
문서종류 외교공한
공개구분 공개
내용 일본 외무차관이 오카자키 외무대신의 요청에 따라 외무대신이 리지웨이(Matthew B. Ridgway) 미 육군 참모총장에게 보낸 공한을 참고로 헐(John E. Hull) 유엔군사령관에게 보냄. 외무대신 공한이 첨부되어 있음.
주제어 어업, 억류자

문서명	■방문 건(■来訪の件)

문서파일번호 690
작성연월일 1953. 11. 27
구분 제3~4차 회담 사이
세부항목 한일 문제 관련 일본·미국 협의
작성처 외무성 아시아국 제2과
매수 8
비밀등급 극비
문서종류 회의록
공개구분 일부 비공개
내용 주일미국대사관 ■서기관이 아시아2과를 방문, 한일어업 문제에 대해 협의한 기록. 일본은 자국의 입장을 미국에게 설명하였으며, 앞으로 어업 문제에 대해 수산청이 제시한 안을 최종 방침으로 확정할 것인지에 대한 상층부의 판단이 필요하다는 내용이 기술됨.
주제어 어업

문서명	제목 없음

문서파일번호 690
작성연월일 1953(월일 불명)
구분 제3~4차 회담 사이
세부항목 한일 어업관련 수산청 제안
작성처 수산청
매수 4
비밀등급 극비
문서종류 협정안
공개구분 공개
내용 1953년 11월 27일 주일미국대사관 ■서기관과 외무성 아시아2과 간 회의 시 언급된 한일 어업에 관한 수산청안. 한일어업조약의 체결 및 조약 체결 이전의 별도 계약 이행을 골자로 하고 있음.
주제어 어업

문서명	어업자원 보존에 관한 일본 제안 초안(Japanese Draft Proposal for the Conservation of Fishery Resources)

문서파일번호 690
작성연월일 1953(월일 불명)
구분 제3~4차 회담 사이
세부항목 한일어업 관련 수산청 제안
작성처 수산청
매수 3
비밀등급 일반
문서종류 협정안
공개구분 공개
내용 수산청의 한일어업 관련 제안 영문
주제어 어업

문서명	어업구체안 제시 건(漁業具体案提示の件)

문서파일번호 690
작성연월일 1953. 11. 27
구분 제3~4차 회담 사이
세부항목 한일 문제 관련 일본·미국 협의
작성처 외무성 아시아국 제2과
매수 4
비밀등급 극비
문서종류 회의록
공개구분 일부 비공개
내용 일본 수산청이 제시했던 어업 문제 구체안을 두고 외무성·주일미국대사관 간의 의견 교환이 기록됨.
주제어 어업

문서명	▬ 등과의 회담 건(▬等と会談の件)

문서파일번호 690
작성연월일 1953. 12. 14
구분 제3~4차 회담 사이
세부항목 한일 문제 관련 일본·미국 협의
작성처 외무성 아시아국 제2과
매수 7
비밀등급 극비
문서종류 회의록
공개구분 일부 비공개
내용 외무성[나카가와 도루(中川 融) 아시아 국장 등]·주일미국대사관(버거 참사관 등) 오찬 간담회에서 한일회담 재개에 대해 논의한 내용의 요지. 어업 문제 해결 방안, 구보타 발언 철회 여부, 억류자 송환 및 미술품 반환, 청구권 문제, 금후 한일교섭의 회의 방식 등에 대해 의견 교환이 이루어짐.
주제어 어업

문서명	제목 없음

문서파일번호 690
작성연월일 1953(월일 불명)
구분 제3~4차 회담 사이
세부항목 구보타 발언 일본의 설명
작성처 외무성 아시아국 제2과
매수 1
비밀등급 극비
문서종류 내부문서
공개구분 공개
내용 구보타 발언에 대한 일본정부의 설명
주제어 구보타 발언

문서명	제목 없음

문서파일번호 690
작성연월일 1953(월일 불명)
구분 제3~4차 회담 사이
세부항목 카이로선언에 대한 일본 설명
작성처 외무성 아시아국 제2과
매수 1
비밀등급 극비
문서종류 내부문서
공개구분 공개
내용 카이로선언에 대한 일본정부의 설명
주제어 카이로 선언

문서명	제목 없음

문서파일번호 690
작성연월일 1953. 12. 29
구분 제3~4차 회담 사이
세부항목 일본 의원들이 주일미국대사에게 보낸 서한
작성처 후나다 나카(船田中) 의원 등
매수 3
비밀등급 일반
문서종류 서한
공개구분 공개
내용 일본 중·참의원 7명이 앨리슨(John M. Allison) 주일미국대사에게 한일회담 재개와 어업 문제에 대한 일본정부의 입장을 설명하기 위해 보냄.
주제어 어업

문서명	오쿠니마루 사건에 관한 뉴욕타임스 사설 건(大邦丸事件に関するニューヨークタイムス社説の件)

문서파일번호 690
작성연월일 1953. 3. 2
구분 제1~2차 회담 사이
세부항목 한일어업 문제 관련 미국 언론 보도, 주미대사 보고
작성처 주미대사
매수 2
비밀등급 일본
문서종류 전문(電文)
공개구분 공개
내용 오쿠니마루(大邦丸) 사건을 계기로 뉴욕타임스가 한일어업 문제에 대해 쓴 사설 내용을 본성에 보고함.
주제어 억류자, 어업

문서명	방위수역 철폐 건(防衛水域撤廃に関する件)

문서파일번호 690
작성연월일 1953. 7. 31
구분 제2~3차 회담 사이
세부항목 '이 라인'에 대한 미국 견해, 주미대사 보고
작성처 주미대사
매수 2
비밀등급 극비
문서종류 전문(電文)
공개구분 공개
내용 한국전쟁이 끝난 뒤의 방위수역 철폐에 따른 어업 문제, 이승만 라인에 대한 미국 무부의 견해를 본성에 보고함.
주제어 어업

문서명	방위수역 철폐 건(防衛水域撤廃に関する件)

문서파일번호 690
작성연월일 1953. 8. 10
구분 제2~3차 회담 사이
세부항목 독도 문제에 대한 미국 견해, 주미대사 보고
작성처 주미대사
매수 2
비밀등급 극비
문서종류 전문(電文)
공개구분 공개
내용 비공식회담 자리에서 나온 독도 문제에 대한 미국무부 관계자의 견해(미국무부의 견해는 독도가 일본령이라고 생각하며 한국도 자신들의 주장이 무리인 것을 알고 있음)를 본성에 보고함.
주제어 어업, 독도

문서명	이승만 라인에 대한 로버트슨 국무차관보 회담 요지 건(李ラインにつき、ロバートソン国務次官補と会談要旨の件)

문서파일번호 690
작성연월일 1953. 9. 14
구분 제2~3차 회담 사이
세부항목 한일 문제 관련 일본·미국 협의, 주미대사 보고
작성처 주미대사
매수 2
비밀등급 극비
문서종류 전문(電文)
공개구분 공개
내용 주미일본대사가 로버트슨(Walter S. Robertson) 미국무부 차관보 회담 요지를 본성에 보고함. 이승만 라인을 비롯한 한일회담에 대한 로버트슨의 견해가 드러남.
주제어 어업, '이 라인'

문서명	이승만 라인에 대한 국무부 담당자 언급 요지 건(李ラインについての国務省係官談話要旨の件)

문서파일번호 690
작성연월일 1953. 9. 16
구분 제2~3차 회담 사이
세부항목 한일 문제 관련 일본·미국 협의, 주미대사 보고
작성처 주미대사
매수 2
비밀등급 극비
문서종류 전문(電文)
공개구분 공개
내용 주미일본대사가 미국무부 관계자와 어업 문제에 대해 논의한 결과와 함께 미국이 한일 양국의 현안에 적극 개입하는 것은 곤란하다는 입장을 본성에 보고함.
주제어 어업

문서명	이승만 라인에 대한 국무부 담당자 언급 요지 건(李ライン問題に関しての国務省係官談話要旨の件)

문서파일번호 690
작성연월일 1953. 9. 17
구분 제2~3차 회담 사이
세부항목 한일 문제 관련 일본·미국 협의, 주미대사 보고
작성처 주미대사
매수 2
비밀등급 극비
문서종류 전문(電文)
공개구분 공개
내용 이승만 라인을 비롯한 어업 문제에 대한 미국무부와 국방부의 협의가 끝남에 따라 주일미국대사관에 하달된 훈령의 요지를 파악해서 본성에 보고함.
주제어 어업

문서명	이승만 라인에 대한 국무부 담당자 언급 요지 건(李ライン問題に関しての国務省係官談話要旨の件)

문서파일번호 690
작성연월일 1953. 9. 17
구분 제2~3차 회담 사이
세부항목 한일 문제 관련 일본·미국 협의, 주미대사 보고
작성처 주미대사
매수 1
비밀등급 극비
문서종류 전문(電文)
공개구분 공개
내용 공해 자유의 원칙에 대해 미 국방부 관계자가 주미일본대사에게 표명한 입장을 보고함.
주제어 어업

문서명	한일관계 개선에 관한 덜레스 장관의 비공식 언급 건(日韓関係改善方に付きダレス長官の内話の件)

문서파일번호 690
작성연월일 1953. 9. 18
구분 제2~3차 회담 사이
세부항목 한일 문제 관련 일본·미국 협의, 주미대사 보고
작성처 주미대사
매수 1
비밀등급 극비
문서종류 전문(電文)
공개구분 공개
내용 덜레스(John F. Dulles) 국무장관이 주미한국대사에게 한일관계 개선을 강하게 요구했다는 것을 주미일본대사에게 언급했다는 것을 보고함.
주제어 한일관계

문서명	한일 문제에 관한 다케우치, 존스 차관보 대리 회견 요지 건(日韓問題に関し武内、ジョンソン次官補代理との会見要旨の件)

문서파일번호 690
작성연월일 1953. 9. 25
구분 제2~3차 회담 사이
세부항목 한일 문제 관련 일본·미국 협의, 주미대사 보고
작성처 주미대사
매수 3
비밀등급 비(秘)
문서종류 전문(電文)
공개구분 공개
내용 다케우치 류지(武内龍次) 주미공사와 존스(Howard P. Jones) 국무부 차관보대리가 한일회담 재개에 대해 논의한 요지를 본성에 보고함. 일본은 어업 문제를 우선적으로 다루기 위해 회담 재개를 요구하며, 한국이 이에 응하지 않을 시에는 국제사법재판소 혹은 유엔 제소의 가능성도 배제할 수 없다는 의견을 전달함.
주제어 어업

문서명	한일회담 재개 신청 건(日韓会談再開申入れの件)

문서파일번호 690
작성연월일 1953. 9. 25
구분 제2~3차 회담 사이
세부항목 한일 문제 관련 일본·미국 협의, 주미대사 보고
작성처 주미대사
매수 2
비밀등급 비(秘)
문서종류 전문(電文)
공개구분 공개
내용 한일회담 재개를 둘러싼 주미일본대사관 직원과 미국무부 관계자의 회담 결과를 본성에 보고한 전문. 어업 문제를 우선적으로 다루어야 한다는 일본의 의견을 재차 강하게 전달함.
주제어 어업

문서명	한일회담 재개 신청 건(日韓会談再開申入の件)

문서파일번호 690
작성연월일 1953. 9. 28
구분 제2~3차 회담 사이
세부항목 한일 문제 관련 일본·미국 협의, 주미대사 보고
작성처 주미대사
매수 1
비밀등급 비(秘)
문서종류 전문(電文)
공개구분 공개
내용 주미일본대사가 미국에 이승만 라인으로 인한 일본의 피해 규모를 설명하기 위해 산출 자료를 본성에 요청함.
주제어 어업

문서명	한일 분쟁을 UN에 제소하는 건(日韓紛争を国連に提訴の件)

문서파일번호 690
작성연월일 1953. 10. 27
구분 제3~4차 회담 사이
세부항목 한일어업 분쟁 유엔 제소 문제, 주유엔대사 보고
작성처 주유엔대사
매수 2
비밀등급 극비
문서종류 전문(電文)
공개구분 공개
내용 유엔 법무국장에게 한일어업 분쟁 제소에 관해서 조회한 결과를 본성에 보고한 전문. 유엔 총회와 안보리를 거치지 않고 처음부터 국제사법재판소에 제소할 것을 건의함.
주제어 어업

문서명	한일 분쟁을 유엔에 제소하는 건(日韓紛争国連提訴の件)

문서파일번호 690
작성연월일 1953. 10. 28
구분 제3~4차 회담 사이
세부항목 한일어업 분쟁 유엔 제소 문제, 주유엔대사 보고
작성처 주유엔대사
매수 2
비밀등급 극비
문서종류 전문(電文)
공개구분 공개
내용 사와다(沢田兼三) 주유엔대사가 미국무부 간부와 회담한 결과를 본성에 보고한 전문. 현시점에서 볼 때 한일 분쟁을 유엔회의 의제로 제시하는 것은 자유 진영 국가의 지지 없이는 시의적절하지 않다고 제언함.
주제어 어업

문서명	한일 분쟁 처리방침 건(日韓紛争処理方針に関する件)

문서파일번호 690
작성연월일 1953. 11. 4
구분 제3~4차 회담 사이
세부항목 한일 문제 관련 일본·미국 협의, 주미대사 보고
작성처 주미대사
매수 2
비밀등급 극비
문서종류 전문(電文)
공개구분 일부 비공개
내용 한일 어업분쟁의 우호적 해결을 위해 미국무부 어업 담당 고문에게 이를 담당토록 하고, 회담 재개 후 현안을 타결한다는 미국의 방침을 본성에 보고함.
주제어 어업, 청구권

문서명	한일회담 건(日韓会談の件)

문서파일번호 690
작성연월일 1953. 12. 14
구분 제3~4차 회담 사이
세부항목 한일 문제 관련 일본·미국 협의, 주미대사 보고
작성처 주미대사
매수 1
비밀등급 극비
문서종류 전문(電文)
공개구분 공개
내용 주미일본대사가 미국무부 관계자와 한일관계에 대해 논의한 결과를 본성에 보고함.
주제어 어업

문서명	이승만 라인에 관한 조치 건(李承晩ラインに関する措置振りの件)

문서파일번호 690
작성연월일 1953. 9. 10
구분 제2~3차 회담 사이
세부항목 한일 문제 관련 일본·미국 협의
작성처 외무성 아시아국 제2과
매수 3
비밀등급
문서종류 전문(電文)
공개구분 공개
내용 외무성이 주미일본대사에게 이승만 라인에 관해서 본국 정부가 한국에게 항의하고 앨리슨(John M. Allison) 주일대사에게 중재를 의뢰하는 등의 조치를 했다는 내용을 통보함.
주제어 어업, '이 라인'

문서명	한일회담 재개 신청 건(日韓会談再開申入の件)

문서파일번호 690
작성연월일 1953. 9. 24
구분 제2~3차 회담 사이
세부항목 김용식 공사 회담 내용 통보
작성처 외무성 아시아국 제2과
매수 3
비밀등급 일반
문서종류 전문(電文)
공개구분 공개
내용 외무성이 주미일본대사 앞으로 보낸 전문. 한일어업 문제를 우선적으로 해결하기 위해 주일한국대표부 김용식 공사와 회담한 내용이 담겨 있음.
주제어 어업

문서명	한일회담 재개 건(日韓会談の再開に関する件)

문서파일번호 690
작성연월일 1953. 9. 30
구분 제2~3차 회담 사이
세부항목 한일회담 재개 합의 관련 통보
작성처 외무성 아시아국 제2과
매수 4
비밀등급 일반
문서종류 전문(電文)
공개구분 공개
내용 외무성이 주미일본대사에게 보낸 전문. 한일회담을 재개하기로 양국이 합의함에 따라 특히 청구권 문제와 관련된 정부 부처 간의 이해관계 조정 등의 대응방침 수립이 필요하다는 내용이 담겨 있음.
주제어 어업

문서명	한일어업 문제에 대한 설명 자료 건(日韓漁業紛争についての説明資料の件)

문서파일번호 690
작성연월일 1953. 10. 1
구분 제2~3차 회담 사이
세부항목 '이 라인'에 따른 일본 어업피해 자료 통보
작성처 외무성 아시아국 제2과
매수 4
비밀등급 일반
문서종류 전문(電文)
공개구분 공개
내용 주미일본대사가 요구했던 이승만 라인으로 인한 일본의 어업 피해 산출 자료를 보냄.
주제어 어업

문서명	한일회담 재개 건(日韓会談再開の件)

문서파일번호 690
작성연월일 1953. 10. 6
구분 제2~3차 회담 사이
세부항목 한일회담 재개 후 회의 진행방식 통보
작성처 외무성 아시아국 제2과
매수 5
비밀등급 일반
문서종류 전문(電文)
공개구분 공개
내용 외무성이 주미일본대사에게 보낸 전문. 한일회담이 재개됨에 따라 한일 양측 대표가 어업 문제를 중심으로 논의하면서 금후 회의 진행방식에 대해 협의한 내용을 통보함.
주제어 어업

문서명	한일회담 청구권 문제에 대해서(日韓会談請求権問題について)

문서파일번호 690
작성연월일 1953. 10. 15
구분 제3차 회담
세부항목 청구권 문제 교섭 요지 통보
작성처 외무성 아시아국 제2과
매수 5
비밀등급 일반
문서종류 전문(電文)
공개구분 공개
내용 제3차 한일회담이 개최된 이후 청구권 문제 교섭 요지, 금후의 대응방침 등을 정리해서 주미일본대사에게 보냄.
주제어 청구권

문서명	한일회담 제4회 본회의(日韓会談第四回本会議)

문서파일번호 690
작성연월일 1953. 10. 21
구분 제3차 회담
세부항목 한일회담 결렬 관련 통보
작성처 외무성 아시아국 제2과
매수 7
비밀등급 일반
문서종류 전문(電文)
공개구분 공개
내용 외무성이 주미일본대사에게 보낸 전문. 한일회담 본회의 경위를 설명하면서 사실상 결렬된 교섭에 대한 일본의 입장을 미국에게 충분히 설명하도록 지시함.
주제어 청구권

문서명	한일회담 건(日韓会談に関する件)

문서파일번호 690
작성연월일 1953. 10. 21
구분 제3차 회담
세부항목 한일회담 결렬 관련 통보
작성처 외무성 아시아국 제2과
매수 5
비밀등급 일반
문서종류 전문(電文)
공개구분 공개
내용 구보타 발언 이후에 한일회담 제3회 본회의에서 양국 대표가 갑론을박하는 내용을 정리해서 주미일본대사에게 보낸 전문
주제어 청구권

문서명	한일 분쟁을 유엔에 제소하는 건(日韓紛争を国連に提訴の件)

문서파일번호 690
작성연월일 1953. 10. 24
구분 제3~4차 회담 사이
세부항목 한일어업 분쟁 대응방침 통보
작성처 외무성 아시아국 제2과
매수 2
비밀등급 일반
문서종류 전문(電文)
공개구분 공개
내용 이승만 라인으로 격화되고 있는 한일어업 분쟁에 대한 일본정부의 입장과 대응방침을 주유엔대사에게 보냄.
주제어 기본관계, 청구권

문서명	한일 분쟁 처리방침 건(日韓紛争処理方針に関する件)

문서파일번호 690
작성연월일 1953. 10. 29
구분 제3~4차 회담 사이
세부항목 한일회담 결렬 후 일본 대응방침 통보
작성처 외무성 아시아국 제2과
매수 4
비밀등급 일반
문서종류 전문(電文)
공개구분 공개
내용 외무성이 주미·주영대사에게 보낸 전문. 한일회담이 결렬된 이후 일본정부의 대응방침을 설명하면서 국제 여론을 자국에게 유리하도록 조치를 취하길 바란다는 내용이 담겨 있음.
주제어 한일회담 일본 대응

문서명	한일회담 건(日韓会談の件)

문서파일번호 690
작성연월일 1953. 11. 6
구분 제3~4차 회담 사이
세부항목 미국의 한일 중재 의지 관련 통보
작성처 외무성 아시아국 제2과
매수 2
비밀등급 일반
문서종류 전문(電文)
공개구분 공개
내용 외무성이 마쓰모토 주영국일본대사에게 보낸 전문. 앨리슨(John M. Allison) 주일대사 회담 결과에 따른 미국의 중재 의지 및 회담 재개 시 의제별 대응방침에 대해 기술함.
주제어 억류자, 어업

문서명	한일회담 건(日韓会談の件)

문서파일번호 690
작성연월일 1953. 11. 6
구분 제3~4차 회담 사이
세부항목 한일회담 재개 관련 주일미국대사 접촉 결과 통보
작성처 외무성 아시아국 제2과
매수 3
비밀등급 일반
문서종류 전문(電文)
공개구분 일부 비공개
내용 외무성이 아라키 주미일본대사에게 보낸 전문. 앨리슨(John M. Allison) 주일대사 접촉 결과를 비롯해 한일회담 재개를 염두에 놓은 의제별 대응 방안이 기술됨.
주제어 청구권

문서명	양유찬 주미한국대사 연설 건(梁韓国駐米大使演説の件)

문서파일번호 690
작성연월일 1953. 1. 29
구분 제1~2차 회담 사이
세부항목 양유찬 대사의 연설문, 언론 보도, 주미대사 보고
작성처 주미대사
매수 1
비밀등급 일반
문서종류 공문
공개구분 공개
내용 1953년 1월 29일 미국 현지에서 이루어진 양유찬 주미한국대사의 연설문과 신문 보도 내용을 본성에 보고함(양유찬 대사 연설문 및 워싱턴포스트지 기사 첨부).
주제어 양유찬 연설문, 청구권, 어업

문서명	한국 유엔 옵서버의 한일교섭에 대한 소견 건(韓国国連オブザーバーの日韓交渉に対する所見に関する件)

문서파일번호 690
작성연월일 1953. 3. 11
구분 제1~2차 회담 사이
세부항목 임병직의 한일회담 관련 견해, 주유엔대사 보고
작성처 주유엔대사
매수 3
비밀등급 비(秘)
문서종류 공문
공개구분 공개
내용 한국 유엔 옵서버 M. C. Limb(임병직)이 일본의 방문에 대한 답례 방문 자리에서 한일회담에 대해 피력한 내용을 보고함.
주제어 임병직 대사

문서명	한국 문제 등에 대한 머피 차관보 회담 요지(朝鮮問題等につきマーフイー次官補との会談要旨)

문서파일번호 690
작성연월일 1953. 8. 19
구분 제2~3차 회담 사이
세부항목 사와다·머피 차관보 회담 내용, 주유엔대사 보고
작성처 주유엔대사
매수 2
비밀등급 비(秘)
문서종류 공문
공개구분 공개
내용 사와다(沢田兼三) 주유엔대사가 머피(Robert D. Murphy) 차관보와 회담한 내용을 본성에 보고함. 이승만과 덜레스의 회담 요지, 머피와 장제스(蔣介石)의 회담 내용 등이 기술됨.
주제어 한국 문제

문서명	한일회담 재개와 그 분쟁 문제(日韓会談再開とその紛争問題)

문서파일번호 690
작성연월일 1953. 10. 6
구분 제3차 회담
세부항목 회담 재개 관련 미국 언론 보도, 주미대사 보고
작성처 주미대사
매수 2
비밀등급 일반
문서종류 공문
공개구분 공개
내용 뉴욕 헤럴드 트리뷴(New York Herald Tribune) 1953년 10월 6일 자에 재개되는 한일회담에 대한 내용이 보도되었음을 보고함(기사 첨부).
주제어 한일회담 재개, 미국 언론 보도

문서명	한일어업 분쟁 건(日韓漁業紛争に関する件)

문서파일번호 690
작성연월일 1953. 9. 24
구분 제2~3차 회담 사이
세부항목 한일어업 문제 관련 사항 통보
작성처 외무성 아시아국 제2과
매수 2
비밀등급 극비
문서종류 공문
공개구분 공개
내용 외무성이 아라키 주미대사에게 보낸 한일어업 문제와 관련해서 일본정부가 주일한국대사관에게 제출한 문서를 전달함.
주제어 어업

문서명	비망록(エード·メモアール)

문서파일번호 690
작성연월일 1953. 9. 24
구분 제2~3차 회담 사이
세부항목 한일어업 문제 관련 사항 통보
작성처 외무성 아시아국 제2과
매수 1
비밀등급 일반
문서종류 비망록(aide-memoire)
공개구분 공개
내용 1953년 9월 24일 외무성이 주미일본대사에게 보낸 공문에 첨부된 자료. 한일어업 문제를 해결하기 위해 교섭을 재개해야 한다는 취지의 비망록
주제어 어업

문서명	비망록(Aide Memoire)

문서파일번호 690
작성연월일 1953. 9. 24
구분 제2~3차 회담 사이
세부항목 한일어업 문제 관련 사항 통보
작성처 외무성 아시아국 제2과
매수 1
비밀등급
문서종류 비망록
공개구분 공개
내용 한일어업 문제를 해결하기 위해 교섭을 재개해야 한다는 취지의 비망록 영문
주제어 어업

문서명	한일교섭 자료 송부 건(日韓交渉資料送付の件)

문서파일번호 690
작성연월일 1953. 10. 7
구분 제3차 회담
세부항목 한일교섭 경위 등 통보
작성처 외무성 아시아국 제2과
매수 5
비밀등급
문서종류 공문
공개구분 공개
내용 외무성이 아라키 주미대사에게 대미 교섭을 위해 활용할 참고자료를 송부한다는 내용의 공문. 첨부자료 목록에는 한일교섭 경위를 비롯한 비공식회담 기록으로 어업, 청구권 등에 관한 문서가 포함됨.
주제어 어업, 청구권

한일관계에 관한 미 고관 발언
(日韓関係に関する米高官発言)

문서파일번호	763
작성연월일	1953. 8. 14 - 1953. 9. 18
구분	제2~3차 회담 사이
세부항목	한일관계에 대한 미국 견해
작성처	
매수	3
비밀등급	
문서종류	공문, 전문
공개구분	공개
내용	머피(Robert D. Murphy) 미국무부 차관보가 사와다 렌조(澤田廉三) 주유엔일본대사에게 덜레스(John F. Dulles) 국무장관이 아라키 에이키치(新木栄吉) 주미일본대사에게 한일 관계와 관련하여 언급한 내용을 보고한 문서
주제어	한일 관계에 대한 미국 견해

문서명	한국문제 등에 대한 머피 차관보 회담 요지(朝鮮問題等につきマーフィー次官補との会談要旨)

문서파일번호 763
작성연월일 1953. 8. 14
구분 제2~3차 회담 사이
세부항목 사와다(澤田廉三) 주유엔대사·머피(Robert D. Murphy) 차관보 회담, 주유엔대사 보고
작성처 주유엔대사
매수 2
비밀등급 비(秘)
문서종류 공문
공개구분 공개
내용 사와다 주유엔대사·머피 미국무부 차관보 회담 시(일자 불명) 머피 차관보가 한일관계에 대해 언급한 내용을 보고한 공문.(1953년 8월 8일 한미상호방위조약 가조인차 방한한) 덜레스(John F. Dulles) 미 국무장관에게 이승만 대통령은 "일본은 현재도 한국의 지배(domination)를 목표로 하는 평생의 적인데 미국이 자신의 적을 원조하는 것은 바람직하지 않다"고 언급함. 이에 대해 덜레스는 "당신의 호, 불호에 관계없이 일본은 극동 안정의 열쇠이며 따라서 일본을 원조하는 미국의 정책은 앞으로도 변치 않을 것임을 기억해 두라"고 한 바 있음.
주제어 한일관계에 대한 미국 견해

문서명	한일관계 개선에 대한 덜레스 장관의 비공식 언급 건(日韓会談改善方に付きダレス長官の内話の件)

문서파일번호 763
작성연월일 1953. 9. 18
구분 제2~3차 회담 사이
세부항목 덜레스·아라키 주미일본대사 대화, 주미대사 보고
작성처 주미대사
매수 1
비밀등급 극비
문서종류 전문(電文)
공개구분 공개
내용 1953년 9월 17일 행사에 동석한 덜레스 장관이 주미일본대사에게 언급한 내용(최근 귀국인사차 만난 한국대사에게 한일관계 개선을 위해 노력하는 것이 가장 중요하다고 강하게 언급한 바 있음)을 보고한 전문.
주제어 한일관계에 대한 미국 견해

미국에서의 한일관계 자료
(米国内における日韓関係資料)

문서파일번호	765
작성연월일	1953. 11. 11 - 1954. 3. 1
구분	제3~4차 회담 사이
세부항목	한일회담 관련 일본 대외홍보
작성처	외무성
매수	10
비밀등급	
문서종류	공문, 서한, 내부자료
공개구분	공개 또는 일부 비공개
내용	외무성이 제3차 한일회담 결렬 후 워싱턴 D.C.에서의 한국 선전 활동에 맞서 홍보 활동에 활용토록 자국의 입장이 담긴 자료를 주미대사관에 송부함.
주제어	한국의 선전 활동 대응

문서명	한일관계 자료 송부 건(日韓関係資料送付の件)

문서파일번호	765
작성연월일	1953. 11. 11
구분	제3~4차 회담 사이
세부항목	한일회담 관련 일본 대외홍보
작성처	외무성
매수	2
비밀등급	일반
문서종류	공문
공개구분	공개
내용	외무성이 주미일본대사관에 한일관계와 한일회담 관련 자료를 송부한 공문과 첨부자료(1. 독도영유 2. 한일회담 경위 3. 세계와 일본 4. 한일교섭 재개 일본 대표 인사말 5. 한일교섭 재개 한국 대표 인사말 6. 한일회담에 관한 정보문화국장 담화문 7. 한일회담에 관한 외무성 정보문화국장 담화문)
주제어	한일회담, 독도

문서명	제목 없음

문서파일번호	765
작성연월일	1953. 11. 11
구분	제3~4차 회담 사이
세부항목	한일회담 관련 일본 대외홍보
작성처	외무성 아시아국 제2과장
매수	2
비밀등급	일반
문서종류	서한
공개구분	일부 비공개
내용	외무성 아시아국 제2과장이 하와이 소재 하와이태평양관계연구소 소장(이름은 먹칠로 가려짐)에게 한일관계와 한일회담 관련 자료를 송부함.
주제어	한일회담, 독도

문서명	미국에서의 한일 문제 계발 건(米国内における日韓問題啓発に関する件)

문서파일번호	765
작성연월일	1953. 12. 8
구분	제3~4차 회담 사이
세부항목	한일회담 관련 일본 대외홍보
작성처	외무성
매수	3
비밀등급	비(秘)
문서종류	공문
공개구분	공개
내용	외무성이 주미대사와 주뉴욕총영사에게 보내는 공문. 미국 내에서 한일 문제에 관한 홍보 활동에 필요한 자료를 곧 제작하여 보낼 것이며, 한국 선전 활동에 대해서는 미국 입장을 곤란하게 할 여지가 있으므로 직접 반박하지 말 것.
주제어	일본 대외홍보 지침

문서명	일본정부에 보내는 메시지(日本政府え送るメッセージ)

문서파일번호	765
작성연월일	1954. 3. 1
구분	제3~4차 회담 사이
세부항목	한일회담 관련 일본 대외홍보
작성처	불명
매수	3
비밀등급	
문서종류	내부자료
공개구분	일부 비공개
내용	3·1운동 35주년 기념 민중대회를 주관한 사람(한국인)들이 일본정부(외무대신)에게 보내는 메시지. 한일회담 재개 촉진, 재일한국인에 대한 차별 철폐 등의 내용이 담겨 있음.
주제어	재일한국인 법적지위, 한일회담 재개

제5부

언론 보도

언론 보도관계
(言論報道關係)

문서파일번호	758
작성연월일	1951. 9. 29 - 1951. 10. 15
구분	예비회담
세부항목	한일관계, 언론 보도
작성처	
매수	4
비밀등급	
문서종류	내부자료
공개구분	공개
내용	1951년 9월 28일 자와 10월 14일 자 한국 관련 보도 2건을 모은 문서
주제어	한국 언론 보도

문서명	대한 불온 삐라에 항의(対韓不穏ビラに抗議)

문서파일번호 758
작성연월일 1951. 9. 29
구분 예비회담
세부항목 한일관계, 언론 보도
작성처 외무성 아시아국 제2과
매수 1
비밀등급 일반
문서종류 내부자료
공개구분 공개
내용 1951년 9월 28일 자 도쿄 KP* 기사. 주일한국대표부 유태하 참사관이 도쿄도내에 이승만 대통령을 비방하는 불온삐라와 포스터가 발견된 것과 관련 오쿠무라 차관을 방문해 유감을 표했음.
주제어 한일관계

문서명	무치오 주한대사 한일군사동맹조약을 책모(ムチオ米駐韓大使日韓軍事同盟条約を策謀)

문서파일번호 758
작성연월일 1951. 10. 15
구분 예비회담
세부항목 한일관계, 중국 언론 보도
작성처 외무성 정보부 보도과
매수 3
비밀등급 일반
문서종류 내부자료
공개구분 공개
내용 1951년 10월 14일 베이징 방송 뉴스를 정리한 자료. 최근 취재를 위해 부산을 방문한 외국기자에 따르면 무치오(John J. Muccio) 주한미국대사가 미 국무성이 기초한 한일군사동맹을 이승만 대통령에게 체결토록 하고 있음.
주제어 한일관계

* KP: Korea Press. 한국 관련 기사를 보도하는 통신매체

언론 보도관계
(言論報道関係)

문서파일번호	761
작성연월일	1952. 7. 5 - 1953. 1. 6
구분	제1~2차 회담 사이
세부항목	한일관계에 관한 언론 보도
작성처	
매수	21
비밀등급	
문서종류	내부자료, 공문
공개구분	공개
내용	1952년 7월 5일~1953년 1월 6일 사이의 한일관계와 관련한 언론 기사 및 언론 기사를 보고한 주미대사관의 전문 보고 모음
주제어	한일관계에 관한 제3국 언론 보도

문서명	이코노미스트 이 주의 노트(The Economist, Notes of the Week)

문서파일번호 761
작성연월일 1952. 7. 5
구분 제1~2차 회담 사이
세부항목 재일한국인 관련 영국 언론 보도
작성처 이코노미스트(The Economist)
매수 2
비밀등급 일반
문서종류 내부자료
공개구분 공개
내용 영국 이코노미스트지 기사. 최근 미군 장교 차량에 공산주의자가 산(酸)을 투척한 사건을 계기로 재일한국인 공산주의자에 주목하고 있다면서 재일한국인의 문제를 다룸.
주제어 한일관계에 관한 영국 언론 보도

문서명	공산폭동의 주동자는 한국인이 아니다-재일교포 문제에 대한 김용식 공사 성명(共産暴動の主動者は韓国人ではない 在日橋胞問題につき金溶植公使が声明)

문서파일번호 761
작성연월일 1952. 7. 11
구분 제1~2차 회담 사이
세부항목 한일관계에 관한 언론 보도
작성처 KP통신
매수 5
비밀등급 일반
문서종류 내부자료
공개구분 공개
내용 1952년 7월 10일 주일한국대표부 김용식 공사가 일본 내 공산주의자들의 일련의 폭동과 한일회담 결렬로 인해 미해결로 남은 재일한국인의 국적 문제와 관련된 언론기사들에 대응해 발표한 성명내용을 보도한 KP통신 기사
주제어 재일한국인 법적지위, 언론 보도

문서명	남한의 일본 비난 기사 건(南鮮の日本非難記事に関する件)

문서파일번호 761
작성연월일 1952. 9. 25
구분 제1~2차 회담 사이
세부항목 어업, 미국 언론 보도, 주미대사 보고
작성처 주미대사
매수 2
비밀등급 일반
문서종류 공문
공개구분 공개
내용 뉴욕타임스의 1952년 9월 24일 자 서울 발 특별 통신기사에 관해 보고한 주미대사의 공문. 기사는 일본 순시선이 일본어선 호위를 위해 한국 영해에서 초계한 것에 대해 '재침'이라고 비난하며 1만 명 이상의 한국인이 데모행진을 벌였다는 것임.
주제어 한일관계에 관한 미국 언론 보도

문서명	한일 분쟁에 관한 뉴욕타임스 사설(日鮮紛争に関するニューヨークタイムス社説)

문서파일번호 761
작성연월일 1952. 9. 26
구분 제1~2차 회담 사이
세부항목 어업, 미국 언론 보도, 주미대사 보고
작성처 주미대사
매수 4
비밀등급 일반
문서종류 공문
공개구분 공개
내용 뉴욕타임스가 9월 24일 자 특파원 기사를 보고 쓴 사설 내용을 보고함(9월 26일 자 사설 및 9월 24일 자 기사 첨부).
주제어 한일관계에 관한 미국 언론 보도

문서명	이승만 한국 대통령 방일에 관한 현지신문 사설 보고 건(李承晩韓国大統領訪日に関する現地新聞社説に関し報告の件)

문서파일번호 761
작성연월일 1952. 12. 31
구분 제1~2차 회담 사이
세부항목 이승만 방일 프랑스 언론 보도, 주프랑스대사 보고
작성처 주프랑스대사
매수 6
비밀등급 일반
문서종류 공문
공개구분 공개
내용 주프랑스대사가 1952년 12월 30일 자 르몽드지 사설을 비롯, 현지 각 신문들이 이승만 대통령의 1953년 1월 5일로 예정된 일본 방문과 관련하여 방문의 의미 등을 보도한 내용을 보고함.
주제어 한일관계에 관한 프랑스 언론 보도

문서명	한국과 일본(朝鮮と日本)

문서파일번호 761
작성연월일 1953. 1. 6
구분 제1~2차 회담 사이
세부항목 이승만 방일 미국 언론 보도, 주미대사 보고
작성처 주미대사
매수 2
비밀등급 일반
문서종류 공문
공개구분 공개
내용 뉴욕타임스의 1953년 1월 6일 자 '한국과 일본'이라는 제목의 사설 내용을 보고한 주미대사의 공문. 사설에는 클라크 사령관의 주선에 따른 이승만 대통령 일본 방문의 의의, 금후 양국관계 등에 관한 내용이 담겨 있음.
주제어 한일관계에 관한 미국 언론 보도

한일 간 국교조정에 쌍방이 협조해야 할 점(세계신보 1952년 7월 24일 자 사설)[韓日間の国交調整に双方が協調すべき点(世界新報七月二十四日付社説)]

문서파일번호	34
문서명	한일 간 국교조정에 쌍방이 협조해야 할 점(세계신보 1952년 7월 24일 자 사설) [韓日間の国交調整に双方が協調すべき点(世界新報七月二十四日付社説)]
작성연월일	1952. 7. 24
구분	제1~2차 회담 사이
세부항목	한일국교 정상화
작성처	외무성
매수	10
비밀등급	일반
문서종류	내부자료
공개구분	공개
내용	한일국교 정상화를 위해 양국 간 협조를 강조하는 내용의 세계신보 사설
주제어	한일국교 정상화

한일관계에 관한 각국 보도
(日韓関係に関する各國報道振り)

문서파일번호	764
작성연월일	1953. 1. 16 - 1954. 4. 17
구분	제1차 회담 종료 후~제3차 회담 종료 후
세부항목	한일관계
작성처	외무성, 일본의 해외공관장 등
매수	44
비밀등급	
문서종류	전문(電文), 공문
공개구분	공개
내용	1953년 1월 16일~1954년 4월 17일 각국의 한일관계 관련 언론 보도 보고한 문서 모음(중간에 일본극우단체의 구호가 적힌 문서와 극우단체의 격문이 포함됨)
주제어	한일관계에 관한 해외 언론 보도

문서명	가제트 드 로잔느 기사 송부 건(ガゼット·ド·ロザンヌ記事送付の件)

문서파일번호 764
작성연월일 1953. 1. 16
구분 제1~2차 회담 사이
세부항목 주제네바 일본총영사의 보고서
작성처 주제네바 총영사
매수 2
비밀등급 일반
문서종류 공문
공개구분 공개
내용 1953년 1월 16일 제네바 소재 가제트 드 로잔느(Gazette de Lausanne)지에 게재된 '일본의 외교'라는 제목의 논설기사 내용을 보고한 주제네바총영사 공문. 이승만 대통령과 요시다 총리 회담에서 양국관계의 정상화를 위한 양자의 의지가 드러난 것으로 관측된다는 내용
주제어 한일관계

문서명	제목 없음

문서파일번호 764
작성연월일 1953(월일 불명)
구분 제2~3차 회담 사이
세부항목 극우단체의 한국 관련
작성처 외무성
매수 1
비밀등급 일반
문서종류 내부문서
공개구분 공개
내용 '조국방위'라는 제목 아래 '즉각 재군비', '해적 이승만을 정토하라' 등의 구호를 적은 문서(극우단체의 구호 내용을 적은 문서로 보임.)
주제어 한일관계

문서명	격(檄)

문서파일번호 764
작성연월일 1953. 9. 15
구분 제2~3차 회담 사이
세부항목 극우단체의 한일관계 보고서
작성처 한국문제국민유지동맹(韓國問題國民有志同盟)
매수 1
비밀등급 일반
문서종류 내부자료
공개구분 공개
내용 일본 극우단체로 여겨지는 한국문제국민유지동맹이 작성한 격문. 한국의 독도 점거에 대한 인내에 한계, 이승만 라인에 의한 피해 등에 관해 과격한 문장이 기술되어 있음.
주제어 한일관계

문서명	일본과 한국 문제(日本と朝鮮問題)

문서파일번호 764
작성연월일 1953. 10. 2
구분 제2~3차 회담 사이
세부항목 주미대사의 미국 언론보도 동향
작성처 주미대사
매수 3
비밀등급 일반
문서종류 공문
공개구분 공개
내용 워싱턴 DC 소재 데일리 뉴스(Daily Newa)가 "Japs Playing It Cozy With Korea(한국과 편안하게 노는 일본인들)"라는 제목으로 게재한 도쿄특파원 작성 기사를 보고한 주미대사 공문. 이승만은 미국의 설득에 넘어가지 않을 것이므로 일본은 한일국교 개선과 관련하여 무리하지 말고 시기를 기다리는 것이 좋을 것이라는 내용
주제어 한일관계

문서명	주미한국대사의 연설 건(駐美韓國大使の演說に關する件)

문서파일번호 764
작성연월일 1953. 11. 16
구분 제3~4차 회담 사이
세부항목 양유찬 연설, 미국 언론 보도, 주미대사 보고
작성처 주미대사
매수 4
비밀등급 일반
문서종류 공문
공개구분 공개
내용 1953년 11월 5일 자 오클라호마 시티 타임스(Oklahoma City Times) 사설(양유찬 주미한국대사가 오클라호마에서 한일회담과 관련하여 일본의 역청구권 주장을 비판하는 연설에 관한 내용으로 일본에 극히 불리한 내용)을 주미대사가 보고함.
주제어 한일관계

문서명	한일관계에 관한 신문논조 건(日韓關係に關する新聞論調の件)

문서파일번호 764
작성연월일 1953. 12. 11
구분 제3~4차 회담 사이
세부항목 한일관계, 중화민국(타이완) 언론 보도, 주중화 민국대사 보고
작성처 주중화민국대사
매수 3
비밀등급 일반
문서종류 공문
공개구분 공개
내용 타이완의 영자신문 차이나 포스트(China Post)의 1963년 12월 10일 자 사설내용을 보고한 주중화민국(타이완) 대사의 보고 공문. 사설은 일본을 비판하는 내용으로 되어 있는데, 대사는 타이완의 배일분자가 한국의 선전목적에 넘어가 쓴 것으로 보인다고 보고함.
주제어 한일관계

문서명	제목 없음(주중화민국대사의 보고)

문서파일번호 764
작성연월일 1954. 1. 17
구분 제3~4차 회담 사이
세부항목 한일관계, 중화민국(타이완) 언론 보도, 주중화민국대사 보고
작성처 주중화민국대사
매수 3
비밀등급 비(秘)
문서종류 공문
공개구분 공개
내용 타이완 영자신문 차이나 포스트 1954년 1월 17일 자 이승만 대통령의 기자회견 내용 보도 기사["Rhee Hates Japan More Than Reds(이는 빨갱이보다 일본을 더 미워한다)"]에 관한 주중화민국대사의 보고 공문. 이 대통령의 기자회견 내용이 인국 대통령으로서는 내용이 매우 나쁘며 사실을 왜곡하고 있어 이 대통령 정수리에 일침을 놓고 싶은 심정이라고 기술함.
주제어 한일관계

문서명	교도통신의 한일관계 기사에 관한 국무부 라디오 보도 건(共同通信の日韓關係記事に關する國務省ラジオ報道の件)

문서파일번호 764
작성연월일 1954. 2. 4
구분 제3~4차 회담 사이
세부항목 한일관계, 미국 언론 보도, 주미대사 보고
작성처 주미대사
매수 1
비밀등급 극비
문서종류 전문(電文)
공개구분 공개
내용 미국 국무부 라디오의 보도 내용(1954년 2월 3일 교도통신은 미국 참모부 모 고관이 한일관계는 일본이 방위력 강화를 완료하든가, 아니면 이승만 정권이 어떤 종류의 변혁을 받아들일 때까지는 개선되지 않을 것이라고 한 발언을 주미대사가 본성에 보고했다는 신문기사에 관해 국회에서 질문이 있었다는 내용)에 관해 진위 여부와 경위를 알려 달라는 내용
주제어 한일관계

문서명	한일관계 기사에 관한 보도 건(日韓関係記事に関する報道の件)

문서파일번호 764
작성연월일 1954. 2. 5
구분 제3~4차 회담 사이
세부항목 한일관계, 미국 언론 보도
작성처 외무성
매수 2
비밀등급 극비
문서종류 전문(電文)
공개구분 공개
내용 1954년 2월 4일 자 주미대사의 전문에 대한 답신으로, 국회에서 "전혀 사실이 아니다"라고 답변했음.
주제어 한일관계

문서명	한국의 일본에 대한 견해(Korea's View of Japan)

문서파일번호 764
작성연월일 1954. 2. 6
구분 제3~4차 회담 사이
세부항목 한표욱 연설, 어업, 청구권 , 재일한국인 법적지위,
작성처 주미한국대사관 한표욱
매수 13
비밀등급
문서종류 연설문
공개구분 공개
내용 '새로운 동양에서의 일본의 역할'이라는 주제로 개최된 클리블랜드 국제문제평의회에서 주미한국대사관 한표욱 참사관이 '일본에 대한 한국의 태도'라는 제목으로 발표한 연설문. '이 라인', 선박반환 등을 언급하며 한국은 유구한 역사 속에서 다른 국가를 공격하기 위해 국경을 침범한 적이 없고, 일본의 소유가 아닌 것은 반환하기 바란다는 내용임.
주제어 한일관계

문서명	이승만 한국 대통령의 UP기자에 대한 담화 발표 등에 관한 건(李承晩韓國大統領のUP記者に対する談話発表等に関する件)

문서파일번호 764
작성연월일 1954. 2. 12
구분 제3~4차 회담 사이
세부항목 한일관계, 중화민국(타이완) 언론 보도, 주중화민국대사 보고
작성처 주중화민국대사
매수 5
비밀등급
문서종류 공문
공개구분 공개
내용 1954년 2월 11일 자 타이완 소재 한자신문 중앙일보가 이승만 대통령의 UP기자에 대한 담화와 백두진 총리의 담화를 1면에 게재했다는 내용을 보고함.
주제어 한일관계

문서명	한일 분쟁에 관한 뉴욕타임스 사설 첨부 신문 스크랩(日韓紛争に関するニューヨークタイムズの記事)

문서파일번호 764
작성연월일 1954. 4. 17
구분 제3~4차 회담 사이
세부항목 한일관계, 미국 언론 보도, 주미대사 보고
작성처 주미대사
매수 6
비밀등급
문서종류 공문
공개구분 공개
내용 1954년 4월 13일부터 16일까지 뉴욕타임스(New York Times)에 실린 한일관계에 대한 기사 내용을 보고함(기사 3건 첨부).
주제어 한일관계

한일회담 주간보고
(日韓会談週間報告)

문서파일번호	179
작성연월일	1953. 10. 13 - 1953. 10. 22
구분	제3차 회담
세부항목	본회의, 위원회
작성처	외무성 아시아국 제2과
매수	20
비밀등급	
문서종류	내부문서
공개구분	공개
내용	1953년 10월 6~21일까지 개최된 한일회담 요약 보고서
주제어	제3차 한일회담 요약 보고서

문서명	한일회담 주간보고(1)[日韓会談週間報告(一)]

문서파일번호 179
작성연월일 1953. 10. 13
구분 제3차 회담
세부항목 본회의, 위원회
작성처 외무성 아시아국 제2과
매수 6
비밀등급 비(秘)
문서종류 내부문서
공개구분 공개
내용 1953년 10월 6일부터 개최된 제3차 한일회담 본회의와 각 위원회 별 제1회 회의 보고 내용. 10월 6일의 본회의, 10월 8일의 어업부회, 선박부회 회의에 관한 보고
주제어 어업, 선박

문서명	한일회담 주간보고(2)[日韓会談週間報告(二)]

문서파일번호 179
작성연월일 1953. 10. 15
구분 제3차 회담
세부항목 본회의, 위원회
작성처 외무성 아시아국 제2과
매수 5
비밀등급 일반
문서종류 내부문서
공개구분 공개
내용 제3차 한일회담 본회의와 각 위원회의 제2회 회의 보고 내용. 1953년 10월 13일 본회의, 10월 14일 어업위원회 회의에 관한 보고. 국적처우위원회는 연기
주제어 어업

문서명	한일회담 주간보고(3) [日韓会談週間報告(三)]

문서파일번호	179
작성연월일	1953. 10. 22
구분	제3차 회담
세부항목	본회의, 위원회
작성처	외무성 아시아국 제2과
매수	9
비밀등급	
문서종류	내부문서
공개구분	공개
내용	1953년 10월 20일 제3차 한일회담 본회의 제3회, 10월 21일 제4회 회의 보고 내용
주제어	청구권

아시아국 집무월보(초)(1952년 4~12월)
[アジア局執務月報(抄)(昭和27年4~ 12月)]

문서파일번호	1509
작성연월일	1952. 4 - 1952. 12
구분	제1~2차 회담 사이
세부항목	아시아국 집무월보
작성처	아시아국
매수	91
비밀등급	
문서종류	내부자료
공개구분	공개 또는 일부 비공개
내용	1952년 4월~12월 아시아국 집무월보(초) 한국 관계 부분 모음
주제어	아시아국 집무월보 1952년 4월~12월호

문서명	아시아국 집무월보(초)(1952년 4월)[アジア局執務月報(抄)(昭和27年4月)]

문서파일번호 1509
작성연월일 1952. 4
구분 제1~2차 회담 사이
세부항목 아시아국 집무월보 1952년 4월호
작성처 외무성 아시아국
매수 8
비밀등급 일반
문서종류 내부자료
공개구분 공개
내용 외무성 아시아국 집무월보 1952년 4월호 한국 관계 부분. 어업, 법적 지위, 선박 문제에 관한 한일회담 경위, 한국의 일본어선 불법나포 문제 등에 관해 기술함.
주제어 어업, 재일한국인 법적 지위, 선박 반환, 어선 나포

문서명	아시아국 집무월보(초)(1952년 5월)[アジア局執務月報(抄)(昭和27年5月)]

문서파일번호 1509
작성연월일 1952. 5
구분 제1~2차 회담 사이
세부항목 아시아국집무월보 1952년 5월호
작성처 외무성 아시아국
매수 9
비밀등급 일반
문서종류 내부자료
공개구분 공개
내용 아시아국 집무월보 1952년 5월호 한국 관계 부분. 청구권 문제 교섭 경위, 한일회담 중단과 청구권 문제 교섭의 관계, 양유찬 주미대사 문제, 미국무부의 개입(대일평화조약 제4조 해석), 외무성의 조치 등에 관해 기술함.
주제어 재산청구권, 양유찬 대사 발언, 대일평화조약 제4조 미국 해석

문서명	아시아국 집무월보(초)(1952년 6월)[アジア局執務月報(抄)(昭和27年6月)]

문서파일번호 1509
작성연월일 1952. 6
구분 제1~2차 회담 사이
세부항목 아시아국집무월보 1952년 6월호
작성처 외무성 아시아국
매수 4
비밀등급 일반
문서종류 내부자료
공개구분 공개
내용 아시아국 집무월보 1952년 6월호 한국 관계 부분. 한국의 강제송환 인수 거부와 한일회담 재개 관련 교섭, 어선 불법 나포 등에 관해 기술함.
주제어 재일한국인 강제송환, 어선 나포

문서명	아시아국 집무월보(초)(1952년 7월)[アジア局執務月報(抄)(昭和27年7月)]

문서파일번호 1509
작성연월일 1952. 7
구분 제1~2차 회담 사이
세부항목 아시아국집무월보 1952년 7월호
작성처 외무성 아시아국
매수 5
비밀등급 일반
문서종류 내부자료
공개구분 공개
내용 아시아국 집무월보 1952년 7월호 한국 관계 부분. 한국인 강제송환, 한일회담 재개에 관해 기술함.
주제어 재일한국인 강제송환, 어선 나포

문서명	아시아국 집무월보(초)(1952년 8월)[アジア局執務月報(抄)(昭和27年8月)]

문서파일번호 1509
작성연월일 1952. 8
구분 제1~2차 회담 사이
세부항목 아시아국집무월보 1952년 8월호
작성처 외무성 아시아국
매수 8
비밀등급 일반
문서종류 내부자료
공개구분 일부 비공개
내용 아시아국 집무월보 1952년 8월호 한국 관계 부분. 해상보안청 순시선에 의한 한국 선박 조사와 일본어선의 한국 영역 내의 좌초에 관해 기술함.
주제어 어업

문서명	아시아국 집무월보(초)(1952년 9월)[アジア局執務月報(抄)(昭和27年9月)]

문서파일번호 1509
작성연월일 1952. 9
구분 제1~2차 회담 사이
세부항목 아시아국집무월보 1952년 9월호
작성처 외무성 아시아국
매수 8
비밀등급 일반
문서종류 내부자료
공개구분 일부 비공개
내용 아시아국 집무월보 1952년 9월호 한국 관계 부분. 한국 초계선에 의한 일본어선의 불법 나포, 한국 수역에서의 초계 중지, 유엔군의 한국 근해의 방위구역 설정, 일본 선박의 이승만 라인 침범에 대한 한국 항의와 그에 대한 일본의 반박, 불법 입국 한국인의 송환에 관해 기술함.
주제어 어업, 불법 입국 한국인 송환

문서명	아시아국 집무월보(초)(1952년 10월)[アジア局執務月報(抄)(昭和27年10月)]

문서파일번호 1509
작성연월일 1952. 10
구분 제1~2차 회담 사이
세부항목 아시아국집무월보 1952년 10월호
작성처 외무성 아시아국
매수 13
비밀등급 일반
문서종류 내부자료
공개구분 일부 비공개
내용 아시아국 집무월보 1952년 10월호 한국 관계 부분. 유엔군 방위해역 문제, 일본 선박에 대한 한국 함정의 불법행위, 한국에 나포된 어선 문제, 강제송환에 대한 한국 대표 입장에 대한 일본의 반박에 관해 기술함.
주제어 어업, 불법 입국 한국인 송환

문서명	아시아국 집무월보(초)(1952년 11월)[アジア局執務月報(抄)(昭和27年11月)]

문서파일번호 1509
작성연월일 1952. 11
구분 제1~2차 회담 사이
세부항목 아시아국집무월보 1952년 11월호
작성처 외무성 아시아국
매수 17
비밀등급 일반
문서종류 내부자료
공개구분 일부 비공개
내용 아시아국 집무월보 1952년 11월호 한국 관계 부분. 유엔군 방위해역에 관한 국회 심의 상황, 유엔군 함정에 의한 일본어선의 조사, 일본어선에 대한 한국 함정의 불법행위, 일본어선의 조난 사건, 불법 입국 한국인의 송환에 관해 기술함.
주제어 어업, 불법 입국 한국인 송환

문서명	아시아국 집무월보(초)(1952년 12월)[アジア局執務月報(抄)(昭和27年12月)]

문서파일번호	1509
작성연월일	1952. 12
구분	제1~2차 회담 사이
세부항목	아시아국집무월보 1952년 12월호
작성처	외무성 아시아국
매수	19
비밀등급	일반
문서종류	내부자료
공개구분	일부 비공개
내용	아시아국 집무월보 1952년 11월호 한국 관계 부분. 방위해역 외에서 한국 함정의 불법행위 통보에 대한 미대사관의 회답, 유엔군 함정에 의한 일본어선 조사와 퇴거 경고 사건, 한반도 근해 출어에 관한 일본어선의 표식 및 출어 증명, 일본어선 나포 사건, 오무라(大村) 수용소에서의 한국인 소요에 대한 한국대표부의 입장에 대한 반박에 관해 기술함.
주제어	어업, 오무라수용소 재일한국인 문제

아시아국 집무월보(초)(1953년 1~12월)
[アジア局執務月報(抄)(昭和28年1~12月)]

문서파일번호	1510
작성연월일	1953. 1 - 1953. 12
구분	제2~3차 회담
세부항목	아시아국 집무월보 1953년 1~12월호
작성처	외무성 아시아국
매수	98
비밀등급	
문서종류	내부자료
공개구분	공개 또는 일부 비공개
내용	1953년 1~12월 아시아국 집무월보(초) 한국관계 부분 모음
주제어	1953년 아시아국 집무월보

문서명	1953년 1월호 제2 한국관계(28年1月号 第二韓国関係)

문서파일번호 1510
작성연월일 1953. 1
구분 제1~2차 회담 사이
세부항목 아시아국 집무월보 1953년 1월호
작성처 외무성 아시아국
매수 17
비밀등급 일반
문서종류 내부자료
공개구분 일부 비공개
내용 외무성 아시아국 집무월보 1953년 1월호 한국관계 부분. 이승만 대통령 방일과 한일회담 재개 움직임, 민간 어업 대표의 방한, 방위해역에 관한 미국의 회답, 연합국의 단속 조치에 관한 미국의 회답, 유엔군함정에 의한 일본어선 단속, 일본어선 격침 사건, 한국함정에 의한 불법행위, 한국경찰에 체포된 미국선박의 일본인선장 석방 요구, 일본어선의 손해배상 청구, 불법입국 한국인의 강제송환 기술함.
주제어 이승만 방일, 어업

문서명	1953년 2월호 제2 한국관계(28年2月号 第二韓国関係)

문서파일번호 1510
작성연월일 1953. 2
구분 제1~2차 회담 사이
세부항목 아시아국 집무월보 1953년 2월호
작성처 외무성 아시아국
매수 10
비밀등급
문서종류 내부자료
공개구분 일부 비공개
내용 외무성 아시아국 집무월보 1953년 2월호 한국관계 부분. 민간 어업 대표의 방한, 한국해협 해저전선의 장애수리, 일본어선 격침 사건, 일본어선 억류 사건, 강제송환 한국인 변사 사건을 기술함.
주제어 어업, 해저전선, 한국인 강제송환

문서명	1953년 3월호 제3 한국관계(28年3月号 第三韓国関係)

문서파일번호 1510
작성연월일 1953. 3
구분 제1~2차 회담 사이
세부항목 아시아국 집무월보 1953년 3월호
작성처 외무성 아시아국
매수 7
비밀등급 일반
문서종류 내부자료
공개구분 일부 비공개
내용 외무성 아시아국 집무월보 1953년 3월호 한일관계 부분. 한일회담 재개 문제, 일본어선 격침 사건, 일본어선 억류 사건, 유엔군함정에 의한 일본어선 퇴거 명령, 해양어업대책심의위원회 개최, 강제송환 한국인 변사 사건, 불법입국 한국인 강제송환을 기술함.
주제어 한일회담 재개 문제, 어업, 불법입국 한국인 강제송환

문서명	1953년 4월호 제3 한국관계(28年4月号 第三韓国関係)

문서파일번호 1510
작성연월일 1953. 4
구분 제2차 회담
세부항목 아시아국 집무월보 1953년 4월호
작성처 외무성 아시아국
매수 7
비밀등급 일반
문서종류 내부자료
공개구분 일부 비공개
내용 외무성 아시아국 집무월보 1953년 4월호 한국관계 부분. 한일회담 재개 움직임, 한일회담 진행상황, 일본어선에 대한 불법행위에 관한 한국의 회답, 일본어선 나포 사건, 한국법령의 전달, 한국인 수용자의 병사, 불법입국 한국인의 송환을 기술함.
주제어 한일회담 재개문제, 어업, 불법입국 한국인 강제송환

문서명	1953년 5월호 제3 한국관계(28年5月号 第三韓国関係)

문서파일번호 1510
작성연월일 1953. 5
구분 제2차 회담
세부항목 아시아국 집무월보 1953년 5월호
작성처 외무성 아시아국
매수 8
비밀등급 일반
문서종류 내부자료
공개구분 일부 비공개
내용 외무성 아시아국 집무월보 1953년 5월호 한국관계 부분. 한일교섭 회의, 일본어선 나포, 일본어선 억류 사건, 고등어 출어에 관한 지도방침, 불법입국 한국인 질환자의 송환 요청, 한국인 수용자 병사자 유골 반환, 수용 및 가석방 중인 한국인의 사망, 불법입국 한국인의 송환을 기술함.
주제어 제2차 한일회담 경과, 어업, 불법입국 한국인 강제송환

문서명	1953년 6월호 제3 한국관계(28年6月号 第三韓国関係)

문서파일번호 1510
작성연월일 1953. 6
구분 제2차 회담
세부항목 아시아국 집무월보 1953년 6월호
작성처 외무성 아시아국
매수 7
비밀등급 일반
문서종류 내부자료
공개구분 일부 비공개
내용 외무성 아시아국 집무월보 1953년 6월호 한국관계 부분. 한일교섭 회의, 유엔군함정에 의한 일본어선 단속, 일본어선 나포 사건, 일본어선 억류 사건, 불법입국 한국인의 송환 요청, 한국인의 불법입국을 기술함.
주제어 제2차 한일회담 경과, 어업, 불법입국 한국인 강제송환

문서명	1953년 7월호 제3 한국관계(28年7月号 第三韓国関係)

문서파일번호 1510
작성연월일 1953. 7
작성처 외무성 아시아국
매수 7
비밀등급 일반
구분 제2차 회담
세부항목 아시아국 집무월보 1953년 7월호
문서종류 내부자료
공개구분 일부 비공개
내용 외무성 아시아국 집무월보 1953년 7월호 한국관계 부분. 한일교섭 회의 휴회, 일본어선 조난, 방위해역 문제, 유엔군함정에 의한 일본어선 단속, 불법입국 한국인 송환, 외국인 출생자에 대한 거주자격 취득신청 철저, 주일한국대표부의 규슈(九州) 수해 지역 위문을 기술함.
주제어 제2차 한일회담 휴회, 어업, 불법입국 한국인 강제송환, 재일한국인 법적지위

문서명	1953년 8월호 제3 한국관계(28年8月号 第三韓国関係)

문서파일번호 1510
작성연월일 1953. 8
구분 제2~3차 회담 사이
세부항목 아시아국 집무월보 1953년 8월호
작성처 외무성 아시아국
매수 6
비밀등급 일반
문서종류 내부자료
공개구분 일부 비공개
내용 외무성 아시아국 집무월보 1953년 8월호 한국관계 부분. 방위수역 문제, 유엔군함정에 의한 일본어선 단속, 한국어선 '한선호' 조난 사건, 불법입국 한국인의 송환, 재일한국인의 북송 문제를 기술함.
주제어 어업, 불법입국 한국인 송환, 재일한국인 북송 문제

문서명	1953년 9월호 제3 한국관계(28年9月号 第三韓国関係)

문서파일번호 1510
작성연월일 1953. 9
구분 제2~3차 회담 사이
세부항목 아시아국 집무월보 1953년 9월호
작성처 외무성 아시아국
매수 7
비밀등급
문서종류 내부자료
공개구분 공개
내용 외무성 아시아국 집무월보 1953년 9월호 한국관계 부분. 한일 간 어업분쟁, 한일회담 재개, 불법입국 한국인 송환, 재일북한대표단 파견 문제를 기술함.
주제어 어업, 불법입국 한국인 송환, 북·일 관계

문서명	1953년 10월호 제4 한국관계(28年10月号 第四韓国関係)

문서파일번호 1510
작성연월일 1953. 10
구분 제3차 회담
세부항목 아시아국 집무월보 1953년 10월호
작성처 외무성 아시아국
매수 8
비밀등급
문서종류 내부자료
공개구분 일부 비공개
내용 외무성 아시아국 집무월보 1953년 10월호 한국관계 부분. 한일회담 재개, 한일 간 어업분쟁, 억류어선 선원의 안부 확인과 차입, '이 라인' 시찰을 위한 정부직원 파견, 재한 일본정부기관 설치 통보, 불법입국 한국인 송환, 불법입국 한국인 사망을 기술함.
주제어 한일회담 재개, 어업, 재한 일본정부기관 설치 문제, 불법입국 한국인 강제송환

문서명	1953년 11월호 제3 한국관계(28年11月号 第三韓国関係)

문서파일번호 1510
작성연월일 1953. 11
구분 제3~4차 회담 사이
세부항목 아시아국 집무월보 1953년 11월호
작성처 외무성 아시아국
매수 7
비밀등급
문서종류 내부자료
공개구분 일부 비공개
내용 외무성 아시아국 집무월보 1953년 11월호 한국관계 부분. 재한 일본 대표부 설치, 일본어선 나포 사건, 억류어선 및 선원 수, 억류지, 억류 일본인어부 석방, 억류어부에 대한 차입 문제, 화물선 나포 사건, 불법입국 한국인 송환을 기술함.
주제어 재한 일본 대표부 설치 문제, 일본어선 나포, 불법입국 한국인 강제송환

문서명	1953년 12월호 제3 한국관계(28年12月号 第三韓国関係)

문서파일번호 1510
작성연월일 1953. 12
구분 제3~4차 회담 사이
세부항목 아시아국 집무월보 1953년 12월호
작성처 외무성 아시아국
매수 7
비밀등급
문서종류 내부자료
공개구분 공개
내용 외무성 아시아국 집무월보 1953년 12월호 한국관계 부분. 재한 일본 대표부 설치, 한국의 어업자원 보호법안, 어부석방에 대해 미국에 사의 표명, 억류선원에 대한 제2차 차입, 억류선원 석방, 해난한국선 구조, 부산 대화재에 위로금 송금, 한국대표부로부터 연말성금 송금, 불법입국 한국인 송환, 재일북한대표단 파견에 대한 민단대표의 진정을 기술함.
주제어 재한 일본 대표부 설치 문제, 일본어선 나포, 불법입국 한국인 강제송환, 북·일 관계

구상서 및 보도자료
(口上書及び報道資料)

문서파일번호	760
작성연월일	1952. 4. 28 - 1952. 4. 30
구분	제1~2차 회담 사이
세부항목	주일한국대표부 지위
작성처	외무성, 주일한국대표부
매수	4
비밀등급	
문서종류	구상서, 보도자료
공개구분	공개
내용	1952년 4월 28일 대일평화조약 발효에 따라 주일한국대표부의 지위 변동과 관련하여 대표부와 일본 외무성이 주고받은 구상서와 외무성의 보도자료
주제어	주일한국대표부 지위

문서명	외무성의 주일한국대표부 앞 구상서

문서파일번호 760
작성연월일 1952. 4. 28
구분 제1~2차 회담 사이
세부항목 주일한국대표부 지위
작성처 외무성
매수 1
비밀등급 극비
문서종류 구상서
공개구분 공개
내용 대일평화조약 발효 후에도 잠정적으로 주일한국대표부의 지위를 인정한다는 외무성의 구상서(영문)
주제어 주일한국대표부 지위

문서명	보도자료(Press Release)

문서파일번호 760
작성연월일 1952. 4. 30
구분 제1~2차 회담 사이
세부항목 주일한국대표부 지위
작성처 외무성 정보문화국
매수 1
비밀등급 일반
문서종류 보도자료
공개구분 공개
내용 대일평화조약 발효 후 주일한국대표부의 지위와 관련한 정보문화국의 보도자료 영문
주제어 주일한국대표부 지위

문서명	구상서(Note Verbale)

문서파일번호	760
작성연월일	1952. 4. 28
구분	제1~2차 회담 사이
세부항목	주일한국대표부 지위
작성처	주일한국대표부
매수	2
비밀등급	극비
문서종류	구상서
공개구분	공개
내용	대일평화조약 발효 후에도 잠정적으로 주일한국대표부의 지위를 인정해 달라고 요청하는 대표부의 구상서
주제어	주일한국대표부 지위

정보문화국 발표문
(情報文化局発表文)

문서파일번호	759
문서명	정보문화국 발표문(情報文化局発表文)
작성연월일	1952. 4. 30
구분	제1~2차 회담 사이
세부항목	주일한국대표부 지위
작성처	외무성 정보문화국
매수	1
비밀등급	일반
문서종류	보도자료
공개구분	공개
내용	1952년 4월 28일 대일평화조약 발효로 인해 종래 연합국 최고사령관을 상대하기 위해 파견된 주일한국대표부가 그 지위를 상실하였으나, 양국 간 정식 외교관계 수립 시까지 잠정적으로 현 지위를 인정하기로 하였다는 내용의 정보문화국 언론 발표문
주제어	주일한국대표부 지위

오늘 오후 방문한 세계신보(한국대표부 기관지) ▬ 발언 요지[今日午後訪問した世界新報(韓国代表部機関紙)▬の発言要旨次の通り]

문서파일번호	405
문서명	오늘 오후 방문한 세계신보(한국대표부 기관지) ▬ 발언 요지[今日午後訪問した世界新報(韓国代表部機関紙)▬の発言要旨次の通り]
작성연월일	1952. 5. 27
구분	제1~2차 회담 사이
세부항목	세계신보 지사장 발언
작성처	외무성 아시아국 제2과
매수	2
비밀등급	비(秘)
문서종류	내부문서
공개구분	일부 비공개
내용	1952년 5월 27일 외무성을 방문한 세계신보(한국대표부 기관지) 지사장(이름 먹칠)의 발언 요지. 이승만은 한일회담을 이용, 반일사상을 선동함으로써 실추된 지위를 만회하려 하고 있음. 이 대통령은 반대파를 탄압하고자 헌병대를 동원, 이들을 체포하고 있음.
주제어	한국정세

김용식 씨-대일 관계조정에 주역, 재지겸비의 수완에 기대[金溶植氏-対日関係調整に主役、才智兼備の手腕に期待(国際新報十月十五日付今日の人物欄から訳出)]

문서파일번호	35
문서명	김용식 씨 - 대일 관계조정에 주역, 재지겸비의 수완에 기대(국제신보 10월 15일자 오늘의 인물란에서 발췌)[金溶植氏-対日関係調整に主役、才智兼備の手腕に期待(国際新報十月十五日付今日の人物欄から訳出)]
작성연월일	불명
구분	불명
세부항목	김용식 인물평
작성처	외무성
매수	8
비밀등급	
문서종류	내부자료
공개구분	공개
내용	한일회담의 주역 중 한 분인 김용식 전 장관에 대한 국제신보 ○○년 10월 15일자 인물평가 글
주제어	김용식

제6부

대표 임면관계 및 외무성 일지

예비회담 및 제1차 회담 대표단 명부
(豫備會談及び 第1次會談代表團名簿)

문서파일번호	54
작성연월일	1951. 10. 18 - 1952. 1. 7
구분	예비회담, 제1차 회담
세부항목	회담 대표단
작성처	외무성 아시아국 제2과, 북동아시아과
매수	8
비밀등급	
문서종류	내부자료
공개구분	공개 또는 일부 비공개
내용	예비회담 및 제1차 한일회담 대표단 명부
주제어	한일 예비회담, 제1차 회담

문서명	예비회담(予備会談)

문서파일번호 54
작성연월일 1951. 10(일자 불명)
구분 예비회담
세부항목 회담대표단
작성처 외무성 아시아국 제2과
매수 2
비밀등급 일반
문서종류 내부자료
공개구분 공개
내용 예비회담 한·일 및 미군연합국 최고사령부 대표단 명부
주제어 예비회담 한·일·미 대표단

문서명	예비회담 선박(予備会談 船舶)

문서파일번호 54
작성연월일 1951. 10(일자 불명)
구분 예비회담
세부항목 회담대표단
작성처 외무성 아시아국 제2과
매수 1
비밀등급 일반
문서종류 내부자료
공개구분 공개
내용 선박위원회 한일 양측 대표단 명부
주제어 예비회담 선박위위원회 한·일 대표단

문서명	제1차 회담 본회의 명부(한국) [第1次會談本會議參席者名簿(韓國側)]

문서파일번호	54
작성연월일	1952. 1. 7
구분	제1차 회담
세부항목	회담대표단
작성처	한국대표단
매수	2
비밀등급	일반
문서종류	내부자료
공개구분	공개
내용	제1차 한일회담 본회의 한국대표단 명부
주제어	제1차 회담 본회의 한국대표단

문서명	한일회담 대표 파견 의뢰 건(日韓會談の代表派遣依頼の件)

문서파일번호	54
작성연월일	1951. 10. 18
구분	제1차 회담
세부항목	회담대표단
작성처	외무성 아시아국 제2과
매수	1
비밀등급	일반
문서종류	공문
공개구분	공개
내용	법무성에 한일회담 대표 파견을 요청하는 내용
주제어	제1차 회담 일본 법무성 대표

문서명	한국 대표 일본 도착예정 통보 건(韓國側代表來日豫定通報の件)

문서파일번호 54
작성연월일 1952. 1. 7
구분 제1차 회담
세부항목 회담대표단
작성처 외무성 아시아국 제2과
매수 1
비밀등급 일반
문서종류 전문(電文)
공개구분 일부 비공개
내용 유(진오)대표 일행의 일본 도착일정을 다나카 미쓰오(田中三男) 입국관리청 실시부장에게 통보함.
주제어 제1차 회담 한국대표단 일정

문서명	한일회담 한국 대표명부(日韓會談韓國側代表名簿)

문서파일번호 54
작성연월일 1952. 1. 7
구분 제1차 회담
세부항목 회담대표단
작성처 외무성 아시아국 제2과
매수 1
비밀등급 일반
문서종류 내부자료
공개구분 공개
내용 제1차 회담 본회의, 국적 처우소위, 선박회담 한국대표단 명부
주제어 제1차 회담 한국대표단

제1차 회담 대표단
(日韓交渉代表团)

문서파일번호	55
작성연월일	1952. 2. 4 - 1952. 3. 22
구분	제1차 회담
세부항목	회담 대표단
작성처	외무성, 한국대표단
매수	39
비밀등급	
문서종류	내부자료, 내부문서, 재가문서, 공문
공개구분	공개 또는 일부 비공개
내용	제1차 한일회담 대표단 명부
주제어	제1차 한일회담 대표단

문서명	한일교섭대표단(안)[日韓交渉代表団(案)]

문서파일번호 55
작성연월일 불명
구분 제1차 회담
세부항목 제1차 회담 일본대표단
작성처 외무성 아시아국 제2과
매수 3
비밀등급
문서종류 내부자료
공개구분 공개
내용 제1차 회담 본회의, 각 분과위 일본대표단 명단
주제어 회담 대표단

문서명	한일회담 일본대표단 구성원에 대해서(日韓会談日本側代表團メンバーについて)

문서파일번호 55
작성연월일 1952. 2. 4
구분 제1차 회담
세부항목 제1차 회담 일본대표단
작성처 외무성 아시아국 제2과
매수 6
비밀등급 일반
문서종류 재가문서
공개구분 공개
내용 제1차 회담 본회의 및 각 분과위 일본대표단 임명 재가문서
주제어 회담 대표단

문서명	한일회담 일본대표단 임명에 대해서(日韓会談日本側代表團任命について)

문서파일번호 55
작성연월일 1952. 2. 6
구분 제1차 회담
세부항목 제1차 회담 일본대표단
작성처 외무성 아시아국 제2과
매수 4
비밀등급 일반
문서종류 공문
공개구분 공개
내용 일본 회담 대표단 임명과 관련하여 외무성이 관계 성·청에 보낸 공문
주제어 회담 대표단

문서명	한일회담 일본대표단 임명에 대해서(日韓会談日本側代表団任命について)

문서파일번호 55
작성연월일 1952. 2. 8
구분 제1차 회담
세부항목 제1차 회담 일본대표단
작성처 외무성 아시아국 제2과
매수 1
비밀등급 일반
문서종류 공문
공개구분 공개
내용 농림성이 수산청장 등을 대표로 임명하는 건에 대해 이의 없다고 외무성에 통보함.
주제어 회담 대표단

문서명	대한민국정부와의 회담 개최 및 마쓰모토 고문을 동 회담의 전권위원에 임명하는 건(大韓民国政府との会談の開催及び松本顧問を同会談における全権委員に任命の件)

문서파일번호 55
작성연월일 1952. 2. 6
구분 제1차 회담
세부항목 제1차 회담 일본 수석대표
작성처 외무성 아시아국 제2과
매수 2
비밀등급 일반
문서종류 재가문서
공개구분 공개
내용 마쓰모토 전권위원 임명 재가문서
주제어 회담 대표단

문서명	대한민국정부와의 수호 및 현안 처리에 관한 회담에서 대표 마쓰모토 슌이치에 교부할 위임장에 천황의 인증을 요청하는 건에 대한 각의청의 건(大韓民国政府との修好及び懸案の処理に関する会談における代表松本俊一に交付すべき委任状に天皇の認証を求める件につき閣議請議の件)

문서파일번호 55
작성연월일 1952. 2. 6
구분 제1차 회담
세부항목 제1차 회담 일본 수석대표 전권위임장
작성처 외무성 조약국 제1과
매수 3
비밀등급 일반
문서종류 재가문서
공개구분 공개
내용 마쓰모토 수석대표에 대한 천황의 전권위임장 부여를 요청하는 건 관련 각의 개최를 요구하는 절차
주제어 회담 대표단

문서명	전권위임장 수령증(全權委任狀 受領證)

문서파일번호 55
작성연월일 1952. 2. 13
구분 제1차 회담
세부항목 제1차 회담 일본 수석대표 전권위임장
작성처 외무성 아시아국 제2과
매수 1
비밀등급 일반
문서종류 내부문서
공개구분 공개
내용 마쓰모토 수석대표의 전권위임장 수령증
주제어 회담 대표단

문서명	한일회담 한국대표단 명부(日韓會談韓國側代表團名簿)

문서파일번호 55
작성연월일 1952. 2. 15
구분 제1차 회담
세부항목 제1차 회담 한국대표단
작성처 외무성 아시아국 제2과
매수 1
비밀등급 일반
문서종류 내부자료
공개구분 공개
내용 제1차 한일회담 한국대표단 명부
주제어 회담 대표단

문서명	일본 회담 조직표(日本側會談組織表)

문서파일번호 55
작성연월일 1952. 2. 19
구분 제1차 회담
세부항목 일본 외무성 한일회담 조직
작성처 외무성 아시아국 제2과
매수 1
비밀등급 일반
문서종류 내부자료
공개구분 공개
내용 외무성 아시아2과의 한일회담 관련 조직표
주제어 회담 대표단

문서명	한일회담 재산청구권 문제 및 어업 문제위원회 한국 위원(日韓會談財産請求權問題及び漁業問題委員會 韓國側委員)

문서파일번호 55
작성연월일 1952. 2. 19
구분 제1차 회담
세부항목 제1차 회담 재산청구권, 어업위원회 한국대표단
작성처 외무성 아시아국 제2과
매수 1
비밀등급 일반
문서종류 내부자료
공개구분 공개
내용 제1차 한일회담 재산청구권위원회 및 어업위원회 한국대표단 명부
주제어 회담 대표단

문서명	한일회담 어업분과위원회 일본 관계자(日韓會談漁業分科委員會日本側關係者)

문서파일번호 55
작성연월일 1952. 2. 20
구분 제1차 회담
세부항목 제1차 회담 어업위원회 일본대표단
작성처 외무성 아시아국 제2과
매수 1
비밀등급 일반
문서종류 내부자료
공개구분 공개
내용 제1차 한일회담 어업위원회 일본대표단 명부
주제어 회담 대표단

문서명	한일회담 기본문제위원회 한국 위원(韓日會談基本問題委員會韓國側委員)

문서파일번호 55
작성연월일 1952. 2. 22
구분 제1차 회담
세부항목 제1차 회담 기본문제위원회 한국대표단
작성처 한국대표단
매수 1
비밀등급 일반
문서종류 내부자료
공개구분 공개
내용 제1차 한일회담 기본문제위원회 한국대표단 명부
주제어 회담 대표단

문서명	한일회담 한국 대표 약력(日韓会談韓国側代表略歴)

문서파일번호 55
작성연월일 1952. 2. 22
구분 제1차 회담
세부항목 제1차 회담 한국대표 약력
작성처 외무성 아시아국 제2과
매수 2
비밀등급 일반
문서종류 내부자료
공개구분 공개
내용 양유찬 대사 등 한국 대표들의 간단한 약력
주제어 회담 대표단

문서명	한국대표단 명부(韓國代表團名簿)

문서파일번호 55
작성연월일 1952. 2. 22
구분 제1차 회담
세부항목 제1차 회담 한국대표단
작성처 외무성 아시아국 제2과
매수 1
비밀등급 일반
문서종류 내부자료
공개구분 공개
내용 제1차 한일회담 한국대표단 명부
주제어 회담 대표단

문서명	한일회담 일본 대표 및 실무자(日韓會談日本側代表及び随員)

문서파일번호 55
작성연월일 1952. 2. 25
구분 제1차 회담
세부항목 제1차 회담 일본대표단
작성처 외무성 아시아국 제2과
매수 5
비밀등급 일반
문서종류 내부자료
공개구분 공개
내용 제1차 한일회담 본회의 및 각 위원회 일본대표단(실무자 포함) 명단(영문 포함)
주제어 회담 대표단

문서명	한일회담 일본대표단 멤버 변경에 대해서(日韓会談日本側代表団メンバー変更について)

문서파일번호 55
작성연월일 1952. 3. 4
구분 제1차 회담
세부항목 제1차 회담 어업위원회 일본대표 변경
작성처 외무성 아시아국 제2과
매수 2
비밀등급 일반
문서종류 재가문서
공개구분 공개
내용 제1차 한일회담 일본 어업분과위 위원 변경 재가문서
주제어 회담 대표단

문서명	한일회담 국적 처우 문제위원회 수석위원 변경에 대해서(日韓會談国籍処遇問題委員會主査変更について)

문서파일번호 55
작성연월일 1952. 3. 22
구분 제1차 회담
세부항목 제1차 회담 국적처우위원회 일본 대표 변경
작성처 외무성 아시아국 제2과
매수 1
비밀등급 일반
문서종류 재가문서
공개구분 공개
내용 제1차 한일회담 일본 국적처우위원회 수석위원 변경 재가문서
주제어 회담 대표단

문서명	한일회담 재산청구권위원회 일본 관계자(日韓財産請求權委員會日本側 關係者)

문서파일번호 55
작성연월일 1952(월일 불명)
구분 제1차 회담
세부항목 제1차 회담 일본대표단
작성처 외무성 아시아국 제2과
매수 3
비밀등급 일반
문서종류 내부자료
공개구분 일부 비공개
내용 제1차 한일회담 재산청구권위원회 일본대표단 명부. 대표단의 주소 및 자택번호는 먹칠로 가려짐.
주제어 회담 대표단

제2차 회담 대표단 명부
(第2次会談代表團名簿)

문서파일번호	56
작성연월일	1953. 4. 10 - 1953. 5. 4
구분	제2차 회담
세부항목	회담 대표단
작성처	외무성 아시아국 제2과
매수	6
비밀등급	
문서종류	재가문서, 공문, 내부자료
공개구분	공개
내용	제2차 한일회담 대표단 명부
주제어	제2차 한일회담 대표단

문서명	한일회담 성내 관계자 건(日韓会談省内関係官に関する件)

문서파일번호 56
작성연월일 1952. 4. 10
구분 제2차 회담
세부항목 제2차 한일회담 대표단 차출
작성처 외무성 아시아국 제2과
매수 2
비밀등급 일반
문서종류 재가문서
공개구분 공개
내용 제2차 한일회담과 관련한 각 과 직원 차출에 관한 내용
주제어 제2차 한일회담 대표단

문서명	한일회담 재개에 관한 협력 의뢰 건(日韓会談再開に関し協力方依頼の件)

문서파일번호 56
작성연월일 1953. 4. 13
구분 제2차 회담
세부항목 회담 대표단
작성처 외무성 아시아국 제2과
매수 1
비밀등급 일반
문서종류 공문
공개구분 공개
내용 한일회담 재개 관련 각 성의 협력을 요청하는 내용이 담긴 공문
주제어 제2차 한일회담 각 성 협력 요청

문서명	한일교섭 안건별 담당관명(日韓交渉案件別担当官名簿)

문서파일번호 56
작성연월일 1953. 4. 28
구분 제2차 회담
세부항목 회담 대표단
작성처 외무성 아시아국 제2과
매수 2
비밀등급 일반
문서종류 내부자료
공개구분 공개
내용 제2차 회담 교섭 안건별 일본 담당관 명부
주제어 제2차 한일회담 일본대표단 실무직원

문서명	한일회담 한국 대표명부(日韓会談韓国側代表名簿)

문서파일번호 56
작성연월일 1953. 5. 4
구분 제2차 회담
세부항목 회담 대표단
작성처 외무성 아시아국 제2과
매수 1
비밀등급 일반
문서종류 내부자료
공개구분 공개
내용 제2차 회담 한국대표단 명부
주제어 제2차 한일회담 한국대표단

제3차 한일회담 위원회별 담당자 명부
(再開日韓交渉(第3次會談)部會別擔當者名簿)

문서파일번호	57
문서명	제3차 한일회담 위원회별 담당자 명부[再開日韓交渉(第3次會談)部會別擔當者名簿]
작성연월일	1953. 10. 12
구분	제3차 회담
세부항목	회담대표단
작성처	외무성 아시아국 제2과
매수	3
비밀등급	일반
문서종류	내부자료
공개구분	공개
내용	제3차 회담 본회의 및 위원회별 한일 양측 대표단 명부
주제어	제3차 회담 한일 대표단

한일회담 계속 여부에 대해서(안)
[日韓会談継続の可否について(案)]

문서파일번호	1055
문서명	한일회담 계속의 가부에 대해서(안)[日韓会談継続の可否について(案)]
작성연월일	1953. 6. 22
구분	제2차 회담
세부항목	회담 휴회 검토
작성처	외무성 아시아국 제2과
매수	7
비밀등급	극비
문서종류	내부문서
공개구분	공개
내용	한일회담을 계속할 경우와 휴회할 경우의 이해득실을 의제별로 대조한 내용이 담김.
주제어	회담 휴회 검토

한일회담 자료총서 11

한일회담 일본외교문서 상세목록집 I

– 예비회담~제3차 회담

초판 1쇄 인쇄 2021년 11월 10일

초판 1쇄 발행 2021년 11월 30일

엮은이 | 동북아역사재단

펴낸이 | 이영호

펴낸곳 | 동북아역사재단

등록 | 제312-2004-050호(2004년 10월 18일)

주소 | 서울시 서대문구 통일로 81 NH농협생명빌딩

전화 | 02-2012-6065

팩스 | 02-2012-6189

홈페이지 | www.nahf.or.kr

제작·인쇄 | 청아출판사

ISBN 978-89-6187-661-2 94910

978-89-6187-660-5 (세트)

• 책값은 뒤표지에 있습니다. 잘못된 책은 바꾸어 드립니다.